NomosLehrbuch

Prof. Dr. Karl-Nikolaus Peifer,
Universität zu Köln

Schuldrecht

Gesetzliche Schuldverhältnisse

6. Auflage

Nomos

Die Deutsche Nationalbibliothek verzeichnet diese Publikation in der Deutschen Nationalbibliografie; detaillierte bibliografische Daten sind im Internet über http://dnb.d-nb.de abrufbar.

ISBN 978-3-8487-6170-8 (Print)

ISBN 978-3-7489-0289-8 (ePDF)

6. Auflage 2020

Vorwort

In der rechtswissenschaftlichen Ausbildung kommt es angesichts der Zunahme von Klausuraufgaben während des Studiums und im staatlichen Teil des Examens vor allem darauf an, Übungsfälle schnell zu erfassen, einzuordnen und einer vertretbaren Lösung zuzuführen. Die für die Hausarbeit typische Auseinandersetzung mit den oft zahlreich vertretenen Ansichten in Rechtsprechung und Schrifttum hat dagegen an Bedeutung abgenommen.

Man mag dies bedauern, gleichwohl muss die Lehrbuchliteratur darauf reagieren. Das vorliegende Werk ist seit der ersten Auflage fall- und lernorientiert. Es verzichtet auf übermäßige wissenschaftliche Vertiefung durch breite Darstellung von wissenschaftlichen Debatten und die umfassende Darstellung von Streitständen. Das Buch möchte dagegen die Prinzipien, welche den gesetzlichen Schuldverhältnissen zugrunde liegen, eingängig und unter Beschränkung auf das didaktisch Notwendige auf nicht allzu großem Raum erörtern. Wem die Ausführungen nicht genügen, wird in den in Fußnoten nachgewiesenen Entscheidungen, Monografien und Aufsätzen Vertiefendes finden. Verzichtet wurde auf umfassende Falllösungen zugunsten kurzer zusammenfassender Lösungshinweise.

Das Buch dient der vorlesungsbegleitenden Lektüre und der Nachbereitung in privaten Arbeitsgemeinschaften. Empfohlen wird, das Werk neben der Vorlesung in Gruppen von drei bis vier Studierenden durchzuarbeiten und dabei auch die Wiederholungs- und Vertiefungsfragen gemeinsam zu besprechen.

Für die 6. Auflage wurde der Text durchgehend aktualisiert, korrigiert und vereinfacht. An dem Gesamtwerk haben Mitarbeiter der Ruhr-Universität Bochum und der Universität zu Köln mitgewirkt. *Gabriele Bahl* hat das Erstmanuskript in eine elektronisch speicherbare Form versetzt. Wertvolle Vorarbeiten verdanke ich den Wiss. Mitarbeiterinnen *Prof. Dr. Eva Feldmann* und *Dr. Sandra Posegga* sowie *Dr. Wiebke Hochhaus*. An der 2. bis 4. Auflage waren beteiligt *Dr. Carina Becker, Dr. Vera Eickhoff, LL.M., Sarah Friedrich, Katharina Greis, Charlotte Helmke, Christopher Nohr, Jana Pütz, Dr. Claudia Summerer, Dr. Berit Völzmann* und *Robert Willner*. An der 5. Auflage haben mitgearbeitet *Dr. Philipp Kiersch, Dr. Camilla Kling, Christian Mausolf, Lisa Walter* und *Julian Zündorf*. Die 6. Auflage hat organisiert *Dr. Karina Grisse, LL.M.*, das Material gesammelt haben *Patrik Kassel, Christian Mausolf, Klaudia Richter* und *Katharina Ueberberg*. Ihnen allen sowie Kollegen und studentischen Lesern, die mich mit Anregungen und Kritik versorgt haben, danke ich sehr. Wer mich auf noch verbliebene Fehler und Lücken aufmerksam machen möchte, ist herzlich eingeladen, dies zu tun und die Post gerne zu adressieren an die postalische Lehrstuhladresse (Albertus Magnus Platz, 50923 Köln) oder an medienrecht@uni-koeln.de.

Köln, im Juli 2019 Karl-Nikolaus Peifer

Inhalt

C. Bereicherungsrecht

D. Geschäftsführung ohne Auftrag

Abkürzungsverzeichnis

a.A.	andere Ansicht
a.a.O.	am angegebenen Ort
abgedr.	abgedruckt
abl.	ablehnend
Abs.	Absatz
A.C.	Law Reports, Appeal Cases
AcP	Archiv für die civilistische Praxis (Band/Jahrgang)
a.F.	alte Fassung
AfP	Archiv für Presserecht, heute Zeitschrift für Medien- und Kommunikationsrecht
AG	Amtsgericht
allg.M.	allgemeine Meinung
Alt.	Alternative
AP	Arbeitsrechtliche Praxis
Aufl.	Auflage
BAGE	Entscheidungssammlung des Bundesarbeitsgerichts
Bd.	Band
Bespr.	Besprechung
BGB	Bürgerliches Gesetzbuch
BGBl.	Bundesgesetzblatt
BGH	Bundesgerichtshof
BGHZ	Entscheidungen des Bundesgerichtshofes in Zivilsachen
BT-Drs.	Bundestagsdrucksache
Bsp.	Beispiel
BVerfG	Bundesverfassungsgericht
BVerfGE	Entscheidungen des Bundesverfassungsgerichts
bzw.	beziehungsweise
c.c.	code civil (französisches Zivilgesetzbuch)
CR	Computer und Recht (Zeitschrift)
Ct. App.	Court of Appeals (Berufungsgericht)
d.h.	das heißt
D	Digesten
DesignG	Gesetz über den rechtlichen Schutz von Design vom 24. Februar 2016, BGBl. I 122 (vor 2016: Geschmacksmustergesetz – GeschmMG)
DAR	Deutsches Autorecht (Zeitschrift)
EFZG	Entgeltfortzahlungsgesetz
EGBGB	Einführungsgesetz zum Bürgerlichen Gesetzbuch
EGMR	Europäischer Gerichtshof für Menschenrechte
EWiR	Entscheidungssammlung zum Wirtschaftsrecht
ff., f.	fortfolgender, fortfolgende, folgender, folgende
FPR	Familie, Partnerschaft, Recht (Zeitschrift)
Frier, Casebook	Frier, A Casebook on Roman Family Law
FS	Festschrift
Fußn.	Fußnote
GebrMG	Gebrauchsmustergesetz
gem.	gemäß
GG	Grundgesetz für die Bundesrepublik Deutschland
ggf.	gegebenenfalls
GoA	Geschäftsführung ohne Auftrag
GRUR	Gewerblicher Rechtsschutz und Urheberrecht (Zeitschrift)
GRUR-RR	Gewerblicher Rechtsschutz und Urheberrecht – Rechtsprechungsreport (Zeitschrift)
hg.	herausgegeben
Hk-BGB	Handkommentar zum BGB (Literaturverzeichnis – *Schulze*)
h.L.	herrschende Lehre
h.M.	herrschende Meinung

i.d.R.	in der Regel
i.e.S.	im engeren Sinne
Ind.	Indiana
InsO	Insolvenzordnung
i.S.d.	im Sinne der/dieser
i.V.m.	in Verbindung mit
Jura	JURA. Juristische Ausbildung (Zeitschrift)
JuS	Juristische Schulung (Zeitschrift)
JZ	JuristenZeitung (Zeitschrift)
KG	Kammergericht
krit.	kritisch
KritJ	Kritische Justiz (Zeitschrift)
KUG	Kunsturhebergesetz
lat.	Lateinisch
LJ	Law Journal (Zeitschrift)
LM/LMK	Lindenmaier/Möhring (Entscheidungssammlung)
LQR	The law quarterly review (Zeitschrift)
MarkenG	Markengesetz
Mass.	Massachusetts
MDR	Monatsschrift des Deutschen Rechts (Zeitschrift)
MMR	Multimedia und Recht
MüKoBGB	Münchener Kommentar zum BGB (Literaturverzeichnis – *Säcker*)
m.w.N.	mit weiteren Nachweisen
N.E.	North Eastern Reporter (US-amerikanische Entscheidungssammlung)
N.E.2d	wie vor, 2nd Series
n.F.	neue Fassung
NJW	Neue Juristische Wochenschrift (Zeitschrift)
NJW-RR	NJW-Rechtsprechungs-Report (Zeitschrift)
Nr.	Nummer
N.Y.	New York
NZA	Neue Zeitschrift für Arbeitsrecht
NZM	Neue Zeitschrift für Miet- und Wohnungsrecht
NZV	Neue Zeitschrift für Verkehrsrecht
OWiG	Ordnungswidrigkeitengesetz
PatG	Patentgesetz
PolG NW	Polizeigesetz des Landes Nordrhein-Westfalen
ProdHaftG	Produkthaftungsgesetz
RT-Drs.	Reichstagsdrucksache
RabelsZ	Zeitschrift für ausländisches und internationales Privatrecht (hrsg. von Ernst Rabel)
Rn.	Randnummer
Rspr.	Rechtsprechung
RVO	Reichsversicherungsordnung
S.	Satz
s.u.	siehe unten
SGB	Sozialgesetzbuch
StGB	Strafgesetzbuch
StVG	Straßenverkehrsgesetz
StVO	Straßenverkehrsordnung
umstr.	umstritten
unstr.	unstreitig
UrhG	Urheberrechtsgesetz
U.S.	U.S. Supreme Court Reporter (Entscheidungssammlung)
usw.	und so weiter
UWG	Gesetz gegen den unlauteren Wettbewerb
(V)	Vertiefungsfrage

v.	versus = gegen (bei US-amerikanischen Entscheidungen geläufige Bezeichnung der Parteirollen, z.B. *Kramer versus Kramer* = Kramer gegen Kramer)
VersR	Versicherungsrecht (Zeitschrift)
vgl.	vergleiche
VRS	Verkehrsrechts-Sammlung (Entscheidungssammlung)
WHG	Wasserhaushaltsgesetz
WM	Wertpapier-Mitteilungen (Zeitschrift)
WRP	Wettbewerb in Recht und Praxis (Zeitschrift)
Yale LJ	Yale Law Journal (Zeitschrift)
z.B.	zum Beispiel
ZfRV	Zeitschrift für Rechtsvergleichung
ZIP	Zeitschrift für Wirtschaftsrecht
ZMR	Zeitschrift für Miet- und Raumrecht
ZPO	Zivilprozessordnung
ZUM	Zeitschrift für Urheber- und Medienrecht
ZWE	Zeitschrift für Wohnungseigentum
z.Zt.	zur Zeit

Literaturverzeichnis

I. Lehrbücher

Brox, Hans/Walker, Wolf-Dietrich: Besonderes Schuldrecht, 43. Aufl., München 2019.
Brüggemeier, Gert: Deliktsrecht, Ein Hand- und Lehrbuch, Baden-Baden 1986.
Brüggemeier, Gert: Haftungsrecht: Struktur, Prinzipien, Schutzbereich. Ein Beitrag zur Europäisierung des Privatrechts, Berlin Heidelberg 2006.
Buck-Heeb, Petra: Examens-Repetitorium Besonderes Schuldrecht, 6. Aufl., Heidelberg 2017.
Cooter, Robert/Ulen, Thomas: Law and Economics, 6. Aufl., 2011.
Deutsch, Erwin/Ahrens, Hans-Jürgen: Deliktsrecht: Unerlaubte Handlungen, Schadensersatz, Schmerzensgeld, 6. Aufl., Köln 2014.
Deutsch, Erwin: Allgemeines Haftungsrecht, 2. Aufl., Köln 1995.
Eckert, Jörn: Schuldrecht Besonderer Teil, 2. Aufl., Baden-Baden 2005.
Emmerich, Volker: BGB – Schuldrecht Besonderer Teil, 15. Aufl., Heidelberg 2018.
Esser, Josef/Schmidt, Eike: Schuldrecht Band I, Allgemeiner Teil, Teilband 2, Durchführungshindernisse und Vertragshaftung, Schadensausgleich und Mehrseitigkeit beim Schuldverhältnis, 8. Aufl., Heidelberg 2000.
Esser, Josef/Weyers, Hans-Leo: Schuldrecht Band II, Besonderer Teil, Teilband 2, Gesetzliche Schuldverhältnisse, 8. Aufl., Heidelberg 2000.
Fikentscher, Wolfgang/Heinemann, Andreas: Schuldrecht, 11. Aufl., Berlin 2017.
Frier, Bruce: A Casebook on the Roman Law of Delict, Atlanta/Georgia 1989.
Fuchs, Maximilian/Pauker, Werner/Baumgärtner, Alex: Delikts- und Schadensersatzrecht, 9. Aufl., Berlin 2017.
Gursky, Karl-Heinz: Schuldrecht Besonderer Teil, 5. Aufl., Heidelberg 2005.
Greiner, Stefan: Schuldrecht Besonderer Teil. Vertragliche Schuldverhältnisse, 2. Aufl., Berlin Heidelberg 2019.
Grigoleit, Hans Christoph/Auer, Marietta: Schuldrecht III. Bereicherungsrecht, 2. Aufl., München 2016.
Heck, Philipp: Grundriß des Schuldrechts, Tübingen 1929.
Holmes, Oliver Wendell: The Common Law (1881), Paperback-Ausgabe Boston/Toronto/London 1963 (hg. von Mark de Wolfe Howe).
Kaser, Max/Knütel Rolf/Lohsse, Sebastian: Römisches Privatrecht, 21. Aufl., München 2016.
Kötz, Hein/Wagner, Gerhard: Deliktsrecht, 13. Aufl., München 2016.
Köhler, Helmut/Lorenz, Stephan: Schuldrecht II. Besonderer Teil, 20. Aufl., München 2019.
Koppensteiner, Hans-Georg/Kramer, Ernst A.: Ungerechtfertigte Bereicherung, 2. Aufl., Berlin 1988.
Lange, Hermann/Schiemann, Gottfried: Schadensersatz, 3. Aufl., Tübingen 2003 (Handbuch des Schuldrechts Band 1).
Larenz, Karl: Schuldrecht. Allgemeiner Teil, 14. Aufl., München 1987.
Larenz, Karl: Lehrbuch des Schuldrechts, Zweiter Band: Besonderer Teil, 1. Halbband, 13. Aufl., München 1986.
Larenz, Karl/Canaris, Claus-Wilhelm: Lehrbuch des Schuldrechts, Zweiter Band: Besonderer Teil, 2. Halbband, 13. Aufl., München 1994.
Loewenheim, Ulrich: Bereicherungsrecht, 3. Aufl., München 2007.
Looschelders, Dirk: Schuldrecht, Besonderer Teil, 14. Aufl., München 2019.
Maurer, Hartmut/Waldhoff, Christian: Allgemeines Verwaltungsrecht, 19. Aufl., München 2017.
Medicus, Dieter: Gesetzliche Schuldverhältnisse, 5. Aufl., München 2007, (6. Aufl. mit *Brand, Oliver* angekündigt für 2019).
Medicus, Dieter/Lorenz, Stephan: Schuldrecht II, 18. Aufl., München 2018.
Medicus, Dieter/Petersen, Jens: Bürgerliches Recht, 26. Aufl., München 2017, (27. Auflage angekündigt für 2019).

Musielak, Hans-Joachim/Hau, Wolfgang: Grundkurs BGB, 15. Aufl., München 2017 (16. Aufl. angekündigt für 2019).
Oechsler, Jürgen: Vertragliche Schuldverhältnisse, 2. Aufl. Tübingen 2017.
Oetker, Hartmut/Maultzsch, Felix: Vertragliche Schuldverhältnisse, 5. Aufl., Berlin Heidelberg 2018.
Ott, Claus/Schäfer, Hans-Bernd: Lehrbuch der ökonomischen Analyse des Zivilrechts, 5. Aufl., Wiesbaden 2013 (6. Aufl. 2020 angekündigt).
Posner, Richard: Economic Analysis of Law, 9. Aufl. 2014.
Pothier, Robert-Joseph: Traité des obligations, 2. Aufl., Orléans 1764.
Reeb, Hartmut: Grundprobleme des Bereicherungsrechts, München 1975.
Reuter, Dieter/Martinek, Michael: Ungerechtfertigte Bereicherung, Tübingen 1983.
Schlechtriem, Peter: Schuldrecht Besonderer Teil, 6. Aufl., Tübingen 2003.
Schmidt, Eike: Das Schuldverhältnis, Heidelberg 2004.
Staake, Marco: Gesetzliche Schuldverhältnisse, Berlin 2014.
Tonner, Klaus: Schuldrecht. Vertragliche Schuldverhältnisse, 4. Aufl., Baden-Baden 2016.
Wandt, Manfred: Gesetzliche Schuldverhältnisse, 9. Aufl., München 2019.
Wieling, Hans J.: Bereicherungsrecht, 4. Aufl., Berlin 2006.
Zimmermann, Reinhard: The Law of Obligations. Roman Foundations of the Civilian Tradition, Oxford 1996 (Paperback-Ausgabe).
Zweigert, Konrad/Kötz, Hein: Einführung in die Rechtsvergleichung, 3. Aufl., Tübingen 1996.

II. Kommentare

Bamberger, Heinz Georg/Roth, Herbert: Kommentar zum Bürgerlichen Gesetzbuch, Band 2 (§§ 481–704), Band 3 (§§ 705–1017 BGB), 4. Aufl., München 2019 (BeckOK).
Dauner-Lieb, Barbara/Heidel, Thomas/Ring, Gerhard: Kommentar Bürgerliches Gesetzbuch, Band 2 (§§ 241–853 BGB), 3. Aufl., Baden-Baden 2016 (4. Aufl. angekündigt für 2019).
Erman, Walter: Handkommentar zum BGB, 2 Bände, 15. Aufl., Köln 2017.
Jauernig, Othmar: Bürgerliches Gesetzbuch, 17. Aufl., München 2018.
Jacoby, Florian/von Hinden, Michael: Studienkommentar BGB, 16. Aufl., München 2018.
Palandt, Otto: Bürgerliches Gesetzbuch, 78. Aufl., München 2019.
Reichsgerichtsrätekommentar: Das Bürgerliche Gesetzbuch mit besonderer Berücksichtigung der Rechtsprechung des Reichsgerichts und des Bundesgerichtshofes (RGRK), §§ 812–831, 12. Aufl., Berlin 1989.
Säcker, Franz Jürgen/Rixecker, Roland/Oetker, Hartmut/Limperg, Bettina: Münchener Kommentar zum Bürgerlichen Gesetzbuch, München; Bd. 2 (§§ 241–310) 8. Aufl., 2019; Bd. 4 (Schuldrecht – Besonderer Teil II, §§ 535–630 BGB, HeizkostenV, BetriebskostenV, EFZG, TzBfG, KSchG), 7. Aufl., 2016; Bd. 5/2 (Schuldrecht – Besonderer Teil III/2, §§ 651a-704 BGB), 7. Aufl., 2017; Bd. 6 (§§ 705–853, Partnerschaftsgesellschaftsgesetz, Produkthaftungsgesetz), 7. Aufl., 2017.
Schönke, Adolf/Schröder, Horst: Strafgesetzbuch, 30. Aufl., München 2019.
Schulze, Reiner/Dörner, Heinrich/Ebert, Ina/Eckert, Jörn/Hoeren, Thomas/Kemper, Rainer/Saenger, Ingo/Scheuch, Alexander/Schreiber, Klaus/Schulte-Nölke, Hans/Staudinger, Ansgar/Wiese, Volker: Handkommentar BGB – Bürgerliches Gesetzbuch (Hk-BGB), 10. Aufl., Baden-Baden 2019.
Soergel, Hans-Theodor: Bürgerliches Gesetzbuch, 13. Aufl., Stuttgart; Bd. 12 (§§ 823–853, Produkthaftungsgesetz, Umwelthaftungsgesetz), 2005.
Staudinger, Julius von: Kommentar zum Bürgerlichen Gesetzbuch, Berlin; §§ 249–254, 2017; §§ 652–661a, 2016; §§ 677–704, 2015; §§ 812–822, 2007; §§ 823 A-D 2017; §§ 823 E-I, 824, 825, 2010; §§ 826–829, Produkthaftungsgesetz, 2013; §§ 830–838, 2017; §§ 839, 839a, 2013; §§ 840–853, 2015: §§ 985–1011, 2012.

III. Repetitorien und Fallbearbeitungen

Beuthien, Volker/Weber, Hansjörg: Schuldrecht II. Ungerechtfertigte Bereicherung und Geschäftsführung ohne Auftrag, 2. Aufl., München 1987.

Buchner, Herbert/Roth, Günter: Schuldrecht III. Unerlaubte Handlungen, 2. Aufl., München 1984.

Dörner, Heinrich: Schuldrecht 2, Gesetzliche Schuldverhältnisse, 5. Aufl., Heidelberg 2002.

Fezer, Karl-Heinz: Klausurenkurs zum Schuldrecht Besonderer Teil, 9. Aufl., München 2014, (10. Aufl. mit *Obergfell, Eva Inés* angekündigt für 2019).

Gursky, Karl-Heinz: 20 Probleme aus dem BGB, Bereicherungsrecht, 7. Aufl., München 2019.

Köhler, Helmut/Lorenz, Stephan: Prüfe Dein Wissen: Schuldrecht II, Einzelne Schuldverhältnisse, 20. Aufl., München 2019.

Olzen, Dirk/Maties, Martin: Zivilrechtliche Klausurenlehre mit Fallrepetitorium, 8. Aufl., München 2015.

Wieling, Hans Josef/Finkenauer, Thomas: Fälle zum Besonderen Schuldrecht, 8. Aufl., München 2019.

A. Überblick

§ 1 Vertragliche und gesetzliche Schuldverhältnisse

Mit dem Recht der Schuldverhältnisse befasst sich das zweite Buch des BGB. Es unterscheidet Schuldverhältnisse nach ihrem **Entstehungsgrund.** Bindungen können durch Vertrag oder durch Gesetzesvorschrift begründet werden. Jedermann kann sich durch rechtsgeschäftliche Erklärung oder ein erklärungsgleiches Verhalten zu einer beliebigen Leistung verpflichten und so eine Schuld begründen. Das erlaubt § 311 BGB[1]. §§ 433 bis 811 stellen für die wichtigsten freiwilligen Bindungen Modellvorschriften zur Verfügung („Verträge von der Stange").[2] Von außervertraglichen oder **gesetzlichen Schuldverhältnissen** spricht man[3], wenn das Gesetz selbst an bestimmte Verhaltensweisen die oft vom Handelnden gar nicht gewünschte oder gewählte Folge knüpft, dass gegenüber einer anderen Person eine Verbindlichkeit entsteht. Die drei wichtigsten Ereignisse dieser Art im deutschen Recht sind die **unerlaubte Handlung**, die zur Schädigung eines Anderen führt (Deliktsrecht, §§ 823 bis 853), die **ungerechtfertigte Bereicherung** zulasten eines fremden Vermögens (§§ 812 bis 822) und die **Führung eines fremden Geschäfts ohne Auftrag** oder sonstige Berechtigung (§§ 677 bis 687, abgekürzt: GoA). Das Lehrbuch befasst sich mit diesen drei Entstehungsgründen. Nach allgemeinen Erläuterungen (Teil A) werden deliktische (Teil B), dann bereicherungsrechtliche (Teil C) und schließlich GoA-Ansprüche (Teil D) erörtert. Die Reihenfolge entspricht nicht der des Gesetzes, wohl aber der historischen Entwicklung (dazu unten § 1 Rn. 12). Sie erleichtert das Verständnis für Unterschiede und Gemeinsamkeiten zwischen den gesetzlichen Schuldverhältnissen. 1

I. Das Schuldverhältnis als Bindung

1. Bindung und Drittschutz

Begriffe: **Wirkung des Schuldverhältnisses** ist nach **§ 241** das Recht des Gläubigers auf eine Leistung. Synonyme Begriffe für dieses Recht sind **Anspruch** oder **Forderung.** Jeweils geht es um das Recht einer Person, von einer anderen ein Verhalten (Handlung oder Unterlassen, § 194), also eine Leistung zu verlangen. Daraus folgt die Pflicht des Schuldners, die Leistung (Erfüllung der Schuld, Verbindlichkeit) gegenüber dem Gläubiger zu erbringen. Geschieht dies nicht, so haftet der Schuldner mit seinem Vermögen für die Erfüllung. Das Schuldverhältnis erzeugt eine Bindung oder ein Band zwischen Gläubiger und Schuldner, auch Ver**bind**lichkeit oder Ob**lig**ation (= „ligare" = [lat.] „binden") genannt. 2

Schuldverhältnisse verschaffen individuelle, d.h. subjektive Forderungen oder Ansprüche, die einem Gläubiger gegenüber dem Schuldner zugeordnet werden. Verhaltenspflichten werden auch durch die Normen des objektiven Rechts begründet. Ihre Einhaltung wird aber von den Behörden überwacht. Dabei handelt es sich um **objektive** 3

1 Paragrafen ohne Gesetzesangabe bezeichnen Vorschriften aus dem BGB.

2 Zu den vertraglichen Schuldverhältnissen vgl. das in dieser Reihe erschienene Lehrbuch von *Tonner*, Vertragliche Schuldverhältnisse, 4. Aufl. 2016; ferner die im Literaturverzeichnis aufgeführten Lehrbücher von *Greiner*, *Oechsler*, und *Oetker/Maultzsch*.

3 Zu den Begrifflichkeiten, der Historie und der Systematik des Rechts der gesetzlichen Schuldverhältnisse *Jansen*, AcP 2016, 112.

Rechtsgebote, die von subjektiven **Schuldverhältnissen** unterschieden werden. Die Pflicht aus § 1 Abs. 2 StVO, wonach jeder Verkehrsteilnehmer sich so zu verhalten hat, dass kein anderer geschädigt, gefährdet oder mehr als nach den Umständen unvermeidbar behindert oder belästigt wird, ist ein **objektives Gebot** zur Rücksichtnahme gegenüber jedermann. Sie begründet **kein subjektives Schuldverhältnis** zwischen zwei Personen. Objektive Normverletzungen werden in der Regel durch Bußgeld, Strafvorschriften oder Verwaltungsanordnungen sanktioniert. Die subjektive Forderung wird hingegen in Form der schuldvertraglichen Bindung „privatisiert". Sie darf auch oder sogar nur der Gläubiger durchsetzen. Der Verstoß gegen ein objektives Verbot kann ein privates Schuldverhältnis begründen, wenn das Gesetz gegen den (drohenden oder erfolgten) Verstoß ein subjektives Abwehrrecht gewährt, wie dies etwa in § 823 oder § 1004 geschieht. Hierdurch wird die Befugnis, auf die Einhaltung von Normen zu achten, vom Staat auf die Betroffenen delegiert, die Selbstbestimmung des Einzelnen wird gestärkt, der Staat entlastet.

4 Vertiefungshinweis: **Rechtshistorisch** liegt in der Trennung zwischen objektivem Recht und subjektiver Berechtigung die Wurzel für die Anerkennung privater Schuldverhältnisse. Noch dem römischen Recht entstammt die Vorstellung, dass Gläubiger und Schuldner durch die Obligation aneinander gebunden sind (§ 1 Rn. 12). Diese Bindung kann man sich durchaus wörtlich als ein Band vorstellen, welches sich um den Hals des Schuldners schlingt und diesen der Vollstreckungsgewalt seines Gläubigers überantwortet.[4] Der Begriff der Erfüllung (lat.: „solvere") bringt zum Ausdruck, dass der Schuldner die Möglichkeit hat, sich durch einen sekundären Akt (z.B. die Zahlung eines Lösegeldes) von dieser Bindung wieder zu befreien.

5 Das **Grundprinzip der Relativität von Schuldbeziehungen** spielt gelegentlich im Recht der gesetzlichen Schuldverhältnisse eine Rolle, wenn eine private Bindung durch Dritte gestört wird. Gläubigerinteressen sind nicht absolut, sondern nur relativ, nämlich gegen Handlungen des Schuldners (Nichterfüllung, Schlechterfüllung), durch Gewährleistungs- und Schadensersatzansprüche nach § 280 Abs. 1 geschützt. Ein Dritter, der ein vertragliches Schuldverhältnis beeinträchtigt, haftet hingegen grundsätzlich nicht auf Schadensersatz.[5]

▶ Fall 1: V verkauft an K ein wertvolles Gemälde. Bevor es zur Übergabe kommt, zerstört D das Gemälde vorsätzlich durch einen Säureangriff. K tritt daraufhin nach Fristsetzung vom Kaufvertrag zurück und verlangt Schadensersatz von D, weil dieser die Durchsetzung seines Forderungsrechts gegenüber V vereitelt habe. Zu Recht?

Offensichtlich ist, dass D das in fremdem Eigentum stehende Gemälde nicht in seiner Substanz verletzen durfte (§ 303 StGB). Doch ist dieses objektive Gebot zunächst nur durch Strafnormen (unter Umständen auch durch Normen zum Schutz von Kulturgut) abgesichert. Zu einer privaten Obligation gegenüber dem Käufer K verdichtet sich das Verhalten des D erst, wenn aus der Handlung auch ein privates Schuldverhältnis mit subjektiven Unterlassungs- und Ersatzansprüchen wird. Dies könnte durch eine rechtsgeschäftliche Erklärung zustande kommen, etwa wenn D gegenüber K ein Anerkenntnis dergestalt abgibt, dass er verpflichtet sei, diesem den Wert des Gemäldes zu ersetzen (§ 780). Ohne ein sol-

4 Hierzu und zum Folgenden vertiefend *Zimmermann*, Law of Obligations, S. 5; MüKoBGB/*Wagner*, Vor § 823 Rn. 2.

5 So die klassische Lehre und die heute h.M. BGH NJW 1970, 137, 138 m.w.N. Zur Begründung (auch heute noch sehr lesenswert) *Heck*, Grundriß Schuldrecht, S. 2; zur schnellen Orientierung *Schwerdtner*, Jura 1981, 414, 419; monografisch *Koziol*, Die Beeinträchtigung fremder Forderungsrechte, 1967.

ches konstitutives, d.h. die Schuld selbstständig begründendes Schuldanerkenntnis fehlt jedoch zwischen K und D ein auf Willenserklärungen basierendes, also vertragliches Schuldverhältnis. Ein Schuldverhältnis könnte aber durch Gesetz, d.h. nach § 823 Abs. 1 oder § 823 Abs. 2 (mit § 303 StGB), zustande kommen. Beide Normen schützen jedoch nur den Eigentümer, also V. Der Käufer K hat vor Einigung und Übergabe lediglich einen schuldrechtlichen Anspruch gegen V, den nur dieser (V) und auch nur in den Grenzen der Vertragsbeziehung beachten muss. V kann die Bindung insbesondere durch Nicht- oder Schlechterfüllung seiner Leistungspflicht verletzen. Ein Anspruch des K gegen D kann nur ausnahmsweise aus § 826 folgen, wenn D durch seine Handlung den K sittenwidrig und vorsätzlich schädigen wollte. Dafür bestehen im Fall keine (und in vielen vergleichbaren Konstellationen kaum einmal) Anhaltspunkte. K kann also sein Interesse auf unversehrten Erhalt der Sache nur gegenüber V durchsetzen. Im Übrigen mag er darauf hoffen, dass die Staatsgewalt die Einhaltung der objektiven Norm (§ 303 StGB) durchsetzt. Ein privater, d.h. ihm subjektiv zugeordneter Anspruch gegenüber D besteht jedoch nicht. ◀

Die **Frage, ob Forderungen Außenwirkung entfalten** können, ist eine klassische Streitfrage des Deliktsrechts. Sie stellt sich zumeist im Rahmen des unter § 823 Abs. 1 diskutierten Eingriffs in sonstige Rechte. Die h.M. nimmt an, dass Forderungen keine „sonstigen Rechte“ sind. Das passt zu der Ansicht, wonach Forderungen nur von den Parteien des Schuldverhältnisses, nicht jedoch von Dritten verletzt werden können (§ 3 Rn. 39 f.).[6]

2. Obligation und dingliche Ansprüche

Das Schuldverhältnis (Obligation) verbindet zwei Personen. Klagen aus Schuldverhältnissen sind daher persönliche Klagen. Das römische Recht sprach von „actiones in personam“.[7] Klagen aus Beziehungen zu Sachen richten sich hingegen gegen jeden, der diese dingliche Beziehung stört. Sie zielen auf die **Erhaltung der bisherigen Beziehung zu einer Sache ab.** Sie sind unabhängig von konkreten persönlichen Beziehungen zwischen den Beteiligten. Demgemäß sprach das römische Recht von „actiones in rem“. Aus dieser Differenzierung resultiert die Unterscheidung von Schuldrecht und Sachenrecht. Auch im Sachenrecht können Schuldverhältnisse dadurch entstehen, dass mehreren Personen ein Gegenstand zusteht (§§ 741 bis 758, §§ 1008 bis 1011, dazu die Spezialregelung im Wohnungseigentumsgesetz – Schönfelder Nr. 37) oder eine Person ohne Befugnis gegenüber dem Eigentümer eine Sache besitzt (Eigentümer-Besitzer-Verhältnis, §§ 987 bis 1003). Sie sind dann jedoch durch die Beziehung zu einer Sache, also dinglich, bestimmt, setzen also voraus, dass die Beziehung (z.B. Eigentum) (fort-)besteht. Hierdurch unterscheiden sie sich von den gesetzlichen Schuldverhältnissen, die in diesem Buch behandelt werden. 6

3. Rechtfertigung für die Begründung gesetzlicher Schuldverhältnisse

Vertragliche oder rechtsgeschäftliche Verpflichtungen basieren auf dem Willen der Handelnden.[8] **Gesetzliche Verpflichtungen** führen zu einem Schuldverhältnis unabhängig davon, ob die verpflichtete Partei freiwillig zur Leistung bereit ist. Typischerweise begründet das Gesetz sie, wenn private Interessensphären dergestalt aufeinander treffen, dass die Schädigung einer dieser Sphären aus Gründen der Gerechtigkeit einen 7

6 Dafür *Larenz/Canaris*, Schuldrecht II/2, § 76 II 4 g; dagegen *Otte*, JZ 1969, 253.
7 *Zimmermann*, Law of Obligations, S. 7.
8 Zentral ist der Rechtsbindungswille, der bei Gefälligkeiten fehlt, hierzu BGHZ 21, 102, 106.

Ausgleich erfordert. Die willentliche Verfügung über Ressourcen ist **Ausdruck autonomer und selbstgestalteter Lebensführung** beider Beteiligten, Schuldner und Gläubiger. Das Recht soll und muss nicht über den Kopf der Beteiligten hinweg Bindungen begründen oder verhindern. Entsprechend erlaubt § 311 Abs. 1 vertragliche Verpflichtungen in sehr weitem Umfang und in vielen Gestaltungsformen, letztlich bis zur Grenze der Sitten- oder Gesetzeswidrigkeit (§§ 134, 138).[9] **Gesetzliche Verpflichtungen** müssen dagegen von vornherein sehr viel enger zugeschnitten sein, denn sie **begrenzen privatautonomes Handeln**, indem sie für bestimmte Risiken Haftungssanktionen oder Herausgabeansprüche androhen oder durchsetzen und Verbote oder Pflichten auch dort formulieren, wo dies vom Handelnden nicht gewünscht ist. Das sichert zwar die selbstgestaltete Lebensführung des Gläubigers, begrenzt aber diejenige des Schuldners. Das Gesetz muss daher bei der Aufstellung von Pflichten und Verboten stets eine Abwägung zwischen beiden Interessensphären treffen. Das Risiko, ungewollt Pflichten übernehmen zu müssen, beeinträchtigt die Freiheit, selbstbestimmt zu handeln. Das Risiko, ein Opfer schicksalhafter Ereignisse ohne Ausgleich zu werden, beeinträchtigt den effektiven Rechtsgüterschutz. Bei der Formulierung von gesetzlichen Haftungs- und Ausgleichsmechanismen geht es daher auch um eine Antwort auf die Frage, wer das Risiko für die Verletzung fremder Interessen zu tragen hat. Diese Antwort wird durch rechtssystematische, moralische und ökonomische Überlegungen beeinflusst. Die Verteilung von Risikosphären zwischen Verursacher und Betroffenem lässt fragen, für welche Risiken das Recht Ausgleichsmechanismen vorzusehen hat. Je riskanter das moderne Leben wird, desto stärker neigt die Rechtsordnung dazu, einen Ausgleich zu schaffen, der immer häufiger auch zulasten Privater geht, indem gesetzliche Schuldverhältnisse erweitert werden. Die Ausdehnung von Haftungstatbeständen, sei es durch die Knüpfung rechtsgeschäftsähnlicher Bindungen auch dort, wo ein Rechtsbindungswille fehlt, also durch gesetzliche Anordnung, ist zum Instrument der Risikoverteilung in einer komplexer werdenden Welt geworden. Die wichtigsten Ausdehnungen gesetzlicher Pflichten betreffen die Haftung für die Gefährdung durch Produkte (Produkthaftung, s.u. § 6 III) und das **Verhalten im Straßenverkehr** (unten § 6 II).

II. Grenzfälle zwischen vertraglicher und gesetzlicher Haftung

8 Die **Trennlinie zwischen vertraglicher und gesetzlicher Haftung** ist dünn bei der Haftung für rechtsgeschäftliche Erklärungen durch **Auslobung** (§ 657). Wer dem Finder eines entlaufenen Haustiers durch öffentlichen Aushang eine Belohnung verspricht, weiß noch nicht, mit wem er ein auf Zahlung dieser Belohnung gerichtetes Schuldverhältnis eingehen wird. Eine konkrete persönliche Bindung aufgrund privatautonomer Wahl besteht noch nicht. Der Finder des entlaufenen Hündchens mag der unsympathische Nachbar sein, dem man keinesfalls etwas schulden möchte, gleichwohl muss man zahlen. In der Einordnung nicht eindeutig sind überdies **Gewinnspiele.** Aus **§ 762** folgt, dass aus Spiel und Wette nicht auf Erfüllung geklagt werden kann,[10] obgleich die Parteien eine Bindung selbst gegenüber dem noch Unbekannten wollen. Wer dennoch nach verlorener Pokerpartie zahlt, kann das Geleistete nicht zurückverlangen (§ 762

9 Stark eingeschränkt wird dieser Grundsatz allerdings durch Verbraucherschutznormen und die Inhaltskontrolle Allgemeiner Geschäftsbedingungen; dazu überblicksartig *Th. Möllers*, JuS 1999, 1191.

10 Das betrifft nicht Sportwetten, ebenso wenig Internetauktionen, BGH NJW 2002, 363. Zur strafrechtlichen Seite vgl. § 284 StGB. Als Auslobung angesehen wurde das Fernsehquiz „Wer wird Millionär", OLG Köln NJW-RR 2014, 1138 mit der Folge, dass ein Rechtsanspruch auf weiteres Mitspielen bestehen kann, wenn die Antwort auf eine Quizfrage zu Unrecht als falsch bewertet wurde.

Abs. 1 S. 2), selbst wenn er in Kenntnis des fehlenden Rechtsgrundes leistet (§ 814 1. Fall, hierzu unten § 9 Rn. 8).[11] Bei sog. „**Gewinnzertifikaten**“ oder Gewinnversprechen („Ja! Sie haben gewonnen!“) entsteht ein Schuldverhältnis bereits, wenn der Gewinn scheinbar zugesagt ist und erst im Kleingedruckten klargestellt wird, dass weitere Voraussetzungen zu erfüllen sind, etwa eine Ware bestellt werden muss (§ **661a**). Bei ihnen besteht ein Erfüllungsanspruch – entgegen § 762 – auch dort, wo der Rechtsbindungswille des Auslobenden fehlt. Gewinnspielveranstalter müssen daher deutlich klarstellen, ob etwas gewonnen wurde oder der Adressat noch weitere Bedingungen erfüllen muss.[12] Es haftet, wer als Absender in Erscheinung tritt.[13] Auch wenn die Vorschrift systematisch den rechtsgeschäftlichen Versprechen zugeordnet wurde, ist sie doch einer gesetzlichen Haftungsnorm stark angenähert.[14]

Systematisch nicht ganz klar einzuordnen ist schließlich § **241a**, wonach ein Unternehmer, der einem Verbraucher ohne Bestellung wissentlich Ware zusendet, hierdurch keine Bindung begründet (§ 241a Abs. 1). Die Sache muss weder herausgegeben noch ersetzt werden, wenn sie beschädigt oder zerstört wurde. Wer wissentlich unbestellte Ware zusendet, riskiert also, dass sein Eigentum „vogelfrei“ wird.[15] Diese Praxis gilt auch als unlauter (vgl. § 3 Abs. 3 mit Anhang Nr. 29 UWG), weil sie den Verbraucher dazu verleiten kann, eine Ware zu bezahlen, die er niemals haben wollte, um keine Unannehmlichkeiten oder Peinlichkeiten befürchten zu müssen. Allzu viele Fälle zu dem Problemkreis finden sich nicht,[16] dafür hat die skurrile dogmatische Platzierung im Schuldrecht zu zahlreichen Lehrbuchfällen und Prüfungskonstellationen geführt.

RECHTSVERGLEICHUNG: Ein Blick in ausländische Rechtsordnungen lehrt, dass nicht im- 9
mer Einigkeit darüber besteht, ob die Haftung auf vertragliche oder gesetzliche Grundlagen gestützt wird. In Deutschland ist die Produkthaftung als unerlaubte Handlung in § 823 Abs. 1 verankert worden. In Frankreich wurde eine vertragliche Haftung durch die Verlängerung der Gewährleistung des Händlers auf den Hersteller vorgesehen.[17] Im englischen und US-amerikanischen Recht findet man eine Lösung, die zum Teil reine Gefährdungshaftung (d.h. ohne Rücksichtnahme auf Verschulden und Rechtswidrigkeit im Einzelfall) ist.[18]

Im Falle der Haftung für Gewinnzusagen zeigt sich, dass ein Unternehmer beim Wort 10
genommen wird, also für eine von ihm gegebene Auskunft („Sie haben gewonnen“) haftet. Allgemein besteht in Deutschland die Tendenz, eine ergänzende vertragliche

11 Vgl. hierzu *Henssler*, Risiko als Vertragsgegenstand, 1994, S. 438. *Henssler* sieht die Rechtfertigung für § 762 Abs. 1 S. 2 darin, dass bereicherungsrechtlich nicht zurückfordern können soll, wer sich freiwillig über die Wertvorstellung, die in § 762 zum Ausdruck kommt, hinwegsetzt. Demnach besteht der Ausschluss selbst dann, wenn der Betroffene einem Rechtsirrtum unterliegt, z.B. weil er die Vorschrift gar nicht kennt.

12 Zur Frage, ob nicht eindeutige Gewinnzusagen durch den Veranstalter angefochten werden können, vgl. *Stieper*, NJW 2013, 2849.

13 BGHZ 165, 172 = NJW 2006, 230, 232.

14 BGHZ 147, 296 – Gewinn-Zertifikat; weitere Fälle BGH NJW 2003, 426 m. Anm. *Leible*, 407; NJW 2004, 1652; OLG München NJW 2004, 1671; zur Verfassungsmäßigkeit des § 661a vgl. BVerfG NJW 2004, 762 m. Besprechung *Schröder/Thiessen*, NJW 2004, 719.

15 *E. Schmidt*, Das Schuldverhältnis, Rn. 64.

16 Im Bürgerlichen Recht LG Gera CR 2004, 543 (heimliche Installation eines Dialers zur Inanspruchnahme von Mehrwerttelefondienstleistungen); im UWG vgl. etwa OLG Köln GRUR-RR 2002, 236 (Zusendung von unbestellten Druckerzeugnissen als unlautere Wettbewerbshandlung).

17 *W. Lorenz*, FS Wahl, 1973, S. 185.

18 So im Urteil des House of Lords in der Sache *Donoghue v. Stevenson* [1932] A.C. 562 (H.L.), *Kessler*, 76 Yale LJ 887 (1966/67); gut lesbar zur US-amerikanischen Entwicklung *Peter W. Huber*, Liability. The Legal Revolution and Its Consequences, 1988.

Haftungszusage selbst dort anzunehmen, wo der Auskunftsgeber nicht unbedingt Zusagen abgeben wollte, etwa bei der Haftung für Erklärungen im Gebrauchtwagenhandel.[19] 2001 hat auch der Gesetzgeber durch die Anordnung einer Eigenhaftung des Vertreters in § 311 Abs. 3 diese Fälle stärker in der Vertragshaftung verankert.[20] Doch könnte man eine Auskunftshaftung auch deliktisch begründen. In welche Richtung sich das Recht an solchen Schnittstellen zwischen Vertrag und Gesetz weiterentwickelt, hängt häufig von Zufällen und der bisherigen Ausgestaltung der jeweiligen Rechtskategorie ab. So führte die Beschränkung der Haftung für Dritte auf existierende Schuldverhältnisse (§ 278 gegenüber § 831) dazu, dass die Erweiterung sich im Bereich der Vertragshaftung abspielte.[21] Im angloamerikanischen Recht dagegen führen Beschränkungen des Vertragsrechts eher zu einer Ausweitung des Deliktsrechts, sodass dort bereits der Tod des Vertragsrechts zugunsten des Deliktsrechts angekündigt wird.[22]

Wiederholungs- und Vertiefungsfragen

> Wie wird ein Schuldverhältnis begründet? Genügen objektive Rechtsgebote, um ein privates Schuldverhältnis zu begründen?

> Was versteht man unter dem Stichwort „Relativität von Schuldverhältnissen"?

> In welchen Fällen lassen sich Forderungen als absolute Rechte begreifen?

> (V) Was kennzeichnet die Unterscheidung von Schuldrecht und Sachenrecht und welche historischen Wurzeln hat sie?

> Was ist der grundlegende Unterschied zwischen vertraglichen und gesetzlichen Verpflichtungen?

> Warum und in welchen Fällen werden Haftungstatbestände im modernen Leben zunehmend ausgedehnt?

> (V) Wann haftet man nach dem BGB für Auskünfte und Ratschläge? (*Canaris,* Die Haftung des Sachverständigen zwischen Schutzwirkungen für Dritte und Dritthaftung aus culpa in contrahendo, JZ 1998, 603–607; *Jens Koch,* § 311 Abs. 3 BGB als Grundlage einer vertrauensrechtlichen Auskunftshaftung, AcP 204 [2004], 59–80).

III. Typen und historische Entwicklung gesetzlicher Schuldverhältnisse

11 Unter die gesetzlichen Schuldverhältnisse fällt zunächst die Geschäftsführung ohne Auftrag (§§ 677 ff.), sodann das Bereicherungsrecht (§§ 812 ff.) und schließlich das Recht der unerlaubten Handlungen, das sog. Deliktsrecht (§§ 823 ff.) unter Einbeziehung der (auf Verschuldensvorwürfe verzichtenden) Gefährdungshaftung (z.B. § 833 S. 1).

12 Vertiefung: Die Dreiteilung der gesetzlichen Schuldverhältnisse in Geschäftsführung ohne Auftrag – Bereicherung – Delikt geht auf das römische Recht zurück. Dort stand zunächst das Delikt[23] neben dem Versprechen (Vertrag). Die private Haftung wegen einer Verfehlung oder wegen eines Vergehens (delictum) kompensierte, dass der Staat

19 Bsp.: BGH NJW 2000, 3130; OLG Koblenz NJW 2004, 1670; vgl. hierzu vertiefend *W. Lorenz*, FS Larenz, 1973, S. 575.

20 *J. Koch*, AcP 204 (2004), 59.

21 *Zweigert/Kötz*, Rechtsvergleichung, § 41 II.

22 Vgl. den plakativen Titel von *Grant Gilmore*, The Death of Contract, 1974; ferner *A.J.E. Jaffey*, Contract in Tort's Clothing, 5 Journal of Legal Studies 77, 103 (1985).

23 *Kaser/Knütel*, Römisches Privatrecht, § 32 Rn. 2 ff.

in dem ständig wachsenden Weltreich Schwierigkeiten hatte, die öffentliche Ordnung sicherzustellen. Die Anerkennung subjektiver Rechte, Verfehlungen selbst sühnen zu dürfen, bedeutet auch die Anerkennung privater Vollstreckungsgewalt des Gläubigers über die Person des Schuldners[24] und die **Dezentralisierung von Staatsgewalt** durch Einschaltung privater Akteure („private enforcement" oder private Rechtsdurchsetzung).

Im römischen Recht unterstützte der Staat dies durch die Bereitstellung eines förmlichen Verfahrens für die Durchsetzung deliktischer Ansprüche. Der Verletzer, der sich einem Anspruch auf körperlichen Zugriff durch den Verletzten ausgesetzt sah, erhielt das Recht, sich von dem Zugriff durch Zahlung zu lösen („solvere", vgl. oben § 1 Rn. 4). Wer sich umgekehrt freiwillig einer Haftung für die Schuld unterwarf, konnte das Vertrauen des Gläubigers in die Erfüllung dieser Schuld bestärken.[25] So wird die Unterscheidung zwischen Schuld und Haftung zum Ausgangspunkt für die Unterscheidung zwischen gesetzlichem Unterworfensein und freiwilliger Übernahme einer Verpflichtung. Die vertragliche Haftung entwickelte sich so im römischen Recht aus der deliktischen (gesetzlichen) Haftung heraus.

Die Haftung besteht also entweder aufgrund freiwilliger Verpflichtung oder aufgrund gesetzlicher Anordnung als Kompensation für eine unerlaubte Handlung. Aus einem eingleisigen Schuldsystem wird ein zweigleisiges.[26] Dieses System wurde im römischen Recht weiter ausgebaut. Man erkannte, dass es Schuldverhältnisse gab, die zwar nicht durch Vertrag begründet wurden, gleichwohl aber vertragsähnlich waren. Das betrifft die auftragslose Geschäftsführung und die Zahlung ohne rechtlichen Grund (Quasi-Verträge).[27] Hinzu traten Sachverhalte, in denen auch ohne Verschulden eine Verpflichtung zum Ersatz als gerecht angesehen wurde. Man sprach von quasideliktischen Pflichten,[28] die in der Verantwortlichkeit für eine Gefährdung aufgrund Risikoerzeugung oder -beherrschung besteht: Gefährdung durch Angestellte (§ 831), Gefährdung durch Sachen (§§ 836 ff.) oder öffentlich zugängliche Einrichtungen (§ 701). Das Haftungsrecht vereinigt so das Recht der verschuldensabhängigen unerlaubten Handlungen mit der verschuldensunabhängigen Gefährdungshaftung.[29] Gelegentlich gibt es Überschneidungen, wenn es um die Abgrenzung zwischen bloßer Risikobeherrschung und fahrlässiger Ermöglichung geht. So wird im französischen Recht als Quasidelikt die Fahrlässigkeitstat bezeichnet.[30] Im deutschen Recht fasst man unter das Deliktsrecht (moderner: Haftungsrecht) heute sowohl die Verschuldens- als auch die Gefährdungshaftung.

IV. Gesetzliche Schuldverhältnisse und Versicherung

Beim vertraglichen Schuldverhältnis haben die Parteien die Möglichkeit, durch privatautonome Verhandlung ihre wechselseitigen Interessen zu wahren. Anders ist es bei 13

24 Vgl. *Zimmermann*, Law of Obligations, S. 2.
25 *Zimmermann*, Law of Obligations, S. 4.
26 *Zimmermann*, Law of Obligations, S. 10 spricht von der „contract-delict-dichotomy" des römischen Rechts.
27 *Kaser/Knütel*, Römisches Privatrecht § 38 Rn. 1, 4.
28 *Kaser/Knütel*, Römisches Privatrecht, § 38 Rn. 3, 5.
29 Aus US-amerikanischer Sicht *Frier*, Casebook, S. 227; aus römisch-rechtlicher Sicht *Zimmermann*, Law of Obligations, S. 17.
30 Vgl. bereits *Pothier*, Traité des obligations, Band I, 1821, Nr. 116, S. 158 : « Le quasidélit est le fait par lequel une personne, sans malignité, mais par une imprudence qui n'est pas excusable, cause quelque tort à un autre. » Ebenso im deutschen Recht Staudinger/*Hager*, Vorbem. zu §§ 823 ff. Rn. 2.

den gesetzlichen Schuldverhältnissen, die ja gerade dadurch entstehen, dass ein Tatbestand verwirklicht wird, weil der Schuldner in eine fremde Interessensphäre ohne Verhandlung eingedrungen ist. Der gesetzliche Tatbestand selbst muss hier für den **Interessenausgleich durch die Zubilligung von Ausgleichsansprüchen des Benachteiligten gegen den Handelnden** sorgen. Damit einher geht ein Eingriff in die Freiheit des Handelnden. Je höher das Risiko zum Handeln durch eine drohende Schadensersatzpflicht wird, desto eher unterbleibt die Handlung. Die Abgrenzung zwischen Freiheitseingriff (aufseiten des potenziellen Schuldners) und Risikominimierung (aufseiten des potenziellen Gläubigers) ist Hauptanliegen des Rechts der gesetzlichen Schuldverhältnisse. Im Deliktsrecht wird der Eingriff in die Position des Haftenden für angemessen gehalten, weil der Ausgleichspflichtige vorwerfbar und unrechtmäßig gehandelt hat.

In neuerer Zeit wird versucht, den **Ausgleichs- und Kompensationsgedanken von moralischen Vorwürfen zu entlasten.** Hintergrund ist, dass viele Handlungen des modernen Lebens – etwa die Zulassung des Automobilverkehrs – potenziell gefährlich und schadensträchtig sind, gleichzeitig aber auch Fortschritt und Wohlstand sichern. Den Preis für das erlaubte Risiko kann die Gesellschaft insgesamt über ein Steuersystem oder die Gemeinschaft derjenigen tragen, die gefährliche Tätigkeiten betreiben (Versicherungsprinzip). Lösungsvorschläge gehen dahin, das **Haftungsrisiko auf mehrere Schultern** zu **verteilen** und auf den Individualanspruch gegen den unmittelbaren Verursacher zu verzichten. Ein besserer „Risikoträger" als der einzelne Verletzte, aber auch ein einzelner Produzent ist die Gesamtheit der Produzenten oder gar die Gesamtheit der Staatsbürger. Dies minimiert das individuelle Haftungsrisiko, indem die Kosten von Haftpflichtversicherungen gemeinsam getragen und gleichmäßig auf die Verkaufspreise von Produkten übergewälzt werden. So zahlt am Ende die Gemeinschaft für die Haftungsrisiken der modernen Industriegesellschaft. Argumente für ein solches Verteilungssystem steuert die **ökonomische Analyse des Rechts** bei.[31] Diese in den 1960er-Jahren in den USA begründete und dort weit verbreitete Forschungsrichtung hält – etwas verkürzt – einen Ausgleichsmechanismus für vorzugswürdig, wenn er größere Effizienz bei der Nutzung von (stets) knappen Ressourcen (z.B. Kosten für die Durchführung des Ausgleichs) verspricht. Da ein System zahlreicher Privatklagen mit aufwendigen Beweisaufnahmen sowie langer Verfahrensdauer teuer und langsam ist, mag ein Versicherungssystem insgesamt volkswirtschaftlich billiger sein und dem Betroffenen schnellere und Nerven schonende Hilfe bieten. Dagegen spricht, dass das Recht auf diese Weise moralische Erwägungen des Ausgleichs und der Genugtuung (z.B. durch die persönliche Konfrontation mit dem Schädiger im Gerichtssaal) aufgeben würde. Das Recht würde einfacher, aber möglicherweise unfairer. Das spricht dafür, es bei dem Verschuldensprinzip als Grundsatz zu belassen und Ausnahmen von diesem Prinzip nur vereinzelt und nach sorgfältiger Abwägung zuzulassen.[32]

14 Elemente eines kollektiven Ausgleichssystems gibt es auch im deutschen Zivilrecht. So sorgen **Systeme des kollektiven Risikoausgleichs** dafür, dass Einbußen des Geschädigten schnell und vollständig kompensiert werden. Versicherungen sorgen für eine

31 Vgl. hierzu den Überblick bei MüKoBGB/*Wagner*, Vor § 823 Rn. 45 ff. Führendes deutsches Lehrbuch zu der Forschungsrichtung *Schäfer/Ott*, Lehrbuch der ökonomischen Analyse des Zivilrechts, 5. Aufl., 2013. In den USA: *Richard Posner*, Economic Analysis of Law, 9. Aufl. 2014; *Cooter/Ulen*, Law and Economics, 6. Aufl. 2011.

32 Auch die Gerichte in den USA bevorzugen einer Untersuchung zufolge im Zweifel Gesichtspunkte der Fairness gegenüber solchen der Effizienz: *David A. Fischer*, Successive Causes and the Enigma of Duplicated Harm, 66 Tennessee Law Review 1127 (1999); vgl. auch *Kenneth W. Simons*, Tort Negligence, Cost-Benefit Analysis, and Tradeoffs: A Closer Look at the Controversy, 41 Loyola L.A. Law Review 1171 (2008).

schnelle Abwicklung, gleichzeitig sind sie potente Schuldner für den Geschädigten. Es bleibt bei der Haftung des Verursachers, denn der zivilrechtliche Schadensersatzanspruch des Geschädigten geht auf den zahlenden Versicherer über. Die wichtigsten Überleitungsvorschriften in diesem Zusammenhang finden sich in **§ 116 SGB X**,[33] der für die Schadensersatzansprüche im Bereich der gesetzlich kranken- und unfallversicherten Personen gilt. Haftpflichtversicherungen im Bereich der Straßenverkehrshaftung können vom Geschädigten sogar direkt verklagt werden (**§ 115 Versicherungsvertragsgesetz**, Schönfelder Nr. 62). Für private Haftpflichtversicherungen ist **§ 86 VVG** (ehemals § 67 VVG) wichtig, der zu einem Forderungsübergang führt, soweit der Versicherer den Schaden ersetzt. Hinzu kommt **§ 6 Abs. 1 Entgeltfortzahlungsgesetz** (EFZG, Schönfelder Ergänzungsband Nr. 80), wonach ein deliktischer Schadensersatzanspruch, der darauf gerichtet ist, den wegen Verdienstausfalls eingetretenen Schaden zu ersetzen, kraft Gesetzes auf den Arbeitgeber übergeht. Dieser ist nach § 3 EFZG verpflichtet, für gewisse Zeit das Gehalt eines geschädigten Arbeitnehmers fortzuzahlen (Lohnfortzahlung im Krankheitsfall).

V. Zusammentreffen vertraglicher und gesetzlicher Schuldverhältnisse (Konkurrenzen)

Haftet der Schuldner auf vertraglicher und auf gesetzlicher Grundlage, so stellt sich die Frage nach dem Verhältnis der Ansprüche zueinander. 15

▶ **Fall 2:** Taxifahrer T, der für das Unternehmen U fährt, verursacht leicht fahrlässig einen Unfall, durch den sein Fahrgast F Verletzungen erleidet. In einem solchen Fall kommen Ansprüche aus einer Verletzung des zwischen F und U geschlossenen Beförderungsvertrages (§§ 631, 280, 278) und aus einer unerlaubten Handlung in Betracht. Für Letztere hat der Unternehmer nach § 831, der Taxifahrer nach § 823 Abs. 1 einzustehen. U als Halter des Taxis haftet zusätzlich (verschuldensunabhängig) nach § 7 Abs. 1 StVG. Sämtliche genannten Ansprüche führen dazu, dass dem Grunde nach eine Schadensersatzpflicht von T und U gegenüber F besteht. Inhalt dieser Schadensersatzpflicht ist nach § 249 Abs. 1 i.V.m. § 840, dass T und U dem F zur Wiederherstellung des ohne Schädigung bestehenden Zustandes verpflichtet sind, nach Wahl des F auch durch Geldzahlung (§ 249 Abs. 2). Unmittelbar einleuchtend ist, dass F seinen Schaden nur einmal ersetzt verlangen kann. Eine Verdoppelung oder Verdreifachung des Schadensersatzes, weil mehrere Personen beteiligt sind oder eine besondere Art der Schädigung vorliegt, kommt nicht in Betracht, denn damit würden die Schuldner bestraft werden. Das zu tun, ist jedoch grundsätzlich Aufgabe des Strafrechts und obliegt dem Staat und seinen Behörden. ◀

Treffen mehrere Ersatzanspruchsgrundlagen zusammen, so können die Ansprüche nebeneinander geltend gemacht werden. Die Anspruchsvoraussetzungen des Deliktsrechts sind eigenständig und unabhängig von den Regeln des Vertragsrechts. Es besteht **Anspruchsnormenkonkurrenz**, d.h. der Schaden kann zwar nur einmal ersetzt verlangt werden, doch darf der Kläger den einheitlichen Schadensersatzanspruch auf 16

33 Abgedruckt im Schönfelder in der Fußn. zu § 823 BGB.

verschiedene Haftungsgründe (Vertrag/Delikt/Gefährdung) stützen.[34] Jeder Anspruch folgt seinen eigenen Regeln (sog. **Unabhängigkeitsregel**).[35]

▶ Die Beweislast dafür, dass der Taxifahrer T nicht schuldhaft gehandelt hat, trägt für den vertraglichen Anspruch der Unternehmer U, denn § 280 Abs. 1 S. 2 weist die Last, das fehlende Verschulden zu beweisen, dem Schuldner zu. Für das Verschulden seines Gehilfen muss der Schuldner stets einstehen (§ 278). Wird der Fahrer T nach § 823 Abs. 1 verklagt, so muss diesem der Gläubiger F ein etwaiges Verschulden nachweisen. Wird der Unternehmer U auf Basis des § 831 verklagt, so wird sein Verschulden vermutet, er kann sich jedoch exkulpieren.

Am günstigsten für den Fahrgast ist der auf Gefährdungshaftung gestützte Anspruch gegen den Unternehmer, denn bei § 7 Abs. 1 StVG kommt es auf ein etwaiges Verschulden nicht an, solange der Unfall nicht durch höhere Gewalt oder eine vom Taxiunternehmer schuldhaft ermöglichte Schwarzfahrt verursacht war (§ 7 Abs. 2, Abs. 3 StVG). Für den Inhalt des Ersatzanspruches ist jedoch in §§ 12, 12a StVG eine Haftungshöchstsumme angeordnet, während die deliktische Haftung der Höhe nach unbegrenzt ist. Besondere Bedeutung kann die Verwirkungsvorschrift des § 15 StVG haben, wonach F den Anspruch verliert, wenn er nicht spätestens innerhalb zweier Monate, nachdem er Kenntnis über Schaden und Person des Schädigers erhalten hat, U den Unfall anzeigt. Dieser Folge entgeht F nur, wenn er nachweisen kann, dass die Anzeige schuldlos unterblieben ist oder U auf andere Weise Kenntnis von dem Unfall erhalten hat. Eine solche Verwirkungsnorm enthalten die §§ 823 ff. nicht. ◀

17 Von der Unabhängigkeitsregel gibt es **Ausnahmen**. So kann eine **kürzere vertragliche Verjährungsfrist** dazu führen, dass ein konkurrierender Deliktsanspruch schneller verjährt, **gesetzliche Milderungen des vertraglichen Haftungsmaßstabes** können auf konkurrierende deliktische Ansprüche durchschlagen. Ob dies so ist, hängt davon ab, ob der Zweck der Privilegierung darauf gerichtet ist, den Schuldner umfassend von einer Haftung freizustellen. Dies lässt sich für die Verjährungsfälle durch folgenden Fall verdeutlichen:

▶ **Fall 3** (BGHZ 54, 264): K ist Kfz-Händler und zeigt dem kaufwilligen B seine Fahrzeuge. B interessiert sich für einen Pkw, möchte aber mit diesem Pkw unbedingt zunächst eine Probefahrt unternehmen. K ist einverstanden, nachdem er darauf hingewiesen hat, dass das Fahrzeug nagelneu ist. B verursacht während der Probefahrt leicht fahrlässig einen Kotflügelschaden. Er wusste nicht, dass der Pkw tatsächlich nicht zum Verkauf stand, sondern einem Angestellten des K gehörte. K erstattet dem Angestellten den Schaden und lässt sich dessen Schadensersatzansprüche gegenüber B abtreten. Der Vorgang zieht sich in die Länge, sodass K erst nach knapp drei Jahren Schadensersatzklage wegen der Beschädigung erheben kann. B beruft sich auf Verjährung.

Die Zurverfügungstellung eines Pkw für eine Probefahrt kann, wenn sie entgeltlich geschieht, einen Mietvertrag begründen, typischerweise wird sie kulanzweise ohne Entgelt erfolgen, dann liegt jedenfalls ein Leihvertrag i.S.v. § 598 vor, wenn – wie hier – den Umständen zu entnehmen ist, dass die Probefahrt nicht nur als Gefälligkeit ermöglicht wird. Sowohl der Mieter als auch der Entleiher hat die Sache zurückzugeben (vgl. § 546 bzw. § 604).

34 Zu den häufigen Überschneidungen zwischen vertraglicher und deliktischer Haftung: *Schlechtriem*, Vertragsordnung und außervertragliche Haftung, 1972, S. 289 ff.; in der Rechtsprechung z.B. BGH NJW-RR 1996, 1121 (gesetzliche und vertragliche Ansprüche beim Personenbeförderungsvertrag).

35 BGHZ 9, 301, 302; in der neueren Rechtsprechung: BGHZ 55, 392, 395; 67, 359, 362 f.; *Medicus*, Gesetzliche Schuldverhältnisse, § 2 II S. 8.

Gibt der Mieter bzw. Entleiher die Sache in verschlechtertem Zustand zurück, so liegt hierin eine Pflichtverletzung i.S.d. § 280 Abs. 1, die zum Schadensersatz verpflichtet. Sowohl für den Leihvertrag als auch für den Mietvertrag ist angeordnet, dass Ersatzansprüche wegen Verschlechterungen der überlassenen Sache in sechs Monaten verjähren (§§ 548 Abs. 1 S. 1; 606 S. 1). In beiden Fällen beginnt die Verjährungsfrist zum Zeitpunkt der Rückgabe der Sache (§§ , 548 Abs. 1 S. 2, 606 S. 2). Danach wäre der vertragliche Anspruch des K im Zeitpunkt der Klageerhebung verjährt.[36]

Durch sein leicht fahrlässiges Verhalten hat B allerdings auch fremdes Eigentum rechtswidrig beschädigt. Daher besteht auch ein Anspruch aus § 823 Abs. 1 gegen ihn. Dieser Anspruch steht zwar dem Angestellten als Eigentümer des Fahrzeugs zu, doch hat sich K den Anspruch nach § 398 abtreten lassen. Der Anspruch verjährt nach §§ 195, 199 Abs. 1 drei Jahre ab dem Schluss des Jahres, in dem er entstanden ist und K volle Kenntnis der für die Geltendmachung erforderlichen Tatsachen erlangt hat. Die Dreijahresfrist ist vorliegend noch nicht abgelaufen. Daher fragt sich, ob die kurze Verjährungsfrist der §§ 548, 606 auch für den deliktischen Anspruch gilt. Grundsätzlich besteht Anspruchsnormenkonkurrenz, d.h. die Geltendmachung des auf Delikt gestützten Anspruchs ist unabhängig von der Geltendmachung des auf Vertrag basierenden Verlangens (vgl. oben § 1 Rn. 16). Doch kann der Zweck der Privilegierung im Vertragsrecht darauf gerichtet sein, auch eine konkurrierende gesetzliche Haftung auszuschließen. Für §§ 548, 606 ist anerkannt, dass diese Vorschriften die Parteien zu einer schnellen Auseinandersetzung ihrer Rechtsbeziehungen veranlassen und Beweisschwierigkeiten darüber beseitigen sollen, ob eine Veränderung oder Verschlechterung der überlassenen Sache auf einer Pflichtverletzung des Nutzers beruht.[37] Diese Zwecke würden beeinträchtigt, könnte der Kläger stets alternativ aus § 823 Abs. 1 klagen. Eine solche alternative Klage wäre dem Vermieter oder Verleiher einer beschädigten Sache immer möglich, weil die Rückgabe der Sache in beschädigtem Zustand immer auch Eigentumsverletzung ist. Die Anspruchskonkurrenz würde also dazu führen, dass die Privilegierung der §§ 548, 606 immer leerläuft. Daher ist die kurze Verjährungsfrist auch auf den Deliktsanspruch anzuwenden. Der Anspruch aus § 823 Abs. 1 verjährt daher sechs Monate nach Rückgabe des Pkw. ◀

Den Schuldner privilegierende Verjährungsnormen setzen sich bei Anspruchskonkurrenz durch, wenn ansonsten deren Zweck vereitelt würde. Daran fehlt es, wenn ein auf Vertrag und ein auf Delikt gestützter Anspruch nicht stets zum selben Ergebnis führen. Dies zeigt 18

▶ **Fall 4** (BGHZ 55, 392): B lässt bei K einen durch einen Verkehrsunfall beschädigten Sattelschlepper reparieren. K führt die Reparatur schlecht aus. Nach einiger Zeit bilden sich im Rahmen des Anhängers Risse, die darauf zurückzuführen sind, dass ein Achsaggregat unsachgemäß befestigt wurde. B verkauft schließlich (entnervt) den Sattelschlepper zu einem verminderten Preis und macht den hierdurch eingetretenen Schaden zu einem Zeitpunkt geltend, zu dem die werkvertraglichen Ersatzansprüche verjährt sind.

Die mangelhafte Ausführung einer Reparatur begründet über §§ 634 Nr. 4, 280, 281 einen Schadensersatzanspruch. Der Anspruch ist zwei Jahre nach Abnahme nicht mehr durchsetz-

36 § 548 n.F. entspricht dem in BGHZ 54, 264 zitierten § 558. Bei Überlassung eines Fahrzeugs zu Zwecken einer Probefahrt verjähren eventuelle Schadensersatzansprüche des Händlers in sechs Monaten ab Übergabe, vgl. BGH NJW 1964, 1225 und NJW 1968, 1472; ebenso beim Kauf auf Probe BGHZ 119, 35 = NJW 1992, 2413.

37 BGHZ 98, 235, 237; Hk-BGB/*Scheuch* § 548 Rn. 1; entsprechend für § 606: BGHZ 119, 35, 39.

bar (§ 634a Abs. 1 Nr. 1, Abs. 2), wenn sich der Schuldner auf Verjährung beruft (§ 214 Abs. 1).

Lässt sich der Anspruch darüber hinaus auf § 823 Abs. 1 stützen, so ist die Verjährungsfrist länger (§§ 195, 199). An dieser Stelle taucht die Frage auf, ob die schlechte Ausführung einer werkvertraglichen Reparatur gleichzeitig eine Eigentumsverletzung darstellen kann. Hierauf kommt es nicht an, wenn die kurze Verjährungsfrist des § 634a auch für deliktische Ansprüche gilt. Nach der soeben gefundenen Ausnahme von der Unabhängigkeitsregel (vorige Rn.) ist dies aber nur so, wenn jede Vertragsverletzung auch eine Eigentumsverletzung ist. Das trifft jedoch nur zu, wenn durch die Reparatur vorher intaktes Eigentum an dem Sattelschlepper beschädigt worden ist (vgl. hierzu noch unten § 3 Rn 28). Eine Reparatur, die lediglich zu einer unsachgemäßen Montage führt, dabei aber das reparierte Objekt selbst in seiner Substanz nicht schädigt, ist keine Eigentumsverletzung. Das bereits beschädigte Aggregat wird lediglich durch ein schlecht verarbeitetes anderes, nicht aber schadhaftes Aggregat ersetzt. Zwar besteht auch der Zweck der werkvertraglichen Verjährung darin, für eine schnellere Abwicklung der drohenden Beweisschwierigkeiten zu sorgen, doch existieren diese Beweisschwierigkeiten nur im Hinblick auf die ausgeführte Werkleistung. Wird durch die Werkleistung zusätzlich das Eigentum des Bestellers beschädigt, so liegt der Fall nicht anders, als wenn ein Maler bei der Renovierung eines Wohnraumes eine Vase beschädigt. Bei der Reparatur eines solchen Schadens geht es nicht um eine werkvertragstypische Beweissituation (schlechtes Malern), sondern um die Schädigungslage, in die jeder Eigentümer auch außerhalb von Verträgen (z.B. durch einen tollpatschigen Gast) geraten kann. Nur weil mit dem Maler zusätzlich ein Vertrag mit schuldnerfreundlichen Haftungsregeln besteht, sollte man den Eigentümer nicht schlechter stellen. Der BGH hat daher nachvollziehbar entschieden, dass der Eigentumsschutzanspruch aus § 823 nach eigenen Regeln und damit später verjährt.[38] ◀

19 Eine Ausnahme zur Unabhängigkeitsregel bei **gemilderten Haftungsmaßstäben** zeigt:

▶ Fall **5** (ähnl. BGH NJW 1972, 475; vgl. auch § 13 Rn. 18 Fall **115**): A und B feiern gemeinsam in einer Gaststätte. Am Ende des Abends ist A, der mit seinem Pkw angefahren ist, stockbetrunken. Dennoch will er selbst nach Hause fahren. B ist nur angetrunken, weil er deutlich weniger konsumiert hat als A. Daher setzt sich B an das Steuer des Fahrzeugs von A und hindert diesen daran, selbst zu fahren. Auf der Heimfahrt kommt es gleichwohl zu einem Unfall. A wird als Halter des Fahrzeugs auf Zahlung von Schadensersatz in Anspruch genommen. Die verauslagte Summe verlangt A von B ersetzt. Zu Recht?

Als **Anspruchsgrundlage** kommt **§ 678** in Betracht. Das Führen des Kraftfahrzeugs in der konkreten Situation war ein Geschäft des A, dessen Übernahme durch B angesichts dessen Trunkenheit nicht ohne Weiteres im objektiven Interesse des Kfz-Eigentümers war. Zwar ist ein der Geschäftsführung entgegenstehender Wille wegen des Trunkenheitszustandes des A entsprechend § 105 Abs. 2 unbeachtlich. Das fehlende Interesse des A an einer „Rettung“ durch einen ebenfalls betrunkenen Geschäftsführer führt jedoch dazu, dass eine unberechtigte Geschäftsführung ohne Auftrag vorliegt. Für solche Fälle sieht § 678 vor, dass der Geschäftsführer für die Folgen der erkennbar unberechtigten Übernahme der Geschäftsführung auf Schadensersatz haftet. Allerdings formuliert **§ 680** eine Unterausnahme, wonach eine Geschäftsübernahme zu Zwecken der Abwehr einer dem Geschäftsherrn drohenden dringenden Gefahr den **Haftungsmaßstab mildert**, sodass der Geschäftsführer nur für Vorsatz und grobe Fahrlässigkeit einzustehen hat. Dieser Haftungsmaßstab wird sowohl für

38 BGHZ 55, 392, 398.

die Frage der Übernahme als auch der Ausführung des Geschäfts angewendet. Bei Übernahme des Geschäfts wird man nur leichte Fahrlässigkeit annehmen können, weil sich der Geschäftsführer sehr schnell entscheiden, insbesondere auch gegen alle Versuche des A, selbst zu fahren, zur Wehr setzen musste. Bei der Ausführung der Handlung ist ein grob fahrlässiger Fahrfehler dem Sachverhalt nicht zu entnehmen. Die Privilegierung des § 680 ist mithin anwendbar, der Anspruch aus § 678 scheidet daher aus.

Das Führen eines Kraftfahrzeugs war allerdings auch eine Handlung i.S.d. **§ 823 Abs. 1**, die zur Schädigung des Eigentums des Geschäftsherrn und zu Folgeschäden in dessen Vermögen führte. Das Verhalten war ferner rechtswidrig und jedenfalls fahrlässig, erfüllt also insgesamt den Tatbestand des § 823 Abs. 1. Auf der Ebene des Verschuldens stellt sich jedoch die Frage, ob der Umstand, dass B zu Zwecken der Gefahrenabwehr, also nach § 680 privilegiert, handelte, auch auf den Verschuldensmaßstab bei § 823 Abs. 1 durchschlägt. Dafür spricht, dass § 680 Handlungen zur Gefahrenabwehr begünstigen möchte. Da bei solchen Handlungen typischerweise auch Deliktstatbestände erfüllt werden können, würde die Privilegierung dem Geschäftsführer nichts nutzen, würde man § 680 nicht auch auf konkurrierende Ansprüche anwenden. Die Privilegierung schlägt hier also auf § 823 Abs. 1 durch mit der Folge[39], dass B auch aus dieser Norm gegenüber A nicht haftet. ◀

Weitere Haftungsmilderungen finden sich in §§ 521, 599 und 708.[40] Die Reichweite der Privilegien ist umstritten. Berühmt wurde ein Fall, in dem einem Landwirt Abfälle aus der Lebensmittelproduktion geschenkt wurden (sog. Kartoffelpülpe-Fall). Als er diese Abfälle an seine Mastbullen verfütterte, verendeten die Tiere. Die Schadensersatzklage, die sich aus §§ 516, 280 Abs. 1 ergeben kann (§ 524 liegt nicht vor, weil die Pülpe als solche nicht mangelhaft war), scheiterte nach Ansicht des BGH an § 521, wenn dem Schenker nicht Vorsatz oder grobe Fahrlässigkeit zur Last fallen. Die Haftungsmilderung soll auch auf die Klage aus § 823 Abs. 1 durchschlagen, weil die Schädigung der Integritätsinteressen des Beschenkten „im Zusammenhang mit dem Vertragsgegenstand“ stand.[41] Mit anderen Worten: Wenn ein erkennbar schadhafter Gegenstand verschenkt wird, soll der Schenker hierfür nicht haften müssen, da der verschenkte Gegenstand den vertraglichen Erwartungen entsprach. Wer Abfall geschenkt erhält, wird nicht enttäuscht, wenn er Abfall bekommt. Das ist konsequent, wenn man nur den Schaden betrachtet, der in der Übereignung von Abfall besteht. Der „Weiterfresserschaden“, der allerdings dadurch entsteht, dass das Vieh des Landwirts verendet, geht hierüber hinaus. Sinnvoller ist es daher, Weiterfresserschäden wie im Kaufrecht zu behandeln, also die Unabhängigkeitsregel anzuwenden (vgl. ausführlich § 3 Rn. 28 ff).[42]

Wiederholungs- und Vertiefungsfragen

> Was ist die Aufgabe der gesetzlichen Schuldverhältnisse?

> Wie verhalten sich unerlaubte Handlungen und Gefährdungshaftung zueinander?

39 *Medicus/Petersen*, Bürgerliches Recht, Rn. 640; zur Vertiefung *Gursky*, JuS 1972, 637.

40 Vgl. zu § 708: BGHZ 46, 313 = NJW 1967, 558 (Fahrgemeinschaft (= Gesellschaft bürgerlichen Rechts) verunglückt aufgrund eines leicht fahrlässigen Fehlers eines der „Gesellschafter“). Zu § 599: BGH NJW 1992, 2474, 2475 (als obiter dictum bei der gefälligkeitshalber erfolgten Überlassung eines Reitpferdes).

41 BGHZ 93, 23 = NJW 1985, 794, 795.

42 So MüKoBGB/*Wagner*, Vor § 823 Rn. 85 m.w.N.

- Welchen Sinn haben Forderungsübergänge auf Versicherungsunternehmen im Falle von durch Versicherungen abgedeckten Schäden? Welche gesetzlichen Bestimmungen existieren in diesem Bereich?
- Wie verhalten sich Ersatzansprüche auf verschiedener Grundlage zueinander? Welche Ausnahmen gibt es?
- (V) Fällt ein Gefälligkeitsverhältnis unter die Rubrik der gesetzlichen Schuldverhältnisse? (Hierzu: *Dieter J. Maier*, Gefälligkeit und Haftung – LG Kiel, NJW 1998, 2539, JuS 2001, 746–751)
- Welche Haftungsprivilegierungen gibt es? Gelten vertragliche Haftungsmilderungen bei Gefälligkeitsverhältnissen analog? (hierzu BGH NJW 1992, 2474).

VI. Unterschiede und Gemeinsamkeiten zwischen vertraglicher und gesetzlicher Haftung

1. Haftung für Gehilfen

20 Ein wichtiger Unterschied zwischen vertraglicher und außervertraglicher Haftung betrifft die **Frage, in welchem Maße für schuldhafte Handlungen von Personen gehaftet wird, die für den Schuldner tätig sind.** § 278 enthält hierzu eine strenge Regel. Nach ihr hat innerhalb bestehender Schuldverhältnisse der Schuldner für jedes Verschulden von Personen einzustehen, die in die Erfüllung der aus dem Schuldverhältnis resultierenden Pflichten eingeschaltet werden. Das ist so, weil jeder Schuldner seine Verpflichtungen selbst zu erfüllen hat. Bedient er sich gleichwohl dritter Personen, seien es Selbstständige, Subunternehmer, Angestellte oder bloß gefälligkeitshalber tätig werdende Personen, so soll der Schuldner auch das Risiko von deren Fehlverhalten tragen. Eine Exkulpation dadurch, dass die Personen ordentlich ausgewählt und überwacht wurden, gibt es nicht, denn den Gläubiger muss es nichts angehen, wie sorgfältig der Geschäftsherr seine Hilfspersonen auswählt und überwacht. Daher muss im Rahmen von Verträgen für die schuldhafte Schlechterfüllung letztlich immer der Vertragsschuldner einstehen.

21 **§ 278 gilt im Rahmen aller Schuldverhältnisse**, seien sie vertraglicher oder gesetzlicher Natur, **sobald das Schuldverhältnis entstanden ist.** Das wird bei gesetzlichen Schuldverhältnissen relevant, wenn ein Unfallschädiger sich kurz nach dem Unfall bereit erklärt, die Reparatur eines beschädigten Fahrzeugs selbst durchzuführen, etwa weil er Kfz-Werkstattunternehmer ist. Nach § 249 Abs. 1 schuldet der Unfallverursacher Wiederherstellung und er kann sie, wenn der Gläubiger einverstanden ist, auch selbst durchführen. Beauftragt er dafür einen Gehilfen, so ist ihm im Rahmen des entstandenen gesetzlichen Schuldverhältnisses aus § 823 Abs. 1 (ggf. auch §§ 7 Abs. 1, 18 StVG) eine schuldhaft schlechte Reparatur des Gehilfen über § 278 zuzurechnen. Darauf, ob der Gehilfe sorgfältig ausgewählt wurde, kommt es nicht an.

22 **Vor Entstehung des (gesetzlichen oder vertraglichen) Schuldverhältnisses** gilt § 278 dagegen noch nicht. Lässt der Werkstattunternehmer seinen Gehilfen ein Fahrzeug führen, mit welchem der Gehilfe fahrlässig einen Unfall verursacht, so kommt in Bezug auf das fremde Verschulden lediglich **§ 831** in Betracht. Danach haften Unternehmer stets für ihre Mitarbeiter, weil nach § 831 Abs. 1 S. 1 vermutet wird, dass diese unzureichend ausgewählt oder instruiert wurden. § 831 ist keine Zurechnungsnorm, sondern **eigene Anspruchsgrundlage**. Dem Unternehmer wird kein Verschulden des Mitarbeiters zugerechnet, sondern sein eigenes Auswahl- und Instruktionsverschulden wird

vermutet. Doch bleibt die Möglichkeit zu beweisen, dass die Vermutung nicht zutrifft (§ 831 Abs. 1 S. 2, sog. Exkulpationsbeweis). Die Möglichkeit des Unternehmers, sich im Rahmen des § 831 aus der deliktischen Haftung wieder herauszulösen, wird teilweise als eine Schwäche des deutschen Rechts angesehen.[43] Sie ist dafür verantwortlich gewesen, dass über die Ausdehnung der vorvertraglichen Haftung (§ 311 Abs. 2) § 278 BGB bereits angewendet wird, wo lediglich ein geschäftlicher Kontakt, aber noch kein Vertrag bestand. Durch die Ausweitung des Vertragsrechts kann die Schwäche des § 831 zwar aufgefangen werden,[44] die „Reparatur" ist aber systematisch (dogmatisch) nicht zweifelsfrei. Rechtsordnungen, welche eine scharfe Zurechnung des Angestelltenverschuldens auf den Unternehmer kennen, bewältigen solche Konstellationen unmittelbar durch eine Ausdehnung der gesetzlichen Haftung.[45]

§ 831 ist eine eigene Anspruchsgrundlage, die im Wesentlichen die gleichen Voraussetzungen wie § 823 Abs. 1 hat. Sofern im zu begutachtenden Sachverhalt Angaben darüber fehlen, dass der Geschäftsherr seinen Gehilfen ordentlich ausgewählt und überwacht hat, führt § 831 selbst dann zur Haftung, wenn dem Gehilfen ein konkretes Verschulden nicht nachzuweisen ist. Dies folgt aus § 831 Abs. 1 S. 1, der als Haftungsvoraussetzung nur eine widerrechtliche, nicht aber auch eine schuldhafte Schadenszufügung durch einen Verrichtungsgehilfen verlangt. Keine Verrichtungsgehilfen sind die Vorstände und sonstigen Leitungsorgane einer juristischen Person. Für sie gelten §§ 31, 89 (unten § 4 Rn. 11). 23

2. Milderungen und Verschärfungen des Verschuldensmaßstabs

Das Vertragsrecht enthält **Haftungsmilderungen** für Personen, die unentgeltlich handeln, also aus Gründen der Gerechtigkeit nicht übermäßig scharf haften sollen. So ist es im Recht der Schenkung (§§ 521, 523, 524), der Leihe (§ 599) und bei der unentgeltlichen Verwahrung (§ 690). Das BGB enthält aber auch **Haftungsverschärfungen.** § 300 Abs. 1 lässt den Gläubiger in erweitertem Umfang Sachrisiken tragen, wenn er sich im Gläubigerverzug befindet. Dabei berücksichtigt das Gesetz, dass der Schuldner bei ordentlichem Gläubigerverhalten die Leistung längst hätte erbringen können und erbracht hätte. Der Gläubiger, der sie hätte abnehmen müssen, aber noch nicht abgenommen hat, sorgt also für die Gefährdung des Erfolgs. Die darin liegende Obliegenheitsverletzung führt dazu, dass er das Risiko von Leistungsstörungen tragen muss. Den umgekehrten Fall betrifft § 848. Diese Vorschrift lässt denjenigen, der eine Sache durch unerlaubte Handlung entzogen hat, auch für den zufälligen (also nicht verschuldeten) Untergang der Sache haften. Auch dabei spielt eine Rolle, dass der Schuldner die Sache längst hätte herausgeben müssen, schlimmer noch, er hätte sie sich gar nicht auf die im Gesetz beschriebene Art verschaffen dürfen (unten § 2 Rn. 10). Vorsatz und Fahrlässigkeit betreffen die Verschuldensform. Vorgelagert ist die Frage der **Verschuldensfähigkeit** oder **Deliktsfähigkeit**. Sie fehlt den in §§ 827, 828 Genannten. Nur ausnahmsweise haften sie aus Billigkeitsgründen (§ 829). Die §§ 827, 828 sind in der Fallprüfung den §§ 276, 823 vorgelagert. Im Vertragsrecht kommt es auf eine besondere Einsichtsfähigkeit dagegen nicht an, weil grundsätzlich nur Geschäftsfähige wirksame 24

---

43 MüKoBGB/*Wagner*, § 831 Rn. 1 ff.

44 Vgl. zur Entwicklung *von Caemmerer*, Wandlungen des Deliktsrechts, in: FS zum hundertjährigen Bestehen des Deutschen Juristentages, Bd. II, 1960, S. 49, 56.

45 Vgl. für das englische Recht *Zimmermann*, Law of Obligations, S. 13; *Zweigert/Kötz*, Rechtsvergleichung, § 41 II, S. 638.

Verträge erzeugen können. Sofern sich der Geschäftsherr Minderjähriger als Erfüllungsgehilfen bedient, wird darin regelmäßig ein eigenes Auswahlverschulden liegen, so dass § 276 Abs. 1 greift. Hinzu kommt, dass § 278 dem Geschäftsherrn das Verschulden des Gehilfen wie eigenes Verschulden zurechnet. Fehler des Erfüllungsgehilfen, sind insoweit als schuldhaft anzusehen, wenn sie es im Falle eines Eigenhandelns des Geschäftsherrn wären.

▶ Beispiel Der Handwerker H lässt seinen 12-jährigen Sohn S eine Reparatur durch Schweißarbeiten durchführen. S ist noch altersgerecht ungeschickt und brennt ein Möbelstück des Auftraggebers A an. S haftet daher nicht nach §§ 823 Abs. 1, 828 Abs. 3. Allerdings muss H für den Schaden nach § 278 einstehen, weil er selbst hätte handeln müssen und die Beschädigung für ihn als Handwerker vermeidbar war. Die Entschuldigung, dass S noch nicht absehen konnte, dass Schweißarbeiten besondere Sicherheitsmaßnahmen erfordern (§ 828 Abs. 3) entschuldigt den H nicht. Man kann hier auch ein Eigenverschulden des H darin sehen, dass er den S überhaupt die Arbeit erledigen lässt (§ 276). ◀

3. Beweislast

25 Nach **allgemeinen Regeln** hat der **Gläubiger** eines Anspruchs diejenigen Umstände darzulegen und zu beweisen, welche den Anspruch begründen. Dazu gehört bei vertraglichen und bei deliktischen Schadensersatzansprüchen auch das Verschuldenserfordernis. Verschulden liegt vor bei Vorsatz oder Fahrlässigkeit (§ 823 Abs. 1). Fahrlässigkeit wird in § 276 Abs. 2 als objektiv sorgfaltswidriges Verhalten bezeichnet. Vorsatz ist nicht definiert. Wie im Strafrecht liegt es vor, wenn der Täter um die Tatbestandselemente weiß und ihre Verwirklichung will (Wissen und Wollen). Grundsätzlich muss der Geschädigte das Verschulden des Täters beweisen. **Bei vertraglichen Ansprüchen hilft** allerdings **§ 280 Abs. 1 S. 2** und die darin enthaltene Beweislastumkehr.

26 **Bei deliktischen Ansprüchen** hat der Gläubiger die Voraussetzungen des Deliktstatbestandes in vollem Umfang darzulegen und zu beweisen, dazu gehört auch der Beweis, dass der Schuldner vorsätzlich oder fahrlässig gehandelt hat. So ist es auch bei den §§ 823–826. Prüfungssachverhalte sind regelmäßig vollständig und unstreitig. Wird hier etwas zum Verschulden gesagt (z.B. dass der Schuldner fahrlässig war), so kann der Fallbearbeiter diese Auskunft als bewiesen ansehen. Im Übrigen bestehen **Beweiserleichterungen** in Einzelfällen. So wird das Verschulden des Geschäftsherrn für eine nicht ordnungsgemäße Auswahl und Überwachung des Verrichtungsgehilfen (§ **831**) vermutet. Ähnliche Verschuldensvermutungen enthalten die §§ **832, 833, 834 und 836** für die dort genannten Umstände (Auswahl und Unterrichtung des Mitarbeiters, gehörige Ausübung der Aufsicht für Aufsichtspflichtige oder Tiere, gehörige Wartung und Sicherung von Gebäuden). Im Bereich der **Produzentenhaftung** für neu hergestellte Waren (näher unten § 6 Rn. 16 f.)[46] und in Fällen der **Berufshaftung** haben die Gerichte besondere Verschuldensregeln aufgestellt,[47] die für **Ärzte** in den §§ 630a ff. kodifiziert wurden.[48]

---

46 Vgl. BGH NJW 1988, 2611; NJW 1999, 1028. Nicht bei Schutzgesetzverletzungen, BGH NJW-RR 2011, 1661.

47 Z.B. bei groben Behandlungsfehlern oder fehlender Dokumentation; zum groben Behandlungsfehler BGH LM § 823 (C) Nr. 71; *A. Spickhoff*, NJW 2004, 2345. Neuerdings auch bei einfachen Diagnosefehlern (Behandlung auf Virusinfektion unter Verkennung eines Herzinfarkts), wenn diese möglicherweise zu schweren Gesundheitsverletzungen führten, BGH NJW 2011, 3441 (Umkehr der Beweislast für die Kausalität des Fehlers).

48 Zu dieser Neuerung vgl. *Katzenmeier*, NJW 2013, 817.

Die Rechtswidrigkeit muss ebenfalls grundsätzlich der Anspruchsgläubiger beweisen. Eine Erleichterung bietet aber die sog. Indizfunktion des Tatbestandes, wonach bei Verletzung der in § 823 Abs. 1 genannten Schutzgüter oder eines Schutzgesetzes die Handlung als rechtswidrig gilt (§ 3 Rn. 1 und Rn. 73).

4. Verjährung

Die Verjährung eines Anspruchs gibt dem Schuldner das **Recht, die Leistung zu verweigern** (§ 214 Abs. 1). Das Recht ist als Einrede ausgestaltet, d.h. der Schuldner muss sie im Prozess erheben, sonst wird er verurteilt. Leistet jemand auf eine verjährte Forderung, so kann das Geleistete nicht zurückgefordert werden (§ 813 Abs. 1). Die Verjährungsvorschriften verfolgen den Zweck, möglichen Streit über Ansprüche zeitlich zu begrenzen und nach einer gewissen Zeit Rechtsfrieden durch Leistungsverweigerungsrechte herzustellen. Im Rahmen der Schuldrechtsmodernisierung 2001 wurden die Verjährungsregeln grundlegend umgestaltet, die Fristen erheblich verkürzt. Während nach früherem Schuldrecht eine **Regelverjährungsfrist** von 30 Jahren bestand, beträgt sie nach § 195 n.F. **nur noch 3 Jahre**. Eine wichtige Ausnahme enthält § 197, der in Abs. 1 Nr. 1 eine 30-jährige Verjährung für Schadensersatzansprüche bestimmt, die auf der vorsätzlichen Verletzung des Lebens, des Körpers, der Gesundheit, der Freiheit oder der sexuellen Selbstbestimmung beruhen. 27

Eine Besonderheit im Deliktsrecht enthält zudem noch § 852 S. 1 für Fälle, in denen der Schuldner auf Kosten des Verletzten etwas durch unerlaubte Handlung erlangt hat.[49] Die kurze deliktische Verjährung gilt nur für den eigentlichen Schadensersatzanspruch, also den Anspruch, der auf die Summe gerichtet ist, um welche das Vermögen des Gläubigers gemindert ist. Die Vermögensvermehrung beim Schädiger infolge der unerlaubten Handlung ist dagegen im Verhältnis zum Gläubiger eine ungerechtfertigte Bereicherung. Sie soll auch nach Ablauf der dreijährigen deliktischen Frist noch abgeschöpft werden können. Daher ordnet § 852 S. 2 eine Verjährungsfrist von zehn Jahren ab Anspruchsentstehung, äußerstenfalls 30 Jahre seit Tatbegehung an. Die unterschiedlichen Fristen erklären sich daraus, dass ein Ersatzanspruch erst entstehen kann, wenn Schaden bzw. Bereicherung eingetreten sind. Das kann auch noch Jahrzehnte nach dem Delikt der Fall sein. 30 Jahre nach Tatbegehung soll jedoch Schluss sein und Rechtsfrieden einkehren.

In vielen Fällen werden **vertragliche und deliktische Ansprüche verjährungsrechtlich gleich behandelt** (oben § 1 Rn. 16 ff.). Die Verjährungsfrist von drei Jahren beginnt ab Entstehung des Anspruchs und ab Kenntnis des Gläubigers von den anspruchsbegründenden Tatsachen und der Person des Schuldners (§ 199 Abs. 1).[50] Höchstfristen (d.h. Fristen, die unabhängig von der Kenntnis im Sinne des § 199 Abs. 1 sind) sehen die § 199 Abs. 2–5 für Ansprüche vor, die (unabhängig von der Anspruchsgrundlage) auf Schadensersatz gerichtet sind. Zu divergierenden Ergebnissen können konkurrierende vertragliche Vorschriften führen, welche den Beginn der Verjährungsfrist nicht an das Ende des Jahres anknüpfen, in dem der Anspruch entstanden ist, sondern an bestimmte Ereignisse, wie etwa die Übergabe einer Kaufsache (§ 438 Abs. 2), die Abnahme ei- 28

49 Ob diese Norm eigene Anspruchsgrundlage ist, die neben § 823 Abs. 1 tritt, ist umstritten, dafür NK-BGB/*Katzenmeier* § 852 Rn. 2; dagegen Hk-BGB/*Staudinger* § 852 Rn. 1; Beispiele zur früheren Rechtslage BGHZ 71, 86, 98; 130, 288, 297.

50 Das ist wichtig in Fällen, in denen sich die Kenntnis von einer Schädigung dem Gläubiger erst nach und nach erschließt, so beim Vertrieb sittenwidriger Vermögensanlagen, BGH NJW-RR 2011, 844.

nes Werkes (§ 634a Abs. 2) oder die Rückgabe einer Sache (§§ 548, 606). Die heutige Rechtslage ist aber gegenüber dem früheren Recht entschärft, weil der Unterschied zwischen vertrags- und deliktsrechtlichen Fristen nicht mehr übermäßig groß ist. So beträgt die kaufvertragliche Gewährleistung im Regelfall zwei Jahre ab Übergabe (§ 438 Abs. 1 Nr. 3, Abs. 2), während sie nach § 477 Abs. 1 a.F. sechs Monate betrug. Die Abgrenzung zwischen der Haftung aus Gewährleistung und positiver Forderungsverletzung schwankte nach früherem Recht zwischen sechs Monaten für die Gewährleistung und 30 Jahren für die positive Forderungsverletzung, was dazu führte, dass zahlreiche Fälle aus der Gewährleistungshaftung in das Recht der Pflichtverletzungen (§ 280 Abs. 1) gezogen wurden, um offensichtliche Ungerechtigkeiten zu korrigieren.[51] Geht es nur noch um die Unterschiede zwischen zwei oder drei Jahren, ist die mögliche Ungerechtigkeit aber nicht mehr eklatant. Gleichwohl gibt es noch Probleme bei der Abgrenzung zwischen deliktischer und vertraglicher Haftung (vgl. § 3 Rn. 31), mit denen in Klausur und Examen weiter zu rechnen ist.

5. Umfang des Ersatzes

29 Ein **Hauptproblem** bestand früher darin, dass bei deliktischen Ansprüchen unter bestimmten Voraussetzungen **Schmerzensgeld** für Nichtvermögensschäden verlangt werden konnte (§ 847 a.F.), während ein solcher Anspruch bei vertraglichen Ansprüchen, aber auch bei Ansprüchen aus Gefährdungshaftung nach dem StVG, ausgeschlossen war. Nur im Reisevertragsrecht gab es einen Anspruch auf Ersatz „verschwendeter Urlaubszeit" (heute § 651n Abs. 2).[52] Diese Unterschiede haben sich seit 2002 weitgehend erledigt. § 847 a.F. wurde aufgehoben und in **§ 253 Abs. 2** integriert. Daher kann nunmehr auch bei der Verletzung vertraglicher Pflichten ein Nichtvermögensschaden ersetzt werden, wenn als Folge einer Vertragsverletzung eines der in § 253 Abs. 2 genannten Rechtsgüter verletzt wird (Körper, Gesundheit, Fortbewegungsfreiheit, sexuelle Selbstbestimmung). Auch bei der Gefährdungshaftung im Rahmen des § 11 S. 2 StVG ist eine „billige Entschädigung in Geld" möglich. Die billige Entschädigung in Geld nach § 253 Abs. 2 bemisst sich nach allen Umständen des Einzelfalles, auch nach den wirtschaftlichen Verhältnissen des Schädigers und des Verletzten.[53]

30 Querschnittsfragen: Im Delikts- wie im Vertragsrecht ist nur das **Gläubigerinteresse** ersatzfähig, d.h. derjenige Schaden, der im Vermögen oder in den sonstigen Interessen des Gläubigers aufgetreten ist.[54] Im Vertragsrecht ist dieser Grundsatz dadurch gelockert, dass Dritte in die Schutzwirkung eines Vertrages einbezogen sein können (**Vertrag mit Schutzwirkung für Dritte**).[55] Das erlaubt es dem Gläubiger eines Vertragsanspruchs, z.B. dem Mieter einer Wohnung, auch vertragliche Ersatzansprüche bezüglich derjenigen Schäden zu stellen, die nicht ihm selbst, sondern solchen Personen entstanden sind, die im Schutzbereich des Vertrages stehen, z.B. den die Wohnung mitnutzenden Angehörigen.[56] Im Vertragsrecht kann das Instrument der **Drittschadensliquidati-**

51 Insbesondere die Abgrenzung zwischen Schlechtleistung und Falschlieferung ist hier zu erwähnen; vgl. BGH NJW 1989, 218 mit vertiefender Anmerkung *Wank*, JuS 1990, 95.
52 Vgl. das Schadensrechtsänderungsgesetz vom 19.7.2002, BGBl. I 2674.
53 BGHZ 212, 48, 55 ff. Tz. 30 ff. (Vereinigte Große Senate).
54 Vgl. allgemein Staudinger/*Schiemann*, Vorbemerkungen §§ 249-254 Rn. 49.
55 Methodisch lässt sich dies über eine Vertragsauslegung erreichen, so BGHZ 56, 269, 273.
56 Zu den Grundlagen dieser Konstruktion BGHZ 49, 350, 353; vertiefend und zusammenfassend *Bayer*, JuS 1996, 473; jüngere Entscheidung BGH NJW 2004, 3035.

on dazu führen, dass der Schaden zum Vertragsanspruch „gezogen" werden kann.[57] Daher kann derjenige, dem der vertragliche Anspruch zusteht, der aber keinen eigenen Schaden erlitten hat, den Schaden desjenigen ersetzt verlangen, der einen Schaden erlitten, aber keinen Ersatzanspruch hat. Diese scheinbar umständliche Konstruktion erlaubt es, nach § 285 Abs. 1 Abtretung des vertraglichen Schadensersatzanspruches zu verlangen und als Geschädigter Rechte schneller gegen den Verantwortlichen durchzusetzen.[58] Im **Deliktsrecht** ist die **Beschränkung** des Ersatzanspruchs **auf das Gläubigerinteresse in** den **§§ 844, 845 durchbrochen.** Danach sind bei Tötung des Geschädigten, also des Gläubigers eines deliktischen Anspruchs, auch die Aufwendungen derjenigen Personen zu erstatten, welche nur reflexhaft geschädigt werden, etwa weil sie die Beerdigung bezahlen müssen (§ 844 Abs. 1). Ferner können Schäden ersetzt verlangt werden, die aus infolge Schädigung entgangenen Unterhaltspflichten (§ 844 Abs. 2) oder Dienstpflichten des Geschädigten resultieren (§ 845). Ausnahmsweise finden diese Vorschriften auch im Vertragsrecht Anwendung (§ 618 Abs. 3).

Wiederholungs- und Vertiefungsfragen

- Worin liegen die Schwächen des Deliktsrechts und wie löst sie das deutsche Recht?
- Was genau wird in § 831 vermutet? Welche Funktion haben §§ 31, 278?
- (V) Welchen Zweck verfolgen die Verjährungsvorschriften und wie korrespondieren sie im vertraglichen und deliktischen Bereich miteinander? (Hierzu: *Schlemminger/Attendorn*, Überlagert die kurze mietrechtliche Verjährungsfrist konkurrierende Ausgleichsansprüche nach § 24 Abs. 2 BBodSchG?, NZM 1999, 97–101)
- Was besagt die Beschränkung des Ersatzanspruchs auf das Gläubigerinteresse?
- (V) Welches sind die Voraussetzungen, unter denen ein Dritter in den Schutzbereich eines Vertrages einbezogen wird? (Hierzu: BGH NJW 1996, 2928)
- Können Menschen Schmerzensgeld verlangen, wenn ihre engen Angehörigen durch einen Unfall getötet werden (Hierzu: *Hoppenstedt/Stern*, Einführung eines Anspruchs auf Angehörigenschmerzensgeld, ZRP 2015, 18–21)?

57 Dazu *Gomille*, JURA 2017, 619.
58 BGH NJW 1972, 289; hierzu *Büdenbender*, NJW 2000, 986; *von Schroeter*, Jura 1997, 343.

B. Deliktsrecht

§ 2 Überblick

I. Grundprinzipien

1 Das Deliktsverhältnis betrifft die **Urform des privaten Schuldverhältnisses im römischen Recht** (vgl. oben § 1 Rn. 12). Anders als das Strafrecht sanktioniert dieser Bereich nur die Schädigung privater Interessen, nicht aber auch die Verletzung des öffentlichen Interesses an der Unversehrtheit der Rechtsordnung. Das Vertragsrecht schützt besondere Erwartungen, welche unter Geschäftspartnern bestehen, die einander selbst ausgewählt haben. Demgegenüber grenzt das Deliktsrecht private Interessenssphären unabhängig vom Willen der Parteien gegeneinander ab, auch um berechtigte Erwartungen auf Rechtsgüterschutz zu erfüllen.[1] Das **Deliktsrecht sanktioniert die Übertretung von Verhaltensgeboten, die jedermann gegenüber seinen Mitmenschen im privaten Verkehr zu achten hat.**[2] Das deutsche Deliktsrecht sieht in § 823 Abs. 1 kein allgemeines Schädigungsverbot vor, sondern knüpft die Ersatzpflicht an die Verletzung bestimmter abschließend in § 823 Abs. 1 aufgeführter Schutzgüter (vgl. unten § 2 Rn. 3). Die wichtigste Einschränkung liegt darin, dass außer im Falle des § 826 für eine bloße Schädigung von Vermögensinteressen deliktisch nicht gehaftet wird. Vermögensinteressen müssen die Parteien also vertraglich schützen.

II. Struktur des Deliktsrechts

2 Zum **Deliktsrecht im engeren Sinne** gehören die §§ 823 ff., im weiteren Sinne auch die **Gefährdungshaftung**, die überwiegend in Sondergesetzen und ansatzweise in den §§ 833 ff. geregelt ist (vgl. § 1 Rn. 12 und § 4 Rn. 23).[3] Die Gefährdungshaftung folgt teilweise eigenen Regeln, die eine gesonderte Betrachtung verdienen (vgl. § 6).

In vielen Darstellungen des Deliktsrechts findet sich der Satz, dass das deutsche Deliktsrecht **keine allgemeine Generalklausel** enthält.[4] Eine deliktsrechtliche Generalklausel könnte etwa lauten: „Wer einen anderen widerrechtlich schädigt, haftet". Solch eine Generalklausel findet sich in manchen romanischen Rechtsordnungen, wie etwa im französischen Recht (Art. 1382, 1383 = künftig Art. 1240, 1241 c.c.). Sie erzeugt das Problem, dass die Haftungsrisiken hoch sind, die Ausübung von Handlungsfreiheiten daher riskant wird (vgl. oben § 1 Rn. 13). Der deutsche Gesetzgeber hat sich auch deshalb bewusst gegen eine Generalklausel entschieden[5] und in den §§ 823 ff. einen **dreifach abgestuften Schutz** vorgesehen:

3 (1) **Ausgangspunkt** ist **§ 823 Abs. 1.** Hiernach verpflichtet jede rechtswidrige und schuldhafte Verletzung **abschließend aufgezählter Schutzgüter** (Enumerationsprinzip, numerus clausus) zum Schadensersatz. Diese Güter sind gegen jede Form der Verletzung geschützt. Da der Katalog abschließend ist, genügt ein reiner Vermögensschaden

---

1 Vgl. *Zimmermann*, Law of Obligations, S. 904.
2 KG MDR 1998, 897; Palandt/*Sprau*, Einführung v. § 823 Rn. 2.
3 Zur Struktur des deutschen Deliktsrechts z.B. *Spickhoff*, JuS 2016, 865.
4 Stellvertretend *Larenz/Canaris*, Schuldrecht II/2, § 75 I 3 a; eine solche Generalklausel wurde allerdings bei Schaffung des BGB vorgeschlagen und diskutiert, vgl. MüKoBGB/*Wagner*, Vor § 823 Rn. 7–16.
5 Hierzu *M. Börgers*, Von den „Wandlungen" zur „Restrukturierung" des Deliktsrechts, 1993, S. 46 ff.

ebenso wenig wie die bloße mittelbare Verletzung von Interessen. Nur eine scheinbare Öffnung dieser engen Katalogregel ergibt sich durch die Einbeziehung **„sonstiger Rechte"**. Auch hierunter fallen jedoch nur Rechte, die durch besondere gesetzliche Anordnung absoluten Schutz genießen, also jedermann verpflichten.[6] Als Ausnahmen hierzu haben die Gerichte als „sonstige Rechte" auch sog. **Rahmenrechte** wie das allgemeine Persönlichkeitsrecht[7] und das Recht am eingerichteten und ausgeübten Gewerbebetrieb[8] in den Katalog des § 823 Abs. 1 einbezogen. Das ist eine Aufweichung, aber keine Änderung der dogmatischen Ausgangsposition.

(2) Von dem güter- oder gegenstandsbezogenen Schutz abzugrenzen ist der **verhaltensbezogene Schutz des § 823 Abs. 2.** Dadurch werden in anderen Vorschriften (z.B. im StGB oder in der StVO) aufgestellte, dem Schutz privater Interessen dienende Verhaltensgebote zu Haftungstatbeständen. So besteht der Schutz durch § 263 StGB vor betrügerischen Handlungen nicht nur im öffentlichen Interesse. Er soll auch private Interessen des Betrogenen schützen. Unabhängig von der strafrechtlichen Verantwortlichkeit schuldet der Betrüger Schadensersatz gegenüber dem Betrogenen. Im Unterschied zu § 823 Abs. 1 ist § 823 Abs. 2 nicht durch einen Erfolg, nämlich die Rechtsgutverletzung, sondern durch ein Verhalten, nämlich die Vornahme einer bestimmten, zu Schäden führenden Handlungsweise charakterisiert. 4

(3) Die **dritte Säule** des Rechts der unerlaubten Handlungen ist **§ 826.** Auch diese Vorschrift ist verhaltensbezogen ausgestaltet, weil eine Verletzungshandlung besondere Qualität erreichen, zudem auf der subjektiven Seite besonderen Voraussetzungen genügen muss. Auf der Rechtsfolgenseite genügt jede Schädigung, auch die reine Vermögensschädigung, sie muss aber vorsätzlich verursacht sein. Zum Teil wird § 826 deswegen als deliktische Generalklausel angesehen.[9] Doch bewirkt das Erfordernis einer sittenwidrigen und vorsätzlichen Schädigungshandlung eine erhebliche Haftungsbegrenzung. Daran erkennt man die Furcht des Gesetzgebers vor einer übermäßig freiheitsbegrenzenden Ausweitung des Haftungssystems. 5

Die **§§ 831 bis 839a** fügen sich in das dreistufige Schutzsystem ein und modifizieren es. §§ 831 bis 838 gehen davon aus, dass der dort als jeweils verantwortlich Genannte eine rechtlich relevante Unterlassung begangen hat, die zu einer Schädigung geführt hat. Die Vorschriften sanktionieren spezielle **Fälle von Verkehrssicherungspflichtverletzungen.** Sie passen zu § 823, weil Rechtsgüter oder Interessen auch durch Unterlassung von Sicherungsmechanismen verletzt werden können. Um den Gläubiger zu schützen, modifizieren sie Tatbestandsvoraussetzungen des § 823 Abs. 1. So wird etwa bei §§ 831, 833 S. 2, 834, 836 bis 838 das Verschulden desjenigen, der hätte handeln müssen, vermutet. § 839 verfolgt die Aufgabe, einen deliktisch handelnden öffentlichen Funktionsträger vor einer übermäßigen Haftung zu bewahren. Daher ist die Haftung unter bestimmten Umständen nur subsidiär. § 839a verfolgt ähnliche Zwecke für die Haftung eines gerichtlichen Sachverständigen (§ 5 Rn. 10). 6

Weitere Vorschriften, die teils über das BGB verteilt, teils in speziellen Gesetzen geregelt sind, enthalten **funktional deliktische Schadensersatztatbestände** für die verschiedensten Lebensbereiche. Dazu gehören: 7

---

6 *Larenz/Canaris*, Schuldrecht II/2, § 76 II 4 a; Überblick bei *Croon-Gestefeld*, JURA 2016, 1007.
7 Überblick hierüber bei *H. Ehmann*, JuS 1997, 193.
8 Überblick bei *K. Schmidt*, JuS 1993, 985; *Staake/Bressensdorf*, JuS 2016, 297.
9 Vgl. MüKoBGB/*Wagner*, § 826 Rn. 4 m.w.N.; Soergel/*Spickhoff*, Vor § 823 Rn. 11.

- §§ 228, 231 BGB (Haftung für irrtümlich vorgenommene Notstandshandlungen);
- § 302 Abs. 4 S. 3 ZPO (Schädigung durch vorläufige Vollstreckung aus einem Vorbehaltsurteil) und §§ 600 Abs. 2, 302 Abs. 4 S. 3 ZPO (Schädigung durch vorläufige Vollstreckung aus einem im Urkunden- oder Wechselprozess erzielten Titel);
- § 717 Abs. 2 ZPO (Schädigung durch Vollstreckung aus einem vorläufigen Urteilstitel);
- § 9 Abs. 1 UWG (Schädigung durch unlautere Handlungen im geschäftlichen Verkehr);
- § 97 Abs. 2 UrhG (Verletzung des Urheberrechts oder sonstiger durch das Urheberrechtsgesetz geschützter Rechte);
- § 139 Abs. 2 PatG (Patentverletzung);
- § 24 Abs. 2 GebrMG (widerrechtliche Benutzung einer gesetzlich geschützten Erfindungsidee);
- § 42 Abs. 2 DesignG (widerrechtliche Benutzung einer gesetzlich geschützten Formidee);
- §§ 14 Abs. 6, 15 Abs. 5, 128 Abs. 1 MarkenG (Kennzeichenverletzungen).

In diesen Spezialkonstellationen benötigt man §§ 823 ff. nicht, allerdings können mehrere Anspruchsgrundlagen miteinander konkurrieren (vgl. oben § 1 Rn. 16).[10] Da sich die genannten **Spezialregelungen als Sonderdeliktsrecht** qualifizieren lassen, bleiben die Vorschriften über die Haftung mehrerer (§§ 830, 840, vgl. hierzu § 7) und die Rechtsfolgen bei bestimmten Verletzungen (§§ 842–846) anwendbar. Dies gilt allerdings nur für die unerlaubten Handlungen im engeren Sinne. Bei der Gefährdungshaftung nach dem Straßenverkehrsgesetz, dem Luftverkehrsgesetz oder dem Haftpflichtgesetz sind die Vorschriften der §§ 823 ff.nur anwendbar, wenn die einschlägigen gesetzlichen Grundlagen dies ausdrücklich anordnen (vgl. insoweit z.B. § 9 StVG, der für Fragen des Mitverschuldens § 254für anwendbar erklärt, ferner §§ 13 Abs. 2, 14 StVG).

III. Haftungsprinzipien: Verschulden – Gefährdung – Fremdverschulden

8 **Haftung** bedeutet **Einstehenmüssen für ein Verhalten** mit der Konsequenz, dass aus eigenem Vermögen die im fremden Vermögen entstandenen Schäden zu erstatten sind. Grundlage der Haftung kann ein Versprechen oder Vertrag sein. Fehlt es daran, so muss das Recht entscheiden, welche Umstände die Verpflichtung zu solcher Reparation rechtfertigen. Im deutschen Recht finden sich im Wesentlichen **drei Haftungsprinzipien**, die neben der in das Vertragsrecht fallenden Versprechens- und Vertrauenshaftung zu einer gesetzlichen Einstandspflicht führen:[11] Man haftet (1) für eigenes Verschulden, das in bestimmten Fällen widerleglich vermutet wird, (2) für eigenes gefährdendes Verhalten (Gefährdungshaftung) und (3) für fremdes schuldhaftes Verhalten.

9 Maßgebliches Haftungsprinzip ist der **Verschuldensgrundsatz**, also die Vorwerfbarkeit des Handelns im Sinne eines Schuldvorwurfs („culpa“). Er bestimmt die §§ 823, 824 und 826 und ist Ausdruck einer moralischen Wertung, die davon ausgeht, dass die Freiheit zur Entfaltung auch eine Verantwortung für die Folgen dieser Entfaltung nach sich zieht. Die deliktische Schadensersatzhaftung setzt Verschulden voraus (vgl. § 823 Abs. 1), also vorsätzliches oder fahrlässiges eigenes Handeln (§§ 823, 276). Der Ver-

10 Anders im Markenrecht, BGHZ 138, 349.
11 Vgl. näher *Deutsch*, JZ 1968, 721.

letzte muss darlegen und beweisen, dass der Täter schuldhaft gehandelt hat (vgl. oben § 1 Rn. 25), sofern es keine **Verschuldensvermutungen** gibt, die von dem in Anspruch Genommenen widerlegt werden müssen. So ist es bei §§ 831, 832, 833 S. 2, 834, 836 bis 838 sowie § 18 Abs. 1 S. 2 StVG. Stets muss das Verhalten rechtswidrig (widerrechtlich) sein. Wieder spielt die moralische Wertung eine Rolle, dass grundsätzlich nur für Unrecht („iniuria") gehaftet werden soll. **Culpa und iniuria** (**Verschulden und Rechtswidrigkeit**) sind die wesentlichen Säulen, auf denen das Deliktsrecht ruht. Wer einen Schaden erleidet, der weder schuldhaft noch rechtswidrig verursacht wurde, muss ihn selbst tragen („casum sentit dominus"). Der Volksmund nennt das Schicksal, der Jurist hält das nicht für ungerecht, denn nicht alle Lebensrisiken können auf zahlungskräftige Dritte verlagert werden. Eine der Wandlungen des Rechtsgebiets liegt allerdings darin, dass der Verschuldensgrundsatz zunehmend durch Regeln der Risikoüberwälzung relativiert wird. Man spricht dann nicht mehr von Verschuldens-, sondern von Gefährdungshaftung.

Die **Gefährdungshaftung** (z.B. § 833 S. 1, § 7 Abs. 1 und Abs. 3, S. 1, 1. Fall StVG, § 1 ProdHaftG) ist eine Ausnahme vom Verschuldensgrundsatz. Ausgangspunkt ist ein von der Rechtsordnung erlaubtes (also moralisch nicht per se verwerfliches), aber für die Rechtsgüter Dritter gefährliches Verhalten. Wer die Vorteile solcher Verhaltensweisen wahrnehmen darf, soll wenigstens verpflichtet werden, Vorkehrungen gegen typische Gefährdungen für private Schutzgüter zu treffen. Betreibt jemand eine gefährliche Tätigkeit oder unterhält er eine Gefahrenquelle, so haftet er daher für Schäden, die daraus entstehen, auch wenn ihn an der konkreten Schadensverursachung kein Verschulden trifft. Auch die **Rechtswidrigkeit** ist nicht zu prüfen, weil die Tätigkeit als solche gesetzlich erlaubt, also rechtmäßig ist. So ist es z.B. beim Führen eines Pkw im Straßenverkehr. „Die Haftung nach § 7 Abs. 1 StVG ist gleichsam der Preis für die Zulassung der mit dem Kraftfahrzeugverkehr verbundenen Gefahren und umfasst daher alle durch den Kraftfahrzeugverkehr beeinflussten Schadensabläufe."[12] Für die Anordnung einer solchen verschuldensunabhängigen Verursachungshaftung ist der Gesetzgeber (nicht der Richter) zuständig. Die wichtigsten Fälle sind: 10

- Haftung des (Luxus-)Tierhalters, § 833 S. 1;
- Haftung des Kfz-Halters, § 7 Abs. 1 StVG;
- Haftung des Warenherstellers und bestimmter ihm gleichgestellter Personen, § 1 Abs. 1 S. 1 ProdHaftG mit § 4 ProdHaftG (mit geringen Ausnahmen);
- Haftung von Bahn- oder Energieanlagenbetreibern, §§ 1, 2 Haftpflichtgesetz;
- Weitere Bereiche (weniger bedeutsam für die Ausbildung): § 29 Atomgesetz, § 33 Luftverkehrsgesetz, § 1 Umwelthaftungsgesetz, § 22 Wasserhaushaltsgesetz, § 84 Arzneimittelgesetz, § 32 Gentechnikgesetz, vgl. im Übrigen die Aufstellung in § 1 Abs. 3 Geräte- und Produktsicherheitsgesetz (BGBl. 2004 I S. 2).[13]

Die Haftung für rechtmäßiges Verhalten stört die moralischen Grundlagen des Deliktsrechts und bedarf besonderer Begründung durch ein **Prinzip der Risikozurechnung.** Im Vertragsrecht findet sich dieser Gedanke in den §§ 678, 701, 287 S. 2, im Deliktsrecht in § 848, im Sachenrecht in § 904 S. 2. Wer den Nutzen aus riskantem

12 So BGHZ 105, 65 = NJW 1988, 3019 und die h.M.; vgl. zusammenfassend Staudinger/*Hager*, Vorbem. zu §§ 823 ff. Rn. 30 m.w.N.; zu Unrecht anders aber BGHZ 117, 110, 111 = NJW 1992, 1389 (für die Tierhalterhaftung nach § 833 S. 1).

13 Hierzu *Luttermann*, JZ 1998, 174.

Verhalten zieht, der soll auch die Risiken tragen. Die ökonomische Begründung für die Gefährdungshaftung (§ 1 Rn. 13) verweist zusätzlich darauf, dass der eine Gefährdung Verursachende und den ökonomischen Nutzen hieraus Ziehende sich oft auf einfachere und billigere Weise als der (später) Geschädigte eine Versicherung für die möglichen Gefährdungen verschaffen kann. Ein Unternehmer kann die Kosten der Versicherung in seine Verkaufspreise einrechnen, also die Masse der künftigen Kunden mit diesen Kosten anteilsmäßig (und daher weniger spürbar) belasten.[14] Der Gesetzgeber kann zusätzlich helfen, indem er zum Abschluss einer Haftpflichtversicherung verpflichtet, wie dies für den Kfz-Halter durch das „Gesetz über die Pflichtversicherung für Kraftfahrzeughalter" (PflVG) geschehen ist.

11 Schließlich kann eine **Haftung für fremdes Unrecht** mit Fremdverschulden bestehen, wie sie in Art. 34 GG für die Amtshaftung angeordnet wird. § 3 Haftpflichtgesetz (Schönfelder Nr. 33) ordnet eine Haftung des Betriebsunternehmers für die schuldhaften Verletzungen eines Bevollmächtigten oder Repräsentanten an.

Wiederholungs- und Vertiefungsfragen

> Wird nach deutschem Deliktsrecht für die Schädigung von Vermögensinteressen gehaftet?

> Welche Systematik zeigt sich anhand der Grundnormen des Deliktsrechts? Wie ordnen sich §§ 831–839a in das System ein?

> Nach welchen Prinzipien haftet man im deutschen Recht neben dem Vertragsrecht und wo sind diese Prinzipien jeweils geregelt?

> Muss im Rahmen der Gefährdungshaftung die Rechtswidrigkeit des Handelns geprüft werden? Welches sind die wichtigsten Fälle der Gefährdungshaftung?

> Was besagt das Prinzip der Risikozurechnung?

IV. Grundfall

12 ▶ **Fall 6** (BGHZ 29, 65 mit Besprechung *Fabricius*, JuS 1961, 151–154): K betreibt eine Maschinenfabrik. B führt auf dem Nachbargrundstück Tiefbauarbeiten durch. Durch Grabungen auf dem Grundstück wird ein dem Elektrizitätswerk der ansässigen Gemeinde gehörendes Starkstromkabel beschädigt. Infolge der Stromunterbrechung liegt der Betrieb von K einen Tag lang still. K verlangt Schadensersatz für die durch die erzwungene Betriebsruhe entstandenen Schäden. ◀

Viele der zuvor diskutierten Deliktsprinzipien spielen für die Lösung eine Rolle. Zunächst stellt sich die Frage, ob Schäden beim Betrieb eines Baggers einen Fall der Gefährdungshaftung betreffen. Dann müsste der Gesetzgeber eine solche Haftung angeordnet haben. § 8 Nr. 1 StVG schließt die StVG-Gefährdungshaftung für Fahrzeuge, die weniger als 20 km/h fahren können, aus. Fälle der Gefährdungshaftung sind Ausnahmefälle, also auch nicht analogiefähig.[15] Für den **Anspruch aus § 823 Abs. 1** ist zweifelhaft, ob den Unternehmer eigenes Verschulden trifft. In Betracht kommt dies nur, wenn er die Arbeiten am Grundstück fahrlässig fehlerhaft organisiert, insbesondere seinen Baggerführer nicht auf die Gefahr durchlaufender Kabel hingewiesen hat. Solche Gefahren liegen bei Grabungsarbeiten nahe. Ein konkretes Verschulden an dem

14 Vgl. Staudinger/*Hager*, Vorbem. zu §§ 823 ff. Rn. 28.

15 Vgl. zum parallelen Fall des Ausschlusses der Halter- und Fahrerhaftung für den Betrieb von Mähdreschern BGH MDR 1977, 385; zu Bedeutung und Anwendungsbereich der Vorschrift *Klimke*, VersR 1978, 988.

fehlerhaften Fahrmanöver trifft hingegen allenfalls den Baggerfahrer. Für dessen Auswahl haftet der Unternehmer nach § 831, das Verschulden für eine fehlerhafte Auswahl oder Unterrichtung wird vermutet. B entgeht dieser Haftung, wenn er darlegen kann, dass er seinen Baggerführer sorgfältig ausgewählt und unterrichtet hat. Problematisch bleibt, in welches Rechtsgut eingegriffen wurde. Da das Eigentum an den Kabeln nicht dem K zustand, ist K durch die Verletzung des Eigentums eines Dritten nur mittelbar geschädigt. Nach dem Grundsatz vom Gläubigerinteresse wird der mittelbare Schaden nicht ersetzt. Denkbar ist die Verletzung eines „sonstigen Rechts" von K. In der Tat haben die Gerichte in solchen Fällen einen Eingriff in das sog. Recht am eingerichteten und ausgeübten Gewerbebetrieb geprüft (aber nicht bejaht, unten § 3 Rn. 45 f.). Die Schädigung läge in der partiellen Stilllegung der physischen Einrichtungen des Betriebs. Rechtsfolge nach § 823 Abs. 1 wäre, dass der Schädiger nach §§ 249 ff. den entstandenen Schaden zu ersetzen hat. Das umfasst den entgangenen Gewinn (§ 252), also einen Verdienstausfall. Der FALL wirft eine Fülle von Einzelproblemen auf, die im Folgenden vertieft werden.

§ 3 Haftung für eigenes Verschulden

I. Der Grundtatbestand des § 823 Abs. 1

1. Prüfungsschema und Überblick

1 Für § 823 Abs. 1 ergibt sich folgendes Prüfungsschema:

(1) Rechtsgutsbeeinträchtigung
  (a) Leben, Körper, Gesundheit, Freiheit (körperliche Bewegungsfreiheit)
  (b) Eigentum
  (c) sonstiges Recht: absolute, gegen jedermann geschützte Rechte
    - beschränkte dingliche Rechte (§§ 1018, 1030, 1094, 1105, 1113, 1191, 1199, 1204, Erbbaurecht);
    - Immaterialgüterrechte (Patent- und Gebrauchsmusterrecht, Markenrecht, Urheberrecht, Designrecht);
    - Recht zum Besitz (unten § 3 Rn. 36);
    - Allgemeines Persönlichkeitsrecht;
    - Recht am eingerichteten und ausgeübten Gewerbebetrieb;
    - Mitgliedschaftsrechte (Aktie, GmbH-Anteil, Einzelheiten unten § 3 Rn. 43);
    - nach h.M. nicht schuldrechtliche Forderungen.

(2) Verletzerverhalten und haftungsbegründende Kausalität
  - Handlungen und Unterlassungen, sofern eine Pflicht zur Handlung bestand, also im Falle von Verkehrssicherungspflichten;
  - Kausalität und Zurechnungszusammenhang zwischen Verletzerverhalten und Rechtsgutbeeinträchtigung.

(3) Rechtswidrigkeit
  - Grundsatz: Indizfunktion des Tatbestandes, d.h., wenn (1) und (2) erfüllt sind, ist das Verhalten rechtswidrig, es sei denn, es liegen Rechtfertigungsgründe dafür vor. Rechtfertigungsgründe sind:
    - Einwilligung;
    - Notwehr, § 227;
    - Notstand, §§ 228, 904;
    - Selbsthilfe, § 229;
    - berechtigte Geschäftsführung ohne Auftrag, § 683 S. 1;
    - Duldungspflichten, §§ 906 ff.;
    - Wahrnehmung berechtigter Interessen, § 193 StGB;
    - Festnahmerecht, § 127 StPO;
    - Selbsthilferechte des Besitzers bzw. Besitzdieners, §§ 859, 869;
    - Selbsthilfebefugnisse des Vermieters und Verpächters, §§ 562b, 581 Abs. 2;
    - Bei Rahmenrechten (unten § 3 Rn. 44 ff.): grundrechtliche Freiheiten.
  - Ausnahme: sog. Rahmenrechte (allgemeines Persönlichkeitsrecht und Recht am eingerichteten und ausgeübten Gewerbebetrieb): Ermittlung der Rechtswidrigkeit durch Abwägung der betroffenen Interessen; nach umstrittener Auf-

fassung positive Feststellung der Rechtswidrigkeit bei der Verletzung von Verkehrssicherungspflichten.

(4) Verschulden
  (a) Schuldfähigkeit (Deliktsfähigkeit), §§ 827, 828
  (b) Schuldformen: Vorsatz und Fahrlässigkeit (§§ 823, 276)
  (c) Billigkeitshaftung auch ohne Verschulden, § 829

(5) Schaden = Differenz zwischen dem Vermögen vor und nach der Verletzung
  - Grundsatz vom Gläubigerinteresse (oben § 1 Rn. 30)
  - Ausnahmen: §§ 844, 845
  - Kausalität und Zurechnungszusammenhang zwischen Verletzungserfolg und eingetretenem Schaden (haftungsausfüllende Kausalität)

(6) Rechtsfolge
  - Wiederherstellung des Zustands vor der Verletzung (§ 249 Abs. 1), Ersatz von Vermögens- und Vermögensfolgeschäden; ausnahmsweise auch Ersatz von Nichtvermögensschäden (§§ 253 Abs. 2, 651n Abs. 2);
  - Berücksichtigung eines etwaigen Mitverschuldens bei Schadensentstehung und/oder Schadenshöhe (§§ 254, 846).

2. Schutzgüter

a) Lebensgüter und subjektive Rechte

2 Im Grundtatbestand des § 823 Abs. 1 führt nur die Verletzung eines der in der Norm benannten Rechts- und Lebensgüter zu einer Haftung. Die Aufzählung ist abschließend. Dieses **Enumerationsprinzip** ist eine Besonderheit des BGB. Es bedeutet gleichzeitig, dass der Schutzumfang der genannten Rechtsgüter eng auszulegen ist, um das Prinzip der fehlenden Generalklausel nicht zu durchlöchern.[1] Nicht genannt und daher unstreitig auch nicht erfasst ist das **Vermögen** als solches. Vermögensschäden sind zwar im Deliktsrecht ersatzfähig, dies aber nur, wenn sie adäquat kausale Folge (haftungsausfüllende Kausalität) einer primären Verletzung eines der in § 823 Abs. 1 genannten Rechtsgüter sind.[2] Wer den Körper eines anderen verletzt (Primärschaden), hat auch Vermögensfolgeschäden durch Behandlungskosten zu erstatten. Zu den Schutzgütern des § 823 Abs. 1 gehören nur Güter, die absoluten Schutz genießen, die also jedermann und nicht nur ein Vertragspartner innerhalb einer Sonderbeziehung zu achten hat.

3 § 823 Abs. 1 nennt zwei Gruppen von Gütern. Die **erste Gruppe** (Leben, Körper, Gesundheit und Freiheit) bezeichnet man als **Lebensgüter.**[3] Sie sind keine subjektiven Rechte, die einer Person von der Rechtsordnung zur ausschließlichen Nutzung und Beherrschung zugewiesen werden,[4] sondern Schutzgüter, über die jeder Mensch natürlicherweise verfügt. Das Recht erkennt sie ohne Weiteres an, ihre Schutzwürdigkeit muss nicht legitimiert werden. Das ist anders bei der **zweiten Gruppe, den subjektiven**

---

1 Zur Kritik an der h.M. insoweit *von Caemmerer*, Wandlungen des Deliktsrechts, in: FS zum hundertjährigen Bestehen des Deutschen Juristentages, Bd. II, 1960, S. 49 und *Börgers*, Von den „Wandlungen" zur „Restrukturierung des Deliktsrechts?, 1993, S. 24 ff.

2 Zur Problematik dieser Regelung und eventuellem Reformbedarf vertiefend *von Bar*, in: Gutachten und Vorschläge zur Überarbeitung des Schuldrechts, Bd. II, 1981, S. 1681; *Mertens*, AcP 178 (1978), 227.

3 BGHZ 8, 243, 247.

4 BGHZ 8, 243, 247.

Rechten. Modell hierfür ist das Eigentum, das kein natürliches Recht ist, sondern vom Gesetz erst geschaffen wird. Erst die Rechtsordnung bestimmt es durch genauere Regeln in seinem Inhalt und beantwortet dabei auch die Frage, an welchen Gütern Personen Eigentum erwerben können (Bsp. Genpatente). Auch die Zuweisung an bestimmte Personen erfolgt aufgrund gesetzlicher Normen (vgl. Art. 14 Abs. 1 S. 2 GG und §§ 903 ff.).

b) Lebensgüter

aa) Leben

4 Keine Rechtsordnung kann es sich leisten, das Leben schutzlos zu lassen. Ganz selbstverständlich geht daher § 823 Abs. 1 davon aus, dass das Leben ein natürliches Gut ist, das von jedermann zu achten ist und von niemandem verletzt werden darf. Die Verletzung des Lebens ist gleichbedeutend mit der Tötung eines Menschen. Als Mensch ist auch bereits der Embryo anzusehen, die Verursachung einer Totgeburt ist daher Tötungshandlung (unten Fall 9).[5] Mensch bleibt man bis zum Hirntod, die Entnahme von Körperorganen nach dem Hirntod ist daher weder Tötung noch Körperverletzung.[6] Die Anordnung des Lebensschutzes erscheint selbstverständlich, allerdings wird seine Umsetzung schwierig, wenn zu entscheiden ist, wem bei Verlust des Lebens der Schadensersatzanspruch zugewiesen wird, denn der Getötete als Anspruchsteller kommt dafür ja nicht mehr in Betracht.[7] Die Auflistung des Lebens als Schutzgut ist so selbstverständlich nicht, wenn man fragt, welchen (Vermögens-)Wert der Verlust des Lebens hat, welcher Geldbetrag also eigentlich zu erstatten ist.

▶ **Fall 7:** Die alleinerziehende Mutter M wird bei einem durch einen Fahrfehler des F fahrlässig verursachten Auffahrunfall so schwer verletzt, dass sie wenige Tage später ihren Verletzungen erliegt. M hinterlässt eine 15-jährige Tochter T. T fragt, welche Ansprüche sie gegen F erheben kann.

F hat durch einen Fahrfehler eine Ursache dafür gesetzt, dass das Leben eines Menschen beendet, also ein nach § 823 Abs. 1 geschütztes Gut verletzt wurde. Die Verletzung geschah auch widerrechtlich und schuldhaft. Ein kausal dadurch eingetretener Schaden liegt darin, dass ein Menschenleben geopfert wurde. Doch ist diese Folge weder durch Naturalrestitution (§ 249 Abs. 1) noch durch Geldzahlung (§ 251) wiedergutzumachen. ◀

§§ 249 ff. sollen nur die Wiederherstellung ermöglichen bzw. einen Geldausgleich für nicht mehr wiederherstellbare Einbußen vorsehen. Das zeigt, dass das deutsche BGB in dem **Verlust des Lebens an sich noch keinen ersatzfähigen Schaden** sieht. Das ist auch in vielen anderen Rechtsordnungen so.[8] Wie diese reagiert auch das deutsche Recht allein dadurch, dass es den **Hinterbliebenen** in §§ 844, 845 **eigene Ersatzansprüche** zuer-

---

5 *Brüggemeier,* Haftungsrecht, 2006, S. 207, allerdings nur, sofern er sich bereits im Mutterleib befindet, nicht also wenn ein in vitro gezeugter Embryo noch nicht eingesetzt wurde; MüKoBGB/*Wagner,* § 823 Rn. 167 m.w.N.; anders noch MüKoBGB/*Mertens,* 3. Aufl. 1992, § 823 Rn. 72.

6 Allerdings sind Körperorgane keine gewöhnlichen Sachen. Ihre Sacheigenschaft wird durch ein auch nach dem Tod fortwirkendes Persönlichkeitsinteresse überlagert („sonstiges Recht", vgl. § 3 Rn. 47). Eine Entnahme ohne Einwilligung des Verstorbenen zu Lebzeiten („Organspenderausweis") oder eine letztwillige Verfügung mit Delegation der Entscheidungsbefugnis an die Angehörigen oder andere Personen bleibt daher Delikt, vgl. zum Problemkreis *Taupitz,* AcP 191 (1991), 202.

7 Überblick zum Schadensersatz nach dem Tod eines Menschen bei *Röthel,* JURA 2018, 235.

8 Anders im portugiesischen Recht, vgl. *von Bar,* FS Fritz Sturm, Lüttich 1999, Bd. II, S. 1151, 1152.

kennt (vgl. für die Haftung nach dem StVG entsprechend §§ 10, 11 StVG).[9] Würde es diesen Kunstgriff nicht vollziehen, so bliebe es beim Grundsatz vom Gläubigerinteresse (§ 1 Rn. 30), d.h. ersatzfähig wären nach § 823 Abs. 1 i.V.m. §§ 249 ff. nur Schäden, die eine Konsequenz der beim Verletzten eingetretenen Rechtsgutverletzung darstellten, also z.B. Behandlungskosten (§ 249 Abs. 2) und ein etwaiges Schmerzensgeld (§ 253 Abs. 2). Die Erben des Getöteten können diese Positionen ersetzt verlangen, denn Ansprüche, die in der Person des Verletzten bereits lebzeitig entstanden sind, gehen (mit wenigen Ausnahmen, vgl. z.B. Rn. 51) im Wege der Erbfolge (§ 1922 Abs. 1) über. Dass die Behandlungskosten erfolglos waren, würde daran nichts ändern (vgl. insoweit die Klarstellung in § 10 Abs. 1 StVG, wonach im Rahmen der Halterhaftung auch die „Kosten der versuchten Heilung“ ersatzfähig sind).[10] Das Vorgesagte gilt auch für den Anspruch auf Schmerzensgeld (§ 253 Abs. 2). Ein solcher Anspruch kann entstehen, wenn zwischen Verletzung und Tod ein längerer Zeitraum liegt, sodass es angemessen ist, die während der Behandlung erlittenen Schmerzen zu kompensieren. Auch solche Schmerzensgeldansprüche sind (seit dem 1.7.1990, unten Rn. 5) vererblich und übertragbar.

VERTIEFUNGSHINWEIS: Für das Schmerzensgeld war die Situation bis zum 30.6.1990 kompliziert. Der frühere § 847 Abs. 1 S. 2 schloss die **Übertragbarkeit des Schmerzensgeldanspruchs** aus. Der Anspruch war weder pfändbar (§ 851 ZPO) noch verpfändbar (§ 1247 Abs. 3), eine Aufrechnung gegen ihn war wegen § 394 nicht möglich. Schließlich gehörte der Anspruch auch nicht zur Konkursmasse nach der damals geltenden Konkursordnung (§ 1 Abs. 4 KO, vgl. jetzt § 36 Abs. 1 InsO). Der Anspruch musste, um durchsetzbar zu sein, daher noch zu Lebzeiten des Geschädigten durch Vertrag anerkannt oder rechtshängig werden (§ 261 ZPO), damit er als Vermögen des Opfers vererblich wurde. Ggf. musste er also schnellstmöglich eingeklagt werden. Bei einem im Koma liegenden Unfallopfer waren die Möglichkeiten, den Wettlauf mit dem Tod zu gewinnen, begrenzt. Die Rechtsprechung verlangte nämlich für die Klageerhebung eine eindeutige Willenserklärung des Opfers.[11] Die spätere Genehmigung einer Prozessführung, welche die Erben ohne eine solche ausdrückliche Willensbekundung bereits eingeleitet hatten, genügte nicht.[12] Dieses makabre Schauspiel, welches letztlich dazu führen musste, dass der Anwalt des Opfers mit einem vorbereiteten Prozessauftrag am Krankenbett auf eine wache und klare Minute des Geschädigten warten musste, hat der Gesetzgeber 1990 beendet. 5

Seit dem 22.7.2017 können Hinterbliebene, die in einem besonderen Näheverhältnis zu der getöteten Person standen, gegen den Schädiger einen eigenen Schmerzensgeldanspruch geltend machen und so immateriellen Ersatz für ihren „Trauerschmerz“ verlangen (§ 844 Abs. 3).[13] Zuvor konnten Angehörige nur in engen Grenzen Schmerzensgeld für eigene seelische Leiden geltend machen, nämlich wenn sie aufgrund der Tötung einen Schockschaden erlitten (vgl. dazu Rn. 10). Mit dem neuen Anspruch im BGB wurden entsprechende Regelungen in einer Vielzahl von Ersatzansprüchen regeln-

9 Vgl. *Diederichsen*, NJW 2013, 641, 647; *Luckey*, SVR 2012, 1.
10 *Medicus*, Gesetzliche Schuldverhältnisse, Fall 12, S. 14; *Kötz/Wagner*, Deliktsrecht, Rn. 136.
11 BGHZ 69, 323, 325 = NJW 1978, 214; BGH NJW 1990, 441, 442.
12 BGHZ 69, 323; zur Kritik MüKoBGB/*Mertens*, 2. Aufl. 1986, § 847 Rn. 50 f.
13 Eingeführt mit dem Gesetz vom 17.7.2017 zur Einführung eines Hinterbliebenengeldanspruchs, BGBl I, 2421; BT-Drs. 18/11397; dazu *Wagner*, NJW 2017, 2641; *Katzenmeier*, JZ 2017, 869; *Burmann/Jahnke*, NZV 2017, 401.

den Gesetzen eingeführt, z.B. § 7 Abs. 3 StVG, § 7 Abs. 3 ProdHaftG und § 5 Abs. 3 HaftpflichtG eingeführt.

▶ Im Fall 7 muss T die entstandenen Krankenhauskosten demnach nicht endgültig aus dem Nachlass bezahlen, sondern sie kann diese Kosten gem. §§ 823 Abs. 1, 249 Abs. 2, 1922 Abs. 1 von F ersetzt verlangen. Auch ein etwaiges Schmerzensgeld für die von M erlittenen Qualen könnte sie aus § 823 verlangen. Zudem steht ihr ein eigener Schmerzensgeldanspruch aus § 844 Abs. 3 zu. ◀

6 ▶ Fraglich ist, ob T auch die **Bestattungskosten** sowie die entgangenen Unterhaltszahlungen ihrer verstorbenen Mutter von F ersetzt verlangen kann. Dagegen spricht, dass diese Kosten nicht dem Verletzten, sondern der Angehörigen T entstanden sind und dort reine Vermögensschäden darstellen. Grundsätzlich sind nach § 823 Abs. 1 jedoch nur Vermögensfolgeschäden des Verletzten selbst ersatzfähig (Grundsatz vom Gläubigerinteresse, oben § 1 Rn. 30). Einbußen der Erben, etwa die Pflicht zur Zahlung der Beerdigungskosten (§ 1968) oder der entgangene Unterhalt (§§ 1601 ff.) sind Vermögensschäden der Erben, nicht des Verletzten. Ohne besondere Ersatzanordnung bliebe es bei dem Ergebnis, dass diese Schäden nicht ersatzfähig sind. Doch ist der **Grundsatz vom Gläubigerinteresse durch § 844** durchbrochen, indem er die typischen Vermögensschäden einer Tötung bei den Hinterbliebenen ersatzfähig macht. Der Erbe muss sich an diesen Kosten auch nicht beteiligen.[14]

Danach kann T jedenfalls die Kosten der Bestattung, für die sie aufkommen muss, nach § 844 Abs. 1 ersetzt verlangen.

7 Darüber hinaus kann ein Anspruch auf **Ersatz für die entgangenen Unterhaltszahlungen** gem. § 844 Abs. 2 bestehen. Das setzt voraus, dass M der T gegenüber unterhaltspflichtig war. Einander unterhaltspflichtig sind Verwandte in gerader Linie (§ 1601). Die Unterhaltspflicht besteht, wenn der Berechtigte bedürftig (§ 1602 Abs. 1) und der Verpflichtete leistungsfähig ist (§ 1603 Abs. 1). Nach § 1602 Abs. 2 haben minderjährige unverheiratete Kinder stets einen Unterhaltsanspruch gegen ihre Eltern. Die Eltern sind verpflichtet, alle verfügbaren Mittel zu ihrem eigenen und der Kinder Unterhalt gleichmäßig zu verwenden (§ 1603 Abs. 2 S. 1). Die Unterhaltspflicht der M hätte bestanden, solange T noch keine eigenen Einkünfte hat, ggf. auch für die Dauer einer Ausbildung (§ 1610 Abs. 2). Dieser Unterhalt wurde der T durch die Tötung der M faktisch entzogen. Daher kann T nunmehr von F den Unterhalt verlangen. ◀

Die **Unterhaltspflicht** führt **in der Regel** zu einer **Dauerzahlungspflicht.** § 844 Abs. 2 S. 1 ordnet an, dass grundsätzlich eine Rentenzahlung geschuldet wird, der Verletzte aber auch eine Kapitalabfindung nach § 843 Abs. 3 verlangen darf, wenn ein wichtiger Grund dafür vorliegt. Der Verletzer kann übrigens nicht einwenden, dass weitere Verwandte nach § 1601 unterhaltspflichtig sind oder werden, denn dieser Umstand darf dem Verletzer nicht zugutekommen (§ 843 Abs. 4). Das Gesetz enthält hier ein wertendes (normatives) Element, wonach der Verletzer nicht durch Umstände, die außerhalb des Verletzungszusammenhangs liegen, entlastet wird (sog. **„normativer Schadensbegriff“**, vgl. unten § 3 Rn. 20 und 96). Danach liegt ein Drittschaden auch vor, wenn die Folgen der Verletzung freiwillig durch Familienmitglieder aufgefangen werden.[15] § 844 ist eine Ausnahmevorschrift, die den Ersatz primärer und typischer Vermögensschäden

---

14 *Medicus*, Gesetzliche Schuldverhältnisse, Fall 14, S. 15: § 844 Abs. 1 spricht vollen Ersatz zu und nicht bloß den Ersatz des „Verfrühungsschadens“; vgl. zu § 844 Abs. 2 auch *A. Staudinger*, DAR 2012, 280.

15 HK-BGB/*Staudinger*, § 843 Rn. 10; HK-BGB/*Schulze*, Vor §§ 249–253, Rn. 31.

von Dritten ermöglicht. Darunter fallen aber nicht alle Vermögenseinbußen des Dritten. So könnte T keinen Ersatz dafür verlangen, dass M ihr versprochen hatte, das Haus, in dem beide lebten, durch eigene Arbeitsleistung zu renovieren, denn solche Tätigkeiten werden nicht als gesetzlicher Unterhalt geschuldet.[16] Auch Schäden für den Betrieb des Arbeitgebers von M werden diesem nicht erstattet. Lediglich kann nach **§ 845** Ersatz dafür verlangt werden, dass Dienste im Hauswesen oder Gewerbe vom Verletzten nicht mehr erbracht werden. Solche Dienstpflichten müssen allerdings „kraft Gesetzes" (nicht nur kraft Arbeitsvertrages) bestehen. Das ist in § 1619 angeordnet, wonach Kinder ihren Eltern Dienste in Haushalt und Gewerbe schulden.[17]

Eltern „schulden" ihren Kindern keine Dienste, sondern Unterhalt, der allerdings auch in Naturalien (Kochen, Waschen, Bügeln, Obdach) erbracht werden kann (§ 1612 Abs. 2). Auch Ehegatten „schulden" untereinander keine Dienste, sondern Unterhalt (§ 1360). Der Verlust der Arbeitsfähigkeit eines Ehepartners durch deliktische Handlungen, der bewirkt, dass dieser Partner seiner Unterhaltspflicht durch Haushaltstätigkeit (§ 1360 S. 2) nicht mehr nachkommen kann, begründet nach h.M. einen Erwerbsschaden dieses Ehegatten („Hausmann", „Hausfrau"), der über § 842 ausgleichsfähig ist.[18] Typischerweise fällt ein solcher Schaden an, wenn eine Haushaltshilfe eingesetzt werden muss. Dritte, die infolge der Tötung eines Menschen reine Vermögensschäden erleiden, werden nicht geschützt.

Der **Arbeitgeber** von M ginge leer aus, wollte er Ersatzansprüche gegenüber F geltend machen. Zu seinen Gunsten gibt es keine Sondernorm in den §§ 823 ff. Der Schaden, der ihm dadurch entsteht, dass M eine Spitzenkraft gewesen sein mag, ist ein reiner Vermögensschaden, der nur ersatzfähig wäre, wenn die Voraussetzungen des § 826 vorlägen, F also die M mit dem Willen verletzt hätte, ihren Arbeitgeber um die Arbeitsleistung der M zu bringen. ◀

VERTIEFUNGSHINWEIS: Bei Vertragsverletzungen ist auch der Ersatz reiner Vermögensschäden möglich. Vermögensschäden, die als Folge einer deliktischen Handlung im Vermögen dritter Personen (z.B. der Angehörigen) entstehen, nennt man auch **Reflexschäden.** Der Ersatz solcher Reflexschäden und reiner Vermögensschäden ist im deutschen und ausländischen Deliktsrecht die Ausnahme. Im Grundsatz gilt, dass zwar der unmittelbar Geschädigte auch seine Vermögensfolgeschäden ersetzt verlangen kann (Beispiel: Gesundheitsverletzung mit der Folge eines Verdienstausfalls, §§ 249, 842), jedoch der allein mittelbar in seinem Vermögen Geschädigte keinen Ersatzanspruch hat.[19] Diese rechtspolitische Entscheidung ist nachvollziehbar, denn sie begrenzt das Haftungsrisiko desjenigen, der oft gar nicht überblicken kann, welche Verbindlichkeiten der von ihm Verletzte gegenüber Dritten hat. 8

Schutzgut in § 823 Abs. 1 ist das Leben selbst. Es ist stets und ausnahmslos gegen jede Tötungshandlung geschützt. Ethisch heikel ist die Frage, ob es eine Pflicht zur Lebensverhinderung gibt, wenn bereits absehbar ist, dass ein Mensch schwer behindert geboren wird (dazu FALL 10). Ebenso heikel ist die Frage der Lebensbeendigung, wenn absehbar ist, dass ein schwerkranker Mensch nur noch künstlich am Leben gehalten

16 So der Fall in BGH NJW 2004, 2894.

17 BGH VersR 1991, 428, 429 (auch erwachsene Kinder); anders bei anderweitiger vertraglicher Dienstpflicht von Kindern, BGHZ 137, 1 m. Anm. *Gernhuber*, JZ 1998, 365.

18 BGHZ 38, 55, 59.

19 MüKoBGB/*Grunsky*, 3. Aufl., Vor § 249 Rn. 34; anders MüKoBGB/*Oetker*, § 249 Rn. 101, 141; grundlegend *Marschall von Biberstein*, Reflexschäden und Regressrechte, 1967.

wird. Letzteres betrifft die Frage der Sterbehilfe. Ausgangspunkt der zivilrechtlichen Lösung ist zunächst, dass die Entstehung oder Erhaltung von Leben kein Schaden im Rechtssinne ist. Es gibt weder eine Pflicht zur Lebensverhinderung noch zur Lebensbeendigung.[20]

▶ Fall 7a (Sterbehilfe) (BGH NJW 2019, 1741): Der 77-jährige schwer demenzkranke V war bewegungs- und kommunikationsunfähig. In seinen letzten Lebensjahren kamen Lungenentzündungen und eine Gallenblasenentzündung hinzu. Von 2006 bis zu seinem Tod 2011 wurde er mittels einer Magensonde künstlich ernährt. Eine Patientenverfügung hatte V nicht errichtet. Der Sohn S des V ist der Meinung, dass die künstliche Ernährung spätestens seit Anfang 2010 nur noch zu einer sinnlosen Verlängerung des krankheitsbedingten Leidens seines Vaters geführt habe. Der behandelnde Arzt A sei daher verpflichtet gewesen, das Therapieziel dahingehend zu ändern, das Sterben des V durch Beendigung der lebenserhaltenden Maßnahmen zuzulassen. S verlangt aus ererbtem Recht seines Vaters Schmerzensgeld sowie Ersatz für Behandlungs- und Pflegeaufwendungen. Kann S diese Ansprüche auf §§ 823 Abs. 1, 253 Abs. 2 stützen?

Ein Anspruch aus § 823 Abs. 1 setzt voraus, dass eines der dort genannten Rechtsgüter verletzt wurde. In Betracht kommen Leben oder Gesundheit. Die Weiterbehandlung des Patienten trotz schwerster Einschränkungen der Lebensqualität erfüllt allerdings gerade nicht den Tatbestand der Tötung. Auch eine Gesundheitsverletzung kommt nur in Betracht, wenn Anhaltspunkte dafür bestehen, dass der Patient die medizinische Behandlung nicht (mehr) wünscht. Angesichts fehlender Patientenverfügungen kann davon allerdings nicht die Rede sein. Selbst wenn man eine Rechtsgutsverletzung (in Form der Gesundheitsverletzung) annimmt, würde sich gleichwohl die Frage stellen, ob die Weiterbehandlung (und damit Verlängerung des Lebens) einen Schaden darstellt. Diese Frage muss aus normativen Gründen verneint werden.[21] Zwar mag man annehmen, dass die Beendigung eines nur noch aus Leiden und Schmerzen bestehenden Lebens aus Sicht des Betroffenen keinen Nachteil darstellt. Diese Wertung kann eine das Leben als oberstes Schutzgut ansehende Rechtsordnung aber normativ-ethisch nicht vornehmen. „Das menschliche Leben ist ein höchstrangiges Rechtsgut und absolut erhaltungswürdig. Das Urteil über seinen Wert steht keinem Dritten zu. Deshalb verbietet es sich, das Leben – auch ein leidensbehaftetes Weiterleben – als Schaden anzusehen (Art. 1 Abs. 1, Art. 2 Abs. 2 Satz 1 GG)“.[22] ◀

bb) Körper und Gesundheit

9 Definitionen: **Körperverletzung** ist die Verletzung der körperlichen Unversehrtheit durch Substanzeingriffe (z.B. Ohrfeige, Messerstich, auch Abschneiden von Haaren);[23] **Gesundheitsverletzung** ist „jedes Hervorrufen oder Steigern eines von den normalen körperlichen Funktionen nachteilig abweichenden Zustandes“,[24] z.B. aufgrund der

20 BGHZ 86, 240, 251; BGH NJW 2019, 1714 m. Anm. *Hermes* = FamRZ 2019, 999 m. Anm. *A. Schneider*.

21 BGH NJW 2019, 1714.

22 BGH NJW 2019, 1714 Tz. 14.

23 BGH NJW 1953, 1440, 1441 (strafrechtliche Entscheidung zum elterlichen Züchtigungsrecht mit der bemerkenswerten Aussage, dass Eltern, die ihre „in erheblichem Maße sittlich verdorbene" 16-jährige Tochter durch Kurzschneiden der Haare und Festbinden an Bett und Stuhl bestrafen, nicht das elterliche Züchtigungsrecht überschreiten); ebenso die Beeinträchtigung durch fehlerhafte Dauerwellenbehandlung, AG Köln NJW-RR 2001, 1675 (Zuerkennung von Schmerzensgeld).

24 BGHZ 114, 284, 289.

Lieferung gesundheitsschädlichen Wassers[25] oder der Infektion mit dem HI-Virus.[26] Die Funktionsstörung muss Krankheitscharakter haben, während bei der Körperverletzung die Integritätsbeeinträchtigung (gerötete Backe, Schnittwunde) genügt.[27] Eine Gesundheitsverletzung kann auch durch schockierende Ereignisse ausgelöst werden, aber nur, wenn Körperfunktionen hierdurch beeinträchtigt werden (Herzinfarkt, Blutstau, Hörsturz). Geistige Funktionen werden u.U. beeinträchtigt durch die Beibringung von Stress, etwa durch Mobbing am Arbeitsplatz sowie unter Kollegen oder Freunden, ferner Telefonterror und Stalking (vgl. insoweit § 238 StGB mit § 823 Abs. 2).[28] Diese Beispiele zeigen bereits, dass der Begriff der Gesundheitsverletzung sehr schillernd sein kann.

In Bezug auf den Begriff der Gesundheitsverletzung sind zwei Konstellationen problematisch: die sog. Schockschäden und die unter dem Stichwort „Wrongful Life“ diskutierten Fälle. **Schockschäden** sind psychisch vermittelte Gefühls- oder emotionale Schäden, die durch körperliche oder psychische Zusammenbrüche nach einem traumatischen Erlebnis begleitet werden (dazu sogleich). Von „**Wrongful Life**“ spricht man, wenn ein Kind infolge einer vorgeburtlichen Schädigung behindert zur Welt kommt, obgleich bei rechtzeitiger Diagnostik eine Abtreibung in Betracht gekommen wäre (dazu § 3 Rn. 16 FALL 10).

(1) Schockschäden

▶ FALL **8** (nach BGHZ 56, 163 = NJW 1971, 1883, dazu *Deubner*, JuS 1971, 622–626): B verletzt im Straßenverkehr den M ernsthaft, sodass M künftig schwerstbehindert sein wird. Die Ehefrau des M, K, erleidet anlässlich der Mitteilung dieser Nachricht einen schweren seelischen Schock, der zu traumatischen Folgen mit anhaltenden Depressionen, Verlust der Konzentrations- und Arbeitsfähigkeit führt. Hierfür verlangt sie von B Ersatz. ◀ 10

Gesundheitsverletzung kann auch die psychisch vermittelte **Störung inner-körperlicher und geistiger Vorgänge („Schockschäden“) sein.** Die Gerichte gehen jedoch nicht so weit, in jeder Beeinträchtigung körperlichen oder geistigen Wohlbefindens bereits eine Gesundheitsverletzung zu sehen und dem Angehörigen einen eigenen Schmerzensgeldanspruch zuzugestehen.[29] Nur im Falle der Tötung eines nahen Angehörigen hat der Gesetzgeber mittlerweile einen solchen „Schockschaden“ durch Schmerzensgeldansprüche sanktioniert (oben Rn. 5). Verlangt wird im Übrigen aber eine Beeinträchtigung, die zu einem (ärztlich diagnostizierbaren) Krankheitszustand von einigem Gewicht führt.[30] Hierdurch wird versucht, die Gesundheitsstörung von der bloßen Trauer, dem Schmerz und der Enttäuschung abzugrenzen. Die letztgenannten Gemütszu-

25 RGZ 152, 129.

26 BGHZ 114, 284 = NJW 1991, 1948 (Infektion mit Aids durch eine HIV-kontaminierte Blutkonserve).

27 *Larenz/Canaris*, Schuldrecht II/2, § 76 II 1 a.

28 Zur deliktischen Haftung bei Stalking-Beeinträchtigungen vgl. *Keiser*, NJW 2007, 3387, 3391, der die Ansicht vertritt, dass § 238 StGB keine Norm ist, die den Schutz von reinen Vermögensinteressen beabsichtigt.

29 BGH NJW 2015, 1451 Tz. 7. Für ein Angehörigenschmerzensgeld *Kuhn*, SVR 2012, 288; *Luckey*, SVR 2012, 1; *Schwintowski/C. Schah Sedi/M. Schah Sedi*, ZfS 2012, 6; zu gesetzgeberischen Plänen *Zwickel*, NZV 2015, 214. Das Bayerische Staatsministerium der Justiz schlägt die Einfügung eines § 844a vor, der Ersatzansprüche nächster Angehöriger wegen immaterieller Schäden bei Tötung vorsieht; vgl. *Hoppenstedt/Stern*, ZRP 2015, 18 und die Beschlüsse des 66. Deutschen Juristentages mit Gutachten von *G. Wagner*, 2014.

30 BGH NJW 2015, 1451 Tz. 7; NJW 2015, 2246 Tz. 9; *Larenz/Canaris*, Schuldrecht II/2, § 76 II 1 a, allerdings mit der Einschränkung, dass ein medizinischer Krankheitsbegriff, der sich vom herkömmlichen Sprachgebrauch entfernt hat, nicht entscheidend sei; a.A. *Brüggemeier*, Deliktsrecht, 1986, Rn. 191 (erhebliche Beeinträchtigung des Wohlbefindens).

stände sind ebenso häufig wie subjektiv und schwer medizinisch diagnostizierbar. Die rechtliche Abgrenzung soll dafür Sorge tragen, dass weder die bloße Überempfindlichkeit noch die bloße Simulation von Störungen (unten § 3 Rn. 14) zu Haftungsfolgen führt. Da die Reaktion auf schockierende Ereignisse (z.B. Unfälle, aber auch ärztliche Behandlungsfehler[31]) typisch, aber auch vergänglich ist, hatten die Gerichte eine „Empfindlichkeitsschwelle" zu bestimmen. Diese Grenze ist erst überschritten, wenn die seelische Wirkung einer Körper- oder Gesundheitsverletzung gleichkommt. Die seelische Folge muss medizinisch behandlungsbedürftig sein und zu ähnlichen Ausfallerscheinungen wie eine körperliche Verletzung führen. Sie muss auch nach allgemeiner Verkehrsauffassung, d.h. nach Meinung der Nichtmediziner, einer Körper- und Gesundheitsverletzung an Intensität gleichkommen.[32] Hierfür müssen gewichtige psychopathologische Ausfälle von einiger Dauer vorliegen.[33] Schockschäden müssen also nach medizinischem und allgemeinem Verständnis Krankheitswert besitzen.

Methodischer Hinweis: In Prüfungsarbeiten sollte auf Hinweise im Sachverhalt dahingehend geachtet werden, ob und inwieweit der Schock auch zu organischen Störungen führt. Dies ist zwar keine unabdingbare Voraussetzung für die Annahme eines Schockschadens, doch benutzt der BGH solche körperlichen Ausfälle als gewichtiges Indiz dafür, dass der seelische Schock Krankheitswert hat.[34] Organische Veränderungen aufgrund eines Schocks können etwa ständige Schweißausbrüche, schwere Schlafstörungen, Zittern am Körper und Ähnliches sein. Der Krankheitsbegriff der h.M. begrenzt Haftungsrisiken, er ist allerdings auch konservativ, weil er medizinische Befunde verlangt, die bei manchen durch Mobbing, Stalking oder ähnliche Einwirkungen hervorgerufenen Störungen nicht oder nur schwer diagnostizierbar sein können. Zu überlegen ist daher, ob nicht bereits erhebliche Störungen des körperlichen Wohlbefindens, die als solche diagnostizierbar sind, ohne Krankheitswert zu haben, genügen sollten, um von einer Gesundheitsverletzung zu sprechen.[35]

▶ Im Fall 8 sind solche organischen Störungen von Krankheitswert oder ähnlich starke Beeinträchtigungen nicht dargelegt. Der Schockschaden ist daher keine Gesundheitsverletzung i.S.v. § 823 Abs. 1. Daraus folgt, dass Folgeschäden, wie auch ein Verdienstausfall (§ 842) nicht ersatzfähig sind. ◀

11 Zusätzlich stellt sich bei Schockschäden das Problem, ob die eingetretenen Störungen **adäquat kausale Folge eines Verletzerverhaltens** sind. Dagegen könnte im Fall 8 sprechen, dass die Gesundheitsfolgen nicht unmittelbar durch den Unfall verursacht wurden, sondern mittelbare Folge und bloße Fernwirkung einer psychischen Reaktion auf die Mitteilung von dem Unfall ist. Es geht hier um die **Frage der haftungsbegründenden Kausalität** (vgl. unten § 3 Rn. 61), insbesondere darum, ob der Täter mit einer solche Folge rechnen musste. Ein natürlicher Zusammenhang zwischen Unfall und

31 BGH BeckRS 2019, 12512 Tz.8 , die zu Schockschäden durch Unfallgeschehen entwickelten Grundsätze gelten hier entsprechend.

32 BGHZ 56, 163, 165 = NJW 1971, 1883; OLG Karlsruhe VersR 2012, 456 (Unfalltod einer getrenntlebenden Ehefrau).

33 BGH NJW 2015, 2246 Tz. 9; NJW 2015, 1451 Tz. 7; NJW 1989, 2317, 2318.

34 BGHZ 56, 163, 165; 93, 351, 355 = NJW 1985, 1390 (Schock mit nachfolgender Fehlgeburt nach Mitteilung, dass der Ehemann der Schwangeren infolge eines Verkehrsunfalls schwer verletzt wurde); BGHZ 132, 341 = NJW 1996, 2425 f. (Unfallopfer, der bereits acht Verkehrsunfälle hinter sich hat, leidet aufgrund eines erneuten Unfalls unter Schmerzen im Brust-, Bauch- und Rückenbereich, die nach dem medizinischen Befund psychosomatisch vermittelt sind).

35 So *Brüggemeier*, Deliktsrecht, 1986, Rn. 191; vgl. in neuerer Zeit *Quasser*, NZV 2015, 465; *Dörr*, MDR 2015, 1209.

Schockwirkung besteht zweifellos, denn ohne den Unfall hätte es die schockierende Nachricht nicht gegeben. Es liegt auch nicht außerhalb jeder Lebenserfahrung, dass ein Unfallopfer nahe Familienangehörige[36] hat, die insbesondere im Hinblick auf den schwerwiegenden Ausgang besonders heftig reagieren. Der BGH hat solche „Fernwirkungen" eines Unfalls noch als kausale Schädigung angesehen,[37] differenziert aber mittlerweile danach, ob der Angehörige beim Unfallgeschehen anwesend war oder erst später die Nachricht vom Unfall erhalten hat.[38] Die Abgrenzung ist kompliziert, wenn die Gesundheitsstörung nur mittelbare Folge eines Verhaltens ist, das typischerweise nicht zu pathologischen Folgen führt. So ist der Verursacher eines Verkehrsunfalls nicht dafür haftbar, dass später hinzukommende Unfallzeugen die Folgen des Ereignisses nicht bewältigen und traumatische Belastungen durchleben, die zur zeitweiligen Dienstunfähigkeit führen.[39] Typischerweise vorhersehbar ist eine Gesundheitsschädigung durch Schock nur bei Unfallopfern selbst, die das Geschehen miterleben, oder bei Partnern und nahen Familienangehörigen. Auch Probleme des Zusammenhangs zwischen Rechtsgutsbeeinträchtigung und Folgeschäden (haftungsausfüllende Kausalität) können sich stellen. So ist es, wenn der schockierte Angehörige eine ärztliche Behandlung zunächst unterlässt und sich erst dadurch bestimmte Verschlimmerungen seines seelischen Zustands ergeben.[40] Hier kann man auch an ein Mitverschulden nach § 254 Abs. 2, 2. Alt. denken.

VERTIEFUNGSHINWEIS: Interessant ist in dem Ausgangsfall noch ein weiterer Gesichts- 12
punkt, den der BGH behandelt. Gesetzt den Fall, eine Gesundheitsverletzung durch Schockschäden würde bejaht: Wie wäre es zu beurteilen, wenn der Ehemann der Geschädigten an dem Unfall, der am Ausgang des gesamten Falles stand, mitschuldig war? Sofern der Unfall tödlich verläuft und es um einen Anspruch der Ehefrau auf entgangenen Unterhalt oder Erstattung der Beerdigungskosten nach § 844 ginge, müsste sie sich nach § 846 das Mitverschulden anrechnen lassen. Auf den Fall, dass neben der zur Anwendung der §§ 844, 845 führenden Tötung des Ehemannes auch eine Gesundheitsverletzung der Ehefrau nach § 823 Abs. 1 in Rede steht, ist § 846 allerdings nicht direkt anwendbar. Auch eine analoge Anwendung der Vorschrift hat der BGH verneint, stattdessen aber aus Billigkeitsgründen über eine analoge Anwendung des § 254 (der Ausdruck des Prinzips von Treu und Glauben nach § 242 ist) das Mitverschulden für berücksichtigungsfähig gehalten.[41]

Im Falle von Gesundheitsverletzungen ist stets zusätzlich zu prüfen, in welchem Um- 13
fang ein Schädiger auch für die weiteren Folgen einer primären Gesundheitsverletzung aufzukommen hat. Diese Frage betrifft das Verhältnis zwischen Rechtsgutverletzung und dadurch verursachtem weiteren Schaden, die sog. haftungsausfüllende Kausalität (unten § 3 Rn. 95), welche die Aufgabe übernimmt, das Risiko übermäßiger Belastung

36 OLG Karlsruhe VersR 2012, 456 (getrenntlebender Ehegatte); OLG Köln VersR 2011, 674 (Lebensgefährte).

37 BGHZ 56, 163, 165; zustimmend *Larenz/Canaris*, Schuldrecht BT II/2, § 76 II 1 e.

38 BGH NJW 2015, 1451 m. Bspr. *Zwickel*, NZV 2015, 214.

39 BGH NJW 2007, 2764, 2765 m. Anm. *Elsner* (psychisch vermittelte Gesundheitsstörungen führen nur zu Haftungsfolgen, wenn sie bei den unmittelbar am Unfall Beteiligten oder nahen Angehörigen der Opfer eintreten). Vgl. auch OLG Düsseldorf BeckRS 2016, 5487: kein Ersatz für psychische Schäden von Veranstaltungsteilnehmern der Love-Parade 2010, die sich außerhalb des kritischen Bereichs aufhielten (im Rahmen eines Prozesskostenhilfegesuchs). Wessen Auto von herumfliegenden Trümmern getroffen wird und wer dann anderen Unfallopfern Erste Hilfe leistet, soll nach Ansicht des OLG Hamm BeckRS 2018, 33836 Unfallbeteiligter sein, dessen psychisch vermittelte Schäden ersatzfähig sind.

40 BGH NJW 2015, 2246 m. Anm. *Röthel*, Jura 2015, 1008; *Zwickel*, NZV 2015, 214.

41 BGHZ 56, 163, 168 = NJW 1971, 1883; krit. *Deubner*, JuS 1971, 622, 625, der dies für ein Musterbeispiel eines Missbrauchs von § 242 hält.

mit mittelbaren und fernliegenden Schadensfolgen im Interesse des Schutzes von Handlungsfreiheiten (oben § 1 Rn. 13) sinnvoll zu begrenzen.[42] So haben es die Gerichte abgelehnt, die Rechtsprechung über Schockschäden beim Tod von Nahbereichspersonen auch anzuwenden, wenn ein geliebtes Tier bei einem Verkehrsunfall getötet wird und der trauernde Halter daraufhin eine mit Medikamenten behandlungsbedürftige „pathologische Dauerreaktion" zeigt.[43]

14 Im Zusammenhang mit mittelbaren Gesundheitsschäden spielt in der Gerichtspraxis der Fall der **Unfall- oder Rentenneurose** eine Rolle, man spricht auch von einer Begehrensneurose oder einer „neurotischen Begehrenshaltung", die dadurch gekennzeichnet ist, dass „der Geschädigte den Unfall in dem neurotischen Streben nach Versorgung und Sicherheit lediglich zum Anlass nimmt, den Schwierigkeiten des Erwerbslebens auszuweichen".[44] Hierbei handelt es sich nicht unbedingt um die bewusste Simulation von Verletzungen, die in Wirklichkeit nicht vorliegen. Der Verletzte glaubt vielmehr subjektiv tatsächlich daran, eine Gesundheitsbeeinträchtigung erlitten zu haben, obgleich medizinische Befunde hierfür nicht vorliegen. Die Rechtsprechung ist daher zögerlich dabei, solche bloß subjektiven Zustände als Gesundheitsstörung anzuerkennen. Das passt zu der strengen Linie bei den Schockschäden.[45] Neuerdings verneinen Gerichte in solchen Fällen den Zurechnungszusammenhang zwischen Verletzungshandlung und Einbuße.[46]

(2) Schutz des Ungeborenen und „Wrongful Life"

15 Wenn ein noch ungeborenes Kind bereits im Mutterleib geschädigt wird, stellt sich die Frage, ob die Gesundheit des Kindes bereits geschädigt werden konnte. Das Leben des Kindes ist schon vor seiner Geburt geschützt (§ 3 Rn. 4). Das Ungeborene erlangt seine Rechtsfähigkeit allerdings nach § 1 BGB erst „mit der Vollendung der Geburt", also zu einem Zeitpunkt, zu dem die Verletzung schon eingetreten, der geborene Mensch daher niemals unverletzt war. Die daraus resultierenden Probleme sind Gegenstand des folgenden Falles:

▶ **Fall 9: Schutz des Ungeborenen** (BGHZ 8, 243): Die Mutter der K wird während ihrer Schwangerschaft im Krankenhaus B durch eine nicht genügend kontrollierte Blutspende mit einem Erreger namens Lues infiziert, der Syphilis erzeugt. Durch Ansteckung der Mutter kommt auch die später geborene Tochter K mit angeborener Syphilis zur Welt. K begehrt von B Ersatz aller ihr durch die Infektion entstandenen und künftig noch entstehenden Schäden sowie die Zahlung eines Schmerzensgeldes.

Fraglich ist, ob eine Verletzung der Gesundheit von K vorliegt. Gesundheitsverletzung ist Verursachung der Störung innerer Lebensvorgänge.[47] Eine solche Störung innerer Lebensvorgänge liegt bei der Mutter vor, allerdings wird das zunächst nicht infizierte Kind durch die Blutkonserve noch während der Schwangerschaft geschädigt. Da ein werdender ebenso wie ein bereits geborener Mensch zu den Schutzsubjekten des § 823 Abs. 1 gehört, liegt normativ eine Gesundheitsverletzung bereits vor, wenn ein Nasciturus im Mutterleib ge-

42 *Kötz/Wagner*, Deliktsrecht, Rn. 138.
43 BGHZ 193, 34 = NJW 2012, 1730; hierzu *Diederichsen*, NJW 2013, 641, 647.
44 BGH NJW 2012, 2964, Tz. 10.
45 Zur Rentenneurose BGHZ 20, 137; 132, 341, 346; NJW 2004, 344; *Jauernig/Teichmann*, Vor §§ 249–253 Rn. 32; *Witter*, VersR 1981, 301.
46 BGH NJW 2012, 2964; OLG München NJW-Spezial 2018, 747; *Burmann/Jahnke*, NZV 2012, 505, 506.
47 BGHZ 8, 243, 248.

schädigt wird, sei es infolge eines Verkehrsunfalles, in welchen die Mutter verwickelt ist, sei es infolge von Medikamenten, welche die Mutter auf ärztliche Verordnung oder eigenverantwortlichen Entschluss einnimmt. Allerdings ist es für die Geltendmachung des Schadensersatzanspruches erforderlich, dass der Mensch lebend geboren wird, denn sonst fehlt ihm die Rechtsfähigkeit (§ 1), d.h. die Fähigkeit, Träger von Rechten und Pflichten zu sein.

Fraglich bleibt, ob die Verabreichung der Blutkonserve eine **Verletzungshandlung** ist. Als Verletzungshandlung definiert der BGH „jede Entziehung [eines Lebensgutes] oder Störung, die von einem Menschen herrührt und das natürliche Wachstum und die natürliche Entfaltung hindert oder beeinträchtigt". Nicht erforderlich ist, dass unmittelbar nur die Mutter und erst in der weiteren Folge über die Nährstoffversorgung im Mutterleib auch das Kind geschädigt wird. Gesundheitsverletzung ist vielmehr jede unmittelbare oder mittelbare Funktionsbeeinträchtigung, die adäquat kausal Folge einer Infektion ist. Eine Gesundheitsverletzung liegt somit vor. ◀

Nach der Linie in BGHZ 8, 243 können Schädigungen des Kindes auch im Mutterleib erfolgen. Die Behinderung des Kindes ist eine Gesundheitsverletzung, die dem ursprünglich gesunden, aber während der Schwangerschaft geschädigten Embryo zugefügt wurde. Daraus folgt, dass alle Einwirkungen auf das Ungeborene während der Schwangerschaft (auch solche durch die Mutter, etwa durch exzessiven Alkohol- oder Nikotinkonsum) Gesundheitsverletzungen sein können.[48]

Schwieriger zu beurteilen ist die Frage, ob ein von Anfang an krankes oder behindertes 16
Kind allein dadurch an seiner Gesundheit verletzt werden kann, dass es krank geboren wird. Die Frage scheint widersinnig, zielt aber in das Zentrum der Debatte um „Wrongful Life". Es geht um Fälle, in denen das Kind seit seiner Zeugung mit einem genetischen Defekt belastet oder durch einen Schicksalsschlag (z.B. Erkrankung der Mutter mit Röteln) noch während der Schwangerschaft geschädigt wird. Der Unterschied zu Fall 9 ist, dass der behandelnde Arzt die Beeinträchtigung des Kindes nicht verantwortet hat. Ethisch heikel ist in solchen Fällen die Frage, wie es sich haftungsrechtlich auswirkt, dass die Geburt, formal betrachtet, durch eine Abtreibung hätte verhindert werden können. Hieraus ergibt sich die brisante Frage, ob das „kranke" Leben im Verhältnis zum niemals geborenen Leben zu Ersatzansprüchen führt. Dies zeigt:

▶ Fall 10: **„Wrongful Life"** (BGHZ 86, 240 = NJW 1983, 1371, dazu *Fischer*, JuS 1984, 434):[49] K wird mit schwersten Behinderungen geboren, weil Gynäkologe G nicht erkannt hat, dass die Mutter während der Schwangerschaft an Röteln erkrankt war. Die Schwangerschaft hätte zu dem Zeitpunkt, zu dem die entsprechende Untersuchung stattfand, noch abgebrochen werden können.

Zu unterscheiden sind Ansprüche des Kindes (1) und solche der Eltern (2) gegen den Arzt.

48 Einschränkungen beim Haftungsmaßstab ergeben sich allerdings aus §§ 1664, 277. Ob eine Haftung der Mutter bestehen soll, ist umstritten; dafür MükoBGB/*Wagner*, § 823 Rn. 204; dagegen Staudinger/*Hager*, § 823 Rn. B 49; dagegen im US-amerikanischen Recht z.B. *Remy v. MacDonald* 801 N.E.2d 260 (Mass. 2004) mit der Erwägung, dass die Annahme einer Pflicht der Mutter, jede Gesundheitsverletzung des Ungeborenen durch unvernünftige Lebensführung zu vermeiden, zu einer beinahe unbegrenzten Zulassung von möglichen Verletzungsklagen führen könnte; anders *National Cas. Co. v. Northern Trust Bank*, 807 So.2d 86, 87 (Florida App. 2002), wonach fahrlässiges Verhalten der Mutter im Straßenverkehr zum Ersatz der Schädigungen des Ungeborenen verpflichtet.

49 Ausführliche Lösung bei *Dörner* Schuldrecht 2, Fall 10, S. 93. Vgl. auch OLG Naumburg VersR 2011, 1273 (Schadensersatzanspruch eines schwerst hirngeschädigten Kindes).

(1) Bei den **Ansprüchen des Kindes** ist zu fragen, ob das Kind durch ein Verhalten des behandelnden Gynäkologen beeinträchtigt wurde. Ursächlich dafür ist aber keine Handlung, sondern eine unterlassene Aufklärung über die Möglichkeit eines noch möglichen straffreien Abbruchs (§ 218a Abs. 1 Nr. 1 mit Abs. 4 StGB), dessen Veranlassung durch die Mutter unterstellt wird. Dies anzunehmen führt in ein ethisches Dilemma, denn es provoziert die **Frage, ob „fehlerhaftes Leben" deliktisch dem fehlenden Leben nachgeordnet wird**. Wenn man annimmt, dass die Geburt eines behinderten Kindes eine Schädigung darstellt, die durch Abbruch zu verhindern ist, wird der Wert des Lebens in Frage gestellt. Der BGH hat es daher zu Recht abgelehnt, eine Pflicht zur Lebensverhinderung anzunehmen.[50] Eine Rechtspflicht, die Geburt zu verhindern und diese Pflicht einem Arzt aufzulegen, kann es nicht geben. Demnach hat der Arzt dem Kind gegenüber keine Pflichten verletzt. Das Kind hat somit auch keinen deliktischen Schadensersatzanspruch.[51]

(2) Bei der Prüfung der **Ersatzansprüche der Eltern** ist zu berücksichtigen, dass diese mit dem Arzt einen Behandlungsvertrag (§ 630a) geschlossen haben. Eine unterlassene Beratung kann eine **Verletzung dieses Behandlungsvertrages**[52] sein. Die unterlassene Beratung ist Pflichtverletzung nach § 280 Abs. 1. Dies hat auch der BGH angenommen und daher jedenfalls den Eltern einen vertraglichen Schadensersatzanspruch zugebilligt, der auf die Zahlung des erhöhten Unterhaltsaufwandes für die Betreuung eines behinderten Kindes gerichtet ist.[53] Zudem kommt ein Anspruch der Mutter aus § 823 Abs. 1 in Betracht, da „die Herbeiführung einer Schwangerschaft und Geburt entgegen dem Willen der betroffenen Frau ... eine Körperverletzung" ist und einen Anspruch auf immateriellen Schadensersatz (§ 253 Abs. 2) eröffnet.[54] Allein die seelische Belastung, ein behindertes Kind zu haben und aufziehen zu müssen, genügt zwar nach deutschem Recht nicht, um einen solchen Schmerzensgeldanspruch zu rechtfertigen,[55] doch bleibt es dabei, dass der erhöhte Unterhaltsaufwand als mittelbare Folge der Körperverletzung der Mutter ersatzfähig ist. Die Mutter kann damit sowohl vertragliche als auch deliktische Schadensersatzansprüche gegen den Arzt haben, der pflichtwidrig die Beratung über eine mögliche Abtreibung unterlassen hat. Dass die Beratungspflichtverletzung einen Vertragsverstoß darstellt, leuchtet dabei ein. Dass die Durchführung der Geburt Körperverletzung ist, ist weniger überzeugend, entspricht aber der h.M.[56] ◄

50 BGHZ 86, 240, 251.

51 So neben BGHZ 86, 240, 251 = NJW 1983, 1371 auch *Larenz/Canaris*, Schuldrecht BT II/2, § 76 II 1 f; *Brüggemeier*, Deliktsrecht, 1986, Rn. 199; a.A. aber MüKoBGB/*Wagner*, § 823 Rn. 204; Erman/*Wilhelmi*, § 823 Rn. 22.

52 BGHZ 47, 75, 77; 63, 306.

53 Noch offengelassen in BGHZ 76, 249, 258 = NJW 1980, 1450, 1452; klargestellt in BGHZ 86, 240, 248; BGH NJW 1995, 1609 und 2407; ferner BGH NJW 2007, 989, 990 m. Bespr. *Mörsdorf-Schulte*, NJW 2007, 964.

54 BGHZ 76, 259 = NJW 1980, 1452, 1453 (insoweit in amtlicher Sammlung nicht abgedruckt); NJW 1985, 671, 673.

55 Ein Anspruch für die Kompensation von Schmerzen und Leiden als primärer Schaden wird getreu der restriktiven Linie zum Ersatz von Schockschäden (oben § 3 Rn. 10) nicht anerkannt. Anders ist es, wenn die Schmerzen Folgeschäden des Eingriffs sind BGHZ 76, 259 = NJW 1980, 1452, 1453 (insoweit nicht in der amtlichen Sammlung abgedruckt); ergänzend BGHZ 86, 240, 249. Ersatz für primär seelische Schäden wird dagegen teilweise auch ohne sonstige Gesundheitsschädigung im US-amerikanischen Recht gewährt, vgl. *Broadnax v. Gonzalez*, 809 N.E.2d 645 (N.Y. 2004); *Viccaro v. Milunsky*, 551 N.E.2d 8 (Mass. 1990).

56 Vgl. neben den bereits zitierten Entscheidungen BGHZ 114, 284, 290 = NJW 1991, 1948; NJW 1995, 2407, 2408 m. Anm. *Schiemann* (fehlerhafte Sterilisationsberatung führt zu Schwangerschaft); ferner *Deutsch*, NJW 1985, 674; MüKoBGB/*Wagner*, § 823 Rn. 201 f.; a.A. aber *Brüggemeier*, Haftungsrecht, 2006, S. 235, der den Fall über eine Verletzung des allgemeinen Persönlichkeitsrechts (Beeinträchtigung der Familienplanung) lösen will.

VERTIEFUNGSHINWEIS: Die ethisch problematische Frage, ob ein „Kind als Schaden" der dadurch mit hohen Kosten belasteten Eltern angesehen werden kann, betrifft ein allgemeines schadensrechtliches Problem. In Rechtsprechung und Literatur ist über die Frage gestritten worden, ob die Zuerkennung eines Schadensersatzes für den erhöhten Kindesunterhalt im Rahmen der Vertragshaftung nicht letztlich auch die rechtlich **schwer haltbare Wertung** zum Ausdruck bringt, **dass ein behindertes Kind einen Schaden bedeutet**, obgleich doch menschliches Leben immer als etwas Wünschenswertes, als eine Quelle von Glück und Freude zu betrachten sein sollte. Auf diese Argumentation haben sich die Gerichte allerdings zu Recht nicht eingelassen. Sie haben stets betont, dass der Schadensersatz nicht geleistet werden müsse, weil ein (behindertes) Kind geboren sei, sondern weil infolge fehlerhafter Beratung ein erhöhter Unterhaltsaufwand besteht. Dieser Aufwand entsteht tatsächlich, er fällt im Vermögen der Eltern an und enthält kein Unwerturteil über die Existenz des Kindes.[57] Daher werden die Eltern nicht dadurch geschädigt, dass das Kind geboren wird, sondern dadurch, dass sie dem Kind nicht die gewünschte finanzielle Sicherheit gewähren können; das Kind ist nicht emotional benachteiligt, weil seine Eltern auf Unterhalt klagen, sondern die Eltern zeigen ihre Sorge um das Kind, indem sie die Kosten einer fehlerhaften Behandlung ersetzt verlangen.

Die Frage ist nicht nur in Deutschland, sondern auch im Ausland diskutiert worden. Berühmt wurde der sog. *Arrêt Perruche* der französischen Cour de Cassation. In diesem Fall hatte das Gericht einen vertraglichen Anspruch der Eltern und des behindert geborenen Kindes gegen den behandelnden Arzt bejaht. Das französische Parlament hatte daraufhin durch Gesetz den Anspruch der Eltern in solchen Fällen gewährt, den des Kindes jedoch abgeschnitten. Vorgeschlagen wurde, solche Fälle einer sozialversicherungsrechtlichen Lösung zu überlassen.[58]

▶ Schließlich lässt sich die Frage stellen, ob ein **vertraglicher Schadensersatzanspruch des Kindes** (auch auf Ersatz immaterieller Einbußen nach § 253 Abs. 2) wegen fehlerhafter Beratung der Mutter bestehen kann. Diese Erwägung ist angebracht, weil ärztliche Behandlungsverträge während der Schwangerschaft Drittwirkung zugunsten des Ungeborenen haben.[59] Problematisch ist allerdings, dass eine Beratungspflicht zugunsten des Kindes mit dem Recht der Mutter, über den Fortbestand der Schwangerschaft zu entscheiden, konfligieren könnte. Das darf aber nicht dazu führen, dass ein Arzt, welcher die Schwangerschaft auf Wunsch der Mutter fortführt, sich dadurch gegenüber dem Kind schadensersatzpflichtig macht. Auch eine Haftung der Eltern gegenüber dem Kind dahingehend, dass das Kind durch seine Behinderung nur eingeschränkte Lebenschancen hat, ist nicht anzuerkennen.[60] ◀

57 BGHZ 124, 128, 135; BGH NJW 1995, 1609; NJW 1995, 2407, 2409; OLG Düsseldorf NJW 1995, 788, 789; in dieser Form auch akzeptiert von BVerfG NJW 1998, 519, 520 (Erster Senat), krit. allerdings der Zweite Senat BVerfGE 88, 203 = NJW 1993, 1751 und Stellungnahme des Zweiten Senats in NJW 1998, 523.

58 Vgl. hierzu *Katzenmeier*, FS Jayme, Bd. II, 2004, S. 1227. Die rückwirkende Anwendung des Gesetzes wurde Frankreich durch eine Entscheidung des Europäischen Gerichtshofs für Menschenrechte (EGMR) untersagt, vgl. EGMR, Urt. v. 6.10.2005 – Rs. Nr.°11810/03 – *Maurice/France*. Die Entscheidungen des EGMR sind abrufbar über www.hudoc.echr.coe.int. Im amerikanischen Recht z.B. *Chaffee v. Seslar*, 751 N.E.2d 773 (Ind. Ct. App. 2001).

59 BGHZ 86, 240, 253; dafür *Deutsch*, NJW 2003, 26, 27.

60 BGHZ 86, 240, 255; zur Vertiefung Anm. von *Deutsch*, JZ 1983, 451; *ders.*, NJW 1994, 776.

(3) Unfallschäden

17 **Gesundheitsverletzungen**, insbesondere **als Folge von Unfallschäden**, sind einschneidend, wenn ein Unfallopfer berufsunfähig, körperlich oder seelisch behindert bleibt. Hier entstehen hohe Schäden, die oft nur durch Versicherungen abgedeckt werden können (vgl. oben § 1 Rn. 14). Dem Deliktsrecht kommt dabei die Aufgabe zu, die Verursachungsbeiträge zu ermitteln, also klarzustellen, wessen Versicherung zahlungspflichtig ist. Dies zeigt der folgende Fall:

▶ **Fall 11:** Bei einem Verkehrsunfall wird durch Fahrlässigkeit des F das 15-jährige Kind K schwerstens verletzt. K war hoffnungsvolle Nachwuchsturnerin, hatte bereits die Qualifikation für die Olympischen Spiele geschafft und verfügte über eine Reihe von Werbeverträgen mit zahlreichen Partnern aus der Industrie. Infolge der Verletzung ist K querschnittsgelähmt und künftig an den Rollstuhl gefesselt. Die Werbepartner kündigen aufgrund einer entsprechenden Vertragsklausel die Verträge fristlos. Welche Ansprüche hat K gegen F?

Eine rechtswidrige und schuldhafte Verletzung von Körper und Gesundheit der K liegt vor, also dem Grund nach auch ein Anspruch aus § 823 Abs. 1. Nach § 249 Abs. 1 muss F alle für die Wiederherstellung der Gesundheit erforderlichen Handlungen vornehmen bzw. die hierfür anfallenden Geldbeträge bereitstellen (§ 249 Abs. 2 S. 1). Hierdurch werden die tatsächlich angefallenen Behandlungskosten in Krankenhaus, Ambulanz oder Rehabilitation erfasst. Zudem fällt unter die ersatzfähigen Schäden ein angemessenes Schmerzensgeld (§ 253 Abs. 2). ◀

18 Vertiefungshinweis: Für die Bemessung der Höhe des Schmerzensgeldes benutzt die Praxis bei Körperverletzungen diverse Tabellen, welche nach Art der aufgetretenen Einbuße differenzieren. Die bekannteste Tabelle dieser Art wird vom ADAC herausgegeben.[61] Sie führt mehrere tausend Gerichtsurteile auf, systematisiert nach Art der Verletzung und Höhe des gezahlten Schmerzensgeldes. Daraus kann man etwa ablesen, dass Gerichte bei Querschnittslähmungen (Rubrik „Nerven", „Rücken") bereits seit Langem Beträge von mehr als 15.000 Euro, in der Regel jedoch sogar weit höhere Beträge zuerkennen, wenn eine entsprechend lange Behandlungszeit hinzukommt und sonstige Funktionsausfälle auftreten. Berücksichtigt werden dabei das Alter des Geschädigten, die Dauer eines Krankenhausaufenthaltes sowie evtl. hinzutretende psychische Schädigungen in Form von Depressionen, Neurosen oder Psychosen (als Folgeschäden). In einem Sachverhalt mit noch schlimmeren Verletzungen als im obigen Fall hat das Landgericht Kiel im Jahr 2006 für die Folgen eines Unfalls (Querschnittslähmung ab dem ersten Halswirbel abwärts bei einem 8-Jährigen mit nachfolgendem ständigen Betreuungsaufwand) einen Schmerzensgeldbetrag von 500.000 Euro nebst einer monatlichen Rente von 500 Euro zuerkannt.[62]

19 ▶ Das Schmerzensgeld soll nur die immateriellen Folgen eines Unfalls ausgleichen, ggf. auch dem Geschädigten Genugtuung verschaffen.[63] Zu den materiellen Folgen der Verletzung gehört dagegen im beschriebenen Fall der Umstand, dass K ihre Sportkarriere aufgeben muss und damit nicht nur ein zum Beruf gewordenes Hobby, sondern auch hohe Ein-

---

61 *Hacks/Ring/Böhm*, Schmerzensgeldbeträge 2016, 34. Aufl., 2016.

62 LG Kiel VersR 2006, 279 m. Anm. *Jaeger*; weitere drastische Fälle, in denen mehr als 600.000 Euro Einmalzahlung zuerkannt wurden, bei *Jaeger*, VersR 2009, 159.

63 BGHZ 18, 149; vgl. zum Anspruch eines schwerst Hirngeschädigten OLG Naumburg VersR 2011, 1273 (immaterieller Schadensersatz wegen „Einbuße der Persönlichkeit" und „Wegfall der Basis für ihre Entfaltung").

nahmeerwartungen verliert. Diese Verluste gehören zu den Vermögensschäden, welche nach § 249 Abs. 1 vollständig zu erstatten sind. Allerdings muss K sich dasjenige anrechnen lassen, was sie voraussichtlich in einem Alternativberuf verdient. Einen solchen Beruf muss sie selbstverständlich auch anstreben und ergreifen (§ 254 Abs. 2). Der Vermögensschaden umfasst im Übrigen aber auch einen ihr entgangenen Gewinn (§ 252), im Deliktsrecht gehören dazu nicht nur gewerbliche Gewinne, sondern auch „Nachteile für den Erwerb oder das Fortkommen" (§ 842). § 843 ergänzt, dass solche Nachteile (auch die Vermehrung der Bedürfnisse[64]) durch Zahlung einer Geldrente oder aber (ausnahmsweise) als Kapitalabfindung ausgeglichen werden müssen. Im Rahmen der §§ 249, 252, 842 darf das Gericht den entgangenen Gewinn, wie auch sonst, schätzen (§ 287 ZPO). Eine Schätzung wird im vorliegenden Fall dadurch erleichtert, dass bezifferte Werbeverträge vorgelegt werden können, der Einnahmeausfall steht insoweit fest und muss nicht gemäß § 252 S. 2 nach dem gewöhnlichen Verlauf der Dinge als eingetreten vermutet werden. Der Schuldner kann das einmal getroffene Urteil durch eine Abänderungsklage (§ 323 Abs. 1 ZPO) angreifen, sollten sich die Verhältnisse später doch günstiger entwickeln als vom Richter ursprünglich angenommen und ausgeurteilt.

Schwierig ist die **Prognose künftiger Erwerbsmöglichkeiten.**[65] Im Fall wäre interessant, ob K auch für entgangene, aber mögliche Werbeverträge in der Zukunft, etwa nach einer erfolgreichen Olympiateilnahme, Ersatz verlangen kann. ◀ 20

Entscheidend ist, welchen Erwerb der Verletzte ohne die Verletzung durch Ausnutzung seiner Erwerbsfähigkeit nach dem regelmäßigen Verlauf der Dinge gezogen hätte. Auch hierüber kann das Gericht nach § 287 ZPO eine eigene Einschätzung treffen.[66] Ein verletzter Student kann daher seinen Gewinn nach dem in seinem angestrebten Beruf durchschnittlich erzielbaren Einkommen bemessen. Der Umstand, dass der Student die erforderlichen Prüfungen besteht, darf dabei unterstellt werden. Ggf. muss der Verletzer konkret einwenden und belegen, dass der Verletzte diese Hürden nicht genommen hätte.[67] Die Berechnung entgangenen Gewinns kann bei Selbstständigen Probleme aufwerfen. Während Arbeitnehmer ein festes Gehalt beziehen, hängt das Einkommen Selbstständiger nicht nur von der Möglichkeit ab, die eigene Arbeitskraft einzusetzen, sondern auch davon, wie sich die Geschäftslage des Unternehmens gestaltet. Am einfachsten wäre es, den Gewinnausfall nach den Kosten einer Ersatzkraft zu bemessen, welche die Arbeitsleistung des Verletzten kompensiert. Dies geschieht im Falle der Verletzung einer im Haushalt tätigen Person (Hausfrau, Hausmann), welche ihren Familienunterhalt durch Hausarbeit erbringt (§ 1360 S. 2), auch wenn diese Kraft tatsächlich nicht engagiert, sondern durch Mehrarbeit der übrigen Familie überflüssig wurde (vgl. den in § 843 Abs. 4 zum Ausdruck kommenden Grundgedanken der versagten Vorteilsausgleichung im Rahmen des normativen Schadensbegriffs, dazu oben § 3 Rn. 7 und unten § 3 Rn. 96).[68] Im Falle der Schädigung eines im Unternehmen selbst mitwir-

64 Z.B. Kosten für Pflegepersonal, Pflegaufwendungen von Familienangehörigen etc. Eine feste Obergrenze der zu ersetzenden Mehrbedürfnisse gibt es nicht, BGH NJW 2019, 362.

65 Dazu *Freymann*, DAR-Extra 2013, 752.

66 Vgl. BGH VersR 1965, 489 (zur Berechnung des Verdienstausfallschadens einer Medizinstudentin unter Berücksichtigung ihres mutmaßlichen Werdeganges).

67 OLG Düsseldorf VersR 1969, 671 (zum Verdienstausfall eines Referendars, der unfallbedingt ein Semester aussetzen musste und dadurch das zweite Staatsexamen mit 6-monatiger Verspätung ablegte); vgl. auch BGH NJW 1985, 791 (Schädiger haftet auch für unfallbedingte Studienverzögerung und dadurch verursachte Studienverzögerung infolge Vorlesungsstreiks); siehe insgesamt zum Erwerbsschaden bei Kindern und Jugendlichen *Freymann*, DAR-Extra 2013, 752.

68 BGHZ 38, 55; 51, 109.

kenden Selbstständigen hat der BGH es allerdings nicht gestattet, den Gewinnausfall (Verdienstausfall) nach den Kosten einer an seine Stelle tretenden Ersatzkraft zu bemessen.[69] Das ist nicht konsequent, auch nicht durch die Erwägung zu rechtfertigen, dass der Wert der Arbeitskraft des selbstständig Tätigen im eigenen Unternehmen schwieriger zu bemessen ist als der Wert der Arbeitskraft eines Angestellten. Konsequent dagegen ist es, dem nicht Berufstätigen keinen Ersatzanspruch wegen des Ausfalls seiner Arbeitskraft zuzubilligen. Der Arbeitslose dagegen erleidet an sich keinen Verdienstausfall, gleichwohl hat er einen Anspruch nach § 842, wenn er verletzungsbedingt wegen einer Erwerbsunfähigkeit den Anspruch auf Arbeitslosengeld verliert.[70]

Wiederholungs- und Vertiefungsfragen

> Ist das Ziehen eines Schneidezahns nach Betäubung Körper- oder Gesundheitsverletzung? (vgl. OLG Köln NJW-RR 2007, 174) Ist ein erzwungener Geschlechtsverkehr, bei dem es zu keinen Verletzungen kommt, Körperverletzung? Wie ist es, wenn es dabei zu einer Defloration kommt? (vgl. *Brüggemeier*, Deliktsrecht, 1986, Rn. 187)

> (V) Welche Ansprüche bestehen, wenn ein Sportler von seinem Arzt Aufputschmittel verabreicht erhält, die später zu einer positiven Dopingkontrolle führen? Kann der im Wettkampf unterlegene Konkurrent erfolgreich auf Schadensersatz klagen? (dazu *R. Schröder/Bedau*, Doping: Zivilrechtliche Ansprüche des Konkurrenten gegen den gedopten Sportler?, NJW 1999, 3361–3367)

> (V) Welche Ansprüche bestehen bei sexueller Belästigung einer Studentin durch einen Dozenten? Wie ist es im Falle einer Arbeitnehmerin, die durch einen Arbeitskollegen belästigt wird (hierzu OLG Frankfurt/M. NJW-RR 2000, 976)?

cc) Freiheit

21 Definition: Die Freiheit gehört zu den natürlichen Gütern, welche die Rechtsordnung als jedem Menschen zustehend anerkennt, nicht aber definiert (vgl. oben § 3 Rn. 3). Der Begriff ist eng auszulegen. Daher fällt hierunter **nur die körperliche Fortbewegungsfreiheit**, nicht die Entscheidungsfreiheit. Schutz wird insbesondere gegen Freiheitsberaubung gewährt. Freiheitsberaubung ist auch die Einweisung eines Patienten in eine geschlossene Anstalt, die Herbeiführung einer Verhaftung[71] oder das Festhalten eines psychisch Kranken[72] („Fixieren"). Kein Eingriff in die Fortbewegungsfreiheit ist das Zuparken im Straßenverkehr,[73] denn hierdurch wird nur die Bewegung mit dem eigenen Pkw verhindert. Das Zuparken kann aber Eigentumsverletzung sein, d.h. Störung (Gebrauch des Eigentums oder Besitzes) der Möglichkeit zur zweckgerechten

69 BGHZ 54, 45; krit. dazu *Medicus*, Gesetzliche Schuldverhältnisse, Fall 16, S. 17.
70 BGH NJW 2014, 303 (zum Anspruch nach § 19 SGB II).
71 LG Bonn NJW-RR 1995, 1492 (Pflicht zur Zahlung eines Schmerzensgeldes in Höhe von 15.000 Euro).
72 Vgl. BGH NJW 1959, 2301 (Fixieren eines Kranken); BGHZ 62, 54 = NJW 1974, 312 = JZ 1974, 548 m. Anm. *Hopt* (Einweisung in Krankenanstalt aufgrund fehlerhaften Sachverständigengutachtens).
73 *Eckert*, JuS 1994, 625, 631.

Nutzung des Pkw (unten § 3 Rn. 25).[74] **Keine Freiheitsverletzung ist die Beeinträchtigung des freien Willens** durch Täuschung, Irreführung oder Nötigung.

c) Eigentum

aa) Entziehung und Substanzeingriffe

Das Eigentum als Modellfall eines subjektiven Rechts wird durch die Gesetze nicht nur begründet, sondern auch nach **Inhalt** und Schranken bestimmt. Das Gesetz definiert, welche Herrschafts- und Verfügungsmacht über einen Gegenstand die begünstigte Person erhält. Für das Eigentum an körperlichen Sachen übernehmen diese Aufgabe die **§§ 903 ff.** Danach gehört zum Inhalt des Eigentums die **Befugnis, mit der Sache nach Belieben zu verfahren und andere von jeder Einwirkung auszuschließen.** Verfügungsrechte an unkörperlichen Sachen, z.B. Urheber- oder Patentrechte, fallen unter die sonstigen Rechte i.S.d. § 823 Abs. 1. Deren Inhalts- und Schrankenbestimmung folgt nicht aus den §§ 903 ff., sondern aus Spezialgesetzen, z.B. für das Urheberrecht aus dem Urheberrechtsgesetz (z.B. §§ 15 ff. UrhG). Geschützt wird das Eigentum nicht nur durch § 823, sondern auch durch die §§ 989, 990, 951 und 816. Eigentumsverletzung im Sinne des § 823 Abs. 1 ist grundsätzlich jede Beeinträchtigung der gesetzlich umschriebenen Befugnisse des Eigentümers. Dazu gehören **Entziehung und Substanzeingriff** (nachfolgende Rn.). Bei der bloßen **Nutzungsbeeinträchtigung** (Rn. 24) herrscht hingegen Streit. 22

Definitionen und Beispiele: Die **Entziehung** kann dadurch erfolgen, dass eine Sache weggenommen, unbefugt gebraucht oder über sie in sonstiger Weise verfügt wird. Entziehung ist ferner die rechtswidrige Verfügung (Veräußerung) durch Nichtberechtigte, auch in Form der Belastung einer fremden Sache mit einem Pfandrecht oder einer Grundschuld,[75] sowie das Freilassen eines fremden Haustiers.[76] Eigentumsverletzung ist auch jede **Beschädigung oder Zerstörung (Substanzeingriff)**, vom Verbrauch fremder Sachen (z.B. Verheizen gestohlener Kohlen) bis hin zu dem bei Verkehrsunfällen verursachten „Blechschaden". Nicht nur das Zerstechen eines fremden Pkw-Reifens, sondern auch das Herauslassen der Luft aus einem Autoreifen ist Substanzeingriff, ebenfalls das Überkleben einer Sache mit einem Plakat und das Einschleusen von Viren in eine Computeranlage.[77] Als Substanzverletzung gilt überdies das Durcheinanderbringen einer Zettelkartei oder die Entwendung von Einzelstücken aus einem umfangreichen und auf Vollständigkeit angelegten Archiv.[78] Substanzverletzung ist schließlich die Löschung von Daten auf einem Datenträger. Zwar ist die Information als solche keine körperliche Sache, auch der Datenträger selbst bleibt weiter verwendbar, durch die Veränderung der elektronischen Speicherung wird jedoch eine für die Nutzung charakteristische Funktion aufgehoben.[79] Der Fall zeigt, dass Substanzverletzung und Nutzungsbeeinträchtigung zusammenhängen können. Eine Substanzverletzung kann nicht nur durch unmittelbare Einwirkung erfolgen, sondern auch durch mittelbare Beeinträchtigungen. Dies zeigt 23

74 Beispielsfall *Schwarz/Ernst*, NJW 1997, 2550.
75 *Larenz/Canaris*, Schuldrecht II/2, § 76 II 3 a.
76 *Kötz/Wagner*, Deliktsrecht, Rn. 145.
77 *Larenz/Canaris*, Schuldrecht II/2, § 676 II 3 b.
78 BGHZ 76, 216 = NJW 1980, 1518.
79 OLG Karlsruhe NJW 1996, 200, 201.

▶ **Fall 12** (BGHZ 41, 123 – Bruteier-Fall): B verbreitert im behördlichen Auftrag eine Straße und lässt hierzu Straßenbäume fällen. Einer von diesen Bäumen stürzt auf eine elektrische Freileitung unmittelbar über dem Grundstück des K, der dort eine Geflügelzucht betreibt. Die Anweisung zur Fällung des Baumes hatte B persönlich gegeben. Als Folge des umstürzenden Baumes fällt der Strom einige Stunden aus. K hatte gerade einen Brutapparat mit Eiern bestückt. Statt der zu erwartenden 3000 Küken schlüpfen wegen des Stromausfalls nur einige verkrüppelte, unverkäufliche Tiere. K verlangt von B Ersatz des ihm entstandenen Verlusts.

Ein **Anspruch aus § 823 Abs. 1** könnte sich aus einer **Eigentumsverletzung** ergeben. Als Gegenstand des Eigentumsschutzes kommen die in der Brutanlage befindlichen Eier in Betracht. Durch die Unterbrechung der Stromzufuhr hat B zwar unmittelbar eine im Eigentum des jeweiligen Elektrizitätswerkes stehende Sache beschädigt, mittelbar aber bewirkt, dass die im Brutkasten befindlichen Eier in ihrer Nutzbarkeit beeinträchtigt wurden. Eine Eigentumsverletzung durch Substanzeingriff liegt vor, wenn den Eiern entzogen wird, was sie zur Substanzerhaltung (und Ausbrütung) benötigen.

Fraglich ist, ob die Verletzung noch als **kausale Folge** dem Verhalten des B zugerechnet werden kann. Die Anweisung, einen bestimmten Baum, der in der Nähe einer Stromleitung steht, zu fällen, ist eine willentliche Handlung. Ohne diese Anweisung wäre es zu der Stromunterbrechung nicht gekommen (Äquivalenz). Es war durchaus noch vorhersehbar, dass die nicht fachgerechte Fällung eines Baums in der Nähe einer Stromleitung diese Leitung beschädigen und die Stromzufuhr zu den anliegenden Hausnetzen unterbrechen könnte. Die **Besonderheit** der vorliegenden Konstellation liegt darin, dass die schädigende Auswirkung auf die Brutanlage erst mittels einer Ursachenkette, also nicht direkt erfolgte. Hier mag zweifelhaft sein, ob derjenige, der einen Strommast zu Fall bringt, für alle natürlichen Folgen dieses Ereignisses einzustehen hat. In der Tat sind **mittelbare Schäden** nicht per se ersatzfähig, sondern erst wenn sie ihrerseits Folge der Schädigung eines durch § 823 Abs. 1 geschützten Rechtsgutes sind. Hier wurde der Schaden an den Eiern gerade über die Nutzungsbeeinträchtigung des Brutapparates vermittelt. Das war auch vorhersehbar. Daher sah der BGH vorliegend keine Kausalitätsprobleme.[80] ◀

bb) Nutzungsbeeinträchtigungen

24 Eigentumsverletzung ist nach dem vorgenannten Beispiel auch die Einwirkung auf eine Sache durch Vorenthaltung von Stoffen (Strom, ebenso Wasser oder Gas), die zur Erhaltung ihrer Substanz (Bruteier) nötig sind.[81] Die Lösung ist aber umstritten. Sieht man jede Handlung als deliktisch an, welche die Nutzung eines Gegenstandes – sei es auch nur vorübergehend – behindert, so ist der Entzug von Strom, Licht und Wärme stets deliktische Schädigung, solange am Ende der Kausalkette eine Eigentumsschädigung steht. Das erweckt den Eindruck, als vermittele das Eigentum einen Anspruch darauf, Strom, Licht oder sonstige Stoffe von außen beziehen zu dürfen.[82] Eine neuere Gegenansicht differenziert daher zwischen Sachbeeinträchtigung und Rechtsverletzung. Eine Sachbeeinträchtigung durch die Vorenthaltung von Stoffen ist danach keine Eigentumsverletzung, weil das Eigentum keinen Anspruch auf die Zuführung von Stoffen vermittelt. Wer für eine Heizung Kohlen bestellt, hat noch keinen absoluten An-

80 BGHZ 41, 123, 125; krit. hierzu *von Caemmerer*, ZHR 127 (1965), 241, 248, mit der Bemerkung, die Abgrenzung sei „pauschal und roh".
81 BGHZ 41, 123, 126.
82 Dagegen mit beachtlichen Differenzierungen *Picker*, JZ 2010, 541, 544.

spruch auf diese Kohlen. Erleidet die Heizung einen Defekt, weil die Kohlen zu spät kommen, fehlt es daher auch an der Eigentumsverletzung.[83] Vertragsansprüche bleiben natürlich unberührt.

Im Einklang mit der BGH-Rechtsprechung befindet man sich, wenn man eine Eigentumsverletzung in Fällen annimmt, in denen am Ende der Kausalkette eine Substanzbeeinträchtigung (Eier im Brutkasten) steht. FALL 12 behandelt eine Konstellation, bei der ein Betriebsablauf in seiner Entwicklung gehindert wird, weil die **Produktion** lebensfähiger Tiere (Küken) **unterbrochen** wird. Solange dabei nicht gleichzeitig eine Sache beschädigt wird, können aus solchen Betriebsstörungen allenfalls Vermögensschäden entstehen (Verzögerung des Weiterverkaufs).[84] Solche Schäden sind für sich genommen nach § 823 Abs. 1 nicht ersatzfähig. Nur wenn zum Vermögensschaden noch eine Eigentumsverletzung (Absterben der Eier im Brutkasten) hinzutritt, ist auch ein etwaig entgangener Gewinn als Folgeschaden (Wert der weiterverkaufsfähigen Küken) ersatzfähig. Hier zeigt sich eine Parallele, aber auch eine Abgrenzung zum GRUNDFALL (FALL 6, siehe § 2 Rn. 12).

▶ Im GRUNDFALL fehlte es an einem Eigentumsschaden schon deshalb, weil der Betrieb als Ganzes kein eigentumsfähiger Gegenstand ist. Eigentum besteht nur an einzelnen Gegenständen, nicht aber an dem Betrieb als Gesamtheit von Gegenständen. Die einzige Substanzschädigung betraf das Stromkabel, das allerdings nicht im Eigentum des Betriebsinhabers stand. Ein Eingriff in das Eigentum liegt damit nicht vor. Ganz eindeutig scheint das Ergebnis jedoch nicht, denn jedenfalls wird durch den Eingriff auch eine Betriebseinrichtung (Maschinen) in ihrer Nutzbarkeit beeinträchtigt. Diese Erwägung hat letztlich dazu geführt, den GRUNDFALL über ein neues eigentumsähnliches Rechtsgut, das Recht am eingerichteten und ausgeübten Gewerbebetrieb, zu lösen (vgl. hierzu unten § 3 Rn. 45). ◀

▶ **FALL 12** deutet an, dass ein Eingriff in das Eigentum auch dadurch bewirkt werden kann, dass die **Nutzbarkeit des Eigentums** (Brutkasten) **beeinträchtigt** wird. Neben dem Substanzeingriff und der Eigentumsentziehung kann eine Schädigungshandlung also auch in einer **Störung der Funktion des Eigentums** bestehen,[85] wenn nämlich der Eigentümer daran gehindert wird, mit der Sache in einer Weise nach Belieben zu verfahren (§ 903), die das Gesetz ihm als Inhalt des Eigentumsrechts zuweist. Das zeigt der nachfolgende ◀ 25

▶ FALL 13 (Vgl. BGH NJW 2009, 2530; AG Erkelenz NJW-RR 2007, 1031): F möchte ihre Freundin im Krankenhaus besuchen. Der Besucherparkplatz ist restlos überfüllt, daher stellt sich F vor einen als Privatparkplatz ausgewiesenen Stellplatz, der im Eigentum des Belegarztes B steht. Als B wenige Minuten später mit seinem Fahrzeug eintrifft, ist er nicht nur verärgert, sondern riskiert auch, zu spät zu einem Operationstermin zu erscheinen. Er lässt daher das Fahrzeug der F abschleppen. Die Kosten hierfür verlangt er von F, deren Identität er mittlerweile feststellen konnte, ersetzt.

Ein Anspruch aus § 823 Abs. 1 setzt eine Eigentumsverletzung voraus. Der Parkplatz wurde durch F weder in seiner Substanz verletzt, noch dem B dauerhaft entzogen. Die Blockade

83 So *Picker*, JZ 2010, 541, 546.
84 BGHZ 41, 123, 126 f.
85 Hierzu monografisch *Boecken*, Deliktsrechtlicher Eigentumsschutz gegen reine Nutzungsbeeinträchtigungen, 1995, S. 280 mit der Wertung, dass sämtliche Nutzungsbeeinträchtigungen Eigentumsverletzungen sind, jedoch der Eigentümer bestimmte Handlungen dulden muss, die insofern nicht rechtswidrig sind, S. 348; hierzu Besprechung von *Medicus*, JZ 1997, 403. Sehr instruktiv zum Problemkreis *Picker*, JZ 2010, 541 mit zahlreichen Beispielen und umfangreichen Nachweisen zu dem Streitstand.

des Parkplatzes entzieht dem Eigentümer jedoch eine wesentliche Nutzungsmöglichkeit über die Sache, wobei gleichzeitig auf die Sache körperlich (durch Blockade) eingewirkt wird. Eine Eigentumsverletzung setzt aber nicht zwingend einen Eingriff in die Sachsubstanz voraus. Sie liegt auch in einer nicht unerheblichen Beeinträchtigung der bestimmungsgemäßen Verwendung der Sache (vgl. BGHZ 138, 230, 245). Rechtfertigungsgründe zugunsten von F (etwa eine Notfallsituation bei Ablieferung einer Hochschwangeren) sind nicht ersichtlich. F handelte auch schuldhaft, denn der Parkplatz war als privat gekennzeichnet. Die Abschleppkosten sind Vermögensfolgeschäden, die kausale Folge der Funktionsbeeinträchtigung sind. Man wird dem B nicht vorwerfen können, dass er keinen Versuch unternommen hat, die F selbst zu ermitteln (vgl. § 254 Abs. 2), denn er befand sich seinerseits in einer Notsituation, die schnelles Handeln erforderlich machte.[86] Daher kann er die Abschleppkosten von F ersetzt verlangen. ◀

Dieses Ergebnis folgt zusätzlich daraus, dass eine Besitzstörung (in diesem Fall sogar durch Besitzentziehung) vorliegt. Dagegen darf sich der Gestörte auch durch Selbsthilfe (Abschleppen) erwehren (§§ 823 Abs. 2, 858; 859).[87] Die Kosten dafür sind erstattungsfähig, sofern sie nicht unverhältnismäßig sind.

26 Konstellationen, in denen nicht körperlich auf die Substanz der Sache, sondern in die **Nutzungsbefugnisse des Eigentümers** eingegriffen wird, sind problematisch, weil ihre Ausweitung zu dem konzeptionell unerwünschten Ergebnis führen kann, dass über § 823 Abs. 1 reine Vermögensschäden auch bei bloß fahrlässigem Verhalten des Schädigers ersatzfähig werden. Diese Gefahr zeigt sich bereits in den Stromkabelfällen. Gehört das Stromkabel nicht dem Strombezieher, so droht eine uferlose Haftung für die Beeinträchtigung der Nutzung sämtlicher Geräte, die an dem Kabel hängen können und durch die Stromunterbrechung nutzlos werden. Der Ersatz reiner Vermögensschäden soll aber nach der vom Gesetzgeber beabsichtigten Systematik nicht durch § 823 Abs. 1 eröffnet, sondern allenfalls im Rahmen der § 823 Abs. 2 (mit Schutzgesetz) oder § 826 möglich sein. Dort wird die Ersatzmöglichkeit regelmäßig an schärfere Kriterien (Verhaltensmomente, Vorsatz, Sittenwidrigkeit) geknüpft. Daher kommt es auf die Frage an, ob und inwieweit die beeinträchtigte Nutzung dem Eigentümer einer Sache tatsächlich vom Gesetz zugewiesen ist und inwieweit sie entzogen wird. Das zeigt

▶ **Fall 14** (BGHZ 55, 153 – Fleet-Fall, dazu *Möschel*, JuS 1977, 1): Die Bundesrepublik Deutschland (B) ist Eigentümerin eines als Bundeswasserstraße eingetragenen Fleets (Kanal), das eine Mühle mit dem Hafen verbindet. Aufgrund von schuldhaft fehlerhaft ausgeführten Abstützarbeiten der B an der Ufermauer nach einem Unwetter ist das Fleet eine Zeit lang für Schiffe unpassierbar. Dies hat zur Folge, dass ein dem K gehörendes Schiff an der Verladestelle der Mühle festliegt und K mit drei anderen Schiffen nicht bis zu der Mühle vorfahren kann. K und den Eigentümern der übrigen Schiffe entstehen Gewinnausfälle, weil er das festsitzende Schiff nicht mehr einsetzen und die vor der Verladestelle lagernden Schiffe nicht rechtzeitig entladen und deren Ladung nicht weiterveräußern kann.

In Bezug auf das festliegende Schiff stellt sich die Frage einer Eigentumsverletzung durch Nutzungsbeeinträchtigung.[88] Stellt man darauf ab, dass das festsitzende Schiff in seiner

86 Zu den Besitzschutzansprüchen in Fällen, in denen der rechtmäßige Parker nicht Eigentümer des Stellplatzes ist, AG Erkelenz NJW-RR 2007, 1031; *B. Janssen*, NJW 1995, 624; zum Ausschluss des Anspruchs bei schikanösem Handeln AG Freising DAR 1987, 156.

87 BGHZ 181, 233; BGH NJW 2014, 3727 m. Anm. *R. Koch*, NJW 2014, 2696.

88 BGHZ 55, 153, 159; zur Abgrenzung von der noch unerheblichen Einwirkung OLG Köln NJOZ 2015, 676 Tz. 15, 18.

Funktion als Transportmittel nicht mehr genutzt werden kann, so liegt eine Eigentumsverletzung vor. Der Fall ist der Entziehung eines Stellplatzes, aber auch dem Zuparken eines Pkw vergleichbar.[89]

Keine Funktionsstörung liegt dagegen im Hinblick auf diejenigen Schiffe vor, die den Kanal infolge Unbenutzbarkeit nicht passieren und auch den Verladehafen daher nicht erreichen konnten.[90] Dem Eigentümer ist durch § 903 die Befugnis zugewiesen, mit seiner eigenen Sache nach Belieben zu verfahren. Dazu gehört die Bewegung der Sache weg von einem Ort zum anderen, nicht aber die Befugnis, die Sache auch zu jedem Ort hinbewegen zu können, insbesondere gehört dazu nicht die Befugnis, sämtliche Transportwege nutzen zu können[91] (vgl. auch oben § 3 Rn. 22, 25). ◀

Danach sind die Fälle der **Nutzungsbeeinträchtigung** wie folgt zu entscheiden: Sofern auf die Sachsubstanz körperlich eingewirkt wird (Parken auf einem im fremden Eigentum stehenden Parkplatz), also gleichzeitig eine Besitzentziehung vorliegt, liegt eine Eigentumsbeeinträchtigung vor. Fehlt es dagegen an der körperlichen Einwirkung auf die Sachsubstanz, wird aber eine dem Eigentümer zugewiesene Befugnis entzogen oder ihre Ausübung erschwert, kommt es auf den **Grad der Beeinträchtigung** des bestimmungsgemäßen Sachgebrauchs an: Ist die Sachnutzung so sehr gehindert, dass dies einem Besitzentzug gleichkommt, also jede Bewegungsmöglichkeit und damit die Funktion als Transportmittel praktisch aufgehoben ist, so liegt eine Funktionsstörung durch Nutzungsentziehung, also eine Eigentumsbeeinträchtigung vor[92] (so im Fleet-Fall für das längere Zeit festsitzende Schiff). Ist die Ausübung der Nutzungsbefugnisse nur kurzzeitig gehindert, also nicht praktisch aufgehoben (Pkw im Stau), so liegt eine noch hinzunehmende (sozialübliche) Nutzungsbeeinträchtigung vor. In einem dem Fleet-Fall vergleichbaren Sachverhalt hatte das Gericht daher keine Eigentumsverletzung darin gesehen, dass ein Verladehafen unbrauchbar wurde, weil seine Zufahrt für ein Jahr blockiert war. Dadurch sei nämlich weder die Substanz der Verladeanlage geschädigt noch ihre Nutzbarkeit aufgehoben, nur sei eben zeitweise der Kundenstrom abgeschnitten.[93] Keine Eigentums- oder Besitzstörung liegt vor, wenn infolge einer Autobahnsperrung eine Autobahnraststätte über einige Zeit nicht mehr erreichbar ist und der Betreiber hierdurch einen Umsatzausfall erleidet. Diese Konstellation betrifft einen reinen Vermögensschaden, denn die Erreichbarkeit der Raststätte ist dem Betreiber nicht als Eigentum zugewiesen.[94] Es fehlt an einer Einwirkung auf die Sachsubstanz ebenso wie in Fällen, in denen ein Pkw (infolge eines Unfalls auf einem anderen Straßenabschnitt) in einem Stau gefangen ist und sich daher nicht fortbewegen kann (vgl. oben § 3 Rn. 22). Das Eigentum verschafft kein Recht auf ungestörten Zugang durch Dritte. Die Nutzung eines fremden Einstellplatzes ist wegen der Substanzeinwirkung Eigentumsverletzung, ebenso die Blockade eines fremden Schienenweges (Straßenbahn), nicht aber die Blockade des öffentlichen Verkehrsraumes, die zur Folge hat,

89 Dazu BGHZ 63, 203; NJW 1993, 1793.

90 Krit. *Medicus/Petersen*, Bürgerliches Recht, Rn. 613.

91 Zum Problem *Plum*, AcP 181 (1981), 68; *Boecken*, Deliktsrechtlicher Eigentumsschutz gegen reine Nutzungsbeeinträchtigung, 1995; *Rosenbach*, Eigentumsverletzung durch Umweltveränderung, 1997.

92 Instruktiv BGH NJW-RR 2017, 219 Tz. 16 ff.

93 BGHZ 86, 152 = NJW 1983, 2313 = JZ 1983, 857 m. Anm. *Müller-Graff*; ebenso in der Tendenz MüKoBGB/*Wagner*, § 823 Rn. 237f. (der aber ein Unbehagen an allzu feinsinnigen Differenzierungen äußert).

94 BGH NJW 2015, 1174 m. Bspr. *Röthel*, Jura 2015, 1007.

dass dieser Raum für andere Verkehrsteilnehmer nicht mehr uneingeschränkt genutzt werden kann.[95]

27 Weitere Beispiele: Wenig überzeugend ist es, eine Eigentumsverletzung darin zu sehen, dass eine fremde Sache fotografiert und das Foto anschließend kommerziell verwertet wird, wenn es zur Aufnahme der Fotografie erforderlich ist, das Grundstück zu betreten.[96] Das bloße Fotografieren beschädigt weder die Substanz der Sache noch beeinträchtigt es deren Nutzung. Auch der Umstand, dass das Grundstück zum Zwecke der Anfertigung der Fotografie betreten wird oder betreten werden muss, kann die Eigentumsverletzung durch Fotografie nicht begründen. Das hinter der Entscheidung stehende Wertungskriterium ist, dass die kommerzielle Verwertung von fotografischen Ansichten dem Eigentümer zugewiesen werden sollte. Für eine solche Zuweisung wäre allerdings der Gesetzgeber zuständig. Er hat sie im Urheberrechtsgesetz für geschützte Werke der Architektur vorgenommen, dort aber die Außenansicht gerade aus dem Schutzumfang des Urheberrechts herausgenommen (§ 59 UrhG). Diese Wertung sollte auch im Sachenrecht durchgehalten werden.

cc) Weiterfresserschäden

28 Keine Eigentumsschädigung ist die bloße Vertragsverletzung. Daher ist auch die **Lieferung einer mangelhaften Sache oder die Herstellung eines fehlerhaften Werks** keine Eigentumsverletzung. Eine Eigentumsverletzung wird aber angenommen, wenn vertraglich geschuldete Gegenstände nach Lieferung dafür sorgen, dass das Eigentum des Belieferten geschädigt wird. Das gilt auch, wenn der Mangel bei Lieferung noch begrenzt ist, die gelieferte Sache aber nach Übergabe schädigt. Man spricht von Weiterfresserschäden. Das Hauptproblem in solchen Fällen liegt darin, Vertragsverletzung und Eigentumsschädigung voneinander abzugrenzen. Folgender Fall steht hierfür modellhaft:

▶ Fall 15 (BGHZ 67, 359 – Schwimmerschalter):[97] V fertigt und liefert an K eine Reinigungsanlage mit elektrisch beheizten Drähten. Der Heizstrom soll bei Flüssigkeitsmangel durch einen Schwimmerschalter unterbrochen werden. Dieser Schalter funktioniert nicht. Daher kommt es durch Überhitzung zu einem Brand, der die ursprünglich völlig intakte Reinigungsanlage im Werte von 10.000 Euro sowie Vorräte des K im Werte von 25.000 Euro zerstört. Der defekte Schwimmerschalter dagegen hat nur einen Wert von wenigen Euro. Der K fordert nach Ablauf von zwei Jahren für beide Schadenspositionen von V Ersatz. ◀

Die **Lieferung oder Herstellung der mangelhaften Sache** fällt in die **Domäne des Vertragsrechts**, insbesondere des Kauf- und Werkvertragsrechts. Dort wird für Schlechtleistung nach den §§ 437, 634 gehaftet, mit der Folge, dass bei Pflichtverletzungen auch Vermögensschäden über §§ 249 ff. ersatzfähig sind (vgl. §§ 437 Nr. 3, 634 Nr. 4, 280). Die Besonderheit in Fall 15 liegt darin, dass Lieferung und Einbau eines defekten Teils zwar Schlechterfüllung einer werkvertraglichen (nicht nur kaufvertraglichen,

---

95 Vgl. zusammenfassend zu den hier genannten Konstellationen *Grüneberg*, NJW 1992, 945. In der Tendenz ähnlich, aber wohl enger im US-amerikanischen Recht *Dundee Cement Co. v. Chemical Laboratories, Inc.*, 712 F.2d 1166 (7th Cir. 1983), wonach der Schaden, der dadurch entsteht, dass ein umgekippter Lkw ein Betriebsgelände blockiert, nicht ersetzt wird.

96 BGH NJW 2011, 749 und 753 sowie ZUM 2011, 333; dazu *Flöter/Königs*, ZUM 2012, 383; *Schack*, JZ 2011, 375; *Stieper*, ZUM 2011, 331; daher keine Eigentumsverletzung durch das flächendeckende Fotografieren von Straßenansichten durch den Dienst von Google Street View, KG MMR 2011, 414.

97 Ähnliche Fälle BGHZ 138, 230; 117, 183 mit ausführlicher Lösung bei *Dörner*, Schuldrecht 2, Fall 14, S. 140; vgl. auch *Kadner Graziano/Wiegandt*, Jura 2013, 510.

weil auch der Einbau geschuldet war) Leistung darstellen, überdies aber zur **Schädigung der Sachsubstanz eines** (nach Übergabe) **im Eigentum des Bestellers liegenden Gegenstandes** führten, nämlich die Reinigungsanlage insgesamt zerstörten. Das Deliktsrecht schützt die Integrität von Rechtsgütern gegenüber jedermann, also auch gegenüber einem Vertragspartner. Doch werden Vermögensfolgeschäden aufgrund von vertraglichen Leistungsstörungen bereits über §§ 280 Abs. 1, 249 erfasst und eigenen Regeln unterworfen. Da vertragliche und deliktische Ansprüche miteinander konkurrieren, kommt es dabei auch zu unterschiedlichen Verjährungsfristen (oben § 1 Rn. 16 f.). Eine Rechtsordnung, welche die Kumulation von Ansprüchen aus Vertrag und Delikt ausschließt (wie etwa das französische Recht[98]), würde die Deliktsklage in solchen Fällen hindern. Da das deutsche Recht von der Anspruchskonkurrenz ausgeht, ist dieser Weg versperrt. Gleichwohl muss abgegrenzt werden, wann eine Vertragsverletzung auch zu einer Eigentumsverletzung führt. Abstimmungsprobleme zwischen Vertrags- und Deliktsrecht kann es geben, wenn der Lieferant seine Haftung für bestimmte Mängel wirksam ausgeschlossen hat, es hernach aber zu Schäden im Eigentum des Bestellers kommt.

Der BGH sieht den sog. Weiterfresserschaden als **Eigentumsverletzung** an und ermöglicht damit eine Klage aus § 823 Abs. 1, allerdings sollen die kürzeren vertraglichen Verjährungsfristen nicht auf die Deliktsklage durchschlagen (vgl. oben § 1 Rn. 18). Die Grundlinien hierfür wurden in dem hier besprochenen Schwimmerschalterfall gelegt. Kein Eigentumsschaden liegt vor, wenn die gelieferte Sache von vornherein insgesamt fehlerhaft war, denn dann hatte der Käufer niemals intaktes Eigentum, nur seine vertragliche Erwartung ist beeinträchtigt. Bei Gegenständen, die (latent) fehlerhaft sind und deren Fehler sich später in intakte Teile „hineinfrisst", beginnt dagegen die Domäne des Deliktsrechts, weil hier auch das Interesse an der Integrität der sonstigen Rechtsgüter des Vertragspartners betroffen wird. Der BGH formulierte zur Abgrenzung eine einfache Regel: Ist der (latente) Mangel der gekauften Sache so beschaffen, dass die defekte Lieferung abgrenzbar gegenüber dem Resteigentum ist, so liegt ein Weiterfresserschaden vor, wenn das fehlerhafte Teil das fehlerfreie Eigentum des Bestellers beschädigt. So ist es, wenn ein Viehhändler eine kranke Kuh liefert, welche die bereits beim Käufer vorhandenen gesunden Kühe ansteckt.

▶ Im **Schwimmerschalterfall** entschied der BGH, dass das Eigentum an dem eingebauten Schwimmerschalter nicht verletzt war, weil der Mangel dieser Sache von vornherein anhaftete, der Käufer also niemals mangelfreies Eigentum erhielt. Doch ging die zusätzlich gelieferte Gesamtanlage als zunächst intakte Sache in das Eigentum des Käufers über. Sie war durch den bereits defekten Schwimmerschalter allerdings schon in einer Weise „infiziert", dass sich dieser Mangel in das intakte Eigentum hineinfraß. Die Mitlieferung des schadhaften Schalters verletzte daher das im Übrigen mangelfreie Eigentum an der Anlage.[99] Problematisch bleibt die genaue Abgrenzung zwischen Gesamtanlage und fehlerhaftem Einzelteil. Der BGH behalf sich damit zu argumentieren, dass die Gesamtanlage von dem funktional abgrenzbaren Schalter getrennt werden kann. Geliefert wurden insofern ein intaktes und ein fehlerhaftes Teil. ◀

98 Cour de Cassation, 2. Zivilkammer, Urt. v. 9.6.1993 – No. 91-21650, Bulletin civile, Band II, no. 204, S. 110: "L'article 1382 du Code civil (...) est inapplicable à la réparation d'un dommage se rattachant à l'exécution d'un engagement contractuel."

99 BGHZ 67, 359, 365.

29 Diese und andere Entscheidungen des BGH wurden im Schrifttum z.T. kritisiert, mit der Bemerkung, die Konstellation würde besser durch eine **Ausweitung der vertraglichen Haftung** auch auf solche Weiterfresserschäden, ggf. auch Anpassung der Verjährungsfristen aufgefangen.[100] Diesen Standpunkt vertreten auch US-amerikanische Gerichte, wenn sie die Erwartung in die Fehlerlosigkeit von Produkten nur durch das Vertragsrecht, insbesondere durch Garantien schützen.[101] Der BGH hat an seiner Linie festgehalten. Die Abgrenzung zwischen fehlerhaftem Einzelteil und ursprünglich fehlerloser Gesamtsache wird in späteren Entscheidungen modifiziert, indem gefragt wird, ob die Gesamtlieferung vertragswidrig (weil letztlich nicht reparabel) oder noch vertragstauglich, aber schädigend für das Eigentum des Käufers war. Das betrifft die Abgrenzung zwischen vertragsrechtlich geschütztem Äquivalenz- und deliktsrechtlich geschütztem Integritätsinteresse (unten Rn. 30).

Das Problem betrifft nicht nur das Kauf-, sondern auch das Werkvertragsrecht. Dort wird über §§ 634 Nr. 4, 280 Abs. 1 (früher § 635 a.F.) nicht nur der Mangelschaden, also der Minderwert der Werkleistung, sondern auch ein **Mangelfolgeschaden** (im sonstigen Vermögen) des Bestellers ersetzt. Mangelfolgeschäden sind oft nur Weiterfresserschäden, sodass auch hier eine vertragliche und eine konkurrierende deliktische Haftung bestehen.[102]

30 Das verdeutlicht

▶ **Fall 16** (BGHZ 86, 256 – Gaszugfall): K erwirbt beim Autohaus L einen Pkw, der im Autokonzern B hergestellt wurde. An diesem Fahrzeug funktioniert der Gaszug nicht. Nach Betätigung des Gaspedals bewegt sich das Pedal nicht mehr in die Ausgangsstellung zurück, das Fahrzeug beschleunigt also auch, wenn der Fahrer den Fuß vom Gaspedal nimmt. K verursacht daher zweimal einen Unfall, infolge dessen der Pkw beschädigt wird. Er verlangt von B Schadensersatz für die Reparatur des Pkw.

Kommt es für den Erfolg des Anspruchs (wegen drohender Verjährung) darauf an, ob auch eine Eigentumsverletzung vorliegt, so fragt sich, ob der defekte Gaszug die Eigentumsverletzung am restlichen Pkw verursacht hat. Zu argumentieren, dass der Gaszug ein funktional vom übrigen Pkw abtrennbares Teil ist, fällt schwer. Der BGH benutzte daher ein neues Kriterium, um die vertraglichen von den deliktischen Pflichten abzugrenzen. Entscheidend sei, ob das Äquivalenzinteresse des Käufers an einem intakten Pkw betroffen ist. Der Käufer zahlt Geld dafür, dass er eine intakte Sache erwirbt. Doch zahlt er nicht auch eine Art Versicherungsprämie dafür, dass der Verkäufer nicht seine sonstigen Rechtsgüter schädigt. Dieses Interesse betrifft nämlich das Integritätsinteresse des Käufers, das jedermann zu achten hat und das auch durch den vertraglich geschuldeten Preis nicht abgegolten wurde. Wer dieses Interesse verletzt, haftet auch als Vertragspartner deliktisch. Der BGH grenzt beide Sphären (Äquivalenz und Integrität, Vertrag und Delikt) dadurch ab, dass er zum Äquivalenzinteresse nur solche Schäden zählt, die mit der als Folge eines Vertragsverstoßes mangelhaften Sache „stoffgleich" sind. „Stoffgleich" mit dem Vertragsmangel sind Schäden, welche die Funktionsfähigkeit des Gaszuges, also den (durch den Vertragspreis abgegoltenen) Wert der Einbausache betreffen. Die weiteren Schäden, die in der Folge an dem Pkw

100 *Lieb*, Anm. zu BGHZ 67, 359, JZ 1977, 345 f.; *Schwark*, AcP 179 (1979) 57; MüKoBGB/*Wagner*, § 823 Rn. 253; rechtsvergleichend *von Bar*, Gemeineuropäisches Deliktsrecht I, § 5 Rn. 442. Vgl. zum Gesamtkomplex die Monografie von *Gsell*, Substanzverletzung und Herstellung, 2003.

101 Vgl. *East River Steamship Corp. v. Transamerica Delaval Inc.*, 476 U.S. 858 (1986); zusammenfassend *Kötz*, RabelsZ 58 (1994), 423 und *Cane*, ebd., S. 430.

102 BGHZ 58, 85; NJW 1993, 923; *Ackmann*, JZ 1992, 670.

selbst eingetreten sind, seien nicht stoffgleich mit dem Unwert, welcher der Kaufsache von Anfang an wegen des Mangels anhaftete (unten § 3 Rn. 33).[103] Man kann also auch hier sagen, dass der defekte Gaszug (Vertragsverletzung) durch sein Versagen einen weiterfressenden, aber mit dem Vertragsverstoß nicht stoffgleichen Schaden verursachte.[104] ◀

Auch in jüngeren Entscheidungen hat der BGH an der vorliegenden Differenzierung festgehalten. Bereits im Jahre 1978 hatte das Gericht entschieden, dass der **Verkauf eines intakten Fahrzeugs mit einem vorschriftswidrigen Reifen** einen Deliktsanspruch ermögliche, wenn nach Übergabe der defekte Reifen zu einem Unfall führt und daraufhin das Fahrzeug zu Schaden kommt.[105] In einem sehr ähnlichen FALL hat der BGH diese Linie bestätigt. 31

▶ FALL **17** (nach BGH NJW 2004, 1032, Sachverhalt an das aktuelle Schuldrecht angepasst): K kauft bei B im Januar einen gebrauchten Ferrari unter Ausschluss der Gewährleistung. Das Fahrzeug verfügt über kurz zuvor (Dezember) montierte neue Reifen. Zwei Jahre später im Februar verursacht K mit dem Fahrzeug einen Unfall, infolgedessen der Ferrari völlig zerstört wird. Verantwortlich war ein geplatzter Hinterreifen. Später stellt sich heraus, dass der Reifen veraltet und für den normalen Betrieb des Pkw schon bei Montage nicht mehr geeignet war. Das hätte der Verkäufer anhand des ungewöhnlichen und zum Montagezeitpunkt nicht mehr verwendeten Reifenprofils erkennen können. K verlangt Ersatz für das zerstörte Fahrzeug.

Geht man davon aus, dass in FALL **17** der Vertragsmangel (schlechte Reifen) nicht stoffgleich mit dem Schaden (ursprünglich intakter Ferrari zerstört) ist, so liegt ein **Eigentumsschaden in Form eines Weiterfresserschadens** vor. Damit besteht auch ein Anspruch aus **§ 823 Abs. 1**. Problematisch ist, ob die **Eigentumsverletzung Folge eines Verletzerverhaltens** des beklagten Verkäufers war. Vorliegend kommen zwei Ansätze hierfür in Betracht. Man kann argumentieren, dass das Aufziehen überalterter Reifen Verletzungshandlung i.S.d. § 823 Abs. 1 ist. Der BGH hat den Schwerpunkt des Verhaltens allerdings richtigerweise in einem Unterlassen gesehen. Der Verkäufer habe es versäumt, sorgfältig zu kontrollieren, ob die Reifen für den Pkw noch tauglich waren. Die Pflicht zu einer solchen Kontrolle ergibt sich daraus, dass derjenige, der ein Produkt in den Verkehr bringt, Gefahren für die Allgemeinheit setzt, die möglichst zu vermeiden sind. Daher hätte der Verkäufer die Reifen vor der Montage daraufhin überprüfen müssen, ob sie für das Modell noch geeignet waren. Diese Pflichtverletzung führte kausal und vorhersehbar zu dem Unfall. Das Unterlassen war auch rechtswidrig. Fraglich ist, ob der Verkäufer fahrlässig und damit schuldhaft gehandelt hat. Dafür spricht, dass der Verkäufer sich über Alter und Tauglichkeit der Reifen nicht informiert hat, obwohl das ungewöhnliche Profil der Reifen Anlass hierzu gegeben hätte. Der den Käufer treffende Schaden liegt in der Zerstörung des Fahrzeugs. Auch diese Folge war angesichts des sicherheitsrelevanten Umstands vorhersehbar. 32

Der FALL wirft die Frage auf, ob die kurze zweijährige **Verjährungsfrist** des Vertragsrechts (§ 438 Abs. 1 Nr. 3) auch dem deliktischen Anspruch entgegengesetzt werden kann. Grundsätzlich besteht zwischen vertraglichen und deliktischen Ansprüchen Konkurrenz (Unabhängigkeitsregel, vgl. oben § 1 Rn. 16). Der Vertragsverstoß ist vorliegend „nicht stoffgleich" mit der Eigentumsverletzung (vgl. oben § 3 Rn. 30). Der durch fehlerhafte Lieferung bewirkte Mangelunwert entspricht qualitativ und seinem Umfang nach nicht der hierdurch be- 33

103 BGHZ 86, 256, 259.
104 Krit. zum Merkmal der Stoffgleichheit die Anm. zum Gaszugfall-Urteil von *Stoll*, JZ 1983, 501.
105 BGH NJW 1978, 2241 m. Anm. *A. Kraft*, JuS 1980, 408.

wirkten Eigentumsschädigung. Ein Indiz dafür ist, dass Mangelunwert und spätere Eigentumsbeeinträchtigung wertmäßig deutlich auseinanderfallen. Daher liegt in dem Weiterfresserschaden eine eigenständige Deliktshandlung, deren Verjährung unabhängig von dem Vertragsverstoß ist.[106] Die Lieferung eines Pkw mit überalterten und damit nicht mehr verkehrssicheren Reifen ist Eigentumsverletzung nach § 823 Abs. 1. Der Anspruch verjährt nach eigenen Regeln, nämlich in drei Jahren, gerechnet ab Ende des Jahres, in dem er entstanden ist und der Verletzte Kenntnis von allen Umständen hatte. Da die Eigentumsverletzung erst zwei Jahre nach Kauf eingetreten ist, beginnt erst mit jenem Jahr die Verjährung zu laufen (§ 199). Der Anspruch ist demnach nicht verjährt und K kann Ersatz aus § 823 Abs. 1 verlangen. ◀

Wiederholungs- und Vertiefungsfragen

> Wogegen ist die „Freiheit" geschützt? Welchen Zusammenhang sehen Sie insoweit zwischen § 823 Abs. 1 und § 825?

> Welches der in § 823 Abs. 1 genannten Rechte wird beim Zuparken eines Autos im Straßenverkehr möglicherweise verletzt?

> Was sind „weiterfressende Mängel" und welche Bedeutung haben sie im Vertrags- und im Deliktsrecht?

> (V) Liegt ein Fall des „weiterfressenden Mangels" auch vor, wenn ein Obstbauer zur Bekämpfung von Schädigungen seiner Apfelplantage ein Spritzmittel kauft, das sich aber als unwirksam erweist, sodass sich die eigentlich zu verhindernde Schädigung der Apfelbäume ausbreitet und zu erheblichen Ernteausfällen führt? (hierzu BGHZ 80, 199; *Hager*, Zum Schutzbereich der Produzentenhaftung, AcP 184 (1984), 413, 415; in der Rechtsprechung ferner OLG Hamburg VersR 1983, 882; VersR 1986, 1003 und 1006).

d) Sonstige Rechte

aa) Dingliche und sonstige absolute Rechte

34 **§ 823 Abs. 1** schützt neben den benannten auch „**sonstige Rechte**". Darunter fällt aber **nicht jedes geschützte Interesse**, sonst würde die Vorschrift über die Hintertür des „sonstigen Rechts" doch zu der Generalklausel werden, welche die Gesetzesverfasser nicht wollten. Der Begriff des „sonstigen Rechts" ist daher einschränkend zu interpretieren. **Leitbild** ist das **Eigentum an körperlichen Sachen** als Musterfall eines subjektiven Rechts, das seinem Inhaber eine **ausschließliche Position zur alleinigen Nutzung und Herrschaft** zuweist.[107] Es lässt klar erkennen, was geschützt ist, wo der Schutz beginnt und wo die Verbotslinie verläuft. Zudem hat es einen vermögenswerten Ausschließlichkeitsgehalt. Nur der Eigentümer darf die Sache (körperlich) nutzen, veräußern, belasten, verbrauchen und zerstören. Sonstige Rechte erfassen mithin nur absolute, gegenüber jedermann geschützte Rechte. Subjektive Rechte werden in § 823 Abs. 1 nicht definiert, sondern nur mit einer Sanktion, nämlich der Verpflichtung zum Schadensersatz versehen. Inhalt und Schranken müssen an anderer Stelle definiert werden (wie für das Eigentum z.B. in den §§ 903 ff.). Einen fest umrissenen Ausschließlichkeitsgehalt müssen auch die **sonstigen Rechte** aufweisen.[108] Bereits im BGB definiert sind die **dinglichen Rechte an einer Sache** (Grundpfandrechte, Nießbrauch, Dienstbar-

106 BGHZ 66, 315.
107 *Heck*, Grundriß Schuldrecht, S. 450.
108 HK-BGB/*Staudinger*, § 823 Rn. 28; vertiefend *Fabricius*, AcP 160 (1961), 273.

keiten, Erbbaurecht, Pfandrecht; zu ihnen gehören zudem das Anwartschaftsrecht des Vorbehaltskäufers und Auflassungsempfängers als Vorstufe zum Eigentum).[109] Ausschließlichkeitsrechte an unkörperlichen Gütern, die sog. **Immaterialgüterrechte**, werden im Patent-, Urheber-, Marken-, Gebrauchsmuster- und Designgesetz definiert. Probleme erzeugt der deliktische Schutz von Forderungen (Rn. 39), des bloßen Besitzes (Rn. 36), familienrechtlicher und persönlichkeitsbezogener Interessen (Rn. 41 und 47) und der unternehmerischen Betätigung (Rn. 44 und 45). Nicht zu den sonstigen Rechten gehören das Vermögen und die allgemeine Handlungsfreiheit. Ersteres ist nur im Vertragsrecht und gegen sittenwidrige vorsätzliche Schädigungen (§ 826) geschützt. Die Handlungsfreiheit ist kein Recht, sondern ein dem Recht vorbestehender Zustand.

Die Verletzung eines dinglichen Rechts an einer Sache behandelt 35

▶ **Fall 18** (BGHZ 65, 211 – Architektenhaftung gegenüber Grundschuldgläubiger): Die Firma E errichtet ein Kurzentrum und beauftragt den Architekten B mit der Planung und Bauleitung. Zu dem Baukomplex gehören vier Reihenhäuser, die bei Beauftragung des B bereits im Rohbau erstellt und teilweise ausgebaut waren, aber noch für den Kurbetrieb umgebaut werden sollen. K, der das Vorhaben finanziert, hat an den Grundstücken, auf denen die Häuser standen, Grundschulden erworben. Im Zuge der Bauarbeiten lässt B später die Dächer und Obergeschosse der Häuser abtragen. K weiß hiervon nichts. Bei einer Zwangsversteigerung der Grundstücke fällt K wegen des Teilabrisses mit seinen grundpfandrechtlich gesicherten Forderungen teilweise aus. Er nimmt nunmehr B auf Schadensersatz wegen Entwertung der belasteten Grundstücke durch die Abrissmaßnahmen in Anspruch.

Sofern zwischen K und B keine vertraglichen Beziehungen bestehen, kommt es für die Frage eines Schadensersatzanspruches darauf an, ob ein **Rechtsgut** i.S.d. § 823 Abs. 1 verletzt wurde. In Betracht kommt im Hinblick auf § 823 Abs. 1 die Verletzung eines sonstigen Rechts. Als solches kommt das **Grundpfandrecht** an den Grundstücken in Betracht, denn das Eigentum an den Reihenhäusern stand nicht dem K zu. Grundpfandrechte gewähren ihrem Gläubiger das Recht, Befriedigung aus dem Grundstück im Wege der Zwangsvollstreckung zu suchen (§§ 1147, 1192). Dieses Recht ist in §§ 1113, 1120 inhaltlich definiert und gem. §§ 1134, 1192 gegen Einwirkungen Dritter, d.h. gegenüber jedermann geschützt. Das Recht ist erkennbar, weil im Grundbuch registriert. Der Wert als Sicherungsinstrument bestimmt sich nach dem Wert des Grundstücks mit aufstehenden Gebäuden (§§ 93, 94 Abs. 1). Eine gegen die Substanz des Grundstücks oder die aufstehenden Gebäude gerichtete rechtliche Einwirkung oder tatsächliche Handlung beeinträchtigt mithin auch den Grundpfandrechtsgläubiger.[110] Damit liegt die Verletzung eines sonstigen Rechts i.S.d. § 823 Abs. 1 vor.[111] Die Verletzungshandlung liegt in dem Abrissauftrag, der zur Entwertung der Gebäude führte; dessen Erteilung war selbst dann rechtswidrig, wenn der Grundstückseigentümer ihr zugestimmt hatte, denn eine solche Zustimmung legitimiert den Eingriff nicht gegenüber dem Grundpfandgläubiger (vgl. § 1134 Abs. 1).[112] Der Architekt hat nämlich nicht nur die Belange des Eigentümers, sondern auch diejenigen der dinglich abgesicherten Grundpfandgläubiger bei der Durchführung von Baumaßnahmen zu berücksichtigen.[113] Die Verletzung war auch schuldhaft und führte zu einer Wertbeeinträchtigung der Grundschuld und einer da-

109 RGZ 170, 1, 6; BGHZ 55, 20, 25; 114, 161, 164; dazu *C. Paulus*, JZ 1993, 555.
110 Zur Schädigung einer Hypothek durch Schädigung von Gegenständen, die nach § 1120 in den Haftungsverband einbezogen sind: BGH NJW 1991, 695.
111 Vgl. insoweit BGHZ 65, 211, 212.
112 BGHZ 65, 211, 212.
113 BGHZ 65, 211, 215.

raus resultierenden Vermögenseinbuße (Vermögensfolgeschaden) in Form des bei der Zwangsversteigerung verminderten Erlöses. Diesen Ausfallschaden kann K von B ersetzt verlangen. ◀

bb) Besitz

36 ▶ **Fall 19:** Mieter M weigert sich, die wirksam gekündigte Wohnung des E zu räumen. E setzt M daher gewaltsam auf die Straße. M zieht ins Hotel und verlangt Erstattung der dadurch angefallenen Kosten.[114] ◀

Der Besitz ist **vom Gesetz nicht als positives Nutzungsrecht, sondern nur als tatsächliche Beziehung** zwischen einer Person und einer Sache **ausgestaltet.** Die §§ 854–856 sprechen von tatsächlicher Gewalt, nicht aber davon, dass der Besitzer eine körperliche Sache nach seinem Belieben gebrauchen darf. Allerdings ist die Besitzstörung nicht sanktionslos. Die §§ 858, 859 und 861 gewähren Ansprüche gegen verbotene Eigenmacht, und zwar auch durch Selbsthilfe (§ 859). Der Anspruch steht jedem zu, dessen Besitzbeziehung zu einer Sache gestört wird und er richtet sich gegen jeden Besitzstörer, auch den Eigentümer. Ein Schadensersatzanspruch ist im Besitzrecht ebenso wenig geregelt wie im Mietrecht der Fall der eigenmächtigen Räumung einer Wohnung durch den Vermieter. Als Grundlage für den Schadensersatzanspruch des M kommt daher § 823 Abs. 1 in Betracht.[115] **Ob** der **Besitz sonstiges Recht** im Sinne dieser Norm **ist,** also einem subjektiven Recht mit Herrschafts- und Ausschließungsfunktion gleichsteht, **ist umstritten,** weil der Besitz nicht als **Recht auf,** sondern lediglich als tatsächliches **Gewaltverhältnis über eine Sache** definiert ist (§ 854 Abs. 1).

Die h.M. hält die gesetzliche Regelung des Besitzschutzes in §§ 858 ff. für ausreichend, um von einer Position auszugehen, die „gleich einem absoluten Recht gegen jedermann geschützt“ ist.[116] Umstritten ist, ob darunter jede Form des Besitzes zu fassen ist. Drei Ansichten werden vertreten: Nach der ersten Ansicht kann jeder Besitz sonstiges Recht sein,[117] nach der zweiten Ansicht mag jeder berechtigte Besitz geschützt sein, auch wenn keine obligatorische Nutzungsbefugnis besteht,[118] nach der dritten mag nur derjenige Besitzer geschützt werden, dem eine schuldrechtliche Nutzungsbefugnis (Recht zum Besitz, z.B. aus Mietvertrag) zusteht.[119] Gegen die erste Position spricht, dass ein bloßer Schutz gegenüber verbotener Eigenmacht als (negative) Abwehrbefugnis nicht dem (positiven) Zuweisungs- und Ausschließlichkeitsgehalt sonstiger subjektiver Rechte entspricht.[120] Einem subjektiven Recht vergleichbar wird der Besitz frühestens durch vom Eigentümer abgeleitete positive obligatorische Nutzungsbefugnisse. Demnach ist der Besitz als rein tatsächliches Gewaltverhältnis noch kein sonstiges Recht, wohl aber, wenn diesem Gewaltverhältnis auch ein obligatorisches Recht auf Nutzung gegenüber

---

114 Fall nach *Medicus/Petersen*, Bürgerliches Recht, Rn. 607; vgl. auch *Medicus*, AcP 165 (1965), 115; *Löhnig*, JA 1998, 444 (zum Schadensersatz wegen Behinderung des Einsatzes von Baumaschinen durch Demonstration).

115 Zum Anspruch aus § 823 Abs. 2 mit § 858 als Schutzgesetz vgl. *Honsell*, JZ 1983, 531.

116 RGZ 91, 60, 65; 170, 1, 6; BGHZ 32, 194, 204; 62, 243, 247; NJW 1979, 2034, 2035. Vgl. auch KG NJW-RR 2007, 239 (In einer Bank wirft der Beklagte achtlos einen gefüllten Geldbeutel in einen Abfalleimer. Das Geldtransportunternehmen, das lediglich ein Besitzrecht an den Beuteln samt Inhalt hatte, klagt erfolgreich auf Schadensersatz nach § 823 Abs. 1).

117 Vgl. *E. Wieser*, NJW 1971, 597; *Heck*, Grundriß des Schuldrechts, S. 451, der den Besitz für ein subjektives Recht hält.

118 *Medicus*, AcP 165 (1965), 115, 120.

119 *Larenz/Canaris*, Schuldrecht II/2, § 76 II 4 f.

120 *Larenz*, Schuldrecht II/1, § 72 I a.

dem Eigentümer entspricht, also auch ein Recht zum Besitz besteht. Der Mieter, welcher im Rahmen eines wirksamen Mietverhältnisses eine Wohnung besitzt, ist mithin auch durch § 823 Abs. 1 geschützt, weil er über ein Recht zum Besitz verfügt. Keinen Schadensersatz kann verlangen, wer die Wohnung besetzt und vom Eigentümer vor die Tür gesetzt wird, obgleich auch der unberechtigte Besitzer Selbsthilferechte nach § 859 haben kann.

▶ Folgt man der zweiten Ansicht im Ausgangsfall, so besteht der Anspruch jedenfalls, solange der Besitzer noch nicht verklagt oder bösgläubig ist (vgl. §§ 987, 990, 993). Nach der dritten Ansicht fehlt es an der Verletzung eines sonstigen Rechts, wenn der Mietvertrag wirksam gekündigt wurde. Dann nämlich verfügt der Besitzer nur noch über die tatsächliche Sachherrschaft, nicht aber über ein obligatorisches Recht zum Besitz. Daher wäre der Vermögensfolgeschaden durch die Hotelkosten jedenfalls auf Basis des § 823 Abs. 1 i.V.m. §§ 249 ff. nicht ersatzfähig. ◀

Die zweite Ansicht hat jedoch noch ein Ass im Ärmel: Auch wenn man die bloße tatsächliche Besitzposition für mit einem echten subjektiven Recht nicht vergleichbar hält, kann gleichwohl das Gesetz dem Besitzer positive Nutzungsbefugnisse zusprechen, ohne dass eine obligatorische Nutzungsgestattung durch den Eigentümer bestehen muss. So könnten die §§ 721, 765a ZPO dazu führen, dass der Mieter während der Dauer einer gerichtlich eingeräumten Räumungsfrist die Wohnung weiter nutzen darf.[121] Zumindest während dieser Räumungsfrist verfügt der Mieter damit über mehr als eine bloß tatsächliche Sachherrschaft.

▶ Daraus resultiert für den vorliegenden Fall, dass der Mieter M die Kosten für eine Hotelunterbringung zwar nicht zeitlich unbegrenzt ersetzt verlangen kann, zumindest allerdings solange, wie ihm nach § 765a ZPO ein Vollstreckungsschutz durch Räumungsfrist hätte gewährt werden müssen. Wer, wie die erstgenannte Ansicht, den Besitz schon als tatsächliche Schutzposition im Rahmen des § 823 Abs. 1 als sonstiges Recht schützt, müsste zeitlich zunächst ohne klare Befristung die Kosten einer Ersatzunterkunft ersetzbar machen. Wer stets ein obligatorisches Besitzrecht gegenüber dem Eigentümer verlangt, müsste den Anspruch zurückweisen. Allerdings darf in allen Konstellationen nicht übersehen werden, dass die eigenmächtige Räumung jedenfalls den tatsächlichen Besitzschutzanspruch des § 858 auslöst. Selbsthilfe nämlich darf auch der berechtigte Eigentümer gegenüber dem Mieter nicht ausüben (Ausnahme: § 859 Abs. 2, wenn er den Dieb „auf frischer Tat ertappt" und verfolgt). Die praktische Relevanz des o.g. Streites ist in den geschilderten Fällen daher oft gering, denn § 858 ist auch Schutzgesetz i.S.d. § 823 Abs. 2,[122] sodass jedenfalls der Besitzer, dem gegenüber eigenmächtig gehandelt wird, Ersatz der hieraus resultierenden Schäden verlangen kann.[123] ◀

Umstritten ist auch, ob der berechtigte Besitzer über § 823 nur einen Nutzungsausfallschaden ersetzt verlangen kann oder auch – in Anspruchskonkurrenz zum Eigentümer – einen Substanzschaden an der Sache.[124] Höchstrichterlich ist das bisher nicht entschieden.

121 *Medicus/Petersen*, Bürgerliches Recht, Rn. 607; *Medicus*, AcP 165 (1965), 115.
122 BGHZ 79, 232.
123 So auch *Heck*, Grundriß Schuldrecht, S. 451; vgl. ferner RGZ 170, 1, 6.
124 Siehe dazu BGH NJW 2019, 1669, 1670 Rn. 16 ff. (im Ergebnis offengelassen), mit umfangreichen Literaturhinweisen.

37 Keinen Schadensersatzanspruch hat der BGH im **Verhältnis zwischen mittelbarem und unmittelbarem Besitzer** gewährt, wenn der unmittelbare Besitzer Schäden an der Sache verursacht.[125]

▶ **Beispiel** (BGHZ 32, 194): K beauftragt B damit, einen durch K gemieteten Drehkran an eine bestimmte Baustelle zu transportieren. Die von B eingesetzten Leute befestigen dabei das Führerhaus des Krans nicht ordnungsgemäß auf dem Lastzug. Bei einem Fahrmanöver kippt das Führerhaus vom Lastkran und wird beschädigt. K verlangt Schadensersatz und stützt diesen Anspruch auch auf § 823 Abs. 1. ◀

Auf den Besitz als sonstiges Recht muss hier abgestellt werden, weil K das Eigentum an dem Kran nicht zustand. Vertragliche Ansprüche aus einer schuldhaften Pflichtverletzung waren schwierig durchzusetzen, weil im Fall nicht klar war, ob B die Aufladung des Krans überhaupt schuldete. Daher kam es auf den deliktischen Anspruch an. Entscheidend war, ob der unmittelbare Besitzer aus § 823 Abs. 1 auch gegenüber dem mittelbaren Besitzer (Oberbesitzer) ersatzpflichtig ist. Besitzschutzansprüche stehen nach § 869 auch dem mittelbaren Besitzer zu. Doch kann er nur Wiedereinräumung des Besitzes an den unmittelbaren Besitzer verlangen.[126]

Gemeinschaftliche Besitzer haben nur eingeschränkte Besitzschutzansprüche gegeneinander. Das folgt aus § 866, wonach im Verhältnis der Mitbesitzer zueinander ein Besitzschutz nicht stattfindet, sofern es nur um die Grenzen des dem einzelnen Mitbesitzer zustehenden Gebrauchs geht. Dabei geht das Gesetz stillschweigend davon aus, dass die jeweiligen Parteien untereinander vertragliche Beziehungen haben, sodass deren Umfang bereits die Frage regelt, inwieweit der eine oder andere eine Besitzbefugnis durchsetzen kann oder nicht.[127] Soweit es um die Grenzen der Besitzbefugnis untereinander geht, scheidet mithin ein Schutz durch die §§ 861 ff. aus, dementsprechend muss auch der „Jedermannschutz" nach § 823 Abs. 1 in diesem Verhältnis ausscheiden. Zwischen mittelbarem und unmittelbarem Besitzer ist der Besitz daher kein sonstiges Recht i.S.d. § 823 Abs. 1.[128]

38 In einem besonderen Fall allerdings sieht der Gesetzgeber einen Besitzschutz auch im Verhältnis mehrerer Besitzer untereinander vor. Dies zeigt der sog. **Lastenaufzugfall:**

▶ **Fall 20** (BGHZ 62, 243 = NJW 1974, 1189): K und B haben in demselben Gebäude Gewerberäume angemietet und nach dem Mietvertrag das Recht, einen dort vorhandenen Lastenaufzug zu benutzen. B beschädigt den Aufzug durch unsachgemäße Behandlung, sodass der Aufzug eine Zeit lang nicht mehr benutzt werden kann. K entsteht hierdurch ein Vermögensfolgeschaden, den er von B ersetzt verlangt.

K hat ein Besitzrecht gegenüber dem Eigentümer und Dritten und damit auch ein sonstiges Recht i.S.d. § 823 Abs. 1. Zwar zeigt § 866, dass seine Position gegenüber dem **Mitbesitzer** eingeschränkt ist, doch bedeutet dies nur, dass der Schutz der §§ 861 ff. unter Mitbesitzern keine Anwendung findet, wenn es um die Grenzen des jeweiligen Besitzrechts, z.B. das Ausmaß der Nutzung, geht. Dann geht der Vertrag vor, § 862 tritt zurück. Anders ist es, wenn der Besitz insgesamt durch Zerstörung entzogen wird (vgl. oben Rn. 26). Dann bestehen

125 BGHZ 32, 194, 205.

126 Es sei denn, der unmittelbare Besitzer will den Besitz nicht mehr übernehmen, dann gilt § 869 S. 2, 2. Fall.

127 Vgl. BGHZ 32, 194, 205 unter Bezugnahme auf die in den Protokollen zum BGB (vgl. Prot. III 226 und 332) zutage getretenen gesetzgeberischen Motive.

128 Vgl. *Medicus*, AcP 165 (1965), 115, 139 (für den Fall des Mitbesitzes).

Schadensersatzansprüche auch zwischen Mitbesitzern. Daher kann K von B Ersatz entgangener Gewinne aus §§ 823 Abs. 1, 249 Abs. 1, 252 verlangen. ◀

cc) Forderungen

▶ **Fall 21:** Radfahrer R verletzt den Arbeitnehmer B. Kann dessen Arbeitgeber A Ersatz dafür verlangen, dass ihm die Forderung auf die Arbeitsleistung nach §§ 611, 616 BGB entgeht? 39

Forderungen entstehen im Rahmen von Vertragsbeziehungen zwischen zwei Personen. Damit fehlt ihnen die Wirkung gegenüber jedermann. Der Arbeitgeber kann die Arbeitsleistung nur von seinem Arbeitnehmer auf Basis des Arbeitsvertrags verlangen. Kann der Arbeitnehmer die Leistung infolge Fremdschädigung nicht erbringen, so wird er nach § 275 Abs. 1 von dieser Pflicht frei, behält allerdings seinen Vergütungsanspruch (§ 616, ggf. in Verbindung mit § 3 Abs. 3 Entgeltfortzahlungsgesetz). Einen Ausgleich von Drittschäden hat der Gesetzgeber in § 845 vorgesehen (oben § 1 Rn. 30). Von ihm profitiert nur derjenige, dem der Verletzte kraft Gesetzes zu Diensten verpflichtet war. Die vertragliche Dienstverpflichtung aus § 611 genügt mithin nicht. Daher erhält A keinen Ersatz von R dafür, dass sein Arbeitnehmer ausfällt. ◀

Das obige Ergebnis entspricht der allgemeinen Meinung und der Absicht der Gesetzesverfasser. Bei folgender Konstellation besteht jedoch Streit: 40

▶ **Fall 22:** A hat eine fällige Forderung gegenüber B. Weil er in Geldschwierigkeiten ist, tritt er diese Forderung an C ab. Gleichwohl taucht er kurze Zeit später bei B auf und verlangt Zahlung von B. Da B von der Abtretung nichts weiß, zahlt er. Als C kurze Zeit später ebenfalls Zahlung verlangt, verweist der Anwalt des B auf § 407 Abs. 1.

Klar ist, dass B nicht mit befreiender Leistung an A gezahlt hat, wenn C beweisen kann, dass B die Abtretung kannte (§ 407 Abs. 1 letzter Halbsatz). Das wäre so, wenn C die Abtretung angezeigt hätte (§ 409). Fehlt es daran, so kann C sich nur an A halten, der ohne Berechtigung über eine ihm nicht mehr zustehende Forderung durch Einziehung verfügt hat. A hat in die „Forderungszuständigkeit" des C eingegriffen, weil er sich als noch berechtigter Gläubiger ausgegeben hat. Daher ist zu fragen, ob das Recht auf die Forderung, aus der sich die Gläubigerstellung (Forderungszuständigkeit) ergibt, sonstiges Recht nach § 823 Abs. 1 ist.

Der Fall wäre eindeutig, hätte A nicht über eine Forderung des C, sondern über eine ihm von C geliehene körperliche Sache verfügt. Dann wäre die unberechtigte Verfügung Eigentumsverletzung nach § 823 Abs. 1. Ob die „Forderungszuständigkeit" des wahren Gläubigers von jedermann zu achten ist, mit der Folge, dass die Einziehung fremder Forderungen ein Delikt gegenüber dem wahren Berechtigten ist und nach § 823 Abs. 1 ersatzpflichtig macht, ist hingegen streitig. Eine Minderheit im Schrifttum bejaht dies und argumentiert, Forderungen seien sonstige Rechte i.S.d. § 823 Abs. 1, weil sie nur dem Gläubiger zugeordnet seien. Sie begründeten wie sonstige Rechtsgüter auch eine Ausschließlichkeitsposition mit absolutem Schutzgehalt.[129] Die Gegenansicht (h.M.) argumentiert, Forderungen würden sich immer nur gegen einen bestimmten Schuldner richten, sie seien mithin relative Rechte und genössen insoweit nur Schutz gegen Verhaltensweisen des jeweiligen Schuldners bzw. Ver-

129 *Larenz/Canaris*, Schuldrecht II/2, § 76 II 4 g; MüKoBGB/*Wagner*, § 823 Rn. 292; *Koziol*, Die Beeinträchtigung fremder Forderungsrechte, 1967, S. 137; *Löwisch*, Der Deliktsschutz relativer Rechte, 1970, S. 81.

tragspartners, nicht aber gegenüber jedermann. Eine Trennung von Forderung und Forderungszuständigkeit komme daher nicht in Betracht.[130] ◀

Der vorgenannte Fall wäre möglicherweise auch über § 826 zu lösen, jedenfalls aber würde derjenige, der die Forderung eingezogen hat, also A, dem tatsächlichen Gläubiger gegenüber nach § 816 Abs. 2 haften. Dies wird in den meisten Fällen genügen, um ein ungerechtes Ergebnis zu vermeiden. Problematisch sind Fälle, in denen ein Gläubiger wie A die Forderung fahrlässig einzieht und hernach entreichert (oder insolvent) ist. Dann nämlich hilft der Anspruch aus § 816 Abs. 2 nicht, weil sich der Scheingläubiger (hier A) auf § 818 Abs. 3 berufen kann und bei bloß fahrlässigem Forderungseinzug auch § 819 hieran nichts ändert. Ob diese wenigen Fälle es allerdings rechtfertigen, eine etwas bemühte Trennung zwischen Forderung und Forderungszuständigkeit vorzunehmen, mag man angesichts der doch deutlichen systematischen Ausweitung des Deliktsrechts durch Einbeziehung relativer Schutzpositionen bezweifeln.[131]

Nur eine Forderung gegen die DENIC, nicht aber ein absolutes Recht erwirbt auch derjenige, der eine Internet-Domain registrieren lässt.[132]

dd) Familienrechtliche Positionen

41 Bei familienrechtlichen Positionen wirkt es befremdlich, von subjektiven Rechten als Herrschaftsbefugnissen zu sprechen. Die **elterliche Sorge** nach §§ 1626 ff. als Herrschaftsrecht über das Kind zu bezeichnen, entspricht einem überholten Verständnis von der Eltern-Kind-Beziehung. Doch zeigt die Regelung über das elterliche Sorgerecht in §§ 1626 ff., dass diese Rechtsbeziehung nicht nur zwischen Eltern und Kind besteht, sondern auch Außenwirkungen entfaltet. Das folgt am deutlichsten aus § 1632, der dem Sorgeberechtigten die Befugnis verleiht, die „Herausgabe des Kindes" von jedem zu verlangen, der es den Eltern oder einem Elternteil widerrechtlich vorenthält. Um eine solche Konstellation ging es in folgendem Fall:

▶ Fall **23** (BGHZ 111, 168 – Sorgerechtsentziehung): Der nicht sorgeberechtigte Vater eines Kindes hat anlässlich eines Besuchs das Kind mitgenommen und an einen der Mutter nicht bekannten Aufenthaltsort verbracht. Die besorgte Mutter beauftragt daraufhin einen Privatdetektiv mit der Suche und verlangt später vom Vater das an den Detektiv gezahlte Honorar ersetzt.

Ein Anspruch aus § 823 Abs. 1 setzt voraus, dass das Sorgerecht der Mutter nach § 1626 Abs. 1 ein sonstiges Recht ist. Durch Verbringung des Kindes an einen der Mutter unbekannten Aufenthaltsort nimmt der nicht sorgeberechtigte Vater der Mutter die tatsächliche Möglichkeit, die Personensorge auszuüben. Darin liegt eine Verletzungshandlung, die kausal für die Sorgerechtsbeeinträchtigung ist. Das Verhalten ist auch rechtswidrig. Zwar steht dem natürlichen Vater, der nicht sorgeberechtigt ist, ein Umgangsrecht nach § 1684 Abs. 1 zu, doch beinhaltet dies nicht die Befugnis, das Kind der Sorgeberechtigten zu entziehen. Im Ausgangsfall handelt der Vater auch vorsätzlich. Folge der Beeinträchtigung ist die Belastung des Vermögens der Sorgeberechtigten mit den Forderungen des Privatdetektivs. Die

130 *Heck*, Grundriß Schuldrecht, S. 451; *Medicus/Petersen*, Bürgerliches Recht, Rn. 610; *Otte*, JZ 1969, 253, 255; vertiefend *Decker*, AcP 196 (1996), 439.

131 *Medicus/Petersen*, Bürgerliches Recht, Rn. 610.

132 BGH GRUR 2012, 417 m. Anm. *Hager* JA 2012, 548; anders MüKoBGB/*Wagner*, § 823 Rn. 293; vgl. auch BVerfG NJW 2005, 589; zur Pfändung und Verwertung fremder Domains nach § 857 ZPO BGH NJW 2005, 3353.

Verletzung des Erziehungsrechts durch Kindesentzug oder gar Kindesentführung ist also eine deliktische Handlung nach § 823 Abs. 1, der Schadensersatzanspruch begründet.[133] ◀

Sorgerechtsbeeinträchtigung soll auch sein, wenn ein Mann gegen den ausdrücklichen Willen der Eltern eine Liebesbeziehung zu einem minderjährigen Mädchen pflegt.[134] Das Sorgerecht ist nach § 823 Abs. 1 auch gegen eine Entziehung des Kindes geschützt, wenn beide Ehegatten sorgeberechtigt sind, was der gesetzliche Regelfall ist (vgl. § 1671 Abs. 1). Selbst wenn der Vater im obigen FALL sorgeberechtigt gewesen wäre, hätte er das (Mit-)Sorgerecht der Mutter durch Entziehung des Kindes verletzt.

Ehe und eingetragene Lebenspartnerschaften sind keine familienrechtlichen Positionen mit absoluter Wirkung. Daher kommen weder Schadensersatz- noch Unterlassungsansprüche gegen einen untreuen Partner oder dessen Liebschaft in Betracht. Solche Ansprüche würden die negative Freiheit des Partners, nicht in der Ehe oder Partnerschaft verbleiben zu müssen, übermäßig beeinträchtigen. Daher gibt es auch keine Schadensersatzansprüche, wenn aus einem Treuebruch ein Kind entsteht und ein verheirateter Ehemann gutgläubig hierfür den Unterhalt zahlt.[135] Unter solchen Schadensersatzansprüchen würde am ehesten das Kind leiden. Die Vermögensfolgen der Ehe sind abschließend durch das Familienrecht geregelt.[136] Dort ist der Regressanspruch des zahlenden Scheinvaters gegen den tatsächlichen Vater in § 1607 Abs. 3 S. 2 kodifiziert. Letztlich ist der Ehebruch also ein innerehelicher Vorgang, der mit deliktsrechtlichen Kategorien nur eingeschränkt erfassbar ist.[137] 42

Als familienrechtliche Position mit absoluter Wirkung wird von den Gerichten aber der sog. **räumlich-gegenständliche Schutzbereich der Ehe** geschützt. Dies betrifft Eingriffe in die Ehewohnung, also insbesondere Fälle, in denen verheiratete Partner eine Liebschaft in die Ehewohnung mitbringt und dort nächtigen lässt.[138] Es bestehen aber nur Beseitigungs- und Unterlassungsansprüche (§ 1004 Abs. 1 BGB analog). Schadensersatzansprüche würden wiederum die negative Freiheit des Ehepartners beeinträchtigen. Im Schrifttum wird vorgeschlagen, den Einbruch in die Ehe, insbesondere den Geschlechtsverkehr mit einem außerehelichen Partner im Ehebett oder in der Ehewohnung, als Persönlichkeitsrechtsverletzung anzusehen (vgl. unten Rn. 47), weil in der Missachtung des Partners ein Angriff auf dessen Würde liege.[139] Dagegen spricht jedoch, dass nicht jede außereheliche Handlung auf die Verletzung der Würde des Partners zielt, sie mag schlicht Ausdruck des Umstands sein, dass die Ehegatten sich auseinandergelebt haben. Die daraus resultierenden Handlungen als Delikt anzusehen, versteinert die familienrechtliche Bindung in einer Weise, die das Familienrecht nicht teilt.[140] Schadensersatzansprüche in der eigenen Ehe zur Durchsetzung ehelicher Treue sollte es weder gegenüber dem Partner noch gegenüber dem Dritten geben.

133 Daneben kommt § 823 Abs. 2 iVm § 235 StGB in Betracht, vgl. hierzu § 3 Rn. 104 ff.

134 OLG Frankfurt NJW 1979, 2052.

135 BGHZ 23, 215; BGHZ 196, 207 = NJW 2013, 2108 m. Bspr. *Löhnig/Preisner*, NJW 2013, 2080; *Löhnig*, JA 2013, 632; *Hoffmann*, FamFR 2013, 237.

136 BGH JZ 1973, 668 mit Anm. *Löwisch*.

137 Zur Legalzession des Unterhaltsanspruchs des Kindes gegen den Scheinvater vgl. §§ 1615 I Abs. 2, 1607 Abs. 3; zum Bereicherungsanspruch gegen den Scheinvater BGH NJW 1981, 2183; *Kötz/Wagner*, Deliktsrecht, Rn. 161 f.

138 BGHZ 6, 360; 34, 80, 87.

139 MüKoBGB/*Wagner*, § 823 Rn. 301 („Es verletzt die Würde eines Menschen, wenn sich der eigene Ehepartner über einen entgegenstehenden Willen hinwegsetzt und einen Dritten in die eheliche Wohnung aufnimmt."); a.A. BGH NJW 1973, 991.

140 Vgl. BGHZ 196, 207 Tz. 15.

ee) Mitgliedschaftsrechte

43 Die Mitgliedschaft in einer Körperschaft (Verein, Kapitalgesellschaft) verschafft Verwaltungs- und Vermögensbefugnisse (Stimmrecht, Gewinnbeteiligung). Sie wird von manchen als subjektives und sonstiges Recht im Sinne des § 823 Abs. 1 angesehen, weil sie sowohl einen (vermögensrechtlichen) Zuweisungsgehalt als auch eine Ausschlussfunktion begründet.[141] Trifft dies zu, so hat das Vereinsmitglied gegenüber Dritten, aber auch gegenüber anderen Vereinsmitgliedern und den Organen des Vereins Schadensersatzansprüche, wenn in die Mitgliedsstellung eingriffen wird, z.B. ein Gewinnanspruch beseitigt oder ein Stimmrecht blockiert wird. Gegen die Deutung der Mitgliedschaft als sonstiges Recht wird zu Recht eingewendet, dass für außenstehende Dritte der Umfang dieser Herrschaftsfunktion nicht hinreichend offenkundig ist.[142] Im Innenverhältnis kann man zudem anfügen, dass Deliktsansprüche das gesellschafts- und vereinsrechtliche Regelungsgefüge umgehen oder unterlaufen können. Wenn eine spezielle Binnenordnung im Familienrecht anerkannt wird (oben Rn. 42), sollte man im Verbandsrecht nicht anders verfahren.[143] Entscheidende Bedeutung hat dieser Streit für die Frage, ob die Schädigung einer aus dem Mitgliedschaftsrecht resultierenden Befugnis durch beliebige Dritte oder sogar durch die Körperschaftsmitglieder oder -organe Verletzung eines sonstigen Rechts ist, sodass ein Schadensersatzanspruch aus § 823 Abs. 1 in Betracht kommt. Die Brisanz dieses Ansatzes zeigt der geradezu berühmt gewordene **Schärenkreuzer-Fall:**

▶ Fall **24** (BGHZ 110, 323):[144] K ist Mitglied eines Regattaverbandes, der regelmäßig Segelregatten organisiert, deren Regeln die Mitglieder einhalten müssen, um an den Rennen teilzunehmen. Dem K wird aufgrund einer Regeländerung irrtümlich die Teilnahme an einem Rennen verweigert, weil sein Boot angeblich nicht den Regattaregeln entspreche. K baut deswegen sein Boot um und wendet hierfür etwa 35.000 Euro auf. Später erlangt er Kenntnis davon, dass die ihm gegebene Auskunft falsch war. Nunmehr verlangt er die von ihm aufgewendeten Kosten von dem Verein nach § 823 Abs. 1 erstattet.

Problematisch ist, ob der Verein durch seinen Vorsitzenden ein deliktisch geschütztes Rechtsgut verletzt hat. Als ein solches kommt nur die Mitgliedschaft im Verein in Betracht. Der BGH hatte zu den Mitgliedschaftsrechten auch das Recht eines jeden Mitglieds gezählt, nicht satzungswidrig behandelt zu werden. Die Verletzung dieser mitgliedschaftlichen Befugnis durch den Vorstand begründe nach § 280 Abs. 1 Schadensersatzpflichten, für die der Verein nach § 31 hafte.[145] Daneben jedoch sei das Mitgliedschaftsrecht sonstiges Recht, sodass eine Verletzung mitgliedschaftlicher Befugnisse auch einen Schadensersatzanspruch aus § 823 Abs. 1 gegen den Verein auslösen könne.[146] ◀

Die Begründung zeigt bereits, dass **kein Bedürfnis für die deliktische Anerkennung der Mitgliedschaft als sonstiges Recht** besteht. Der BGH selbst führt aus, dass die Bindung

---

141 BGHZ 110, 323, 327; *Habersack*, Die Mitgliedschaft – subjektives und sonstiges Recht, 1996, S. 117; *Larenz/Canaris*, Schuldrecht II/2, § 76 II 4 e; vgl. auch *Deutsch*, VersR 1991, 837.

142 *Reuter*, FS H. Lange, 1992, S. 707, 711 f.; im Ergebnis auch *Helms*, Schadensersatzansprüche wegen Beeinträchtigung der Vereinsmitgliedschaft, 1998.

143 Vgl. *Hadding*, FS Kellermann, 1991, S. 91.

144 Dazu ausführlich *Habersack*, Die Mitgliedschaft, 1996 und überblicksartig *K. Schmidt*, JZ 1991, 157; gegen Ansprüche im Innenverhältnis des Verbandes MüKoBGB/*Wagner*, § 823 Rn. 306 f.; vgl. auch BGH NZG 2015, 1282 (Schadensersatz wegen Nichtnominierung eines Sportlers für die olympischen Spiele aufgrund unklarer Nominierungsregeln).

145 BGHZ 110, 323, 327.

146 a.a.O., S. 327 f.

des Mitglieds zu seinem Vorstand eine Sonderverbindung darstelle, die gem. §§ 280 Abs. 1, 241 Abs. 2 ausreichend abgesichert ist. Ein besonderes Bedürfnis für einen Schutz der Mitgliedschaft als sonstiges Recht kann daher nur bestehen, wenn die mitgliedschaftliche Befugnis durch einen außenstehenden Dritten entwertet wird. Ein Beispiel hierfür wäre etwa der nachteilige Bericht eines Börsendienstes über eine Aktiengesellschaft, der zu Wertminderungen des Anteilsscheins an der Börse führt.[147] Doch würde eine solche Haftung jedem einzelnen Aktionär einen Schadensersatzanspruch gegen den Börsendienst zubilligen. Diese weitgehende Aktionärsklage ist im sonstigen Körperschaftsrecht, insbesondere im Aktienrecht, gänzlich ungewöhnlich,[148] sodass es genügend ist, der Körperschaft selbst in solchen Fällen einen Anspruch aus § 824 bzw. aus einer Verletzung des Rechts am Gewerbebetrieb zuzuerkennen (dazu sogleich). Die Behandlung der Mitgliedschaft als sonstiges Recht ist also mit Skepsis zu betrachten.

Wiederholungs- und Vertiefungsfragen

> Welche „sonstigen Rechte" werden durch § 823 Abs. 1 geschützt? Worin besteht die Gemeinsamkeit mit den in § 823 Abs. 1 konkret aufgelisteten Rechten?

> In welchen Fällen wird die Besitzbeziehung zu einer Sache durch § 823 Abs. 1 geschützt?

> (V) Hat der Ehemann und Scheinvater eines Kindes gegen den tatsächlichen Kindesvater Schadensersatzansprüche wegen des in Unkenntnis der Vaterschaft jahrelang gezahlten Kindesunterhalts? (hierzu BGH NJW 1990, 706). Hat das nichteheliche Kind gegen seinen vermuteten Scheinvater einen Anspruch auf Durchführung eines Gentests, um die Vaterschaft und damit die biologische Abstammung in Erfahrung zu bringen? (hierzu BVerfG, Urt. v. 19.4.2016 – 1 BvR 3309/13; vgl. auch §§ 1591 ff.).

e) Rahmenrechte

Definition: Als **sonstiges Recht** kommen auch sog. Rahmenrechte in Betracht, wenn sie absolut und gegen jedermann geschützt sind. Darunter fallen subjektive Rechte, die nicht vom Gesetzgeber, sondern durch die Gerichte definiert wurden und mittlerweile zu Gewohnheitsrecht erstarkt sind. Dazu gehören das „**allgemeine Persönlichkeitsrecht**" und das „**Recht am eingerichteten und ausgeübten Gewerbebetrieb**".[149] 44

aa) Recht am eingerichteten und ausgeübten Gewerbebetrieb

Das Reichsgericht hat deliktischen Schutz gewährt, wenn durch Streik oder Boykott in den **Bestand oder** die **Betätigung eines Gewerbebetriebs** eingegriffen wurde.[150] Der BGH hat sich dieser Rechtsprechung angeschlossen.[151] Dazu gehören der Bestand des Unternehmens und der ungestörte Ablauf der Produktion, also die Gesamtheit seiner Einrichtungen sowie die gewerbliche Betätigung selbst, allerdings nur soweit das Schutzinteresse nicht bereits unter den Eigentumsschutz fällt. Das Recht ist also **subsidiär zu dem Eigentumsschutz.**[152] Das Recht ist nicht auf Gewerbebetriebe im handels- 45

147 Für eine entsprechende Haftung *Larenz/Canaris*, Schuldrecht II/2, § 76 II 4 e, allerdings mit dem zusätzlichen Hinweis, die Haftung könne analog § 824 Abs. 2 entfallen.
148 *Bayer*, NJW 2000, 2609.
149 Überblick bei *Croon-Gestefeld*, JURA 2016, 1374.
150 RGZ 28, 238 (Schädigung durch Boykott); RGZ 51, 369, 374 (Schutz des Unternehmers gegen Streik seiner Angestellten); zur Vertiefung *Wiethölter*, KritJ 1970, 121.
151 BGHZ 3, 270, 279 – Constanze I (Boykottaufforderung).
152 BGHZ 29, 65, 70.

rechtlichen Sinn beschränkt, sondern steht z.B. auch Angehörigen freier Berufe zu.[153] Um das Recht nicht uferlos weit zu machen, haben die Gerichte zwei Begrenzungen vorgesehen: ein Eingriff ist nur gegeben, wenn er gezielt gegen das Unternehmen gerichtet ist, zudem müssen im Rahmen der Rechtswidrigkeit grundrechtliche Befugnisse des Handelnden (z.B. Streik- und Demonstrationsfreiheit) mit den Interessen des Unternehmens abgewogen werden.

▶ Da nach dem Stromausfall nicht mehr produziert werden konnte, liegt im **Grundfall** (Fall 6, § 2 Rn. 12) ein **Eingriff in die Betätigungsfreiheit** des Unternehmens nahe. Die Rechtsgutsverletzung müsste kausale Folge einer Handlung oder Unterlassung des B sein. Als **Verletzungshandlung** kommt die Unterbrechung der Stromzufuhr zum Nachbargrundstück durch die Baggerarbeit in Betracht. Der Bagger hat zwar auch das Eigentum, nämlich am Stromkabel, beschädigt, doch steht dieses Eigentum K nicht zu. In Bezug auf K führte die Unterbrechung der Stromzufuhr dazu, dass er seine Maschinen nicht mehr nutzen konnte. Fraglich ist, ob jeder Eingriff in die Betriebsabläufe Delikt ist. Das könnte zu einer uferlosen Haftung auch gegen fahrlässige Vermögensverletzungen führen, was dem System der §§ 823 ff. zuwiderläuft. Daher sieht die Rechtsprechung als Eingriff in das Recht am Gewerbebetrieb nicht jede Handlung an, sondern nur sog. **betriebsbezogene Eingriffe**, die sich unmittelbar und zielgerichtet gegen das Unternehmen selbst richten.[154] Im vorliegenden Fall war die das Stromkabel erfassende Handlung zwar adäquat kausal dafür, dass der Betrieb seine Produktion vorübergehend einstellen musste. Doch ist dies nur mittelbare Folge eines gegen ein anderes Objekt gerichteten Eigentumsdeliktes. Gegen den Betrieb selbst war die Handlung nicht gerichtet. Ein betriebsbezogener Eingriff fehlt somit. ◀

Beispiele für betriebsbezogene Eingriffe: Eine politische Partei schickt einen Schlägertrupp, der die Kundschaft eines ausländischen Gemüsehändlers einschüchtern und vom Besuch des Ladens abhalten soll. Eine Gewerkschaft lässt im Rahmen eines Arbeitskampfes einen Betrieb stören.[155] Ein Arzneimittelhersteller schickt einer Apotheke eine unberechtigte Abmahnung, in welcher der Apotheker aufgefordert wird, den Vertrieb von angeblich patentgeschützten Nachahmerpräparaten zu unterlassen, obwohl der Patentschutz des Arzneimittels bereits seit einem halben Jahr abgelaufen ist.[156] Eine Gewerkschaft organisiert während der Laufzeit eines Tarifvertrages einen Streik, der zur Folge hat, dass ein Unternehmer mehrere Tage keine Waren ausliefern kann. Ein Unternehmer veranlasst Verbraucher, anderen Unternehmen unerwünschte Empfehlungs-Mails zu schicken[157] oder lässt selbst Werbemails ohne Einwilligung des Empfängerunternehmers versenden.[158] Auch in der Ausstrahlung nicht genehmigter Aufnahmen aus einer Geflügelfarm (zum Nachweis der dortigen Züchtungsmethoden) sah der BGH zunächst einen betriebsbezogenen Eingriff in den Gewerbebetrieb, da das

153 BGHZ 193, 227 = NJW 2012, 2579 (freiberuflicher Sporttrainer) m. Anm. *Katzenmeier*, LMK 2012, 340098.

154 BGHZ 29, 65, 74; kein Eingriff in den Gewerbebetrieb eines Landwirts ist die Erhöhung des Zugtempos auf einer Bahnstrecke mit der Folge, dass der Landwirt einen privaten Bahnübergang nicht mehr nutzen darf, um seine Kühe jenseits der Bahntrasse weiden zu lassen, OLG Oldenburg NJW-RR 2005, 614; umgekehrt erhält auch ein privater Bahnunternehmer keinen Schadensersatz dafür, dass ein Fuhrunternehmer eine (nicht in seinem Eigentum befindliche) Oberleitung heruntergerissen und dadurch den Zugverkehr verzögert hat, BGH NJW-RR 2005, 673. Keine Boykottaufforderung gegen einen Autovermieter ist der Hinweis eines Versicherers auf preisgünstigere Mietangebote, BGH NJW 2012, 3241; ebenso wenig die anonym abgegebene Bewertung von Hotelleistungen im Internet, OLG Hamburg ZUM-RD 2012, 669.

155 BAG NJW 2010, 631 (Eingriff, der möglicherweise aus Gründen des Arbeitskampfrechts gerechtfertigt ist); ArbG Wesel, Urt. v. 23.8.2012 – 6 Ga 22/13, BeckRS 2013, 71825.

156 Vgl. zu diesem Problemkreis BGHZ 164, 1 = JuS 2005, 1125 (m. Anm. *Emmerich*).

157 BGH GRUR 2013, 1259 m. Anm. *Berlit*, LMK 2013, 352643; *Schoene*, GRUR-Prax 2013, 496.

158 BGHZ 214, 204 – Robinson Liste.

Interesse des Unternehmers beeinträchtigt sei, die innerbetriebliche Sphäre vor der Öffentlichkeit zu verbergen.[159] **Nicht betriebsbezogen** ist die Verletzung des Partners eines Eiskunstlaufpaares im Straßenverkehr, auch wenn das Paar erhebliche Gewinnausfälle dadurch erleidet, dass es eine Weile nicht mehr gemeinsam auftreten kann. Dies hat zur Folge, dass die unverletzte Partnerin nicht erfolgreich auf Schadensersatz klagen kann, weil ihr gegenüber absolute Rechte nicht verletzt wurden[160] (zur Klage des verletzten Läufers vgl. aber § 842 und § 3 Rn. 17 FALL 11). Ebenso wenig wird durch die Verletzung eines Arbeitnehmers in das Recht am eingerichteten und ausgeübten Gewerbebetrieb des Arbeitgebers eingegriffen.[161]

Da Rahmenrechte weit und offen gestaltet sind, können sie mit der Ausübung verfassungsrechtlich geschützter Rechte in Konflikt treten. Darum geht es auch im nachfolgenden Beispielsfall:

▶ FALL 25: Die Umweltaktionsgruppe „Grüner Friede“ (G) blockiert in der Stadt H die Tankstellen der Mineralölkette Muschelöl (M), weil sie auf die umweltschädliche Versenkung von Ölplattformen dieses Unternehmens in der Nordsee aufmerksam machen möchte. Zum Zwecke der Blockade wird vor jede Tanksäule ein Aktivist positioniert, der Tankwillige jeweils daran hindert, den Zapfhahn zu ergreifen und den Tankvorgang zu beginnen. Die zweistündige Aktion bereitet M einen Umsatzausfall von mehreren Tausend Euro. Diesen verlangt M von der G e.V. ersetzt.[162]

Ein deliktischer Ersatzanspruch setzt einen **Eingriff in ein geschütztes Rechtsgut** voraus. In Betracht kommt zunächst der Schutz des Eigentums an den Tanksäulen. Doch werden diese selbst nicht einmal berührt. Wird nur auf die Bewegungsfreiheit Tankwilliger eingewirkt, indem Aktivisten diesen „in den Arm fallen“, so liegt eine Nötigung der Nutzer, nicht aber ein Eingriff in das Eigentum des Tankstellenbetreibers vor. Am Eigentumseingriff fehlt es überdies, wenn die Tankstellengebäude nicht dem blockierten Unternehmen, sondern einem Dritten gehören. Dann müsste man subsidiär auf den Besitz als sonstiges Recht zugreifen. In allen Konstellationen wird der eigentliche Kern der Handlung, nämlich die Beeinträchtigung der wirtschaftlichen Betätigung durch Blockade, nicht erfasst. Auch ein wettbewerbsrechtlicher Schutz kommt vorliegend nicht in Betracht, weil das UWG zwar in §§ 3, 4 Nr. 4 gegen individuelle Behinderungen schützt, doch muss es dann um geschäftliche Handlungen gehen. Daran fehlt es, wenn eine politische Ziele verfolgende Gruppierung handelt. Daher bleibt nur das Recht am Gewerbebetrieb.

Die **Verletzungshandlung** liegt in der physischen Blockade der Tankeinrichtungen. Sie richtet sich unmittelbar und gezielt gegen den Tankstellenunternehmer, ist daher auch betriebsbezogen. Fraglich ist, ob die Handlung **rechtswidrig** ist. Bei Handlungen zu Protestzwecken versagt die Vermutung dafür wegen der verfassungsrechtlich geschützten Meinungsfreiheit in Art. 5 Abs. 1 GG. Gerade weil der Schutz der wirtschaftlichen Betätigungsfreiheit über das Recht am Gewerbebetrieb es erfordert, wettbewerbliche und sonstige Handlungsfreiheiten miteinander in Einklang zu bringen, muss die Rechtswidrigkeit der Handlung vielmehr eigens festgestellt werden, sie ist nicht allein aufgrund des betriebsbezogenen Eingriffs indiziert (vgl. unten § 3 Rn. 73 f.). Bei der damit erforderlichen Interessen-

159 BGH NJW 2018, 2877 Tz. 16, der Eingriff war im konkreten Fall jedoch durch die Wahrnehmung der Medienfreiheit im öffentlichen Interesse gerechtfertigt.
160 BGH NJW 2003, 1040.
161 BGH MDR 2017, 336.
162 Vgl. zu solchen Fällen des Boykotts OLG München NJW 2013, 398 (Aufruf einer Verbraucherzentrale, Banken zu boykottieren); LG Aachen NJW-RR 2007, 89; *Th. Möllers*, NJW 1996, 1374.

abwägung ist zu berücksichtigen, dass ein Wirtschaftsunternehmen auch scharfe Kritik an seiner Arbeit hinnehmen muss. Doch muss diese Kritik, um von Art. 5 Abs. 1 GG geschützt zu sein, mit den Mitteln der Überzeugung arbeiten. Das sind in der Regel nur verbale Mittel. Der Einsatz körperlich wirkenden Zwangs gegen Kunden oder das Unternehmen selbst ist kein Mittel der verbalen Überzeugung. Daher ist die physische Blockade im vorliegenden Fall nicht mehr gerechtfertigt. Die Handlung war mithin rechtswidrig und, da das Verhalten vorsätzlich erfolgte, auch schuldhaft. Der eingetretene Schaden liegt in der Beeinträchtigung der Geschäftstätigkeit, die mittelbar zu einem Verdienstausfall geführt hat. Nach §§ 249 Abs. 1, 252 ist dieser Schaden zu ersetzen. ◀

46 Vertiefungs- und methodische Hinweise: Beim Eingriff in das Recht am Gewerbebetrieb sind einige **Besonderheiten in der Falllösung** zu beachten. Bei der Frage des verletzten Rechtsguts ist eine **Abgrenzung zum Eigentumsschutz** vorzunehmen. Erkennt der Fallbearbeiter, dass der Schwerpunkt der Handlung nicht in der Blockade einzelner körperlicher Sachen, sondern in der Blockade der Unternehmenstätigkeit als Ganzes liegt, so sollte kurz festgestellt werden, dass eine Substanz- oder Nutzungsverletzung einzelner Eigentumsgegenstände nicht vorliegt, sondern die Gesamtheit des Unternehmens betroffen ist. Sodann ist kurz zu definieren, dass das Recht am Gewerbebetrieb zwei Schutzrichtungen hat. Zum einen ist der Unternehmer gegen **Eingriffe in den Bestand** des Unternehmens geschützt, zum anderen sind aber die verschiedenen **Ausstrahlungen der unternehmerischen Tätigkeit**, also alle für die wirtschaftliche Tätigkeit wesensgemäßen Erscheinungsformen und Beziehungen geschützt. Hier kann kurz formuliert werden, dass ein Eingriff in den Gewerbebetrieb sowohl vorliegt beim Eingriff in den Bestand als auch beim Eingriff in die wirtschaftliche Bewegungsfreiheit des Unternehmens. Als Verletzungshandlung kommt nicht jede mittelbare Beeinträchtigung unternehmerischer Tätigkeit, sondern nur ein betriebsbezogener Eingriff in Betracht. **Betriebsbezogene Eingriffe** sind zielgerichtete Eingriffe gegen Einrichtungen oder Betätigungen eines bestimmten oder bestimmbaren Unternehmens. Die **Rechtswidrigkeit** ist bei Eingriffen in das Recht am Gewerbebetrieb **nicht indiziert**, sondern anhand einer Interessenabwägung zwischen den Interessen des Eingreifenden und den Interessen des Unternehmers positiv zu ermitteln. Die Wahrnehmung grundrechtlicher Freiheiten lässt die Rechtswidrigkeit entfallen,[163] sofern sie nicht die Grenzen der Verhältnismäßigkeit überschreitet. Der Aufruf zu Boykottmaßnahmen kann eine Meinungskundgabe enthalten und als solche dem Schutz von Art. 5 GG unterfallen.[164] Boykottmaßnahmen sind zulässig, wenn sie sich auf verbale Angriffe beschränken; der körperliche Boykott ist allerdings weder erforderlich noch angemessen. Keine Besonderheiten gibt es beim Verschulden. Bei der Feststellung des Schadens ist zu ermitteln, ob eine Beeinträchtigung der Gewerbetätigkeit eingetreten ist, der Schaden wird typischerweise Gewinnentgang nach §§ 249, 252 sein.

Das sog. Recht am eingerichteten und ausgeübten Gewerbebetrieb, auch als **„Recht am Unternehmen"** bezeichnet,[165] steht auf der Grenze zwischen einem reinen Vermögensschutz und dem Schutz subjektiv zur Eigentumsposition verfestigter Rechte.[166] Im

163 Siehe z.B. im Fall BGH NJW 2018, 2877, in dem der BGH das Ausstrahlen rechtswidrig angefertigter Filmaufnahmen aus einer Produktionsstätte mit Blick auf die durch das Medienunternehmen wahrgenommene Meinungs- und Medienfreiheit als im Ergebnis nicht rechtswidrig ansah.

164 Vgl. BGH NJW 2016, 1584 m. Anm. *Hager* in der Abwägung mit dem Allgemeinen Persönlichkeitsrecht.

165 Vgl. *K. Schmidt*, JuS 1993, 985, 988.

166 Zum verfassungsrechtlichen Schutz durch Art. 14 Abs. 1 GG: *Waschull*, Das Unternehmen im engeren Sinne als verfassungsrechtliches Eigentum, 1999, S. 429.

Zivilrecht hält man den Schutz des Gewerbebetriebes für erforderlich, umstritten ist aber, ob ein Schutz durch § 823 Abs. 1 erforderlich ist.[167] Es gibt nämlich mit dem **Gesetz gegen den unlauteren Wettbewerb** (UWG) ein Spezialgesetz, welches dafür sorgt, dass den Betrieb störende Wettbewerbshandlungen unter Konkurrenten durch Abwehransprüche abgewehrt werden können (§ 8 Abs. 1 UWG). Auch Schadensersatzklagen sind nach diesem Gesetz möglich (§ 9 UWG). Das Hauptproblem des UWG-Schutzes liegt allerdings darin, dass dieses Gesetz nur geschäftlichen Zwecken dienende Handlungen erfasst (vgl. §§ 3 Abs. 1, 2 Abs. 1 Nr. 1 UWG). Handlungen zu privaten oder ideellen Zwecken oder zu Zwecken eines Arbeitskampfs fallen nicht darunter.[168]

Die Besonderheit des Rechts am Gewerbebetrieb liegt in der **Subsidiarität** dieses Schutzinstruments, den zusätzlichen Anforderungen an die Finalität der Verletzungshandlung (betriebsbezogener Eingriff) und der besonderen Behandlung der Rechtswidrigkeit (**keine Indizfunktion**). Anerkannt sind vor allem **drei Fallgruppen** des Eingriffs in den Gewerbebetrieb: (1) die unberechtigte Schutzrechtsverwarnung, also die Behauptung, die wettbewerbliche Betätigung stelle eine Verletzung eines dem Abmahnenden zustehenden gewerblichen Schutzrechtes (z.B. Patent-, Designrecht) dar;[169] (2) die physische Beeinträchtigung der Geschäftseinrichtungen des Unternehmers jenseits der Eigentumsverletzung (Subsidiarität), z.B. Boykott und weiträumige Blockade eines Unternehmens; (3) die Verbreitung unrichtiger Werturteile, z.B. durch Produktkritik oder Warentests durch unabhängige, also nicht zu Wettbewerbszwecken handelnde Testunternehmen.[170] Bei unrichtigen Tatsachenbehauptungen gilt § 824 (dazu § 3 Rn. 118).

bb) Allgemeines Persönlichkeitsrecht

▶ **Fall 26:** Der Journalist J schreibt einen Artikel über den Bundespolitiker P und äußert im Schlussteil der Darstellung, eine Reihe von Vorfällen der jüngeren Vergangenheit deuteten darauf hin, dass P schlicht korrupt sei. Die Stadt S wollte P zum Leiter der örtlichen Stadtwerke ernennen. Nach dem Pressebericht nimmt sie hiervon wegen der zu erwartenden öffentlichen Proteste Abstand. P möchte seinen Verdienstausfall und ein angemessenes „Schmerzensgeld" einklagen. 47

In diesem Fall ist ersichtlich keines der in § 823 Abs. 1 ausdrücklich aufgeführten Rechtsgüter betroffen. Einschlägig ist die Kategorie der „sonstigen Rechte". Als ein solches Recht kommt im Ausgangsfall ein zivilrechtlich geschütztes Recht auf Wahrung der persönlichen Ehre in Betracht. ◀

167 Dagegen *Larenz/Canaris*, Schuldrecht II/2, § 81 IV; *Wiethölter*, KritJ 1970, 121, 124.

168 Vgl. zu diesem Problem *Peifer*, Individualität im Zivilrecht, 2001, S. 490.

169 BGHZ 38, 200 – Kindernähmaschinen (Aufforderung an den Hersteller von Kindernähmaschinen, die Produktion und Lieferung bestimmter Maschinen zu unterlassen, weil darin eine Verletzung einer für den Kläger geschützten Erfindung liege, führt zu Produktionsausfall, den der Abgemahnte später ersetzt verlangt); siehe auch BGH GRUR 2018, 832 Tz. 70, 83 ff. – Ballerinaschuh. Auch presserechtliche Informationsschreiben, mit denen davor gewarnt wird, über bestimmte private Angelegenheiten eines Prominenten zu berichten, greifen in das Recht am eingerichteten und ausgeübten Gewerbebetrieb ein. Sie sind aber in der Regel gerechtfertigt. Etwas anderes soll gelten, wenn das Schreiben keine Informationen enthält, die es dem Presseunternehmen ermöglichen, die Rechtmäßigkeit der potentiellen Berichterstattung zu beurteilen, BGH NJW 2019, 781.

170 OLG München NJW-RR 2015, 422 (Kritik an „Ritter Sport Voll-Nuss" durch einen Warentest, der ein „falsches Gesamtbild" über das getestete Produkt offenbart), dazu *U. Franz*, GRUR 2014, 1051.

Der Schutz der persönlichen Ehre ist Bestandteil eines als Rahmenrecht verstandenen **allgemeinen Persönlichkeitsrechts.**[171] Da der strafrechtliche Schutz aus §§ 185 bis 187 StGB mit § 823 Abs. 2 nur bei vorsätzlichen Beleidigungen und Verleumdungen greift, ist seit Langem – und nach Inkrafttreten des Grundgesetzes verstärkt – anerkannt, dass der Schutz gegen fahrlässige Verletzungen auch durch ein zivilrechtliches „allgemeines“ Persönlichkeitsrecht verstärkt ist.[172] Danach hat jedermann ein **Recht auf Achtung und Schutz seiner erworbenen Anerkennung** (statische Seite) und ein Recht auf **Entfaltung seiner Individualität** (dynamische Seite). Der Schutz persönlicher Interessen wurde durch den BGH im Jahre 1954 dem Grunde nach anerkannt.[173] Er ist heute Gewohnheitsrecht. Das allgemeine Persönlichkeitsrecht lässt sich definieren als das Recht des Einzelnen auf Achtung und Entfaltung seiner Besonderheit als individuelle Persönlichkeit. Es geht um den Schutz der Selbstbestimmung des Einzelnen in Angelegenheiten, die seine persönliche Entfaltung wesentlich betreffen. Das Recht ist nicht nur gegen den Staat und seine Organe gerichtet, sondern wirkt auch im Privatrechtsverkehr gegenüber jedermann. Das allgemeine Persönlichkeitsrecht gliedert sich in mehrere **Fallgruppen von Gütern und Interessen** auf.[174] Einige der hierunter fallenden Interessen sind durch „besondere Persönlichkeitsrechte“ spezialgesetzlich geschützt.

48 (1) Zu den **besonderen Persönlichkeitsrechten** zählt das **Namensrecht**, das in § 12 gegen die **Namensleugnung** (Bestreitung des rechtmäßigen Namensgebrauchs) und die **Namensanmaßung** (Verwechslungsgefahren erzeugender Namensgebrauch) geschützt wird. **Bestritten wird der Namensgebrauch z.B.**, wenn ein Adeliger seiner geschiedenen Ehefrau den Weitergebrauch des Familiennamens untersagen möchte oder ein Kaufmann seinem Bruder die Verwendung des Familiennamens zur Kennzeichnung eines Handelsgeschäfts verbietet.[175] Gegen **Verwechslungsgefahr** geschützt wird ein Namensträger dadurch, dass er die Benutzung seines Namens als Domain im Internet durch einen unbefugten Dritten verbieten kann, wenn die Gefahr besteht, dass der Verkehr aufgrund des Gebrauchs einer Zuordnungsverwirrung unterliegen, insbesondere ein Angebot des tatsächlichen Namensträgers vermuten kann. So liegt es, wenn ein „Domain-Grabber“ die Domain „krupp.de“ für sich registrieren lässt, obgleich er keinerlei Beziehung zu dem Unternehmen Krupp unterhält.[176]

(2) Das Veröffentlichen und Verbreiten von Personenbildnissen unterfällt ebenfalls dem Persönlichkeitsschutz. Spezialgesetzlich in § 22 KUG (Kunsturhebergesetz; Schutzgesetz nach § 823 Abs. 2) erfasst ist das **Recht am eigenen Bild.** Der Schutz richtet sich sowohl gegen die ungenehmigte Verbreitung des Bildnisses von Privatpersonen als auch gegen die Verbreitung des Bildnisses von bekannten Persönlichkeiten, die eine erkennbar private Situation wiedergeben.

---

171 BGHZ 39, 124, 127 – Fernsehansagerin (abfällige Reportage über eine Fernsehsprecherin) = JZ 1964, 291 m. Anm. *Hubmann*; neuere Fälle zu Korruptionsvorwürfen BGH NJW 2000, 656; BGHZ 143, 199 = NJW 2000, 1036 (satirischer Artikel, in dem öffentlichen Bediensteten Korruption vorgeworfen wird).

172 Vgl. zur Entwicklung des Rechts *von Caemmerer*, FS von Hippel, 1967, S. 27.

173 BGHZ 13, 334 – Leserbrief.

174 Überblick bei *Ehmann*, JuS 1997, 193.

175 Allerdings muss der später am Markt auftauchende Kaufmann einen unterscheidenden Zusatz führen, BGHZ 14, 155 – Farina; zur Vertiefung *Knaak*, Das Recht der Gleichnamigen, 1979.

176 OLG Hamm NJW-RR 1998, 909 – krupp.de; vgl. auch BGHZ 149, 191 = NJW 2002, 2031 – shell.de; vgl. auch zum Interesse verletzenden Namensgebrauch durch Dritte OLG Hamburg AfP 1992, 267 (Anwalt klagt gegen die Bezeichnung eines Stoffhündchens mit dem Namen „Hasso von Wedel“, weil er selbst diesen Namen führt).

▶ **Fall 27**: Der Student S fotografiert seine Freundin F am Strand „oben ohne“ und stellt das Foto anschließend auf eine gewerbliche Internetseite mit dem Titel „Girlfriends on the beach“.[177] ◀

Die Verbreitung eines solchen Fotos im Internet verbietet § 22 KUG, wenn F nicht auch in diese Verbreitung eingewilligt hat. Das kann auch Dienste wie „Google Street View“ betreffen, wenn auf den Straßenbildern Personen erkennbar sind.[178] Nicht durch § 22 KUG erfasst wird die bloße Aufnahme des Bildes. Sie fällt aber unter das allgemeine Persönlichkeitsrecht (§ 823 Abs. 1). Nach ganz h.M. ist aber auch § 22 KUG nur ein besonderer Anwendungsfall des Rahmenrechts. Privatpersonen sind gegen solche Bildveröffentlichungen stets geschützt, solange sie nicht einwilligen. Eine konkludente Einwilligung kann sich allerdings aus den Umständen ergeben, z.B. wenn Fotos von einer Hostess verbreitet werden, die auf einer Prominentenparty im Auftrag einer Werbeagentur Zigaretten als Aktionsware anbietet.[179] Dagegen kann keinesfalls von einer Einwilligung in eine Verbreitung ausgegangen werden, wenn Fotos in intimen Momenten angefertigt werden. Der BGH hat sogar eine Löschungsklage der Abgebildeten bezüglich intimer Fotos nach Ende einer Beziehung für begründet gehalten, ungeachtet des Umstandes, dass diese Fotos ursprünglich mit Einwilligung angefertigt wurden.[180] Die Weitergabe intimer Fotos ohne Einwilligung ist ebenso strafbar (§ 184 StGB) wie das unbemerkte Anfertigen (§ 201a StGB); beide Handlungen sind Persönlichkeitsrechtsverletzungen.[181]

Pressejagd auf Prominente durch Bildjournalisten der sog. Boulevardmedien („**Paparazzi**“) können unter § 823 Abs. 1 fallen, soweit es um die Aufnahme geht, die Verbreitung des Fotos fällt unter §§ 823 Abs. 2 mit § 22 KUG. Gegen die ungenehmigte Aufnahme einer Fotografie, welche diese Personen in Momenten der Zurückgezogenheit zeigen, haben Prominente Abwehransprüche.[182] Auch Notwehrbefugnisse gegen zu aufdringliche Pressefotografen sind möglich.[183] Allerdings ist die Verbreitung von Fotos Prominenter in der Öffentlichkeit oft durch § 23 KUG gedeckt und damit erlaubt.[184] § 23 KUG gilt analog für die Herstellung solcher Fotos im Rahmen des § 823 Abs. 1. Bildnisse von Prominenten werden nämlich oft „**Bildnisse aus dem Bereich der Zeitgeschichte**“ sein (vgl. § 23 Abs. 1 Nr. 1 KUG). So ist es, wenn Prominente in einer öffentlichen Funktion in die Öffentlichkeit treten. Dann dürfen Fotos von ihnen auch ohne Einwilligung aufgenommen und verbreitet werden.[185] Ebenso ist es, wenn – unter Bildnisnutzung – über Ereignisse aus dem Leben Prominenter berichtet wird, die ihre Vorbildfunktion in der Öffentlichkeit betreffen und daher ein berechtigtes Informati-

177 Vergleichbarer Fall LG Kiel NJW 2007, 1002; vgl. auch OLG Oldenburg, NJW 1989, 400; BGH NJW 1985, 1617; OLG Hamm NJW-RR 1997, 1044.

178 Vgl. dazu *A. Weber*, NJOZ 2011, 673.

179 BGH NJW 2015, 1450.

180 BGH NJW 2016, 1094 m. Anm. *Lampmann*.

181 Vgl. LG Frankfurt CR 2014, 674 (Zueignung und private Weitergabe von Fotos, die auf einem Smartphone gespeichert waren).

182 BGHZ 131, 332 = NJW 1996, 1128 (Caroline von Monaco mit Partner); OLG Köln ZUM 2016, 290 (Foto der Ehefrau des verunglückten Rennfahrers Michael Schumacher beim Krankenhausbesuch).

183 AG Hamburg und LG Hamburg ZUM 1996, 428 und 430.

184 Siehe z.B. BVerfG GRUR 2017, 842 auch zur Bedeutung der begleitenden Berichterstattung. Der Schutz des Persönlichkeitsrechts kann hinsichtlich Wort- und Bildberichterstattung jedoch unterschiedlich weit reichen, siehe BGH GRUR 2018, 964.

185 BGHZ 24, 200, 208 = NJW 1957, 1315 – Spätheimkehrer; BGH NJW 2004, 596 (satirische Fotomontage mit dem Konterfei des ehemaligen Telekom-Chefs Ron Sommer); OLG Köln ZUM 1994, 723.

onsinteresse ansprechen.[186] Nicht erlaubt ist es, Fotos von Prominenten anzufertigen oder zu verbreiten, wenn es um rein private Tätigkeiten geht und kein besonderes öffentliches Interesse an der Bildinformation besteht.[187] Nicht privilegiert sind die Fotos von Begleitpersonen prominenter Persönlichkeiten.[188] Ein Berichtsinteresse wird häufig bejaht bei Fotos aus dem Privatleben von Politikern.[189] So soll es durchaus „bildberichtenswert" sein, wenn die schleswig-holsteinische Ministerpräsidentin nach einer Wahlniederlage erst einmal „shoppen" geht oder sich ein Politiker am Vorabend eines Misstrauensvotums in einer Bar aufhält.[190] Auch bei ehemaligen Amtsträgern kann das eine Bildberichterstattung rechtfertigende öffentliche Interesse noch bestehen.[191] Dem in § 22 KUG geschützten Bildnisrecht sehr verwandt ist es, wenn die Stimme eines Menschen ohne seine Genehmigung aufgezeichnet und weiterverbreitet wird, so z.B. beim ungenehmigten Abhören von Telefongesprächen.[192]

49 (3) Neben diesen, durch Einzelvorschriften sogar vom Gesetzgeber anerkannten Aspekten persönlicher Interessen schützt das **allgemeine Persönlichkeitsrecht** als sog. Rahmenrecht darüber hinaus all diejenigen persönlichen Schutzinteressen, für die es (noch) an einem ausdrücklichen spezialgesetzlichen Schutz fehlt. Hierunter zählt man mehrere Schutzinteressen:

(a) Das Interesse auf Achtung des **Privatlebens** ist zunächst betroffen, wenn über eine Person bisher von dieser selbst nicht öffentlich gemachte private Lebensdetails veröffentlicht werden, so wenn öffentlich behauptet wird, eine Person bezahle ihre Schulden nicht, wenn der Name der einer Straftat verdächtigen Person oder private Briefe veröffentlicht werden.[193] Auch Angaben über den Gesundheitszustand einer Person fallen grundsätzlich unter den Schutz der Privatsphäre.[194] Die Veröffentlichung einer bisher von einem Prominenten geheim gehaltenen Liebesbeziehung greift in dessen Recht auf Achtung der Privatsphäre ein.[195] Betroffenheit des Interesses bedeutet noch nicht, dass die Handlung rechtswidrig ist, hierüber muss eigens befunden werden (s. unten Rn. 51).

(b) Das Interesse auf Wahrung der **Individualität** oder Besonderheit eines Menschen ist verletzt, wenn über ihn unwahre Tatsachen von einigem Gewicht berichtet werden,

---

186 Streitintensiver Bereich, vgl. etwa EGMR NJW 2012, 1053 (Bericht über privaten Urlaub von Mitgliedern der monegassischen Fürstenfamilie während der schweren Krankheit des regierenden Fürsten).

187 Dazu grundlegend EGMR GRUR 2004, 1051; BVerfGE 120, 180; anders noch BGHZ 171, 275 (Bilder aus dem Skiurlaub); BGH ZUM 2007, 470 (Urlaubsfotos von Prominenten und Bericht über die Vermietung einer privaten Ferienvilla in Kenia).

188 BGH NJW 2004, 1795 (Charlotte Casiraghi); anders noch, wenn Prominente in Begleitung Unbekannter in die Öffentlichkeit treten BGHZ 131, 332 = NJW 1996, 1128 (Paparazzi-Fotos von Caroline von Monaco und ihrem Sohn).

189 BGH NJW 2012, 763.

190 BGH NJW 2008, 3134 (Bildberichterstattung über Heide Simonis – Einkaufsbummel nach Abwahl) m. Bespr. *Stender-Vorwachs*, NJW 2009, 334; BGH GRUR 2017, 302 (Bürgermeister Klaus Wowereit in einer Bar am Vorabend eines Misstrauensvotums).

191 BGH NJW 2018, 1820 (ehemaliger Bundespräsident Wulff beim Einkaufen mit seiner zuvor getrenntlebenden Ehefrau).

192 BGHZ 73, 120, 123 – Telefongespräch I (Abhören und Verbreiten eines Telefongesprächs zwischen den Politikern Helmut Kohl und Kurt Biedenkopf).

193 Zur Preisgabe geheim zu haltender Details in Memoiren OLG Bremen NJW 1996, 1000 (Willi Lemke); zur identifizierenden Berichterstattung über Straftäter in der Presse BGH NJW 2013, 1681 (Fall Kachelmann); zur öffentlichen Anprangerung eines Schuldners durch namentliche Nennung auf einer privaten Schuldnerliste im Internet OLG Rostock ZIP 2001, 793.

194 BGH NJW 2017, 1550 mAnm *Förster*.

195 BGH GRUR 2017, 850.

selbst wenn diese Tatsachen als solche nicht unbedingt ehrenrührig sind. So wurde eine Zeitschrift zur Unterlassung verurteilt, nachdem sie über eine Prominente fälschlich berichtet hatte, sie leide an Brustkrebs.[196]

(c) Als unter das allgemeine Persönlichkeitsrecht fallendes Interesse wird schließlich auch das im FALL 26 relevante **Recht auf Ehre (Würde)** angesehen. Es schützt sowohl das eigene Ehrgefühl als auch die Wertschätzung durch andere (innere/äußere Ehre). **Ehre und Würde** sind betroffen im Falle von Formalbeleidigungen, so wenn ein Rechtsanwalt als „Winkeladvokat" bezeichnet wird,[197] ferner wenn der unrichtige Eindruck moralisch oder rechtlich angreifbaren Verhaltens erweckt wird, sei dies auch nur dadurch, dass eine Suchmaschine durch Vervollständigung von Sucheinträgen („Autocomplete") Verbindungen zwischen einer Person und einer öffentlich kontrovers beurteilten Vereinigung („Scientology") erweckt.[198] Ehre und Würde sind oft auch betroffen bei identifizierender Verdachtsberichterstattung im Strafverfahren, wenn die Unschuldsvermutung zugunsten des Betroffenen bedroht oder nach Verbüßung einer Straftat die Resozialisierung eines Straftäters gefährdet werden.[199] Auch für Normalsterbliche stellt sich die Frage, ob sie ein „Recht auf Vergessenwerden" in Bezug auf Jugendsünden und peinliche Vorgänge der Vergangenheit geltend machen können.[200] Ehrschutz im weiteren Sinne ist der Schutz gegen entwürdigende Behandlungen, so etwa der Schutz gegen „Mobbing" oder sexuelle Belästigungen am Arbeitsplatz (vgl. auch unten § 3 Rn. 70).[201]

(d) Das Interesse am **Schutz persönlicher Daten** ist zum Teil und in sehr ausdifferenzierter Weise durch die zum EU-Recht gehörende, aber in Deutschland unmittelbar anwendbare Datenschutz-Grundverordnung (DSGVO), das Bundesdatenschutzgesetz und weitere datenschutzrechtliche Nebengesetze[202] gewahrt, allerdings wird auch das hierdurch geschützte Interesse aus dem allgemeinen Persönlichkeitsrecht abgeleitet.[203] Der BGH spricht von dem „Recht auf informationelle Selbstbestimmung". Dieses Recht verbindet das Interesse daran, alleine gelassen zu werden (Privatleben) mit dem Interesse daran, nicht öffentlich falsch oder unehrenhaft dargestellt zu werden (Individualität und Ehre). Grundsätzlich darf jedermann selbst darüber entscheiden, wann und welche seiner persönlichen Lebenssachverhalte offenbart werden. Bereits die Erhebung personenbezogener Daten kann eine Gefährdung des allgemeinen Persönlichkeitsrechts darstellen. Das Datenschutzrecht schützt bereits gegen die ungenehmigte Speicherung, Verarbeitung und Bevorratung persönlicher Daten, unabhängig davon,

196 BGH NJW 1996, 984 = JR 1996, 419 m. Anm. *Peifer*.

197 OLG Köln GRUR-RR 2012, 401.

198 BGH NJW 2013, 2348 m. Anm. *Gounalakis*, NJW 2013, 2321; *Mäsch*, JuS 2013, 841; *Peifer/Becker*, GRUR 2013, 754.

199 Grenzfall BGH NJW 2013, 1681 (Fall Kachelmann) m. Bspr. *Hanske/Lauber-Rönsberg*, NJW 2013, 264; BGH NJW 2012, 2197 (Fall Sedlmayr); GRUR 2013, 200 (Fall Appollonia) m. Bspr. *Himmelsbach*, K&R 2013, 82 und *Kirchberg*, GRUR-Prax 2013, 237; zu den Rechtsproblemen im Zusammenhang mit der Berichterstattung durch die Staatsanwaltschaften *Gounalakis*, NJW 2013, 1473 (Fall Nadia Benaissa); *Lehr*, NJW 2013, 728.

200 Dazu *Diesterhöft*, Das Recht auf medialen Neubeginn, 2014; *Becker*, Das Recht auf Vergessenwerden, 2019; zu den Voraussetzungen des zulässigen Vorhaltens von Online-Archivberichten bei Verdachtsberichterstattung BGH NJW-RR 2017, 31; BGH BeckRS 2018, 42078.

201 Zusammenfassend *Rieble/Klumpp*, ZIP 2002, 369; vgl. auch OLG Köln NJW 2010, 1676 (diskriminierende Äußerungen bei Wohnungsvermietungsangeboten).

202 Z.B. §§ 91 ff. TKG, §§ 11 ff. TMG.

203 Im Zivilrecht BGHZ 80, 311 = NJW 1981, 1738 = JZ 1981, 786; *Ehmann*, AcP 188 (1988), 230; im Verfassungsrecht BVerfGE 65, 1 – Volkszählungsurteil.

ob die Daten privat, peinlich oder fehlerhaft sind.[204] Im Zivilrecht wurde dies bislang relevant, wenn es um die Weitergabe von Daten aus ärztlichen Patientenkarteien, z.B. zum Zwecke der Rechnungsabwicklung ging.[205] Zunehmend spielt das Recht eine erhebliche Rolle im Bereich der elektronischen **Datenerhebung und -verarbeitung durch Internetdienstleister**[206], wenn diese Daten mit dem Zweck erhoben werden, umfangreiche und personalisierbare Käuferprofile zu erstellen. Dieser Bereich ist auch wegen technischer Schwierigkeiten des Schutzes gegen Cookies, „Trojaner" und andere Formen der elektronischen Beobachtung mit erheblichen rechtlichen Risiken verbunden.[207] Nicht geschützt werden allerdings Lehrer und Professoren gegen die Bewertung ihrer Leistungen auf Internetportalen wie „Spickmich.de" und „MeinProf.de".[208] Privatpersonen müssen dagegen die Veröffentlichung kritischer Informationen in der Regel nicht dulden.[209]

(e) Ein fünftes unter das allgemeine Persönlichkeitsrecht fallendes Interesse wird als sog. **Recht auf Identität** bezeichnet. Hierunter fiel bislang vor allem das Recht auf Kenntnis derjenigen Informationen, die erforderlich sind, um die eigene biologische Abstammung herleiten zu können. So wurde prinzipiell anerkannt, dass jeder Mensch einen Anspruch darauf hat, seine biologischen Eltern zu kennen. Dieses Interesse kann in Familienbeziehungen erhebliche Probleme auslösen, wenn ein Kind, das aus einer außerehelichen Affäre stammt, von seiner Mutter die Preisgabe von Informationen über den tatsächlichen biologischen Vater verlangt.[210] Datenschutzrechtlich relevant ist das Interesse des Kindes daran, Kenntnis darüber zu erlangen, dass der an seiner Vaterschaft zweifelnde Ernährer Haar- oder Speichelproben einem genetischen Testlabor übersendet, um anhand eines sog. „genetischen Fingerabdrucks" die tatsächliche Abstammung überprüfen zu lassen.[211] Ein Anspruch auf Durchführung eines solchen Gentests gegen den vermuteten Scheinvater besteht nicht.[212]

(f) Unter das allgemeine Persönlichkeitsrecht fällt schließlich seit einiger Zeit auch der Schutz des Interesses daran, die unerwünschte Einspannung für werbliche Zwecke abzuwehren.[213] **Unerwünschte Kommerzialisierung** liegt vor, wenn Persönlichkeitsattribute verwendet werden, um Produkte zu bewerben, so wenn eine Zeitung ohne Einwilligung des Betroffenen das Foto eines diese Zeitung lesenden Prominenten abdruckt.[214] Welches Interesse hierbei genau betroffen ist, bleibt unklar. Die Gerichte bewegen sich mehr und mehr darauf zu, eine Art Urheberrecht an den eigenen Persön-

204 BVerfGE 84, 192, 194 – Entmündigung II; BVerfGE 85, 219, 224.
205 BGHZ 115, 123, 128 – Ärztliche Honorarforderungen; BGHZ 116, 268, 273 – Patientenkartei.
206 Auch IP-Adressen sind geschützte personenbezogene Daten, vgl. BGHZ 215, 56.
207 OLG Hamburg MMR 2012, 62 (Zum Schutz gegen Suchmaschinenbetreiber, die persönliche Informationen auffindbar machen); *Gabel*, ZUM 2002, 607; *Moos*, CR 2003, 385; *Niedermeier-Schröcker*, CR 2002, 241; *Rasmussen*, CR 2002, 36; *Wolber*, CR 2003, 859.
208 BGH VersR 2009, 1131; zur Problematik *Peifer/Kamp*, UM 2009, 185 und umfassend *Kamp*, Personenbewertungsportale, 2011.
209 BGH NJW 2016, 789 m. Anm. *Stender-Vorwachs* (Darstellung über eine Schülerin, die in dem Buch einer Lehrerin identifizierend als „Pseudo-Hochbegabte" bezeichnet wird).
210 BVerfG NJW 1989, 891; *Giesen*, JZ 1989, 364; BVerfG JZ 1997, 777, 779 m. Anm. *Starck*; EGMR NJW 2003, 2145 (Auskunftsverlangen über leibliche Verwandte nach anonymer Geburt) m. Anm. *Wittinger*, NJW 2003, 2138; BVerfG NJW 2003, 2151.
211 Vgl. zur Vaterschaftsanfechtungsklage aufgrund eines heimlichen Gutachtens OLG Celle NJW 2004, 449.
212 BVerfG Urt. v. 16.4.2016 – 1 BvR 3309/13.
213 Hierzu BGHZ 143, 214 = GRUR 2000, 709 – Marlene Dietrich m. zustimmender Anm. *Götting*, NJW 2001, 585 und ablehnender Anm. *Schack*, JZ 2000, 1057, 1060; die Entwicklung insgesamt befürwortend *Ullmann*, AfP 1999, 209; kritisch *Peifer*, GRUR 2002, 495.
214 BGH NJW 2013, 793 („Auch Gunter Sachs liest BILD") mit Besprechung *Elmenhorst*, WRP 2013, 756.

lichkeitsattributen anzuerkennen. Ein solches Recht haben US-amerikanische Gerichte anerkannt und „right of publicity" genannt (als Gegenbegriff zum „right of privacy" = Recht auf Selbstbestimmung in privaten Angelegenheiten).[215]

Ist das geschützte Rechtsgut gefunden und im Hinblick auf die obigen Bereiche näher definiert, so ist zweitens zu fragen, worin die **Verletzungshandlung** besteht. Da das Recht auf Ehre positivgesetzlich nur in den §§ 185–187 StGB definiert ist, die übrigen persönlichen Güter und Interessen häufig überhaupt nicht näher gesetzlich definiert werden, ist die Bestimmung des Verletzerverhaltens um einiges schwieriger als bei den Lebensgütern oder den sonstigen subjektiven Rechten. Das Recht auf Ehre kann durch Tatsachenbehauptungen oder Werturteile und deren Verbreitung verletzt werden, wenn diese geeignet sind, das innere Ehrgefühl oder das öffentliche Ansehen, welches eine Person genießt, herabzusetzen. Die Privatsphäre kann durch Veröffentlichung intimer Vorgänge, die Individualität durch wesentliche Falschdarstellungen, das Interesse am eigenen Bildnis durch ungenehmigte Aufnahmen oder Veröffentlichung solcher Aufnahmen, das Namensrecht durch Bestreitung oder Zuordnungsverwirrung verletzt werden. 50

▶ Fall **26** wäre danach wie folgt zu prüfen: Über eine Person zu behaupten, sie sei korrupt, bedeutet, ihr unmoralisches, evtl. sogar gesetzwidriges Verhalten vorzuwerfen. Das schädigt ihr Wertgefühl und ist zudem geeignet, den Respekt Dritter vor dieser Person zu beeinträchtigen. Der Pressebericht im Ausgangsfall enthält daher die Behauptung und Verbreitung einer ehrverletzenden Nachricht, mithin eine Verletzungshandlung i.S.d. § 823 Abs. 1. ◀

Wie beim Recht am eingerichteten und ausgeübten Gewerbebetrieb liegt auch bei Verletzung des allgemeinen Persönlichkeitsrechts der **Schwerpunkt der Prüfung** bei der **Frage, ob** und inwieweit ein **Eingriff rechtswidrig ist.** Problematisch ist dies, wenn der Äußernde sich auf **grundrechtliche Freiheiten**, insbesondere auf das Recht zur freien Meinungsäußerung berufen kann.[216] Gerade im Bereich von Presseberichten streitet für den Äußernden sehr häufig die in Art. 5 Abs. 1 S. 2 GG geschützte Medienfreiheit. Auch die in Art. 5 Abs. 3 GG geschützten wissenschaftlichen und künstlerischen Freiheiten spielen oft eine Rolle. Zum Teil wird daher gefordert, man müsse bereits **im Rahmen der Verletzungshandlung** eine **Abwägung** zwischen behauptetem Verstoß und möglicher Rechtfertigung vornehmen. Nur so nämlich lasse sich bestimmen, ob überhaupt eine Verletzungshandlung vorliegt.[217] Dieser Standpunkt ist plausibel, doch empfiehlt es sich in Prüfungsarbeiten, die Abwägung aus Gründen der Klarheit der Darstellung auf die Ebene der Rechtswidrigkeit zu verlagern. Dabei ist zu beachten, dass die Rechtswidrigkeit nicht durch die Verletzungshandlung indiziert wird, sondern im Wege der Abwägung positiv ermittelt werden muss.[218] 51

▶ In Fall **26** wäre zu ermitteln, ob es ein legitimes Interesse des Journalisten an der Veröffentlichung des Berichts und der Aufstellung der Behauptung gibt, welches sich auch gegenüber dem Interesse des Betroffenen vor dem Schutz gegen Ehrangriffe durchsetzt. Dabei ist der Rechtfertigungsgrund des § 193 StGB zu beachten, der zur Wahrnehmung überwie-

---

215 Hierzu *Zacchini v. Scripps Howard Broadcasting*, 433 U.S. 562 (1977); dafür *J. Thomas McCarthy*, The Human Persona as Commercial Property: The Right of Publicity, 19 Colum.-VLA J.L. & Arts 129 (1995); kritisch *Jane M. Gaines*, The Absurdity of Property in the Person, 10 Yale J.L. & Humanities 537 (1998).

216 Vgl. BGH NJW 2013, 3029 (Nutzung eines Fernsehausschnittes mit Interview zu satirischen Zwecken).

217 *Hubmann*, Persönlichkeitsrecht, 1967, S. 160; *G. Müller*, VersR 2000, 797, 802.

218 BGH NJW 1994, 124, 126 – Greenpeace.

gender Interessen bestimmte Eingriffe in geschützte Rechtsgüter erlaubt. Die Norm gilt auch außerhalb von Presseberichten.[219] ◀

Im Rahmen der **Abwägung zwischen Persönlichkeitsschutz und Äußerungsfreiheit** ist die Intensität des Eingriffes der Bedeutung des geschützten Interesses gegenüberzustellen. Herkömmlich wird danach differenziert, ob ein Eingriff das öffentliche Wirken (**Sozialsphäre**, z.B. Wirken im Berufsleben), den häuslichen Kreis (**Privatsphäre i.e.S.**, z.B. Familienleben) oder den Bereich der engsten Privatheit (Geheim- oder **Intimsphäre**, z.B. Tagebuchaufzeichnungen, Sexualleben) betrifft.[220] Hat der Betroffene selbst zu einem bestimmten Thema Einblick in sein Privatleben gegeben (z.B. wenn Prominente Homestories zulassen und freizügig über ihr Familienleben plaudern), wird dadurch der Schutz durch die insoweit erfolgte Selbstöffnung herabgesetzt.[221] Auch ist zu prüfen, wie stark der Eingriff auf die persönliche Individualität und Entfaltung einwirkt. **Unwahre Tatsachen** sind nicht durch die Meinungsfreiheit gedeckt.[222] Die bewusste unvollständige (auch bildliche) Darstellung eines Sachverhalts kann wie eine unwahre Tatsachenbehauptung zu werten sein.[223] **Werturteile sind** in der Regel zulässig, es sei denn, bei ihnen steht die Schmähung der Person oder ihre Herabwürdigung im Vordergrund (sog. **Schmähkritik**). Solche Verstöße tasten die Menschenwürde an, die nach herrschendem Verständnis absolut geschützt ist.[224] In der Regel gestattet ist die Äußerung wahrer Tatsachen, solange sie nicht Intimes oder Privates aufdecken. Ein Problemfeld betrifft die **Verdachtsberichterstattung** über (auch strafrechtlich relevantes[225]) Fehlverhalten, sowie Fälle, in denen aus Tatsachen Wertungen gezogen werden. Journalisten dürfen auch fremde Tatsachen zur Basis solcher Wertungen machen, doch obliegt ihnen hier eine gesteigerte Recherchepflicht (pressemäßige Sorgfalt), sodass sie etwa nach den Regeln der Zunft zumeist über zwei Quellen verfügen müssen, um eine Verdachtstatsache risikolos behaupten zu dürfen.[226] Problematisch ist, dass es außerhalb der Presse solche Sorgfaltsmaßstäbe nicht gibt. Wer mithin in einem Blog oder einem Bewertungsforum im Internet eine Tatsache behauptet, deren Wahrheit weder offensichtlich ist noch recherchiert wurde, kann sich bereits auf Art. 5 Abs. 1 GG berufen, wenn er ein berechtigtes Interesse an der Äußerung hatte (§ 193 StGB). Ob auch die Öffentlichkeit ein Interesse an der Kenntnisnahme hat, ist ebenso wenig bedeutsam wie die Frage, ob der Äußernde Anlass hatte, seine Kritik zu überprüfen. Das ist aber fragwürdig, wenn Privatäußerungen über das Internet eine ähnlich große Verbreitung erfahren können wie Medienäußerungen.

▶ In Fall **26** gibt es keine weiteren Hinweise in tatsächlicher Hinsicht. Daher ist die Äußerung als Werturteil durch die Meinungsfreiheit gedeckt: Anhaltspunkte dafür, dass sie auf

219 BGHSt 18, 182 = NJW 1963, 665, 667; im Zivilrecht BGHZ 3, 270, 280 – Constanze I; BGHZ 13, 334, 338 – Leserbrief; *Adomeit*, JZ 1970, 495, 498.

220 So die noch häufig zitierte Sphärentheorie, vgl. *Palandt/Sprau*, § 823 Rn. 96.

221 BGH NJW 2018, 3509 Tz. 24 ff. Dafür genügt es jedoch nicht, wenn über den Gesundheitszustand eines Prominenten bewusst keine Details veröffentlicht werden, die Presse dann aber über Details spekuliert BGH NJW 2017, 1550 mAnm *Förster*.

222 BVerfGE 54, 208, 219 (Schutz gegen falsche Zitate).

223 OLG Köln NJW-RR 2017, 1074 Tz. 33.

224 BGHZ 45, 296, 310 – Höllenfeuer; im Verfassungsrecht BVerfGE 82, 43, 51 (Bezeichnung des Politikers Franz-Josef Strauß als „Zwangsdemokrat" noch geduldet); BVerfG NJW 1993, 1462 (Satirisch verkleidete Schmähkritik gegenüber dem Dichter H. Böll).

225 Vgl. dazu BGH NJW 2010, 757 (Zurverfügungstellung von Online-Archiven über vor der Entlassung stehende Straftäter); OLG Düsseldorf NJW 2011, 788 (Pflicht von Internetdiensteanbietern zur Aktualisierung von Altmeldungen bei neuen Ermittlungsergebnissen).

226 Vgl. BGH NJW-RR 2017, 98.

unwahre Tatsachen gegründet ist,[227] enthält der Sachverhalt nicht. Wer die Rechtswidrigkeit bejaht, müsste als Nächstes prüfen, ob ein Schaden eingetreten ist. Vorliegend liegt der Schaden zunächst in dem eingetretenen Reputationsverlust. Dies genügt bereits, um eine Persönlichkeitsrechtsverletzung tatbestandlich anzunehmen. Daher ist auch der hierdurch vermittelte Vermögensfolgeschaden durch Verdienstausfall nach §§ 249, 252 ersatzfähig. Der Reputationsverlust als solcher ist eine immaterielle Einbuße, die nach § 253 Abs. 1 grundsätzlich nicht ersetzt wird. Nach § 253 Abs. 2 kommt ein Ersatz dagegen in Betracht, wenn eines der in dieser Norm genannten Rechtsgüter betroffen ist, zu denen das Persönlichkeitsrecht aber nicht gehört. ◀

Persönlichkeitsrechtsverletzungen, welche keine materiellen Schäden nach sich ziehen, sind im Grundsatz nur durch einen Unterlassungsanspruch analog § 1004 BGB sanktioniert (vgl. unten § 3 Rn. 124). Eine Ausnahme von diesem Grundsatz gilt unter der doppelten Voraussetzung, dass es sich erstens um eine schwere Persönlichkeitsrechtsverletzung handelt, die zweitens auf andere Weise nicht zu kompensieren ist. In solchen Fällen hat die Rechtsprechung einen **immateriellen Schadensersatzanspruch unmittelbar aus Art. 1 Abs. 1, 2 Abs. 1 GG** hergeleitet, weil sonst die Verletzung sanktionslos bliebe und das Persönlichkeitsrecht nicht ausreichend geschützt würde.[228] Sofern strafrechtliches Fehlverhalten behauptet wird, kommt eine schwerwiegende Persönlichkeitsrechtsverletzung durchaus in Betracht. Findet der Vorwurf weite Verbreitung, ist eine Richtigstellung kaum geeignet, den eingetretenen Schaden zu kompensieren.[229] Dagegen ist die bloße Beleidigung, vor allem wenn sie im engeren Kreis erfolgt und nicht in die Presse gelangt, regelmäßig keine schwere Persönlichkeitsrechtsverletzung.[230] Hier genügt der Unterlassungsanspruch. Ein Schmerzensgeld wegen einer Beleidigung wird regelmäßig zu Recht nicht gezahlt. Die Schadensersatzsummen bei schwerwiegenden Persönlichkeitsrechtsverletzungen lagen in der Vergangenheit zwischen 5.000 und 30.000 Euro.[231] In einem Fall zahlreicher vorsätzlicher Falschberichterstattungen über die schwedische Königsfamilie durch die Presse mit offenkundiger Auflagensteigerungsabsicht wurden 400.000 Euro zugesprochen (vgl. auch unten § 3 Rn. 94, Fall 42).[232] Der Anspruch auf Geldentschädigung wegen Verletzung des allgemeinen Persönlichkeitsrechts ist grundsätzlich nicht vererblich.[233]

227 Vgl. dazu jüngst BVerfG NJW 2004, 277 (Vorwurf, eine Gewerkschaft werde von den Arbeitgebern „geschmiert" und sei „korrumpiert" als nicht mehr zulässige Wertung, weil entsprechende Tatsachenbehauptungen sich als unwahr herausstellten).

228 BGHZ 26, 349, 356 – Herrenreiter; 35, 363, 369 – Ginsengwurzel; jüngst BGHZ 128, 1, 15; 132, 13, 27; *Peifer*, Anm. JR 1996, 420.

229 OLG Karlsruhe NJW-RR 1995, 477, 478.

230 Vgl. BGH NJW-RR 2016, 1136.

231 BGH GRUR 1969, 147 (Korruptionsvorwurf auf Basis falscher Tatsachenbehauptungen betreffend Franz-Josef Strauß: ca. 13.000 Euro = 25.000 DM); BGHZ 68, 331 = NJW 1977, 1288 (Korruptionsvorwurf gegen ein Parlamentsmitglied: ca. 25.600 Euro = 50.000 DM), auch in jüngerer Zeit sind die Summen nicht allzu sehr gestiegen, vgl. LG Köln BeckRS 2017, 154938 (30.000 Euro für das ungenehmigte Hochladen intimer Bilder).

232 OLG Hamburg AfP 2009, 509 (77 Titelgeschichten mit falschen Meldungen über angebliche Verlobungen, Hochzeiten und Schwangerschaften in der schwedischen Königsfamilie).

233 BGHZ 201, 45 = NJW 2014, 2781; BGHZ 215, 117; BGH NJW 2017, 800; OLG Köln GRUR-RS 2018, 17910; dazu *Staudinger/Melestean*, JURA 2016, 783; kritisch *Beuthien*, GRUR 2018, 1021.

Wiederholungs- und Vertiefungsfragen

> Welche Voraussetzungen sind an einen Schutz des Rechts am eingerichteten und ausgeübten Gewerbebetrieb zu stellen?

> (V) Hat eine Eiskunstläuferin Anspruch auf Schadensersatz, wenn ihr Partner, mit dem sie erfolgreich an Sportwettbewerben teilnimmt, durch einen Verkehrsunfall verletzt wird, daraufhin beide mehrere Monate Wettkampfpause einlegen müssen und hierdurch Sponsoren- und Werbeeinnahmen entgehen? (hierzu BGH NJW 2003, 1040)

> Welche Güter und Interessen fallen unter das allgemeine Persönlichkeitsrecht? Was sind „besondere Persönlichkeitsrechte"?

> (V) Sind Betriebsgeheimnisse von Unternehmen durch das allgemeine Persönlichkeitsrecht geschützt? Gibt es ein solches Recht im Unternehmensbereich? (dazu BGH NJW 1994, 1281 m. Anm. *Siekmann*, ZIP 1994, 651–654).

3. Verletzerverhalten

52 ▶ **Fall 28** (nach BGH NJW 1968, 1182 – Natronlauge): A beauftragt einen Maler, seine Wohnung zu renovieren. In der Küche lagert A Getränkekisten sowie einige Flaschen mit einer giftigen Substanz, die äußerlich den Getränkeflaschen ähnlich sind. Den Malern gestattet A, sich aus den Getränkekisten zu bedienen. Der Malermeister M tut dies häufiger. Nach einer besonders exakten Pinselführung ist seine Konzentration etwas gemindert. Infolgedessen greift er versehentlich nach der mit einem Aufkleber („Gift") versehenen Flasche und trinkt daraus. Ein Teil der Flüssigkeit gerät in seinen Magen. Nur durch eine schnelle Notfallbehandlung kann M gerettet werden. Die Kosten eines mehrtägigen Krankenhausaufenthaltes sowie den Verdienstausfall verlangt M von A ersetzt. ◀

Die Feststellung, dass eines der in § 823 Abs. 1 genannten Rechtsgüter verletzt wurde, ist das Eingangstor für die deliktsrechtliche Prüfung. Die bloße Rechtsgutsbeeinträchtigung genügt aber nicht. Um eine Obligation zwischen Geschädigtem und Schädiger zu begründen, muss der Vorfall einem Verhalten des Schädigers zuzurechnen sein. Dieses Verhalten kann in einer **Handlung** (Rn. 55), aber auch in einem **Unterlassen** (Rn. 56) bestehen. Die Handlung oder das Unterlassen einer gebotenen Handlung müssen für die Rechtsgutverletzung ursächlich (kausal) geworden sein (**haftungsbegründende Kausalität**, Rn. 61 ff.).

53 Vertiefungshinweis: Die Zurechnung einer Schädigung zu dem in Anspruch Genommenen steht am Beginn der deliktsrechtlichen Haftung in vielen Rechtsordnungen. Weniger eindeutig ist, ob eine Verletzungshandlung, um zur Haftung zu führen, gleichzeitig rechtswidrig und vorwerfbar (schuldhaft) sein muss. So wird in Fällen der Gefährdungshaftung vielfach auf die Prüfung der Rechtswidrigkeit verzichtet. Durch die Anordnung von Verschuldensvermutungen (z.B. in § 831) wird überdies versucht, dem Geschädigten Darlegungs- und Beweisprobleme bzgl. der Frage des Verschuldens zu nehmen. Auf einen Zurechnungstatbestand im Sinne eines Verursachungsbeitrags wird jedoch nie verzichtet. Im angloamerikanischen Recht steht der Verursachungsbeitrag am Beginn der Ausformulierung eines Systems der Deliktshaftung. Der Begriff der Vorwerfbarkeit als eigenständige Haftungsvoraussetzung wurde dagegen erst im Laufe der

Zeit herausgebildet („negligence"). Daraus folgt, dass die bloße Verursachung auch Verantwortlichkeit begründet.[234]

▶ Im Fall 28 wäre zu prüfen, ob A für das Abstellen der Giftflasche als Handlung oder aber für den fehlenden Hinweis auf die Gefährlichkeit einiger der zur Selbstbedienung angebotenen Flaschen einzustehen hat, ob also eine Handlung oder eine Unterlassung die Gesundheitsbeschädigung des M als primäre Rechtsgutverletzung i.S.d. § 823 Abs. 1 verursacht hat. Ob auch der Verdienstausfall und die Krankenhauskosten kausal verursacht wurden, ist dagegen keine Frage der haftungsbegründenden Kausalität, also nicht im Rahmen der Verletzungshandlung zu prüfen. Da es im Ausgangsfall um den (Vermögens-)Folgeschaden einer primären Rechtsgüterbeeinträchtigung geht, wird dieser Punkt erst bei der Prüfung eines Schadens relevant. Dort ist zu prüfen, ob die eingetretene Einbuße, für die Ersatz verlangt wird, auch dem Verursachungsbeitrag des Schädigers zugerechnet werden kann und soll (sog. haftungsausfüllende Kausalität). ◀ 54

a) Handlungen

Handlung ist jede vom Willen gesteuerte Muskelkontraktion,[235] mithin jedes wenigstens potenziell beherrschbare, d.h. der **Bewusstseinskontrolle und Willenslenkung** unterliegende menschliche Verhalten. Keine Haftung nach § 823 Abs. 1 kommt daher in Betracht, wenn dem schädigenden Ereignis ein Reflex, ein unbewusstes, ungesteuertes, während der Zustände von Schlaf oder Bewusstlosigkeit erfolgtes Verhalten zugrunde liegt.[236] Willentliches Handeln in diesem Sinne spielt (zivilrechtlich) nicht auf die Frage an, ob die Handlung aus freiem Entschluss, also im philosophischen Sinne „frei gewählt" war. Mit der daraus resultierenden und uralten philosophischen Frage, ob eine Handlung überhaupt freiwillig sein kann, muss man sich für die zivilrechtliche Zurechnung nicht befassen.[237] Entscheidend ist, ob das Handeln durch Verstandeskräfte steuerbar ist. Auch das, was der Mensch nicht will, ungewollt tut, aber kontrollieren könnte, z.B. das versehentliche Anrempeln eines Passanten, der gerade einen bis zum Rand gefüllten Becher Kaffee in der Hand balanciert, ist insoweit eine deliktisch zurechenbare Handlung.[238] 55

▶ Kommt – wie im Sachverhalt von Fall 28 – sowohl ein positives Tun (Abstellen der Giftflasche) als auch ein Unterlassen (fehlende Absicherung durch Warnhinweis) als Ursache in Betracht, so ist zu bestimmen, ob der **Schwerpunkt des steuerbaren Verhaltens in einem Tun oder Unterlassen** liegt. Dies setzt eine wertende Überlegung voraus. Liegt die soziale Bedeutung des Verhaltens, darin, dass gehandelt oder darin, dass etwas unterlassen wur-

234 *Holmes*, Common Law, S. 63 und S. 64, 65, wonach eine Person verantwortlich ist für alle Konsequenzen ihres Verhaltens.

235 *Holmes*, Common Law, S. 73; ebenso *Palandt/Sprau*, § 823 Rn. 2.

236 BGHZ 39, 103, 106 („Von einer Handlung kann nur bei einem Verhalten gesprochen werden, das der Bewusstseinskontrolle und Willenslenkung unterliegt und somit beherrschbar ist. Allein ein solches willkürliches Verhalten kann dem Schädiger zugerechnet werden; unwillkürliche Körperbewegungen, die vom menschlichen Bewusstsein nicht kontrolliert werden können, denen also jede Willenssteuerung von vornherein fehlt, vermögen eine Verschuldenshaftung nicht zu begründen.").

237 Vgl. dazu bereits *Aristoteles*, Nikomachische Ethik, 1. Teil II/IV; teilweise bestritten aus neurobiologischer Sicht, vgl. dazu den juristischen Beitrag von *A. Schiemann*, NJW 2004, 2056.

238 Bejaht für den Gleichgewichtsverlust beim „Luftgitarrespielen", OLG Hamm NJW-RR 2010, 450; für das Ausweichmanöver wegen eines plötzlich auf der Straße auftauchenden Rehs, OLG Naumburg NJW-RR 2003, 676 und den unwillkürlichen Schritt einer Passantin auf die Fahrbahn, weil sie durch einen Hund erschreckt wurde, OLG Karlsruhe, r + s 2015, 308; vgl. *E. Wolf*, AcP 170 (1970), 181, 215.

de?[239] Es gilt herauszufinden, ob man dem Täter vorwerfen kann, dass er überhaupt gehandelt (eine Giftflasche in seiner Wohnung abgestellt) oder dass er etwas unterlassen hat (Warnung von Besuchern). Stets bezieht sich der Vorwurf auf die Verletzung der in § 823 Abs. 1 genannten Rechtsgüter. Das Recht knüpft Folgen nicht an jedes, sondern nur an ein vorwerfbares, also sozialschädliches und die genannten Rechtsgüter beeinträchtigendes Verhalten.[240] Im Ausgangsfall war es weder verboten, noch grundsätzlich vorwerfbar, eine Giftflasche im Haushalt überhaupt aufzubewahren. Es gibt ersichtlich keine Vorschriften darüber, wo man Giftflaschen in Privathaushalten abstellen und aufbewahren darf. Doch muss man Sorge dafür tragen, dass durch solche Flüssigkeiten keine Menschen verletzt werden, wenn diese in den Gefahrenbereich des Giftes gelangen können. Dies kann man dadurch tun, dass Flaschen an einem sicheren, vor dem Zugriff durch Besucher geschützten Ort aufbewahrt oder aber so deutlich gekennzeichnet werden, dass Verwechslungen der vorliegenden Art ausgeschlossen sind. Beides hat H unterlassen. Der Schwerpunkt des Verhaltens liegt mithin in einem Unterlassen. ◀

b) Unterlassungen und Verkehrssicherungspflichten

56 Liegt der Schwerpunkt des vorwerfbaren Verhaltens in einem Unterlassen, so ist zu prüfen, **ob das Unterlassen die Qualität einer Handlung hat.** Dieser Prüfungspunkt ist heikel, weil Nichtstun nach spontaner Einschätzung auch nichts verursacht. Das ändert sich aber, wenn das Nichtstun zu einer Rechtsgutsbeeinträchtigung führt und die Vornahme einer Handlung dies verhindert hätte. Zwar hat dann nicht jeder Verkehrsteilnehmer die Handlung vorzunehmen, wohl aber derjenige, der die Gefahr verursacht hat oder sie beherrschen kann. In diesem Fall gibt es eine **rechtliche Pflicht zur Vornahme der Handlung**, die erforderlich und genügend ist, um die Rechtsgutsbeeinträchtigung zu verhindern. Dies verdeutlicht folgendes

▶ **Beispiel:** A sitzt an einem Wintermorgen an seinem Fenster und beobachtet den fallenden Schnee. Der Besitzer des gegenüberliegenden Hauses hat seit Tagen keinen Schnee geräumt. Infolgedessen hat sich nach einer kurzen Auftauphase eine spiegelglatte Fläche vor seiner Haustür gebildet. Bereits mehrere Passanten sind ins Schleudern gekommen. A muss etwas unternehmen, wenn ihn eine gesetzliche Norm oder eine Rechtspflicht dazu verpflichtet. Die Streupflichtsatzungen der Gemeinden verpflichten aber nur dazu, „vor der eigenen Haustüre zu kehren“, nicht auch zur Warnung von Passanten durch beliebige Beobachter. Weder das Strafrecht noch die Gerichte haben eine allgemeine Pflicht zur Warnung oder zur Räumung fremder Bürgersteige definiert. A muss also nur etwas tun, wenn das Nichtstun gegen eine Pflicht zum Handeln verstoßen würde. ◀

Da es keine Jedermannpflicht zur Vermeidung jeglicher Gefahr gibt, muss näher definiert werden, worin konkret das Unrecht einer unterlassenen Handlung besteht. Im Strafrecht besteht die Pflicht zur Hilfeleistung nur in Unglücksfällen (§ 323c StGB). Eine Pflicht, den Nachbarn vor drohenden, aber noch nicht eingetretenen Gefahren für Passanten zu warnen oder gar den Passanten selbst eine Warnung zuzurufen, ist möglicherweise moralisch, nicht aber auch rechtlich geboten. Nur an die Verletzung von Rechtsgeboten knüpft das Gesetz Haftungsfolgen.[241] Ein tatbestandliches Unterlassen setzt danach eine **Rechtspflicht zum Handeln** voraus. Verletzt wird die Pflicht, indem die gebotene Handlung nicht vorgenommen, also nicht gehandelt wird. Im Strafrecht

239 BGH NJW 1953, 1924.
240 *Buchner/Roth*, Schuldrecht III, S. 8.
241 Vgl. *Esser/Schmidt*, Schuldrecht AT, Teilband 2, § 25 III 2.

werden Rechtspflichten zum Handeln als **Schutz- oder Garantenpflichten** bezeichnet. Auch im Zivilrecht führen solche Schutz- oder Garantenpflichten zu Gefahrabwendungspflichten. Solche Pflichten bestehen etwa im Verhältnis der Eltern zu ihren Kindern (§ 1626) oder zwischen Ehe- und Lebenspartnern (§ 1353, § 2 LPartG).[242] Schutzpflichten können aber auch aus einem vorangegangenen Tun, z.B. einer Gefahrsetzung oder der Übernahme eines gefährlichen Tuns (z.B. ärztliche Behandlung eines Unfallopfers), resultieren. Wo gesetzliche Handlungsgebote (vgl. § 823 Abs. 2) fehlen, helfen Rechtsprechung und Literatur durch die Kategorie der **Verkehrspflichten** bzw. **Verkehrssicherungspflichten.**[243] Derjenige, der eine Gefahrenquelle schafft oder unterhält, hat danach die Pflicht, alle notwendigen und zumutbaren Vorkehrungen zu treffen, um Verletzungen der in § 823 Abs. 1 genannten Rechtsgüter zu vermeiden. Der Begriff Verkehrspflicht gilt als Oberbegriff für die Kategorie dieser Pflichten, häufig spricht man generell von Verkehrs*sicherungs*pflichten.[244]

Definition und Beispiele: Als **Verkehrssicherungspflicht** definierte man ursprünglich die Pflicht desjenigen, der eine **gefährliche Sache** oder Einrichtung unterhält **oder** einen gefährlichen **Verkehr** eröffnet, dafür zu sorgen, dass hiervon keine Gefahren ausgehen. Verkehrssicherungspflichtig ist insofern der Betreiber einer Baustelle,[245] der Anwohner eines winterglatten Weges,[246] der Besitzer eines umsturzgefährdeten Baumes,[247] der Betreiber einer Spiel- und Sportstätte[248] und der Betreiber eines Einkaufsmarktes mit Publikumsverkehr.[249] Verkehrssicherungspflichtig ist auch der Veranstalter einer Rave-Party[250] oder der Betreiber einer Diskothek sowie der Konzertveranstalter.[251] Das Gemeinsame an diesen Fallgruppen ist, dass jeweils ein Verkehrsstrom von Passanten mit den genannten potenziell gefährlichen Ereignissen in Berührung kommt. So ist grundsätzlich der Eigentümer eines Grundstücks, der dieses für den Verkehr öffnet, verkehrssicherungspflichtig. Er kann diese Pflicht aber delegieren, z.B. auf den auf seinem Grundstück tätigen Bauunternehmer.[252] Die Übertragung führt aber nicht zum vollständigen Wegfall eigener Verkehrspflichten, es bleiben zumindest Kontroll- und Anweisungspflichten.[253] 57

242 *Wandt*, Gesetzliche Schuldverhältnisse, § 16 Rn. 110.
243 Hierzu *von Bar*, Verkehrspflichten, 1980; *ders.*, JuS 1988, 169; *Canaris*, FS Larenz, 1983, S. 27; *H.-J. Mertens*, VersR 1980, 397; *Mergner/Matz*, NJW 2015, 197; *Förster*, JA 2017, 721.
244 *von Bar*, JuS 1988, 169.
245 BGH NJW 1985, 1078; BGH NJW 2014, 2104; OLG München NJW-Spezial 2018, 750.
246 BGH NJW 1987, 2671.
247 LG Frankfurt NJW-RR 1987, 795.
248 BGH NJW 1984, 801 (Pflicht des Veranstalters von Eishockeyspielen, Plexiglasscheiben zu installieren, um die Zuschauer vor herausgeschleuderten Pucks zu schützen); BGH NJW 2004, 1449 (Verkehrssicherungspflicht bei Betrieb einer Röhrenrutsche im Schwimmbad); BGH NJW 2006, 3268 (Betrieb einer Wasserrutsche mit gefährlicher Absaugvorrichtung); BGH NJW 2007, 2549 (Sicherung gegen Verletzungsgefahren durch Schuhewerfen bei Animationsspielen im Ferienclub); BGH NJW 2008, 3775 (Pflicht des Betreibers eines Indoor-Spielplatzes mit Trampolin, die Gefahren von Salti durch Kinder zu verhindern); OLG Hamm, NJW-RR 2014, 985 (Wasserrutsche); zur Haftung von Sportveranstaltern OLG Frankfurt MDR 2011, 725 („Bengalos" beim Fußballbundesligaspiel); *Weller*, NJW 2007, 960 (zur Haftung des Veranstalters für randalierende Fans).
249 BGH NJW 2010, 1967 (halbautomatische Glastüren als Zugang zu Geldautomaten); OLG Naumburg MDR 2012, 219 (Wasserleitung auf Weihnachtsmarkt wird zur Stolperfalle); *Grams*, NZM 2011, 460.
250 LG Hamburg NJW 1998, 1411.
251 BGH NJW 2001, 2019 (Schutz der Konzertbesucher vor übermäßiger Lautstärke der Musik); BGH NJW 2008, 2514 (Verkehrssicherungspflicht des Diskothekenbetreibers für einen instabilen Kanaldeckel vor seiner Disko).
252 OLG München NJW-Spezial 2018, 750.
253 OLG München NJW-Spezial 2018, 750.

Eine **Verkehrspflicht** kann aber auch denjenigen treffen, der ein **gefährliches oder gefahrerhöhendes Verhalten** vornimmt („**Ingerenz**"), also unabhängig von einem konkreten Verkehrsstrom eine Gefahrenquelle geschaffen hat, die geeignet ist, andere zu schädigen. Dazu zählt das Inverkehrbringen von (gefährlichen) Produkten, der Betrieb einer umweltgefährdenden Fabrik oder eben – wie im Ausgangsfall – das Aufbewahren von Giftflaschen in einer Wohnung, sofern Handwerker oder Besucher mit dieser Gefahrenquelle in Berührung kommen können.[254] Besonders weitgehend ist die Feststellung, dass auch der Betreiber eines Internetauktionskontos mit persönlichem Passwortschutz haftet, wenn das Passwort von Familienmitgliedern benutzt wird, um Rechtsverletzungen zu begehen.[255] Zusammenfassend resultieren Verkehrspflichten aus der Verantwortung für eine Gefahrenquelle. Verkehrspflicht ist die Pflicht, Dritte vor Schäden aus dem Gebrauch dieser Gegenstände zu schützen.

58 Von der Verkehrspflicht systematisch abzugrenzen sind die Tatbestände der **Gefährdungshaftung**. Von Gefährdungshaftung spricht man, wenn derjenige, der eine gefährliche Handlung vornimmt, für die dadurch verursachten konkreten Schäden stets haftet, und zwar auch in Fällen, in denen er keine Pflicht verletzt, also kein Unrecht begangen und nicht schuldhaft gehandelt hat. Eine Gefährdungshaftung ist in § 833 S. 1 für den Halter von Luxustieren (z.B. Reitpferde) angeordnet (§ 6 Rn. 1 f.). Verursacht ein Luxustier einen Schaden, so haftet der Tierhalter stets, selbst dann, wenn ihn keinerlei Verschulden trifft. Im Unterschied dazu haftet derjenige, der eine Verkehrspflicht verletzt, nur dann, wenn er eine Sicherungspflicht schuldhaft vernachlässigt hat. Der Erfolg einer Schädigung wird auf diese Weise demjenigen zugerechnet, der ihn hätte vermeiden können (Pflichtverstoß) und müssen (Verschulden), weil die Gefahrenquelle ihm zurechenbar war. Eine Verkehrspflicht kann auch dazu verpflichten, einen Verkehr gar nicht erst zuzulassen. Hieraus erklärt sich das Baustellenschild „Betreten für Unbefugte verboten".[256] Verkehrspflichten bestehen häufig **neben vertraglichen Pflichten** (z.B. in Fällen der ärztlichen Behandlung) **oder Schutzgesetzen i.S.d. § 823 Abs. 2.** Sie können solche Schutzgesetze auch ergänzen, insbesondere dort, wo ein Schutzgesetz noch nicht existiert oder tatbestandlich nicht mehr greift (vgl. hierzu § 3 Rn. 109). Dies zeigt

▶ **Fall 29** (BGH NJW 1987, 2671): Der Passant P stürzt auf der eisigen Fläche, die sich vor der Diskothek des D gebildet hatte und verlangt Schadensersatz. D verweist darauf, dass P überhaupt nicht in die Diskothek hineingehen wollte, außerdem darauf, dass die örtliche Satzung über die Streupflicht auf Bürgersteigen (Schutzgesetz i.S.v. § 823 Abs. 2) nur bis abends 18 Uhr und morgens ab 7 Uhr besondere Streutätigkeit erfordert. P war aber am späten Abend gestürzt.

Der BGH verneinte in diesem Fall zwar in der Tat eine Schutzgesetzverletzung, weil die Satzung nicht verletzt wurde, doch müsse D gleichwohl haften, weil er einen Verkehr eröffnet habe, der potenziell das Interesse von Besuchern anziehe und zusätzliche Gefahren erzeuge, die durch die allgemeine Streupflicht nicht mehr beherrschbar sind. Dass P die Diskothek gar nicht aufsuchen wollte, helfe schon deswegen nicht, weil auf der nicht gestreuten Flä-

254 Vgl. *von Bar*, JuS 1988, 169, 170.

255 BGHZ 180, 134 = NJW 2009, 1960 – Halzband (Im Fall ging es um den Vertrieb von Luxusartikelplagiaten über eine Auktionsplattform; erfasst ist damit auch der Vertrieb von Raubkopien von Filmen oder Musikdateien über das Netz).

256 *von Bar*, JuS 1988, 169, 171 mit dem Beispiel des Verkaufs gefährlicher Stoffe an Jugendliche; zum Baustellenschild BGH NJW 1985, 1078; zu den Pflichten gegenüber unbefugt ein Grundstück betretenden Kindern *Czernik*, VersR 2010, 1416.

che auch Diskothekenbesucher selbst stürzen konnten. Wer sich aber erst im letzten Moment überlege, die Diskothek doch nicht zu betreten, sei ebenso gefährdet wie derjenige, der erst im letzten Moment den Entschluss fasse, doch hineinzugehen. Nach der konkreten Absicht zu differenzieren, führt daher zu keinen sinnvollen Ergebnissen. Daher musste auch gegenüber P wegen Verletzung einer Verkehrssicherungspflicht gehaftet werden.[257] ◀

METHODIK: Verkehrspflichten unterliegen im Prüfungsaufbau mehreren Besonderheiten, nämlich im Bereich der Rechtswidrigkeit (unten § 3 Rn. 76), bei der Zurechnung (unten § 3 Rn. 77), beim Umfang der vorwerfbaren Pflichtwidrigkeit (unten § 3 Rn. 90) und bei der Frage, wer in den Schutzumfang einer Verkehrspflicht einbezogen ist. Bei der **Prüfung eines Verletzerverhaltens** muss zunächst festgestellt werden, dass der Kern des deliktischen Vorwurfs ein Unterlassen betrifft. Sodann muss ermittelt werden, ob es eine auf das Verhalten des potenziellen Schuldners oder auf eine ihm zugeordnete Sache zurückgehende Gefahr gab, die eine **Rechtspflicht zum Handeln und zur Vermeidung von Gefährdungen** auslöste. In einem dritten Schritt ist der **Inhalt dieser Pflicht** zu formulieren. Dabei sind diejenigen Handlungen zu suchen und zu benennen, die erforderlich waren, um die Rechtsgutverletzung zu vermeiden. Anhand einer wertenden Betrachtung ist zu beurteilen, ob es eine **Verkehrspflicht** zur Vornahme dieser Handlungen gab. Das hängt davon ab, ob es um die Verhinderung einer Gefahr geht, mit der man typischerweise angesichts der konkreten Gefährdungsquelle rechnen musste, und ob die Sicherungshandlung zumutbar ist. Wer einen hohen Bauzaun um eine Baustelle errichtet, muss nicht damit rechnen, dass waghalsige und besonders geschickte Kletterer auch dieses Hindernis noch überwinden können. Auch dürfen keine unerfüllbaren Pflichten formuliert werden. Die Deutsche Bahn, die nach § 1 Haftpflichtgesetz grundsätzlich für Bahnunfälle haftet, ist gleichwohl nicht verpflichtet, ihren gesamten Bahnkörper mit hohen Zäunen zu schützen, um Streckenunfälle auszuschließen. Wer sich daher auf den Bahnkörper begibt, riskiert aufgrund eines darin liegenden erheblichen Mitverschuldens (§ 4 Haftpflichtgesetz, Fall der Gefährdungshaftung), auf seinem Schaden sitzenzubleiben. Anders ist es aber wiederum, wenn die Bahn es duldet, dass Passanten ständig eine ungesicherte Abkürzung über die Gleise benutzen, um einen Umweg, der das Risiko birgt, den Zug zu verpassen, einzusparen. Sofern eine solche Abkürzung durch einen Zaun blockierbar ist, muss die Bahn ihn errichten. Auch in Fällen der Gefährdungshaftung können also ergänzende Verkehrspflichten bestehen.[258] 59

TYPEN VON VERKEHRSPFLICHTEN: Man unterscheidet bei Verkehrspflichten grundsätzlich **drei Fallgruppen**, nämlich die der **Verkehrseröffnung** (Straßen, Wege und Plätze, öffentliche Gebäude, Kaufhäuser, Veranstaltungsräume), die **Beherrschung einer Gefahrenquelle** (Kfz, Waffen, Giftstoffe, Baustellen) und die **Übernahme einer Aufgabe im Rahmen einer besonderen beruflichen Stellung, Funktion oder Sachkunde**, so wenn ein Arzt eine Behandlung übernimmt, die hernach zu einem Schaden führt,[259] wenn ein Architekt ein Gebäude plant, in dem später nicht nur seine Vertragspartner wohnen, oder ein Steuerberater ein Gutachten abgibt, das als Grundlage für die Entscheidung von Finanzanlegern dient. Ein besonderer Fall dieser Art ist die Haftung der Herausgeber eines Wertpapierprospektes gegenüber potenziellen Anlegern (sog. Prospekthaf- 60

257 Ähnlicher Fall OLG München BeckRS 2015, 16503 (Sturz auf nicht rutschfester Gasthoftreppe); OLG Naumburg NZM 2014, 466.
258 Hierzu OLG Koblenz VersR 2003, 1449.
259 BGH NJW 1979, 1248; manche sprechen in solchen Fällen von einer besonderen Fallgruppe der Berufshaftung, vgl. den Titel der Arbeit von *Hirte*, Berufshaftung, 1996.

tung).[260] Innerhalb dieser drei groben Fallkategorien hat die Rechtsprechung eine Fülle von Verkehrspflichten formuliert und einzelne **gefahrenbezogene Pflichtenkreise** herausgearbeitet. Diese Rechtsprechung ist ständig im Fluss. Die Kommentare zu § 823 listen sie häufig in alphabetischer Reihenfolge (von A wie „Abfälle" bis W wie „Wohnungseigentum") auf.[261] Für die Pflichten von Gebäudeeigentümern gibt es in den §§ 836 bis 838 Spezialvorschriften, die zudem Verschuldensvermutungen formulieren.

Verkehrssicherungspflichtig für Grundstücksgefahren ist der Eigentümer, der allerdings im Mietvertrag diese Pflicht abwälzen kann. Die Streupflicht kann man auf einen gewerblichen Streudienst delegieren, die primär streupflichtige Gemeinde kann diese Pflicht auf die Anlieger überwälzen.[262] In solchen Fällen haftet der originär Verkehrssicherungspflichtige nur noch für Auswahl und Überwachung des Dritten (§ 823 Abs. 1).[263] Organisationspflichten im Unternehmen führen insofern ebenfalls zu Verkehrspflichten. Voraussetzung für die wirksame Abwälzung von Verkehrssicherungspflichten ist eine klare Absprache und ein Bindungswille desjenigen, der die Pflicht übernommen hat, sodass die abzuwendende Gefahr auch durch Überwälzung zuverlässig ausgeschaltet wurde.[264]

c) Kausalität und Zurechnung

61 Zwischen Verletzerverhalten (Handlung oder Unterlassung) und Rechtsgutverletzung muss ein kausaler Zusammenhang bestehen. Die konkrete Rechtsgutverletzung muss ursächlich darauf zurückzuführen sein, dass der Verletzer gehandelt oder eine gebotene Handlung unterlassen hat, welche die Rechtsgutverletzung verhindert hätte. Diesen **Zusammenhang zwischen Verletzerverhalten und Verletzungserfolg** beschreibt die **haftungsbegründende Kausalität**. Zusätzlich muss es einen kausalen Zusammenhang zwischen der Rechtsgutverletzung und dem konkret eingetretenen Schaden geben. Diese Form der Kausalität betrifft nicht den haftungsbegründenden Tatbestand, sondern die Rechtsfolge und damit die **haftungsausfüllende Kausalität** (vgl. unten § 3 Rn. 92, 95), die später zu prüfen ist. In methodischer Hinsicht bestehen zwischen haftungsbegründender und haftungsausfüllender Kausalität keine grundsätzlichen Unterschiede. Haftungsbegründende und haftungsausfüllende Kausalität sind im Haftungsprozess vom Geschädigten darzulegen und zu beweisen. Die Kausalität zwischen Verhalten und Rechtsgutsbeeinträchtigung ist zur Überzeugung des Gerichts vom Kläger zu beweisen (§ 286 ZPO), die Schadenshöhe darf dagegen nach § 287 ZPO vom Richter auch geschätzt werden, wenn sie überwiegend wahrscheinlich ist. Nicht jede Ursache (Causa) wird auch zugerechnet. Der Begriff der Zurechnung bringt zum Ausdruck, dass aus normativen Gründen – also aus Wertungsgesichtspunkten – manche Folgen nicht mehr dem Verletzer zugeschrieben werden (dazu Rn. 68).

Die Kausalitätsproblematik im haftungsbegründenden Tatbestand verdeutlicht

▶ **Fall 30** (nach RGZ 105, 264): K wird beim Aussteigen aus der Straßenbahn durch einen Schuss, den ein privater Wachmann auf einen flüchtigen Einbrecher abfeuert, am Oberarm

260 BGHZ 71, 284, 287.
261 *Palandt/Sprau*, § 823 Rn. 186–239.
262 Vgl. krit. zur Überwälzung öffentlich-rechtlicher Pflichten auf Private *F. Otto*, NJW 1968, 1236.
263 BGH NJW-RR 1989, 394; zur Streupflicht bei Abwälzung auf die Anleger BGHZ 118, 368; OLG Oldenburg ZWE 2014, 313 (Auswahl eines betagten Beauftragten befreit nicht generell von der Sicherungspflicht).
264 OLG Hamm NJW 2013, 1375 (Nicht genügend ist der Einwurf eines sog. „Schneeräumplans" in den Briefkasten der Mieter).

getroffen. Er wird daraufhin in ein Krankenhaus eingeliefert, erkrankt dort an einer kursierenden Grippe und stirbt an einer sich hieraus entwickelnden Brusthöhlenvereiterung. Die Ehefrau von K verlangt Ersatz des Unterhalts vom Wachmann aus § 823 Abs. 1 i.V.m. § 844 Abs. 2. ◀

Zu prüfen ist, ob der Wachmann durch sein Verhalten in kausaler und zurechenbarer Weise die eingetretene Einbuße (entgangener Unterhalt) zu verantworten hat. Das setzt voraus, dass der Schuss als Verletzungshandlung kausal zur Verletzung eines der in § 823 Abs. 1 genannten Rechtsgüter (hier: Leben des K) geführt hat und der Verletzungserfolg vom Schutzzweck der Haftungsnorm erfasst war (§ 3 Rn. 61 ff., 66). Zudem dürfen keine Umstände vorliegen, aufgrund derer das kausal gewordene Verhalten ausnahmsweise nicht dem Täter zuzurechnen ist (zum fehlenden Zurechnungszusammenhang, unten § 3 Rn. 66, 68 f.).

aa) Äquivalenztheorie

Der erste Schritt bei der Prüfung der haftungsbegründenden Kausalität geht dahin, 62
festzustellen, ob eine Handlung des Schädigers hinweggedacht werden kann mit der Folge, dass die Rechtsgutverletzung entfallen wäre. Die Betrachtung betrifft Handlungen und Unterlassungen. Bei Letzteren ist zu prüfen, welche Handlung erforderlich gewesen wäre, um die Beeinträchtigung zu vermeiden.[265] In einem ersten Schritt erfolgt eine reine **Äquivalenzbetrachtung.** Danach ist jede Bedingung kausal, die nicht hinweggedacht werden kann, ohne dass der Erfolg in Form der Rechtsgutverletzung entfiele („Conditio-sine-qua-non-Formel"). Ohne natürliche Verbindung zwischen Verhalten und Ereignis gibt es keine deliktische Haftung.[266]

▶ Im **Fall 30** kann der Schuss nicht hinweggedacht werden, ohne dass die Verletzung und die folgende Einlieferung von K ins Krankenhaus entfiele. Ohne die Krankenhausbehandlung wäre die Grippeerkrankung ebenso wenig aufgetreten wie die tödlichen Folgen. Im Sinne der Conditio-sine-qua-non-Formel war der Schuss daher für den Eintritt des Todes ursächlich (kausal). ◀

bb) Zurechnung

Die Äquivalenztheorie behandelt jede Ursache gleich. Sie führt – filterlos angewendet – 63
zu einer uferlosen Haftung für sämtliche Folgen eines einmal in Bewegung gesetzten Kausalvorgangs. Die Eltern des späteren Deliktstäters müssten für dessen Taten haften, weil sie ihn gezeugt und geboren haben. Eine solch weitgehende Haftung würde nicht nur zu endlosen Rechtsstreitereien, sondern auch dazu führen, dass aus Furcht vor Haftung niemand mehr von seiner Handlungsfreiheit Gebrauch macht. Daher sind Regeln zu finden, die eine **Zurechenbarkeit** der Folgen zum Beitrag des Handelnden begrenzen. **Kausalität und Zurechnung** sind zu unterscheiden.[267] Die Kausalität ist eine natürliche, die Zurechnung eine juristisch wertende Betrachtung.[268] Dabei wird die natürliche Kausalität durch drei Konzepte begrenzt: die sog. Adäquanztheorie (Rn. 63),

265 Vgl. BGHZ 192, 298 m. Anm. *Kreße*, NJ 2012, 253 (Darlegungs- und Beweislast hierfür beim Geschädigten).

266 Vgl. rechtsvergleichend *A.M. Honoré*, Causation and Remoteness of Damage, in: International Encyclopedia of Comparative Law, Bd. XI, Rn. 106 ff.

267 Hierzu überblicksartig *Musielak*, JA 2013, 241.

268 BGHZ 18, 286, 288.

die Lehre vom Schutzzweck der Norm (Rn. 66) und die Lehre von der objektiven Zurechnung (Rn. 68).

(1) Adäquanztheorie

Nach der sog. **Adäquanztheorie** ist „ein Schaden ... dem Handelnden nur zuzurechnen, wenn die von ihm gesetzte Bedingung im Allgemeinen und nicht nur unter ganz besonders einzigartigen, ganz unwahrscheinlichen und nach dem regelmäßigen Verlauf der Dinge außer Betracht zu lassenden Umständen zur Herbeiführung eines Erfolgs geeignet war."[269] Dem Handelnden soll also nur vorgeworfen werden, was **nach dem regelmäßigen Verlauf der Dinge, also nach der gewöhnlichen Lebenserfahrung, die objektive Möglichkeit des konkret eingetretenen Erfolgs in nicht unerheblicher Weise erhöht hat.**[270] Dabei sind alle zur Zeit des Eintritts der Begebenheit dem optimalen Beobachter erkennbaren Umstände und die dem Verursacher konkret bekannten Umstände zu berücksichtigen. Weiß der Beobachter, dass der später Verletzte von schwächlicher Konstitution war, so hat er dies zu berücksichtigen.[271]

▶ In Fall **30** ist aus Sicht des objektiven Betrachters nicht ungewöhnlich, sondern vorhersehbar, dass durch den Schuss auf einen flüchtigen Straftäter unbeteiligte Passanten getroffen und verletzt werden können. Dass eine Schussverletzung tödlich verlaufen kann, ist ebenso wenig ungewöhnlich. Dazu gehören auch Risiken, die erst durch eine Krankenhausbehandlung ausgelöst werden. Die schwere Verletzungsfolge war daher zurechenbar. ◀

64 Querschnittshinweis: Nicht nur bei naturwissenschaftlicher, sondern auch bei juristischer Betrachtung kann ein Erfolg auch noch zugerechnet werden, wenn er erst über eine Kette von Zwischenursachen eintritt. Das hat bereits der in § 3 Rn. 10 diskutierte Fall von Schockschäden gezeigt. Auch der in § 2 Rn. 12, § 3 Rn. 44 erwähnte Fall des Eingriffs in gewerbliche Tätigkeiten durch Stromausfall zeigt, dass selbst die Fernwirkungen einer Verletzungshandlung juristisch noch zurechenbar sein können. In beiden Fällen scheiterte die Haftung nicht an der fehlenden Zurechenbarkeit, sondern daran, dass Eingriffe in das Recht am Gewerbebetrieb einen betriebsbezogenen, also final gegen das Unternehmen gerichteten Angriff erfordern.[272] Demgemäß gab es keine Bedenken, die Fernwirkungen eines Stromausfalls zuzurechnen, wenn nicht allgemein der Gewerbebetrieb, sondern das konkrete Eigentum an einer Brutmaschine betroffen war (vgl. oben § 3 Rn. 23).[273] Die Adäquanztheorie führt im Ergebnis nur dazu, dass bei einer ex-post-Betrachtung gänzlich unwahrscheinliche und unvorhersehbare Folgen eines Verhaltens nicht haftungsbegründend sind. Die Filterwirkung der Adäquanzlehre ist daher schwach, was zu Vorschlägen geführt hat, die Adäquanztheorie ganz fallen zu lassen.[274] Stattdessen müsste nur geprüft werden, ob das Verhalten rechtswidrig und schuldhaft war. Die Gerichte haben diese Anregungen bisher nicht aufgegriffen.

65 Zuzurechnen ist nach der vom BGH ständig gebrauchten Formel all das, was „im Allgemeinen und nicht nur unter besonders eigenartigen, ganz unwahrscheinlichen und nach regelmäßigem Verlauf der Dinge außer Betracht zu lassenden Umständen zur Herbeiführung eines Erfolges geeignet ist." Nicht mehr zugerechnet werden daher Fol-

269 RGZ 133, 126, 127.
270 So BGHZ 3, 261 (Leitsatz).
271 *Larenz*, Schuldrecht Allgemeiner Teil, 14. Aufl., 1987, § 27 III b 1.
272 BGHZ 29, 65.
273 BGHZ 41, 123, 125.
274 MüKoBGB/*Wagner*, § 823 Rn. 70.

gen, die nur durch das Hinzutreten weiterer und außergewöhnlicher Ursachen erklärbar sind.

▶ **Fall 31** (nach BGH NJW 1976, 1143): Theologiestudent K jobbt in den Semesterferien bei einem Vermessungsingenieur (V). Bei der Vermessung eines Hügelgeländes müssen V und K die noch nicht abgemähte Wiese des Bauern B betreten. B sieht dies aus der Ferne, eilt mit seinem Auto zum „Tatort", beschimpft beide wüst und schubst K von seinem Grundstück. Kurz darauf wird K so übel, dass er ein Krankenhaus aufsuchen muss. Dort stellt man einen Schaden an einem Blutgefäß im Gehirn als Folge extremer innerer Aufregung fest. Der Schaden bewirkt schwere Sprach- und Gliederlähmungen, die eine mehrjährige Therapie erfordern. Der Krankenversicherer von K klagt gegen B auf Schadensersatz.

Eine **Gesundheitsverletzung** lag hier vor. Die **Verletzungshandlung** konnte in der verbalen und physischen Attacke gesehen werden, die **äquivalent kausal** für die nachfolgenden Ereignisse war. Die entscheidende Frage war, ob die Gesundheitsverletzung dem B zuzurechnen war. **Adäquat kausal** ist eine Bedingung, wenn das Ereignis im Allgemeinen und nicht nur unter besonders eigenartigen, unwahrscheinlichen und nach dem gewöhnlichen Verlauf der Dinge außer Betracht zu lassenden Umständen geeignet ist, einen Erfolg der fraglichen Art herbeizuführen. Das muss anhand der Lebenserfahrung und der konkret erkennbaren Umstände ermittelt werden. Danach ist nicht vorhersehbar, dass Verbalattacken und kleine Tätlichkeiten Verletzungen in dem Ausmaß auslösen können, wie sie bei K aufgetreten sind. Insbesondere war nicht zu erwarten, „dass sich ein junger Mensch, der aufgefordert wird, ein Grundstück möglichst rasch zu verlassen, derart erregt, dass ein Stammhirnschaden eintritt" (BGH a.a.O., S. 1377). Daher war die Verletzungsfolge nicht mehr adäquat kausal. ◀

Bei einer Verkettung von Umständen ist die Zumutbarkeitsprüfung besonders genau und anhand einer wertenden Betrachtung durchzuführen. Daran zeigt sich, dass die **Adäquanztheorie** keine reine Kausalitätsbetrachtung, sondern eine **Lehre zur wertenden Zurechnung von Handlungen** ist.[275] Wertende Elemente dieser Art spielen bei Schockschäden eine Rolle (vgl. oben § 3 Rn. 10). Die Entscheidungen dort sind nicht immer spontan einleuchtend: Zwar liegt es nicht gänzlich außerhalb der Lebenserfahrung, dass bei der Tötung eines nahen Angehörigen der Überlebende auf das traumatische Ereignis besonders heftig reagiert.[276] Doch liegt eine solche Reaktion auch bei sonstigen Unfallzeugen nahe, insbesondere, wenn der Unfall besonders dramatisch verläuft. Gleichwohl wird nur für die Schockschäden naher Angehöriger und Unfallbeteiligter[277] gehaftet.

Die psychischen Schäden (soweit sie Gesundheitsschäden sind, siehe oben Rn. 10), die ein Polizeibeamter infolge seines Einsatzes bei einem Amoklauf erleidet, sollen dem Amokläufer zurechenbar sein.[278] Die Gesundheitsverletzung folge unmittelbar aus der eigenen Beteiligung am Geschehen. In der psychischen Gesundheitsverletzung des Polizisten verwirkliche sich nicht lediglich das allgemeine Lebensrisiko[279], sondern eine spezifische Gefahr des Amoklaufes. Der Täter zwinge dem Polizisten eine unmittelbare

275 BGHZ 3, 261, 267.
276 BGHZ 56, 163, 165.
277 Derjenige, dessen Auto von herumfliegenden Trümmern getroffen wird und wer dann anderen Unfallopfern Erste Hilfe leistet, soll nach Ansicht des OLG Hamm BeckRS 2018, 33836 Unfallbeteiligter sein, dessen psychisch vermittelte Schäden ersatzfähig sind.
278 BGHZ 218, 220, 223 Tz. 9 ff.
279 Anders als beim zufälligen Miterleben von Unfallgeschehen, siehe BGHZ 218, 220, 225f. Tz. 15 ff.

Beteiligung an der Gefahrenlage auf. Dass sich gerade auch ein berufsspezifisches Risiko verwirklicht, soll die Zurechenbarkeit jedenfalls dann nicht ausschließen, wenn durch vorsätzliche schwere Gewaltverbrechen (wie einem Amoklauf), mit denen typischerweise Angst und Schrecken verbreitet werden sollen und verbreitet werden.[280] Denn dann bestehe bei gebotener wertender Betrachtung kein Grund, Verletzungsfolgen des Geschehens bei einem unmittelbar beteiligten Polizeibeamten dem Schädiger nicht zuzurechnen.

(2) Lehre vom Schutzzweck der Ersatznorm

66 Ein ergänzender Ansatz zur **Einschränkung der Zurechnung** von Verletzungsfolgen ist die **Lehre vom Schutzzweck der Norm**. Ihr Grundgedanke ist, dass jede gesetzliche Pflicht einen begrenzten Interessenbereich schützen will. Nur die diesen Interessenbereich beeinträchtigenden Folgen sollen dem Täter zugerechnet werden. Danach liegen manche Verletzungsfolgen nicht mehr im Schutzbereich dessen, was die verletzte Vorschrift verhindern will. Wenn der eingetretene Schaden nicht mehr im Schutzbereich der verletzten Norm liegt, so wird er dem Verursacher auch nicht mehr zugerechnet. Erwägungen zum Schutzzweck einer Haftungsnorm sind vor allem im Rahmen des § 823 Abs. 2 und des jeweils verletzten Schutzgesetzes angebracht (Rn. 116), aber auch im Rahmen der Gefährdungshaftung des StVG. Für § 823 Abs. 1 ist festzuhalten, dass diese Norm die dort genannten Rechtsgüter grundsätzlich vor jeder Art der Verletzung schützen soll. Im Rahmen dieser Norm findet die Schutzzwecklehre daher häufig erst zur Beurteilung der haftungsausfüllenden Kausalität Anwendung (Rn. 95).

67 Die Anwendung der Schutzbereichslehre wird im Bereich der haftungsbegründenden Verantwortlichkeit daher selten zum Tragen kommen. In Fall 32 kommt man zu ihrer Anwendung noch nicht im Rahmen der Haftungsbegründung, sondern erst, wenn es um die Frage geht, welche konkreten Schäden ersatzfähig sind, also bei der Frage der haftungsausfüllenden Kausalität.

Häufiger Anwendung findet die Lehre vom Schutzbereich, wenn es um die **Verletzung spezialgesetzlicher Verhaltensvorschriften** geht, welche nur einen begrenzten Wirkungskreis entfalten. So soll der Pkw-Halter, der für einen Unfall aus § 7 Abs. 1 StVG haftet, nicht mehr dafür verantwortlich sein, dass infolge des Unfallgeräuschs Schweine in Panik versetzt werden und einige Tiere aufgrund dieser Panik verenden.[281] Die Vorfahrtsregel in § 8 StVO verfolgt den Zweck, den Zusammenstoß von Fahrzeugen zu verhindern, nicht aber, den in einen solchen Zusammenstoß verwickelten Fahrer davor zu bewahren, sich derart aufzuregen, dass er eine Gehirnblutung erleidet (vgl. bereits oben § 3 Rn. 65).[282] Dem Unfallverursacher zugerechnet wird es, wenn ein Unfallbeteiligter sein Fahrzeug verlässt und auf der Straße infolge Eisglätte stürzt. Hier verwirklicht sich die durch den Unfall entstandene Gefahrenlage.[283]

280 Damit lässt der BGH ausdrücklich offen, wie andere Konstellationen zu beurteilen sind, in denen sich auch ein berufsspezifisches Risiko verwirklicht.

281 BGHZ 115, 84, 87.

282 BGHZ 107, 359, 362 und 364.

283 BGH NJW 2013, 1679; ähnlich OLG Stuttgart NJW-RR 2013, 539 (Bandscheibenvorfall nach ruckartigem Umdrehen im Gefolge eines Verkehrsunfalls).

(3) Grenzen objektiver Zurechenbarkeit

Die Zurechnung einer Verletzung zulasten des Deliktstäters kann problematisch sein, wenn Schäden verursacht werden, an deren Beginn zwar eine Handlung oder ein pflichtwidriges Unterlassen des Verletzers steht, die allerdings dadurch verschlimmert werden, dass der Verletzte sich zu Selbstgefährdungen herausgefordert sieht (sog. **Herausforderungsfälle**). In solchen Fällen werden Kausalität und Schutzzweck vorliegen, die Zurechnung der Folgen an den am Anfang der Ursachenkette Stehenden wird gleichwohl aus normativen Gründen in bestimmten Fällen verneint. Im Fall muss also geprüft werden, ob die Zurechnung der Verletzung normativ geboten ist oder nicht. 68

▶ Fall 32 (BGHZ 57, 25 = NJW 1971, 1980 – Sternschanzentreppe): Der Fahrkartenkontrolleur F führt eine Fahrscheinkontrolle durch und erwischt dabei den Reisenden R ohne gültigen Fahrausweis. Während F den Vorfall noch aufnimmt, nutzt R die Gelegenheit eines Zughalts, springt aus dem Zug heraus, die Bahnsteigtreppe herunter und auf den Ausgang zu. Der F verfolgt ihn, stürzt jedoch am Fuß der Treppe und zieht sich dabei einen komplizierten Bruch zu. F verlangt von dem später durch die Polizei gestellten R Schadensersatz für die Behandlungskosten.

Anspruchsgrundlage ist **§ 823 Abs. 1**. Die Flucht des R führte **äquivalent kausal und vorhersehbar** dazu, dass F ihn verfolgte. Es liegt nicht außerhalb der Lebenserfahrung, dass ein Kontrolleur versuchen wird, den erwischten Schwarzfahrer auf der Flucht zu stellen. Auch Sturz und daraus folgende Körperverletzung sind „nicht besonders eigenartig, unwahrscheinlich und nach dem gewöhnlich Verlauf der Dinge außer Betracht zu lassen. Im Gegenteil lag ein Sturz des Verfolgenden nahe."[284] Problematisch ist, dass der Verletzte sich in eine **Selbstgefährdung** begibt, die Verletzung also durch einen **neuen Kausalverlauf (Aufnehmen der Verfolgung)** verursacht worden ist, **der von dem Opfer selbst und eigenverantwortlich in Gang gesetzt wurde.**[285] Daher stellt sich die **Frage der „objektiven Zurechnung"**. Das Gericht hat eine Haftung angenommen und dies damit begründet, dass zwar ein eigener freier Willensentschluss des F vorlag, dieser Entschluss allerdings durch ein haftungsbegründendes Verhalten des R herausgefordert worden war. ◀

In solchen Fällen der Selbstgefährdung sind dem Verletzer solche Handlungen nicht mehr objektiv zurechenbar, die einen neuen Ursachenzusammenhang setzen und hierdurch den alten Ursachenzusammenhang unterbrechen oder abbrechen.[286] Charakteristisch für die **Verfolgungsfälle** ist, dass der Verletzer die Ursache für eine Selbstgefährdung des Geschädigten setzt, zu der sich der Geschädigte herausgefordert fühlen durfte. Daran fehlt es, wenn sich der Verletzte einem **unvernünftigen Risiko** aussetzt,[287] nicht aber, wenn sich der Geschädigte aufgrund einer **vernünftigen Abwägung von Zweck und Risiko seiner Selbstgefährdung** zu der Handlung bewegen lässt. Die Abwägung von Zweck und Risiko muss einer „wenigstens im Ansatz billigenswerten Motivation" folgen.[288] Der Verfolger muss also das Risiko, welches er eingeht, mit der Dringlichkeit des Anlasses abwägen.[289] Die Folgen unvernünftiger Selbstgefährdung soll der Verletzer dagegen nicht mehr ersetzen müssen. Diese Einschränkung ist nach einer später verwendeten Formulierung mit dem Bedürfnis begründet worden, „das

284 BGHZ 57, 25, 28.
285 BGHZ 192, 261 = NJW 2012, 1951 m. Anm. *Mäsch*, JuS 2012, 1029 und *Looschelders*, JR 2013, 143.
286 Hierzu *Larenz*, Schuldrecht Allgemeiner Teil, § 27 III 3.
287 BGHZ 57, 25, 31.
288 BGH NJW 1993, 2234.
289 BGHZ 132, 164, 173; zusammenfassend *Strauch*, VersR 1992, 932.

mit einer Flucht verknüpfte Haftungsrisiko nicht ins Unermessliche wachsen zu lassen".[290] Fehlt es an dem vernünftigen Zweck für die Selbstgefährdung, so ist die dadurch verursachte Schädigung dem Herausforderer nicht mehr objektiv zuzurechnen.[291]

Beispiele: Zur Verfolgung von Bagatellvergehen darf man keine übermäßigen Risiken eingehen. In BGHZ 132, 164 sprangen zwei Jugendliche anlässlich einer polizeilichen Vernehmung aus einem Fenster, welches sich in vier Meter Höhe zum Straßenniveau befand. Der einem Jugendlichen nachspringende Polizeibeamte erlitt einen komplizierten Bruch. Da der Polizist zu einem gewissen Maße an Selbstgefährdung sogar dienstlich verpflichtet ist, es ferner um die Aufklärung einer Kette von Autodiebstählen ging, hat das Gericht das Verhältnis zwischen Selbstgefährdung und Tatvorwurf noch als angemessen angesehen, sodass der Herausforderer für die Folgen der Selbstgefährdung haften musste.[292] Anders war es in einem Fall, in dem ein Polizeibeamter aus ähnlicher Höhe aus einem Fenster gesprungen war, es aber nur um die Verfolgung eines Jugendlichen ging, der einen Wochenarrest zu verbüßen hatte.[293] Die objektive Zurechnung verneint hat der BGH auch in einem Fall, in dem ein Autofahrer einen Unfall auf einer viel befahrenen Straße hatte und die nachfolgenden Kraftfahrer über einen Rad- und Gehweg an dem Unfallhindernis vorbeigefahren sind, dabei allerdings erhebliche Beschädigungen an der überfahrenen Stelle hinterlassen haben.[294] Hier durften sich die ungeduldigen Autofahrer, die über den Grünstreifen ausgewichen sind, nicht durch das Verhalten des Unfallverursachers herausgefordert fühlen. Überraschend an der Begründung ist, dass die Rechtswidrigkeit des Ausweichmanövers dabei keine Rolle spielte. Im Ergebnis dürfte jedoch diese Art von Verletzung fremden Eigentums in keinem angemessenen Verhältnis zu dem Anlass des Verhaltens, nämlich bloßer Ungeduld, gestanden haben. So muss der Unfallverursacher zwar damit rechnen, dass nachfolgende Autos in der beschriebenen Art und Weise ausweichen, objektiv zuzurechnen sollte ihm dieses Fehlverhalten Dritter jedoch richtigerweise nicht sein.[295] Für zurechenbar erachtete das OLG Frankfurt die Verletzungen eines Passanten, der sich einem Flüchtenden in den Weg stellte, der sich zuvor einem ihn abführenden Polizisten entrissen hatte.[296] Allerdings nahm das Gericht ein erhebliches Mitverschulden an und kürzte den Schadensersatzanspruch.

Eine Zurechnung kommt auch dann nicht mehr in Betracht, wenn jemand eine eigenverantwortliche Person lediglich zu selbstgefährdendem Verhalten animiert (z.B. Überreden zum Tanzen auf einer wackeligen Bierzeltgarnitur).[297]

290 BGHZ 63, 189, 193 = NJW 1975, 168, 169.
291 Zum Zusammenhang der Wertungsgesichtspunkte zueinander *Schack*, JZ 1986, 305.
292 Vgl. auch BGH NJW 2012, 1951 und OLG Naumburg BeckRS 2016, 126023 (Einsatz eines Polizeifahrzeuges, um ein flüchtiges Fahrzeug zu stoppen).
293 Vgl. die Darstellung in BGHZ 132, 164, 169 f.
294 BGHZ 58, 162.
295 Vgl. zudem BGH NJW 1979, 712 m. Anm. *Ebel*, JuS 1980, 865.
296 OLG Frankfurt a.M. NJW-RR 2017, 1055; ähnl. OLG Hamm r+s 2019, 41 (Verfolgung des Fahrzeugs eines Schädigers, allerdings ohne Kürzung wegen Mitverschuldens).
297 OLG Hamm NJOZ 2016, 371.

(4) Überholende und alternative Kausalverläufe

Die Herausforderungsfälle zeigen bereits, dass es Ereignisse gibt, welche eine neue Kausalkette hervorrufen. Das betrifft auch die **überholende oder hypothetische Kausalität, alternative Schadensursachen und Reserveursachen.** 69

Den Grundsatz zu diesen Fällen hat das Reichsgericht formuliert: Reserveursachen sind unbeachtlich. Ein feststehender Kausalzusammenhang zwischen Verletzungshandlung und Verletzungserfolg darf durch später hinzutretende Ereignisse nicht infrage gestellt werden.[298] Darin liegt die Wertung, dass die Reserveursache den Schädiger nicht entlasten soll. Davon hat schon das Reichsgericht Ausnahmen zugelassen (auch die Herausforderungsfälle sind letztlich eine Ausnahme zu diesem Grundsatz). Diskutiert werden Fälle, in denen das Rechtsgut bereits mit einer Schadensanlage infiziert war (Rn. 70) oder von einer dritten Ursache geschädigt worden wäre (hypothetische Kausalität, Rn. 71). Eine weitere Ausnahme bilden die Fälle des sog. rechtmäßigen Alternativverhaltens (Rn. 72).

▶ FALL 33: Die Sekretärin S wird von ihrer Arbeitskollegin A ständig kritisiert und systematisch bei Kollegen und Vorgesetzten denunziert. Diese Verhaltensweisen haben ein solches Maß angenommen, dass S nervös wird, Konzentrationsschwierigkeiten hat und nachts schweißgebadet aus dem Schlaf aufschreckt. Der Betriebspsychologe diagnostiziert einen akuten Fall von „Mobbing". S wird kurze Zeit darauf arbeitsunfähig.[299] Der Betriebsarzt stellt allerdings fest, dass S an einem nervösen Leiden litt, das in ein bis zwei Jahren zu den gleichen pathologischen Ausfällen geführt hätte wie die Mobbingattacke der Kollegin. Kann sie dennoch von A Schadensersatz wegen der vom Betriebsarzt diagnostizierten Gesundheitsstörung verlangen? ◀ 70

In diesem Fall ist eine bereits wirkende Schadensursache überholt worden durch das Verletzerverhalten (überholende Kausalität). Auch für solche Konstellationen vertrat das Reichsgericht die Auffassung, dass der einmal begründete Schadensersatzanspruch durch ein späteres Ereignis nicht mehr berührt wird. Ebenso sah es der BGH: Im Rahmen der haftungsbegründenden Kausalität werde der bereits entstandene Ersatzanspruch nicht dadurch ausgeschlossen, dass ein bereits früher angelegtes oder später wirksam werdendes Verhalten den gleichen Erfolg herbeiführt, also eine **Schadensanlage** beim geschädigten Rechtsgut vorgelegen hat.[300] Die Zurechenbarkeit wird durch die überholende Kausalität also nicht beendet.

Allerdings sollte man dem Verletzer in solchen Fällen nicht sämtliche konkret entstandenen Schäden zurechnen, sondern die hypothetisch gebliebenen Reserveursachen berücksichtigen (Frage der haftungsausfüllenden Kausalität, vgl. auch die Fallabwandlung in Rn. 95), den Anspruch mithin begrenzen (z.B. bis zum Zeitpunkt der regulären betriebsbedingten Kündigung).

Auch in Fällen **hypothetischer Kausalität,** in denen die Schädigung des Rechtsguts durch eine dritte Ursache eingetreten wäre, gilt, dass Reserveursachen unbeachtlich sind. Der Ersatzanspruch gegen den Schädiger bleibt in solchen Fällen bestehen. 71

---

298 RGZ 141, 365, 369; 144, 80; 169, 117; dagegen aber zahlreiche Stimmen in der Literatur, vgl. MüKoBGB/*Oetker*, § 249 Rn. 213 m.w.N., der selbst ebenfalls Reserveursachen für stets beachtlich hält.

299 Fälle des „Mobbing" gelangen zunehmend vor die Gerichte, vgl. umfassend zu dem Phänomen LAG Thüringen, NZA-RR 2001, 577; *M. Benecke*, NZA-RR 2003, 225; vgl. auch oben bei Rn. 49.

300 BGHZ 29, 207, 215.

▶ **Beispiel:** Der 12-jährige B zertrümmert beim Spielen mit einem Fußball im Hof aus Unachtsamkeit das Fenster des Nachbarn K. Zwei Tage später wäre dieses Fenster bei einem Erdbeben ohnehin zersplittert. K verlangt von B dennoch Schadensersatz. ◀

Auch in solchen Fällen ist allerdings im Rahmen der haftungsausfüllenden Kausalität zu klären, welche konkreten Schadenspositionen dem Schädiger zuzurechnen sind (vgl. Rn. 95).

72 Die **Fallgruppe des rechtmäßigen Alternativverhaltens** betrifft den Einwand des Verletzers, er habe sich zwar pflichtwidrig verhalten, die entstandene Rechtsgutverletzung wäre aber auch eingetreten, wenn er sich pflichtgemäß verhalten hätte. Hierzu folgender Beispielsfall:

▶ **Fall 34** (BGH NJW 1994, 2414): Der Arzt A will bei Patient P eine gefährliche Operation vornehmen. Er spiegelt P vor, es handele sich um einen harmlosen Eingriff. Daraufhin willigt P ein. Die Operation gelingt nur teilweise. P verlangt Schadensersatz, A wendet ein, P hätte auch bei gehöriger Aufklärung eingewilligt, was zutrifft.

Eine kunstgerecht vorgenommene Operation stellt gleichwohl eine Körperverletzung dar, wenn der Patient nicht eingewilligt hat und keine sonstige Rechtfertigung für die Vornahme der Operation vorliegt.[301] Unterstellt man, dass kein Behandlungsfehler vorgelegen hat, so war die unterlassene Aufklärung nicht kausal für den eingetretenen Schaden, es sei denn, bei gehöriger Aufklärung wäre es zu der Operation überhaupt nicht gekommen. Der Einwand des rechtmäßigen Alternativverhaltens ist daher beachtlich.[302] Das kann man kritisieren.

Ob der Einwand im konkreten Fall erheblich ist, richtet sich auch nach dem Schutzzweck der verletzten Pflicht. Wurde die Pflicht zur Aufklärung normiert, um Körperverletzungen zu verhindern, so ist der Einwand unbeachtlich, denn die Behandlung hat diesbezüglich kein zusätzliches Risiko dadurch gesetzt, dass die Einwilligung fehlerhaft war. Insoweit ist die Berufung auf das rechtmäßige Alternativverhalten erfolgreich.[303] Die Pflicht zur Aufklärung soll bei ärztlichen Behandlungen allerdings auch dem Schutz der Selbstbestimmung des Patienten dienen, nicht nur dem Ausschluss von Behandlungsrisiken, die zu jeder Operation gehören. Der Zusammenhang zwischen Pflichtwidrigkeit und Rechtsgutsverletzung fehlt nur, wenn der Schaden auch bei gehöriger Pflichterfüllung (Aufklärung) eingetreten wäre. Daher muss vorliegend der Verletzer (der Arzt) beweisen, dass der Patient bei gehöriger Aufklärung in die Operation eingewilligt hätte, sonst bleibt es bei der rechtswidrigen Behandlung.[304] Der Schaden kann dann in Folgekosten einer vorgenommenen Operation liegen.

Hat ein Patient in die Operation durch einen bestimmten Arzt eingewilligt, führt aber ein anderer Arzt die OP tatsächlich durch, ist der Einwand des rechtmäßigen Alternativverhaltens unbeachtlich, wenn es nach der OP zu gesundheitlichen Beeinträchtigungen kommt. Die Berücksichtigung des Einwandes, zu der Beeinträchtigung wäre es auch gekommen, hätte der Arzt, auf den sich die Einwilligung bezog, gehandelt, widerspricht dem Schutzzweck des Einwilligungserfordernisses.[305] ◀

301 BGHZ 29, 46, 49; 90, 103, 105 f.

302 BGHZ 90, 103, 111 = NJW 1984, 1397, 1399; 120, 281, 286; NJW 1993, 520, 521; NJW 2000, 661, 663; MüKoBGB/*Oetker*, § 249 Rn. 221; *Palandt/Grüneberg*, Vorb. § 249 Rn. 29, 30.

303 Vgl. *von Caemmerer*, Das Problem der überholenden Kausalität, 1962, S. 30 ff.; *Larenz*, Schuldrecht Allgemeiner Teil, § 30 I.

304 Vgl. hierzu *Steffen*, in FS Medicus, 1999, S. 637; vgl. zur Beweislast auch BGH NJW 2018, 301.

305 BGH NJW 2016, 3523.

„Hat eine – mangels wirksamer Einwilligung – rechtswidrig ausgeführte Operation zu einer Gesundheitsbeschädigung des Patienten geführt, so ist es Sache der Behandlungsseite zu beweisen, dass der Patient ohne den rechtswidrig ausgeführten Eingriff dieselben Beschwerden haben würde, weil sich das Grundleiden in mindestens ähnlicher Weise ausgewirkt haben würde.“[306]

Wiederholungs- und Vertiefungsfragen

> Wie definiert man Verkehrssicherungspflichten? Was bedeutet der Begriff „Verkehrspflichten“?

> Wie sind die Begriffe „Äquivalenz“, „Adäquanz“ und „objektive Zurechenbarkeit“ zu definieren und voneinander abzugrenzen?

> (V) Wer haftet in welcher Weise dem Grunde nach, wenn infolge überraschender Teilsperrung eines Autobahnabschnitts zwei Fahrzeuge „verunfallen“ und hernach ein dritter Kraftfahrer ungebremst in die kollidierten Fahrzeuge hinein rast? (hierzu BGH NJW 2004, 1375 und 1945).

> Was besagt die Lehre vom Schutzzweck der Norm?

> Welche Rolle spielen Reserve- und alternative Schadensursachen?

4. Rechtswidrigkeit

a) Erfolgs- und Verhaltensunrecht

Gehaftet wird im Rahmen der §§ 823 für unrechtmäßiges Handeln. Wer sich rechtmä- 73
ßig verhält, bewegt sich im Rahmen seiner Entfaltungsfreiheit (Grenze: Gefährdungshaftung z.B. nach § 833 S. 1). Die Legitimation für eine Haftung fehlt, wenn infolge erlaubter Handlungen die Interessen Dritter geschädigt werden. So ist es jedermann gestattet, den Verkäufer auf einer Auktionsplattform zu kritisieren, wenn er fehlerhafte Ware geliefert hat. Kommt es infolge dieses Verhaltens zu Einnahmeausfällen bei dem Verkäufer, so haftet der Kritiker dafür nicht.[307]

Die **Hauptkontroverse**, die im Rahmen der Rechtswidrigkeit geführt wird, besteht darin, zu bestimmen, **ob** allein der adäquat kausale **Verletzungserfolg** einer Verletzungshandlung die **Rechtswidrigkeit indiziert** oder ob die Rechtswidrigkeit eigenständig festgestellt werden muss. Hierzu wird in methodischen Anleitungen empfohlen, die Falllösung mit dem Satz beginnen zu lassen, die Verletzungshandlung indiziere die Rechtswidrigkeit. Dieser Satz wäre richtig, wenn die Rechtswidrigkeit alleine daraus folgen würde, dass der Verletzungserfolg eingetreten ist. Das lässt fragen, ob es um **Erfolgs- oder Handlungsunrecht** geht, ob der Verhaltensvorwurf also daraus folgt, dass ein Rechtsgut beeinträchtigt wurde oder daraus, dass der Handelnde sich objektiv pflichtwidrig verhalten hat. Anlass für die Kontroverse war folgender Fall:

▶ **Fall 35** (BGHZ 24, 21): Der Kläger wird durch eine anfahrende Straßenbahn schwer verletzt. Der Unfall geschieht, als der Kläger die Straßenbahn gerade besteigen will. In diesem Moment fährt die Straßenbahn an und es kommt zu der Verletzung, weil K stürzt.

Entscheidend ist, ob für Fahrer (und Schaffner) vor dem Anfahren erkennbar war, dass der Kläger noch im Begriff war aufzuspringen, das Personal also pflichtwidrig nicht eingegriffen

306 BGH MDR 2016, 822.

307 Zu den Grenzen bei pauschaler unsachlicher Kritik und bei der Verbreitung unrichtiger Tatsachen über eBay-Transaktionen ausführlich *Dörre/Kochmann*, ZUM 2007, 30.

hat. Eine Rechtsgutsverletzung und ein Verhalten, das zur Schädigung führte (Anfahren der Straßenbahn), liegen vor. Argumentiert man, dass die Rechtswidrigkeit alleine deshalb indiziert ist, weil es zu einem Verletzungserfolg kam, so führt ein direkter Weg zur Haftung des Schaffners und des Straßenbahnfahrers, die nur vermeidbar ist, wenn es an Vorsatz und Fahrlässigkeit fehlt. Problematisch ist aber bereits die Grundwertung, dass die Haftung allein an den Erfolg anknüpft, selbst wenn sich Straßenbahnfahrer und Schaffner objektiv normgerecht verhalten haben. ◀

74 Schließt man vom Erfolg auf die Rechtswidrigkeit (**Lehre vom Erfolgsunrecht**), so steht die Haftung aufgrund der kausalen Rechtsgutverletzung fest. Im Straßenbahnfall würde nämlich, ganz unabhängig von der Frage, ob dort eine Haftung des Fahrers oder Schaffners nach § 823 greift, eine deliktische Haftung des Straßenbahnunternehmers nach § 831 bereits in Betracht kommen, wenn das Verhalten eines Verrichtungsgehilfen kausal die Körperverletzung herbeigeführt hat. Auf die fehlende Pflichtwidrigkeit oder ein fehlendes Verschulden, etwa dadurch, dass der Fahrer den aufspringenden Fahrgast überhaupt nicht mehr sehen konnte, kommt es nicht an (§ 4 Rn. 7 f.). Kann der Straßenbahnunternehmer nicht beweisen, dass er Schaffner und Fahrer sorgfältig ausgewählt und instruiert hat (§ 831 Abs. 1 S. 2), so haftet er. Die Indizwirkung aufgrund des Verletzungserfolges führt auch zu Haftungsfolgen, wenn es um einen Unterlassungsanspruch geht. Der Unterlassungsanspruch nach § 1004 (direkt oder analog) besteht nämlich schon, wenn eine widerrechtliche Tat vorliegt. Das Verschulden ist hier keine Anspruchsvoraussetzung. Gegen eine aufgrund Indizwirkung widerrechtliche Tat bestehen zudem Notwehrrechte (§ 227). Diese einschneidenden Folgen aufgrund einer starren Indizwirkung haben Vorschläge unterstützt, die ein widerrechtliches Handeln annehmen wollen, wenn auch ein Verstoß gegen ein Verhaltensgebot vorliegt.[308] Das vertritt die **Lehre vom Handlungs- oder Verhaltensunrecht**. Sie argumentiert, dass sowohl beim Unterlassungs- als auch beim Fahrlässigkeitsdelikt ein Verhalten nur widerrechtlich ist, wenn es objektiv pflichtwidrig (und nicht nur subjektiv vorwerfbar) ist.[309] Die h.M. unterscheidet wie folgt:

(1) Die **Indizfunktion des Tatbestands** gilt, wenn eines der in § 823 Abs. 1 genannten **Rechtsgüter unmittelbar verletzt** wurde. Die Rechtswidrigkeit scheidet dann nur aus, wenn Rechtfertigungsgründe vorliegen. Sofern die Verletzungshandlung in einem objektiv verkehrsrichtigen Verhalten besteht, kann mit der Indizfunktion gearbeitet werden. Dann ist zu prüfen, ob es am Verschulden oder an der objektiven Zurechnung der Verletzungshandlung (rechtmäßiges Alternativverhalten, Fall 35) fehlt.

75 (2) Bei der **Verletzung sog. Rahmenrechte** (allgemeines Persönlichkeitsrecht und Recht am eingerichteten und ausgeübten Gewerbebetrieb) ist die Rechtswidrigkeit dagegen nicht indiziert, sondern eigens (durch Abwägung) festzustellen. Das liegt nicht an dem Unterschied zwischen Erfolgs- und Verhaltensunrecht, sondern daran, dass die Rahmenrechte breit formuliert sind, sie also auch in die allgemeine Handlungsfreiheit, insbesondere grundrechtlich geschützte Freiheiten eingreifen. Daher muss zwischen gleichrangigen Verfassungsgütern (Persönlichkeitsrecht bzw. Recht am Gewerbebetrieb

308 *Enneccerus/Nipperdey*, Allgemeiner Teil des Bürgerlichen Rechts, Teilband 2, 15. Bearb. 1960, § 209; *Wiethölter*, Der Rechtfertigungsgrund des verkehrsrichtigen Verhaltens, 1960, S. 33 ff.; *Münzberg*, Verhalten und Erfolg als Grundlagen der Rechtswidrigkeit und Haftung, 1966, S. 201 ff.; *Nipperdey*, NJW 1957, 1777, 1780; *ders.*, NJW 1967, 1985, 1991.

309 *Esser/Weyers*, Schuldrecht BT/2, § 55 II 3; *Brüggemeier*, Haftungsrecht, 2006, S. 42, 57, 69.

einerseits und z.B. dem Grundrecht auf Presse- und Meinungsfreiheit andererseits) abgewogen werden.

(3) Die Indizfunktion des Tatbestandes kann bei **Verkehrs- bzw. Verkehrssicherungspflichten** (vgl. oben § 3 Rn. 56 f.) versagen, denn hier geht es darum, zu entscheiden, ob ein Unterlassen pflichtwidrig ist. Da bloßes Nichttätigwerden nicht rechtswidrig ist, muss zunächst festgestellt werden, welche Handlung erforderlich gewesen wäre, um den Verletzungserfolg zu verhindern. Auf der Rechtswidrigkeitsebene bleibt dann Raum für die Prüfung, ob die Vornahme dieser Handlung rechtlich geschuldet, also ihr Unterlassen objektiv pflichtwidrig, also widerrechtlich war.[310] Wurde gegen eine Verkehrssicherungspflicht verstoßen, so begründet dies die Pflicht- und damit die Rechtswidrigkeit. Bei der Frage des Verschuldens ist zu prüfen, ob für den Unterlassenden erkennbar war, dass sein Unterlassen den Verletzungserfolg herbeiführen würde. 76

▶ Im FALL 35 benötigt man keinen **Rechtfertigungsgrund des verkehrsrichtigen Verhaltens.** Es genügt, den Schwerpunkt des Handelns nicht in einem Tun, sondern in einem Unterlassen (gehörige Sicherung der Abfahrt der Bahn) zu sehen. Dann muss geklärt werden, welche Handlung das Straßenpersonal schuldet, um die sichere Abfahrt zu gewährleisten, und ob geschuldete Handlungen unterlassen wurden (Pflichtverletzung). Hat das Straßenbahnpersonal alles richtig gemacht, so fehlt es an der Verletzung einer Verkehrssicherungspflicht. Weder das Personal noch der Unternehmer haften dann nach §§ 823, 831. ◀

(4) Die Indizfunktion des Verletzungserfolgs soll auch versagen, wenn ein **Rechtsgut nur mittelbar geschädigt** wird. Das betrifft Fälle der Nutzungsbeeinträchtigungen des Eigentums (oben § 3 Rn. 26 – Fleet-Fall), aber auch die Weiterfresserproblematik (vgl. oben § 3 Rn. 28 – Schwimmerschalter-Fall, Gaszug-Fall). Insbesondere der Ersatz mittelbarer Vermögensfolgeschäden wird hiervon beeinflusst. Ist die Rechtswidrigkeit positiv festzustellen, so hat dies schließlich Relevanz für **mittelbare Folgen einer Unterlassung,** bei denen der Verletzungserfolg nicht mehr im Rahmen des gewöhnlich zu erwartenden Geschehensablaufs liegt. Ein solcher Verletzungserfolg ist nicht ohne Weiteres durch ein vorher festgestelltes Verletzerverhalten indiziert. Die Rechtswidrigkeit ergibt sich erst aus der Verbindung der Ursachenkette mit einem Verhalten, dass von der Rechtsordnung wegen seiner Gefährlichkeit missbilligt wird. Das zeigt der folgende Fall, der den Weiterfresserschäden äußerlich ähnelt, aber aus dem Recht der Produzentenhaftung stammt (dazu § 6 Rn. 14): 77

▶ FALL 36 (BGHZ 116, 60 m. Anm. *Damm*, JZ 1992, 637): Der Hersteller von Kindernahrung stellt ein zuckerhaltiges Kindergetränk und dazu passende Nuckelflaschen her. Dadurch, dass Eltern ihre Kinder dauernuckeln lassen, wird der bei Kindern noch weiche Zahnschmelz ständig durch zuckerhaltige Flüssigkeit umspült. Es kommt hierdurch zu schwersten Karies- und Folgeschäden an den nachwachsenden Zähnen. Muss der Kindernahrungshersteller hierfür haften?

Die Beschädigung der Milchzähne ist Körperverletzung im Sinne des § 823 Abs. 1. Der Hersteller hat hierzu objektiv eine Ursache durch den Verkauf von zuckerhaltigem Getränk und passender Nuckelflasche gesetzt. Allerdings führt das bloße Inverkehrbringen der Produkte noch nicht zu Verletzungen. Das Verletzungsrisiko wird erst dadurch verwirklicht, dass Dritte, nämlich die Nutzer, eine zusätzliche Ursache (Dauernuckeln lassen) gesetzt haben. Die Rechtswidrigkeit des Herstellerhandelns hinsichtlich solcher mittelbarer Verletzungsfolgen

310 *von Bar*, JuS 1988, 169, 173.

setzt voraus, dass es eine objektive Verhaltenspflicht gab, die verletzt wurde. In Betracht kommt hier das Unterlassen eines Warnhinweises nach Beobachtung des (riskanten) Produktgebrauchs. Die pflichtwidrige Unterlassung lässt sich darauf gründen, dass der Hersteller nicht bei ersten Hinweisen auf das Phänomen darüber informiert hat, dass Dauernuckeln bei der Verwendung zuckerhaltiger Getränke zu den beobachteten schweren Schäden führen kann.[311] Der Fall zeigt, dass die Zurechnung des tatbestandsmäßigen Verletzungserfolgs alleine noch nicht Verletzungshandlung ist, sondern die Verletzung einer Verkehrssicherungspflicht hinzutreten muss. ◀

b) Rechtfertigungsgründe

78 Die Widerrechtlichkeit entfällt, wenn das Verhalten durch einen Rechtfertigungsgrund gedeckt war. Die möglichen Rechtfertigungsgründe sind oben in § 3 Rn. 1 aufgeführt. Die meisten Probleme darum sind schon aus dem Strafrecht bekannt. Das Vorliegen der Voraussetzungen eines Rechtfertigungsgrundes muss der sich darauf berufende Schädiger darlegen und beweisen. Die Unaufklärbarkeit des Sachverhaltes geht im Zivilrecht – anders als im Strafrecht, wo der Grundsatz in dubio pro reo gilt – zulasten des Schädigers.[312] Bei zivilrechtlichen Prüfungsarbeiten, aber auch in der Praxis am häufigsten ist der Rechtfertigungsgrund der **Einwilligung.** Hat der später Geschädigte in das konkrete zur Verletzung führende Verhalten eingewilligt, so geschieht ihm kein Unrecht („volenti non fit iniuria").[313] Die Einwilligung des Verletzten muss keine Willenserklärung sein, kann also auch von Minderjährigen erklärt werden. Sie muss sich auf die konkrete Rechtsgutsverletzung beziehen. Allein der Umstand, dass der Verletzte in eine Handlung einwilligt, die später auch in einer Rechtsgutsverletzung mündet, genügt nicht.[314] Wer in den Geschlechtsverkehr mit einem HIV-Infizierten einwilligt und von der Infektion keine Kenntnis hat, weiß nicht, dass er damit seine Rechtsgüter gefährdet, willigt daher auch nicht (billigend) in die dadurch mögliche Schädigung seines eigenen Gesundheitssystems ein. Das zeigt, dass **Probleme der Einwilligung** den **Umfang** und die **Voraussetzungen** der Einwilligung umfassen können. Der Umfang der Einwilligung ist häufig bei ärztlichen Behandlungen kritisch.

▶ Fall 37 (BGH NJW 1966, 1855 – Elektroschockbehandlung): F befindet sich zur Behandlung in einer Privatklinik. Bei ihr werden psychische Störungen diagnostiziert. Die Klinikärzte entscheiden sich für eine Elektroschockbehandlungstherapie, die allerdings ohne Wissen von F angeordnet wird. Nach Therapieende zeigen sich bei F Verknöcherungen an den Kniekehlen, die durch die Elektroschockbehandlung verursacht worden sind. F verlangt Schadensersatz.

Die durch die Behandlung ausgelösten körperlichen Veränderungen stellen eine Körperverletzung und damit eine Rechtsgutsbeeinträchtigung i.S.d. § 823 Abs. 1 dar. Sie wurde durch die Anordnung der Elektroschockbehandlung adäquat kausal verursacht. Die Rechtswidrigkeit ist indiziert (vgl. oben § 3 Rn. 74), weil es um die Verletzung eines der in § 823 Abs. 1 genannten Schutzgüter durch eine unmittelbar die körperliche Unversehrtheit beeinträchtigende Handlung geht. Nicht unbestritten ist, ob auch ärztliche Heileingriffe, die zum Zweck der Vermeidung oder Heilung einer Gesundheitsstörung vorgenommen werden, als Verletzungshandlung angesehen werden können. Die Rechtsprechung bejaht dies sowohl für feh-

311 Vgl. zu diesem Fall *Medicus/Petersen*, Bürgerliches Recht, Rn. 650.
312 OLG Koblenz NJW-RR 2019, 82.
313 Zusammenfassend *Kohte*, AcP 185 (1985), 105; monografisch *Ohly*, Volenti non fit iniuria, 2002.
314 Vgl. BGH NJW-RR 1995, 857.

lerhafte als auch für kunstgerechte Eingriffe und verlagert die damit in Zusammenhang stehenden Fragen der Patientenselbstbestimmung auf die Ebene der Rechtswidrigkeit.[315] Dem entspricht nun § 630d.[316] Die Sichtweise hat zur Folge, dass der Arzt Voraussetzungen und Umfang der Rechtfertigung darlegen und beweisen muss. Als Rechtfertigung in Betracht kommt eine wirksame Einwilligung in die konkrete Rechtsgutsbeeinträchtigung (ggf. auch begrenzt auf einen bestimmten Arzt[317]), die in einfachen Fällen auch mündlich erfolgen kann.[318] Auch sie hat der Arzt darzulegen und zu beweisen (§ 630h). Daher werden oft umfangreiche Belehrungen vor dem Eingriff durchgeführt und schriftlich festgehalten (vgl. jetzt § 630e). Die Dokumentation der Einwilligung (§ 630f) begründet die Vermutung, dass es zu einem aufklärenden Gespräch mit dem Patienten gekommen ist, in dem Gefahren und Risiken, vor allem aber der Zweck des Eingriffes erklärt wurden. Der Patient soll dann selbstbestimmt entscheiden, ob er diese Risiken auf sich nehmen möchte oder nicht.[319]

Sofern der Patient im Falle eines Unfalles in die Klinik eingeliefert wird und seinen Willen nicht mehr selbst äußern kann, kommt eine Rechtfertigung durch **mutmaßliche Einwilligung** in Betracht. Auch sie muss der Arzt darlegen und beweisen. Die Einwilligung des Patienten in einen ärztlichen Eingriff ist beachtlich, wenn aus ihr folgt, dass der Patient Wesen, Bedeutung und Tragweite des Eingriffes in seinen Grundzügen erkannt hat. Dazu genügt, dass die Gefahren im Großen und Ganzen verstanden wurden, also auch, dass der Patient über die Risiken im Allgemeinen in Kenntnis gesetzt wird und im Übrigen klarstellt, dass er die Einzelheiten dem Arzt überlässt. Je deutlicher nach Einzelheiten gefragt wird, desto umfassender muss der Arzt diese aber offenbaren. Die Einwilligung ist Ausdruck persönlicher Selbstbestimmung. Ein Recht auf ärztliche Behandlung gegenüber dem Patienten gegen dessen Willen gibt es nicht.[320]

Im vorliegenden Fall ist es zu keinerlei Aufklärung gekommen. Dass F in eine Handlung stillschweigend einwilligt, deren Zweck und Risiken sie nicht kennt und auch nicht erläutert erhält, kann nicht angenommen werden. Der Eingriff war daher rechtswidrig. ◀

Besonderheiten bei der Rechtswidrigkeit einer Verletzung ergeben sich, wenn die Verletzung bei einem potenziell gefährlichen Tun aufgetreten ist, wie insbesondere bei **Sport- oder Wettkampfunfällen.** Dies zeigt 79

▶ Fall 38 (BGH VersR 2003, 775): A und B nehmen an privat veranstalteten Autorennen auf einer Rennstrecke teil. Bei einem Überholmanöver verursacht B durch einen Fahrfehler eine Kollision mit A. Dieser verklagt B auf Schadensersatz.

Die Kollision führt in der Regel zu einer **Eigentumsverletzung** i.S.d. § 823 Abs. 1. Der Fahrfehler ist eine **Handlung**, die adäquat kausal und unmittelbar zur Rechtsgutsbeeinträchtigung führt. Die Frage, welche Bedeutung es hat, dass A und B einverständlich an einer potenziell gefährlichen Veranstaltung teilgenommen haben, ohne hierzu veranlasst oder gezwungen worden zu sein, spielt zunächst auf der Ebene der **Rechtswidrigkeit** eine Rolle. Man könnte argumentieren, dass der geschädigte Pkw-Fahrer durch die Teilnahme an einer gefährlichen Veranstaltung auch in gefahrtypische Verletzungen eingewilligt habe. ◀

---

315 Vgl. BGHZ 29, 46, 49.
316 Eingefügt zum 26.2.2013 durch das sog. Patientenrechtegesetz, BGBl. I 2013; dazu *Katzenmeier*, NJW 2013, 817, 819.
317 BGH NJW 2016, 3523; vgl. oben Rn. 72.
318 Vgl. BGH NJW 2010, 2430.
319 BGHZ 90, 103, 105.
320 Im Strafrecht BGHSt 11, 111, 114 (Recht eines lebensgefährlich Erkrankten, eine Operation abzulehnen).

Die Problematik einer **Einwilligung in Selbstgefährdungen** beschäftigt die Gerichte häufiger, insbesondere bei **Sportunfällen**, wie etwa Kampf- und Ballsportarten, aber auch bei der Selbstgefährdung durch die Mitfahrt im Auto eines betrunkenen Fahrers.[321] Es besteht Einigkeit darin, dass aus der freiwilligen Teilnahme an einer gefährlichen Veranstaltung nicht auch eine **Einwilligung in Verletzungen folgt.**[322] Die bloße Einwilligung in Selbstgefährdungen beinhaltet nicht die Erklärung, dass jede Verletzung in Kauf genommen wird. Allerdings kann bei Sportveranstaltungen der **Fahrlässigkeitsmaßstab des § 276 modifiziert** sein, nämlich durch die Spiel- und Wettkampfregeln der Veranstaltung.[323] Wer sich regelkonform verhält, begeht dann keine Verletzungshandlung, weil er keine Verkehrssicherungspflicht verletzt. Beim Sport ist daher nur die grobe Verletzung von Regeln subjektiv sorgfaltswidrig. Am elegantesten ist es, den Fall dahingehend zu lösen, dass man von einem stillschweigenden **Haftungsverzicht** in Bezug auf gefährdungstypische Schäden ausgeht und dies im Anschluss an Tatbestand und Rechtsfolge erörtert.[324] Die Gerichte argumentieren ähnlich, wenn sie es aus Sicht des Verletzten für treuwidrig halten, einerseits bewusst eine Gefährdung durch eine Teilnahme an der Veranstaltung einzugehen, andererseits hernach aber Schadensersatzansprüche zu stellen (**Einrede des Rechtsmissbrauchs** aus § 242 – „venire contra factum proprium“).[325]

Im Ergebnis kann damit Folgendes als gesichert gelten: Bei Sportveranstaltungen, die keine besonderen Gefahren erzeugen, verzichten die Teilnehmer weder auf Schadensersatzansprüche noch willigen sie in Gefährdungen ein. Allerdings nehmen sie Risiken in Kauf, die mit der entsprechenden Sportart zwangsläufig verbunden sind. Jeder Sportler hat sich so sorgfältig zu verhalten, dass kein anderer gefährdet, geschädigt oder mehr als nach den Umständen unvermeidbar behindert wird (Verkehrssicherungspflicht, Fahrlässigkeitsmaßstab).[326] Daher liegt keine Verletzungshandlung vor, wenn es zu Beeinträchtigungen kommt, die Folge regelgerechten Spiels sind.[327] So kann beim Squash-Spiel der regelgerecht gespielte Ball auch den Spieler treffen. Die härtere Spielweise beim Fußballspielen ist nicht ohne Weiteres regelwidrig.[328] Nicht klagbar ist die als Folge einer geringfügigen Regelverletzung verursachte Verletzung. Vielmehr darf der Wettkampfteilnehmer darauf vertrauen, nicht wegen solcher Verletzungen in Anspruch genommen zu werden, die risikotypisch für die Sportart sind und nicht durch eine nennenswerte Regelverletzung verursacht wurden.[329] Wer sich in das Auto eines Betrunkenen, auf ein unberechenbares Reitpferd setzt oder ähnliche Selbstgefährdungen bewusst eingeht, der kann zwar Schadensersatz verlangen, muss sich aber ein (un-

321 Bsp.: BGHZ 2, 159 = NJW 1951, 916; Überblick bei *Döll*, DAR 2014, 234.
322 So aber noch RGZ 141, 262, 265 zur Einwilligung in gefährliches Tun.
323 Vgl. hierzu MüKoBGB/*Wagner*, § 823 Rn. 66–68, 563 ff.
324 Vgl. BGHZ 2, 159, 160 = NJW 1951, 916 (Mitfahrt bei einem betrunkenen Lkw-Fahrer); OLG Frankfurt/M., NJW 2015, 3522 (Unfall bei im Pulk fahrenden Motorradfahrern mit bewussten Regelverletzungen bei der Einhaltung des Sicherheitsabstandes).
325 BGHZ 63, 140, 143 (Übliche körperliche Härte bei Fußballspielern); BGHZ 154, 316, 325; NJW 2008, 1591, 1592 (Zusammenstoß bei Autorennen); OLG Schleswig, BeckRS 2015, 18537.
326 Vgl. OLG Düsseldorf VersR 1994, 1484 für gegenseitige Verletzungen beim Eislauf.
327 BGHZ 63, 140, 143 (Verzicht auf Haftung nach § 242 BGB); ähnlich OLG Frankfurt a.M. NJW-RR 2018, 467.
328 OLG Hamburg VersR 2002, 500 (Kampf um den Ball beim Fußball mit erheblicher Verletzungsfolge).
329 BGHZ 154, 316 = NJW 2003, 2018 (venire contra factum proprium); weniger einsichtig ist, dass dies nicht gelten soll, wenn Versicherungsschutz bestand, so BGH NJW 2008, 1591, 1592; klarstellend aber BGH NJW 2010, 537 Tz. 14.

ter Umständen auch erhebliches) **Mitverschulden** anrechnen lassen (§ 254).[330] Das soll auch für einen Gleitschirmschüler gelten, der einen Sprung antritt, obwohl er überfordert ist und der Fluglehrer ihm ein weiteres Briefing verweigert.[331]

▶ Im Ergebnis scheidet damit ein Schadensersatzanspruch aus, wenn die Folgen des Verhaltens lediglich aus einer geringfügigen Regelverletzung resultieren oder aber typische Folge auch eines regelgerechten Verhaltens sind. Ein leichter Fahrfehler bei einem Autorennen fällt unter diese Kategorie. Anders mag es sein, wenn die Veranstaltung kein Autorennen, sondern einen Fahrlehrgang zur Verbesserung des Sicherheitsverhaltens im Straßenverkehr darstellt.[332] ◀

METHODIK: Im Fallaufbau sollte der Gesichtspunkt der Selbstgefährdung zunächst bei der Einwilligung erörtert werden und zu der Feststellung führen, dass eine Rechtfertigung ausscheidet, weil der Verletzte (z.B. ein Sportler) in der Regel nicht in Verletzungen eingewilligt hat. Für Verletzungen aufgrund regelgerechter Ausübung ist im Rahmen des Verschuldens die Fahrlässigkeit zu verneinen, weil der Sorgfaltsmaßstab hier auch durch die Spielregeln bestimmt wird. Bei schweren Schäden, insbesondere bei regelwidrigem Verhalten, ist am Ende der Prüfung über § 242 (so der BGH bei Sportveranstaltung), oder im Rahmen des § 254 (so bei sonstigen Selbstgefährdungen) ein Haftungsausschluss zu erörtern. In beiden Konstellationen lässt sich argumentieren, dass der sich bewusst Gefährdende keinerlei Schadensersatz verlangen kann. Der Einwand des mitwirkenden Verschuldens nach § 254 wird übrigens überwiegend als Ausprägung des § 242, also des Gebots von Treu und Glauben verstanden. Der Einwand des selbstgefährdenden Verhaltens oder des Mitverschuldens (Handeln auf eigene Gefahr) hilft aber nicht, wenn eine schwere Regelverletzung begangen wird. Wer Schadensersatz für die Folgen solcher Regelverstöße verlangt, handelt auch nicht treuwidrig.[333] 80

Eine gewisse Verwandtschaft mit dem Einwand des Handelns auf eigene Gefahr haben Fälle, in denen es um **Verkehrspflichten gegenüber Unbefugten** geht, so etwa, wenn sich ein Unbefugter auf ein Gelände begibt, für dessen Zustand der Besitzer oder Eigentümer einstandspflichtig ist (§§ 836–838).[334] Wer auf einer Baustelle das Schild „Betreten verboten" befestigt, möchte verhindern, dass er haftpflichtig dadurch wird, dass Personen sich auf dieses Gelände begeben und dort zu Schaden kommen. Wer gleichwohl das Gelände betritt, begibt sich hierdurch ebenso in Gefahr wie durch die Teilnahme an einer gefährlichen Sportveranstaltung. Gegenüber dem Unbefugten, der ein Grundstück verbotswidrig betritt, besteht grundsätzlich keine Verkehrssicherungspflicht.[335] Daher verhält sich treuwidrig, wer so handelt, dabei zu Schaden kommt und gleichwohl Schadensersatz verlangt. Der Sicherungspflichtige darf daher darauf vertrauen, dass sein Verbotsschild beachtet wird. Dieses Vertrauen gilt allerdings nicht gegenüber Kindern. Mit deren Eindringen ist stets zu rechnen. Daher trifft den Unterhaltungspflichtigen eine gesteigerte Verkehrssicherungspflicht, er muss das Gelände also 81

330 BGHZ 34, 355 = NJW 1961, 655, 656 f. = JZ 1961, 602 m. zust. Anm. *Flume*; *A. Kraft*, NJW 2014, 245; BGH NJW-RR 2006, 813 Tz. 14 (Tierhalterhaftung bei Eigengefährdung; siehe auch § 4 Rn. 27); OLG Hamm NJOZ 2018, 1289 Tz. 49 (Cold Water Challenge).

331 OLG München SpuRt 2018, 116.

332 BGHZ 96, 18, 27. Zusammenfassend *Kreutz*, JA 2011, 337.

333 OLG Saarbrücken NJW-RR 2011, 109 („Blutgrätsche" beim Altherrenfußball verpflichtet zum Schadensersatz).

334 Vgl. zu den Verkehrspflichten in solchen Fällen *Schröder*, AcP 179 (1979), 567.

335 OLG Hamm NJW-RR 2013, 1362 (Wohnungseigentümergemeinschaft ist nicht zum Winterdienst auf einer als Abkürzung von Passanten genutzten Fläche verpflichtet).

auch durch einen für Kinder nicht überwindbaren Bauzaun absichern. Geschieht dies nicht, so haftet der Verkehrssicherungspflichtige dem Kind gegenüber aus § 823 Abs. 1.[336]

Wiederholungs- und Vertiefungsfragen

> In welchen Fällen ist die Rechtswidrigkeit einer Verletzung bereits durch die Tatbestandsmäßigkeit der Verletzungshandlung indiziert, wann ist sie positiv festzustellen?

> (V) Verletzt die ohne Einwilligung vorgenommene Operation das Persönlichkeitsrecht des Operierten? (vgl. LG Aachen VersR 1990, 1358) Welche Rechte verletzt eine verspätete Aufklärung über das Operationsrisiko? (OLG Köln NJW 1992, 1564, zur strafrechtlichen Beurteilung BGH JZ 2004, 799 m. Anm. *Rönnau*)

> Welche Besonderheiten sind bei Verletzungen im Wettkampfsport zu beachten?

> (V) Welche Rechte verletzt die Vernichtung tiefgefrorenen Spermas in einer Samenbank, das der Spender dort hinterlegt hat für den Fall, dass er später einmal zeugungsunfähig wird? (hierzu BGHZ 124, 52).

5. Verschulden

a) Grundsatz der Verschuldenshaftung

82 Die Schadensersatzhaftung nach § 823 Abs. 1 setzt schuldhaftes Handeln voraus. Der Handelnde muss vorsätzlich oder fahrlässig gehandelt haben. Das Verschulden muss sich aber nur auf Verletzungshandlung, Rechtsgutsverletzung und Rechtswidrigkeit, nicht dagegen auf Art und Höhe des verursachten Schadens beziehen. Das Verschuldenserfordernis verfolgt den **Zweck der Haftungseinschränkung**. Es soll die **Bewegungsfreiheit des Einzelnen nicht übermäßig einschränken, aber dennoch die Rechtsgüter der potenziell Betroffenen schützen.**[337] Dies war dem Gesetzgeber sehr wichtig, denn bereits in den Protokollen zum BGB findet sich die Wendung, „die Aufstellung des Grundsatzes, dass die Schadensersatzpflicht ein Verschulden voraussetze ... sei von entscheidender Bedeutung für die Abgrenzung der Rechtskreise des Einzelnen, innerhalb derer sie Individualität entfalten dürfen. Man brauche bei seinem Tun und Lassen auf die rechtlich geschützten Interessen der anderen nur insoweit zu achten, als man bei Anwendung ordnungsgemäßer Sorgfalt erkennen müsse, dass dieselben dadurch gefährdet werden können. Eine Handlung, deren Gefährlichkeit für einen anderen man ungeachtet einer sorgfältigen Prüfung nicht zu erkennen vermöge, dürfe vorgenommen werden; äußere sie dennoch schädliche Wirkungen auf den Rechtskreis eines anderen, so müsse der Betroffene diese Wirkungen wie einen Zufall hinnehmen, gehe man weiter, ... so werde damit keineswegs der Entwicklung des Verkehrs gedient, wohl aber die Bewegungsfreiheit des Einzelnen übermäßig eingeschränkt."[338]

Im Ergebnis hat es der Gesetzgeber damit abgelehnt, eine Schadensersatzpflicht bereits an die rechtswidrige Verursachung zu knüpfen. **Verschulden** bleibt für das Recht der unerlaubten Handlungen **der entscheidende Zurechnungsgrund für die Haftung.** Rechtsphilosophisch wird diese Überlegung dadurch getragen, dass der Handelnde stets eine Wahl zwischen Tun und Unterlassen hat. Wer sich eigenverantwortlich entscheidet zu handeln (und weiß, was er tut), soll für die Konsequenzen einer Schädi-

336 Vgl. hierzu *Czernik*, VersR 2010, 1416.
337 Vgl. *Zeuner*, JZ 1966, 1.
338 Protokolle II, 1898, S. 596.

gung anderer aufkommen müssen. Dagegen hat der Geschädigte die von einem unverschuldeten schädigenden Ereignis ausgelösten Folgen selbst zu tragen (casum sentit dominus, § 2 Rn. 9). Das gehört zum **„allgemeinen Lebensrisiko"**, welches erforderlichenfalls durch eine Versicherung abzumildern ist. Das Verschuldenserfordernis gerät in der modernen Risikogesellschaft aber unter Druck.[339] Es wird in manchen Bereichen durch ein System der (verschuldensunabhängigen) Gefährdungshaftung abgelöst (unten § 6 Rn. 1).

Das **Verschuldenserfordernis** betrifft **zwei Gesichtspunkte**, nämlich Verschuldensfähigkeit und Verschuldensform. Zunächst ist anhand der §§ 827, 828 zu prüfen, ob der Verursacher eines Schadens überhaupt fähig ist, das von der Rechtsordnung in subjektiver Hinsicht Geforderte zu erfüllen. Das betrifft die **Delikts- oder Verschuldensfähigkeit.** Sie ist bei Bewusstlosen und geistig Gestörten sowie bei Minderjährigen relativiert. Im Gutachten sind die §§ 827 und 828 zu prüfen, bevor erörtert wird, ob ein Täter, der die nötige Einsichts- und Steuerungsfähigkeit hatte, vorwerfbar, also schuldhaft gehandelt hat. Letzteres betrifft die **Schuldform,** die in §§ 823 Abs. 1, 276 definiert ist. Vorwerfbar ist vorsätzliches und sorgfaltswidriges (fahrlässiges) Verhalten (näher unten Rn. 87).[340] 83

b) Schuldfähigkeit (Deliktsfähigkeit)

▶ Fall 39: Der Rentner R verspürt seit Längerem ein Stechen in der Brust, macht sich aber keine weiteren Sorgen über mögliche Gesundheitsbeeinträchtigungen. An einem sonnigen Augustmorgen fährt er mit seinem Fahrrad in die Innenstadt der Großstadt, in der er lebt. Auf einer belebten Ampelkreuzung fällt er plötzlich mit dem Fahrrad um. Der hinter ihm fahrende Pkw kann nur durch ein Ausweichmanöver verhindern, den Rentner zu überrollen. Infolge des Ausweichmanövers kommt es zu einem Verkehrsunfall mit hohen Sachschäden. P möchte R wutentbrannt zur Rede stellen, merkt allerdings, dass R nicht mehr lebt. Es stellt sich heraus, dass Unfallursache ein Herzinfarkt war, der R auf der Kreuzung ereilte. P möchte von der Witwe des R seinen Schaden ersetzt verlangen. 84

Hier scheitert die Haftung an der fehlenden **Verschuldensfähigkeit (§ 827 S. 1).** Die zum Unfall führende Handlung erfolgte im Zustand der Bewusstlosigkeit. Auch **§ 827 S. 2** führt zu keinem anderen Ergebnis, denn danach besteht eine Haftung nur, wenn sich der später schuldlos Handelnde durch „geistige Getränke oder ähnliche Mittel" in den Zustand der Bewusstlosigkeit begeben hat. Denkbar ist es auch, bereits das Vorliegen eines steuerbaren Verhaltens zu bezweifeln. Allerdings ist R noch selbst auf die Kreuzung gefahren. An dieses Verhalten kann daher auch der Verhaltensvorwurf noch anknüpfen. Nicht tunlich ist es, dem R eine Verkehrspflicht dahingehend aufzuerlegen, sich mit Herzbeschwerden gar nicht mehr in den Straßenverkehr zu begeben. Das würde die Verkehrssicherungspflichten überspannen. ◀

Hauptanwendungsfall für eine fehlende Verschuldensfähigkeit ist die in **§ 828** angeordnete **eingeschränkte Haftung Minderjähriger.**[341] In § 828 Abs. 1 ist angeordnet, dass, wer das siebente Lebensjahr noch nicht vollendet hat, für einen Schaden, den er einem 85

339 Nicht mehr gesondert aufgeführt wird es bei MüKoBGB/*Wagner*, § 823 Rn. 43, der nur noch die Deliktsfähigkeit prüfen, im Übrigen den Gesichtspunkt der culpa im Rahmen der Rechts- bzw. Pflichtwidrigkeit erörtern möchte.

340 Umfassend *Deutsch*, Fahrlässigkeit und erforderliche Sorgfalt, 2. Aufl. 1995; *ders.*, JZ 1988, 993; *Larenz*, FS Wilburg, 1965, 119.

341 *Goecke*, NJW 1999, 2305.

anderen zufügt, nicht verantwortlich ist. Ein sechsjähriges Kind haftet daher nicht nach § 823 Abs. 1. Wer das siebente, aber noch nicht das achtzehnte Lebensjahr vollendet hat, ist für einen Schaden, den er einem anderen zufügt, nur dann nicht verantwortlich, wenn er bei der Begehung der schädigenden Handlung nicht die zur Erkenntnis der Verantwortlichkeit erforderliche Einsicht hat. Diese Regelung ist im Jahre 2002 in einem wichtigen Punkte geändert und eingegrenzt worden, der die **Haftung Minderjähriger im Straßenverkehr** betrifft.[342] Die Gruppe derjenigen, die das siebente, aber noch nicht das zehnte Lebensjahr vollendet haben, sind nicht verantwortlich, wenn sie in einen Unfall mit einem Kraftfahrzeug, einer Schienenbahn oder einer Schwebebahn verwickelt sind. Diesbezüglich hat der Gesetzgeber akzeptiert, dass nach entwicklungspsychologischen Erkenntnissen Kinder bis zum zehnten Lebensjahr Entfernungen und Geschwindigkeiten nicht zuverlässig abschätzen können und daher kaum in der Lage sind, eine Gefahrensituation richtig zu überblicken.[343]

Bei **Unfällen mit Kraftfahrzeugen im Straßenverkehr** haften Kinder bis zum vollendeten zehnten Lebensjahr also nicht. Ebenso wenig kommt in solchen Fällen der Einwand des kindlichen Mitverschuldens nach § 254 oder §§ 7, 9 StVG in Betracht, sodass sich Kinder dieser Altersgruppe keine Kürzung ihres Schadensersatzanspruchs gefallen lassen müssen. Die Privilegierung gilt aber nicht mehr, wenn ein sieben- bis neunjähriges Kind vorsätzlich einen Schaden verursacht. Der Neunjährige, der von einer über die Autobahn führenden Brücke Steine auf die darunter fahrenden Autos wirft, kann sich nicht darauf berufen, dass er nach § 828 Abs. 2 noch nicht hafte. Eine vorsätzliche **Verletzung** liegt nicht vor, wenn ein Neunjähriger eine Norm der Straßenverkehrsordnung vorsätzlich missachtet, etwa bewusst bei Rot über die Ampel fährt.[344] Der Vorsatz muss sich nämlich auf die Rechtsgutsverletzung, nicht auf den Regelverstoß beziehen. Die Privilegierung des § 828 Abs. 2 betrifft **Unfälle mit Kraftfahrzeugen.** Fährt der Neunjährige mit seinem Fahrrad einen Inlineskater an oder wird er von dem Inlineskater angerempelt, weil der Neunjährige sich auf seinem Fahrrad ungeschickt verhalten hat, so ist nicht § 828 Abs. 2, sondern § 828 Abs. 3 anzuwenden. Zudem muss es für § 828 Abs. 2 um einen **Unfall mit einem Kraftfahrzeug** gehen, **das sich im Verkehr bewegt,** weil sich nur dann die typische Gefahr des bewegten Straßenverkehrs realisiert.

▶ **Beispielsfall** (BGHZ 161, 180): Der neunjährige B und seine Freunde veranstalten ein Kickboardrennen auf der Straße. Dabei stürzt B aus Unachtsamkeit und prallt gegen den am Fahrbahnrand geparkten schwarzen Porsche des Rechtsanwalts K. K verlangt von B Schadensersatz.

Anspruchsgrundlage ist § 823 Abs. 1. Rechtsgutsverletzung, Verletzungshandlung und Rechtswidrigkeit sind unproblematisch. Fraglich ist, ob der Haftung eine fehlende Schuldfähigkeit des B entgegensteht, weil § 828 Abs. 2 die Verantwortlichkeit eines neunjährigen Verkehrsteilnehmers für Unfälle mit einem Kraftfahrzeug ausschließt. Die entscheidende Frage ist, ob darunter auch die Schädigung eines parkenden Kraftfahrzeugs fällt. Dagegen spricht, dass § 828 Abs. 2 lediglich diejenigen Risiken begrenzen soll, die aus den Gefahren des fließenden Verkehrs resultieren. In solchen Fällen nämlich fehlt Minderjährigen der er-

342 Vgl. zweites Gesetz zur Änderung schadensersatzrechtlicher Vorschriften vom 19.7.2002, BGBl. I, S. 2674, 2675; dazu Begründung BT-Drs. 14/7752 und *Ch. Huber*, Das neue Schadensersatzrecht, 2003; *Scheffen/Pardey*, Schadensersatz bei Unfällen mit Minderjährigen, 2. Aufl., 2003.

343 *Scheffen*, ZRP 2001, 380.

344 Vgl. HK-BGB/*Staudinger*, § 828 Rn. 4.

fassten Altersgruppe die Fähigkeit, Geschwindigkeit und Entfernung sich nähernder Fahrzeuge zutreffend einschätzen zu können. Im ruhenden Verkehr fehlt es daran. Der Zweck des Haftungsausschlusses wird daher nicht erreicht. Das spricht dafür, den **Anwendungsbereich des § 828 Abs. 2 bei Unfällen im ruhenden Verkehr teleologisch zu reduzieren.**[345] Daher ist nicht § 828 Abs. 2, sondern § 828 Abs. 3 anzuwenden. Das für eine Haftung erforderliche Verschulden liegt vor („Unachtsamkeit"). ◀

Für § 828 **Abs.** 3 kommt es auf die **Einsichtsfähigkeit** des Minderjährigen an. Entscheidend ist, ob der Minderjährige entsprechend seiner geistigen Entwicklung die Gefahr erkennen konnte.[346] Dagegen kommt es nicht auf die Frage an, ob der Minderjährige auch die Fähigkeit besaß, die Folgen für sein Handeln zu berechnen, sich also entsprechend der Einsicht von der Gefährlichkeit seines Tuns individuell korrekt zu verhalten (individuelle Steuerungsfähigkeit). Hierauf kommt es im Strafrecht an (§ 3 S. 1 JGG, § 20 StGB). Für das Zivilrecht ist der Maßstab strenger. Die typische Steuerungsfähigkeit, welche ein Kind dieser Altersgruppe gewöhnlich besitzt, wird vorausgesetzt.[347] Das Bestehen der Einsichtsfähigkeit wird in § 828 Abs. 3 widerleglich vermutet; der Minderjährige muss also darlegen und beweisen, dass ihm die Einsichtsfähigkeit fehlte.[348]

VERTIEFUNGSHINWEIS: Steht die Deliktsfähigkeit fest und kann dem Minderjährigen auch vorsätzliches oder fahrlässiges Verhalten vorgeworfen werden, so haftet der **Minderjährige** für **den eingetretenen Schaden** nach den §§ 249 ff. Er hat den eingetretenen Schaden **in voller Höhe zu ersetzen.**[349] Dieser Umstand kann zu erheblichen **Härten** führen, wenn z.B. ein minderjähriger Mofafahrer einen Personenschaden verursacht, der zu lebenslangen Pflegeaufwendungen führt.[350] Die scharfe Haftung kann die Entfaltungsmöglichkeiten des Minderjährigen lebenslang beeinträchtigen, und zwar noch bevor das Erwerbsleben beginnt.[351] In krassen Fällen lässt sich die **Haftung des Minderjährigen nur im Rahmen des § 242 begrenzen.**[352]

Für Fälle, in denen eine Haftung wegen §§ 827, 828 ausscheidet, enthält **§ 829** eine 86
sog. **Billigkeitshaftung**, die man volkstümlich als „Millionärsparagraphen" bezeich-

345 So BGHZ 161, 180 = NJW 2005, 354 = JuS 2005, 374 m. Aufbereitung durch *Emmerich*; vgl. aber BGH NJW-RR 2009, 95 (Haftung entfällt nach § 828 Abs. 2, wenn ein Kind mit seinem Fahrrad gegen die geöffnete Hintertür eines abgestellten Pkw fährt und dort Schäden anrichtet). Übungsfall zur Thematik bei *Keipen*, JuS 2006, 709.

346 BGH LM § 828 Nr. 3.

347 BGH NJW-RR 1997, 1110, 1111.

348 BGHZ 161, 180.

349 Vgl. zusammenfassend *Grüneberg*, NJW 2013, 2705; *Ch. Huber*, NZV 2013, 6; *Lang*, NZV 2013, 161 und 214. Ebenso muss der Minderjährige seinen eigenen Schaden voll tragen, sofern keine sonstigen Umstände vorliegen, die ein etwaiges Mitverschulden begründen. Im Anwendungsbereich des § 828 Abs. 3 besteht nicht lediglich generell eine Mithaftung des Minderjährigen, vgl. OLG Celle r+s 2019, 165 Tz. 27 ff.; OLG Düsseldorf NJW-RR 2018, 1039. Das Alter kann aber bei der Höhe eines Mitverschuldens eine Rolle spielen, vgl. OLG Stuttgart NJW-RR 2017, 1057 Tz. 13 f., 23 f.

350 So der Fall LG Dessau NJW-RR 1997, 214 mit BVerfG NJW 1998, 3557; dazu *Goecke*, NJW 1999, 2305.

351 Die lebenslange Zahlungspflicht wird durch Verjährungsvorschriften nicht abgemildert. Würde die Verletzte bzw. ihre Versicherung klagen, so könnte nach § 197 Abs. 1 Nr. 3 der Urteilstitel 30 Jahre vollstreckt werden. Nach § 212 Abs. 1 Nr. 2 beginnt die Verjährung sogar erneut, wenn eine gerichtliche oder behördliche Vollstreckungshandlung vorgenommen oder beantragt wird. Der minderjährige Schädiger könnte zwar nach § 286 InsO eine Restschuldbefreiung anstreben, doch hilft auch diese nicht, wenn die deliktische Tat vorsätzlich begangen wurde (§ 302 Nr. 1 InsO). Ferner erfasst sie keine Unterhaltsansprüche, welche aufgrund einer Schädigung nach § 843 zu zahlen sind, denn diese entstehen jeweils wiederkehrend und sind im Voraus für begrenzte Unterhaltszeiträume zu zahlen (vgl. §§ 843 Abs. 2, 760).

352 *Goecke*, NJW 1999, 2305, 2307.

net.[353] Danach kann gleichwohl haften, wer zwar nicht schuldfähig ist, aber nach allgemeinen Maßstäben schuldhaft gehandelt hat. Voraussetzung dafür ist, dass es nach den Vermögensverhältnissen der am Unfall Beteiligten gerecht erscheint, wenn ein reicher Schädiger den armen Geschädigten schadlos hält. Zum reichen Schädiger wird man allerdings noch nicht dadurch, dass man eine Haftpflichtversicherung unterhält. Zwar kann das Bestehen einer Haftpflichtversicherung einbezogen werden, doch darf nicht allein deswegen ein Anspruch aus § 829 gewährt werden.[354] Aufgrund des Ausnahmecharakters des § 829 kommt eine Haftung des schuldlosen Schädigers nicht schon in Betracht, wenn Billigkeit dies erlaubt, sondern nur wenn Billigkeitsgründe nach den Umständen des Falles die Haftung geradezu erfordern.[355]

Die Haftung nach § 829 ist subsidiär, sie kommt nur in Betracht, wenn kein Aufsichtsverschulden nach § 832 vorliegt. Bei der Haftung Minderjähriger nach § 829 ist daher zunächst zu überprüfen, ob die Eltern in Anspruch genommen werden können. Das setzt ein Aufsichtsverschulden voraus (§ 832 Abs. 1 S. 1, dazu unten § 4 Rn. 16).

c) Schuldformen (Vorsatz, Fahrlässigkeit, Haftungsmilderungen und Haftungsverschärfungen)

87 Die Schuldformen, für die ein deliktsfähiger Schädiger einzustehen hat, ergeben sich aus §§ 823 ff., 276, nämlich Vorsatz oder Fahrlässigkeit. **Vorsatz** ist das Wissen und Wollen der Tatbestandsverwirklichung. **Fahrlässigkeit** liegt vor, wenn die im Verkehr erforderliche Sorgfalt außer Acht gelassen wird (§ 276 Abs. 2). Vorsatz oder Fahrlässigkeit müssen sich auf **Rechtsgutsverletzung, Verletzungshandlung und haftungsbegründende Kausalität** beziehen, nicht aber auf den konkret eingetretenen Schaden und die haftungsausfüllende Kausalität. Wer als Fahrradfahrer fahrlässig einen Fußgänger so stark verletzt, dass der Fußgänger im Krankenhaus behandelt werden muss, handelt schuldhaft in Bezug auf diese Verletzung. Zieht sich die Krankenhausbehandlung ungewöhnlich lange hin, muss der Fahrradfahrer auch die dadurch verursachten Vermögensschäden ersetzen, selbst wenn er diese weder wollte, noch vorhersehen konnte. Anders ist dies bei § 826. Dort muss der Schädigungsvorsatz sich auch auf den verursachten Schaden bezogen haben. Dies folgt bei § 826 aus der Gesetzesfassung, wonach man dafür haftet, dass man einem anderen „vorsätzlich Schaden zufügt". Vorsatz und Schadenszufügung sind also – anders als bei § 823 – miteinander verknüpft.

88 Für die Deliktshaftung genügt jede Art des Verschuldens. Der **Unterschied zwischen vorsätzlichem und fahrlässigem Handeln** ist daher **zumeist bedeutungslos**, soweit es um die Haftung aus § 823 Abs. 1 geht. Eine **Ausnahme** hiervon gilt für das allgemeine Persönlichkeitsrecht. Bei Verletzungen dieses Rechts entstehen häufig keine Vermögensschäden, auch ist eine **Persönlichkeitsrechtsverletzung**, die durch Presse oder Rundfunk mit großer Breitenwirkung erfolgt, alleine durch ein Unterlassungsurteil oft nicht aus der Welt zu schaffen. Daher kann es erforderlich sein, eine Entschädigungssumme festzulegen, die auch eine wirksame Abwehr solcher Verletzungen für die Zukunft gewährleistet. Der BGH hat 1994 entschieden, dass der Schadensersatz aus einer Persönlichkeitsrechtsverletzung, welche vorsätzlich mit dem Ziel der Auflagensteige-

---

353 MüKoBGB/*Wagner*, § 829 Rn. 2 („richesse oblige" m.w.N.).

354 BGHZ 23, 90, 99; 76, 286; das Bestehen einer lediglich freiwilligen Haftpflichtversicherung wirkt sich dagegen nicht haftungsbegründend aus BGH MDR 2017, 397 Tz. 10.

355 BGH MDR 2017, 397; außer der Vermögenslage der Beteiligten, sind in die Billigkeitserwägungen weitere Umstände einzubeziehen OLG Köln BeckRS 2017, 145915.

rung und Gewinnerzielung erfolgte, auch einen Abschreckungseffekt haben muss (näher unten Rn. 94).

89 In Prüfungsfällen kann oft dahingestellt bleiben, ob Vorsatz oder Fahrlässigkeit vorliegt. Bei vorsätzlichem Handeln ist allerdings zu berücksichtigen, dass im Zivilrecht, anders als im Strafrecht, die sog. **Vorsatztheorie** gilt, wonach Vorsatz erfordert, dass der Täter Rechtsgutsbeeinträchtigung und Verletzungshandlung kennt und will, zusätzlich auch ein Bewusstsein der Rechtswidrigkeit seines Handelns haben muss.[356] Wenn der Täter zwar weiß und will, was er tut, jedoch glaubt, zu der Tat befugt zu sein, etwa weil er **an die Voraussetzungen eines Rechtfertigungsgrundes glaubt** oder aber, weil er der Meinung ist, sein Verhalten sei rechtlich nicht verboten, so handelt er nicht vorsätzlich. So liegt es, wenn jemand sich des Nachts von einer Person angegriffen fühlt und diese niederschlägt, obwohl sie nur nach dem Weg fragen wollte. Ein **Rechtsirrtum** liegt vor, wenn ein Student annimmt, die Kopierfreiheit erlaube auch das Kopieren ganzer Bücher (vgl. § 53 Abs. 4 Buchst. b UrhG mit § 97 Abs. 2 UrhG).

In solchen Fällen kann man zum einen argumentieren, der Vorsatz bleibe unberührt, weil der Täter letztlich die Tatsachen kennt und willentlich handelt, während das Bewusstsein der Rechtswidrigkeit allenfalls einen Schuldvorwurf rechtfertige.[357] Im Zivilrecht gibt es allerdings, anders als im Strafrecht, keine besondere Kategorie der Schuldausschließungsgründe oder des fehlenden Schuldvorwurfes (neben der Vorsatz- und Fahrlässigkeitsprüfung). Nach der **Vorsatztheorie** führt daher der Rechtsirrtum wie auch der Irrtum über die Rechtswidrigkeit bzw. das Fehlen des Bewusstseins über die Rechtswidrigkeit dazu, dass der Vorsatz entfällt.[358] Im Rahmen der Fahrlässigkeitshaftung müsste allerdings dann überprüft werden, ob dem Täter gleichwohl ein Vorwurf dahin gehend zu machen ist, dass er die Voraussetzungen für die von ihm angenommene Rechtfertigung nicht nachgeprüft hat. Geht es um rechtliche Verbote, so mutet man dem Täter zu, dass er sich vor seinem Handeln Rechtsrat einholt, also etwa im Beispielsfall die urheberrechtliche Lage überprüft. Die strafrechtliche **Unterscheidung zwischen Erlaubnistatbestandsirrtum und Rechtsirrtum** spielt im Zivilrecht insoweit keine Rolle. Nach der Vorsatztheorie werden Tatsachen- und Rechtsirrtum gleich behandelt. Besonderheiten können sich im Rahmen der Prüfung von § 823 Abs. 2 i.V.m. mit strafrechtlichen Schutzgesetzen ergeben (näher Rn. 114 f.).

90 **Fahrlässigkeit** ist **in § 276 Abs. 2 legal definiert.** Fahrlässig handelt, „wer die im Verkehr erforderliche Sorgfalt außer Acht lässt“. § 276 Abs. 1 S. 2 verweist auf §§ 827, 828, definiert das Vertretenmüssen also auch im Rahmen des § 823 Abs. 1. Da § 276 Abs. 2 für den Fahrlässigkeitsvorwurf auf die im Verkehr erforderliche Sorgfalt abstellt, ist grundsätzlich von einem **objektiven Maßstab** auszugehen.[359] Es kommt also nicht auf das an, was der Schuldner persönlich leisten kann, sondern auf das, was jeder Verkehrsteilnehmer leisten muss, was von jedermann in der betreffenden Situation erwartet werden kann. Dies folgt auch daraus, dass § 277 nur ausnahmsweise einen erleichterten Haftungsmaßstab für Sorgfalt in eigenen Angelegenheiten vorsieht. Verkehrsüblich ist nicht nur, was jedermann zu beachten hat, sondern u.U. auch, was bei der Ausübung konkreter berufsspezifischer Tätigkeiten an Sorgfalt von den Kunden

356 BGHZ 115, 286, 299; Palandt/*Grüneberg*, § 276 Rn. 11.
357 So die Schuldtheorie, vgl. *Enneccerus/Nipperdey*, Allgemeiner Teil, Teilband II, § 210 I 2; im Strafrecht vgl. §§ 16, 17 StGB, BGHSt 2, 194.
358 Im Strafrecht wäre der Irrtum über Rechtfertigungsgründe ein Fall des Erlaubnistatbestandsirrtums entsprechend § 16 StGB, der Irrtum über die Strafbarkeit ist meist vermeidbarer Verbotsirrtum, § 17 StGB.
359 Vgl. hierzu *Koziol*, AcP 196 (1996), 593.

oder Auftraggebern erwartet werden kann. Ein Arzt, der an einer Unfallstelle Notfalldienst leistet, kann nicht darauf verweisen, er schulde nur das, was jedermann von Erster Hilfe verstehe. Ein Rechtsanwalt, der einen Rat erteilt, kann nicht einwenden, so genau beherrsche er das Rechtsgebiet nun auch wieder nicht. Allerdings muss Rücksicht auf die Situation der Leistungserbringung genommen werden. Ein Landarzt, der auf dem Küchentisch einen unaufschiebbaren Eingriff vornimmt, muss nicht damit rechnen, anhand der Fertigkeiten ordentlicher Operateure beurteilt zu werden.[360] Zur verkehrsüblichen Sorgfalt gehören im Übrigen nicht die Kenntnisse der Spitzenkräfte des betreffenden Berufes, sondern es genügt die **Erfüllung durchschnittlicher Sorgfaltsanforderungen**, die in dem angesprochenen Verkehr typischerweise beachtet werden. Eine Besonderheit gilt für Jugendliche.

▶ Fall 40 (BGHZ 39, 281): Der neunjährige K spielt mit seinen Freunden, darunter der elfjährige B, ein „Ritterspiel“, bei dem ein Teil der Gruppe eine „Burg“ gegen die übrigen Jungs verteidigen soll. Als Waffen trugen die Kinder „Schwerter“ aus Resten von Tischlerlatten oder „Messer“ aus abgebrochen Zweigen. Wer von einem der Gegenstände berührt wird, sollte als „tot“ gelten. Im Verlauf des Gefechts wirft K sein „Messer“ auf B. Der Ast trifft das linke Auge des B, was zu einem vollständigen Verlust der Sehkraft führt. Muss K hierfür haften?

Eine Körperverletzung ist **Rechtsgutsbeeinträchtigung** i.S.d. § 823 Abs. 1. Sie wurde **adäquat kausal verursacht** durch den „Messerwurf“, also eine Handlung. Die **Rechtswidrigkeit** ist indiziert, bei der Frage des **Verschuldens** stellt sich das Problem, ob K deliktsfähig ist. § 828 Abs. 1 und Abs. 2 spielen keine Rolle. Die Deliktsfähigkeit von K beurteilt sich daher nach **§ 828 Abs. 3**. Danach kommt es auf die Frage an, ob er generell die Einsichtsfähigkeit hatte, zu erkennen, dass unachtsam geworfene Gegenstände zu Schäden der genannten Art führen können. Für einen typischen Neunjährigen kann vorausgesetzt werden, dass er um die Gefahren geworfener Äste für andere Kinder weiß. Die zweite Frage ist, ob K **schuldhaft i.S.d. § 276** gehandelt hat. Vorsätzliches Handeln kann man ausschließen, fahrlässig hätte K gehandelt, wenn er die im Verkehr erforderliche Sorgfalt außer Acht gelassen hätte. Abzustellen ist grundsätzlich auf den objektiven Sorgfaltsmaßstab. Doch zeigt die Existenz des § 828 Abs. 3, dass bei Kindern großzügigere Maßstäbe angebracht sind. Im Unterschied zur allgemeinen Deliktsfähigkeit darf im Rahmen dieser Vorschrift ein Maßstab zugrunde gelegt werden, der die Eigenart des Schädigers als Person betrifft, etwa eine altersgemäße Ungeduld, das Vertrauen auf die vorher ausgemachten Regeln und die mangelnde Fähigkeit, aber auch die motorischen Fähigkeiten in der Situation. **Bei Jugendlichen** ist insofern **nicht derselbe Verhaltensmaßstab anzulegen wie bei Erwachsenen**.[361] Danach kann man an der individuellen Fahrlässigkeit zweifeln. Ergänzend wäre zu erwägen, ob eine Haftung der Eltern nach § 832 oder eine Billigkeitshaftung nach § 829 möglich ist (vgl. oben § 3 Rn. 86).[362] ◀

91 Vorsätzliches Handeln liegt auch bei bedingtem Vorsatz vor. Unterhalb der Vorsatzhaftung existieren verschiedene **Fahrlässigkeitsmaßstäbe**, die im Einzelnen zu erleichterten oder verschärften Haftungsbedingungen führen können. Der Normalfall ist die einfache oder gewöhnliche Fahrlässigkeit. **Grobe Fahrlässigkeit** setzt voraus, dass die im Verkehr erforderliche Sorgfalt in besonders schwerem Maße verletzt ist. Nach einer

360 *Deutsch*, Anm., JZ 1968, 103, 104.
361 BGHZ 39, 281, 286.
362 BGHZ 39, 281, 286.

vom Reichsgericht geprägten Formulierung handelt grob fahrlässig, wer außer Acht lässt, was im gegebenen Fall jedem einleuchten musste.[363]

Gesetzliche Haftungsmilderungen finden sich in §§ 521, 599, 680, 690, 708, 1359, 1664 Abs. 1, 347 Abs. 1 S. 2 und 2131, die jeweils die Haftung für grobe Fahrlässigkeit nicht ausschließen. Solche **Haftungsmilderungen** gelten **auch für konkurrierende Deliktsansprüche** (vgl. oben § 1 Rn. 17), denn eine vertraglich erleichterte Haftung liefe leer, würde sie nicht auch für den konkurrierenden Deliktsanspruch gelten. Eine Sondersituation gilt für die §§ 708, 1359. Diese Normen sehen vor, dass die Gesellschafter einer Personengesellschaft sowie Ehegatten untereinander nur für die eigenübliche Sorgfalt (§ 277) einzustehen haben. Das darf aber nicht dazu führen, dass im Straßenverkehr erleichterte Haftungsmaßstäbe gelten. Die Sorgfaltspflichten im Straßenverkehr sind vielmehr für jedermann gleich zu bemessen. Das Straßenverkehrsrecht ist ein Gebiet, „das seiner Natur nach keinen Spielraum für individuelle Sorglosigkeit erlaubt".[364] Wird also ein Mitgesellschafter oder ein Ehegatte im Straßenverkehr durch unvorsichtiges Verhalten eines nach §§ 708, 1359 Privilegierten geschädigt, so ist der Schadensersatzanspruch nach § 823 Abs. 1 nicht auf grob fahrlässige Verkehrsverstöße beschränkt. Wer sich als Ehegatte zu seinem bekanntermaßen chaotisch fahrenden Partner ins Auto setzt, kann wegen eines Mitverschuldens nach § 254 auf einem Teil seines Schadens sitzen bleiben. Eine allgemeine Vorschrift, wonach auch in Gefälligkeitsverhältnissen nur für grob fahrlässiges Verhalten gehaftet wird, gibt es nicht.[365]

Einen besonderen Haftungsmaßstab enthält das Arbeitsrecht. Wenn es um die **Haftung des Arbeitnehmers gegenüber dem Arbeitgeber** geht, etwa für Beschädigung von Betriebseinrichtungen oder Produktionsmitteln, so kann eine Haftung auf vertraglicher Grundlage, aber auch aus §§ 823 ff. in Betracht kommen. Die Rechtsprechung des Bundesarbeitsgerichts hatte früher bei **sog. schadensgeneigter Arbeit** drei Fahrlässigkeitsstufen unterschieden, nämlich leichteste, leichte (bzw. mittlere) und grobe Fahrlässigkeit. Entsprechend der jeweiligen Stufe sollte eine Haftung des Arbeitnehmers überhaupt nicht, nur teilweise oder aber voll in Betracht kommen.[366] Die Begrenzung dieser arbeitnehmerfreundlichen Haftung auf gefahrgeneigte Tätigkeiten wurde im Arbeitsrecht später aufgegeben.[367] Überdies wurde die Differenzierung zwischen leichtester und mittlerer Fahrlässigkeit wieder auf eine Stufe, nämlich die der leichten (normalen) Fahrlässigkeit, zurückgeführt.[368] Im Ergebnis unbestritten ist heute, dass der Arbeitnehmer für leichte Fahrlässigkeit nicht haftet. Der Arbeitgeber profitiert von der Möglichkeit der Arbeitsteilung, er soll daher auch deren übliche Risiken tragen (**Betriebsrisikolehre**). Daneben wird zwischen grober und besonders grober (gröbster) Fahrlässigkeit unterschieden.[369] Bei der „gröbsten" Fahrlässigkeit ist jede Haftungserleichterung ausgeschlossen. Bei grober Fahrlässigkeit kann eine Schadensteilung in Betracht kommen. In einem Fall, in dem eine Flugbegleiterin ihren Reisepass vergessen hatte, sodass ein gesonderter Rücktransport erforderlich wurde, hat das BAG hälftige

363 RGZ 141, 129, 131; übernommen vom BGH in BGHZ 10, 14, 16, 17; 89, 153, 161.
364 BGHZ 46, 313, 318 (zu § 708 BGB); BGHZ 53, 352, 355 (zu § 1359 BGB).
365 Ablehnend RGZ 145, 390, 394; BGHZ 21, 102, 110. Zu der Debatte um mildere Haftungsmaßstäbe bei Gefälligkeiten *Witschen*, AcP 2019, 300, 309 ff.
366 Vgl. BAGE 5, 1, 6 ff.; zum zwingenden Charakter der Grundsätze zur Arbeitnehmerhaftung BAG NJW 2004, 2469, 2470; vertiefend *Krause*, NZA 2003, 577.
367 BAGE 78, 56, 61.
368 BAG DB 1983, 1207.
369 BAG VersR 1998, 895, 896 = NZA 1998, 310.

Beteiligung an den entstandenen Mehrkosten für angemessen gehalten.[370] Diese Abstufung lässt sich auch auf die **Haftung des Arbeitnehmers gegenüber Dritten** anwenden mit der Folge, dass der haftungsprivilegierte Arbeitnehmer ggf. einen **Freistellungsanspruch** gegen seinen Arbeitgeber hat. Der Anspruch gründet sich auf §§ 670, 257.[371]

Ein Fall der **Haftungsverschärfung** ist in § 848 angeordnet. Sie trifft denjenigen, der durch verbotene Eigenmacht oder durch eine sonstige unerlaubte Handlung eine Sache entzogen hat und im Besitz hält. Dadurch wird das **Risiko für zufälligen Verlust** auf denjenigen übergewälzt, der sich im Unrechtszustand befindet.

6. Schaden

a) Allgemeines

92 ▶ Fall 41 (nach BGH NJW 2005, 277): B schneidet dem K die Vorfahrt auf einer viel befahrenen Straße ab. Infolge der Fahrlässigkeit kommt es zu einem Unfall, bei dem der 16 Jahre alte Mercedes Benz 200 D mit einer Laufleistung von 164.000 km beschädigt wird. K liebt das Fahrzeug und möchte es reparieren lassen. Von B verlangt er Ersatz der Reparaturkosten, Ersatz der Einbuße, die sich daraus ergibt, dass er nunmehr ein „Unfallfahrzeug" fährt und dafür, dass er das Fahrzeug während der Reparatur zehn Tage nicht nutzen konnte. ◀

Der Eintritt eines Schadens gehört zu den **Tatbestands- oder Anspruchsvoraussetzungen** des § 823 Abs. 1. Die Art und Weise, wie der Schaden zu ersetzen ist, gehört hingegen zur Rechtsfolge. Der verursachte Schaden muss nicht alleine in der **Rechtsgutsbeeinträchtigung** liegen, oder mit ihr identisch sein. Gibt A dem B eine Ohrfeige, so mag die Wange des B sich röten, sofern jedoch keine weiteren Folgen zurückbleiben, liegt zwar eine Rechtsgutsbeeinträchtigung in Form einer Körperverletzung vor, nicht jedoch ein **ersatzfähiger Schaden**. Drohende Rechtsgutsbeeinträchtigungen (wie das ernsthafte Androhen einer Ohrfeige) können durch einen Unterlassungsanspruch analog § 1004 Abs. 1 S. 2 abgewehrt werden. Oft liegt der Schaden nicht darin, dass das Rechtsgut selbst einen Wertverlust erleidet (Körperverletzung), sondern dass die Einbuße im sonstigen Vermögen als Folgeschaden eintritt (Behandlungskosten). Dazu gehören Nutzungsausfallschäden sowie der Ersatz eines sog. merkantilen Minderwerts („Unfallfahrzeug", Fall 42). Weitere Folgeschäden (wie etwa im Ohrfeigenfall) können immaterielle Einbußen sein. Die persönliche Beleidigung (auch durch eine demonstrative Ohrfeige) hat häufig keine Vermögensfolgen, allerdings kann sie Anlass dafür sein, dass die Wertschätzung des Betroffenen oder sein Ehrgefühl leidet. Dies mag durch eine Entschädigungszahlung, also durch einen immateriellen Schadensersatz, ausgeglichen werden. Daran zeigt sich, dass **Rechtsgutsbeeinträchtigung, Schaden und Wiedergutmachung** des Schadens verschiedene Begriffe darstellen. Erst wenn ein Schaden auf der Tatbestandsseite festgestellt ist, kann auf der Rechtsfolgenseite geklärt werden, wie dieser Schaden wiedergutzumachen ist.[372]

b) Vermögens- und Nichtvermögensschäden

93 Mit der Frage der Wiedergutmachung befassen sich allgemein die §§ 249 ff., die auch bei Vertragsverletzungen anzuwenden sind. Ausführungen zum **Schadensbegriff** finden

370 BAG NJW 1995, 3204.
371 MüKoBGB/*Henssler*, § 619a Rn. 25; Staudinger/*Richardi/Fischinger*, § 619a Rn. 81 ff.
372 Vgl. das Bsp. OLG Köln VersR 2011, 87 (möglicher Verdienstausfall wegen zeitweiliger Unterbrechung des Telefon- und Telefaxanschlusses einer Rechtsanwaltskanzlei).

sich daher typischerweise schon in den Lehrbüchern zum Allgemeinen Teil des Schuldrechts.[373] § 249 Abs. 1 stellt klar, dass für den **Inhalt von Schadensersatzansprüchen** der Grundsatz der Naturalrestitution gilt. Wer zum Ersatz verpflichtet ist, muss den Zustand herstellen, der ohne die Schädigungshandlung bestünde. **Vermögenseinbußen** lassen sich durch eine **Differenzbetrachtung** ermitteln. Dazu ist der am Markt erzielbare Vermögenswert der Rechtsgüter des Geschädigten ohne (hypothetische Vermögenslage) und mit Verletzungshandlung (reale Vermögenslage) gegenüberzustellen („natürlicher Schadensbegriff", **Differenztheorie**).[374] Schaden im Rechtssinne ist danach jede verbleibende Werteinbuße an den Rechtsgütern und im Vermögen des Verletzten.[375] Dazu gehören die Reparaturbedürftigkeit der Sache und die zur Reparatur erforderlichen Geldbeträge ebenso wie die Kompensation einer verbleibenden Werteinbuße (merkantiler Minderwert).[376]

Vermögenseinbuße ist ausnahmsweise auch der **Verlust der Nutzungsmöglichkeit** für einen Gegenstand. Kann ein beschädigter Pkw infolge der zum Schadensersatz verpflichtenden Handlung vorübergehend nicht mehr benutzt werden, so ist eine wesentliche Funktion, die am Markt in Geld bewertbar ist (Mietwagenkosten), gestört. Denn eine Sache wird nicht nur erworben, um sie zu haben, sondern auch, um sie ständig nutzen zu können (sog. **Kommerzialisierungsgedanke**).[377] Der Schädiger hat daher grundsätzlich den Wert der entgangenen Nutzung auch zu erstatten, wenn der Geschädigte sich keinen Ersatz durch vorübergehende Anmietung des zu entbehrenden Wirtschaftsguts verschafft.[378] Allerdings ist die Frage, ob die bloße Nutzungs- oder Gebrauchsmöglichkeit einen ersatzfähigen Vermögenswert darstellt, lange umstritten gewesen.[379] Die in § 253 getroffene Wertung, Nichtvermögensschäden nur ausnahmsweise zu ersetzen, soll durch den Kommerzialisierungsgedanken nicht in Frage gestellt werden. Die Rspr. hat daher Nutzungsersatz auf besonders wichtige, zentrale Vermögensgüter wie Pkw[380] und selbst bewohnte Gebäude beschränkt, weil der Berechtigte auf deren ständige Verfügbarkeit angewiesen sei.[381] Die private Yacht, die nur zu Hobbyzwecken genutzt wird, gehört hierzu nicht, es sei denn, sie wird gewerblich vermietet, sodass die zeitweise fehlende Nutzungsmöglichkeit einen Gewinnentgang und damit einen klaren Vermögensschaden verursacht (§ 252). Zu ersetzen ist jeweils der objektive Marktwert des eingebüßten Vermögensvorteils (Tauschwert). Für Pkw gibt es pauschalierte Ersatzbeträge, die nach Typ, Ausstattung und Baujahr auch gewährt werden.[382]

---

373 Vgl. etwa die Darstellung bei *Eike Schmidt*, Das Schuldverhältnis, Rn. 344 ff.

374 BGHZ 27, 181, 183.

375 *Larenz*, Schuldrecht Allgemeiner Teil, § 27 II a.

376 Zu den Schwierigkeiten der Berechnung in der Praxis *Jaeger*, NVZ 2017, 297. Zu den Besonderheiten bei Schäden an Oldtimern *Wolf*, NJW-Spezial 2017, 649.

377 Grundlegend BGHZ 98, 212, 214.

378 BGHZ 40, 345, 348; 98, 212; näher *Fielenbach*, NZV 2015, 272.

379 Vgl. etwa *Larenz*, Schuldrecht Allgemeiner Teil, § 29 II c.

380 Auch ein Motorrad, wenn es das einzige KFZ des Geschädigten ist und nicht nur Freizeitzwecken dient, BGHZ 217, 218.

381 BGHZ 98, 212, 214; für Eigentumswohnungen BGH NJW 2014, 1374; krit. *Eike Schmidt*, Das Schuldverhältnis, Rn. 363; Einzelheiten zur Wertminderung bei unfallbeschädigten Fahrzeugen bei *Balke*, SVR 2014, 373 (Teil 1) und 408 (Teil 2); mittlerweile ist auch die Nutzung des Internet als ersatzfähiges Wirtschaftsgut höchstrichterlich anerkannt, weil „dessen ständige Verfügbarkeit seit längerer Zeit ... auch im privaten Bereich für die eigenwirtschaftliche Lebenshaltung typischerweise von zentraler Bedeutung ist", BGH NJW 2013, 1072, 1074.

382 Bsp.: OLG Koblenz SVR 2012, 228.

94 ▶ Fall 42 (nach OLG Hamburg NJW 1996, 2870): Die Frauenillustrierte B veröffentlicht mehrere bebilderte Artikel über die beim Publikum durch ihren partybetonten Lebensstil bekannt gewordene Angehörige des europäischen Adels K. So wird auf der Titelseite einer der Illustrierten ein Exklusivinterview mit K angekündigt, das so gar nicht stattgefunden hat. In einer anderen Titelzeile wird der unrichtige Eindruck erweckt, K werde demnächst heiraten. Bereits vorher war unrichtig berichtet worden, dass der Lebensgefährte von K demnächst in die Familie aufgenommen werde. Sämtliche Meldungen sind unrichtig. Das weiß B auch. Durch die Titelzeilen erzielt B im Durchschnitt eine um 20 % höhere Auflage. K klagt erfolgreich auf Unterlassung, ferner auf Geldkompensation für die Verfälschung ihres Persönlichkeitsbildes. Das Gericht verurteilt B zur Zahlung von 180.000 DM (umgerechnet etwas mehr als 90.000 Euro). ◀

§ 253 lässt sich entnehmen, dass zum ersatzfähigen Schaden auch **immaterielle Einbußen** (Nichtvermögensschäden) gehören, die allerdings nur ausnahmsweise in Geld ersetzt werden. Naturalrestitution bei einer Ehrverletzung wäre etwa durch eine Entschuldigung zu leisten. Da die hiermit verbundene Abnötigung einer Meinung gegenüber dem Verpflichteten mit Art. 5 Abs. 1 S. 1 GG kollidiert, besteht aber kein Rechtsanspruch auf eine Entschuldigung.[383] Typisch für Nichtvermögensschäden ist, dass sie in Geld nicht bewertbar sind, weil sie keinen am Markt objektiv feststellbaren unmittelbaren Tauschwert haben: Z.B. Schmerzensgeld wegen posttraumatischer Belastungsstörung nach Bedrohung mit Schusswaffe.[384] Die Verletzung der Ehre oder des Privatlebens eines Menschen kann und soll ebenfalls nicht mit einem Vermögensäquivalent belegt werden. Sofern die Einbuße nicht reparabel ist, kann der Schadensersatzanspruch daher nichts mehr ersetzen, sondern nur noch entschädigen, d.h. die erlittene Einbuße durch eine Ausgleichszahlung lindern. Diese Kompensation kann wiederum in Geld, etwa in Form eines Schmerzensgeldes, erfolgen, wenn das Gesetz dies erlaubt (§ 253). Das Schmerzensgeld erfüllt den Zweck, einen anders nicht erzielbaren Ausgleich für eine erlittene Einbuße zu gewähren (**Ausgleichsfunktion**).[385] Es soll dem Geschädigten die Möglichkeit verschaffen, sich über eine Geldzahlung Annehmlichkeiten zu verschaffen, die dabei helfen, das erlittene Unrecht zu überwinden oder zu vergessen[386] und dadurch Genugtuung zu erfahren (**Genugtuungsfunktion**).[387] Die Höhe der Entschädigung bemisst sich nach Art, Auswirkung, Umfang der Verletzung und den wirtschaftlichen Verhältnissen der Beteiligten.[388] Vielfach ist sie nur ein Trostpflaster.

Im Medienrecht ist noch eine dritte Funktion des Schmerzensgeldes hinzugetreten. Da in der Vergangenheit die immateriellen Entschädigungen für die Verletzung von Ehre, Ansehen und Privatsphäre insbesondere durch die sog. Sensationsmedien eher bescheiden waren, der mögliche Gewinn durch zusätzlich verkaufte Auflage (bzw. zusätzliche Zuschauerquoten bei Sendeunternehmen) dagegen hoch war, halfen geringe Schmerzensgeldsummen nicht, von vorsätzlichen Verletzungen ernsthaft abzuhalten. Der BGH hat daher in BGHZ 128, 1 geurteilt, dass der immaterielle Ersatz auch der Prävention künftiger Verletzungen diene (**Präventivfunktion**). Bei der Frage, wie hoch das Schmer-

383 Vgl. BGHZ 10, 104, 105; *Larenz/Canaris*, Schuldrecht II/2, § 88 I 1 a.

384 OLG Karlsruhe NJW-RR 2017, 15 (5000 Euro).

385 Grundlegend zu den Funktionen des Schmerzensgeldes die Entscheidung der Vereinigten Großen Senate des BGH, BGHZ 212, 48, 61 Tz. 48.

386 BGHZ 18, 149, 156 f.; BGHZ 35, 363, 369; zu den Schmerzensgeldfunktionen vgl. *Ludyga*, ZEV 2014, 333; *Beuthien*, GRUR 2014, 957.

387 BGHZ 212, 48, 61 f. Tz. 48 f.

388 BGHZ 212, 48, 63 ff. Tz. 54 ff.

zensgeld zu bemessen ist, müssen das Gewicht der Beeinträchtigung, das Ausmaß des Verletzervorsatzes und die kalkulierte Erzielung materieller Vorteile (Auflagensteigerung) berücksichtigt werden. Letztlich soll das zu zahlende Schmerzensgeld so spürbar sein, dass es hilft, künftige Verletzungen zu vermeiden.[389] Daher wird es nur bei vorsätzlichen Verletzungen gewährt. Die in FALL 42 erwähnte immaterielle Entschädigung in Höhe von etwa 90.000 Euro war lange Zeit die höchste je gezahlte Summe. 2009 wurde der schwedischen Prinzessin Madeleine für eine Serie von 86 fehlerhaften Berichterstattungen, darunter Fehlzitate und Fotomontagen, insgesamt 400.000 Euro gezahlt.[390] 2015 sprach das Landgericht Köln einem prominenten Wettermoderator wegen einer Serie von teilweise persönlichkeitsrechtsverletzenden Verdachtsberichterstattungen ein Schmerzensgeld in Höhe von 635.000 Euro zu.[391] Das Berufungsgericht reduzierte die Summe auf 395.000 Euro.[392] Im Gegensatz zum normalen Schmerzensgeldanspruch ist der Geldentschädigungsanspruch wegen Verletzung des allgemeinen Persönlichkeitsrechts nicht vererblich.[393]

Nicht als ersatzfähige Einbußen gelten dagegen bloße **Affektionsinteressen** (Vorlieben, Wertschätzungen, Empfindlichkeiten),[394] z.B. die emotionale Bindung an ein durch einen Pkw getötetes Hündchen (vgl. aber § 251 Abs. 2 S. 2). Emotionen sind subjektiv, ein Marktwert für ihre Bewertung fehlt.

c) Haftungsausfüllende Kausalität und Zurechnungsfragen

Noch zur Frage des Schadens und nicht bereits zur Frage, wie dieser Schaden ersetzt werden muss, gehört die **Beziehung zwischen Rechtsgutverletzung und eingetretener Einbuße.** Wie zwischen Verletzungshandlung und Rechtsgutsbeeinträchtigung muss auch zum Schaden ein Zusammenhang bestehen, den man als **haftungsausfüllende Kausalität** bezeichnet. Die Prüfung unterscheidet sich nicht von der Prüfung der haftungsbegründenden Kausalität, daher kann grundsätzlich auf obige Ausführungen verwiesen werden (oben § 3 Rn. 61 ff). 95

Auch hier ist zunächst die natürliche Kausalität (conditio sine qua non – **Äquivalenztheorie**) zwischen Rechtsgutsbeeinträchtigung und eingetretenem Schaden zu prüfen. Sodann ist die **Adäquanz** der Verursachung einer konkreten Einbuße festzustellen. Hier stellt sich die Frage, ob der Schädiger nach dem gewöhnlichen Verlauf der Dinge damit rechnen konnte, dass die konkrete Einbuße eintreten würde. Für denjenigen, der den Tod eines Menschen verursacht, ist nicht unvorhersehbar, dass dieser gegenüber Angehörigen unterhaltspflichtig war (dazu FALL 30, oben § 3 Rn. 61).

Sehr viel häufiger als bei der haftungsbegründenden stellt sich bei der haftungsausfüllenden Kausalität die Frage, ob der **Schutzzweck** der verletzten Norm darauf gerichtet ist, sämtliche eingetretenen Schäden zu ersetzen (dazu oben § 3 Rn. 66). Modellhaft für die Schutzzwecklehre ist

▶ FALL 43 (BGHZ 27, 137 – Ersatz von Strafverteidigungskosten): Der Motorradfahrer K stößt mit dem ihm entgegenkommenden Pkw des B zusammen, als B links in eine Seitenstraße einbiegt. Dabei werden die Fahrzeuge beschädigt. Gegen beide Fahrer wird ein Strafverfah-

389 *Peifer*, Anm., JR 1996, 420.
390 OLG Hamburg NJW-RR 2010, 624.
391 LG Köln NJOZ 2015, 1836 und ZUM-RD 2016, 30.
392 OLG Köln BeckRS 2016, 16931 und OLG Köln BeckRS 2016, 12714.
393 BGHZ 201, 45= NJW 2014, 2781; BGHZ 215, 117; BGH NJW 2017, 800; OLG Köln GRUR-RS 2018, 17910.
394 *Eike Schmidt*, Das Schuldverhältnis, Rn. 355.

ren eingeleitet, gegen B wegen eines Fahrfehlers, gegen K wegen Überschreitung der zulässigen Höchstgeschwindigkeit. Das Strafgerichtsurteil gegen K wird auf seine Revision hin aufgehoben, nach erneuter Verhandlung wird er von dem ursprünglichen Vorwurf freigesprochen. K verlangt von B Ersatz der Kosten, die ihm durch seine Verteidigung in dem Strafverfahren entstanden sind.

Durch den Fahrfehler des B wurde eine Eigentumsverletzung, also eine Rechtsgutsverletzung i.S.d. § 823 Abs. 1 verursacht. Hierfür war ein Fahrfehler, also eine Verletzungshandlung des B kausal. Hinsichtlich der haftungsbegründenden Kausalität bestehen in diesem Fall keine Bedenken. B handelte auch rechtswidrig und schuldhaft. Auf Rechtsfolgenseite ist zu diskutieren, ob die Verteidigungskosten einen dem B zurechenbaren Schaden darstellen. Zunächst stellt sich die Frage, ob die Verteidigungskosten überhaupt kausal auf der durch den Fahrfehler des B verursachten Rechtsgutsverletzung (Eigentumsverletzung) beruhen. Nachvollziehbar wäre dies für den Ersatz von Anwaltskosten in einem Schadensersatzprozess. Das Berufungsgericht hatte die Kausalität verneint. Auch der BGH räumte ein, dass die Einleitung eines Strafverfahrens und die damit entstehenden Verteidigerkosten mit der Sachbeschädigung „nichts zu tun [haben] [...], denn sie beruhen darauf, daß gegen den Kl. der Verdacht bestand, eine strafbare Handlung begangen zu haben [...]. [Die] Gefahr, in ein Strafverfahren verwickelt zu werden, liegt im Rahmen eines allgemeinen Risikos [...]. Sie [...] besteht auch dann, wenn ein Unfall keinen Personen- oder Sachschaden zur Folge hat, ja selbst dann, wenn die zur Last gelegte Fahrweise überhaupt nicht zu einem Unfall führt." Letztlich ließ der BGH die Frage der Äquivalenz aber offen und verneinte den Anspruch gestützt auf den Schutzzweck der Norm. Er hat ausgeführt, eine Begrenzung der Haftung könne über den Gesichtspunkt des adäquaten Kausalzusammenhangs nicht immer in geeigneter Weise erreicht werden.[395] Daher sei im Rahmen des § 823 Abs. 1 auch zu prüfen, **ob der geltend gemachte Schaden innerhalb des Schutzzwecks dieser Vorschrift liegt**, ob es sich also um Folgen handelt, die in den Bereich derjenigen Gefahren fallen, um derentwillen die Rechtsnorm erlassen worden ist.[396] Hierzu stellte das Gericht zunächst fest, dass das Vermögen als solches nicht durch § 823 Abs. 1 geschützt sei. Zwar sei durch die Norm beabsichtigt, die unmittelbaren Folgen des Unfalls für den Verletzten erstattungsfähig zu machen. Die Gefahr, in ein Strafverfahren verwickelt zu werden, liege aber im Rahmen der Risiken, die jeden Staatsbürger treffen, der ein Fehlverhalten an den Tag legt.[397] Wenn das Gesetz bestimmte Rechtsgüter unter Schutz stellt, will es die Verletzten gleichwohl nicht von den Kosten strafrechtlicher Verfolgung freihalten. Strafverteidigungskosten in dem hier entstandenen Sinne fallen damit nicht unter den Schutzzweck des § 823 Abs. 1. ◀

Wie bei der haftungsbegründenden Kausalität ein Zusammenhang zwischen Verletzungshandlung und Rechtsgutsverletzung bei bestehenden Reserveursachen zweifelhaft sein kann (Rn. 69 ff), geht es auch im Rahmen der haftungsausfüllenden Kausalität um die Frage, ob es einen inneren Zusammenhang zwischen Rechtsgutsverletzung und Schaden gibt (Rechtswidrigkeitszusammenhang, Zurechnungszusammenhang). **Reserveursachen und „Schadensanlagen"**, welche zu der konkreten Einbuße aufgrund Verletzungshandlung geführt hätten, sind im Rahmen der haftungsausfüllenden Kausalität grundsätzlich ebenso unbeachtlich wie bei der haftungsbegründenden Kausalität (vgl. oben § 3 Rn. 69). Etwas anderes kann gelten, wenn das geschädigte Rechtsgut bereits

395 BGHZ 27, 137, 139.
396 a.a.O., S. 140.
397 a.a.O., S. 141.

mit einer „Schadensanlage" belastet war (oben § 3 Rn. 70).[398] Denn nicht ersatzfähig sind Schäden, die in keinem Zusammenhang mit dem rechtswidrigen Verhalten stehen (fehlender Rechtswidrigkeitszusammenhang, § 3 Rn. 72).[399] Beispielhaft dafür steht die

▶ **Abwandlung zu Fall 33 (Rn. 69):** Aufgrund der Mobbingattacken von Arbeitskollegin A wird S arbeitsunfähig.[400] Noch bevor sie anwaltlichen Rat über das weitere Vorgehen einholen kann, stellt sich heraus, dass der Betrieb, in dem sie beschäftigt war, massiven Stellenabbau betreiben muss. S findet sich auf der Liste der zu entlassenden Mitarbeiter. Kann sie dennoch von A Schadensersatz wegen der vom Betriebsarzt diagnostizierten Gesundheitsstörung und wegen des Verdienstausfalls verlangen?

Durch das Verhalten der A wurde äquivalent und vorhersehbar eine Rechtsgutsbeeinträchtigung in Form der **Gesundheitsverletzung** verursacht. A handelte zudem rechtswidrig und schuldhaft. Daher hat sie den gesamten „daraus entstehenden Schaden" (§ 823 Abs. 1) zu ersetzen. Das gilt auch, wenn sie nicht vorhersehen konnte, dass S ihre Arbeit verlieren würde. Bei der **haftungsausfüllenden Kausalität** stellt sich allerdings die Frage, ob der Verdienstausfall – anders als die Behandlungskosten für die diagnostizierte Gesundheitsstörung – allein der Verletzungshandlung von A zuzuschreiben ist. Dagegen spricht, dass S aufgrund der betrieblichen Entlassungen ihren Arbeitsplatz ohnehin verloren hätte. Der Vermögensfolgeschaden wäre also auch ohne das Verhalten der A eingetreten. Es gibt damit eine „Reserveursache" für den Schaden, die hypothetisch geblieben ist. ◀

Hier sind jedenfalls solche **Umstände** bei der Schadensermittlung **zu berücksichtigen, „die bereits bei dem Eintritt des Schadens vorlagen und notwendig binnen kurzem denselben Schaden verursacht hätten,** weil derartige Umstände den Wert der Sache bereits im Augenblick des Eingriffs gemindert haben".[401]

▶ Zu dieser Beurteilung würde auch eine streng durchgeführte Differenzhypothese führen. Denkt man sich das eigentliche Verletzerverhalten hinweg, so wäre im Ausgangsfall (Rn. 69) die Gesundheitsschädigung und in der Abwandlung der Verdienstausfall kurze Zeit später ebenfalls eingetreten. S war insoweit bereits „mit einer Schadensanlage behaftet". Allerdings ändert dies nichts an dem primären Verursachungsbeitrag von A. Für die Kosten der Behandlung muss sie also zunächst alleine aufkommen. Dies ist schon deshalb angemessen, weil zwischen Handlung und Schaden ein klarer Rechtswidrigkeitszusammenhang besteht, bei wertender Betrachtung kann es der Schädigerin nicht zugutekommen, dass die Gesundheitsbeeinträchtigung auch sonst eingetreten wäre. Anders ist es hinsichtlich des Verdienstausfallschadens. Dieser Schaden wirkt in die Zukunft hinein, hat sich also nicht bereits zum Zeitpunkt des Verletzungserfolges in voller Höhe realisiert. Als Vermögensfolgeschaden entsteht er gewissermaßen erst über die Zeit. Daher muss die Schädigerin den Schaden nur bis zu dem Zeitpunkt ersetzen, zu dem die Geschädigte ihren Arbeitsplatz ohnehin verloren hätte. ◀

Die Literatur differenziert nach ähnlichen Kriterien in Fällen, in denen für den Schaden hypothetisch auch eine andere Person oder ein anderer Umstand verantwortlich gewe-

398 Bsp. BGHZ 10, 6.
399 Bsp. BGH NJW 1980, 1333.
400 Fälle des „Mobbing" gelangen zunehmend vor die Gerichte, vgl. umfassend zu dem Phänomen LAG Thüringen NZA-RR 2001, 577; *M. Benecke*, NZA-RR 2003, 225; vgl. auch oben bei Rn. 49. Zur „überholenden Kausalität" bei den Ursachen für eine Arbeitsunfähigkeit OLG Hamm, Urt. v. 27.11.2012 – I U 132/12, BeckRS 2013, 00413.
401 BGHZ 29, 207, 215.

sen wäre (hypothetische Kausalität). Instruktiv ist eine Unterscheidung, welche sich bei *Larenz* findet.[402] Er unterscheidet zwischen **Objektschaden und Vermögensfolgeschaden** und diskutiert hierzu folgendes Beispiel: Zerstört jemand eine Spiegelscheibe, so verursacht er einen Objektschaden, der nach § 823 Abs. 1 auch zu ersetzen ist, wenn der Spiegel kurze Zeit später infolge einer Explosion in der unmittelbaren Nachbarschaft gleichfalls zerbrochen wäre. Der Schadensfall war insoweit bereits abgeschlossen, die hypothetisch gebliebene spätere Zerstörung darf dem Schädiger nicht mehr zugutekommen. War der Spiegel hingegen schon mit Gewinn an einen Dritten weiterverkauft, so wäre dieser Gewinn tatsächlich im Vermögen des Verkäufers nicht mehr angefallen, sofern der Spiegel vor Übergabe zerstört worden wäre. Dieser Folgeschaden muss nicht ersetzt werden.

Medicus ergänzt folgendes Beispiel: S tötet fahrlässig den G, der allerdings zwei Jahre später an einer Geschwulst gestorben wäre. Auch hier bleibt es dabei, dass der „Objektschaden", die Tötung des G, durch das spätere Ereignis nicht mehr kompensiert werden kann. Verlangen die Angehörigen Ersatz des entgangenen Unterhalts nach § 844 Abs. 2, so ist aber zu berücksichtigen, dass dieser Unterhaltsanspruch nach zwei Jahren infolge des alternativen Ereignisses weggefallen wäre. Der Unterhaltsausfallschaden ist also zeitlich zu begrenzen.[403] In der Praxis unterliegen solche Fälle freilich erheblichen Beweisschwierigkeiten.

d) Inhalt und Durchführung der Schadensersatzleistung

96 Die negative Differenz, welche durch die Verletzungshandlung verursacht wurde, ist zu „erstatten". „Erstattung" bedeutet nicht, dass etwas ungeschehen zu machen wäre, denn das ist unmöglich. **Erstattung bedeutet, dass ein wirtschaftlich gleichwertiger Zustand in der Güter- und Vermögenslage des Geschädigten herzustellen ist**, der Geschädigte also nicht tatsächlich, sondern wirtschaftlich so zu stellen ist, wie er ohne das Schadensereignis stünde.[404] Daraus folgt, dass prinzipiell alle Einbußen zu erstatten sind (**Prinzip der Totalreparation**), der Geschädigte aber nicht besser als ohne Schädigung gestellt werden darf (**schadensrechtliches Bereicherungsverbot**).

Minimal- und erst später eintretende Schäden (z.B. Gesundheitsspätschäden) sind zu ersetzen. Der Einwand, der Schädiger könne sich die Totalreparation nicht leisten, wird nicht zugelassen (beachte aber § 251 Abs. 2 S. 1). Andererseits darf der Geschädigte dem Schädiger nicht auch noch die Reparatur etwaiger Altschäden unterschieben. Er muss sich zudem Besserstellungen, die adäquat kausale Folge der Schädigung sind, anrechnen lassen (**Vorteilsausgleichung**).[405] So muss sich der Geschädigte, dessen Haus durch eine unerlaubte Handlung zerstört wird, einen Wertzuwachs des Grundstücks anrechnen lassen, der unmittelbar dadurch eingetreten ist, dass eine bisher das Gebäude treffende Denkmalschutzauflage entfallen ist und das Grundstück nunmehr einen erheblich höheren Marktwert hat.[406] Wer aufgrund falscher anwaltlicher Beratung durch Wiederheirat Unterhaltsansprüche gegen den ehemaligen Partner verliert, muss sich auf den Schadensersatzanspruch gegen den Anwalt wegen Falschberatung den durch die Eheschließung entstandenen Anspruch auf Familienunterhalt anrechnen

---

402 *Larenz*, Schuldrecht Allgemeiner Teil, § 30 I, S. 525.
403 *Medicus/Petersen*, Bürgerliches Recht, Rn. 849.
404 BGHZ 40, 345, 348.
405 BGHZ 49, 56, 61 f.; vertiefend *Büdenbender*, JZ 1995, 920.
406 So in BGH NJW 1988, 1837; vgl. auch *Thiele*, AcP 167 (1967), 193, 193.

lassen.[407] Aus Wertungsgründen problematisch ist, dass sich der Geschädigte, dessen Ernährer durch Delikt getötet wird, auch eine dadurch angefallene Erbschaft als Vorteil anrechnen lassen muss.[408] Nicht anzurechnen sind dagegen Versicherungsleistungen oder Leistungen, die der Arbeitgeber eines Geschädigten für den verletzungsbedingten Ausfall an den Geschädigten zahlt,[409] denn hier wäre es unbillig, den Schädiger dadurch zu entlasten, dass der Geschädigte (zufällig) bestimmte Risiken durch Versicherungen oder arbeitsvertragliche Leistungen kompensieren kann (Wertung aus § 843 Abs. 4). Letztlich setzt sich hierbei die Einsicht durch, dass sich der Geschädigte den Schutz selbst oft erst durch Prämien erkaufen musste. Rechtstechnisch wird eine Vorteilsausgleichung in Versicherungsfällen bereits dadurch verhindert, dass der leistende Versicherer auf gesetzlichem Wege die Schadensersatzforderung abgetreten erhält (cessio legis, vgl. § 6 EFZG, § 86 VVG, oben § 1 Rn. 14) und damit finanziell der Schaden auf ihn verlagert wird. Dementsprechend darf es dem Schädiger auch nicht zugutekommen, wenn der Geschädigte durch vermehrte Eigenanstrengungen die Schadensfolgen in seinem Vermögen abpuffert, z.B. die angefahrene Hausfrau nicht durch eine Haushaltshilfe, sondern durch familiäre Mehrarbeit ersetzt wird (**normativer Schadensbegriff**, vgl. § 3 Rn. 7 und 20). In diesem Sinne hat der BGH auch entschieden, dass ein Arbeitnehmer, der von seinem Arbeitgeber eine Gewinnbeteiligung erhält, gegen den Schädiger auch dann einen Anspruch auf den für den Zeitraum der Arbeitsunfähigkeit anfallenden Teil der Beteiligung hat, wenn er die Beteiligung aufgrund einer Betriebsvereinbarung ungekürzt erhält. Der Arbeitgeber kann diesen an ihn abgetretenen Anspruch geltend machen.[410]

Zum Prinzip der Totalreparation gehört, dass der Vermögenszustand ohne die Schädigung möglichst genau erreicht werden soll. Daher spricht § 249 Abs. 1 von **Wiederherstellung** (Naturalrestitution, in Abs. 1 durch Reparation) **und nicht** von **Entschädigung** (Kompensation, § 251). Ziel ist es, die Güterlage wirtschaftlich gleichwertig wiederherzustellen. Ist ein solcher Ausgleich nicht möglich oder nicht genügend (z.B. entgangene Nutzung eines Pkw während der Reparaturzeit), so ist die entstandene Einbuße in Geld zu kompensieren (§ 251 Abs. 1). Kompensation und Restitution sind daher zu unterscheiden. Manches Mal mag der Geschädigte den Geldersatz gegenüber der Reparatur durch den Schädiger vorziehen. **Von vornherein auf Geld gerichtet** ist ein Erstattungsanspruch daher in den Fällen des **§ 249 Abs. 2**. Wenn Sachen oder Lebensgüter des Verletzten beeinträchtigt wurden, soll der Verletzte nicht gezwungen werden, diese Güter zur Reparatur gerade dem Verletzer anzuvertrauen. Daher darf der Verletzte von vornherein Zahlung der zur Reparatur erforderlichen Summe in Geld verlangen.[411] Auch § 249 Abs. 2 ist ein Fall der Restitution und von der Kompensation durch Geldzahlungspflicht nach § 251 Abs. 1 zu unterscheiden. Die erstgenannte Vorschrift begünstigt den Geschädigten, weil sie ihm letztlich ein Wahlrecht zwischen Her- 97

407 BGH MDR 2016, 822. Der Anwalt hatte über den Wegfall des Unterhaltsanspruchs durch die Eheschließung nicht informiert. Die Gläubigerin trug vor, sie hätte in Kenntnis dessen erst später geheiratet. Im Ergebnis ähnlich BGH MDR 2018, 1489 zur Anrechnung der Gewinne aus einer Anlage auf die Verluste einer anderen, wenn die Anlageentscheidung auf derselben fehlerhaften Beratung beruht.

408 Vgl. *Ackmann*, JZ 1991, 818 (Teil 1) und 967 (Teil 2).

409 BGHZ 10, 107.

410 BGH MDR 2017, 336.

411 BGHZ 66, 239, 243. Allerdings kann jedenfalls ein Leasingnehmer, der die Pflicht zur Instandsetzung gegenüber dem Leasinggeber und Eigentümer für jeden Schadensfall übernommen und im konkreten Schadensfall nicht erfüllt hat, nicht ohne Zustimmung (§ 182 BGB) des Eigentümers gem. § 249 Abs. 2 S. 1 BGB statt der Herstellung die fiktiven Herstellungskosten verlangen, BGH NJW 2019, 1669 Rn. 20.

stellung und Geldzahlung gibt. In der Sache verschafft sie dem Geschädigten ein Recht zur Selbstvornahme, kann er doch mit dem zur Wiederherstellung erforderlichen Geldbetrag selbst entscheiden, wer in welchem Umfang die Reparatur vornimmt. Das setzt voraus, dass die Herstellung möglich ist. Fehlt es hieran, so wandelt sich der Herstellungsanspruch des Geschädigten in einen Kompensationsanspruch durch Geldzahlung (§ 251 Abs. 1). Der Anspruch auf Erstattung der Abschleppkosten zur Reparaturwerkstatt und der Aufwand für die Anmietung eines Ersatzfahrzeugs[412] gehören noch zur Wiederherstellung (§ 249 Abs. 2), die Erstattung des Minderwertes eines Unfallfahrzeugs (sog. merkantiler Minderwert) zur Kompensation (§ 251 Abs. 1).[413] Wird die beschädigte Sache unrepariert veräußert, so ist grundsätzlich die Wiederherstellung im Vermögen des Geschädigten unmöglich geworden, also käme nur noch Ersatz des Mindererlöses beim Verkauf in Betracht.[414] Doch haben es die Gerichte mittlerweile (nicht nur) bei Kfz-Schäden akzeptiert, dass die zerstörte Sache nicht repariert, sondern zum Kauf eines Neufahrzeugs in Zahlung gegeben, gleichwohl aber auf Reparaturkostenbasis Ersatz verlangt wird.[415] Hier setzt sich der Gedanke durch, dass der Geschädigte in der Verwendung der Ersatzsumme frei disponieren darf (vgl. nächste Rn.).

98 Grundsätzlich ist der eingetretene Schaden **konkret zu berechnen**. Eine **Ausnahme** hiervon stellt **§ 252** dar, der es erlaubt, auch denjenigen Schaden ersetzt zu verlangen, der typischerweise aus einer durch die Schädigung beeinträchtigten Gewerbetätigkeit angefallen wäre. Im Rahmen der **Wiederherstellung** ist der dafür **erforderliche Betrag** zur Verfügung zu stellen (§ 249 Abs. 2 S. 1). Daher ist an sich nur ein tatsächlich angefallener Reparaturaufwand zu erstatten. Geht es um den Aufwand für die ärztliche Behandlung, so hält die Rechtsprechung hieran fest, mit der Folge, dass nicht etwa Geld für eine tatsächlich nicht durchgeführte Behandlung verlangt werden kann.[416] Dagegen soll vor allem **bei Kfz-Schäden** der Geschädigte in der konkreten Verwendung des für die Reparatur erforderlichen Geldbetrages frei sein (**Dispositionsfreiheit**).[417] Das führt dazu, dass der Verletzte den Geldbetrag auch verlangen kann, wenn er eine Sache (z.B. ein Fahrzeug) gar nicht reparieren lässt. Dies ermöglicht eine Geldzahlung auf Basis eines Reparaturkostenvoranschlages, also den Ersatz der Kosten einer bloß fiktiv bleibenden Reparatur.[418] Um etwaigen unerwünschten Bereicherungen vorzubeugen, darf seit 2002 die nur im Falle der tatsächlichen Durchführung anfallende Mehrwertsteuer eines Reparaturkostenvoranschlages nicht mehr verlangt werden, wenn die Reparatur tatsächlich nicht ausgeführt wird (§ 249 Abs. 2 S. 2). Schafft der Geschädigte, der den Schaden zunächst auf Basis des fiktiven Wiederbeschaffungswertes berechnet hat, später ein Ersatzfahrzeug an, kann er die im Kaufpreis enthaltene Mehrwertsteuer nicht

412 BGHZ 132, 373, 378.

413 So BGHZ 66, 239, 247; 115, 364, 368; a.A.: *Medicus/Petersen*, Bürgerliches Recht, Rn. 818 (Kompensation nach § 251).

414 BGHZ 81, 385 (Verkauf eines beschädigten Hausgrundstücks vor Erhalt des zur Wiederherstellung erforderlichen Geldbetrages); vgl. aber BGHZ 147, 320 (Verkauf eines beschädigten Grundstücks zusammen mit dem Ersatzanspruch gegen den Schädiger).

415 BGHZ 66, 239 ebenso BGHZ 99, 81 (bei Verkauf eines beschädigten Hauses).

416 BGHZ 97, 14, 15.

417 BGHZ 66, 239, 241.

418 BGHZ 66, 239, 241; anders BGHZ 81, 385, 391 (Verkauf eines beschädigten Hausgrundstücks), hierzu wiederum anders BGHZ 147, 320 (Verkauf eines beschädigten Hausgrundstücks zusammen mit der Schadensersatzforderung).

auch noch ersetzt verlangen, entschied der BGH. „Eine Kombination von fiktiver und konkreter Schadensberechnung ist insoweit unzulässig."[419]

Reparaturen durch Fachwerkstätten sind häufig teurer, aber auch wertvoller als solche durch freie Werkstätten (Verwendung von Originalteilen, besondere Herstellergarantien). Grundsätzlich besteht nach dem Prinzip der Totalreparation ein Anspruch auf Zurverfügungstellung des Betrages, der für die fachgerechte Reparatur erforderlich ist. Das berechtigt zur Inanspruchnahme der Fach- oder Vertragswerkstatt des Kfz-Markenherstellers. Wer auf dieser Basis abstrakt abrechnet, hernach aber eine günstigere Reparatur durch eine freie Werkstatt wählt, benötigt zwar nicht den vollen Reparaturbetrag, darf den bereits gezahlten Ersatzbetrag aber gleichwohl behalten. Das kann man damit rechtfertigen, dass theoretisch eine Einbuße verbleibt, wenn man die Fachreparatur als höherwertig ansieht. Ist der Kostenvoranschlag der Fachwerkstatt dagegen höher als deren spätere Reparaturrechnung, so muss der Geschädigte den Mehrbetrag zurückzahlen, wenn der Schädiger dies verlangt.

Dem **Schädiger** stehen mehrere **Einwendungen gegen die Inanspruchnahme** zu. Zunächst kann er einwenden, dass eine Einbuße keinen Vermögenswert hat und daher allenfalls zu kompensieren, möglicherweise aber auch gar nicht auszugleichen ist (§ 253). Im Rahmen des § 249 Abs. 2 S. 1 kann eingewendet werden, dass ein bestimmter **Aufwand zur Wiederherstellung nicht erforderlich** ist, wenn durch die Schädigung auch Vorteile angefallen sind. Der Einwand der **Vorteilsausgleichung** (oben § 3 Rn. 96) ist nämlich vom Schädiger darzulegen und zu beweisen.[420] Weiterhin kann eingewendet werden, dass eine bestimmte gesetzlich geschuldete Form der Restitution für den Schädiger einen **unverhältnismäßigen Aufwand** darstellen würde (§ 251 Abs. 2 S. 1), z.B. weil der Reparaturaufwand höher ist als der Restwert eines beschädigten Fahrzeugs („wirtschaftlicher Totalschaden", anders bei geschädigten Tieren, vgl. § 251 Abs. 2 S. 2[421]). Trifft dies zu, so ist die Reparatur zwar durchaus möglich, aber wirtschaftlich unverhältnismäßig, sodass das Opfer des Schädigers gemessen an der Einbuße des Geschädigten außer Verhältnis steht (vgl. auch §§ 439 Abs. 4 S. 1, 635 Abs. 3) und daher treuwidrig wäre (vgl. auch § 254 Abs. 2 S. 1 letzter Fall). Wiederherstellung wäre nämlich hier auch durch die Beschaffung eines gleichwertigen Ersatzfahrzeugs möglich.[422] Daher kann der Schädiger statt der Herstellung den Betrag zahlen, der wertmäßig der Einbuße entspricht. § 251 Abs. 2 S. 1 begünstigt insoweit den Schädiger, indem ausnahmsweise der Einwand der Unzumutbarkeit zugelassen, also von dem Prinzip der Totalreparation abgewichen wird. Wann genau die „**Opfergrenze**" erreicht wird, muss durch Abwägung der widerstreitenden Interessen wertend ermittelt werden. Bei beschädigten Pkw ist die Opfergrenze nicht schon erreicht, wenn der Reparaturaufwand exakt dem Zeitwert des Pkw entspricht. Die Rspr. akzeptiert einen Reparaturaufwand, der bis zu 30 % über dem Restwert, d.h. dem Wiederbeschaffungswert für ein gleichwertiges Ersatzfahrzeug, liegt.[423] 99

419 BGH NJW 2017, 1310.
420 BGHZ 94, 195, 217.
421 Zum Schadensersatz bei der Verletzung von Tieren z.B. BGH VersR 2016, 60.
422 Dass auch Wiederbeschaffung Naturalrestitution ist, stellt BGHZ 115, 364 im ersten Leitsatz klar.
423 BGHZ 115, 364, 371; 162, 161, 167; 181, 242 Tz. 15; NJW 2015, 2958 Tz. 7.

e) Kürzung wegen Mitverschuldens

100 Nach dem Prinzip der Totalreparation hat der Schädiger den gesamten verursachten Schaden zu ersetzen. Doch kann es vorkommen, dass ein **Verursachungsbeitrag des Geschädigten den Schadenseintritt** selbst **oder die Schadenshöhe begünstigt** hat, so etwa, wenn der bei einem Unfall Geschädigte sich bewusst von einem alkoholisierten Fahrer transportieren lässt,[424] der Mieter auf einer bekannt gefährlichen Wendeltreppe stürzt[425] oder der Geschädigte sich selbst unvorsichtig oder riskant verhält.[426] Hier wäre es unbillig, den Schädiger allein und in voller Höhe zu belasten. Aus diesem Grunde lässt § 254 die Möglichkeit zu, mitursächlich gewordene Schadensbeiträge des Geschädigten durch die **Bildung von Mithaftungsquoten** zu berücksichtigen. Das führt dazu, dass der Schädiger nur einen Teil des entstandenen Schadens, ausnahmsweise gar nichts ersetzen muss.[427] Umgekehrt kann das Hauptverschulden so hoch sein, dass das Mitverschulden marginal wird, so wenn ein Kfz-Führer, der seine Beifahrerin während der Fahrt küsst, dabei erst eine rote Ampel überfährt und sodann einen Zusammenstoß mit einem anderen Fahrzeug verursacht, dessen Insasse nicht angeschnallt war.[428] Auch bei Schädigungen, die auf direktem Schädigungsvorsatz beruhen, kommt eine Anspruchskürzung wegen nur fahrlässigem Mitverschulden regelmäßig nicht in Betracht.[429]

§ 254 enthält einen allgemeinen Rechtsgrundsatz, der sich aus dem Prinzip von Treu und Glauben ableitet.[430] Treuwidrig wäre grundsätzlich – sofern nicht besondere Umstände wie die vorgenannten hinzutreten –, Totalreparation eines Schadens vom Fremdverursacher zu verlangen, wenn auch eigenes Verschulden zum Eintritt oder zur Höhe des Schadens beigetragen hat. Der Einwand des „Mitverschuldens" betrifft kein Verschulden im technischen Sinne einer Pflichtverletzung gegenüber dem Schädiger, sondern das Unterlassen einer Obliegenheit des Geschädigten. Der Mitschuldige macht sich gegenüber dem Schädiger nicht ersatzpflichtig, er verliert aber einen Teil der Rechte, die er ohne Mitverursachung gegen den Schädiger hätte. Mitverursachung ist ein verschuldensgleiches Verhalten, d.h. auch hier kommt es auf **Vorsatz und Fahrlässigkeit** an. Von Mitverursachung spricht man auch, wenn Beiträge an der Schadensentstehung oder Schadenshöhe mitgewirkt haben, welche man nicht schuldhaft im technischen Sinne gesetzt, aber gleichwohl zu verantworten hat, so etwa die **Betriebsgefahr eines Kfz.**[431] Dementsprechend verweisen die §§ 9, 17 Abs. 2 StVG ebenso auf § 254 wie § 6 Abs. 1 ProdHaftG. Eine besondere Form des „Mitverschuldens" regeln §§ 839 Abs. 3, 839a Abs. 2. Danach kann der Anspruch wegen einer Amtspflichtverletzung bzw. eines gerichtlichen Sachverständigengutachtens entfallen, wenn der Ersatzberechtigte es schuldhaft versäumt hat, „den Schaden durch Gebrauch eines Rechtsmittels abzuwenden". Nicht zugerechnet werden darf ein Mitverschulden, das nur gesetzlich vermutet wird, nicht aber auch festgestellt wurde.[432]

---

424 Vgl. OLG Saarbrücken MDR 2002, 392, oben § 3 Rn. 79.
425 LG Hamburg ZMR 1999, 404.
426 OLG Saarbrücken NJW-RR 2015, 1509 (Jogger läuft bei Dunkelheit und stürzt über eine Unebenheit auf dem Gehweg).
427 BGH NJW-RR 2015, 1056.
428 LG Saarbrücken NJW 2012, 1456.
429 Vgl. BGHZ 213, 1; BGH NJW 2018, 1751.
430 BGHZ 50, 112, 115.
431 BGH NJW 2013, 3235.
432 BGH NJW 2012, 2425 (zu § 832).

§ 254 enthält **drei Fälle der Zurechnung** mitursächlich gewordener Obliegenheitsverletzungen. **§ 254 Abs. 1** betrifft den **Ursachenbeitrag**, der bereits **am haftungsbegründenden Ereignis** mitgewirkt hat, also wenn der Fahrer eines in einen Unfall verwickelten Pkw während des Zusammenstoßes nicht angeschnallt war,[433] ein Fußgänger eine Straße überquert, ohne auf entgegenkommenden Verkehr zu achten und dabei von einem zu schnell fahrenden Auto erfasst wird[434] oder ein Fahrgast sich in einer Straßenbahn keinen festen Halt verschafft.[435] **§ 254 Abs. 2 S. 1, 1. Alt.** erfasst Fälle, in denen es der Ersatzberechtigte vor dem haftungsbegründenden Ereignis unterlassen hat, „auf die Gefahr eines ungewöhnlich hohen Schadens aufmerksam zu machen", also das **Unterlassen einer Warnobliegenheit**. So liegt es, wenn ein Lagerhalter es gegenüber einem eine Zigarette Ansteckenden unterlässt, darauf hinzuweisen, dass in dem Lagerraum hochexplosive Stoffe lagern. Schließlich betrifft **§ 254 Abs. 2 S. 1, 2. Alt.** die Konstellation, dass Bemühungen seitens des Geschädigten unterlassen werden, den verursachten Schaden gering zu halten. Eine **Verletzung der Schadensminderungspflicht** liegt z.B. vor, wenn eine Kfz-Reparatur verzögert beauftragt wird und dadurch ein höherer Nutzungsausfall während der Reparaturzeit entsteht.[436] In allen Fällen muss der Mitverursachungsbeitrag äquivalent und adäquat kausal für den Eintritt bzw. die Höhe des Schadens geworden sein. Kein Mitverschulden wurde darin gesehen, dass ein Radfahrer besondere Unfallfolgen erlitten hat, weil er keinen Helm trug.[437] Ebenso kein Verstoß gegen die Schadensminderungspflicht wurde angenommen, wenn sich der Verletzte nach einem Arbeitsunfall weigert, eine mit erheblichen Schmerzen und Risiken verbundene Knieoperation vornehmen zu lassen, welche die körperliche Beeinträchtigung im Erfolgsfall beseitigen könnte.[438] 101

Unter § 254 gefasst werden schließlich Fälle, in denen sich der Geschädigte selbst schuldhaft in eine gefährliche Situation begibt und daraufhin geschädigt wird (**Handeln auf eigene Gefahr**).[439] Dies gilt im Ansatz auch für die Teilnahme an besonders gefährlichen Sportveranstaltungen wie Autorennen, wo die Gerichte davon ausgehen, dass die Geltendmachung von Schadensersatzansprüchen treuwidrig ist.[440] Hier liegt keine Einwilligung in die Verletzung vor (oben § 3 Rn. 79), gleichwohl muss derjenige, der sich selbst gefährdet, zumindest Kürzungen, wenn nicht gar die Streichung eines etwaigen Ersatzanspruchs hinnehmen. Dagegen gilt die Vereinbarung eines Haftungsausschlusses mit dem späteren Schädiger nicht als Fall der Selbstschädigung.[441] 102

Steht fest, dass ein Mitverursachungsbeitrag des Geschädigten an Entstehung oder Höhe des Schadens mitgewirkt hat, so sieht **§ 254** als **Rechtsfolge** vor, dass „der Umfang 103

---

433 BGH NJW 2001, 1485 m. Anm. *Peter Hentschel*, NJW 2001, 1471.

434 Vgl. BGH VersR 1980, 868; siehe auch OLG Stuttgart NJW-RR 2017, 1057.

435 OLG Dresden NVZ 2018, 76.

436 Vgl. LG Karlsruhe VersR 1982, 562. Vgl. auch zum Mitverschulden bei Verletzung der Anschnallpflicht aus § 21a Abs. 1 StVO BGH NJW 2012, 2027.

437 BGH NJW 2014, 2493 m. Anm. *Kettler* und Bspr. *Ch. Huber*, NZV 2014, 489; *Mäsch*, JuS 2015, 455; zu weiteren Fällen des Mitverschuldens im Straßenverkehr *Scholten*, DAR-Extra 2013, 748; zu den Auswirkungen des Nichttragens von Schutzkleidung durch Motorradfahrer *Rebler*, MDR 2014, 1187.

438 OLG Brandenburg BeckRS 2018, 1243 Tz. 49 ff.

439 BGHZ 43, 77; OLG Nürnberg NJW-RR 2012, 542 (Fahrgast klettert aus dem Fenster eines bereits anfahrenden Zuges und verletzt sich dabei); OLG Hamm NJOZ 2018, 1289 (Cold Water Challenge); OLG München SpuRt 2018, 116 (Gleitschirmunfall). Vgl. oben § 3 Rn. 79.

440 Vgl. OLG Schleswig, BeckRS 2015, 18537.

441 Wenn bereits ein rechtsgeschäftlicher Haftungsausschluss vereinbart wurde, scheidet die Anwendung von § 254 BGB grundsätzlich aus, vgl. Bamberger/Roth/*Lorenz*, § 254 Rn. 26; MüKoBGB/*Oetker*, § 254 Rn. 64, 65.

des zu leistenden Ersatzes … davon (abhängt), inwieweit der Schaden vorwiegend von dem einen oder dem anderen Teil verursacht worden ist." Der Mitverursachungsbeitrag kann zur **Kürzung des Ersatzanspruches** führen, im Extremfall eine Ersatzleistung sogar ganz entfallen lassen.[442] In welchem Umfang dies der Fall ist, hängt von dem Maß der Verursachung ab. Die Praxis lässt sich hier nicht auf naturwissenschaftliche Betrachtungen über die Auswirkungen einzelner Handlungen ein, sondern bildet eine Quote, wonach Teile der Schadenssumme von dem Schädiger nicht übernommen werden. Der Schadensersatzanspruch wird mithin gekürzt **um eine dem mitwirkenden Verursachungsbeitrag entsprechende prozentuale Quote**. Die Höhe dieser Quote wird juristisch wertend ermittelt. Dabei spielt vor allem das Maß des wechselseitigen Verschuldens nach § 276 eine Rolle. Vorsatz wiegt schwerer als Fahrlässigkeit, grobe Fahrlässigkeit führt zu einer höheren Quote als leichte Fahrlässigkeit, eine geminderte Verschuldensfähigkeit nach §§ 827, 828 führt zu einer geringeren Mitverursachungsquote.[443]

Wiederholungs- und Vertiefungsfragen

> In welchen Fällen kann eine Unterscheidung von vorsätzlichem und fahrlässigem Handeln im Rahmen von § 823 Abs. 1 bedeutsam sein?
> (W/V) Gilt § 828 Abs. 2, wenn ein Siebenjähriger mit seinem Fahrrad einen parkenden Pkw beschädigt? (hierzu BGH NJW-RR 2009, 95)
> Wie lässt sich der Schadensbegriff definieren? Wie wird die Höhe eines Schadens ermittelt?
> Was ist im Rahmen der haftungsausfüllenden Kausalität zu prüfen?
> Erläutern Sie die Begriffe „schadensrechtliches Bereicherungsverbot", „merkantiler Minderwert" und „Opfergrenze"!
> (V) Wie wird das Mitverschulden in der gestörten Gesamtschuld behandelt? (dazu *J. Hager,* Das Mitverschulden von Hilfspersonen und gesetzlichen Vertretern des Geschädigten, NJW 1989, 1640–1647).

II. Schutzgesetzverletzung (§ 823 Abs. 2)

1. Überblick und Prüfungsschema

104 § 823 Abs. 2 verfolgt einen anderen Schutzansatz als § 823 Abs. 1. In § 823 Abs. 1 werden subjektive Rechte gegen jede Art des Verletzerverhaltens geschützt, § 823 Abs. 2 setzt hingegen voraus, dass gegen ein **konkretes Verhaltensgebot** verstoßen wurde, **dessen Missachtung (Verletzung) zu Schäden bei privaten Rechtssubjekten geführt hat.** Die Funktion des § 823 Abs. 2 liegt darin, die Missachtung eines Schutzgesetzes mit Schadensersatzansprüchen zu belegen. Während subjektive Rechte eine (gesetzlich näher definierte) umfassende Ausschließlichkeits- und Herrschaftsfunktion vermitteln (z.B. § 903 für das Eigentum), verbieten Schutzgesetze lediglich bestimmte Verhaltensweisen, nämlich **gesetzlich genau definierte Verletzungshandlungen** zum **Schutz eines Individualinteresses. Schutzgesetze verbieten ein bestimmtes Verletzerverhalten, subjektive Rechte verschaffen eine Herrschaftsmacht.** Beispiele für Schutzgesetze sind vielfach (nicht stets) strafrechtliche Normen. **§ 823 Abs. 1 ist objekt- oder gegenstandsbe-**

442 BGHZ 98, 148, 158; so im Fall OLG Nürnberg NJW-RR 2012, 542: Fahrgast klettert aus dem Fenster eines anfahrenden Zuges.
443 OLG Celle MDR 2003, 927; vgl. auch OLG Stuttgart NJW-RR 2017, 1057 Tz. 13 f., 23 f.

zogen, **§ 823 Abs. 2 verhaltensbezogen** formuliert. So ist das Vermögen nicht stets und grundsätzlich nach § 823 Abs. 1, wohl aber durch § 263 StGB gegen vorsätzliche und mit Bereicherungsabsicht durch Täuschung erschlichene Verfügungen geschützt. Schutzgesetze müssen bestimmte Verhaltensweisen verbieten. Keine Schutzgesetze sind daher Vorschriften, die subjektive Rechte definieren (z.B. § 903 BGB) oder Anspruchsgrundlagen zum Schutz von Rechtsgütern, wie etwa § 1004 BGB oder §§ 7, 18 StVG.

Bei § 823 Abs. 2 empfiehlt sich folgender **Prüfungsaufbau:** 105

(1) **Schutzgesetz (Definition und persönlicher Schutzbereich)**
  (a) Definition = jede Rechtsnorm, die (auch) den Schutz eines anderen bezweckt (individualschützender Charakter der Norm);
  (b) Zugehörigkeit des Anspruchsstellers zu dem durch die Norm geschützten Personenkreis = nur wer zu diesem Personenkreis gehört, ist aktivlegitimiert.

(2) Verletzerverhalten = **Verletzung des Schutzgesetzes**
  - Prüfung des Tatbestands (sachlicher Schutzbereich) der Schutznorm, bei Strafgesetzen Prüfung sowohl des objektiven als auch des subjektiven Tatbestands sowie der Rechtswidrigkeit und Schuld.

(3) Rechtswidrigkeit
  - Vorliegen von **zivilrechtlichen** Rechtfertigungsgründen;
  - bei strafrechtlichen Vorschriften als Schutzgesetzen sind Rechtfertigungsgründe bereits unter (2) zu erörtern, eine gesonderte Prüfung unter (3) erübrigt sich.

(4) Verschulden
  - Verschulden im Hinblick auf die schuldhafte Übertretung der im Schutzgesetz ausgesprochenen Verbotsanordnung;
  - ist nach dem Tatbestand des Schutzgesetzes Verschulden nicht erforderlich, so ist es gem. § 823 Abs. 2 S. 2 zu prüfen. Nach h.M. muss nur die Übertretung selbst schuldhaft sein, Verletzungshandlung und Folgeschäden müssen von dem vorsätzlichen oder fahrlässigen Verhalten nicht umfasst sein (hierzu unten § 3 Rn. 114).

(5) Schaden (sachlicher Schutzbereich)
  - **Prüfung, ob das** von der Person geltend gemachte **Interesse von der Schutznorm erfasst** wird.

(6) Rechtsfolge: Schadensersatz, §§ 249 ff. BGB.

2. Grundfall

▶ Fall 44 (BGH NJW 2004, 356 – Parkverbot anlässlich von Bauarbeiten): K ist Bauunternehmer. Er hat den Auftrag, mit einem Kranwagen Arbeiten an einem Bauvorhaben durchzuführen. Der Kran wird eigens für diese Bauarbeiten und nur für die vorgesehene Bauzeit angemietet. Zu seiner Aufstellung benötigt K die Straße in ihrer vollen Breite. Daher beantragt er die temporäre Aufstellung von Halteverbotsschildern durch Zeichen Nr. 283 zu § 41 Abs. 1 Anlage 2 Nr. 61 StVO (Halteverbotszeichen) mit dem Zusatz „ab 6.12. – 7 Uhr Krananfahrt". Die Genehmigung wird erteilt, die Schilder werden bereits einige Tage vor Baustellenbeginn aufgestellt. Am Morgen des 6.12. parkt dennoch der Pkw des B an der markierten Stelle. Der Versuch, B telefonisch zu erreichen, scheitert. Daher lässt K den Pkw abschleppen. Erst Stun- 106 den später kann der Kranwagen die Arbeit verrichten. K verlangt von B Schadensersatz in Höhe der Abschleppkosten und des Mehrpreises für die Kranwagenmiete. ◀

▶ Abwandlung (nach BGH NJW 2005, 2923 – Begrenzte Durchfahrtshöhe an Brücken): Der selbstständige Lkw-Fahrer L, der den Kran mit einem von U angemieteten Sattelschlepper angeliefert hatte, fährt auf dem Rückweg nach Ablieferung des Krans durch eine Unterführung, an der sich eine Baustelle befindet. In Hin- und Gegenrichtung ist aufgrund der Brückenarbeiten ein Schild mit der Höhenbeschränkung von 3,80 m angebracht (Zeichen 265 nach § 41 Abs. 1 Anlage 2 Nr. 39 StVO). Der angemietete Lkw ist 4 m hoch. Da L die Strecke regelmäßig mit ähnlichen Fahrzeugen befährt, vermutet er keine Probleme bei der Durchfahrt. Über das Schild macht er sich keine Gedanken. Infolge eines aufgestellten Baugerüsts muss L dieses Mal jedoch von der Mitte der Straße zum Rand ausweichen. Dort reicht die Durchfahrtshöhe nicht mehr aus, um den Lkw passieren zu lassen. L bleibt mit seinem Fahrzeug stecken. Dabei kommt es zu erheblichen Beschädigungen am Lkw. Der Vermieter des Fahrzeugs U verlangt diese Schäden von L ersetzt.

Für die Frage, ob K gegen B im Ausgangsfall einen Schadensersatzanspruch hat, könnte man zunächst über eine **Eigentumsverletzung** und damit § 823 Abs. 1 nachdenken. Doch geht es nur um den Eingriff in einen Betriebsablauf, Eigentum des K wird nicht angetastet. Fehlt es an einer Eigentumsverletzung, so kommt subsidiär ein Eingriff in das **Recht am Gewerbebetrieb** in Betracht. Doch verlangt die Rechtsprechung hierfür einen betriebsbezogenen Eingriff (oben § 3 Rn. 44), der unmittelbar gegen den Gewerbebetrieb des K gerichtet wird. Daran fehlt es, wenn B aus Gedankenlosigkeit oder Gewohnheit sein Fahrzeug abgestellt hat. Die Beeinträchtigung der Betriebstätigkeit ist allenfalls mittelbare (und wohl auch unbeabsichtigte) Folge des Parkvorgangs. Damit liegen die Voraussetzungen des § 823 Abs. 1 nicht vor.

In der Abwandlung wird durch das Fahrmanöver des L zwar das Eigentum des U am Lkw verletzt, doch fällt es schwer, eine Verletzungshandlung darin zu sehen, dass L den Lkw unter einer Brücke her manövriert. Der Schwerpunkt der Vorwerfbarkeit dürfte darin liegen, dass L es unterlassen hat, die Verkehrsbeschilderung zu beachten. Darin könnte man eine Verkehrssicherungspflichtverletzung sehen. Doch ist die mögliche Verkehrspflicht ihrerseits bereits in einer straßenverkehrsrechtlichen Norm erfasst. Die dort aufgestellten Normen sind spezieller als die zivilrechtlichen Verkehrspflichten. Auch in der Abwandlung ist daher zu prüfen, welche Folgen die Verletzung einer straßenverkehrsrechtlichen Norm nach sich zieht.

In Betracht kommt daher in beiden Fällen eine **Schadensersatzpflicht aus § 823 Abs. 2**, wenn die in § 41 Abs. 1 Anlage 2 StVO erfassten Verbote Schutzgesetze i.S.d. § 823 Abs. 2 sind. ◀

3. Schutzgesetzcharakter

107 § 823 Abs. 2 erweitert und ergänzt den deliktischen Schutzbereich. Schutzgesetze sind Vorschriften, welche **nicht nur Allgemeininteressen, sondern auch und gerade konkrete Individualinteressen gegen bestimmte Verhaltensweisen** wehrfähig machen. Ein Schutzgesetz braucht nicht Gesetz im formellen Sinne zu sein. Erfasst ist jedes Gesetz im materiellen Sinne, d.h. jede Rechtsnorm, die Allgemeingültigkeit besitzt und von staatlicher Seite erlassen wurde. Dies folgt aus Art. 2 EGBGB. Daher können auch Verordnungen und Satzungen, wie etwa die städtischen Vorschriften über die Streupflicht im

Winter, Schutzgesetze im Sinne des § 823 Abs. 2 BGB sein.[444] Gleiches gilt für manche Vorschriften der StVO.

Die verletzte Verhaltensnorm muss **Individualinteressen** schützen. Für die Durchsetzung Allgemeininteressen schützender Normen sorgen Behörden, nicht Privatrechtssubjekte durch die Geltendmachung subjektiver Ansprüche. Schutzgesetz i.S.v. § 823 Abs. 2 ist **jede Rechtsnorm, die zumindest auch dazu dient, den Einzelnen gegen eine Verletzung seiner privaten Rechtsgüter oder Interessen zu schützen.**[445] Ob dies der Fall ist, kann aus Wortlaut, Systematik und dem Zweck der Norm ermittelt werden. Da in der Klausurbearbeitung Gesetzesmaterialien nicht zur Verfügung stehen, muss dort aus Wortlaut und systematischem Zusammenhang einer Vorschrift geschlossen werden, ob die Norm auch Private schützen soll. In einer Haus- oder Seminararbeit sind die Gesetzesmaterialien heranzuziehen. 108

Anhaltspunkt für einen Individualschutz ist, dass bereits der Tatbestand der Norm private Rechtsgüter oder Interessen einbezieht. So sind die Vorschriften des Strafrechts über den Diebstahl dazu gedacht, Individuen vor der Wegnahme von Gegenständen zu schützen. § 263 StGB schützt Private vor Täuschungshandlungen, die zu Vermögensverfügungen führen.[446] Schutzgesetze i.S.d. § 823 Abs. 2 sind z.B. die §§ 223 ff., 242, 246, 249, 263, 264a und 266 StGB. Auch im Erlaubniserfordernis für Bankgeschäfte (§ 32 Abs. 1 S. 1 KWG) sah der BGH eine Schutznorm.[447] Ebenso ist der Leinenzwang in einer Gefahrenabwehrverordnung einer Verbandsgemeinde ein Schutzgesetz.[448] Strafvorschriften, die im Tatbestand Güter der Allgemeinheit nennen und individuell Geschädigte nicht einmal erwähnen, sind regelmäßig keine Schutzgesetze i.S.d. § 823 Abs. 2. So ist es bei Straftaten gegen die öffentliche Ordnung (§§ 109 ff. StGB) und § 317 StGB, der das Zerstören von Fernmeldeanlagen verbietet. Der Telefonanschlussinhaber kann nicht auf Schadensersatz klagen, wenn eine Geschäftsverbindung durch Zerstören von Telefonkabeln unterbrochen wird.[449] Auch die Verletzung der Buchführungspflicht nach § 283b Abs. 1 Nr. 3 lit. a StGB soll mangels konkret bestimmbaren geschützten Personenkreises, kein Schutzgesetz sein.[450] Eine Vorschrift, die Behörden die Verwendung geschlechterneutraler Formulierungen vorschreibt, hat keinen Schutzgesetzcharakter i.S.d. § 823 Abs. 2.[451] Ebenso wenig individualschützend ist eine bauordnungsrechtliche Vorschrift, welche die Absicherung von Baustelleneinrichtungen zum Schutz von Stromanlagen vorsieht.[452] Die europäischen Abgasnormen dienen nach Auffassung des OLG Braunschweig allenfalls reflexartig dem Individualschutz, sind aber keine Schutzgesetze i.S.d. § 823 Abs. 2.[453] Besonders zu beachten ist die allgemeine Wertung des Deliktsrechts, das Vermögen als solches nicht ebenso breit zu schützen wie die subjektiven Rechte. Fehlt es an einer konkreten Rechtsgutverletzung

444 BGH NJW-RR 2017, 858 zur Auslegung einer Satzung zur allgemeinen Streupflicht mit Blick auf die allgemeine Verkehrssicherungspflicht.

445 BGH NZG 2018, 625 Tz. 14; BGH NJW 2004, 1949; BGH NZG 2013, 939 Tz. 35 (zu § 35 Abs. 2 des Wertpapierübernahmegesetzes).

446 Vgl. BGH NJW 2011, 1962 (arglistige Täuschung beim Verkauf einer Sache).

447 BGH NJW 2017, 2463 Tz. 12.

448 OLG Koblenz NJW 2018, 3596 Tz. 16, m.Anm. *Behme*.

449 Vgl. BGH NJW 1977, 1147.

450 BGH NZG 2019, 437 Tz. 30 ff.

451 BGH NJW 2018, 1671 Tz. 26; dazu kritisch und allgemein zu der juristischen Debatte um geschlechtergerechte Sprache *Grünberger*, JZ 2019, 719.

452 Vgl. BGHZ 66, 388, 390 (Durchtrennung eines Stromkabels infolge von Bauarbeiten).

453 OLG Braunschweig ZIP 2019, 815; dazu *Armbrüster* ZIP 2019, 837.

(Eigentum, Gewerbebetrieb), so ist daher besonders sorgfältig zu prüfen, ob eine Verhaltensnorm gegen reine Vermögensschäden schützen möchte.

▶ In Fall **44** kommt es auf diese Unterscheidung an. Während im Ausgangsfall weder Eigentum noch Gewerbebetrieb verletzt sind, liegt in der Abwandlung eine Substanzverletzung des Eigentums vor. Normen der Straßenverkehrsordnung sind daher differenziert zu betrachten. Nicht alle StVO-Verbote sollen auch private Interessen oder gar das Vermögen privater Verkehrsteilnehmer schützen. Für die Abwandlung hat der BGH entschieden, dass § 41 Abs. 1 Anlage 2 Nr. 39 Zeichen 265 StVO Schutzgesetz i.S.d. § 823 Abs. 2 ist, insbesondere auch das Eigentum an den Fahrzeugen schützen soll, die am Verkehr teilnehmen. Durch das Durchfahrverbot für Fahrzeuge bestimmter Höhe sollen sowohl die Eigentümer der Brückenanlage als auch die Eigentümer der vom Verbot betroffenen Fahrzeuge und die anderen, durch ein Einstürzen der Brücke mittelbar gefährdeten Verkehrsteilnehmer geschützt werden. Danach wären sogar die nachfolgenden Fahrzeuge, die möglicherweise auf den gestoppten Lkw auffahren, in den Schutzbereich der StVO-Norm einbezogen. Dagegen hat das Gericht für den Grundfall klargestellt, dass die StVO als Ganzes kein Gesetz zum Schutz privater Vermögensinteressen sei. Weder dem allgemein gehaltenen Wortlaut des § 12 Abs. 1 Nr. 6a StVO (a.F.) noch den Gesetzgebungsmaterialien lasse sich ein über die Sicherheit und Leichtigkeit des Verkehrs hinausgehender Schutzzweck der Norm dahingehend entnehmen, dass Halteverbote im Rahmen von Baustellen das Vermögen eines Bauunternehmers schützen sollten.[454] Das decke sich mit der Systematik der StVO. So ordne § 45 Abs. 1 S. 1 StVO sogar ausdrücklich an, dass die Straßenverkehrsbehörden die Benutzung bestimmter Straßen oder Straßenstrecken aus Gründen der Sicherheit oder Ordnung des Verkehrs beschränken können. Damit scheidet eine Haftung des B im Grundfall aus. In der Abwandlung ist dagegen weiter zu prüfen. ◀

109 Vertiefungshinweis: **Schutzgesetze** formulieren Verhaltensstandards. Damit **ähneln** sie den **Verkehrspflichten**, welche Gerichte fallbezogen aufstellen (vgl. oben § 3 Rn. 56). Verhaltenspflichten werden also mal vom Gesetzgeber, mal vom Richter formuliert. Man könnte daher die **Frage** stellen, **ob das Fehlen eines schutzgesetzlichen Verhaltensstandards darauf hindeutet, dass auch eine entsprechende Verkehrspflicht nicht besteht.** In Fall 29 hat sich gezeigt, dass dies nicht so ist. Auch wenn das Schutzgesetz, z.B. eine kommunale Streuverordnung, vom Anlieger nicht verlangt, zu jeder Tages- und Nachtzeit auf Eisfreiheit seines Anliegerbereichs zu achten, kann eine ergänzende Verkehrspflicht greifen, wenn der Anlieger z.B. durch den Betrieb einer Diskothek eine ergänzende Gefahrenquelle schafft (§ 3 Rn. 57). Umgekehrt müssen Gerichte keine Verkehrspflicht ausformulieren, wenn ein missbilligtes Verhalten bereits durch ein Schutzgesetz erfasst ist. Daher bedarf es keiner Verkehrspflicht mit dem Inhalt des Verbots aus § 41 Abs. 1 Anlage 2 Nr. 39 Zeichen 265 StVO, weil dieses Verbot gesetzlich besteht und private Interessen erfasst.

110 Ist festgestellt, dass die in Rede stehende Norm Schutzgesetz i.S.d. § 823 Abs. 2 ist, so ist zu prüfen, ob der **Anspruchsteller**, der den Schadensersatzanspruch geltend macht, auch **zu dem Kreis der geschützten Privatpersonen zählt (persönlicher Schutzbereich).** Nur dann besteht eine individuelle Berechtigung zur Verfolgung des betreffenden Schadensersatzanspruchs (**Klageberechtigung**). Wie auch sonst darf nur derjenige ein sub-

454 In anderen Situationen kann das absolute Halteverbot aber durchaus auch Schutzgesetzcharakter haben, vgl. BGH NJW 1983, 1326 (Schutz der die Fahrbahn überquerenden Fußgänger durch Gewährleistung der Übersehbarkeit des Verkehrs).

jektives Schutzrecht ausüben, dem die Schutzposition nach dem Willen des Gesetzgebers zuerkannt wurde.

▶ Dient § 41 Abs. 1 Anlage 2 Nr. 39 Zeichen 265 StVO auch dem Schutz der Vermieter von Lastkraftwagen, so besteht in der ABWANDLUNG eine Klageberechtigung, da U zu diesem Personenkreis gehört. Der BGH hat hierzu festgestellt, dass nicht nur der Eigentümer des Brückenbauwerks, sondern auch der nicht selbst fahrende Lkw-Eigentümer in den Schutzbereich der Norm fällt, weil auch er auf die Einhaltung der den Schutz seines Eigentums bezweckenden Verkehrsregeln durch den Fahrer angewiesen ist. Daher ist U klagebefugt. ◀

Dadurch, dass nur bestimmte Personen vom persönlichen Schutzbereich des Gesetzes erfasst sind, wird verhindert, dass ein zu großer Kreis von Klageberechtigten besteht, also letztlich § 823 Abs. 2 den Charakter einer Generalklausel erhält.[455] Ein Beispiel, in dem der BGH den Kreis der durch **eine Schutznorm Berechtigten begrenzt** hat, ist 111

▶ FALL 45 (BGHZ 22, 293 – Schwarzfahrer): A und B entwenden das Auto des E. B, der wusste, dass das Auto leicht zugänglich auf einem Grundstück abgestellt war, hatte A vorgeschlagen, mit dem Fahrzeug eine Spritztour in die Stadt zu unternehmen. A setzt sich ans Steuer und beginnt die Fahrt. In einer Linkskurve schert er zu weit auf die Gegenfahrbahn aus und verletzt infolgedessen die entgegenkommende Fahrradfahrerin F. F versucht vergeblich, von A Schadensersatz zu erhalten. E ist, ebenso wie A, vermögenslos, zudem war das Fahrzeug abgemeldet und infolgedessen auch nicht versichert. F fragt, ob sie wenigstens Ansprüche gegen B hat.

Eine Haftung des Beifahrers B nach § 823 Abs. 1 scheitert daran, dass B nicht selbst gefahren ist. Möglich erscheint eine Haftung über § 823 Abs. 2, wenn man § 248b StGB, der das unbefugte Benutzen von Kfz unter Strafe stellt, als Schutzgesetz i.S.d. § 823 Abs. 2 ansieht. Schutzgesetz ist die Norm allerdings nur gegenüber dem „Berechtigten", also gegenüber dem Eigentümer oder rechtmäßigen Besitzer des Fahrzeugs. Darüber hinaus beabsichtigt die Norm nur den Ersatz von Schäden am Eigentum, nicht jedoch auch an sonstigen Rechtsgütern, z.B. an Körper und Gesundheit von weiteren Verkehrsteilnehmern. „Berechtigter" ist insoweit nicht jeder, der durch eine unbefugte Ingebrauchnahme geschädigt wird, also nicht einmal der Beifahrer, der an dieser Fahrt teilnimmt.[456] Die an Körper und Gesundheit geschädigte Nichteigentümerin F ist ebenso wenig klagebefugt nach § 823 Abs. 2 mit § 248b StGB.[457] ◀

4. Verletzerverhalten

Das Verletzerverhalten bei § 823 Abs. 2 liegt darin, dass der im Schutzgesetz vorgesehene Tatbestand erfüllt wird. Bei strafrechtlichen Vorschriften müssen der objektive und der subjektive Tatbestand erfüllt, ferner Rechtswidrigkeit und Schuld gegeben sein, denn auch diese begründen den Verstoß gegen das betreffende Schutzgesetz.[458] Dabei sind die strafrechtlichen Begriffe von Vorsatz und Schuld maßgeblich, insbesondere reicht die im Zivilrecht herrschende Vorsatztheorie (§ 3 Rn. 89) zur Begründung nicht aus. Lediglich auf das Vorliegen eines Strafantrages wird verzichtet.[459] 112

455 *Vgl. Coester-Waltjen*, Jura 2002, 102, 103.
456 BGHZ 22, 293, 296, 297.
457 Vgl. *Wandt*, Gesetzliche Schuldverhältnisse, § 17 Rn. 15.
458 Bsp. BGH GmbHR 2013, 1321 (§ 266 StGB mit § 823 Abs. 2).
459 *Dörner*, JuS 1987, 522, 526.

Methodischer Hinweis: In Prüfungssachverhalten ist bei der Verletzung strafrechtlicher Normen eine vollständige strafrechtliche Prüfung erforderlich. Der Fallbearbeiter darf aber darauf vertrauen, dass bei der strafrechtlichen Prüfung keine übermäßigen, vom Zivilrecht weit abführenden strafrechtlichen Probleme auftauchen. Die Prüfung wird daher knapp und im Urteilsstil verkürzten Gutachtenstil erfolgen dürfen.

▶ In der Abwandlung zu Fall 44 (Brückenunterführung) ist Verletzungshandlung die Durchfahrt unter einer Brücke mit einem Fahrzeug, das die in Verbotsschild 265 zu § 41 Abs. 1 Anlage 2 Nr. 39 StVO angegebene Maximalhöhe von 3,80 m übersteigt. ◀

5. Rechtswidrigkeit

113 Die Rechtswidrigkeit ist zu prüfen, wenn sie nicht bereits zum Tatbestand des Schutzgesetzes gehört (so bei Strafrechtsnormen). Auf zivilrechtliche Rechtfertigungsgründe kommt es nur an, wenn deren Inhalt nicht bereits im Rahmen der strafrechtlichen Prüfung erörtert wurde. Im Übrigen wird die **Widerrechtlichkeit** durch die Verletzung des Schutzgesetzes **indiziert.**[460] Das setzt voraus, dass das Schutzgesetz eine konkrete Verhaltensweise verbietet. In einem solchen Fall nämlich definiert das Verbotsgesetz selbst das pflichtwidrige (also rechtswidrige) Verhalten. Im Ergebnis ebenso ist es, wenn das Verbotsgesetz nicht ein konkretes Verhalten, sondern einen Erfolg verbietet, der auch regelmäßig nur durch gefährdende Verhaltensweisen verwirklicht wird. So beinhaltet die Zubereitung einer salmonellenverseuchten Nachspeise anlässlich einer Hochzeit durch einen Gastwirt[461] den Verstoß gegen Regeln der Zubereitung (Erhitzen von Pudding auf eine Temperatur, die Salmonellen abtötet).

▶ In der Abwandlung zu Fall 44 kommen Rechtfertigungsgründe nicht in Betracht. Da das Verhalten als solches von der StVO-Norm verboten wird, ist die Rechtswidrigkeit indiziert. Eine Erlaubnisnorm für das Verhalten des L ist nicht ersichtlich. Rechtswidrigkeit liegt mithin vor. ◀

6. Verschulden

114 Auch § 823 Abs. 2 erfordert schuldhaftes Handeln (§ 823 Abs. 2 S. 2). Allerdings wird bei § 823 Abs. 2 häufig das Verschulden bereits beim Verstoß gegen das Schutzgesetz geprüft. Handelt es sich um strafrechtliche Normen, so muss auch die Vorwerfbarkeit nach §§ 15 ff. StGB geprüft werden.[462] Wurde im Rahmen der Prüfung des Schutzgesetzes vorsätzliches oder fahrlässiges Handeln bejaht, so kann hierauf verwiesen werden.

Anders liegt es, wenn das Schutzgesetz nur ein objektives Verhaltensgebot formuliert und ein Verstoß kein Verschulden voraussetzt. Dann bleibt es bei § 823 Abs. 2 S. 2, wonach eine Ersatzpflicht nur bei schuldhaftem Handeln in Betracht kommt. § 823 Abs. 2 S. 2 stellt also ein **Mindestverschuldenserfordernis** auf.

Verschuldet sein muss bei § 823 Abs. 2 (anders als bei § 823 Abs. 1, vgl. Rn. 82) aber **nach h.M. nur die Verletzungshandlung**, also der Verstoß gegen das Schutzgesetz

460 HK-BGB/*Staudinger*, § 823 Rn. 152; NK-BGB/*Katzenmeier*, BGB Schuldrecht, § 823 Rn. 531.

461 BGHZ 116, 104 = NJW 1992, 1039, 1042 (salmonellenverseuchter Hochzeitspudding führt zur Erkrankung von Gästen). Damals § 8 Nr. 1 des sog. Lebensmittel- und Bedarfsgegenständegesetzes, heute § 5 Abs. 1 des Lebensmittel-, Bedarfsgegenstände- und Futtermittelgesetzbuchs.

462 BGH NJW 2017, 2463 Tz. 16 (das gilt auch, wenn es sich zwar nicht um eine Strafnorm handelt, die Missachtung des Schutzgesetzes aber unter Strafe gestellt ist).

selbst, **nicht auch die dadurch ausgelöste Interessen- oder Rechtsgutverletzung.**[463] Nicht erforderlich ist daher, dass der Handelnde wusste oder damit hätte rechnen können, dass bestimmte Rechtsgüter, die in dem Schutzgesetz abgedeckt sind, verletzt werden können. Das führt zu Härten, wenn es um die Verletzung einer Verhaltensnorm geht, die tatbestandlich sehr weit formuliert ist, potenziell also auch zu weitgehenden Schadensfolgen führen kann. Wenn ein Autofahrer vorsätzlich gegen eine Geschwindigkeitsbegrenzung verstößt (§ 3 Abs. 3 StVO), muss er damit noch nicht die Verletzung von Verkehrsteilnehmern in Kauf nehmen. Manche fordern daher, dass auch die konkrete Rechtsgutsbeeinträchtigung und die entstandenen Folgeschäden vom Vorsatz oder dem Sorgfaltsverstoß umfasst sein, also verschuldet sein müssen.[464] Die h.M. behandelt diese Fragen als solche der haftungsausfüllenden Kausalität, also auf der Ebene des Schadens.

▶ In der Abwandlung zu Fall **44** stellt § 41 Abs. 1 mit den Verboten der Anlage 2 StVO ein objektives Verbot auf. Subjektive Voraussetzungen sind in § 41 Abs. 1 Anlage 2 Nr. 39 Zeichen 265 StVO nicht genannt.[465] Doch kann Schadensersatz nach § 823 Abs. 2 S. 2 nur verlangt werden, wenn schuldhaft gegen die Anordnung verstoßen wurde. Da das Schutzgesetz selbst kein Verschuldenserfordernis enthält, muss für § 823 Abs. 2 festgestellt werden, dass das Verbotsschild vorsätzlich oder fahrlässig missachtet wurde. Wenn L das Schild nicht verstand oder kannte, liegt ein vorsatzausschließender Rechtsirrtum (vgl. oben § 3 Rn. 89) vor. Das hindert aber nicht, dass L sich über die einschlägigen Straßenverkehrsregeln hätte informiert halten müssen. L durfte sich auch nicht darauf verlassen, dass eine frühere Durchfahrtmöglichkeit auch künftig stets gewährleistet ist. Wer Verbotsschilder unbeachtet lässt, handelt sorgfaltswidrig und damit vorwerfbar (fahrlässig) i.S.d. § 276 Abs. 2. Nicht erforderlich für die Feststellung des Verschuldens ist die Feststellung, dass L auch damit rechnete oder hätte rechnen müssen, dass der Lkw oder die Brücke durch sein Verhalten beschädigt werden. Damit liegt Verschulden i.S.d. § 823 Abs. 2 S. 2 vor. ◀

Vertiefungshinweis: Das Schutzgesetz kann eigene **Verschuldenserfordernisse** aufstellen, **die von den zivilrechtlichen Verschuldensmaßstäben abweichen.** Dies betrifft bereits die Verschuldensform. Im Zivilrecht gilt nach der Vorsatztheorie, dass das Bewusstsein der Rechtswidrigkeit erforderlich ist, um vom vorsätzlichen Handeln auszugehen. Im Strafrecht schließt hingegen ein unvermeidbarer Verbotsirrtum die Schuld und damit auch die Strafbarkeit aus (§ 17 StGB).[466] Dies kann dazu führen, dass im Falle eines unvermeidbaren Verbotsirrtums die (strafrechtliche) Schuld entfällt, also im Ergebnis das Schutzgesetz nicht verletzt wurde und keine Haftung aus § 823 Abs. 2 in Betracht kommt.[467] Stammt das Schutzgesetz dagegen aus dem Zivilrecht, beseitigt der Rechtsirrtum nur auf der Ebene des zivilrechtlichen Verschuldens den Vorsatz.[468] Doch bleibt der Fahrlässigkeitsvorwurf, der im Strafrecht fehlen kann, weil fahrlässiges Handeln nicht stets unter Strafe steht. Der zivilrechtliche Fahrlässigkeitsmaßstab ist aber – anders als im Strafrecht – objektiv. Es kommt also wiederum nicht darauf an, was man 115

463 BGH NJW 1982, 1037, 1038; *Larenz/Canaris*, Schuldrecht II/2, § 77 IV.

464 *Brüggemeier*, Haftungsrecht, 2006, S. 541; *Fikentscher/Heinemann*, Schuldrecht § 104 III 3; *Stoll*, Kausalzusammenhang und Normzweck im Deliktsrecht, 1968, S. 21 ff. m. insoweit zust. Bespr. durch *U. Huber*, JZ 1969, 755.

465 § 49 Abs. 3 Nr. 4 StVO sieht allerdings vor, dass ein solcher Verstoß als Ordnungswidrigkeit nur geahndet werden kann, wenn er vorsätzlich oder fahrlässig erfolgte. Doch betrifft dies nur etwaige ordnungsbehördliche Maßnahmen gegen L („Ticket").

466 *Fischer*, StGB, § 17 Rn. 12.

467 BGH NJW 2017, 2463; BGH NJW-RR 2018, 1250 Tz. 24.

468 Vgl. den Ausgangsfall; ferner BGH WM 1984, 1433.

dem Handelnden individuell vorwerfen kann, sondern nur darauf, ob er das missachtet hat, was jedem durchschnittlichen Verkehrsteilnehmer mit dem Sonderwissen des Täters in der betreffenden Situation abzuverlangen gewesen wäre (oben § 3 Rn. 90). Dagegen soll sich bei der Fahrlässigkeitshaftung der Verschuldensmaßstab stets nach zivilrechtlichen Kriterien bestimmen (objektiver Sorgfaltsverstoß),[469] denn § 823 Abs. 2 habe (nur) die Funktion, entstandene Schäden auszugleichen.[470] Auch die Frage der Deliktsfähigkeit wird von der h.M. allein nach zivilrechtlichen Grundsätzen, mithin nach §§ 827, 828 (nicht: §§ 19, 20 StGB) geprüft.[471]

Grundsätzlich kann sich der vorsätzlich handelnde Schädiger nicht auf ein fahrlässiges Mitverschulden des Geschädigten berufen, es sei denn Treu und Glauben gebieten im Einzelfall, dass der Schaden bei dem fahrlässig mitwirkenden Geschädigten verbleibt. Jedenfalls bei direktem Schädigungsvorsatz im Rahmen der Haftung aus § 823 Abs. 2 i.V.m. § 263 Abs. 1 StGB soll sich der Verletzer auf ein fahrlässiges Mitverschulden des Geschädigten nicht berufen können.[472]

7. Schaden und haftungsausfüllende Kausalität

116 Als ersatzfähige Schäden kommen bei § 823 Abs. 2, anders als bei § 823 Abs. 1, auch reine Vermögensschäden in Betracht, sofern die verletzte Schutznorm den Ersatz solcher Schäden beabsichtigt. Die Frage, welche Schäden im Einzelnen ersetzt werden, ist bei § 823 Abs. 2 komplexer als bei § 823 Abs. 1. Dies liegt auch daran, dass faktisch **über den bisher geschilderten Tatbestandsaufbau noch keine Prüfung der (haftungsbegründenden) Kausalität** stattgefunden hat. Es wird vielmehr davon ausgegangen, dass alleine die Schutzgesetzverletzung schon Verletzungshandlung i.S.d. § 823 Abs. 2 ist. Für die haftungsausfüllende Kausalität ist entscheidend, **ob der geltend gemachte Schaden in den Schutzbereich der verletzten Norm** fällt (**sachlicher Schutzbereich**).[473] Hierzu muss festgestellt werden, dass der entstandene **Schaden zu denjenigen Schäden gehört, zu deren Abwendung das Schutzgesetz erlassen wurde.** Dies veranschaulicht

117 ▶ **Fall 46 (siehe bereits Fall 45)** (BGHZ 22, 293 – Schwarzfahrer): A und B entwenden das Auto des E. A, der am Steuer sitzt, schert in einer Linkskurve zu weit auf die Gegenfahrbahn aus und verletzt infolgedessen die ihm entgegenkommende Fahrradfahrerin F. F fragt, ob sie auch Ansprüche auf Verdienstausfall gegen A erheben kann.

Hier könnte man einen Verstoß gegen das Rechtsfahrgebot (§ 2 Abs. 2 StVO) im Zusammenhang mit § 823 Abs. 2 prüfen. Das Rechtsfahrgebot soll ersichtlich den entgegenkommenden Verkehr und damit auch individuelle Verkehrsteilnehmer schützen. Damit wäre F im persönlichen Schutzbereich dieser Norm und daher klageberechtigt. Für den Fall, dass F nicht nur Ersatz ihrer körperlichen Schäden, sondern auch Ersatz eines eventuellen Ver-

469 BGH VersR 1968, 378; *Dörner*, JuS 1987, 522, 527.

470 *Coester-Waltjen*, Jura 2002, 102, 105.

471 *Esser/Schmidt*, Schuldrecht AT/2 § 26 I 2a, S. 81; *Dörner*, JuS 1987, 522, 526; *Staudinger/Hager*, § 823 Rn. G 36; *Soergel/Spickhoff*, § 823 Rn. 212; kritisch MüKoBGB/*Wagner*, § 823 Rn. 435 f. mit der Bemerkung, die strafrechtliche Verantwortlichkeit müsse als Paket geprüft werden, das nicht hinsichtlich einzelner Erfordernisse durch zivilrechtliche Werkzeuge ersetzt werden dürfe.

472 BGH NJW 2018, 1751 Tz. 21.

473 Gelegentlich wird auch hier erst geprüft, ob der Geschädigte zum geschützten Personenkreis gehört (persönlicher Schutzbereich). Im Aufbau sinnvoller ist es, die Frage des persönlichen Schutzbereichs bereits im ersten Prüfungspunkt, nämlich bei der Frage der Schutzgesetzverletzung, zu erörtern (oben § 3 Rn. 105, 110), so auch BGH NJW 2004, 1949. Würde man den persönlichen Schutzbereich verneinen, müsste man nämlich bereits davon ausgehen, dass der Anspruchsteller überhaupt nicht klageberechtigt ist.

dienstausfalls begehrt, stellt sich aber die Frage, ob das Rechtsfahrgebot auch Vermögensfolgeschäden abdecken möchte. Das ist bei den Straßenverkehrsnormen grundsätzlich nicht der Fall (vgl. auch FALL 44 – GRUNDFALL). Die Normen sollen durch Verhaltensmaßstäbe andere Verkehrsteilnehmer nur vor Körper- und Eigentumsverletzungen (z.B. Unfallfolgen am Kfz oder Fahrrad) schützen. Der Verdienstausfall wäre über § 823 Abs. 2 nicht ersatzfähig.[474] ◀

WIEDERHOLUNGS- UND VERTIEFUNGSFRAGEN

> Welche Schutzgüter fallen unter § 823 Abs. 2? Wie grenzen sich die hier geschützten Güter von den „sonstigen Rechten" und den Verkehrspflichtverletzungen ab?

> Erklären Sie die Konzepte des verhaltens- und des objektbezogenen Schutzes und grenzen Sie beide voneinander ab.

> Woran erkennt man den individualschützenden Charakter einer Norm für die Zwecke des § 823 Abs. 2?

> An welcher Stelle ist der persönliche und an welcher Stelle der sachliche Schutzbereich von Schutznormen im Tatbestandsaufbau des § 823 Abs. 2 zu erörtern?

III. Kreditgefährdung (§ 824)

1. Überblick

§ 824 schützt den wirtschaftlichen Ruf einer Person oder eines Unternehmens gegen reputationsschädliche unwahre Tatsachenbehauptungen. Insoweit ist die Norm rechtsguts- und **gegenstandsbezogen formuliert**. Allerdings ist der wirtschaftliche Ruf nicht als Herrschafts- oder Ausschließlichkeitsbefugnis ausgestaltet, überhaupt fehlt es an einer gesetzlichen Definition des Schutzguts. Wie auch § 187 StGB zeigt, ist nicht jede Beeinträchtigung des wirtschaftlichen Rufes verboten, sondern nur die Behauptung oder Verbreitung von ***Tatsachen***, die in ihrem wesentlichen Kern unwahr und zur Kreditgefährdung geeignet sind, wenn der Äußernde weiß (so § 187 StGB) oder wissen müsste (so § 824), dass die Tatsachen unwahr sind. § 824 Abs. 2 zeigt, dass die Indizfunktion der Rechtswidrigkeit bei solchen Äußerungen begrenzt ist, denn in bestimmten Fällen (der Äußernde kennt die Unwahrheit nicht) kann eine Güterabwägung zwischen dem Interesse an der Äußerung und dem Interesse an ihrer Unterlassung die Rechtswidrigkeit entfallen lassen. § 824 ähnelt daher eher dem Schutzgesetzverstoß in § 823 Abs. 2 als dem rechtsgutbezogenen Schutz in § 823 Abs. 1. 118

Für die Prüfung des § 824 empfiehlt sich folgender **Aufbau:**

(1) Rechtsgutsbeeinträchtigung
- wirtschaftlicher Ruf = Kreditwürdigkeit, Erwerb und Fortkommen

(2) Verletzungshandlung
- Behauptung oder Verbreitung einer Tatsache
- Unwahrheit der Tatsache in ihrem wesentlichen Kern

---

474 Vgl. insoweit auch *Larenz/Canaris*, Schuldrecht II/2, § 76 II 3 c, wonach der Schaden, der durch einen unfallbedingten Verkehrsstau als Folge der verlorenen Nutzungsmöglichkeit eines Pkw entsteht, nicht in den Schutzbereich der StVO fällt, die regelmäßig nur Körper- und Substanzschäden ersatzfähig machen soll.

- Adressatenbezug der Tatsachenbehauptung
- Eignung zur Kreditgefährdung

(3) Rechtswidrigkeit
- bei wissentlich unwahren Äußerungen indiziert;
- ansonsten Erfordernis positiver Feststellung im Rahmen einer Abwägung mit den Äußerungsinteressen;
- spezieller Rechtfertigungsgrund: berechtigtes Interesse an der Äußerung (§ 824 Abs. 2).

(4) Verschulden
fahrlässige Unkenntnis der Unwahrheit (Kennenmüssen) oder Vorsatz

(5) Rechtsfolge: Schadensersatz

2. Grundfall

119 ▶ Fall 47 (angelehnt an AG Hamburg-St. Georg NJW-RR 2007, 350): Der Wirtschaftsinformationsdienst S gibt Ratings über die Kreditwürdigkeit börsennotierter Unternehmen ab. Im Zusammenhang mit einem Bericht darüber, dass die Pensionsverpflichtungen des Unternehmens U aufgrund einiger kostspieliger Abfindungen leitender Angestellter um 50 % gestiegen seien, teilt S mit, dass die Kreditwürdigkeit um zwei Notenstufen abgesenkt werde. Tatsächlich war die Meldung über die angestiegenen Pensionsverpflichtungen in der Redaktion von S zwar eingegangen, doch wurden durch einen Tippfehler des zuständigen Datensachbearbeiters aus 5 % unrichtige 50 %. Der verantwortliche Redakteur hält die Meldung für einen „derartigen Knüller", dass er sie nicht nochmals kontrolliert, sondern sogleich zusammen mit der neuen Kreditwürdigkeitsstufe veröffentlicht. Auch später bleibt der Irrtum unbemerkt. Die Bank B, die über einen E-Mail-Dienst regelmäßig die Rating-Ergebnisse von S erhält, erhöht sofort den Zinssatz für Dispositionskredite der U um 2 Prozentpunkte. U drohen jährliche Mehrkosten in Höhe von mehreren Millionen Euro. Außerdem fühlt sich U durch die Meldung in ihrer „Unternehmensehre" schwer beeinträchtigt. Was kann U tun?

In Betracht kommt ein **Anspruch aus § 823 Abs. 1**. Dann müsste ein sonstiges Recht i.S.d. Vorschrift verletzt sein. In Betracht kommt ein Schutz durch das **Recht am Gewerbebetrieb als sonstiges Recht i.S.d. § 823 Abs. 1** (vgl. oben § 3 Rn. 45), das aber nur subsidiär gewährleistet ist. Bevor man daher § 823 Abs. 1 in seiner Auffangfunktion erörtert, muss nach einer spezielleren Anspruchsgrundlage gesucht werden, die mit § 824 zur Verfügung steht.[475]

§ 824 schützt das **wirtschaftliche Fortkommen eines Unternehmens**, seinen Kredit, als besonderes Rechtsgut. Darunter fällt etwa die Fähigkeit, Darlehen zurückzuzahlen oder Geschäftsbeziehungen zu halten und zu erlangen. Beeinträchtigt wird diese Fähigkeit durch jede nachteilige Beeinflussung des wirtschaftlichen Rufs, der die aktuelle Vermögenssituation (Erwerb) oder die künftige wirtschaftliche Lage (Fortkommen) verschlechtert. Durch das Rating der S wird die Fähigkeit von U, Kredite zu erhalten und pünktlich zurückzuzahlen, inhaltlich bewertet. Die Kreditfähigkeit ist mithin nachteilig betroffen. ◀

120 Abgrenzungen: § 824 betrifft den **Schutz der geschäftlichen Reputation** gegen vorsätzliche und fahrlässige Tatsachenbehauptungen und dient dem Vermögensschutz. Bei Werturteilen ist § 823 Abs. 1 anzuwenden (Recht am Gewerbebetrieb, Schutz der Sozialgeltung des Unternehmens). Bei **vorsätzlicher Kreditschädigung** kommt der straf-

475 Zur Subsidiarität des Rechts am Gewerbebetrieb gegenüber § 824: BGHZ 90, 113, 121 f. = NJW 1984, 1607; BGH NJW 1992, 1312; NJW 2011, 2204.

rechtliche Schutz durch **§ 187 StGB** (Verleumdung) in Betracht, der auch Schutzgesetz i.S.d. § 823 Abs. 2 ist. Bei vorsätzlicher Kreditschädigung konkurrieren § 823 Abs. 2 und § 824 miteinander.[476]

§ 824 dient **dem Vermögensschutz.** Sofern immaterielle Interessen an der Abwehr auf dem Spiel stehen („U fühlt sich beleidigt“) ist nicht § 824, sondern **§ 823 Abs. 1** (**Persönlichkeitsrecht**) betroffen. Ob sich Unternehmen gegen fahrlässige Beleidigungen zur Wehr setzen können, ist allerdings sehr zweifelhaft. Zwar ist in jüngerer Zeit häufiger davon die Rede, dass Angriffe auf die Reputation eines Unternehmens ein behauptetes Unternehmenspersönlichkeitsrecht schädigen.[477] Doch sollte klar sein, dass nur Menschen, nicht Unternehmen eine Persönlichkeit haben. Geschützt ist allenfalls die soziale Geltung von juristischen Personen gegen Beeinträchtigungen ihrer wirtschaftlichen Bewegungsfreiheit.[478] Gegen vorsätzliche Beleidigungen und Verleumdungen schützen insoweit §§ 185–187 StGB (mit § 823 Abs. 2). In den meisten übrigen Fällen dürfte die Abwehr fahrlässiger rufschädigender Äußerungen allein zu dem Zweck erfolgen, Kreditgefährdungen zu vermeiden. Insofern wäre es durchaus sinnvoll, § 824 auch auf solche Fälle auszuweiten, in denen der „Ehrschutz der juristischen Person“ nur ein Mittel ist, um wirtschaftliche Interessen zu verteidigen.[479] Fahrlässige Werturteile können dann gar nicht, fahrlässig unwahre Tatsachenbehauptungen über § 824 abgewehrt werden. In Abgrenzung zum **Recht am Gewerbebetrieb** betrifft § 824 Handlungen, die sich gegen den Unternehmensträger, also das Unternehmen in seiner wirtschaftlich relevanten Sozialgeltung („Kredit“), beziehen und die sich auf die Aufstellung und Verbreitung unwahrer Tatsachenbehauptungen beschränken.[480] Demgegenüber erfasst das Recht am Gewerbebetrieb Handlungen, welche das Unternehmen als Wirkungseinheit, d.h. in seiner wettbewerblichen Betätigung, betreffen. Musterfall hierfür ist neben der physischen Blockade (z.B. durch rechtswidrige Streiks) die nachteilige Bewertung von Produkten, etwa durch Warentests.[481] Unrichtige oder ungenaue Produkttests fallen unter das Recht am Gewerbetrieb, weil sie Ergebnis von Bewertungen (nicht Tatsachenbehauptungen) sind. Wenn dagegen eine kreditschädigende unwahre Tatsache von einem Konkurrenten aufgestellt oder verbreitet wird, greift die Spezialnorm des **§ 4 Nr. 2 UWG.** Gegen unwahre Tatsachenbehauptungen in Presse, Rundfunk und Internet besteht ein **Gegendarstellungsanspruch** nach den Landespressegesetzen (z.B. § 11 LPG NW), den Landesmediengesetzen bzw. dem ZDF-Staatsvertrag und den Gesetzen über die öffentlich-rechtlichen Rundfunkanstalten, schließlich für Internetdienste nach § 56 Abs. 1 RStV.

476 BGH NJW 1983, 1183 (Schutz der Bundesanstalt für Arbeit gegen rufgefährdende Tatsachenbehauptungen, die der Bundesanstalt vorwerfen, in einem Einzelfall zu Unrecht Arbeitslosengeld ausgezahlt und es ebenfalls zu Unrecht nicht zurückgefordert zu haben).

477 OLG Hamburg, Urt. v. 19.12.2006 – Az. 7 U 110/06 (aufgehoben durch BGH NJW 2009, 1872 (Korruptionsvorwürfe gegen ein Unternehmen)); OLG Hamburg AfP 2009, 151 (zu Behauptungen im Spielfilm „Nur eine einzige Tablette“ über den sog. Contergan-Skandal der 1960er-Jahre). Von einem „Persönlichkeitsrecht“ neben dem Recht am Gewerbebetrieb spricht auch BGH NJW 2008, 2110, 2111: zulässige Bezeichnung von Milch als „Gen-Milch“, wenn die Milch von Kühen stammt, die mit genetisch erzeugten Futtermitteln ernährt wurden; BGH GRUR 2017, 918 Tz.36. Vgl. zur Thematik auch *Born*, AfP 2005, 110; *Gostomzyk*, NJW 2008, 2082; *Peifer*, NJW 2016, 23, 24. Das BVerfG hat die Frage bisher offengelassen: BVerfG NJW 2010, 3501 – Gen-Milch.

478 Vgl. BGHZ 78, 24, 25 – Medizin-Syndikat I.

479 *Peifer*, Individualität im Zivilrecht, S. 526, 532.

480 BGH NJW 2015, 773.

481 BGHZ 65, 325, 328.

▶ **Beispiel:** Instruktiv zum Verständnis der verschiedenen Rechtsgrundlagen ist der sog. **Kirch/Breuer-Fall:**[482] Der frühere Vorstandsvorsitzende der Deutschen Bank, *Rolf E. Breuer*, wurde auch in seiner Eigenschaft als Vorsitzender eines Bankenverbandes zur Kreditwürdigkeit des Medienunternehmens Kirch AG befragt. *Breuer* antwortete auf die Frage, ob das Unternehmen trotz angespannter Geschäftssituation noch Kredite erhalten werde, um weiter tätig zu sein: „Das halte ich für relativ fraglich. Was man alles darüber lesen und hören kann ist ja, dass der Finanzsektor nicht bereit ist, auf unveränderter Basis noch weitere Fremd- oder gar Eigenmittel zur Verfügung zu stellen." Das im Fernsehen gesendete Interview führte dazu, dass die um einen Kredit verhandelnden Banken keine Zusagen mehr erteilten und das Unternehmen Insolvenzantrag stellen musste. Der BGH hat deliktische Ansprüche gegen *Breuer* auf Basis des § 824 verneint, weil der erste Satz der Äußerung Werturteil sei, der zweite Satz dagegen wahre Tatsachenbehauptung, denn in der Presse sei vorher in der Tat zu lesen gewesen, dass die Bereitschaft der Banken, Kredite zu verlängern, gering sei. Der BGH hat überdies Ansprüche aus §§ 280, 31 (Pflichtverletzung aus dem Bankvertrag mit der Deutschen Bank) und § 823 Abs. 1 (Recht am Gewerbebetrieb) geprüft und den zuletzt genannten Anspruch auch gegen *Breuer* im Ergebnis mit der Begründung gewährt, dass *Breuer* als Angehöriger einer kreditgebenden Bank nicht berechtigt war, eine aus dem Bankverhältnis folgende Pflicht zur Zurückhaltung durch öffentliche Werturteile und Tatsachenbehauptungen zu verletzen. Auf diese Weise schlugen vertragliche Beschränkungen der Äußerungsfreiheit (Bankvertrag) auf das Deliktsrecht durch. Überzeugender wäre es, in der Verstärkung der Pressegerüchte durch einen Bankenvertreter eine selbstständige und zum Zeitpunkt der Äußerung noch unwahre Tatsachenbehauptung zu sehen, weil noch nicht alle Banken die Kreditgewährung begrenzt hatten. Angesichts der hohen Risiken für das wirtschaftliche Überleben des Betroffenen wäre diese Verkürzung nicht nach § 824 Abs. 2 gerechtfertigt. Dabei spielt eine Rolle, dass der Äußernde von den Adressaten (Banken und Kreditgeber) nicht als Privatperson, sondern als Insider angesehen wurde, der mehr weiß als andere Beteiligte und die Medien. ◀

3. Verletzungshandlung

121 Als Verletzungshandlung kommt Behauptung oder Verbreitung einer falschen Tatsache in Betracht. Behauptung ist die Kundgabe einer eigenen Äußerung, Verbreitung die Wiedergabe fremder Äußerungen. Das kann auch durch das Ausstrahlen von Filmaufnahmen erfolgen.[483] Diese Handlungen müssen jeweils gegenüber einem Dritten erfolgen. Tatsachenbehauptungen sind von Werturteilen abzugrenzen. Tatsachen sind durch Beweise nachprüfbar, Werturteile als bloße subjektive Einschätzungen dagegen nicht.[484]

▶ Fraglich ist, worin im Fall **47** die **Verletzungshandlung** besteht. Vorliegend wurde das Rating zwar von S behauptet und verbreitet. Ein Rating ist allerdings, wie die deutsche Übersetzung des Begriffes nahelegt, nur eine „Bewertung", also ein Werturteil. Allerdings liegt eine Tatsachenbehauptung vor, wenn mit dem Kreditwürdigkeitsurteil auch eine Tatsache, nämlich die prozentuale Veränderung der Pensionsverpflichtungen, mitgeteilt wird. Diese wäre durch Beweis nachprüfbar. Da diese Angabe von einem Dritten stammt, geht es um deren Verbreitung.

482 BGHZ 166, 84 = NJW 2006, 830 mit Klausurlösungsbeispiel von *Seibt/Wollenschläger*, JuS 2008, 800; dazu auch *Derleder*, NJW 2013, 1786.
483 BGH NJW 2018, 2877 Tz. 8.
484 Vgl. BGHZ 132, 13, 21.

Unwahr ist die Tatsache, **wenn sie in ihrem wesentlichen Kern nicht zutrifft.**[485] Entscheidend dafür ist das Verständnis durch den durchschnittlichen Adressaten der Mitteilung. Er muss den Eindruck gewinnen, dass das Unternehmen durch eine unwahre Tatsache in ein ungünstiges Licht gerückt wird. Typischer Adressat eines Kreditratings sind Banken, sonstige Finanzinstitutionen, ggf. auch Kapitalanleger. Da die Steigerung von Pensionsverpflichtungen um 50 % erhebliche Auswirkungen auf die wirtschaftliche Bewegungsfreiheit der U hätte, ist sie nicht nur ein wenig bedeutsames Detail, sondern impliziert Annahmen über die Leistungsfähigkeit des Unternehmens, welche das Gesamtbild der Kreditwürdigkeit aus Sicht des typischen Adressaten von Ratings nachteilig prägen. Das zeigt sich im **Fall 47** daran, dass die Bank des Unternehmens Konsequenzen aus den hohen Pensionsverpflichtungen gezogen und die Kreditzinsen erhöht hat. Tatsächlich war die auf diese Entscheidung gestützte Information allerdings in ihrem Kern unwahr.

Die Verbreitung einer im wesentlichen Kern unwahren Tatsache muss – ohne dass dies klar aus dem Wortlaut des § 824 folgt – unmittelbar gegen das Unternehmen gerichtet sein (**Betriebs- oder Adressatenbezogenheit**). Das setzt voraus, dass das betroffene Unternehmen selbst erkennbar ist und nicht nur als unwesentliches Glied einer Wirtschaftsstufe oder einer Gruppe von Unternehmen angegriffen wird.[486] Da es vorliegend um die Einzelmeldung über ein einzelnes konkret genanntes Unternehmen geht, ist die Betriebsbezogenheit dieser Äußerung nicht zweifelhaft. Daher liegt insgesamt eine Verletzungshandlung i.S.d. § 824 vor. ◀

Werturteile fallen nicht unter § 824, sie nehmen in weitem Umfang an der Meinungsäußerungsfreiheit des Art. 5 Abs. 1 GG teil. Solange Werturteile über Unternehmen nicht eine vorsätzliche Beleidigung oder eine Schmähkritik darstellen, bleiben sie sanktionslos.[487] Das Kriterium der Unmittelbarkeit oder **Betriebsbezogenheit** sorgt dafür, dass nicht einzelne Unternehmen bereits Ansprüche nach § 824 erheben können, wenn allgemein über eine Branche unwahre Tatsachen in die Welt gesetzt werden.

4. Rechtswidrigkeit

Die **Rechtswidrigkeit ist nur indiziert**, wenn vorsätzlich eine unwahre Tatsachenbehauptung aufgestellt und verbreitet wird. Bei Tatsachenbehauptungen, deren Unwahrheit nicht feststeht oder deren Unwahrheit der Äußernde oder Verbreitende nicht positiv kennt, ist der Schutzbereich der Meinungsfreiheit nach Art. 5 Abs. 1 GG zu gewichten. Denn auch Tatsachenbehauptungen nehmen am Schutz der Meinungsfreiheit teil, solange sie nicht erwiesenermaßen falsch sind.[488] Die Indizfunktion des Tatbestands versagt in einem solchen Fall. Das betont **§ 824 Abs. 2.** Danach darf auch eine unwahre Tatsache geäußert werden, sofern die Unwahrheit dem Äußernden unbekannt ist, ferner wenn an der Mitteilung ein berechtigtes Interesse besteht. Dazu genügt, dass der Äußernde oder der Empfänger (im Fall 47) etwa der Empfänger des Börseninformationsdienstes) ein berechtigtes Interesse an der Mitteilung hat. Der Rechtfertigungsgrund des § 824 Abs. 2 soll auch Informationsdienste und ihre Tätigkeit schützen, denn an solchen Dienstleistungen haben Banken und andere wirtschaftlich interessierte Ver- 122

485 Vgl. zu dieser Einschränkung BGH NJW 1987, 1403.
486 BGHZ 90, 113, 120.
487 Vgl. BVerfG NJW 1999, 2358, 2359 (Greenpeace-Vorwürfe gegen Vorstandsvorsitzenden eines Chemieunternehmens); BGH NJW 1994, 124 (ebenso); BGH NJW 1987, 2225, 2227 (Pressekritik an Chemieunternehmen).
488 BVerfGE 61, 1, 8 = NJW 1983, 1415 – NPD Europas.

kehrskreise ein gesteigertes Interesse. Bei gutgläubig verbreiteten Tatsachenbehauptungen kommt daher eine Schadensersatzpflicht im Ergebnis nicht in Betracht, selbst wenn sich im Nachhinein herausstellt, dass die Tatsache unrichtig war.

Das in § 824 Abs. 2 betonte besondere Interesse an einer Äußerung findet sich auch in § 193 StGB (**Wahrnehmung berechtigter Interessen**). Es handelt sich um einen klassischen Rechtfertigungsgrund zugunsten der Medien- und Meinungsfreiheit.[489] § 824 Abs. 2 erfüllt im Bereich der Wirtschaftspresse die Funktion, welche § 193 StGB im Bereich der sonstigen politischen, kulturellen und lokalen Presseberichterstattung hat. Er soll verhindern, dass die Presse alleine deswegen, weil eine Tatsache nicht vollständig aufgeklärt werden kann, auf eine Meldung verzichten muss, die gleichwohl von öffentlichem Interesse ist. Die sog. **Verdachtsberichterstattung** über Missstände in der Wirtschaft stützt sich maßgeblich auf die genannten Rechtsgrundlagen. Daraus folgt, dass die Rechtswidrigkeit positiv festzustellen ist (vgl. oben § 3 Rn. 75). Entscheidend ist eine Abwägung zwischen Berichtsinteresse und beeinträchtigtem Rechtsgut. Dabei hat der Äußernde das berechtigte Interesse, der Verletzte dagegen die Unwahrheit und die Kenntnis von der Unwahrheit nachzuweisen.[490] Beim Handeln von Informationsdiensten kommt es darauf an, ob sorgfältig recherchiert und unter Offenlegung der Verdachtslage verbreitet wurde.[491] Der Sorgfaltsmaßstab bemisst sich bei Presseäußerungen nach den Sorgfaltsmaßstäben, die im Bereich der Berufspresse üblich sind. Zu beachten ist die Bedeutung des bedrohten Rechtsgutes aufgrund der Verbreitung einer möglicherweise falschen Tatsachenbehauptung. Bei schwerwiegenden Anschuldigungen besteht daher eine gesteigerte Sorgfalts- und Prüfungspflicht.[492]

▶ Im Fall **47** hat der Redakteur die fahrlässig falsch abgetippte Prozentangabe überhaupt nicht mehr hinterfragt oder kontrolliert. Angesichts der erheblichen wirtschaftlichen Schäden, die bei einer solch gravierenden Meldung, welche selbst der Redakteur als „Knüller" ansah, drohen, wurden hier ganz offensichtlich leichteste Kontrollmechanismen unbeachtet gelassen. Daher wurde die unwahre Tatsachenbehauptung leichtfertig aufgestellt. In einem solchen Fall überwiegen die Schutzinteressen des Betroffenen diejenigen an der Äußerung. Die Übermittlung war rechtswidrig. ◀

5. Verschulden

123 Schuldhaft handelt bei § 824, wer die Wahrheit einer geäußerten falschen Tatsache kannte (Vorsatz) oder kennen musste (Fahrlässigkeit). Nach ganz h.M. meint dies allerdings nicht die grob fahrlässige Unkenntnis der Unwahrheit, es genügt einfache Fahrlässigkeit bezüglich der Unwahrheit einer Tatsache.[493] Das verweist auf den objektiven Sorgfaltsmaßstab des § 276 Abs. 2. Wer diesen bei Recherche und Abwägung zwischen Berichtsinteresse und Rechtsgutsgefährdung nicht eingehalten hat, der handelte auch subjektiv vorwerfbar.

---

489 Von einem Rechtfertigungsgrund geht etwa aus BGHZ 3, 270, 280 f. = NJW 1952, 660, 661 – Constanze; *Larenz/Canaris, Schuldrecht* II/2, § 79 I 4 c, § 88 III 2 a. Gelegentlich wird bereits der Tatbestand einer Kreditgefährdung verneint, wenn an Mitteilung ein berechtigtes Interesse bestand, vgl. BGHZ 45, 296, 307 = NJW 1966, 1617, 1618 – Höllenfeuer; BGHZ 50, 133, 143 – Mephisto.

490 Anders ist dies, wenn ein Konkurrent des Betroffenen unwahre Tatsachen verbreitet. Dann nämlich gilt § 4 Nr. 2 UWG. Dort hat nicht der Verletzte die Unwahrheit, sondern der Verletzer die Wahrheit einer Tatsachenbehauptung nachzuweisen.

491 Vgl. OLG Hamm, Urt. v. 18.4.2012 – 13 U 174/11, BeckRS 2012, 10502.

492 BGHZ 132, 13, 24.

493 HK-BGB/*Staudinger*, § 824 Rn. 14; *Palandt/Sprau*, § 824 Rn. 10.

6. Rechtsfolge

Rechtsfolge ist die Verpflichtung zum Schadensersatz. Wichtiger sind oft Unterlassungs- und Beseitigungsansprüche. Der Unterlassungsanspruch wirkt in die Zukunft, seine Geltendmachung setzt voraus, dass Wiederholungsgefahr besteht oder die Erstbegehung einer Verletzung ernsthaft droht. Der Beseitigungsanspruch richtet sich gegen die Folgen einer bereits eingetretenen Störung und soll einen störungsfreien Zustand wiederherstellen. 124

▶ In Fällen wie dem Fall 47 darf U nicht schlicht abwarten, bis der Vermögensschaden tatsächlich eintritt. Er hat nach § 254 eine Pflicht zur Schadensminderung und muss daher zunächst Unterlassung und Beseitigung der unwahren Tatsachenbehauptung verlangen. ◀

Der **Unterlassungsanspruch** folgt aus dem auf die Rechtsgüter der §§ 823 ff. analog anwendbaren § 1004 Abs. 1 S. 2. Er spielt bei Äußerungsdelikten eine große Rolle. Inhaltlich setzt er nur voraus, dass eine unwahre Tatsachenbehauptung rechtswidrig aufgestellt oder verbreitet wird und sich noch während des Prozesses die Unwahrheit herausstellt. In einem solchen Fall besteht nicht nur die Pflicht, die Tatsachenbehauptung künftig zu unterlassen, sondern auch, die Folgen der Behauptung zu beseitigen. Der **Beseitigungsanspruch** (§ 1004 Abs. 1 S. 1 analog) wird im Äußerungsrecht als **Widerrufsanspruch** bezeichnet.[494] Erfolgreich ist er, wenn die Unwahrheit der Tatsachenbehauptung feststeht. Dann muss der Äußernde die Tatsache so widerrufen, wie sie aufgestellt wurde. In Betracht kommt auch eine Pflicht, die Adressaten der Ursprungsnachricht, die durch die unrichtige Kreditmitteilung vorinformiert waren, gesondert zu unterrichten. Der Kläger hat die Unwahrheit zu beweisen. Gelingt ihm der Beweis nicht, fehlen aber eindeutige Anhaltspunkte für die Wahrheit, so kommt ein **eingeschränkter Widerruf** in Betracht.[495] Der Verletzer hat dann zu erklären, dass er an der Behauptung nicht mehr festhält. Reicht der bloße Widerruf der Behauptung nicht aus, um die eingetretene Beeinträchtigung zu beseitigen, so besteht ein **Anspruch auf ergänzende Berichterstattung.**

▶ Im Grundfall müsste danach nicht die falsche Behauptung widerrufen, sondern zudem zur Beseitigung der eingetretenen Folgen ergänzend mitgeteilt werden, dass die Pensionszahlungen nicht um 50 %, sondern um 5 % angehoben wurden.[496] ◀

Bestehen jedoch ernstliche Anhaltspunkte für die Wahrheit der Behauptung, lässt sich aber weder die Wahrheit noch die Unwahrheit der Behauptung feststellen, so kann ein Widerruf aus Gründen der Äußerungsfreiheit nicht verlangt werden.[497] Dies gilt sogar, wenn die Tatsachenbehauptung nicht nach § 193 StGB oder § 824 Abs. 2 gerechtfertigt war.[498] Der Unterlassungsanspruch besteht aber.

Wiederholungs- und Vertiefungsfragen

> Was wird von § 824 geschützt?

> Was bezeichnet das Merkmal „Betriebsbezogenheit“ bei § 824?

> (V) Welche Bedeutung hat Art. 5 Abs. 1 GG bei der Prüfung des § 824?

494 RGZ 148, 114, 123.
495 BGHZ 69, 181, 182.
496 Vgl. auch BGH NJW 2004, 1034.
497 BGHZ 37, 187, 191.
498 BGH a.a.O.

(vgl. BVerfG NJW 1999, 2358; BGH NJW 1994, 124; BGH NJW 1987, 2225)

> Welche Besonderheiten sind im Hinblick auf den Unterlassungsanspruch bei Äußerungsdelikten zu beachten?

IV. Bestimmung zu sexuellen Handlungen (§ 825)

125 Das allgemeine Persönlichkeitsrecht schützt die Selbstbestimmung des Menschen über seine Privat- und Intimsphäre. Nach ganz h.M. gehört dazu auch die Befugnis, frei zu entscheiden, wie und mit wem eine Person ihr Sexualleben gestalten will.[499] Daher kann jedermann ungewollte Einbrüche in das Intimleben, auch durch ungewollte sexuelle Attacken, abwehren. Das **Recht auf sexuelle Selbstbestimmung** vermittelt nicht nur einen Schutz gegenüber sexuellen Gewalttaten, sondern auch gegen Belästigungen, also jede Form von Sexualkontakten, die auf Basis einer erschlichenen oder sonst fehlerhaften Einwilligung zustande gekommen sind. Um zu vermeiden, dass bereits jede als Belästigung empfundene Annäherung erfasst wird, also eine Flut von Klagen auch missbräuchlicher Natur droht, ist eine Interessenabwägung zwischen der Handlungsfreiheit des potenziellen Schädigers und der Persönlichkeitssphäre des potenziell Geschädigten erforderlich. § 825 definiert, was als unerlaubte sexuelle Handlung stets verboten ist, also keine Abwägung mehr erfordert. [500] Diese Wertung gilt auch im Rahmen der Rechtswidrigkeit beim konkurrierenden Anspruch aus § 823 Abs. 1 wegen Verletzung des allgemeinen Persönlichkeitsrechts.

126 Abgrenzungen: § 825 nennt **bestimmte Qualifikationen an belästigende Handlungen**, die z.T. auch in den Sexualstraftaten des StGB enthalten sind. So ist die Bestimmung zu sexuellen Handlungen nur erfasst, wenn sie durch Hinterlist, Drohung oder Missbrauch eines Abhängigkeitsverhältnisses erfolgt. So ist es, wenn ein Arbeitgeber seine Mitarbeiterin dazu nötigt, sexuelle Kontakte mit ihm einzugehen, indem er ihr eine Versetzung in eine unangenehme Abteilung androht, wenn sie nicht auf seine Wünsche eingeht. Erfasst ist grundsätzlich auch der Fall, dass durch Heiratsversprechen oder ähnliche Liebesschwüre ein sexuelles Verhalten bewirkt wird, obgleich die Versprechungen von Anfang an nicht ernsthaft waren.[501] Typischerweise fehlt es an einem adäquat kausal verursachten Vermögensschaden. Kompensiert werden muss aber die immaterielle Beeinträchtigung. § 825 macht insoweit den Weg zu § 253 Abs. 2 frei. Darüber hinaus besteht ein Schutz über § 823 Abs. 2 mit §§ 174 ff. StGB. Im Rahmen des allgemeinen Persönlichkeitsrechts ziehen nur schwere Persönlichkeitsbeeinträchtigungen eine immaterielle Entschädigung nach sich (vgl. oben § 3 Rn. 51 a.E.). § 825 stellt klar, dass die in § 825 definierten Handlungen im Erfolgsfall immer eine **schwere Persönlichkeitsbeeinträchtigung** darstellen.

Vertiefungsfrage

> Machen Sie sich mit dem Hintergrund der Norm des § 825 vertraut. Welche Entwicklung galt es rechtlich zu begleiten? (vgl. *Strätz*, Wundersame Entwicklung. § 825 neuer Fassung, JZ 2003, 448–456).

---

499 BVerfG NJW 1997, 1632, 1633 (Transsexuellenentscheidung).

500 *Strätz*, JZ 2003, 448, 456 (§ 825 mache gerade in Zeiten sexueller Freizügigkeit deutlich, dass im besonders sensiblen Bereich der sexuellen Selbstbestimmung die Rechtspflicht bestehe, miteinander ehrlich und fair umzugehen).

501 Vgl. den Fall bei *Strätz*, JZ 2003, 448, 455.

V. Vorsätzliche sittenwidrige Schädigung (§ 826)

1. Überblick

§ 826 schützt nicht nur Rechtsgüter und Interessen, sondern **auch das Vermögen als solches.** Die Norm ist offen formuliert. Doch sorgt der enge Tatbestand dafür, dass ein reiner Vermögensschutz nur gegen wenige, besonders schwerwiegende Handlungen besteht, die zudem auf der subjektiven Seite durch vorsätzliches Handeln besonders qualifiziert sind. § 826 ist also insgesamt im Rahmen des Deliktsrechts **keine Ausnahme zu der Regel, dass das deutsche Deliktsrecht über eine allgemeine deliktische Generalklausel nicht verfügt.** Die Norm schützt gegen jede Art von Schädigung (vgl. den Wortlaut: „Wer einem anderen Schaden zufügt"), ist insofern also besonders weit gefasst; verengt wird die Norm dadurch, dass die Verletzungshandlung sittenwidrig, zudem vorsätzlich begangen worden sein muss. Überdies muss sich der Vorsatz auch auf die Schädigung beziehen (vgl. die Formulierung „vorsätzlich Schaden zufügt").[502] 127

Zentral und schwierig ist die Voraussetzung, dass die Verletzungshandlung **„in einer gegen die guten Sitten verstoßenden Weise"** erfolgen muss. Hierdurch wird auf außergesetzliche Maßstäbe der Sozialmoral Bezug genommen. Sittenwidrig sind Handlungen, welche gegen das Anstandsgefühl aller billig und gerecht Denkenden verstoßen, wie es das Reichsgericht in einer noch heute verwendeten (aber wenig aufschlussreichen) Formulierung definiert hat.[503] Die Sittenwidrigkeit kann sich aus **Zweck, angewandten Mitteln oder der Verhältnismäßigkeit zwischen Zweck und angewandten Mitteln** ergeben.[504] In einer langen Reihe von Entscheidungen zu § 826 sind Fallgruppen entwickelt worden, die bestimmte Verhaltensweisen als typischerweise anstößig und sittenwidrig i.S.d. § 826 qualifizieren (dazu sogleich).

§ 826 lässt auf der **Verschuldensseite** Fahrlässigkeit nicht genügen, sondern erfordert **Vorsatz,** der sich nicht nur auf die Tathandlung, sondern auch auf den Taterfolg, d.h. auf den konkreten, beim Verletzten eintretenden Schaden, beziehen muss. Eine nur allgemeine Vorstellung über mögliche Schadensfolgen genügt nicht. Der schädliche Erfolg muss als solcher auch im Bewusstsein des Schädigers bereits konkretisiert sein. Die Haftung einer juristischen Person nach § 826 BGB setzt voraus, dass der handelnde verfassungsgemäß berufene Vertreter die für den Vorsatz erforderliche Kenntnis hatte.[505] Der Vertreter muss selbst den objektiven und subjektiven Tatbestand des § 826 erfüllen. Das steht einer Wissenszurechnung und -zusammenrechnung anderer Personen im Unternehmen für die Haftung nach § 826 in der Regel entgegen.[506] **Nicht erforderlich** ist dagegen das **Bewusstsein der Sittenwidrigkeit.** Es genügt, dass der Schädiger diejenigen **Umstände** kennt, welche sein Verhalten nach gesellschaftlicher Wertung als sittenwidrig erscheinen lassen. Danach empfiehlt sich bei der Prüfung des § 826 folgender **Aufbau:**

502 Der mindestens bedingte Schädigungsvorsatz muss sich auf die gesamten Schadensfolgen beziehen. Allerdings muss sich der Schädiger dafür keine genauen Vorstellungen über den Kausalverlauf und die Höhe des Schadens gemacht haben, vgl. BGHZ 211, 375, 385 Tz. 32 zur Haftung eines Fußballfans für dem Verein für sein Verhalten auferlegte Strafzahlungen durch das DFB Sportgericht.

503 RGZ 48, 114, 124.

504 BGH NJW 2000, 2669.

505 BGH NJW 2017, 250, 251, 253; so auch angenommen von OLG Köln DAR-Extra 2019, 204, 206 in einem „Diesel-Fall".

506 BGH NJW 2017, 250, 251, 253.

(1) Schädigung des Anspruchstellers (auch Vermögensschäden)

(2) Verletzungshandlung (Tun oder Unterlassen) + Kausalität für die (Vermögens-) Schädigung

(3) Sittenwidrigkeit der Handlung (Zweck, Mittel oder Zweck-Mittel-Relation); Fallgruppen:
- Erteilung wissentlich falscher Auskünfte (auch außerhalb eines Vertragsverhältnisses);
- Verleitung zum Vertragsbruch;
- Missbrauch wirtschaftlicher Machtstellung;
- Gläubigerbenachteiligung (Verschaffung einer Vorzugsstellung bei Sicherheiten);
- Ausnutzung von Rechtspositionen zu missbräuchlichen Zwecken;
- Missbrauch prozessualer Möglichkeiten.

(4) Vorsatz (bzgl. Verletzungshandlung **und** Schädigung)

(5) Rechtsfolge: Schadensersatz (§§ 249 ff.)

Methodischer Hinweis: § 826 hat im Fallgutachten die Funktion eines Auffangtatbestandes. Zuvor sollte also geprüft werden, ob eine Haftung aus § 823 Abs. 1 oder Abs. 2 in Betracht kommt. Stellt der Fallbearbeiter bereits bei der Prüfung einer möglichen Rechtsgutverletzung fest, dass nur reine Vermögensschäden angefallen sind, und sind keine strafrechtlichen Normen ersichtlich, etwa Betrug oder Untreue, aufgrund derer eine Vermögensstraftat geprüft und über § 823 Abs. 2 eine Schadensersatzpflicht bejaht werden kann, so bleibt nur noch die Prüfung des § 826. Dann ist darauf zu achten, ob aufgrund des Sachverhaltes vorsätzliches Handeln ohne große Schwierigkeiten angenommen werden kann. Fehlt es hieran, so sollte man sich die Mühe, das Sittenwidrigkeitsverdikt zu bejahen, sparen. Fälle, die ersichtlich darauf zielen, eine Prüfung des § 826 zu erzwingen, sind eindeutig, was die Vermögensschädigung und den Vorsatz angeht.

2. Fallgruppen

128 **Ob die vorgenommene Handlung sittenwidrig war**, beurteilt sich aufgrund von **Zweck, Mittel und Verhältnismäßigkeit von Zweck und Mittel.** Eine Vorwertung liegt in den von der Rechtsprechung entwickelten und im Aufbauschema erwähnten, aber nicht abschließenden sechs Fallgruppen.

a) Erteilung wissentlich falscher Auskünfte

129 Falsche Auskünfte können außerhalb eines Vertragsverhältnisses zur Schadensersatzpflicht führen, wenn die Auskunftserteilung wissentlich falsch war.[507] Das zeigt folgender Fall:

▶ **Fall 48** (LG Traunstein ZfS 1999, 290; ähnlicher Fall OLG Braunschweig NJW 2007, 609): K möchte privat von C einen Pkw kaufen. K fragt nach Vorschäden bei dem Fahrzeug. C antwortet, so genau wisse er das nicht, allerdings sei das Fahrzeug immer in der Werkstatt des B repariert worden. K möge doch B fragen. B teilt mit, der Wagen habe einmal einen Unfall gehabt, doch liege kein Rahmenschaden vor. Diese Auskunft war allerdings unrichtig, denn

507 Vgl. BGH NJW-RR 2005, 611 (Falschangaben zur Erlangung einer Wohnungsbaufördersubvention).

B selbst hat den Rahmenschaden repariert. Bei der ersten Inspektion, welche K durchführen lässt, stellt die Werkstatt seines Vertrauens diesen Schaden fest. C ist mittlerweile nicht mehr auffindbar. K verlangt von B Schadensersatz in Höhe der Wertminderung des Fahrzeugs.

Ein Vertrag zwischen K und B bestand nicht. Man könnte in solchen Fällen an eine **Haftung des B aus § 311 Abs. 3** denken, doch setzt dies voraus, dass der Auskunftgeber in die Vertragsverhandlungen selbst einbezogen wird, also als Vertragshelfer aufseiten des Verkäufers fungiert. Konstellationen, in welchen sich ein Kaufinteressent aus eigenem Entschluss an einen Dritten wendet, ohne dass dieser Dritte in die Vertragsverhandlungen einbezogen wird, fallen nicht hierunter.[508] Da eine konkrete Rechtsgutverletzung i.S.d. **§ 823 Abs. 1** fehlt und ein Betrug zulasten des K fernliegt, kommt nur **§ 826** in Betracht. Eine **Vermögensschädigung** des K liegt in der Wertminderung durch Vorschäden, die in den Vertragsverhandlungen mit C keine Rolle mehr spielte, weil K darauf vertraute, dass das Fahrzeug unfallfrei war. Als **Verletzungshandlung** kommt die Auskunft des B in Betracht, die äquivalent und adäquat kausal für den Kaufentschluss und die dadurch erfolgte Äquivalenzstörung zulasten des K war. Fraglich ist, ob die Handlung sittenwidrig war. Die **Sittenwidrigkeit** kann sich aus Zweck, angewandten Mitteln oder der Verhältnismäßigkeit zwischen Zweck und angewandten Mitteln ergeben. Die Rechtsprechung hat hierzu als eine von mehreren typisierten Fallgruppen die **Erteilung einer wissentlich falschen Auskunft** entwickelt. B erteilte dem K bewusst eine Auskunft, die mit der Wirklichkeit nicht in Einklang stand und von der B wissen konnte, dass sie für den Kauf eines Autos wesentlich war. Tatsächlich hatte das Fahrzeug einen Unfallrahmenschaden. Der Umstand, dass B diesen Rahmenschaden repariert hat, schließt nicht aus, dass dieser Umstand offenbarungspflichtig war. Hätte B klargestellt, dass ein Rahmenschaden vorlag, dieser allerdings behoben war, so hätte K selbst entscheiden können, ob er gleichwohl das Fahrzeug kauft oder es noch genauer untersuchen lässt. So aber war die Auskunft in einem wesentlichen Punkte unrichtig. Interessen des B an einem solchen Verhalten sind nicht ersichtlich. Damit lag eine wissentlich falsche Auskunft vor. Nach typisierter Wertung der Rechtsprechung stellt dies eine sittenwidrige Handlung dar. Fraglich ist, ob B **vorsätzlich** handelte. Bereits festgestellt wurde, dass die Auskunft wissentlich unrichtig war. Dies genügt für § 826 aber noch nicht, weil das dort genannte Vorsatzerfordernis auch die **mögliche Schädigung** des Anspruchsstellers umfassen muss. Dazu genügt, dass B die Möglichkeit des Schadenseintritts erkannt und dennoch gehandelt hat (dolus eventualis).[509] Das ist der Fall, wenn der Schädiger im Wesentlichen richtig voraussieht, welcher Schaden wahrscheinlich ist und wer der voraussichtlich Geschädigte sein wird. Bei lebensnaher Sachverhaltsauslegung kann davon ausgegangen werden, dass K dem B mitgeteilt hat, dass er die Auskunft deswegen benötige, weil er das Fahrzeug kaufen wolle.[510] Für B war damit klar, dass K aufgrund des Ergebnisses seiner Befragung einen Kaufentschluss treffen und über den Punkt einer möglichen Wertminderung nicht mehr verhandeln würde, wenn B die Unfallfreiheit bescheinigen würde. Somit waren Person des Geschädigten und Art des Schadens für B voraussehbar. Daher umfasst der Vorsatz die mögliche Schädigung. B hat den Schaden zu ersetzen, der im Vermögen des K dadurch ent-

508 Vgl. zur Haftung aufgrund einer besonderen Vertrauensstellung BGHZ 63, 382, 384; NJW 1997, 1233.

509 BGH NJW-RR 2000, 393, 394.

510 Vgl. aber OLG Braunschweig NJW 2007, 609 (Verkauft eine Privatperson ein fehlerhaftes Fahrzeug und verschweigt den Mangel, so muss sie nicht ohne Weiteres damit rechnen, dass auch ein Dritter geschädigt wird, denn bei einem Privatverkauf eines älteren Fahrzeugs muss nicht stets damit gerechnet werden, dass der Wagen nochmals weiterverkauft wird); verkauft ein Händler an einen Zwischenhändler, ist dies natürlich anders.

standen ist, dass K einen Pkw gekauft hat, dessen Wert geringer ist als der vereinbarte Kaufpreis. ◀

Allein die Verletzung von Informationspflichten in einem Anlageprospekt soll die Sittenwidrigkeit nach Auffassung des BGH jedoch noch nicht begründen.[511] „Ein Unterlassen verletzt die guten Sitten nur dann, wenn das geforderte Tun einem sittlichen Gebot entspricht. Hierfür reicht die Nichterfüllung einer allgemeinen Rechtspflicht oder einer vertraglichen Pflicht nicht aus. Auch hier müssen besondere Umstände hinzutreten, die das schädigende Verhalten nach den Maßstäben der allgemeinen Geschäftsmoral und des als „anständig“ Geltenden verwerflich machen.“[512] Bewegt ein Prospektverantwortlicher dagegen Anlageinteressenten bewusst durch Täuschung – auch durch bewusstes Verschweigen ihm bekannter Umstände – zur Anlageentscheidung, ist von Sittenwidrigkeit auszugehen.[513]

§ 826 BGB spielt auch im **Diesel-Abgas-Skandal** eine Rolle.[514] Manche Gerichte gehen davon aus, dass das wissentliche Inverkehrbringen von Fahrzeugen mit manipulierter Software, in dem Wissen, dass die Fahrzeuge an ahnungslose Dritte weiterverkauft würden, die bei Kenntnis das Geschäft nicht abgeschlossen hätten, den Tatbestand der Sittenwidrigkeit erfüllt.[515] Die Sittenwidrigkeit des Verhaltens des Herstellers soll sich also nicht alleine aus dem wissentlichen Inverkehrbringen einer mangelhaften Sache ergeben, sondern aus ergänzenden die Sittenwidrigkeit begründenden Umständen. Andere Gerichte haben die Haftung der Hersteller abgelehnt.[516]

b) Verleitung zum Vertragsbruch

130 Die Verleitung zum Vertragsbruch ist nach h.M. grundsätzlich sittenwidrig, wenn sie zu Schädigungszwecken eingesetzt wird. Bloße Vertragsverletzungen, die zu einem Schaden führen, begründen ohne das Hinzutreten weiterer Umstände keine Haftung nach § 826. Auch das Eindringen eines Dritten in ein Vertragsverhältnis bzw. die Mitwirkung am Vertragsbruch begründet den für § 826 erforderlichen Sittenwidrigkeitsvorwurf nur dann, wenn ein besonderes Maß an Rücksichtslosigkeit gegenüber dem Geschädigten gegeben ist. Neben der Verleitung zum Vertragsbruch kann das auch bei kollusivem Zusammenwirken des Dritten mit dem Vertragspartner der Fall sein oder wenn der Dritte eine Treuepflichtverletzung bewusst unterstützt.[517]

▶ Fall 49 (BGH NJW-RR 2000, 393 – Programmsperre): B veräußert eine von ihr entwickelte Kalkulationssoftware an C. Die Software verfügt über eine sog. Programmsperre, die dafür sorgt, dass nach Ablauf eines Jahres das Programm anhand des dann gültigen Systemdatums selbsttätig den weiteren Dienst verweigert. Die Programmsperre kann nur durch die Eingabe eines Codeworts gelöst werden, welches der Nutzer von B erbitten muss. B hat C anlässlich des Kaufs mitgeteilt, dass gelegentliche Servicearbeiten möglich sind und C dann B kontaktieren möge. Nach acht Monaten benötigt C das Programm jedoch nicht mehr, er veräußert es in einer Internetauktion. K bietet am höchsten und erhält den „Zu-

511 BGH NJW 2017, 250, 253.
512 BGH NJW 2017, 250, 251 f.
513 BGH NJW 2017, 250, 252; BGH NJW-RR 2013, 1448 Tz. 15, 18.
514 Dazu und zu anderen Anspruchsgrundlagen, sowie weiteren Problemen der „Diesel-Fälle“ ausführlich z.B. *Bruns*, NJW 2019, 801; *Heese*, NJW 2019, 257; *Legner*, VuR 2018, 251; *Riehm*, NJW 2019, 1105; *Witt*, NJW 2017, 3681.
515 Z.B. OLG Köln DAR-Extra 2019, 204; OLG Karlsruhe ZIP 2019, 863 (Hinweisbeschluss).
516 OLG Braunschweig ZIP 2019, 815; zustimmend *Armbrüster* ZIP 2019, 837.
517 BGH MDR 2018, 856 mwN aus der Rechtsprechung.

schlag".[518] K setzt das ihm auf einem Datenträger übermittelte Programm auf seinem Computer ein. Nach Ablauf des Jahres bemerkt er die Programmsperre und wendet sich an den Hersteller B. Der erklärt ihm, das Programm sei seinerzeit an C geliefert worden, in den allgemeinen Geschäftsbedingungen sei geregelt gewesen, dass das Programm nicht weiterverkauft werden dürfe. B könne daher dem K nicht helfen, K könne aber eine eigene Software bei B erwerben. K klagt gegen B aus § 826. ◀

Klagen eines Zweiterwerbers gegen den Hersteller eines Produktes kommen oft im Rahmen der Produzenten- oder Produkthaftung in Betracht, wenn das verkaufte Produkt Schäden im sonstigen Vermögen des Zweiterwerbers anrichtet. Da zwischen Hersteller und Zweiterwerber keine Vertragsbeziehungen bestehen, bleiben nur deliktische Ansprüche.

▶ Ein **Anspruch K gegen B aus § 823 Abs. 1** scheidet offensichtlich aus. Zum einen ist bereits fraglich, ob die Programmsperre als Weiterfresserschaden (vgl. oben § 3 Rn. 28) und damit als Eigentumsschädigung angesehen werden kann. Zum anderen stellt sich die Frage, ob eine **vorsätzliche sittenwidrige Schädigungshandlung im Sinne von § 826** darin liegt, dass B dem C ein Programm veräußert hat, welches im Falle des Weiterverkaufs ersichtlich dazu führt, dass der Erstkäufer gegenüber dem Zweitkäufer eine Vertragsverletzung begehen muss, wenn er das Programm weiterveräußert. Das setzt voraus, dass der Erstverkäufer damit rechnet, dass das von ihm veräußerte Produkt weitervertrieben wird und im Rahmen dieses Weitervertriebs ein Gewährleistungsanspruch des Zweitkäufers entstehen muss. Die Programmsperre sorgt dafür, dass das Programm beim Zweiterwerber nicht nutzbar ist. Wendet man – wie bei Standardsoftware üblich – Kaufrecht an, so liegt ein Mangel i.S.d. § 434 Abs. 1 S. 2 Nr. 1 oder Nr. 2 vor. Nach der Schuldrechtsmodernisierung 2002 gilt dies nach § 453 Abs. 1 auch, wenn keine Sache, sondern nur ein Nutzungsrecht veräußert wurde (vgl. § 31 UrhG).[519] Wenn der Hersteller mit einem Weiterverkauf des Produktes rechnen muss, kommt daher eine **Verleitung des Erstkäufers zum Vertragsbruch gegenüber dem Zweitkäufer** in Betracht. Der Fall ist vergleichbar mit der Vereinbarung eines verlängerten Eigentumsvorbehalts nebst Globalzession, durch welche ohne Einwilligungsklausel zum Weiterverkauf der Sicherungsgeber zum Vertragsbruch gegenüber einem Abnehmer verleitet wird.[520] Ein Schädigungsvorsatz liegt also vor, wenn B mit der Weiterveräußerung rechnen musste und insoweit auch die Art der Schädigung und der typischerweise Geschädigte bestimmbar waren.[521] Davon kann jedenfalls bei gewerblichen Abnehmern ausgegangen werden. Die Sittenwidrigkeit kann entfallen, wenn es eine **Rechtfertigung für die Programmsperre** gab, weil der Verkäufer ein berechtigtes Interesse daran hat, das unrechtmäßige Kopieren seiner Software zu verhindern. Doch würde dies nicht erlauben, den rechtmäßigen Weiterverkauf einer einmal in den Verkehr gebrachten Software zu verhindern, indem der Hersteller auch dem Zweitkäufer gegenüber die Aufhebung der Programmsperre verweigert. Dabei ist zu berücksichtigen, dass das Programm nicht unrechtmäßig kopiert, son-

518 Internetauktionen gelten nicht als Auktionen im Sinne des § 156, sondern als elektronische Verkaufsveranstaltungen, daher kann nicht von einem „Zuschlag" im technischen Sinne gesprochen werden, vgl. BGHZ 149, 129.

519 Anders ist es nur bei Individualsoftware, um die es in dem Originalfall allerdings ging. Bei Individualsoftware tritt häufig zu dem Veräußerungsgeschäft noch eine werkvertraglich oder dienstvertraglich einzuordnende Programmierungs- oder Anpassungspflicht, vgl. zur Abgrenzung BGH NJW 2001, 1718.

520 Vgl. insoweit *Cahn*, Anm., EWiR § 826 1/2000, 173, 174.

521 Im Originalfall hat der BGH den Schädigungsvorsatz verneint, weil der Hersteller der Software die Weiterveräußerung untersagt hatte. Zudem handelte es sich im Originalfall um eine individualisierte Software, sodass mit einem Weiterverkauf auch nicht ohne Weiteres zu rechnen war.

dern tatsächlich körperlich weiterveräußert wurde. Daher liegt eine sittenwidrige vorsätzliche Schädigung vor. ◀

c) Missbrauch einer wirtschaftlichen Machtstellung

131 Der Missbrauch einer Machtstellung betrifft **Fälle, in denen** Aufnahmewillige auf Zugang zu einem Verein (z.B. einem Sportverband) angewiesen sind, weil dieser eine **faktische Monopolstellung** innehat.[522] So ist es für einen Sportverein wichtig, Mitglied eines Landessportbundes zu sein, um an bestimmte Fördereinrichtungen oder auch ideelle Unterstützung durch den Verband zu gelangen.

d) Gläubigerbenachteiligung

132 Sittenwidrig ist es, wenn sich ein Gläubiger vom Schuldner eine nicht gerechtfertigte **Vorzugsstellung vor den übrigen Gläubigern dieses Schuldners einräumen lässt**. Man spricht von Gläubigerbenachteiligung. Häufig finden sich solche Verhaltensweisen in Situationen, in denen ein Unternehmen in eine wirtschaftliche Krise gerät und ein Gläubiger oder eine Gruppe von Gläubigern dieses Unternehmen eine Zeitlang stabilisiert, um sich während dieser Zeit besondere Sicherheiten zu verschaffen, wohl wissend, dass das in der Krise befindliche Unternehmen nicht mehr zu retten ist.

Eine sog. „Firmenbestattung“ erfüllt den Tatbestand des § 826 in der Regel, wenn sich die Verantwortlichen dazu entschließen, eine Gesellschaft verdeckt zu liquidieren, um ein Insolvenzverfahren zu vermeiden oder solange wie möglich hinauszuzögern. Regelmäßig werden dazu planmäßig die Vermögensgegenstände der Gesellschaft soweit wie möglich an nahestehende Personen, Nachfolgeunternehmen oder mit den Verantwortlichen verbundene Dritte übertragen, Forderungen der Gläubiger soweit möglich hingegen nicht mehr erfüllt.“[523]

Das bloße Vorliegen eines Anfechtungsgrundes (z.B. nach § 133 Abs. 1 InsO – Vorsätzliche Benachteiligung) begründet jedoch noch keine Haftung nach § 826. Vielmehr müssen die „Gesamtumstände des Geschäfts über eine vom Schuldner vorsätzlich herbeigeführte Gläubigerbenachteiligung hinausgehen. Entscheidend ist, ob das, was an dem Gesamtverhalten zu missbilligen ist, über die Gläubigerbenachteiligung hinausgeht und deshalb die Anwendung des § 826 BGB rechtfertigt.“[524]

e) Missbräuchliche Ausnutzung formaler Rechtspositionen

133 Die Ausnutzung formaler Rechtspositionen zu missbräuchlichen Zwecken wird häufig im **Gesellschaftsrecht** relevant. Dort besteht über die Gründung von Kapitalgesellschaften die Möglichkeit, das Risiko eines unternehmerischen Wagnisses auf die Höhe des satzungsmäßig zur Verfügung gestellten Kapitals zu begrenzen. Probleme wirft dies auf, wenn Geschäfte betrieben werden, die ein wesentlich höheres Kapital erfordern. Wird ein **Unternehmen bewusst unterkapitalisiert**, um sodann durch hohe Verpflichtungen gegenüber Gläubigern deren Position zu schädigen, so kommt nicht nur eine Haftung wegen Betruges nach §§ 823 Abs. 2 i.V.m. § 263 StGB, sondern auch eine vorsätzliche sittenwidrige Schädigung der künftigen Geschäftspartner dieses Unternehmens nach § 826 in Betracht. Ebenso liegt es, wenn ein beherrschender Gesellschafter

522 Vgl. BGHZ 63, 282.
523 BGH NJW 2018, 2404 Tz. 58.
524 BGH NJW 2018, 2404 Tz. 55.

ein Unternehmen zum Nachteil der Gläubiger „aussaugt", insbesondere durch Abzug von Liquidität dem Unternehmen die Existenzgrundlage entzieht (sog. „existenzvernichtender Eingriff").[525] Der existenzvernichtende Eingriff setzt aber nicht zwingend einen Abfluss von Vermögenswerten aus dem Gesellschaftsvermögen voraus, sondern kann auch durch Erhöhung der Verbindlichkeiten erfolgen.[526] Sittenwidrig soll der Vermögensentzug nach Auffassung des BGH – sofern nicht andere Sittenwidrigkeitsgründe vorliegen – nur sein, wenn zugleich eine Begünstigung eines Gesellschafters oder eines Dritten gegeben ist. Allein die Schädigung des zweckgebundenen Gesellschaftsvermögens soll die Sittenwidrigkeit nicht begründen, denn der Sittenwidrigkeitsvorwurf leite sich aus der Missachtung des Vermögenstrennungsprinzips zwischen Gesellschafts- und Gesellschaftervermögen ab.[527]

f) Missbrauch prozessualer Möglichkeiten

Beim Missbrauch prozessualer Möglichkeiten geht es insbesondere um die **Erschleichung unrichtiger Vollstreckungstitel durch falsche Angaben** vor Gericht, aber auch die bewusste **Ausnutzung eines unrichtigen Titels**, selbst wenn dieser zuvor nicht unlauter erschlichen wurde.[528] In der Vergangenheit hat dies eine Rolle gespielt gegenüber den Schuldnern von Ratenkrediten. Diese Schuldnergruppe geht häufig unüberlegt Risiken ein, selbst wenn überhöhte Zinsen verlangt werden, die zur Annahme der Sittenwidrigkeit des betreffenden Kreditvertrages nach § 138 führen würden. Tritt der Zeitpunkt der Zahlungsunfähigkeit ein, so gehen Kreditgeber typischerweise zunächst durch Mahnbescheid vor (§ 692 ZPO), der, sofern nicht rechtzeitig Widerspruch erhoben wird (§ 694 ZPO), zum Erlass eines Vollstreckungsbescheides führt (§ 699 ZPO). Wird auch gegen diesen kein Einspruch eingelegt (§ 700 ZPO), so kann vollstreckt werden. Bei diesen und anderen Titeln, die rechtskräftig geworden sind, stellt sich die Frage, ob ihre Ausnutzung in Kenntnis des Umstands, dass der Titel materiell unrichtig zustande gekommen ist, eine vorsätzliche sittenwidrige Schädigung darstellt. Die Rechtsprechung hat dies mehrfach bejaht[529] und damit sogar die Rechtskraft eines Urteils zurücktreten lassen, wenn es aufgrund eines sittenwidrigen Anspruchs herbeigeführt oder ausgenutzt wurde.[530] Die Literatur hat auf die Möglichkeit der Restitutionsklage aus § 580 ZPO hingewiesen,[531] der BGH daraufhin die Klage aus § 826 auf besonders schwerwiegende Fälle, in denen „nicht die offenbare Lüge den Sieg über die gerechte Sache behalten darf" zu begrenzen versucht.[532] Demnach müssen zu der bloßen Ausnutzung eines unrichtigen Titels noch besondere Umstände hinzutreten, welche das Verhalten als sittenwidrig erscheinen lassen. 134

▶ Fall 50 (BGHZ 154, 269 = NJW 2003, 1934): Die Sparkasse K führt die Konten für einen Bauträger. Vereinbarungsgemäß verrechnet sie für ein konkretes Bauvorhaben eingehende Erträge auf ein Konto A und belastet ein Konto B mit den durch Überweisung zu begleichen-

525 BGH NJW 1979, 2104, 2105; vgl. zum sog. „existenzvernichtenden Eingriff" BGHZ 173, 246 = NJW 2007, 2689 (Trihotel); NJW-RR 2008, 918; 2008, 629; NJW 2008, 2437; WM 2008, 1402. Zur Problematik *Prütting*, JuS 2018, 409.
526 BGH BB 2019, 206 Tz. 27.
527 BGH BB 2019, 206 Tz. 38 f.
528 Zur Übung *Rüßmann*, JuS 1989, 734.
529 RGZ 76, 74; BGHZ 13, 71; 40, 130, 133; 50, 115, 117 m.w.N. auf das Schrifttum; vertiefend und krit. Anm. *Gaul*, JZ 1964, 515.
530 BGHZ 50, 115, 117.
531 *Gaul*, Anm., JZ 1964, 515.
532 BGHZ 40, 130, 134.

den Forderungen gegen den Kunden. Als der Kunde insolvent wird, weist das Guthabenkonto einen hohen Habensaldo, das Belastungskonto einen hohen Sollstand aus. Die Sparkasse verrechnet beide Salden gegeneinander. Der Konkursverwalter B verklagt die Sparkasse auf Auszahlung des unverrechneten Guthabensaldos, wohl wissend, dass die verbleibende Masse nicht genügen wird, um den Kostenerstattungsanspruch eines möglicherweise verlorenen Prozesses zu begleichen. Der Prozess wird über mehrere Instanzen geführt und erzeugt Kosten in Höhe von mehr als 85.000 Euro. K verlangt diese Summe von dem Konkursverwalter B erstattet.

Als einzige Anspruchsgrundlage kommt § 826 in Betracht. Das setzt voraus, dass die Prozesseinleitung durch B in Kenntnis der Unfähigkeit, verlorene Prozesskosten zu erstatten, eine sittenwidrige Schädigungshandlung ist. ◀

Die bloße Prozesseinleitung, auch bei zweifelhaftem Klagebegehren, ist keine sittenwidrige Schädigung. Jedermann darf seine Rechte gerichtlich durchsetzen. Auch wer dies mutwillig tut, schädigt alleine dadurch noch nicht seinen Prozessgegner in sittenwidriger Weise, denn im Rahmen des gerichtlichen Verfahrens können und sollen die prozessualen Vorschriften dafür sorgen, dass Rechtsgüter des zu Unrecht mit einem Prozess Überzogenen geschont werden.[533] Der ungehinderte Zugang des Bürgers zur Rechtspflege[534] besteht auch, wenn der Kläger die Prozesserfolgsaussichten nur unzureichend geprüft hat. Sittenwidrig ist eine Prozesseinleitung daher nur in eng begrenzten Ausnahmefällen. Dazu gehören der Prozessbetrug und das Erschleichen gerichtlicher Handlungen durch unlautere Mittel.[535]

▶ Das bloße Betreiben eines Prozesses in Kenntnis, dass die Kosten aus der Masse nicht mehr befriedigt werden können, gehört dagegen zu den üblichen prozessualen Risiken, die auch die obsiegende Partei ggf. zu tragen hat. Daraus alleine kann mithin eine sittenwidrige Handlung nicht gefolgert werden. ◀

3. Mitverschulden des Geschädigten

135 Im Regelfall kann sich der vorsätzliche handelnde Schädiger nicht auf ein Mitverschulden des Geschädigten berufen. Ausnahmen von diesem Grundsatz sind jedoch im Einzelfall möglich. Maßgeblich ist, „ob es nach den Gegebenheiten des konkreten Einzelfalls unter dem Gesichtspunkt von Treu und Glauben gerechtfertigt ist, dass der Schaden teilweise bei dem nur fahrlässig an der Schadensentstehung mitwirkenden Geschädigten belassen wird".[536] Jedenfalls bei sittenwidriger Schädigung mit direktem Schädigungsvorsatz soll ein fahrlässiges Verhalten des Geschädigten nicht anspruchsmindernd berücksichtigt werden.[537]

Wiederholungs- und Vertiefungsfragen

> Inwiefern fällt § 826 aus der Systematik der sonstigen Deliktstatbestände heraus, inwiefern passt die Norm sich dieser Systematik an?

> (V) Vermieter A verfügt über eine bezugsfreie 4-Zimmer-Wohnung. Der Kroate K interessiert sich für die Wohnung und wäre bereit, einen Mietvertrag abzuschließen. Obwohl K

533 BGHZ 36, 18, 20; 118, 201, 206; vgl. auch BGH GRUR 2018, 832 Tz. 76 ff.
534 BVerfGE 74, 257, 261.
535 BGHZ 36, 18, 21.
536 BGHZ 213, 1, 11 Tz. 41.
537 BGHZ 213, 1, 11 f. Tz. 42.

über ausreichendes Einkommen verfügt, teilt A dem K mit, er möchte lieber an eine deutsche Familie vermieten. Wie ist die Weigerung deliktisch zu bewerten? (vgl. zum Problem *Neuner*, Diskriminierungsschutz durch Privatrecht, JZ 2003, 57–66).

§ 4 Haftung für vermutetes eigenes Verschulden

I. Haftung für Schädigung durch Hilfspersonen (§ 831)

1. Überblick und Prüfungsaufbau

1 Die Haftung aus §§ 823 ff. setzt voraus, dass dem Schädiger ein persönlicher Verhaltensvorwurf (für dessen eigene Handlungen oder Unterlassungen) gemacht werden kann. Erfolgt die **Handlung oder das Unterlassen innerhalb einer Betriebs- oder Unternehmensorganisation**, so trifft diesen Vorwurf zunächst den Mitarbeiter oder Gehilfen, der selbst gehandelt hat, nicht aber denjenigen, der das Unternehmen führt. Das kann doppelt unbillig sein, zum einen, weil der Gehilfe im Auftrag des Unternehmensinhabers tätig wird, zum anderen, weil der Unternehmensinhaber die Organisation verantwortet und den Nutzen aus der Betriebstätigkeit zieht, also auch deren Risiken tragen sollte. Im deutschen Deliktsrecht besteht – anders als in manchen ausländischen Rechtsordnungen[1] – gleichwohl keine strikte (d.h. verschuldensunabhängige) Haftung des Unternehmers für die in seinem Unternehmen begangenen außervertraglichen Schädigungen. Lediglich kann der Geschädigte den Unternehmer unter erleichterten Voraussetzungen in Anspruch nehmen. § 831 verschafft dem Geschädigten einen Anspruch unmittelbar gegen denjenigen, der einen anderen zur Verrichtung bestellt hat, sofern der **Gehilfe in Ausführung dieser Verrichtung dem Geschädigten widerrechtlich einen Schaden zugefügt** hat (§ 831 Abs. 1 S. 1).[2] Dabei wird das Verschulden des Gehilfen nicht dem Unternehmer zugerechnet (wie bei § 278), aber vermutet, dass der Unternehmer den Gehilfen entweder schlecht ausgewählt, überwacht oder mit mangelhafter Ausrüstung versehen hat und es deshalb zu der konkreten Schädigung gekommen ist. Der Geschädigte muss dabei nur die objektiv tatbestandsmäßige und rechtswidrige („widerrechtliche") Verletzung anlässlich einer betrieblichen Verrichtung vortragen. Weder das Verschulden des in Anspruch genommenen Unternehmers noch das Verschulden des Gehilfen müssen dargelegt und bewiesen werden, denn Ersteres wird vermutet, Letzteres ist nach § 831 Abs. 1 S. 1 nicht tatbestandsmäßig. Der Unternehmer seinerseits kann aber beweisen, dass er seine Mitarbeiter ordentlich ausgewählt, überwacht und ausgestattet hat. Gelingt dieser Beweis nicht, so kann er nur noch einwenden, die Schädigung wäre auch bei Beachtung all dieser Pflichten aufgetreten (fehlender Rechtswidrigkeitszusammenhang, vgl. oben § 3 Rn. 72). Der erfolgreiche Entlastungsbeweis (Exkulpation) verschafft eine Einrede, welche die Haftung aus § 831 ausschließt.

Die **Ratio des § 831** liegt darin, dem Geschädigten Nachweise zu ersparen, nämlich die Last, das Verschulden des Verrichtungsgehilfen darlegen und beweisen zu müssen, zum anderen, darlegen zu müssen, dass bestimmte Organisations- und Überwachungsabläufe im Betrieb des für eine betriebliche Verrichtung verantwortlichen Unternehmers unzureichend geregelt sind. Das nämlich setzt genaue Kenntnis von Betriebsabläufen voraus, über die ein Außenstehender nicht verfügt, die er sich auch nur schwer beschaffen kann. § 831 betrifft innerbetriebliche Abläufe, also die unternehmerische

1 Insbesondere in England und Frankreich haftet der Geschäftsherr nicht nur im Vertragsrecht (§ 278), sondern auch im Deliktsrecht für das Verschulden seiner Leute; *Zweigert/Kötz*, Einführung in die Rechtsvergleichung, § 41 V, S. 647. Bei der Vorbereitung eines Europäischen Zivilrechts wird gleichfalls vorgeschlagen, bei der Haftung für Gehilfen auf die Exkulpation des Geschäftsherrn zu verzichten, vgl. die Nachweise bei MüKoBGB/*Wagner*, § 831 Rn. 5.

2 Überblick bei *Kupisch*, JuS 1984, 250; *Lange*, JURA 2019, 351.

Sphärenhaftung oder Betriebsrisikohaftung.[3] Da der Unternehmer für seine Sphäre umfassend verantwortlich und organisationspflichtig ist, fallen alle betrieblich veranlassten Schädigungen unter den Begriff der Verrichtung.

METHODISCHER HINWEIS: In der **Fallbearbeitung** muss bei § 831 das Verschulden nicht im Einzelnen geprüft werden, sofern nicht der Sachverhalt Anhaltspunkte für schuldhaftes oder nicht schuldhaftes Handeln des Unternehmers gibt. Fehlt es daran, gilt nämlich die Vermutung. Der Fallbearbeiter hat das Auswahl- und Überwachungsverschulden zu unterstellen. Der Entlastungsbeweis, der in § 831 Abs. 1 S. 2 normiert ist, kann und darf nur geprüft werden, wenn Anhaltspunkte dafür bestehen, dass der Unternehmer keine Fehler bei Auswahl, Überwachung und Unterrichtung seiner Mitarbeiter begangen hat. Ausgangspunkt des § 831 Abs. 1 S. 1 ist, dass ein Verrichtungsgehilfe tätig geworden ist. Hat der Unternehmer selbst gehandelt, ist § 823 zu prüfen. 2

ABGRENZUNG: Wird ein Unternehmer wegen einer vertraglichen Pflichtverletzung seines Mitarbeiters auf Schadensersatz verklagt, so führt § 278 dazu, dass ein Verschulden des Mitarbeiters so behandelt wird, als habe der verklagte Unternehmer selbst schuldhaft gehandelt. § 278 rechnet dem Geschäftsherrn dieses Verschulden zu (**Zurechnungsnorm**). **§ 831 ist keine Zurechnungsnorm**, sondern **eigene Anspruchsgrundlage** für vermutetes eigenes Verschulden des Unternehmers. 3

Für die Fallbearbeitung empfiehlt sich bei § 831 folgendes **Prüfungsschema:** 4

(1) Ausführung einer betrieblichen Verrichtung durch einen Gehilfen

(2) Tatbestandsmäßige widerrechtliche Handlung des Verrichtungsgehilfen
   - §§ 823–826 (Tatbestand und Rechtswidrigkeit ohne Verschulden)

(3) Schädigung in Ausführung der Verrichtung (nicht bloß „bei Gelegenheit")
   - Widerlegliche Vermutung der haftungsbegründenden Kausalität zwischen Unternehmerverschulden und Schädigung (folgt aus § 831 Abs. 1 S. 2, 2. Alt.)

(4) Keine Exkulpation durch den Unternehmensträger
   - § 831 Abs. 1 S. 2, 1. Alt.: Sorgfältige Auswahl, Unterrichtung und Überwachung des Gehilfen bzw. sorgfältige Beschaffung und Kontrolle einzusetzender Geräte oder Materialien („Ich habe alles richtig gemacht") **oder**
   - § 831 Abs. 1 S. 2, 2. Alt.: Unvermeidbarkeit der Schädigung auch bei Einsatz eines sorgfältig ausgewählten und ausgerüsteten Gehilfen („Das wäre auch passiert, wenn ich alles richtig gemacht hätte");
   - Nachweis, dass der Gehilfe sich nicht objektiv pflichtwidrig verhalten hat;
   - Maßstab: Gehörige Sorgfalt (§ 276 Abs. 2) = objektiver Maßstab, zusätzliche Abhängigkeit von Umfang, Risiko und Bedeutung der Verrichtung

(5) Rechtsfolge: Ersatz des Schadens, ggf. konkurrierende Eigenhaftung des Gehilfen, § 840 Abs. 1, vgl. aber § 840 Abs. 2 und die Grundsätze zur Arbeitnehmerhaftung im Arbeitsrecht (unten Rn. 15 mit § 3 Rn. 91).

2. Grundfall und Einzelheiten

▶ **FALL 51** (nach BGHZ 24, 21 – Straßenbahnunfall, vgl. bereits oben Fall 36): K verlässt spätabends eine private Feier und möchte mit der Straßenbahn nach Hause fahren. Über einen Fahrschein verfügt er nicht. Als K in die an der Haltestelle bereits abfahrbereit stehende 5

3 BGHZ 24, 188, 195; *Wandt*, Gesetzliche Schuldverhältnisse, § 18 Rn. 11; *Kupisch*, JuS 1984, 250, 251.

Bahn einsteigen will, schließt der Fahrer die Tür. K versucht noch, zwischen die sich schließenden Türen zu springen, dabei wird sein Arm eingeklemmt, er selbst wird nach Anfahren der Straßenbahn ein Stück mitgeschleift, bis es ihm gelingt, sich zu befreien. Bei dem dadurch ausgelösten Sturz verletzt K sich den Arm und beide Beine. Der Fahrer hat von alldem nichts bemerkt. K entschließt sich, den Straßenbahnunternehmer, die B-AG, zu verklagen. Im Prozess lässt sich nicht mehr aufklären, ob der Mitarbeiter der B-AG den K bemerkt hat oder ob dieser durch eigenes ungeschicktes Verhalten den Unfall verursacht hat. Der Alleinvorstand V der B-AG wendet ein, die Auswahl des Fahrpersonals habe er in die Hände des verdienten Personalleiters P gelegt. Der P selbst sei sorgfältig ausgewählt und regelmäßig in Sicherheitsfragen geschult und durch ein unabhängiges Sicherheitsunternehmen überwacht worden. Mehr könne man wohl nicht tun. Haftet die B-AG?

In Betracht kommt ein **vertraglicher Anspruch aus §§ 280 Abs. 1, 631** (Beförderungsvertrag). Doch fehlt es an einem verbrieften Anspruch auf Beförderung (Fahrschein). Grundsätzlich in Betracht kommt eine Haftung der B-AG im Wege der **Gefährdungshaftung aus § 1 Abs. 1 Haftpflichtgesetz**[4]. Dieser Anspruch ist nach § 10 HaftpflichtG in der Höhe begrenzt. Ein Anspruch gegen den Fahrer nach § 823 Abs. 1 setzt voraus, dass K dessen Verschulden beweisen kann, was zweifelhaft ist. Damit ist es sinnvoll, die Möglichkeit einer deliktischen **Haftung der B-AG aus § 831** in Betracht zu ziehen. Dann muss ein Verrichtungsgehilfe für die B-AG tätig geworden sein und in Ausführung dieser Verrichtung K geschädigt haben. ◀

a) Ausführung einer betrieblichen Verrichtung durch einen Gehilfen

6 ▶ **Verrichtungsgehilfe** ist, wem eine Tätigkeit vom Geschäftsherrn übertragen wurde und wer diesbezüglich **von den Weisungen des Geschäftsherrn abhängig** ist.[5] Hier war der Fahrer im Geschäftskreis des Straßenbahnunternehmers mit Wissen und Wollen der B-AG tätig und den Weisungen der Leitungsorgane dieses Unternehmens unterworfen. ◀

Verrichtungsgehilfen sind keine Erfüllungsgehilfen i.S.d. § 278. Erfüllungsgehilfe ist, wer in die Leistungspflichten des Unternehmens eingebunden wird, also statt des Unternehmers oder an dessen Stelle einen vertraglichen Anspruch zu erfüllen hat. Sein Verschulden wird dem Auftraggeber nach § 278 BGB als eigenes zugerechnet. Erfüllungsgehilfe kann daher auch der selbstständige Subunternehmer sein, dem regelmäßig selbst überlassen ist, wie er seine vertraglichen Pflichten gegenüber dem Unternehmer erfüllt. Er mag an vertragliche Weisungen gebunden sein, ist aber nicht sozial abhängig vom Hauptunternehmer, weil er nicht in dessen Unternehmensorganisation eingegliedert ist. Dagegen sind Verrichtungsgehilfen abhängig beschäftigt und in das Unternehmen des Geschäftsherrn eingegliedert, sie sind sozial vom Unternehmer (Arbeitgeber) abhängig.[6] Dem Unternehmer wird das Verschulden seiner Leute nicht als eigenes zugerechnet, er kann sich vielmehr für seine weisungsgebundenen Gehilfen exkulpieren. Diese Exkulpationsmöglichkeit kommt in Betracht, weil der Unternehmer die Betriebsrisiken seiner Tätigkeit selbst kontrollieren, überwachen und steuern kann. **Weisungsgebundenheit** besteht daher, wenn der Geschäftsherr die Tätigkeit des Gehilfen jeder-

4 Zur Gefährdungshaftung vgl. unten § 6.

5 RGZ 92, 345, 346.

6 Unter besonderen Umständen hat der BGH allerdings auch selbstständige Unternehmen im Einzelfall als Verrichtungsgehilfen angesehen, nämlich wenn „nach den tatsächlichen Verhältnissen eine Eingliederung in den Organisationsbereich des Geschäftsherrn erfolgt ist", BGH GRUR 2012, Tz. 45; dem folgend OLG Frankfurt WRP 2019, 648, Tz. 92 (Haftung für ein beherrschtes Vertriebsunternehmen).

zeit beschränken, entziehen oder nach Zeit und Umfang bestimmen kann.[7] Das Weisungsrecht muss allerdings nicht bis ins Einzelne gehen. Verrichtungsgehilfe ist nicht nur, wer unselbstständig arbeitet, sondern auch, wer einen abgegrenzten Raum eigenverantwortlicher Entscheidungen ausfüllen kann, gleichwohl insgesamt aber in die Organisationsmacht der das Unternehmen Verantwortenden eingebunden bleibt.

b) Widerrechtliche Verletzung

► Im Fall 51 erfordert eine Haftung der B-AG, dass der Verrichtungsgehilfe eine tatbestandsmäßige und widerrechtliche Verletzungshandlung i.S.d. §§ 823 ff. begangen hat. ◄ 7

Systematisch folgt § 831 auf die Einzeltatbestände der §§ 823 ff. Daraus ergibt sich, dass als widerrechtliche Verletzungshandlung jedes Delikt nach §§ 823–826 in Betracht kommt. § 831 Abs. 1 S. 1 nennt allerdings nur die widerrechtliche Schädigung. Auf die subjektiv schuldhafte Verletzung durch den Gehilfen kommt es daher regelmäßig nicht an.

► Als Verletzungshandlung kommt im Fall 51 das frühzeitige Schließen der Türen und anschließende Anfahren der Bahn in Betracht. Sieht man den Schwerpunkt des Verhaltens in einer Handlung, so wäre die anschließende adäquat kausal verursachte Gesundheitsverletzung deren Folge. Die Rechtswidrigkeit wäre nach der Lehre vom Erfolgsunrecht in solchen Konstellationen indiziert, Rechtfertigungsgründe sind nicht ersichtlich (vgl. oben § 3 Rn. 74). Eine widerrechtliche Verletzungshandlung läge damit vor. Schwieriger ist der Fall zu lösen, wenn man den Schwerpunkt des Verhaltens in einem Unterlassen (gehörige Kontrolle der Türen) sieht. Zwar hat der Fahrer die Verkehrspflicht, sich vor der Abfahrt zu vergewissern, dass die Türen frei sind und keine Gefährdung von noch auf die Bahn aufspringenden Fahrgästen droht, doch scheint der Fahrer vorliegend diese Pflicht erfüllt zu haben. Nur wenn man gleichwohl eine Pflichtverletzung unterstellt, kann man den Fall weiter prüfen. ◄

§ 831 Abs. 1 S. 1 nennt als Voraussetzung für die Haftung des Unternehmers nur die widerrechtliche Verletzungshandlung. Ein **Verschulden des Gehilfen** ist nicht vorausgesetzt, es sei denn, ein Deliktstatbestand kann nur vorsätzlich begangen werden, so etwa § 826 oder § 823 Abs. 2 i.V.m. einer Vorsatzstraftat als Hauptdelikt des Verrichtungsgehilfen.[8] Problematisch bleibt, ob der Unternehmer haftet, wenn er beweisen kann, dass der Verrichtungsgehilfe schuldlos gehandelt hat. 8

► Im Grundfall könnte man ein solches Verhalten etwa annehmen, wenn der Fahrer nicht mehr selbst einen Kontrollblick in den Fahrgastraum geworfen hat, weil ein Blick in den Spiegel gezeigt hat, dass die Türen frei sind und der Fahrer keinen Anlass hatte, dieser Kontrolle zu misstrauen. Dann mag man immer noch davon ausgehen, dass das Anfahren ohne Kontrollblick objektiv pflichtwidrig war, doch wird man dem Fahrer einen subjektiven Verschuldensvorwurf nicht machen können. ◄

Hält man sich allein an den **Wortlaut des § 831 Abs. 1 S. 1, so entlastet das fehlende Gehilfenverschulden den Geschäftsherrn nicht**, denn auf das Verschulden des Gehilfen kommt es nach dem Wortlaut ja gerade nicht an. Demgegenüber argumentiert ein Teil der Literatur, dass § 831 insoweit missverständlich und korrekturbedürftig sei.[9] Die

7 BGHZ 45, 311, 313; vgl. auch BGH NJW 2013, 1002 (selbständige Unternehmen auch im Konzern keine Verrichtungsgehilfen).
8 BGH VersR 2014, 112 Tz. 11; BGH JZ 1979, 725 m. Anm. *von Bar*, JuS 1988, 169; *Wandt*, Gesetzliche Schuldverhältnisse, § 18 Rn. 9.
9 RGRK/*Steffen*, § 831 Rn. 26; *Kupisch*, JuS 1984, 250, 253; *Larenz/Canaris*, Schuldrecht II/2, § 79 III 2 c.

Vorschrift habe nur auf Verschuldenselemente verzichtet, weil denkbar sei, dass der Gehilfe selbst nicht deliktsfähig ist, dies aber den Geschäftsherrn nicht entlasten solle. Dagegen habe der Gesetzgeber nicht auch den Fall ausschließen wollen, dass der deliktsfähige Gehilfe schuldlos gehandelt hat. Hätte der Geschäftsherr in einer solchen Situation selbst und ebenso gehandelt, so würde er nämlich nicht nach § 823 Abs. 1 wegen eines eigenen Verschuldens in Anspruch zu nehmen sein.[10] Eine andere Ansicht argumentiert, dass bei erwiesen schuldlosem Gehilfenhandeln der Entlastungsbeweis nach § 831 Abs. 1 S. 2, 2. Alt. gelingt, denn in einem solchen Fall sei das Auswahlverschulden für den Schaden nicht kausal.[11] Diese Lösung überzeugt, denn sie folgt der in § 831 vorgenommenen Beweislastverteilung unter Berücksichtigung der den Unternehmer treffenden Exkulpationslast. So darf für § 831 Abs. 1 S. 1 zunächst vermutet werden, dass auch der Verrichtungsgehilfe schuldhaft gehandelt hat, der Kläger hat dann keine weiteren Darlegungs- und Beweislasten. Doch bleibt dem in Anspruch genommenen Unternehmer die Möglichkeit nachzuweisen, dass der Verrichtungsgehilfe nicht schuldhaft gehandelt hat oder sein Einfluss folgenlos blieb.

Methodischer Hinweis: Im Fallgutachten kann die Frage an zwei Stellen erörtert werden. Hat der Fall ersichtlich seinen Schwerpunkt im Rahmen des § 831, sollte die Frage des Verschuldens im Rahmen des § 831 Abs. 1 S. 1 nicht erwähnt, sondern erst im Rahmen des Entlastungsbeweises behandelt werden.

c) Schädigung in Ausführung der Verrichtung

9 Der Schaden muss **in Ausführung der Verrichtung und nicht nur bei deren Gelegenheit** erfolgt sein. Das erfordert einen inneren Zusammenhang zwischen der dem Gehilfen aufgetragenen Verrichtung und der schädigenden Handlung.

▶ In Fall **51** ist nicht problematisch, dass die Schädigung des K in Ausführung einer dem Gehilfen auferlegten Verrichtung erfolgt ist. Der Straßenbahnfahrer hatte die Aufgabe, den Straßenbahnwagen sicher zu fahren und dabei Verletzungen Dritter zu vermeiden. Diese Verrichtung hat er insofern objektiv unzureichend ausgeführt, als es beim Schließen der Türen und beim Anfahren des Straßenbahnwagens doch zu einer betriebsbedingt gefährlichen Verletzung des möglichen Fahrgastes gekommen ist. Eine Schädigung in Ausführung der Verrichtung liegt mithin vor. ◀

10 Problematisch sind Fälle, bei denen ein Fehlverhalten daraus resultiert, dass der Gehilfe von der aufgetragenen Tätigkeit abweicht, also nur **„bei Gelegenheit einer Verrichtung“** handelt. Die h.M. geht von einer Anwendung des § 831 aus, **sofern** die **Abweichung** noch **in einem unmittelbaren inneren Zusammenhang mit der aufgetragenen Tätigkeit** liegt. Verschafft die aufgetragene Tätigkeit also die Gelegenheit, andere zu schädigen, sei es auch durch die Begehung von Straftaten, muss der Unternehmer auch für dieses Risiko einstehen.

Beispiele: Ein **unmittelbarer Zusammenhang** besteht, wenn die Arbeiter einer Abbruchfirma anlässlich der eigentlichen Abbruchtätigkeit die Zinkverkleidung vom Dach eines angrenzenden Grundstücks entwenden.[12] Die Verzögerungen des Flugver-

10 So auch OLG Dresden NVZ 2018, 76, 79.

11 Vgl. BGH NJW 1980, 392 (keine Inanspruchnahme einer Gemeinde aus § 831 wegen eines Badeunfalls in einem städtischen Schwimmbad, wenn dem anwesenden Badewärter ein konkreter Verschuldensvorwurf nicht zu machen war).

12 BGHZ 11, 151.

kehrs durch einen Fluglotsenstreik sind nicht nur bei Gelegenheit, sondern in Ausführung der vom Flughafenbetreiber zu verantwortenden Verrichtung erfolgt.[13] Der Diebstahl durch einen Gepäckträger führt zur Anwendung des § 831, wenn die Tat in Ausführung oder als Folge der dem Träger obliegenden Transporttätigkeit erfolgte.[14] Nimmt ein Lkw-Fahrer betriebsfremde Personen im Lkw seines Arbeitgebers mit, so soll jedoch **keine Haftung aus § 831** für die Schädigung dieses Passagiers infolge eines Lkw-Unfalls bestehen, weil der Fahrgast nicht davon hätte ausgehen dürfen, dass der Unternehmer mit der Beförderung einverstanden war.[15] Ebenso wenig muss der Betreiber einer Rehabilitationsklinik nach § 831 für sexuelle Übergriffe eines bei ihm angestellten Physiotherapeuten haften.[16] Vielfach wird davon ausgegangen, dass der Unternehmer bereits durch die Schaffung und Unterhaltung einer betrieblichen Organisation die Gefahr von Pflichtverletzungen gegenüber Dritten erzeugt. Der Satz „Gelegenheit macht Diebe“ hat daher auch eine haftungsbegründende Dimension. Der Unternehmer kann sich nur durch gute Organisation seines Betriebes schützen. Das erfordert Kontrollen und Überwachungspersonen.

d) Entlastungsbeweis

Der Geschäftsherr haftet nach § 831 Abs. 1 S. 1, wenn er sich nicht entlasten oder exkulpieren kann (§ 831 Abs. 1 S. 2). 11

▶ In Fall **51** kommt eine Entlastung nach § 831 Abs. 1 S. 2 in Betracht, weil der Straßenbahnunternehmer darauf verweist, dass der Alleinvorstand die Aufgabe der Personalauswahl auf einen zuverlässigen Angestellten delegiert hat. Hat der Alleinvorstand selbst schuldhaft gehandelt, würde dieses Verschulden der B-AG über §§ 31, 89 zugerechnet. Eine Entlastung nach § 831 Abs. 1 S. 2, 1. Alt. kommt in Betracht, wenn dargelegt werden kann, dass der die Schädigung verursachende Gehilfe sorgfältig ausgewählt wurde. ◀

Anknüpfungspunkt des Verschuldens nach § 831 Abs. 1 S. 1 ist, dass den Unternehmer (bzw. die für ihn handelnden Organe, §§ 31, 89) ein **Auswahl-, Instruktions- oder Überwachungsverschulden** im Hinblick auf den handelnden Gehilfen oder dessen Ausstattung mit Arbeitsmitteln trifft. Die für den Unternehmer tätig werdenden Personen müssen sorgfältig ausgewählt, überdies während der Dauer ihrer Tätigkeit ordentlich geschult, instruiert und ausgerüstet sowie regelmäßig überwacht werden. Kommt es zu einer widerrechtlichen Schädigung, so wird vermutet, dass eine dieser Pflichten verletzt wurde. Vermutet wird überdies, dass die Verletzung der genannten Pflichten für die Schädigung ursächlich geworden ist.[17] Beide Vermutungen kann (und muss) der Unternehmer widerlegen (§ 831 Abs. 1 S. 2, 1. Alt. oder 2. Alt.). 12

Die **Exkulpation** erfordert, dass der Unternehmer darlegt und beweist, wie er die vorgeschriebenen Handlungen organisiert hat. Für Auswahl, Qualifikation und Überwachung gilt die branchenübliche Sorgfalt (§ 276 Abs. 2), also das, was in der betreffenden Berufssparte fachgerecht und üblich ist, ferner, was im Hinblick auf die konkrete Tätigkeit und ihre Gefährdungen für einen objektiven Beobachter angemessen ist. Bei gefährlichen Tätigkeiten und Verrichtungen können die Sorgfaltsmaßstäbe hoch sein.[18]

13 BGHZ 69, 128, 132.
14 BGHZ 24, 188, 196.
15 BGH NJW 1965, 391, 392.
16 OLG München BeckRS 2015, 17486.
17 *Wandt*, Gesetzliche Schuldverhältnisse, § 18 Rn. 12.
18 Vgl. BGH NJW 2003, 288, 289.

Der Geschäftsherr darf seinen Verrichtungsgehilfen nur solche Tätigkeiten übertragen, für welche diese qualifiziert sind. Er muss sich durch Kontrolle und Überwachung regelmäßig davon überzeugen, dass Qualifikation, Instruktion und Ausrüstung auch bei sich verändernden Verhältnissen noch genügt.

▶ Im **Fall 51** kann der für die B-AG tätige V darauf verweisen, dass er jedenfalls die über die Einstellung von Fahrerpersonal befindende Auswahlperson ordentlich ausgewählt sowie laufend geschult und überwacht hat. Anhaltspunkte dafür, dass die Bahn nicht sorgfältig ausgestattet war (z.B. mit Spiegeln) sind dem Sachverhalt dagegen nicht zu entnehmen. Fraglich ist danach, ob die Delegation von Aufgaben an den (angestellten) Personalleiter genügt, um den Entlastungsbeweis nach § 831 Abs. 1 S. 2, 1. Alt. zu erfüllen. Dagegen spricht, dass diese Vorschrift nur die sorgfältige Auswahl und Überwachung des konkret für die Schädigung Verantwortlichen für entlastend hält. Diesbezüglich hat die B-AG aber keinen Entlastungsbeweis angetreten. Daher wäre schon die Darlegung nicht genügend. Es bleibt also bei der Haftung des U nach § 831. ◀

13 Die Rechtsprechung hat bei Großbetrieben einen sog. **dezentralisierten Entlastungsbeweis** dergestalt genügen lassen, dass diejenigen Angestellten, denen der Inhaber Personalauswahl und -überwachung übertragen hat (typischerweise die Personalleitung), sorgfältig ausgewählt, instruiert und überwacht wurden.[19] Hierbei spielt eine Rolle, dass einem Großunternehmer der Nachweis, das gesamte Personal persönlich sorgfältig ausgewählt und überwacht zu haben, kaum möglich ist. Dezentralisiert ist der Entlastungsbeweis, weil damit nunmehr die Zwischenperson die Auswahl, Kontrolle und Überwachung vornimmt. Die Verschuldensvermutung richtet sich somit faktisch gegen die nächsttiefere Entscheidungsebene. Diese Ebene kann ihrerseits wieder Teile ihrer Kompetenz auf tiefere Ebenen verlagern, sodass die Verschuldensvermutung letztlich (dezentral) bei der faktisch entscheidenden Ebene angesiedelt wird. Diese Ebene muss aber, um einer eigenen Haftung (vgl. §§ 831 Abs. 2, 823 Abs. 1) zu entgehen, nicht mehr darlegen und beweisen, dass sie das Personal, welches die Verletzungshandlung begangen hat, sorgfältig ausgewählt, kontrolliert und überwacht hat, denn der angestellte Personalentscheider ist kein Geschäftsherr i.S.d. § 831 Abs. 1 mehr (anders etwa der Chefarzt in einem Krankenhaus). Zwar kann er wegen eines Auswahl- und Überwachungsverschuldens nach § 823 Abs. 1 haften, doch muss dann der Verletzte das Verschulden darlegen und beweisen. Damit kann der Unternehmensinhaber seine Einstandspflicht für die unteren Ebenen abschneiden.

Eine Art dezentralisierter Entlastungsbeweis ist in gewisser Weise in **§ 831 Abs. 2** auch vom Gesetzgeber angelegt worden. Danach nämlich ist es möglich, dass der Geschäftsherr die Besorgung der in § 831 Abs. 1 S. 2 angesprochenen Handlungen **durch Vertrag auf einen Dritten delegiert.** Allerdings ordnet § 831 Abs. 2 insoweit eine zusätzliche Haftung („gleiche Verantwortung") dieses Delegierten an. Der Umstand, dass der Geschäftsherr selbst nun überhaupt nicht mehr haftet, wenn er wirksam delegiert hat, folgt aus § 831 Abs. 2 nicht. Die Rechtsprechung hat dies nicht zum Anlass genommen, den dezentralen Entlastungsbeweis in Großunternehmen entsprechend zu korrigieren. Die Literatur kritisiert dies als unzulässige Privilegierung von Großunterneh-

19 BGHZ 4, 1 (sog. Gutsverwalterentscheidung); eine weitergehende Haftung wird allerdings gefordert in Produzentenhaftungsfällen, nämlich von BGH NJW 1968, 247, 248 – Schubstrebe (Verurteilung wegen Verletzung allgemeiner Organisations- und Überwachungspflichten bei der Produktion eines Kraftfahrzeugs); BGH NJW 1973, 1602, 1603 (Haftung für das Verhalten sämtlicher Arbeitnehmer bei der Fabrikation von Feuerwerkskörpern).

men zulasten des Geschädigten.[20] In der Praxis ist von dem dezentralisierten Entlastungsbeweis nicht übermäßig häufig Gebrauch gemacht worden.[21] In jüngerer Zeit wird das Problem zudem dadurch entschärft, dass der Unternehmensinhaber jedenfalls über **§ 823 Abs. 1** für eigenes **Organisationsverschulden** haftet.[22] Dazu würde es gehören, wenn zwar Personalleiter sorgfältig ausgewählt wurden, die Unternehmensorganisation aber insgesamt unzureichend ausgestaltet ist.[23] Dann wird gleichwohl aus § 823 Abs. 1 gehaftet, wenngleich ohne die Verschuldensvermutung des § 831; d.h. den Organisationsmangel muss der Verletzte selbst aufdecken.[24]

▶ Im **Fall 51** würde nach der Rechtsprechung der Entlastungsbeweis für die B-AG gelingen. Damit würde sie nicht mehr nach § 831 Abs. 1 S. 1 haften. Allerdings würde der Personalleiter P gem. § 831 Abs. 2 nunmehr in gleichem Umfange haften. Zu seiner Person folgen aus dem Sachverhalt keinerlei Angaben, die sein Verschulden nahelegen, daher ist es in der Fallbearbeitung zu unterstellen (Rn. 1, 2).

Der Anspruch gegen die B-AG kann nur auf § 823 Abs. 1 gestützt werden. Dann muss der Verletzte jedoch darlegen, dass die Auswahl- und Kontrollmechanismen in der AG insgesamt schlecht organisiert waren. Eine Vermutung für schlechte Organisation (ähnlich § 831 Abs. 1) gibt es nicht. ◀

Misslingt der Entlastungsbeweis nach § 831 Abs. 1 S. 2, 1. Alt., kann der Unternehmer 14
also nicht darlegen und beweisen, dass er seine Mitarbeiter ordentlich ausgewählt und überwacht hat, so bleibt ihm noch eine **zweite Entlastungsmöglichkeit.** **§ 831 Abs. 1 S. 2, 2. Alt.** lässt ihm die Möglichkeit darzulegen, dass der Schaden auch bei Anwendung der erforderlichen Sorgfalt bei der Mitarbeiterbetrauung entstanden wäre. Diese Art von Entlastung betrifft die **fehlende Kausalität zwischen Pflichtverstoß und Schädigung**, also die **haftungsbegründende** Kausalität. Nach § 831 Abs. 1 S. 1 wird auch sie bei der Haftung für Verrichtungsgehilfen vermutet. Hierunter wird zum Teil auch der Fall des schuldlos handelnden Gehilfen gefasst, denn es fehlt am Rechts- oder Pflichtwidrigkeitszusammenhang zwischen Auswahlverschulden und Schädigung, wenn selbst ein sorgfältig ausgewählter Gehilfe nicht anders hätte handeln können. Hat der Geschäftsherr allerdings einen unfähigen Gehilfen eingestellt, der gleichwohl schuldlos einen Schaden verursacht, weil auch jeder andere Handelnde – einschließlich des Geschäftsherrn selbst – in der betreffenden Situation den Schaden verursacht hätte, so bleibt es beim Auswahlverschulden, nur fehlt hier der Zusammenhang zwischen seiner Pflichtverletzung und der Rechtsgutsbeeinträchtigung (also der Pflichtwidrigkeitszusammenhang).

e) Rechtsfolge

Der Geschäftsherr, der sich nicht exkulpieren kann, schuldet Schadensersatz nach 15
§§ 249 ff. Denkbar ist, dass der **Geschäftsherr nach § 831 neben dem Gehilfen**, der selbst oft aus § 823 ff. verantwortlich ist, haftet. Grundsätzlich bedeutet eine Nebenverantwortlichkeit, dass sämtliche Schädiger dem Geschädigten als Gesamtschuldner nach §§ 840, 426 ff. haften. Für das Innenverhältnis ordnet dagegen § 840 Abs. 2 an,

20 *Larenz/Canaris*, Schuldrecht II/2, § 79 III 3 b.
21 Offengelassen wurde die Frage in BGH NJW 1968, 247, 248; NJW 1973, 1602.
22 So bereits BGHZ 4, 1.
23 Insbesondere die Produzentenhaftung wird damit praktisch aus § 831 Abs. 1 ausgelagert, vgl. BGHZ 51, 91 (Hühnerpest), dazu unten § 6 Rn. 17.
24 Ausführlich Staudinger/*Bernau*, § 831 Rn. 121 f.

dass der Gehilfe allein verantwortlich ist. Diese Regel ist allerdings im Arbeitsrecht, und damit in dem Bereich des typischerweise die Gehilfenhaftung betreffenden Feldes, durchbrochen. Dort knüpft man an die Sphärentheorie oder Betriebsrisikolehre an. Ihr wird entnommen, dass derjenige, der die Vorteile aus der betrieblichen Tätigkeit zieht, auch für Schäden, die typischerweise mit der Betriebsorganisation zusammenhängen, alleine haften soll. Nach der Rechtsprechung des BAG gelten besondere **Grundsätze für die Haftung des Arbeitnehmers** bei Arbeiten, die durch den Betrieb veranlasst sind und aufgrund eines Arbeitsverhältnisses geleistet werden (oben § 3 Rn. 91).[25] Zu beachten ist, dass § 840 Abs. 2 nur einschlägig ist, wenn der Geschäftsherr ausschließlich gem. §§ 831, 832 haftet.[26] Ist ein Schadensersatzanspruch gegen ihn auch aus beispielsweise § 823 gegeben, greift die in § 840 Abs. 2 getroffene Wertung nicht und es bleibt bei § 426.

Wiederholungs- und Vertiefungsfragen

> Worin bestehen die Unterschiede zwischen § 831 und § 278?

> Wer ist Verrichtungsgehilfe? Grenzen Sie vom Erfüllungsgehilfen ab. Kann eine Person auch beides sein?

> (V) Wer könnte im Fall 51 ebenfalls Geschäftsherr sein? Wonach müssen Sie sich in der Fallbearbeitung richten? (vgl. *Kupisch*, Die Haftung für Verrichtungsgehilfen (§ 831 BGB), JuS 1984, 250–255)

> (V) Was ist und welche Bedeutung hat der Rechtfertigungsgrund des verkehrsrichtigen Verhaltens bezogen auf den Straßenbahnfall? (vgl. BGHZ 24, 21, 26; *Kupisch*, Die Haftung für Verrichtungsgehilfen (§ 831 BGB), JuS 1984, 250–255, 253)

> (V) Anwalt A meint, nicht das Anfahren sei im Straßenbahnfall vorwerfbar, sondern der fehlende Kontrollblick. Kommen Sie zu einem anderen Ergebnis für den Fall, wenn Sie diese Überlegung berücksichtigen?

> Wann erfolgt eine Schädigung „bei Gelegenheit" einer Verrichtung?

> (V) Setzen Sie sich mit der Kritik auseinander, aufgrund des § 831 Abs. 1 S. 2 hafte häufig nur ein finanziell überforderter Angestellter. (vgl. *von Bar*, in: Gutachten und Vorschläge zur Bearbeitung des Schuldrechts, 1981, 1681, 1776; *von Caemmerer*, Reformprobleme der Haftung für Hilfspersonen, ZfRV 1973, 241–261).

II. Aufsichtspflichtverletzung (§ 832)

1. Überblick und Prüfungsaufbau

16 Die Haftung wegen vermuteter Aufsichtspflichtverletzung ähnelt ihrer Struktur nach der Haftung für den Verrichtungsgehilfen nach § 831. Bei § 832 handelt es sich um die **Haftung für ein vermutetes eigenes Verschulden von aufsichtspflichtigen Personen.** Vermutet wird, dass die einer Person aufgrund Gesetzes oder Vertrages obliegende Aufsichtspflicht vernachlässigt wurde, wenn die zu beaufsichtigende Person widerrechtlich einen Schaden verursacht hat. Wie bei § 831 Abs. 1 S. 2 kann die aufsichtspflichtige Person den Nachweis erbringen, dass sie entweder ihrer Aufsichtspflicht genügt hat oder dass die Schädigung auch bei gehöriger Pflichterfüllung eingetreten wäre (fehlende haftungsbegründende Kausalität). Der auf Baustellen zu findende Hinweis

25 BAGE 78, 56 = AP BGB § 611 Haftung des Arbeitnehmers Nr. 103.
26 Str., hL, HK-BGB/*Staudinger*, § 840 Rn. 15.

„Eltern haften für ihre Kinder" ist irreführend. Seine plakative Aussage muss dahingehend korrigiert werden, dass häufig bei Verletzungen, welche Minderjährige anrichten, nach § 832 Abs. 1 S. 1 eine Vermutung dafür besteht, dass die erziehungsberechtigten Eltern ihre Aufsichtspflichten verletzt haben und es deswegen zu der Schädigung gekommen ist. Diese Vermutung ist Grundlage für die Anordnung einer Haftung. Dass Eltern aber gewissermaßen im Wege einer Gefährdungshaftung stets für Fehler ihrer Kinder einzustehen haben, ist schlicht falsch, weil es die Möglichkeit der Eltern ignoriert, sich nach § 832 Abs. 1 S. 2 zu exkulpieren.

Im **Prüfungsaufbau** ist § 832 parallel zu § 831 gestaltet. Dies trifft auch für die weiteren Fälle der vermuteten Verschuldenshaftung nach §§ 833 S. 2, 834 S. 2, 836 bis 838 zu. Für § 832 ergibt sich der Aufbau damit wie folgt: 17

(1) Aufsichtspflicht gegenüber einer Person
- kraft Gesetzes: bei Minderjährigen nach §§ 1631 Abs. 1, 1626 (natürliche Eltern), nach § 1671 Abs. 1 (getrennt lebende Eltern bei gemeinsamer Sorge), nach § 1754 (Adoptiveltern); nach §§ 1793, 1800 (Vormund) oder nach §§ 1909, 1915 (Pflegeeltern); bei Volljährigen nach §§ 1896 (Betreuungsverhältnis) oder nach §§ 1909, 1915 (Pflegschaft);
- kraft vertraglicher Übernahme der Aufsichtspflicht, § 832 Abs. 2.

(2) Tatbestandsmäßige und widerrechtliche Verletzung durch den Aufsichtsbefohlenen gem. §§ 823 ff.

(3) Schädigung eines Dritten
- Widerlegliche Vermutung der haftungsbegründenden Kausalität zwischen Aufsichtspflichtverletzung und Schädigung (vgl. § 832 Abs. 1 S. 2, 2. Alt.)

(4) Keine Exkulpation des Aufsichtspflichtigen
- § 832 Abs. 1 S. 2, 1. Alt.: Gehörige Erfüllung der Aufsichtspflicht („Ich habe alles richtig gemacht.") **oder**
- § 832 Abs. 1 S. 2, 2. Alt.: Unvermeidbarkeit der Schädigung auch bei gehöriger Erfüllung der Sorgfaltspflicht („Das wäre auch passiert, wenn ich alles richtig gemacht hätte.");
- Maßstab: abhängig von Alter, Charakter und Verstandesreife der aufsichtsbefohlenen Person, ferner abhängig von der Art der zu beaufsichtigenden Tätigkeit.

(5) Ersatz des Schadens
- Ggf. gesamtschuldnerische Haftung neben der aufsichtsbefohlenen Person, § 840 Abs. 1, im Innenverhältnis § 840 Abs. 2.

2. Einzelheiten

Bei der **Frage, ob eine Aufsichtspflicht besteht** und der Anwendungsbereich des § 832 eröffnet ist, besteht eine Besonderheit gegenüber § 831. **Minderjährige** bedürfen nach § 1631 Abs. 1 – anders als Verrichtungsgehilfen – stets einer Aufsicht (vgl. unten FALL 52, Rn. 20).[27] Der Umfang der Aufsichtspflicht hängt von den Umständen des Einzelfalls und von Alter, Charakter und Verstandesreife der zu beaufsichtigenden Person ab. Auch **Volljährige** können der Aufsicht bedürfen, wenn sie nämlich unter Pflege 18

27 BGH NJW 1976, 1145, 1146.

oder Betreuung stehen. Doch besteht hier nicht stets eine Aufsichtspflicht. Die Einzelheiten ergeben sich erst aus dem Betreuungs- oder Pflegschaftsverhältnis (§§ 1896 ff., 1909 ff.). Die meisten Prüfungsfälle befassen sich mit der Haftung für Schädigungen durch Minderjährige.

Die Aufsichtspflicht folgt zunächst aus dem Gesetz. Wichtig kann aber **§ 832 Abs. 2** werden, wenn eine Person aufsichtspflichtig ist, die nicht zu den gesetzlich zur Aufsicht Verpflichteten gehört. Hierunter fallen typischerweise Kindergärtner, Tagesbetreuer, Lehrer, u.U. aber auch Bekannte, wenn diese die Aufsicht über ein Kind übernehmen. Sofern eine wirksame **Aufsichtspflichtübernahme** i.S.d. § 832 Abs. 2 vorliegt, haften die Aufsichtspflichtigen so wie ansonsten die unmittelbar unter § 832 Abs. 1 fallenden Personen.[28] § 832 Abs. 2 verlangt eine vertragliche Verpflichtung. Das erfordert, dass derjenige, der eine Aufsichtspflicht übernimmt, einen **Rechtsbindungswille**n dahin gehend hat, auch Haftungsrisiken zu übernehmen. Hier wird die Abgrenzung zur bloßen Gefälligkeit erheblich (oben § 1 Rn. 7).[29] Anhaltspunkte für einen Rechtsbindungswillen sind aufseiten des Übernehmenden das möglicherweise drohende Haftungsrisiko, aufseiten desjenigen, der sein Kind in fremde Hände gibt, die Dauer der Beaufsichtigung und die möglicherweise fehlende Einwirkungsmöglichkeit der kraft Gesetzes Aufsichtspflichtigen, also der Eltern. Je länger das Kind in fremde Obhut gegeben wird und je geringer die Einwirkungsmöglichkeiten der Eltern sind, desto eher muss man davon ausgehen, dass eine vertragliche Übernahme der Aufsichtspflicht vorliegt.

Beispiele: Bei entgeltlicher Beaufsichtigung von Kindern in Kindergärten, Betreuungsstätten und ähnlichen Einrichtungen ist regelmäßig von einer vertraglichen Übernahme i.S.d. § 832 Abs. 2 auszugehen. Lehrer in Privatschulen übernehmen ebenfalls typischerweise die Aufsichtspflicht nach § 832 Abs. 2. Für Lehrer in öffentlich-rechtlichen Schulen gilt dagegen vorrangig § 839 i.V.m. Art. 34 S. 1 GG.[30] Auch hierbei gilt die Vermutungsregel in § 832 Abs. 1 S. 2.[31]

§ 832 Abs. 2 findet keine Anwendung, wenn die Obhut rein tatsächlich oder aufgrund eines unwirksamen Vertrags übernommen wird.[32] Zu beachten ist schließlich, dass ähnlich dem Organisationsverschulden des Unternehmers auch Eltern oder sonst gesetzlich Aufsichtspflichtige nach § 823 Abs. 1 haften können, wenn sie einen aufgrund Vertrages aufsichtspflichtig werdenden Betreuer fehlerhaft auswählen, unterrichten oder kontrollieren.[33] Im Übrigen kann eine Aufsichtspflicht stillschweigend vereinbart werden. Ob sie entgeltlich, unentgeltlich, vorübergehend oder dauernd ist, mag eine Rolle spielen für die Frage, ob ein Rechtsbindungswille besteht, doch hindert eine kurze oder unentgeltliche Übernahme nicht prinzipiell das Bestehen der vertraglichen Aufsichtspflicht.

19 Der Aufsichtsbedürftige muss den objektiven **Tatbestand einer unerlaubten Handlung** gem. §§ 823 ff. rechtswidrig verwirklicht haben (**widerrechtliche Verletzung**). Verschulden ist nicht erforderlich, doch gelten die bereits zur Haftung des Verrichtungsgehilfen ausgeführten Grundsätze auch hier, sodass es bei schuldlosem Handeln des Aufsichtsbedürftigen am Rechtswidrigkeits- oder Pflichtwidrigkeitszusammenhang fehlen kann

28 OLG Köln BeckRS 2015, 14623.
29 BGH NJW 1968, 1874 (bei nur vorübergehender Aufnahme durch Bekannte).
30 BGH NJW 2013, 1233.
31 BGH NJW 2013, 1233 m. Bspr. *Förster*, NJW 2013, 1201; anders noch BGHZ 13, 25.
32 Staudinger/*Bernau*, § 832 Rn. 48; a.A. MüKoBGB/*Wagner*, § 832 Rn. 17 ff.
33 BGH VersR 1968, 903; OLG Düsseldorf VersR 1992, 320, 322.

(vgl. oben § 3 Rn. 72 und § 4 Rn. 8). Die fehlende Deliktsfähigkeit nach §§ 827, 828 hindert selbstverständlich die Anwendung des § 832 insoweit nicht, denn sie ist gerade der Anlass dafür, dass eine Aufsichtspflicht besteht und eine Haftung des Aufsichtspflichtigen für Schädigungen in Betracht kommt. Eine Billigkeitshaftung nach § 829 kommt grundsätzlich nur in Betracht, wenn der Aufsichtspflichtige nicht nach § 832 Abs. 1 S. 1 haftpflichtig ist. In der Literatur wird die Haftung teilweise auch für möglich gehalten, wenn der Aufsichtspflichtige nach § 832 Abs. 1 S. 1 haftpflichtig, aber mittellos ist.[34] Das hilft zwar dem Opfer, belastet den Schuldner allerdings in einer Weise, die das Gesetz selbst nicht vorsieht, schafft also in methodisch problematischer Weise einen zusätzlichen Haftungstatbestand. In Fällen, in denen Minderjährige Schäden anrichten, ist daher im Fallgutachten zunächst eine mögliche Haftung des Aufsichtspflichtigen zu erörtern, bevor auf den Gedanken einer Billigkeitshaftung nach § 829 eingegangen wird (vgl. dazu oben § 3 Rn. 86).

3. Besonderheiten des Entlastungsbeweises

Die für § 832 zentrale Tatbestandsvoraussetzung betrifft die Frage, ob ein Entlastungsbeweis möglich ist. Wie § 831 Abs. 1 S. 2 sieht § 832 Abs. 1 S. 2 zwei Fälle möglicher Entlastung vor. Zum einen kann sich die aufsichtspflichtige Person dadurch entlasten, dass sie darlegt und beweist, ihrer Aufsichtspflicht genügt zu haben (**§ 832 Abs. 1 S. 2, 1. Alt.**), zum anderen mag sie den fehlenden Rechtswidrigkeitszusammenhang zwischen Aufsichtspflichtverletzung und Schädigung darlegen und beweisen (**§ 832 Abs. 1 S. 2, 2. Alt.**). Grundsätzlich vermutet § 832 Abs. 1 S. 1 also die Aufsichtspflichtverletzung und deren Kausalität für die Schädigung sowie das insoweit bestehende eigene Verschulden der aufsichtspflichtigen Person. Zentral in Prüfungssachverhalten und auch in der Praxis ist die in § 832 Abs. 1 S. 2, 1. Alt. eröffnete Entlastungsmöglichkeit, nämlich die **gehörige Erfüllung der Aufsichtspflicht**. Im Fallgutachten sollte in diesem Zusammenhang erörtert werden, in welchem genauen Umfang eine konkrete Aufsichtspflicht gegenüber dem direkten Schädiger bestand. 20

▶ **Fall 52** (BGH NJW 1993, 1003): Der 12-jährige B wohnt mit seinen Eltern in einer zu einem landwirtschaftlichen Anwesen gehörenden Mietwohnung. Eines Tages entnimmt er aus einer kurzzeitig unverschlossenen Schmuckkassette seiner Mutter ein Feuerzeug, ohne dass diese hiervon etwas bemerkt. Am nächsten Tag zündelt B mit einem zehnjährigen Freund und einem Feuerzeug im Stroh, sodass eine Scheune auf dem Hof niederbrennt. Der Eigentümer des Hofes verlangt von den Eltern des B Ersatz des Schadens. Er behauptet, diese hätten ihre Aufsichtspflicht gegenüber B verletzt.

Als **Anspruchsgrundlage** kommt **§ 832 Abs. 1 S. 1** in Betracht. B müsste eine **aufsichtsbedürftige Person** sein. Minderjährige bedürfen stets der Aufsicht. Auf die besonderen Gegebenheiten des Einzelfalls kommt es allenfalls im Hinblick auf den Umfang der konkreten Aufsichtspflichtverletzung an. Diese ist allerdings erst im Rahmen der Exkulpationsmöglichkeit zu erörtern (oben Rn. 17). Eine Aufsichtspflicht bestand daher. **Aufsichtspflichtig** sind die leiblichen Eltern gem. §§ 1626, 1631 Abs. 1. Anhaltspunkte dafür, dass die Aufsichtspflicht vertraglich einer dritten Person übertragen war, bestehen nicht. Fraglich ist, ob B den objektiven **Tatbestand einer unerlaubten Handlung nach §§ 823 ff.** widerrechtlich erfüllt hat. Durch das Zündeln mit Feuer hat B das Eigentum an der auf dem Hof befindlichen Scheune beschädigt, die Verletzungshandlung war adäquat kausal für das Niederbrennen

34 So Staudinger/*Oechsler* (2014), § 829, Rn. 39.

der Scheune, die Rechtswidrigkeit einer primären Eigentumsverletzung durch positive Handlung ist indiziert. Auf die Frage, ob B schuldhaft handelte, insbesondere, ob er nach § 828 Abs. 3 deliktsfähig war, kommt es für die Haftung aus § 832 Abs. 1 S. 1 nicht an. Vielmehr wird **vermutet, dass die Schädigung adäquat kausale Folge einer Aufsichtspflichtverletzung** war. Daher entfällt eine Haftung der Eltern, wenn diese darlegen können, dass sie ihrer Aufsichtspflicht genügt haben. Der **Umfang der gebotenen Aufsichtspflicht** über Minderjährige bestimmt sich nach Alter, Eigenart und Charakter des Kindes. Die Grenze der im Rahmen der Erziehung erforderlichen zumutbaren Maßnahmen richtet sich danach, was verständige Eltern nach vernünftigen Anforderungen in einer konkreten Situation tun müssen, um Schädigungen Dritter durch ihr Kind zu verhindern.[35] ◀

21 Um den **Umfang der Aufsicht über Minderjährige** zu bemessen, kommt es auf Alter, Eigenart und Charakter des Kindes an. Da heranwachsende Kinder in zunehmendem Maße eigenverantwortlich ihr Leben gestalten und die Erziehung gem. § 1626 Abs. 2 hierauf Rücksicht nehmen soll, ist weder zumutbar noch rechtlich gefordert, dass Eltern ihre Kinder auf Schritt und Tritt beobachten und überwachen. Selbst Kleinkinder müssen nicht „ständig an der Leine gehalten" werden. So ist eine Haftung für das Verhalten eines Kleinkindes verneint worden, dass sich von der Hand seines Vaters losgerissen hatte, auf die Straße rannte und hierdurch einen Verkehrsunfall verursachte.[36] Ebenfalls ist die Haftung einer Mutter verneint worden, deren 3-jähriger Sohn alleine die Toilette in der eigenen Mietwohnung benutzte und durch den übermäßigen Gebrauch von Toilettenpapier einen Wasserschaden verursachte.[37] Eltern genügen ihrer Aufsichtspflicht, wenn sie ihren 13-jährigen Sohn darüber belehren, dass die Teilnahme an Internettauschbörsen regelmäßig zu Urheberrechtsverletzungen führt, und wenn sie ihm solche Handlungen verbieten. Eine Verpflichtung, die Internetnutzung eines Kindes dieser Altersstufe zu überwachen oder gar den Zugang zum Internet zu sperren, besteht nicht, solange die Eltern keine Anhaltspunkte dafür haben, dass der Sohn das Verbot missachtet.[38]

Wachstums- und Reifeprozesse führen jedenfalls zu einer Rücknahme der Aufsichtsdichte. Allerdings haben die Gerichte in Fällen, in denen es um gefährliches Spielzeug, insbesondere das Zündeln mit Feuer geht, oft betont, dass die individuelle Anlage des Kindes und die Gefährlichkeit dieser Spielzeuge zu einer gesteigerten Aufsichtspflicht führen können. Eltern haben also im Prozess darzulegen und zu beweisen, dass ihr Kind auch diesbezüglich einen Reifeprozess gezeigt hat und eine reduzierte Aufsichtsdichte gerechtfertigt war. Dazu gehört es, dass die Eltern darlegen können, dass ihr Kind keine Tendenz zum Zündeln zeigte.

▶ Zu einer **Fall 52** entsprechenden Fallgestaltung hat der BGH geurteilt, dass bei einem Kind in diesem Alter von den Eltern nicht verlangt werden kann, Feuerzeuge oder Streichhölzer zu jeder Zeit unerreichbar zu halten. Den Eltern ist es daher gelungen, im Prozess

---

35 So fast wörtlich BGH NJW 1993, 1003.

36 LG Köln NJW 2007, 2563; vgl. auch OLG Koblenz NJW-RR 2012, 274 (keine Pflicht, ein fünfjähriges, fahrradfahrendes Kind ständig zu überwachen); OLG Düsseldorf NJW-RR 2014, 1496 (Sechsjähriger); zu den Aufsichtspflichten im Straßenverkehr zusammenfassend *Bernau*, DAR 2015, 192.

37 OLG Düsseldorf NJW-RR 2018, 1190.

38 So im vielbeachteten Fall „Morpheus" BGH NJW 2013, 1441 m. Anmerkungen von *Gooren*, ZUM 2013, 479; *Strauß*, GRUR-Prax 2013, 188; *Hoffmann*, MMR 2013, 388; *Steinbeck*, WRP 2013, 416. Das Anhalten allein allgemein zur Regelbefolgung, ohne spezifischen Bezug zu Tauschbörsen, genügt demgegenüber der Aufsichtspflicht nicht BGH GRUR 2016, 184 Tz. 25 ff., 38 – Tauschbörse II.

darzulegen, ihrer Aufsichtspflicht genügt zu haben, der Entlastungsbeweis nach § 832 Abs. 1 S. 2, 1. Alt. ist mithin gelungen. Eine Haftung der Eltern kommt nicht in Betracht.[39] ◀

Gelingt der Entlastungsbeweis nach § 832 Abs. 1 S. 2, 1. Alt. nicht, so kann zusätzlich dargelegt werden, dass der Schaden auch bei gehöriger Beaufsichtigung entstanden wäre, dass es also am **Rechtswidrigkeitszusammenhang zwischen Aufsichtspflichtverletzung und Schadenseintritt** fehlt.[40] Der Anspruch auf Schadensersatz gegen die Aufsichtspflichtigen konkurriert mit einer etwaigen Haftung des Aufsichtsbefohlenen[41] und besteht, sofern dieser deliktsfähig war (§§ 827, 828) und schuldhaft gehandelt hat (§ 276), sodass Aufsichtspflichtiger und Schutzbefohlener gesamtschuldnerisch nach § 840 Abs. 1 haften können. Im Innenverhältnis haftet allerdings nur der Aufsichtsbedürftige (§ 840 Abs. 2). Die Eltern dürfen also den Minderjährigen „in Regress nehmen", z.B. das Taschengeld kürzen, wenn der einsichtsfähige Aufsichtsbefohlene die Fensterscheibe des Nachbarn mit dem Fußball beschädigt hat. 22

III. Haftung für Tiergefahren (§§ 833, 834)

1. Überblick und Prüfungsaufbau

Die Haftung für durch Tiere verursachte Beschädigungen nimmt Elemente auf, welche auch im Rahmen der Haftung für Verrichtungsgehilfen und Aufsichtspflichtverletzungen auftreten. Der Grund für die Tierhalterhaftung liegt in der **Unberechenbarkeit tierischen Verhaltens** und der hierdurch möglichen Gefahr für Rechtsgüter.[42] Verwirklicht sich eine **spezifische Tiergefahr**, so soll derjenige dafür haften müssen, der für das Tier entweder als Halter[43] oder als Aufseher verantwortlich war. Es wird vermutet, dass die spezifische Tiergefahr sich nur deshalb verwirklicht hat, weil der für das Tier Verantwortliche eine ihm obliegende Sorgfaltspflicht bei der Führung oder Beaufsichtigung des Tieres verletzt hat.[44] Die Haftung kann neben eine vertragliche Einstandspflicht treten, so etwa wenn der Mieter in seiner Wohnung eine Katze hält und die Wohnung nach Auszug stark nach Katzenurin riecht.[45] 23

Die Verschuldensvermutung lässt Raum für einen **Entlastungsbeweis** wie bei §§ 831 und 832. Ein Unterschied zu diesen Regelungen liegt allerdings darin, dass der Entlastungsbeweis nur demjenigen einschränkungslos zusteht, der auf vertraglichem Wege die Aufsicht über das Tier übernommen hat, dem sog. **Tieraufseher** (§ 834). Dagegen hat der **Tierhalter** eine solche Entlastungsmöglichkeit nur für sog. Nutztiere, die gleichzeitig Haustiere sind, nicht aber für sog. Luxustiere. Nach § 833 S. 2 hängt die Exkulpation nämlich davon ab, ob ein „Schaden durch ein Haustier verursacht wird, das dem Beruf, der Erwerbstätigkeit oder dem Unterhalt des Tierhalters zu dienen bestimmt ist". Erwerbstätigkeit in diesem Sinne ist jede mit Gewinnerzielungsabsicht verfolgte Tätigkeit, wobei sich die Gewinnerzielungsabsicht auch objektiv manifestieren muss. Bei der Nutztierhaltung muss es sich allerdings nicht um die Haupteinnahmequelle des Tierhalters handeln.[46] Für Nutztiere, die gleichzeitig Haustiere sind, kann

39 Vgl. überdies die Fälle OLG Schleswig NJW-RR 1999, 606; OLG Koblenz NJW-RR 2002, 900; OLG Zweibrücken NJW-RR 2007, 173.
40 Vgl. OLG Frankfurt/M. MDR 2001, 752, 753.
41 OLG Naumburg NJW-RR 2013, 1109.
42 BGHZ 67, 129; OLG Düsseldorf BeckRS 2015, 20139.
43 Zur Tierhaltereigenschaft OLG Köln NJW-RR 2018, 652.
44 Zusammenfassend und Fallbeispiel bei *Staudinger/Schmidt*, Jura 2000, 347; *A. Werner*, NJW 2012, 1048.
45 AG Bremen NJOZ 2015, 836.
46 BGH NJW-RR 2017, 725 Tz. 13.

sich also nicht nur der Tieraufseher (§ 834 S. 2), sondern auch der Tierhalter exkulpieren (§ 833 S. 2). Haustiere sind solche Tiere, die zahm – also nicht wild – sind.[47] Bei Luxustieren, die nicht dem Erwerb dienen, also den meisten Haustieren, oder zu rein sportlichen Zwecken gehaltenen Tieren (z.B. Hunde, Katzen, Freizeitpferde) ist dagegen für den Tierhalter eine Exkulpation nicht möglich. Ebenso ist es bei Nutztieren, die keine Haustiere sind, etwa bei den zur Honigproduktion in Stöcken gehaltenen Bienen[48] oder den zu Therapiezwecken von einem Idealverein gehaltenen Reitpferden.[49] Dient ein Tier sowohl der Freizeitgestaltung als auch Erwerbszwecken, ist nach der hauptsächlichen Zweckbestimmung abzugrenzen.[50] Das Verschulden ist in Fällen, die Luxustiere betreffen, keine Haftungsvoraussetzung. § 833 S. 1 bildet damit den einzigen Fall einer reinen **Gefährdungshaftung**, den das BGB kennt.

24 Im Einzelnen empfiehlt sich bei der Prüfung von Schädigungen, die durch spezifische Tiergefahren verwirklicht wurden, folgender **Prüfungsaufbau:**

(1) Anspruchsgegner: Tierhalter oder Tieraufseher
- Tierhalter, § 833 S. 1: Bestimmungsmacht über das Tier
- Tieraufseher, § 834: Vertragliche Übernahme der Tieraufsicht

(2) Verwirklichung der spezifischen Tiergefahr (unten Rn. 25)
- Unbestritten: Unberechenbares tierisches Verhalten
- Natürliches tierisches Verhalten, nach neuerer Auffassung erfasst[51]
- **Nicht:** Menschlich gesteuertes tierisches Verhalten (Aufhetzen)[52]

(3) Schädigung eines Dritten
- Widerlegliche Vermutung für Kausalität zwischen Sorgfaltsverstoß und Schädigung

(4) Keine Exkulpation
- Exkulpation nicht möglich für den Tierhalter bei Luxustieren (§ 833 S. 1 mit S. 2: Gefährdungshaftung)
- Bei Nutzhaustieren (§ 833 S. 2) und Tieraufsehern (auch Luxustieraufsehern, § 834 S. 2) gehörige Erfüllung der Sorgfaltspflicht oder fehlender Rechtswidrigkeitszusammenhang zwischen Sorgfaltspflichtverstoß und Schädigung

(5) Rechtsfolge: Ersatz des Schadens.

2. Einzelheiten

25 Ein Hauptproblem im Rahmen der Haftung für Tiergefahren ist die Frage, ob die **Schädigung durch eine typische Tiergefahr** verursacht wurde. Dieser Punkt ist methodisch an gleicher Stelle zu prüfen wie die Tatbestandsverwirklichung durch Verrichtungsgehilfen oder Aufsichtsbefohlene im Rahmen der §§ 831, 832. Insbesondere ist zu prüfen, ob das Tier aufgrund seiner natürlichen Anlage, der spezifisch „tiereigenen Unberechenbarkeit", die Schädigung verursacht hat, oder ob ein Mensch den Schädi-

47 MüKoBGB/*Wagner*, § 833 Rn. 46. Dabei soll stets die inländische Verkehrsauffassung maßgeblich sein. Ein Kamel soll danach kein Haus- und Nutztier sein, auch wenn es in anderen Ländern anders sein mag, OLG Stuttgart BeckRS 2018, 16107 (nicht rechtskräftig, anhängig unter VI ZR 265/18).

48 RGZ 141, 406, 407; 158, 388, 391.

49 BGH NJW 2011, 1961.

50 MüKoBGB/*Wagner*, § 833 Rn. 49.

51 MüKoBGB/*Wagner*, § 833 Rn. 22 m.w.N.

52 Vgl. den Übungsfall bei *von Finckenstein*, Jura 2002, 339 (Pitbull-Terrier).

gungsvorgang durch sein steuerndes Verhalten in Gang gesetzt hat. Wer ein Tier auf einen Menschen hetzt, der haftet unmittelbar aus § 823 Abs. 1, weil er eine Verletzungshandlung bewusst in Gang gesetzt hat, die adäquat kausal zu einem Schaden führen kann. Mag arttypisches Verhalten an der Schädigung mitwirken, so muss für § 833 die Tiergefahr doch maßgebliche Ursache und nicht nur eine weitere oder gar mittelbare Ursache darstellen.[53] Wenn die Tiergefahr die einzige Ursache begründet, so mag allerdings selbst die Gefahr eines regungslos am Boden liegenden und schlafenden Hundes bereits eine typische Tiergefahr begründen.[54] Denn „bereits von einem Tier ausgehende und auf ein anderes Tier einwirkenden Reize [können] eine für einen Schaden mitursächliche Tiergefahr darstellen".[55] Die Haftung aus §§ 833, 834 erfasst Gefahren, die menschlich nicht beherrschbar oder steuerbar waren.

▶ **Fall 53** (OLG Hamm NJW 2004, 2246): Beim Landeanflug eines Flugzeugs, das dem Kläger gehört, gerät die Brieftaube des Beklagten in den Lufteinlass der Turbine. Dabei wird die Turbine beschädigt. Der Kläger verlangt Ersatz der Reparaturkosten.

Der **Anspruch aus § 833 S. 1** richtet sich gegen den **Tierhalter**. Halter ist, wer das Bestimmungsrecht über das Tier hat. Das ist meist der Eigentümer, also vorliegend der Beklagte. Fraglich ist, ob sich eine spezifische Tiergefahr verwirklicht hat. Dagegen spricht, dass es vorliegend **nicht** um **unberechenbares**, **sondern** ein **natürliches tierisches Verhalten**, nämlich das bloße Fliegen geht. Allerdings kann eine Taube auch im natürlichen Flug ein Verkehrshindernis für ein vorbeifliegendes Flugzeug bilden. Ob die Taube in besonderer Weise aufgeschreckt wurde oder sich artspezifisch verhält, spielt für die Verwirklichung der in diesem Verkehrshindernis liegenden Gefahr keine Rolle. Daher realisiert sich letztlich in jedem tierischen Verhalten eine spezifische Tiergefahr, sofern das Tier nicht von einem Menschen gesteuert wird. Diese Tiergefahr führte vorliegend auch adäquat kausal dazu, dass die Turbine des Flugzeugs beschädigt wurde. Die Frage einer möglichen Exkulpation stellt sich nicht, wenn es sich bei der Taube um ein Luxustier handelte (§ 833 S. 1 mit S. 2). **Luxustiere** sind Tiere, welche nicht dem Beruf, Unterhalt oder der Erwerbstätigkeit des Halters dienen. Brieftauben sind typischerweise reine Hobby- oder Liebhabertiere. Anhaltspunkte dafür, dass der Taubenhalter hier einen kommerziellen Brieftaubenservice betrieb, fehlen. Eine Exkulpation ist dann nicht möglich. Als Rechtsfolge schuldet der Taubenhalter grundsätzlich Ersatz des angerichteten Schadens nach den §§ 249 ff.

Allerdings ist vorliegend noch zu berucksichtigen, dass die **Schadenshöhe** maßgeblich dadurch mitverursacht wurde, dass ein Luftfahrzeug beteiligt war. In Betracht kommt daher eine **Mitverursachung nach § 254 Abs. 1** durch den Eigentümer des Flugzeugs. Dieser Mitverursachungsbeitrag ist bereits deshalb zu gewichten, weil für die Betriebsgefahren eines Luftfahrzeugs im Wege der Gefährdungshaftung nach § 33 LuftVG gehaftet wird (vgl. unten § 6 I). Diese Haftung ist auch eine reine Gefährdungshaftung, auf ein mögliches schuldloses Handeln des Flugzeugführers kommt es ebenso wenig an wie darauf, dass möglicherweise für den Flugzeugführer die Kollision unvermeidlich war.[56] Der Verursachungsbeitrag durch die Betriebsgefahr des Flugzeuges spielt nicht nur eine Rolle, weil möglicherweise auch der

53 BGH NJW 2015, 1824.

54 OLG Hamm MDR 2013, 908; anders wohl OLG Frankfurt a.M. r+s 2018, 501 f., das daran zweifelt, dass sich im Vorbeilaufen eines Hundes eine Tiergefahr verwirklicht, wenn ein Pferd sich erschreckt.

55 BGH NJW 2016, 2737 Tz. 9.

56 OLG Hamm NJW 2004, 2246, 2247 verweist darauf, dass das Luftverkehrsgesetz anders als § 7 Abs. 2 StVG keine Vorschrift dahingehend enthält, wonach für bestimmte Ereignisse, die unabwendbar sind oder höhere Gewalt darstellen, nicht gehaftet würde.

Taubenhalter wegen der Tötung seines Tieres einen (wenn auch bescheidenen) Ersatzanspruch gegen den Flugzeughalter aus § 33 LuftVG hätte. Er ist auch zu gewichten bei der Frage, ob ein Mitverschuldensbeitrag über § 254 zu einer Kürzung des Schadensersatzanspruches führt. Vorliegend sind die Verursachungsbeiträge in etwa gleichwertig. Die Brieftaube war zwar langsamer und kleiner, doch hat gerade dies den Umstand begünstigt, dass sie in die Turbine fliegen konnte. In Betracht kommt eine hälftige Schadensteilung. Danach hat der Kläger Anspruch auf Ersatz der Hälfte seines Reparaturschadens. ◀

Der vorliegende Fall zeigt, dass gerade bei Luxustieren die Haftung sehr streng und der Höhe nach auch durchaus beachtlich sein kann. Im entschiedenen Originalfall ging es um eine Gesamtschadensersatzsumme von 4.500 Euro. Luxustierhaltern ist also dringend zu empfehlen, eine Haftpflichtversicherung abzuschließen. Dies gilt auch für Tiere, von denen man typischerweise Schädigungen nicht erwartet, wie etwa Brieftauben. Eine Schadensteilung nach § 254 kommt in Betracht, wenn die Tiere zweier Halter an einem Unfallereignis mitgewirkt haben, so ist es bei Unfällen auf Reitgeländen, an denen die Pferde mehrerer Halter beteiligt sind.[57] Ein Mitverschulden des Geschädigten kann auch darin liegen, dass er sich gegenüber einem Tier unvorsichtig verhält[58] oder dieses aufhetzt. Kein Mitverschulden liegt darin, dass Gäste auf einer Gartenparty den frei herumlaufenden Hund des Hauseigentümers für harmlos halten und sich ihm deswegen nähern.[59] Das Mitverschulden des Geschädigten hat im Prozess der auf Schadensersatz in Anspruch genommene Tierhalter darzulegen und zu beweisen.[60]

26 Ein besonderes Problem stellt sich, wenn der **Geschädigte** im Zeitpunkt des Schadensereignisses die **Kontrolle über das Tier ausgeübt** hat. So liegt es, wenn ein Reiter ein Pferd mietet und während des Ausritts abgeworfen wird. Die sich hierbei stellende **Frage, ob auch derjenige Schadensersatz erhält, der sich der Tiergefahr besonders ausgesetzt hat,** ist eine Frage des Zurechnungszusammenhangs zwischen spezifischer Tiergefahr und Schädigungen, also eine Frage der Haftungszurechnung im Rahmen des Schutzzwecks der Haftungsnorm. Dies zeigt

▶ **Fall 54** (BGH NJW 1974, 234):[61] B unterhält ein eigenes Pferd, mit dem er Dressurlektionen trainiert. Als sich bei einem Training sein Pferd widerspenstig verhält, sagt der erfahrene Turnierreiter K zu B: „Lass mich mal". B überlässt daraufhin dem K das gezäumte und gesattelte Pferd. Beim Aufsitzen des K schlägt das Pferd ohne ersichtlichen Anlass seinen Kopf nach hinten, trifft den Kopf des K, steigt dann auf der Hinterhand hoch und stürzt dabei nach hinten über. Infolge des Sturzes bricht sich K den linken Oberschenkel. Er verlangt von B Ersatz der ihm entstandenen Schäden.

Für den Anspruch aus § 833 S. 1 ist B als Tierhalter passivlegitimiert. Auch hat sich eine spezifische Tiergefahr, nämlich die Unberechenbarkeit des Pferdes, verwirklicht. Dadurch ist adäquat kausal eine Schädigung von Körper und Gesundheit des K verursacht worden. Fraglich ist allerdings, ob die verwirklichte Gefahr dem Tierhalter auch dann noch zurechenbar ist, wenn sich der Geschädigte eigenverantwortlich dieser Gefahr ausgesetzt hat, indem er die Kontrolle über das Tier übernommen hat. Der BGH hat entschieden, dass die spezifische Einstandspflicht des Tierhalters dann nicht mehr „einer gerechten Zuweisung des Zufallsschadens (entspricht), wenn der Verletzte die Herrschaft über das Tier und damit die unmit-

57 OLG Naumburg NJW-RR 2015, 346; OLG Koblenz BeckRS 2016, 01548.
58 Vgl. BGH NJW 2014, 2434.
59 OLG Naumburg MDR 2011, 294.
60 OLG Hamm BeckRS 2015, 09378.
61 Vgl. auch den Übungsfall bei *Büdenbender,* Jura 2000, 132.

telbare Einwirkungsmöglichkeit vorwiegend im eigenen Interesse und in Kenntnis der damit verbundenen besonderen Tiergefahr übernommen hat".[62] Dann nämlich sei der Geschädigte selbst in der Lage, die Maßnahmen zu ergreifen, die seinen bestmöglichen Schutz gewährleisten. Sein Interesse wiege im Verhältnis zum Tierhalter den Gesichtspunkt auf, dass dieser den Nutzen des Tieres habe. Danach fehlt es an einer haftungsbegründenden Zurechnung der Tiergefahr. ◀

METHODISCHER HINWEIS: Der vorerwähnte Umstand spielt eine Rolle, wenn sich Tierärzte, Tierpfleger oder Hufschmiede[63] in den Gefahrenbereich des § 833 begeben und dabei geschädigt werden. Man kann diesen Umstand im Rahmen der Zurechnung erörtern, methodisch kommt allerdings auch eine Diskussion im Rahmen des letzten Prüfungsgesichtspunktes, nämlich der möglichen Schadensteilung über § 254 in Betracht (§ 4 Rn. 25).[64] Hier besteht eine deutliche **Parallele zu den Fällen des Handelns auf eigene Gefahr** (vgl. oben § 3 Rn. 68). In der Falllösung hat die Diskussion am Ende des Gutachtens den Vorteil, dass man auch die Frage der möglichen Exkulpation noch erörtern kann. Im oben dargestellten FALL könnte man also noch darauf hinweisen, dass eine Exkulpation nicht in Betracht kommt, weil es vorwiegend um ein Luxustier ging und B nicht als Tieraufseher, sondern als Tierhalter, also im Rahmen der Gefährdungshaftung in Anspruch genommen wird.

Eine **gesamtschuldnerische Haftung** kommt bei der Haftung für Tiergefahren in Betracht, wenn der Halter des Tieres die Aufsicht vertraglich einem Tieraufseher anver- 27
traut und das Tier dann einen Schaden verursacht. Hier haften **Tieraufseher und Tierhalter** nach §§ 833, 834 nebeneinander, wenn eine Exkulpation nicht in Betracht kommt.[65] Sie sind mithin Gesamtschuldner i.S.d. § 840 Abs. 1. Im Innenverhältnis bleibt es grundsätzlich dabei, denn die Vorschrift des § 840 Abs. 2, die eine Alleinzuweisung für das Innenverhältnis bei Verrichtungsgehilfen und Aufsichtspflichtigen vorsieht, gilt hier nicht. Stattdessen sieht § 840 Abs. 3 vor, dass allenfalls ein Dritter, der neben den nach §§ 833 ff. Verantwortlichen haftet, im Innenverhältnis alleine verpflichtet ist. Das wäre denkbar, wenn der Halter eines Hundes diesen vertraglich von einem „Dog-Sitter" ausführen lässt und anlässlich eines solchen Spaziergangs ein Dritter sich des Hundes bemächtigt und ihn auf einen vorbeikommenden Passanten hetzt. Sofern sich bei der dann möglichen Schädigung nicht nur die Kontrollhandlung des Dritten, sondern auch spezifische Tiergefahren verwirklichen, kommt eine Haftung von Tierhalter und Tieraufseher neben der Eigenhaftung des Dritten nach § 823 Abs. 1 in Betracht. Im Außenverhältnis haften sie alle als Gesamtschuldner nach § 840 Abs. 1. Im Innenverhältnis wäre jedoch nur der Dritte haftbar, der durch sein Eingreifen den Schaden verursacht hat (§ 840 Abs. 3).

Sind an einer zu einem Schaden führenden Situation ein fremdes Tier und das Tier des Geschädigten beteiligt, muss sich der Geschädigte die Gefahr seines Tieres zurechnen lassen und eine entsprechende Anspruchskürzung nach § 254 hinnehmen.[66] Das gilt je-

62 BGH NJW 1974, 234, 235; ähnlich OLG Koblenz BeckRS 2017, 105381. Für eine Lösung über Mitverschulden der Reiterin OLG Nürnberg NJW-RR 2017, 1173.
63 Dazu OLG Hamm BeckRS 2015, 09378 (Hufschmied); OLG Hamm BeckRS, 111842 (Tierarzt); OLG Jena r+s 2016, 371 (Tierarzt).
64 BGH NJW 2013, 2661.
65 Vgl. OLG Hamm, Urt. v. 9.4.2013 – 24 U 112/12, BeckRS 2013, 10194.
66 BGH NJW 2016, 2737; OLG Koblenz NJW-RR 2016, 474; OLG München BeckRS 2018, 33058.

doch mit Blick auf § 840 Abs. 3 dann nicht, wenn der Tierhalter des fremden Tieres auch nach § 823 Abs. 1 z.B. aufgrund einer Verkehrspflichtverletzung haftet.[67]

Wiederholungs- und Vertiefungsfragen

- Welche Besonderheit besteht beim Entlastungsbeweis im Rahmen der Tierhalterhaftung? (vgl. *Bocianiak*, Ausgewählte Probleme der Tierhalterhaftung im Lichte der Rechtsprechung, VersR 2011, 981)
- Was ist ein Tieraufseher? Was sind Luxustiere?
- Inwieweit kommt im Zusammenhang mit Tiergefahren auch eine gesamtschuldnerische Haftung in Betracht?

IV. Haftung für den Zustand von Gebäuden (§§ 836 bis 838)

28 Eine **Haftung für vermutetes eigenes Verschulden** enthalten §§ 836 bis 838 für Schäden, die durch den Zustand von Grundstücken und Gebäuden verursacht werden. Verantwortlich sind die in §§ 836 bis 838 bezeichneten Personen, also Grundstücksbesitzer (§ 836), Gebäudebesitzer (§ 837) oder derjenige, der die Pflicht hat, ein Gebäude zu unterhalten (§ 838, vgl. die Parallele in §§ 831 Abs. 2, 832 Abs. 2, 834). Vermutet wird, dass Schäden durch Gebäude durch die schuldhaft mangelhafte Errichtung oder Unterhaltung verursacht wurden.[68] Dagegen kann exkulpierend angeführt werden, dass die im Verkehr erforderliche Sorgfalt bei Errichtung und Unterhaltung beachtet wurde (§ 836 Abs. 1 S. 2). Haftpflichtig ist nach § 836 auch der frühere Besitzer eines Grundstücks, doch kann dieser den Nachweis führen, dass ein späterer Besitzer die Gefahr durch Beobachtung der erforderlichen Sorgfalt hätte abwenden können (§ 836 Abs. 2).[69] Für die Haftung des Gebäudeunterhaltspflichtigen nach § 838 wird kein Vertrag über die Übernahme der Unterhaltung verlangt (vgl. dagegen aber §§ 831 Abs. 2, 832 Abs. 2, 834).[70] Daher genügt die faktische, auch konkludente Übernahme der Unterhaltspflicht im Einverständnis mit dem vorrangig Sicherungspflichtigen. Unerwähnt bleibt in § 836 Abs. 1 S. 2, dass der fehlende Rechtswidrigkeitszusammenhang zwischen Sorgfaltspflichtverstoß und Schädigung entlastet. Doch muss dieser in §§ 831 Abs. 1 S. 2, 832 Abs. 1 S. 2, 833 S. 2 und 834 S. 2 normierte Entlastungsgrund auch für die Haftung nach §§ 836 bis 838 gelten.[71]

V. Haftung des Kfz-Führers (Fahrerhaftung § 18 StVG)

29 Eine **Haftung für vermutetes eigenes Verschulden** sieht § 18 StVG vor, wonach der Führer eines Kraftfahrzeugs für die beim Betrieb des Fahrzeugs verursachten Schäden an Leben, Körper, Gesundheit und Eigentum eines anderen einstandspflichtig ist. Dass es um vermutetes Verschulden geht, zeigt § 18 Abs. 1 S. 2, der dem Kfz-Führer die **Möglichkeit der Entlastung** gibt (wie §§ 831, 832, 833 S. 2, 834, 836 Abs. 1 S. 2). Nur die Haftung des Kfz-Halters ist gänzlich verschuldensunabhängig, also Gefährdungshaftung (vgl. unten § 6 II).

67 BGH NJW 2016, 2737 Tz. 13, vgl. auch OLG Koblenz NJW 2018, 3596 m. Anm. *Behme* und OLG Celle NJW-RR 2018, 1497 Tz. 54.
68 Instruktiv zu den Anforderungen an die haftungsbegründende Kausalität und den Entlastungsbeweis OLG Stuttgart NJW-RR 2017, 793 bei Hinzutreten von Wettereinflüssen.
69 Vgl. auch OLG Koblenz NJOZ 2017, 1234 Tz. 44.
70 MüKo-BGB/*Wagner*, § 838 Rn. 5.
71 *Wandt*, Gesetzliche Schuldverhältnisse, § 18 Rn. 39.

Für die Ersatzpflicht des Fahrzeugführers aus § 18 StVG empfiehlt sich folgender **Prüfungsaufbau**:

(1) Kraftfahrzeugführer
   - Lenken des Fahrzeugs und tatsächliche Gewalt über das Steuer

(2) Tatbestandsvoraussetzungen des § 7 Abs. 1 StVG (unten § 6 Rn. 8)
   - Führen eines Kfz (Begriff: § 1 Abs. 2 StVG)
   - Verursachung eines Schadens aufgrund typischer Betriebsgefahr
   - Kein unabwendbares Ereignis, § 17 Abs. 3 i.V.m. § 18 Abs. 3

(3) Keine Exkulpation, § 18 Abs. 1 S. 2.

§ 5 Haftung für fremdes Verschulden

I. Grundsatz

1 Neben der Haftung für ein vermutetes Verschulden (z.B. §§ 831, 832) und der Gefährdungshaftung des Tierhalters (§ 833 S. 1) gibt es Regelungen, die eine **Haftung auf Basis fremden Verschuldens** vorsehen. Nach § 3 Haftpflichtgesetz haftet der Betreiber eines Bergwerks, eines Steinbruchs, einer Gräberei (Grube) oder einer Fabrik für Schäden, welche durch das Verschulden eines leitenden Angestellten herbeigeführt worden sind. Das Fremdverschulden wird hier nicht bloß wie bei § 278 zugerechnet, sondern die Norm schafft eine eigene Anspruchsgrundlage für solche Fälle. Dabei fehlt die Möglichkeit eines Entlastungsbeweises, denn es geht hier nicht um ein Eigenverschulden bei der Auswahl, sondern um die originäre Haftung für das Verschulden eines Dritten. Konstruktiv liegt darin eine Haftungsverlagerung, denn die Haftung wird auf einen neuen (meist wirtschaftlich leistungsfähigeren) Schuldner übergewälzt. Darauf, ob dieser neue Schuldner schuldhaft handelte, kommt es nicht an. Eine ähnliche Haftungsverlagerung kommt über Art. 34 GG in Fällen einer Haftung nach § 839 vor. Hier haftet der Staat für das Verschulden seiner Amtsträger, sofern es um hoheitliche Tätigkeiten geht.[1]

II. Haftung des Staates und seiner Amtsträger

1. Das Verhältnis von § 839 zu Art. 34 GG

2 **§ 839 i.V.m. Art. 34 GG** schafft eine **eigene Anspruchsgrundlage** gegenüber dem Staat oder einer staatlichen Körperschaft. Sie ermöglicht einen Ersatz für Schäden, welche Amtsträger im Rahmen ihrer dem Rechtskreis des Dienstherrn zuzurechnenden, hoheitlich veranlassten Tätigkeit verursacht haben. Während § 839 die Haftung eines Funktionsträgers (Beamten) begründet, sorgt Art. 34 GG für die **Verlagerung der so begründeten Haftung auf die betreffende Körperschaft**, in deren Auftrag oder Diensten der Funktionsträger tätig geworden ist. **Art. 34 GG ist also eine haftungsüberleitende Norm.** Sie behandelt – anders als §§ 31, 278 – nicht das fremde Verschulden wie eigenes Verschulden, sondern tauscht den Schuldner des Anspruchs komplett aus.[2] Der Anspruch entsteht zunächst gegen den Amtsträger, der hoheitlich gehandelt hat, wird aber, wenn die Voraussetzungen des Art. 34 GG erfüllt sind, auf die staatliche Körperschaft übergeleitet.[3] Im Umfang der Haftungsverlagerung wird der Amtsträger befreit (privative = befreiende Schuldübernahme).

---

1 Vgl. überblicksartig *Coester-Waltjen*, Jura 1995, 368; *Durner*, JuS 2005, 793 und 900; *Windthorst*, JuS 1995, 791 sowie 892 und 992. Rechtsprechungsübersichten bei *Rinne/Schlick*, NJW 2005, 3330; *Itzel*, MDR 2007, 689; *Itzel*, MDR 2008, 667 und *Schlick*, NJW 2013, 3349.

2 MüKoBGB/*Papier/Shirvani*, § 839 Rn. 119.

3 Der Versuch des Bundesgesetzgebers, eine unmittelbare Staatshaftung ohne vorgeschaltete Haftung des Beamten einzuführen, ist an der insoweit fehlenden Gesetzgebungskompetenz gescheitert und bislang nicht wieder aufgegriffen worden. 1994 ist im Zuge der durch die Wiedervereinigung Deutschlands ausgelösten Verfassungsreform mit Art. 74 Abs. 1 Nr. 25 GG eine Ermächtigungsgrundlage geschaffen worden. Die Bundesregierung hat noch 2004 erklärt, dass sie die Neuordnung des Staatshaftungsrechts „derzeit nicht als vordringlich" ansehe, vgl. BT-Drucks. 15/3952 (Antwort auf eine Kleine Anfrage der FDP im Deutschen Bundestag).

Kompliziert ist das System, weil die Voraussetzungen des Art. 34 und des § 839 nicht deckungsgleich sind.[4] So erfasst § 839 zwar jegliches Verwaltungshandeln (hoheitliches wie privatrechtliches), allerdings nur Handlungen eines „Beamten" im statusrechtlichen Sinne, nicht die von Angestellten des öffentlichen Dienstes. Art. 34 GG stellt dagegen nicht auf den Status des Handelnden, sondern auf die „Ausübung eines öffentlichen Amtes", also hoheitliches Handeln ab, erfasst damit auch das Handeln Angestellter. In der verwaltungsrechtlichen Literatur wird daraus geschlossen, dass Art. 34 GG als höherrangige Norm auch den Beamtenbegriff in § 839 prägt, also stets greift, wenn ein „Beamter im haftungsrechtlichen Sinne" gehandelt hat.[5] Beamte im haftungsrechtlichen Sinne können Angestellte, Arbeiter, Zivildienstleistende,[6] Beliehene wie z.B. TÜV-Sachverständige,[7] Verwaltungshelfer, die vom Jugendamt beauftragten Pflegeeltern,[8] Schülerlotsen oder selbständige private Abschleppunternehmer sein, die im hoheitlichen Auftrag handeln.[9] Der Begriff des „Beamten" in § 839 wird also weit ausgelegt. 3

Zur Haftung des Staates oder einer öffentlichen Körperschaft kommt es, wenn ein Beamter (im haftungsrechtlichen Sinne) „in Ausübung eines öffentlichen Amts" einen Schaden verursacht hat.

Handeln Amtsträger im privatrechtlichen Dienstkreis des Amtsherrn (z.B. Beauftragung einer Gartenpflege für das Amtsgebäude[10]), benötigt man keine Haftung nach Art. 34 GG, denn der Amtsherr und seine Mitarbeiter treten hier so auf, wie auch Unternehmen auftreten würden, sie handeln nicht „amtlich", sondern als gewöhnliche Wirtschaftssubjekte („fiskalisch") und insoweit wie jeder Bürger auch. Hier gelten – wie auch sonst im Privatrechtsverkehr – die §§ 31, 89, 823 und § 831 im Falle eines deliktischen Verhaltens (z.B. wenn der vom Amtsmitarbeiter beauftragte Gärtner über einen vom Behördenmitarbeiter liegengelassenen Rasenmäher stolpert und sich dabei verletzt) sowie die §§ 280, 278 bei Verträgen (z.B. wenn ein Behördenmitarbeiter dem Gartenpflegepersonal im Rahmen der Instruktion ein schadhaftes Stromkabel aushändigt).

Bei der Prüfung eines Anspruchs gegen die Anstellungskörperschaft aus § 839 BGB i.V.m. Art. 34 GG empfiehlt sich folgender **Prüfungsaufbau:** 4

4 § 839 und Art. 34 GG weichen textlich voneinander ab. Zu den historischen Ursachen dafür *Schoch*, Jura 1988, 585.

5 *Maurer/Waldhoff*, Allgemeines Verwaltungsrecht, § 26 Rn. 13, 14.

6 BGHZ 152, 380, 382.

7 BGHZ 122, 85, 87.

8 BGHZ 166, 275; zur Haftung von Landeswohlfahrtsverbänden BGH NVwZ-RR 2012, 54.

9 BGHZ 121, 161, 164; vgl. aber auch OLG Hamm NJW 2001, 376 (Keine Haftung für Schäden, die während der Verwahrung eines solchermaßen abgeschleppten Fahrzeugs entstehen).

10 Weiteres Beispiel OLG Saarbrücken NJOZ 2014, 179.

(1) Handeln eines Amtsträgers
- Beamter im haftungsrechtlichen Sinne

(2) Handeln in Ausübung eines öffentlichen Amtes
- hoheitliches Handeln;
- bei privatrechtlichem Beamtenhandeln: Eigenhaftung aus § 839 Abs. 1 möglich; im Übrigen Haftung des Dienstherrn aus §§ 31, 89, 831 BGB denkbar;
- bei privatrechtlichem Angestelltenhandeln: Eigenhaftung aus §§ 823 ff., 831 möglich.

(3) Amtspflichtverletzung
- Tatbestand des § 839 einschl. Rechtswidrigkeit und Verschulden aufseiten des Amtsträgers

(4) Drittbezogenheit der Amtspflicht und Einbeziehung des Verletzten in deren persönlichen Schutzbereich

(5) Schadensverursachung und Einbeziehung der angefallenen Schäden in deren sachlichen Schutzbereich

(6) Subsidiaritätsklausel, § 839 Abs. 1 S. 2 und Mitverschulden i.S.d. § 839 Abs. 3

(7) Rechtsfolge: Schadensersatz (§§ 249 ff.)
- grds. Naturalrestitution, regelmäßig aber nur Geldersatz.

2. Haftung für hoheitliches Handeln („in Ausübung eines öffentlichen Amts")

5 Hoheitliches Handeln liegt vor, wenn die Tätigkeit einen engen inneren und äußeren Zusammenhang mit dem amtlichen Pflichtenkreis aufweist.[11] Als Abgrenzungskriterium wird von der h.M. die Rechtsform des Handelns herangezogen.[12] Nur durch Privatrecht geregelt werden Beschaffungsverträge der Verwaltung und die erwerbswirtschaftliche Tätigkeit. Auch ein Sachverständiger, der von Privatpersonen beauftragt wird, um die Standsicherheit eines Gebäudes gemäß den Vorschriften einer Bauordnung zu prüfen, wird nur privatrechtlich tätig.[13] Die Amtsträgereigenschaft wird nicht allein durch die öffentlich-rechtliche Anerkennung einer Tätigkeit begründet.[14] Ein zur Wahrnehmung ansonsten von einer Behörde wahrzunehmender klassischer Kontrollaufgaben Beliehener handelt jedoch hoheitlich.[15]

3. Amtspflichtverletzung

6 **Schwerpunkt der Prüfung** ist die **Verletzung einer Amtspflicht.** Amtspflicht ist jede Pflicht, die dem Amtsträger im Innenverhältnis gegenüber seinem Dienstherrn und im Außenverhältnis gegenüber dem Bürger obliegt,[16] einschließlich der Pflichten zu ge-

11 So OLG Karlsruhe NZS 2013, 381 m. Anm. *Gaßner.*

12 MüKoBGB/*Papier/Shirvani,* § 839 Rn. 144 ff.; Maunz/Dürig/*Papier,* Art. 34 Rn. 120 ff. Bei der Verkehrssicherungspflicht für öffentliche Straßen wird darauf abgestellt, ob diese öffentlich-rechtlich geregelt ist oder nicht (dann zivilrechtliche Verkehrssicherungspflicht mit Haftung nach § 823 i.V.m. §§ 89, 31), OLG Schleswig NVwZ-RR 2018, 255 Tz. 6, in Anlehnung an BGH NVwZ-RR 2014, 252 Tz. 12.

13 BGH NJW 2016, 2656 Tz. 11 ff., m. Anm. *Cornils.*

14 BGH NJW 2016, 2656 Tz. 22.

15 Vgl. BGH NVwZ 2018, 1333 (fehlerhafte Auskunft eines Bezirksschornsteinfegers, der eine Bescheinigung zur Nutzbarkeit einer Feuerungsanlage ausstellt).

16 Bsp.: BGH NJW 2013, 604 (keine Drittwirkung der Pflicht zur Überprüfung von Rindfleisch auf BSE-Erkrankung zugunsten von Händlern, die von einem Schlachthof Fleisch zum Weiterverkauf erwerben).

setzmäßigem Verhalten oder zur ordnungsgemäßen Ausübung eingeräumten Ermessens. Nicht jede Amtspflichtverletzung macht schadensersatzpflichtig, sondern nur die Verletzung einer Amtspflicht, die dazu dient, private Interessen zu schützen, die also individualbezogen ist, sofern der Geschädigte zum Kreis der hierdurch geschützten Personen gehört.[17] Hier liegt eine Parallele zur Schutzgesetzverletzung nach § 823 Abs. 2 (vgl. oben § 3 Rn. 108). Die **Drittbezogenheit der Amtspflicht** beeinflusst die Frage, ob überhaupt eine Amtspflichtverletzung vorliegt, sowie die Frage, welche Schäden ersatzfähig sind (haftungsausfüllende Kausalität).[18] § 839 schützt **auch gegen reine Vermögensschäden** unabhängig von einer Rechtsgutsverletzung.[19]

Allerdings werden nur Schäden ersetzt, zu deren Vermeidung die betreffende Amtspflicht besteht. Zu prüfen ist dabei, ob der Beamte (im haftungsrechtlichen Sinne) die Schädigung verschuldet hat. Dies überrascht, weil Art. 34 GG für den Anspruch gegen die Körperschaft oder den Staat ein **Verschulden** nicht voraussetzt, erklärt sich aber dadurch, dass Art. 34 GG keine eigene Anspruchsgrundlage, sondern bloß eine haftungsverlagernde Vorschrift ist. § 839 aber nennt als Tatbestandsvoraussetzung das schuldhafte Handeln des Amtsträgers. Es gilt der Sorgfaltsmaßstab des § 276, sodass jede Fahrlässigkeit die Haftung begründet.[20] Unterfällt das Verhalten des Amtsträgers bei deliktsrechtlicher Betrachtung einer Norm, die das Verschulden vermutet, greift die Vermutung auch im Rahmen des § 839. Vernachlässigt z.B. ein Kindergärtner seine Aufsichtspflicht, so greift die Verschuldensvermutung des § 832.[21] Die bloße Tatsache, dass Anspruchsgegner ein Beamter oder letztlich der Staat ist, darf nicht zu erhöhten Beweisanforderungen an den Anspruchsteller führen.

4. Subsidiarität, Mitverschulden, Anspruchsdurchsetzung

Die **Durchsetzung von Amtshaftungsansprüchen** ist **mehrfach erschwert.** Fällt dem Beamten nur Fahrlässigkeit zur Last, so kann er gem. § 839 Abs. 1 S. 2 nur in Anspruch genommen werden, wenn der Verletzte nicht auf andere Weise Ersatz erlangen kann. Die Beamtenhaftung ist also subsidiär. Daraus folgt natürlich nicht, dass mehrere als Schuldner in Betracht kommende Hoheitsträger unter wechselseitigem Verweis aufeinander § 839 Abs. 1 S. 2 der Haftung entgehen könnten.[22] Die **Subsidiaritätsklausel** ist methodisch im Anschluss an den Prüfungspunkt (5) Schadensverursachung zu prüfen, denn es handelt sich dabei um einen Haftungsausschluss.[23] 7

Zweck der Subsidiaritätsklausel war es ursprünglich, den Beamten vor einer Haftung zu schützen, insbesondere zu verhindern, dass er im Hinblick auf drohende Schadensersatzforderungen seine Amtspflichten zögerlich oder übervorsichtig erledigt und dadurch ineffizient handelt. Sofern die Voraussetzungen des Art. 34 GG erfüllt sind, ist

---

17 Z.B. die Pflicht eines Sportlehrers, einem Schüler, der im Sportunterricht zusammenbricht, Erste Hilfe zu leisten BGH NJW 2019, 1809 Tz. 21.

18 Instruktiv BGH NVwZ 2017, 251 Tz. 15 f. sowie BGH NVwZ 2018, 1333 zum Drittschutz in Dreieckskonstellationen.

19 Zum Ersatz des Dienstausfallschadens des Eltern wegen eines nicht zur Verfügung gestellten Kita-Platzes BGHZ 212, 303.

20 BGH NJW-RR 2018, 1364 Tz. 47. Eine analoge Anwendung des Haftungsmaßstabs des § 680 auf professionelle Nothelfer (hier Feuerwehr) hat der BGH in dieser Entscheidung (Tz 49 ff.) abgelehnt. Ebenso eine direkte Anwendung bei der Amtspflichtverletzung eines Lehrers wegen unzureichender Erste-Hilfe-Maßnahmen, BGH NJW 2019, 1809 Tz. 30 ff.

21 BGH NJW 2013, 1233 m. Anm. *Waldhoff*, JuS 2013, 863 und Bspr. *Förster*, NJW 2013, 1201.

22 Palandt/*Sprau* § 839 Rn. 56; OLG Rostock NJOZ 2018, 1972 Tz. 73.

23 Vgl. *Stangl*, JA 1995, 572.

dieser Schutzzweck heute obsolet. Art. 34 GG sorgt dafür, dass ein Regress des Dienstherrn nur möglich ist, wenn der Beamte vorsätzlich oder grob fahrlässig gehandelt hat (Art. 34 S. 2 GG).[24] Da eine persönliche Haftung zumeist nicht droht, werden Entschlussfreude und Tatkraft des Beamten nicht übermäßig gehemmt.

§ 839 **Abs. 3** enthält eine besondere Ausprägung des Mitverschuldens: Der Verletzte kann den Beamten und über Art. 34 GG den Staat bzw. die Anstellungskörperschaft nur in Anspruch nehmen, wenn zuvor versucht wurde, den Schaden durch Gebrauch eines Rechtsmittels abzuwenden.[25] Der Geschädigte darf den Schaden also nicht einfach hinnehmen, sondern muss versuchen, durch den gezielten Einsatz rechtlicher Verteidigungsmöglichkeiten (z.B. Anfechtung eines belastenden Verwaltungsakts) den Eintritt des Schadens zu verhindern oder sein Ausmaß zu verringern. § 254 kann – wie im sonstigen Deliktsrecht auch – zu einer Kürzung des Ersatzanspruchs führen.

8 Anspruchsgegner ist i.d.R. die Anstellungskörperschaft des Amtsträgers.[26] Art, Inhalt und Umfang des Schadensersatzanspruchs bestimmen sich nach den §§ 249 ff. Jedoch kommt hier nur Geldersatz in Betracht, nicht etwa die Vornahme einer hoheitlichen Handlung.[27] Eine solche Verpflichtung können nur Verwaltungsgerichte aussprechen.

§ 839 ist – auch im über Art. 34 GG erweiterten Anwendungsbereich – Spezialgesetz. Er verdrängt die möglicherweise konkurrierende Haftung aus §§ 823 ff. Eine Eigenhaftung des Beamten im haftungsrechtlichen Sinne (nicht des Beamten im statusrechtlichen Sinne[28]) kommt daher bei hoheitlicher Tätigkeit nicht in Betracht.[29] Die Rechtsprechung beschränkt die Haftung zudem für bestimmte Arten von Amtshandlungen, wie der folgende Fall zeigt.

▶ **Fall 54a** (BGHZ 212, 173): Zwei Tanklastwagen des Wiederaufbauteams der Deutschen Bundeswehr für die Kunduz in Afghanistan wurden durch gegnerische Taliban-Truppen erbeutet. Die Taliban blieben im Flussschlamm mit den Tanklastern stecken. Nachdem die Laster von Aufklärungsflugzeugen aufgespürt wurden, gab der deutsche Bundeswehr-Oberst K im Rahmen des Nato-geführten ISAF-Einsatzes in Afghanistan den Befehl zum Waffeneinsatz. K erhielt die (unzutreffende) Information, dass sich keine Zivilisten an der Sandbank, wo sich die LKW befanden, aufhielten. Die Tanklaster wurden durch einen Bombenangriff zerstört. Dabei kamen mehrere Zivilisten ums Leben. Angehörige der Verstorbenen – afghanische Staatsangehörige – verlangen von der Bundesrepublik Deutschland Schadensersatz und Schmerzensgeld.

In Betracht kommt ein **Anspruch** gegen die BRD **aus § 839 Abs. 1 i.V.m. Art. 34 GG** wegen eines Verstoßes gegen völkerrechtliche Primärregeln, die dem Schutz der Zivilbevölkerung dienen.

Der BGH hat die Anwendbarkeit des nationalen (deutschen) Amtshaftungsrechts auf Schäden abgelehnt, die bei dem bewaffneten Auslandseinsatz deutscher Streitkräfte ausländischen Bürgern zugefügt werden. Diese Einschränkung ergibt sich jedoch nicht bereits aus

---

24 HK-BGB/*Staudinger*, § 839 Rn. 27.

25 Dazu BGH NJW 2013, 3237; siehe auch BGH NVwZ-RR 2016, 917 zur Anwendbarkeit für behördeninterne „Mobbing"-Fälle.

26 *Maurer/Waldhoff*, Allgemeines Verwaltungsrecht, § 26 Rn. 43 ff., dort auch zu der Frage, wie sich Organleihe oder Beliehenenstatus auf die Frage der Anspruchsgegnerschaft auswirken.

27 *Maurer/Waldhoff*, Allgemeines Verwaltungsrecht, § 26 Rn. 47; *Detterbeck*, Öffentliches Recht, 10. Aufl. 2015, Rn. 1093.

28 BGHZ 85, 393, 395 (verbeamteter Arzt eines Universitätskrankenhauses bei stationärer Behandlung).

29 Palandt/*Sprau*, § 839 Rn. 2, 2a, 3.

dem Wortlaut der Normen. Der historische Gesetzgeber habe aber mit § 839 und Art. 34 GG keine Kriegsschäden im Ausland erfassen wollen. Die Entstehungsgeschichte zeige, dass § 839 für den „normalen Amtsbetrieb" bestimmt sei. Auch die spezifischen Regelungen in § 839 Abs. 1 S. 2 und Abs. 3 zeigten, dass der Amtshaftungstatbestand für die Beurteilung militärischer Handlungen nicht passe. Zudem sei das bestehende völkerrechtliche Haftungsregime, nach dem ein Ausgleich auf Staatenebene erfolgt, gegenüber dem allgemeinen Amtshaftungsanspruch spezieller. Der BGH sah die grundrechtlich gewollte Bündnisfähigkeit und den außenpolitischen Gestaltungsspielraum der Bundesrepublik durch ein unübersehbares Haftungsrisiko gefährdet, wenn es über die Zurechenbarkeit des Verschuldens von Militärpersonen zur Haftung auch für Bündnispartner kommen könne.

Im Übrigen verneint der BGH eine Amtspflichtverletzung, weil sich die Situation für den Befehlshaber bei der gebotenen ex ante Betrachtung so darstellte, dass die Bombardierung nach den militärischen Regeln zulässig war. ◀

5. Haftung für privatrechtliche Verwaltungstätigkeit

Fehlt es an einem hoheitlichen Handeln i.S.d. Art. 34 GG[30], so kommt eine Haftungsüberleitung auf den Staat nicht in Betracht. Für Fiskalverwaltung und erwerbswirtschaftliche Betätigung der öffentlichen Hand bestimmt sich somit die Haftung der Beteiligten wie im Privatrechtsverkehr nach allgemeinen Deliktsregeln. Hierbei sind die Haftung (1) des Staates, (2) die Eigenhaftung der Beamten im statusrechtlichen Sinne und (3) die der sonstigen Beamten im haftungsrechtlichen Sinne zu unterscheiden. 9

(1) Der **Staat und seine Körperschaften** haften bei privatrechtlichem Handeln **nach allgemeinen Grundsätzen**, d.h. für fehlerhafte Organisation, Unterrichtung oder Überwachung gem. §§ 31, 89, 823 oder § 831.[31] Ist eine Behörde Halterin eines Kraftfahrzeugs, das in einen Unfall verwickelt wird, so haftet sie wie jeder Halter nach § 7 StVG. Bei rechtmäßigen Eingriffen, die zu besonderen Opfern führen, kommt eine Haftung wegen enteignungsgleichen Eingriffs, bei rechtswidrigen, aber schuldlosen Eingriffen wegen enteignenden Eingriffs in Betracht. So kann ein Bundesland haften, wenn wegen schlechter Personalausstattung der Grundbuchämter Eigentumsumschreibungen verspätet erfolgen und deshalb finanzierenden Banken Zinseinkünfte entgehen.[32]

(2) Der Beamte **im statusrechtlichen Sinne** selbst haftet auch dann nach § 839, wenn er nicht hoheitlich handelt, aber dennoch eine ihm obliegende, **drittbezogene** Amtspflicht verletzt. Diese Haftung ist schärfer als die allgemeine deliktische Haftung, weil sie ohne weitere Einschränkungen auch reine Vermögensschäden einbezieht. Gleichzeitig ist der Beamte aber auch privilegiert, weil er nur subsidiär haftet (§ 839 Abs. 1 S. 2) und nur in Anspruch genommen werden kann, wenn der Verletzte es nicht vorsätzlich oder fahrlässig unterlassen hat, den Schaden durch Einlegung eines Rechtsmittels (z.B. Widerspruch, Klage vor dem VG) abzuwenden (§ 839 Abs. 3). Hinsichtlich der Subsidiaritätsklausel kommt es dem Beamten zugute, dass er in der Regel auf die Haftung sei-

30 Zu beachten ist, dass eine Person (z.B. ein Beliehener oder ein öffentlich bestellter Sachverständiger) sowohl hoheitlich als auch privatrechtlich tätig werden kann. Abzustellen ist auf die Natur der konkret gegenständlichen Handlung, vgl. BGHZ 215, 344, 350 Tz. 14; vgl. auch OLG Rostock NJOZ 2018, 1972 Tz. 58 ff. zu einem möglichen werkvertraglichen Tätigwerden der Feuerwehr.

31 HK-BGB/*Staudinger*, § 839 Rn. 46; OLG Rostock NJOZ 2018, 1972 Tz. 60.

32 Hierzu BGHZ 170, 260 = NJW 2007, 830, 833 (in der Sache Zurückverweisung an das OLG).

nes Dienstherrn verweisen kann (dazu bereits unter Rn. 7). Eine solche Konstellation findet sich in folgendem

▶ **Beispiel** (nach BGHZ 147, 381): J schließt mit der Gemeinde G einen Jagdpachtvertrag über ein Waldgrundstück der Gemeinde ab, in dem vereinbart wird, dass J für Wild- und Jagdschäden Ersatz leisten muss. Als es zu solchen Schäden kommt, möchte J diese nicht übernehmen. Zur Vermeidung einer gerichtlichen Auseinandersetzung verzichtet G, vertreten durch ihren Bürgermeister B, auf Ersatzzahlungen. Der Verzicht wird jedoch von B nicht, wie nach der Gemeindeordnung (GO) vorgesehen, handschriftlich unterzeichnet. Infolgedessen stellt die Gemeinde dem J die Ersatzzahlungen dennoch – rechtswirksam – in Rechnung. J verlangt daraufhin von Bürgermeister B Ersatz.

In Betracht kommt ein Anspruch gegen B aus § 839 Abs. 1. Eine Haftungsüberleitung auf die Gemeinde als Dienstherrn gem. Art. 34 GG scheitert daran, dass es sich sowohl beim Pachtvertrag als auch bei der Verzichtserklärung um eine rein privatrechtliche (fiskalische) Tätigkeit für die Gemeinde handelt. B als Beamter im statusrechtlichen Sinne müsste eine drittbezogene Amtspflicht verletzt haben. Obwohl Formvorschriften der Gemeindeordnung zunächst im allgemeinen Interesse zu beachten sind, hätte sich B auch in Bezug auf die Vertragspartner der Gemeinde vergewissern müssen, welche Formerfordernisse bei solchen Vereinbarungen einzuhalten sind. Diese Pflicht ist auch drittbezogen. B handelte fahrlässig und damit schuldhaft. Die anspruchsbegründenden Voraussetzungen des § 839 sind also gegeben. Jedoch kann sich B auf die Subsidiaritätsklausel des § 839 Abs. 1 S. 2 berufen: die Gemeinde selbst haftet nämlich auch über §§ 31, 89, 280 Abs. 1 für das Verhalten ihres Bürgermeisters. Er hätte die vertragliche Nebenpflicht gehabt, ordnungsgemäß darüber aufzuklären, dass eine Vertragsänderung (Verzicht auf Haftung) besonderen gemeinderechtlichen Formvorschriften unterliegt. Im Ergebnis besteht somit kein Anspruch des J gegen B. J muss sich an die G halten. ◀

(3) Die Eigenhaftung der **übrigen Beamten im haftungsrechtlichen Sinne** richtet sich nicht nach § 839, wenn Art. 34 GG nicht gilt. Es bleibt hier bei der persönlichen Haftung nach §§ 823 ff.[33] Da im Rahmen eines Dienstverhältnisses gehandelt wird, steht allerdings der arbeitsrechtliche Freistellungsanspruch aus §§ 670 mit 257 (oben § 3 Rn. 91) zur Verfügung.[34]

III. Sonderfälle (Spruchrichterprivileg und § 839a)

10 Hauptamtliche und ehrenamtliche Richter sowie Schöffen (**Spruchrichter**) haften nur, wenn ihr Verhalten gleichzeitig eine Straftat darstellt (§ 839 Abs. 2 mit § 339 StGB).[35] Durch dieses „Spruchrichterprivileg" soll die richterliche Unabhängigkeit gestärkt und geschützt werden. Bei außerhalb des Spruchrichterprivilegs liegenden richterlichen Maßnahmen (z.B. Haftanordnung) wird im Amtshaftungsprozess nur geprüft, ob die richterliche Entscheidung vertretbar war, nicht ob sie sachlich richtig war.[36]

Eine weitere Sondervorschrift im Zusammenhang mit gerichtlichen Verfahren findet sich in **§ 839a**. Die zum 1.8.2002 eingefügte Vorschrift ordnet eine deliktische **Haftung**

33 Staudinger/*Wöstmann*, § 839 Rn. 38, 39; Hk-BGB/*Staudinger*, § 839 Rn. 53.
34 MüKoBGB/*Henssler*, § 619a Rn. 25; Staudinger/*Richardi/Fischinger*, § 619a Rn. 93 ff.
35 Unter § 839 Abs. 2 fallen Urteile, aber auch einstweilige Verfügungen ohne Anhörung des Antragsgegners, vgl. BGH NJW 2005, 436, 437; anders noch BGHZ 10, 55, 60; zur Einholung von Sachverständigengutachten BVerfG NJW 2013, 3630.
36 Vgl. BGH BeckRS 2019, 8516 Tz. 21.

des gerichtlichen Sachverständigen für den Fall an, dass dieser vorsätzlich oder grob fahrlässig ein unrichtiges Gutachten im Rahmen eines gerichtlichen Verfahrens abgibt.[37] Die Norm betrifft eine spezielle Ausprägung der Haftung für wissentlich unrichtige Auskünfte nach § 826 (vgl. oben § 3 Rn. 129). Die systematische Stellung nach § 839 ist angebracht, weil nach § 839a nur haftet, wer gerichtlich bestellt wurde. Das betrifft nicht den privaten Gutachter, der an einem Gerichtsverfahren mitwirkt. § 839a soll – wie § 839 den Beamten – den gerichtlichen Gutachter privilegieren, indem nur grob fahrlässiges und vorsätzliches Verhalten zur Haftung führt. Der Privatgutachter kann dagegen bereits bei fahrlässigen Fehlern vertraglich haftbar gemacht werden (§§ 280 Abs. 1, 241 Abs. 2).

Wiederholungs- und Vertiefungsfragen

> Welche Qualität müssen Amtspflichten aufweisen, um eine Haftung nach § 839, Art. 34 GG zu begründen? Zu welchen Normen bestehen in diesem Zusammenhang Ähnlichkeiten?

> (V) Haftet die Bundesregierung, wenn ihr Pressesprecher eine missverständliche Meldung über einen Flugzeugabsturz abgibt und deswegen Buchungen storniert werden? (LG Bonn NJW-RR 2000, 1144 – Fall Birgenair)

> (V) Haftet der Staat dafür, dass ein Polizeipräsident einem Kindesentführer Folter androht, um das Versteck des entführten Kindes zu erfahren? (Fall „Gäfgen“ BVerfG NJW 2008, 1060; OLG Frankfurt/M. NJW 2007, 2494).

37 Zur Kausalität des Sachverständigengutachtens für die gerichtliche Entscheidung BGH NJW-RR 2018, 1364.

§ 6 Gefährdungshaftung

I. Grundsatz

1 Gefährdungshaftung ist **Haftung für Schäden, die daraus resultieren, dass eine gesetzlich nicht verbotene, aber risikobehaftete Tätigkeit oder Anlage betrieben wird.** Zurechnungsgrund ist der Betrieb einer Gefahrenquelle (Anlage, Tätigkeit oder Sache), deren Gefährdungspotential sich in einem Schaden realisiert.[1] Die **Schaffung und Unterhaltung eines erlaubten, aber schadensverursachenden Risikos** begründet die Haftung unabhängig davon, ob den Schuldner an der konkreten Schadensverursachung ein Verschulden trifft.[2] Die **Prüfung der Rechtswidrigkeit** ist **obsolet**, weil die Tätigkeit als solche erlaubt ist, an das Verhalten selbst also kein Vorwurf geknüpft wird. Ein **Verschulden muss nicht geprüft werden**, weil es nicht Haftungsvoraussetzung ist. Auch wer die Sorgfalt eines ordentlichen Betreibers einer Gefahrenquelle beachtet, haftet für Schäden, die typische Folge des geschaffenen Risikos sind,[3] wenn das Gesetz die Gefährdungshaftung anordnet.

2 Die Gefährdungshaftung folgt einem Abwägungs- und Verhältnismäßigkeitsprinzip. So sollen z.B. technische Neuerungen wegen der darin liegenden Innovationspotentiale und der Nützlichkeit für die Entwicklung einer Volkswirtschaft nicht durch strenge Verbotsnormen behindert werden. Gleichwohl sollen die aus einer gefährlichen Technik resultierenden Risiken nicht dem allgemeinen Lebensrisiko überantwortet werden. Wer durch technische Neuerungen geschädigt wird, soll nicht auf dem Schaden sitzen bleiben oder allein den staatlichen Sozialsystemen überantwortet werden. Wer den Nutzen aus neuen Techniken zieht, soll wenigstens für typische und vorhersehbare Risiken haften müssen. Die drohende Gefährdungshaftung soll zu einer sicherheitsbetonten Produktion führen, jedenfalls dazu, erkennbare Risiken durch Betriebshaftpflichtversicherungen abzudecken, damit Geschädigte kompensiert werden können.

3 Im deutschen Recht findet sich eine **Gefährdungshaftung** nur in konkreten gesetzlichen **Ausnahmetatbeständen**. Ein Generaltatbestand der Gefährdungshaftung (z.B. für Betriebsrisiken oder das Verhalten von Mitarbeitern) fehlt.[4] Der Betreiber einer gefährlichen Anlage haftet nur für spezifische, vom Gesetz definierte Risiken, nicht aber für jede denkbare Risikoverwirklichung.[5] Die Rechtsprechung hat zu Recht davon abgesehen, vorhandene Gefährdungshaftungstatbestände analog auf neue technische Risiken anzuwenden.[6] Die bestehenden Gefährdungshaftungstatbestände werden eng ausgelegt, sie beschreiben überwiegend genau diejenigen Risiken, für welche im Falle einer Schädigung gehaftet werden soll.[7] Neue Risiken müssen durch den Gesetzgeber abgesichert werden.[8] Lücken im Haftungssystem werden gelegentlich im Rahmen der (verschuldensabhängigen) Haftung für Verkehrssicherungspflichten nach § 823 Abs. 1 ge-

1 *Bälz*, JZ 1992, 57.
2 Vgl. zur Abgrenzung von der Verschuldenshaftung *Esser*, JZ 1953, 129; *Deutsch*, NJW 1992, 73.
3 *Kötz/Wagner*, Deliktsrecht, Rn. 491.
4 Krit. *Kötz*, AcP 170 (1970), 1, 15 f.
5 Vgl. *Kötz/Wagner*, Deliktsrecht, Rn. 492 und Rn. 514; vgl. auch *Bälz*, JZ 1992, 57; *Lukes*, VersR 1983, 697.
6 RGZ 78, 171, 172.
7 Vgl. BGHZ 55, 229 (keine analoge Anwendung des Haftpflichtgesetzes bei Schädigungen durch Stromleitungs- und Rohrleitungsanlagen, jetzt in § 2 Abs. 1 S. 1 Haftpflichtgesetz berücksichtigt).
8 Ein neueres Feld betrifft die Haftung für gentechnisch veränderte Organismen, vgl. *Godt*, NJW 2001, 1167. Diskutiert wird heute vermehrt eine Gefährdungshaftung für den Einsatz autonomer Softwareagenten und künstlicher Intelligenz, siehe z.B. *Zech*, ZfPW 2019, 198; *Graf von Westphalen*, ZIP 2019, 889; kritisch *Denga*, CR 2018, 69.

schlossen. Dagegen sind in England und Frankreich Gefährdungshaftungstatbestände auch schon durch die Rechtsprechung formuliert worden.[9]

4 Die **Funktionsweise der Gefährdungshaftungstatbestände** verdeutlicht der einzige im BGB enthaltene Tatbestand, nämlich § 833 S. 1 (oben § 4 Rn. 23 ff.). Haftungsbegründend sind danach das Halten eines Tieres und die Verwirklichung der dadurch geschaffenen Gefahr durch Schädigung eines Anderen. Verglichen mit dem allgemeinen Deliktstatbestand besteht die „Verletzungshandlung" bei der Gefährdungshaftung darin, dass sich die spezifische Gefahr der Tierhaltung verwirklicht. Eine Rechtsgutsbeeinträchtigung oder Schädigung muss deren kausale Folge sein. Während bei sonstigen deliktsrechtlichen Tatbeständen derjenige verantwortlich ist, der handelt, ist es bei § 833 S. 1 derjenige, dem die Gefahrenquelle als Verantwortlichem zugeordnet ist.

5 Ein **klassischer Fall** erlaubten Risikos mit korrespondierender strikter (d.h. verschuldensunabhängiger) Haftung und Pflicht zur Versicherung möglicher Haftungsrisiken betrifft den **Betrieb von Kraftfahrzeugen im Straßenverkehr** (unten Rn. 6 ff.). Die Haftung trifft den Halter eines Kfz, der nach § 7 Abs. 1 StVG verschuldensunabhängig für die Betriebsgefahren des von ihm gehaltenen Fahrzeugs haftet. § 12 StVG begrenzt den Betrag der Haftung, um keine unzumutbaren, vor allem aber keine unversicherbaren Haftungsrisiken zu schaffen. § 1 des Pflichtversicherungsgesetzes (Schönfelder Nr. 63) verpflichtet den Halter eines Kraftfahrzeugs zum Abschluss einer Haftpflichtversicherung. Der Geschädigte hat nach § 115 VVG (früher § 3 PflVG) sogar einen direkten Anspruch gegen den Versicherer. Das sorgt dafür, dass der Geschädigte möglichst schnell Hilfe erhält, insbesondere nicht auf eine erfolgreiche Klage und Vollstreckung gegen den (typischerweise finanziell weniger zahlungskräftigen) Schädiger angewiesen ist. So soll erreicht werden, dass Unfallschäden zügig, unproblematisch und kostengünstig beglichen werden.

II. Haftung im Straßenverkehr

1. Überblick und Prüfungsaufbau

6 ANSPRUCHSSYSTEM: Die Haftung für Straßenverkehrsunfälle wird meist alternativ auf **§ 823 Abs. 1 oder Abs. 2** (meist i.V.m. § 229 StGB oder einer straßenverkehrsrechtlichen Verhaltensnorm, z.B. § 2 StVO) und gleichzeitig auf die Haftungsnormen des Straßenverkehrsgesetzes gestützt. Im Fallgutachten sollte mit der Prüfung derjenigen Anspruchsgrundlage begonnen werden, die am einfachsten zum Ziel führt. Das ist **§ 7 Abs. 1 StVG,** da im Mittelpunkt der Betrieb eines Kfz und die Verwirklichung der Betriebsgefahr in einem Personen- oder Sachschaden stehen, während es auf Rechtswidrigkeit und Verschulden nicht ankommt. Gleichwohl wird man konkurrierende deliktische Vorschriften mitprüfen müssen, weil die Haftung nach dem StVG stärker begrenzt ist, als die nach dem BGB. Zwar sieht auch § 11 StVG vor, dass im Falle einer Körper- oder Gesundheitsverletzung immaterielle Schäden ersetzt werden müssen (§ 11 S. 2 StVG mit § 253 Abs. 2), doch ist die Haftung in §§ 12, 12a der Höhe nach begrenzt, während die §§ 249 ff. vom Grundsatz der Totalreparation ausgehen (oben § 3 Rn. 96). Haftungsbegrenzend wirkt auch der in **§ 15 StVG** geregelte **Verwirkungseinwand,** wonach der Ersatzberechtigte die ihm aufgrund des StVG zustehenden Ansprüche verliert, wenn er nicht spätestens innerhalb zweier Monate nach Kenntnis von Schaden und Person des Schädigers dem Ersatzpflichtigen den Unfall anzeigt. Der

9 Vgl. *Zweigert/Kötz*, Rechtsvergleichung, § 42.

Rechtsverlust tritt nur nicht ein, wenn der Ersatzpflichtige aufgrund anderer Umstände Kenntnis erlangt oder die Anzeige schuldlos unterblieben ist (§ 15 S. 2 StVG).

Konkurrenzfragen: Die Halterhaftung nach dem StVG ist als Gefährdungshaftung konzipiert und daher systematisch etwas anderes als die Verschuldenshaftung nach § 823. Daher kann für bestimmte Haftungsfolgen oder Einwendungen weder auf die §§ 823 ff. noch auf §§ 249 ff. zurückgegriffen werden. So werden die in §§ 249, 842–845 geregelten Rechtsfolgen im StVG spezialgesetzlich geregelt (§§ 10, 11 StVG). Das Mitverschulden ist erst durch § 9 StVG ausdrücklich an § 254 gekoppelt. Diese Norm gilt aber nur für das etwaige Mitverschulden eines Unfallgeschädigten, der nicht ebenfalls Halter eines Kfz ist. Bei der Schadensverursachung durch mehrere Kraftfahrzeuge ist der speziellere § 17 Abs. 2 StVG zu prüfen, denn hierbei geht es nicht um die Zurechnung von Verschuldens-, sondern von Verursachungsbeiträgen (wechselseitige Betriebsgefahren von Kfz). Auch die Verjährungsregel ist in § 14 StVG eigenständig, wenngleich durch bloße Verweisung auf die §§ 195 ff., geregelt. Besondere Haftungseinschränkungen finden sich in § 7 Abs. 2 StVG und § 8 StVG. § 16 StVG stellt klar, dass sonstige Haftungsgrundlagen, also auch die Haftung nach dem BGB, unberührt bleiben (Anspruchsnormenkonkurrenz).

7 Das StVG stellt **zwei wichtige Anspruchsgrundlagen** zur Verfügung. **§ 7 Abs. 1 StVG** betrifft die strikte Haftung des **Kfz-Halters**, der verschuldensunabhängig für Schäden durch die Betriebsgefahr seines Fahrzeugs haftet. Daneben gibt es mit **§ 18 StVG** eine eigenständige Anspruchsgrundlage gegenüber dem **Fahrer des Kfz.** Diesbezüglich begnügt sich das Gesetz mit einer Verschuldensvermutung (oben § 4 Rn. 29), da die allein aus der Existenz des Kfz und seinen Betriebsgefahren rührenden Risiken bereits der Halter trägt.

§ 7 Abs. 1 StVG knüpft an die Haltereigenschaft und den Betrieb eines Kraftfahrzeugs an. Für den **Halterbegriff** gem. § 7 Abs. 1 StVG ist die Verfügungsgewalt über das Fahrzeug entscheidend.[10] Dazu genügt nicht die rein tatsächliche Verfügungsgewalt, erforderlich ist ein rechtliches Herrschaftsverhältnis, welches die Verfügungsmöglichkeit über das Fahrzeug beinhaltet. Solche Verfügungsmacht hat, wer die Kosten des Fahrzeugs bestreitet und den vollen Sachnutzen aus dem Kfz zieht.[11] Daher ist der Mieter eines Kfz nicht Halter,[12] wohl aber der Leasingnehmer, der als wirtschaftlicher Eigentümer gilt, obwohl das rechtliche Eigentum dem Leasinggeber zusteht, der allerdings wiederum keine Verfügungsmacht hat und daher kein Halter ist.[13] Der Halter verliert seine Haltereigenschaft aber nicht schon dadurch, dass er sein Fahrzeug vorübergehend einem anderen (als Fahrer) überlässt. Dass der Halter das Kfz selbst geführt hat, ist gerade nicht Voraussetzung seiner Haftung.

Als zweite Tatbestandsvoraussetzung hinzukommen muss die **Schädigung beim Betrieb** eines Kraftfahrzeugs. Der Begriff des Kfz ist in § 1 Abs. 2 StVG legaldefiniert und weit auszulegen. Betrieb eines Kfz wird ebenfalls sehr weit verstanden.[14] Darunter fällt nach der verkehrstechnischen Auffassung die Bewegung im fließenden Straßenverkehr, aber auch das Be- und Entladen[15] sowie das Parken auf einer Verkehrsstraße (der sog.

10 Siehe dazu und zu verschiedenen Konstellationen *Röthel*, JURA 2014, 1124.
11 BGHZ 87, 133, 135.
12 BGHZ 116, 200.
13 BGHZ 87, 133, 136; BGH NJW 2011, 996.
14 BGH NJW 2010, 3713 Tz. 6.
15 BGHZ 208, 140; OLG Köln NJW-RR 2019, 595.

„ruhende Verkehr"), sofern hierdurch Teilnehmer im fließenden Verkehr (vorbeifahrende Fahrzeuge, die Straße zwischen parkenden Fahrzeugen überquerende Fußgänger, auf der Straße spielende Kinder) gefährdet werden können.[16] Entscheidend ist, ob sich „eine von dem Kraftfahrzeug ausgehende Gefahr ausgewirkt hat und das Schadensgeschehen in dieser Weise durch das Kraftfahrzeug mitgeprägt worden ist".[17] Die Haftung kommt also nicht nur in Betracht, wenn die Motorkräfte des Fahrzeugs auf dieses einwirken (sog. maschinentechnische Auffassung[18]). Auch für technische Defekte an einem Kfz, die unabhängig vom Fahrbetrieb, einen Schaden verursachen, gilt § 7 StVG.[19]

Beispiele: Beim Betrieb erfolgt eine Schädigung, wenn ein Stein von der Ladung eines vorausfahrenden Lkw auf die Frontscheibe des nachfolgenden Kfz fliegt.[20] Keine Kfz-typische Gefährdung liegt darin, dass sich ein Unfallopfer über das Geschehen derart aufregt, dass es eine Gehirnblutung erleidet.[21] Auch ein Unfall, der durch den zweckwidrigen Einsatz eines Radladers verursacht wird, geschieht nicht „beim Betrieb" des Fahrzeugs i.S.d. Tatbestandes.[22] Gefahrentypisch ist es dagegen, wenn ein in einen Unfall verwickelter Fahrer sein Fahrzeug verlässt, dabei auf der eisglatten Straße stürzt und sich verletzt[23] oder dem Schädigerfahrzeug hinterherläuft und beim Klopfen an dessen Scheibe stürzt[24].

Wichtige Rechtsänderungen: Bis zum 31.7.2002 haftete der Halter für alle Betriebsgefahren mit Ausnahme von unabwendbaren Ereignissen. **Unabwendbar ist ein Ereignis,** wenn es auch mit äußerster Aufmerksamkeit, Umsicht und Geistesgegenwart nicht vermeidbar ist.[25] Darunter fällt es, wenn ein Auto am Stauende zum Halten kommt, die Warnblinkanlage eingeschaltet ist und trotzdem ein mit hoher Geschwindigkeit ankommendes Fahrzeug von hinten aufprallt. Der Einwand des unabwendbaren Ereignisses schützte früher auch vor einer Haftung, wenn ein Kind völlig unvorhergesehen auf die Fahrbahn lief,[26] solange der daraufhin erfolgende Unfall nicht „auf einem Fehler in der Beschaffenheit des Fahrzeugs (oder) einem Versagen seiner Vorrichtungen" beruhte (§ 7 Abs. 2 S. 1 StVG a.F., z.B. Bremsversagen wegen zu geringer Bremsflüssig-

16 Vgl. BGH NJW-RR 2008, 764 Tz. 7.
17 So BGH NJW 2005, 2081 (Beklagter wurde in einer Tiefgarage von einem entgegenkommenden Fahrzeug dazu verleitet, seine Fahrspur voreilig, ohne Not zu verlassen und kollidierte dabei mit der Parkhauswand). „Bei berührungslosen Unfällen setzt die Zurechnung also voraus, dass ein Kfz nicht nur anwesend war, sondern auch durch seine Fahrweise oder Verkehrsbeeinflussung zur Schadensentstehung beigetragen hat", BGH NJW 2017, 1173; OLG München r+s 2019, 167; dazu *Rebler*, MDR 2018, 125.
18 So noch BGH NJW 1975, 1886, 1887; dagegen Burmann/Heß/Jahnke/Janker/*Burmann*, Straßenverkehrsrecht, § 7 Rn. 8.
19 BGHZ 199, 377 (Selbstentzündung eines Fahrzeugs aufgrund eines technischen Defektes einer Betriebseinrichtung); OLG Hamm BeckRS 2018, 39282 [anhängig BGH, VI ZR 472/18], Tz. 29 ff. (Explosion eines Wohnmobils womöglich wegen eines defekten Kühlschranks); ähnlich OLG Hamm NJW-RR 2019, 667. Zur Tendenz der Rechtsprechung für eine Abkoppelung der Betriebsgefahr vom Einsatz des Fahrzeuges als Verkehrsmittels *Burmann/Jahnke*, DAR 2016, 313.
20 LG Heidelberg NJW-RR 2012, 406; ebenso bei einem durch das vorausfahrende Fahrzeug hochgeschleuderten Stein OLG Saarbrücken NJW-RR 2006, 748.
21 BGHZ 107, 359, 366.
22 OLG Hamm NJOZ 2018, 1289 (Umkippen eines Radladers wegen Überladens der Schaufel mit Wasser für eine „Cold Water Challenge").
23 BGH NJW 2013, 1670.
24 OLG Hamm r+s 2019, 41.
25 BGHZ 20, 259 = NJW 1956, 1067.
26 KG VersR 1981, 885.

keit). **Seit dem 1.8.2002**[27] ist in § 7 Abs. 2 StVG generell nur noch die **Haftung für** eine Unfallverursachung durch **höhere Gewalt ausgeschlossen** (unten Rn. 11). Das unabwendbare Ereignis spielt nur noch eine Rolle, wenn an einem Unfall mehrere Kraftfahrzeuge beteiligt sind, wenn also auch der Geschädigte für die Betriebsgefahr eines Kfz einzustehen hat (§ 17 Abs. 3 StVG). Gegenüber einem Geschädigten, der nicht selbst als Kfz-Halter für die Betriebsgefahr seines Fahrzeugs einzustehen hat, ist eine Begrenzung der Halterhaftung nicht angemessen, denn letztlich ist auch bei unabwendbaren Ereignissen die Unfallfolge gerade dadurch besonders einschneidend, dass ein Kraftfahrzeug schlimmere Verletzungen erzeugt als z.B. ein Fahrrad. Unklar ist derzeit noch, wie für selbstfahrende Autos zu haften ist. Nach derzeitiger Rechtslage trifft diese Haftung Halter und Fahrer nach §§ 7, 18 StVG.[28]

Abgemildert wird die sehr weitgehende Haftung dadurch, dass **§ 9 StVG** nach wie vor auch das **Mitverschulden** des Unfallopfers berücksichtigungsfähig macht (über § 254). § 9 StVG sorgt dafür, dass auch gegenüber einer Betriebsgefahr persönliches Verschulden des Geschädigten abwägungsfähig wird. Das spielt etwa eine Rolle, wenn ein Fußgänger auf die Fahrbahn tritt und der Fahrer eines Kfz ihn dadurch streift und so einen Personenschaden verursacht. Das Mitverschulden des Fußgängers kann dann gem. § 9 StVG mit § 254 BGB zu einer anteiligen Mithaftung des Verletzten führen. Kollidieren zwei Fahrzeuge miteinander, wird persönliches Verschulden über die genannten Normen, die wechselseitige Betriebsgefahr hingegen über § 17 StVG abgewogen.

Bei durch den Betrieb eines Kfz verursachten Schäden ist der **Schutzzweck des StVG** zu berücksichtigen. Das Gesetz möchte gegen die typischen Personen- und Sachschäden schützen, die im Zusammenhang mit Verkehrsunfällen auftreten können. Der Verdienstausfall, der dadurch entsteht, dass infolge eines fremdverschuldeten Verkehrsunfalls ein in den Unfall verwickelter und deshalb wartepflichtiger Unternehmer einen wichtigen Auftrag verliert, ist nach § 7 StVG nicht ersatzfähig,[29] ebenso wenig gibt es einen Ersatz der Kosten für ein infolge Unfallverwicklung verpasstes Fußballspiel.[30]

8 Für die Prüfung des § 7 StVG empfiehlt sich folgender **Anspruchsaufbau**:

(1) Haltereigenschaft (Passivlegitimation)
   - Gebrauch für eigene Rechnung durch Bestreitung der Kosten und Ziehung der Nutzungen

(2) Betrieb eines Kraftfahrzeugs („Verletzerverhalten“)
   - Definition Kfz gem. § 1 Abs. 2 StVG (beachte § 8 StVG);
   - Beim Betrieb: naher zeitlicher und örtlicher Zusammenhang eines Unfalls mit einem Betriebsvorgang oder einer Betriebseinrichtung, sei es im fließenden oder ruhenden Verkehr, sofern hierdurch der fließende Verkehr beeinträchtigt werden kann (s.o. Rn. 7).

(3) Verletzung von Personen oder Beschädigung von Sachen (Rechtsgutsbezug)
   - bei Folgeschäden Schutzzweck beachten (haftungsausfüllende Kausalität)

27 Zweites Gesetz zur Änderung schadensersatzrechtlicher Vorschriften v. 19.7.2002, BGBl. I 2674, hierzu *Staudinger/Schmidt-Bendun*, Jura 2003, 441.

28 Dazu *Schrader*, NJW 2015, 3537; *Lutz*, NJW 2015, 119.

29 Gleiches gilt natürlich für die durch den Stau aufgehaltenen sonstigen Verkehrsteilnehmer, denn bei ihnen fehlt es bereits an einem primären Sach- oder Personenschaden, BGH NJW 1977, 2264, 2265 (dort aber nur beiläufig); *Larenz/Canaris*, Schuldrecht II/2, § 76 II 3c.

30 AG Mönchengladbach NJW-RR 2015, 157.

(4) Schädigung beim Betrieb = Realisierung der Betriebsgefahr
- Realisierung der Kfz-typischen Gefährlichkeit

(5) Kein Haftungsausschluss durch
- § 7 Abs. 2 (höhere Gewalt = betriebsfremdes, von außen herbeigeführtes, unvorhersehbares Ereignis);
- § 7 Abs. 3 (nicht schuldhaft verursachte Fremdfahrten, z.B. Unfallschäden durch Kfz-Dieb);
- § 17 Abs. 3(bei einem Unfall, an dem mehrere Kfz beteiligt sind: unabwendbares, d.h. auch mit äußerster Aufmerksamkeit, Umsicht und Geistesgegenwart nicht vermeidbares Ereignis).

(6) Mitverschulden oder mitwirkende Betriebsgefahr
- § 9 StVG i.V.m. § 254 (Mitverschulden bei Unfällen mit Geschädigten, die nicht als Halter oder Fahrer eines Kfz am Unfall beteiligt sind[31]);
- § 17 Abs. 2, Abs. 1 StVG (mitwirkende Verursachungsbeiträge durch Betriebsgefahren der beteiligten Kfz, Sonderregel zu § 254 BGB und zu § 9 StVG).

(7) Rechtsfolge: Schadensersatz (Personen- und Sachschäden, §§ 10–13 StVG)

(8) Kein Verwirkungseinwand (§ 15 StVG).

2. Einzelheiten und Grundfall

▶ **Fall 55** (nach BGH NJW 2003, 2085; NJW-RR 2008, 406):[32] K steuert sein Motorrad auf einer Landstraße, auf der ihm B mit dessen eigenem Pkw entgegenkommt. Vor einer Linkskurve möchte B nach links abbiegen. B übersieht den ihm in der Kurve entgegenkommenden K und kollidiert mit ihm auf der Gegenfahrbahn. Der Sachverständige stellt später fest, dass K die Kurve mit erhöhter Geschwindigkeit durchfuhr, der Unfall aber auch bei Einhalten der zulässigen Geschwindigkeit geschehen wäre. K verlangt vollen Ersatz für den ihm entstandenen Schaden. Zu diesem Schaden gehört auch die Zerstörung einer gerade erworbenen Vase, die in der Satteltasche des Motorrads steckte. 9

Voraussetzung für einen **Anspruch des K gegen B aus § 7 Abs. 1 StVG** ist, dass B Halter eines an einem Unfall beteiligten Kfz war. Kfz-Halter ist, wer einen Pkw für eigene Rechnung gebraucht, insbesondere die Kosten bestreitet und die Nutzungen aus dem Gebrauch des Fahrzeugs zieht.[33] Diese Voraussetzungen liegen für B vor.

Zudem müsste der **Schaden beim Betrieb eines Kraftfahrzeugs** verursacht worden sein. Personenkraftwagen sind Kraftfahrzeuge im Sinne des § 1 Abs. 2 StVG. Beim Betrieb ist die Schädigung erfolgt, wenn sie sich in nahem zeitlichen und örtlichen Zusammenhang mit dem Betrieb des Kfz, insbesondere[34] als Folge der Fortbewegung im fließenden Straßenverkehr ereignete.[35] Der Unfall ist im vorliegenden Fall beim Abbiegen des Pkw erfolgt, mithin besteht ein Ursachenzusammenhang zwischen Kfz-Betrieb und Unfall.

Ersatzfähig nach § 7 Abs. 1 sind **Personen- und Sachschäden**. Darunter fällt der an dem Motorrad des K entstandene Substanzschaden. Problematisch ist, ob auch die in der Satteltа-

31 Vgl. BGH NJW 2014, 217 (Mitverschulden eines angefahrenen Fußgängers).
32 Klausurfall bei *Garbe/Hagedorn*, JuS 2004, 287.
33 BGHZ 87, 133, 135.
34 Aber nicht ausschließlich, vgl. BGHZ 199, 377 zur Anwendbarkeit von § 7 StGV bei Brandschäden aufgrund eines technischen Defekts eines Fahrzeugteils, unabhängig vom Fahrbetrieb.
35 BGHZ 45, 168, 172; 115, 84; 199, 377 (Pkw-Brand in Tiefgarage nach Betrieb).

sche beförderte Vase zu ersetzen ist. Dagegen spricht § 8 Nr. 3 StVG, der die durch ein Kfz oder einen Anhänger beförderte Sache von der Ersatzpflicht ausnimmt. Das betrifft allerdings nicht solche Sachen, die eine beförderte Person an sich trägt oder mit sich führt. Daraus folgt, dass bei Personenbeförderungen das mitgeführte Gepäck von der Haftung umfasst wird. Daher ist auch der Wert der Vase zu erstatten. ◀

10 Fragen der **haftungsausfüllenden Kausalität** stellen sich auch im Rahmen der Halterhaftung des § 7 Abs. 1 StVG, nämlich bei der Rechtsfolgenbetrachtung. Anders als im BGB, das von Totalreparation aller unmittelbaren Schäden einschließlich (mittelbarer) Vermögensfolgeschäden ausgeht, ist der Schutzzweck des StVG auf den Ersatz von unmittelbaren Personen- und Sachschäden beschränkt (vgl. aber § 8 Nr. 3 StVG). Mittelbare Schäden fallen nur darunter, sofern sie im Zusammenhang mit den Primärschäden stehen, so etwa die Kosten der Instandsetzung des Eigentums an einer Bundesautobahn, die dadurch unbenutzbar wurde, dass ein auf der Autobahn umgekippter Lkw samt Ladung beseitigt werden muss, um die Straße passierbar zu machen. Die Abräumkosten sind nach § 7 Abs. 1 StVG nur ersatzfähig, weil sie die Nutzbarkeit der Straße, also letztlich die Funktion des Eigentumsrechts hieran, wiederherstellen.[36] Ausgeschlossen sind Vermögensfolgeschäden wie ein durch den Unfallvorgang verursachter Gewinnentgang des Unfallbeteiligten (oben § 3 Rn. 116 f.). Geraten infolge eines Unfallgeräusches die in einem benachbarten Stall untergebrachten Schweine in Panik, was dazu führt, dass sich einige Tiere gegenseitig tot trampeln, so steht der dem Landwirt entstehende Eigentumsschaden zwar in einem adäquat kausalen Zusammenhang mit der Verletzungshandlung, ist aber nicht mehr vom **Schutzzweck der Gefährdungshaftung** erfasst, weil diese Folgen nicht mit der typischen Betriebsgefahr des Kfz in Zusammenhang stehen.[37]

11 ▶ Des Weiteren sind stets (zumindest gedanklich) die Ausschlusstatbestände des § 7 Abs. 2 und 3 StVG zu prüfen. Nach Abs. 2 ist die Haftung ausgeschlossen, wenn der Unfall durch „höhere Gewalt" verursacht wurde. ◀

Unter **höherer Gewalt** versteht man ein „außergewöhnliches, betriebsfremdes, von außen durch elementare Naturkräfte oder durch Handlungen dritter Personen herbeigeführtes Ereignis, das nach menschlicher Einsicht und Erfahrung nicht vorhersehbar ist und mit wirtschaftlich erträglichen Mitteln auch durch die äußerste, vernünftigerweise zu erwartende Sorgfalt nicht verhütet oder unschädlich gemacht werden kann".[38] (Bsp.: Erdbeben lässt Brücke einstürzen und einen Pkw auf ein darunter befindliches Haus stürzen, das dabei zerstört wird). Von außen wirkt ein Ereignis nur, wenn es mit dem Kfz-Betrieb oder den Kfz-Einrichtungen keinen ursächlichen Zusammenhang hat. Außergewöhnlich ist ein Ereignis nur, wenn es selten und seiner Art nach einmalig ist. Nicht abwendbar ist es, wenn es weder mit wirtschaftlich erträglichen Mitteln noch durch Anwendung äußerster Sorgfalt verhütet werden kann. Fehler in der Beschaffenheit des Kfz und Fahrfehler führen dagegen zur Halterhaftung.

36 BGH NJW-RR 2008, 406 (§ 8 Nr. 3 StVG gilt hierfür nicht, denn es geht nicht um den Ersatz der Schäden an der Sache, sondern um den Ersatz von Kosten, die durch die Beseitigung der Sache entstanden sind).

37 BGHZ 115, 84, 86.

38 BGHZ 7, 338 = NJW 1953, 184 (zum Haftpflichtgesetz: keine höhere Gewalt, wenn ein Elfjähriger dadurch zu Schaden kommt, dass sein Drachen in eine Hochspannungsleitung gerät); BGHZ 62, 351, 354 = NJW 1974, 1770; NJW 1986, 2312; 2313 (zum Wasserhaushaltsgesetz: keine Haftung für Fischsterben durch Dieselölfässer, die auf einem Grundstück lagerten und durch Hochwasser umgestoßen wurden); BGHZ 109, 8, 14 (zum Haftpflichtgesetz); *Filthaut*, NZV 2015, 161.

Der **Begriff der höheren Gewalt** ist ersichtlich ein bewusst eng zugeschnittener Ausnahmefall von der regelmäßig eintretenden Halterhaftung. Insbesondere gegenüber nicht motorisierten Verkehrsteilnehmern, aber auch Kindern, älteren und hilfsbedürftigen Personen darf nicht eingewendet werden, dass diese Personen sich so unberechenbar verhalten haben, dass auch ein gewissenhafter Kfz-Führer den Unfall nicht hätte vermeiden können.[39] Der Betrieb eines Kfz ist stets gefährlich und häufig hauptverantwortlich für das Schadensausmaß. Lediglich kann das mitwirkende Verschulden des sich unberechenbar verhaltenden Verkehrsteilnehmers über § 9 StVG i.V.m. § 254 berücksichtigt werden. Bei Kindern hilft allerdings auch dies häufig nicht, denn § 828 Abs. 1 und Abs. 2 S. 1 schließt jedenfalls für die Gruppe der Kinder, die das zehnte Lebensjahr noch nicht vollendet haben, die Verschuldensfähigkeit aus (siehe § 3 Rn. 85). Jüngere Kinder haben danach regelmäßig einen ungekürzten Ersatzanspruch gegen den Halter eines Pkw, selbst wenn sie sich unvorhersehbar und nachlässig verhalten haben.[40]

Der **Haftungsausschluss des § 7 Abs. 3 StVG** greift ein, wenn das Kfz ohne Wissen und Wollen des Halters benutzt wird und dies nicht auf einem Verschulden des Halters beruht. Das betrifft Schäden, welche Kfz-Diebe als Fahrer verursachen. Benutzer i.S.d. § 7 Abs. 3 ist, wer sich das Kfz als Fortbewegungsmittel dienstbar macht und sich dadurch Verfügungsmacht über das Kfz verschafft. Diese Privilegierung des Halters ist nicht unproblematisch, denn auch in einem solchen Fall realisieren sich typische Betriebsgefahren, die letztlich darauf basieren, dass ein Kfz gehalten wird. Der Fall ist auch qualitativ in keiner Weise mit dem der höheren Gewalt vergleichbar. 12

▶ Im Ausgangsfall ist kein Haftungssausschlusstatbestand ersichtlich. Der Schwerpunkt des Ausgangsfalles liegt bei der wichtigen Vorschrift des **§ 17 StVG** und behandelt die Frage, welche Rolle der Umstand spielt, dass auch K ein Kraftfahrzeug geführt hat, von dem Betriebsgefahren ausgehen. Selbst wenn K an dem Unfall völlig unschuldig war oder gewesen wäre, so wurde jedenfalls der eingetretene Schaden an seinem Fahrzeug dadurch beeinflusst, dass sich dieses Fahrzeug schnell im Straßenverkehr bewegen kann und durch die schnelle Bewegung, also eine typische Betriebsgefahr, Schäden entstehen, die nicht entstanden wären, wenn K zu Fuß unterwegs gewesen wäre. Die Betriebsgefahr eines Motorrades ist ein gefahr- und potenziell schadenserhöhender Umstand. ◀

§ 17 Abs. 2 StVG hat die Aufgabe, die **wechselseitigen Betriebsgefahren** mehrerer Kfz, die in einen Unfall verwickelt sind, gegeneinander zu gewichten. § 17 StVG betrifft drei Konstellationen:

- **§ 17 Abs. 1 StVG** ist eine Sonderregel zu § 426 BGB und knüpft an die Möglichkeit des Geschädigten an, mehrere Fahrzeughalter als Gesamtschuldner in Anspruch zu nehmen. Der dadurch mögliche **Regress zwischen** den **Fahrzeughaltern** hat nach § 17 Abs. 1 StVG die wechselseitigen Verursachungsbeiträge zu berücksichtigen.
- **§ 17 Abs. 2 StVG** ergänzt **§ 9 StVG** (bzw. § 254 BGB) in Fällen, in denen auf Schädiger- und Geschädigtenseite Kfz-Halter stehen. Dann soll unter ihnen die Verantwortung nach dem jeweiligen Grad der Verursachung aufgrund der jeweilig zuzu-

39 Vgl. den Fall bei *Staudinger/Schmidt-Bendun*, Jura 2003, 441 (Achtjähriger Kläger läuft zwischen parkenden Autos unvermittelt auf die Straße und provoziert dadurch einen Zusammenstoß mit dem Pkw des Beklagten).

40 Bei einer 11-jährigen Waveboardfahrerin, die eine vielbefahrene Straße bei Rot fahrend überquerte, urteilte das OLG Celle, dass die Betriebsgefahr des die Waveboardfahrerin erfassenden Kfz angesichts deren schwerwiegenden Mitverschuldens vollständig zurücktrete, OLG Celle r+s 2019, 165.

rechnenden Betriebsgefahren erfolgen. Oft führt § 17 Abs. 2 StVG zu einer Beteiligung beider Halter an dem Schaden. § 9 StVG erlaubt es darüber hinaus, das persönliche Verschulden der Fahrer zuzurechnen.

- **§ 17 Abs. 3 StVG** schließt die Haftung eines der Halter gegenüber einem anderen Halter bei Unfällen mit Kfz-Beteiligung aus, wenn für diesen Kfz-Halter der Unfall **unabwendbares Ereignis** war. Dieser Halter haftet daher dem Unfallgegner gar nicht, auch nicht wegen der Betriebsgefahr, die von seinem Fahrzeug ausging (zur Definition § 6 Rn. 7).

▶ Fraglich ist in Fall 55, ob K seinen Schaden von B voll ersetzt verlangen kann. Das scheitert, wenn nach § 17 Abs. 2 StVG sowohl Schädiger als auch Geschädigter als Halter für die Betriebsgefahren eines unfallbeteiligten Kfz einzustehen haben und der Unfall nicht für einen der beiden Halter unabwendbares Ereignis nach § 17 Abs. 3 StVG war. Ein unabwendbares Ereignis liegt auf Seiten des K vor, wenn der Unfall für ihn auch mit äußerster Aufmerksamkeit, Umsicht und Geistesgegenwart nicht hätte abgewendet werden können.[41] Dazu müsste K vortragen, dass sein Fahrzeug tadellos funktionierte und er selbst ohne Sorgfaltsverstoß gehandelt hat. Das ist bereits wegen des Geschwindigkeitsverstoßes fraglich, der Sorgfaltswidrigkeit offenbart. Daher kommt ein Haftungsausschluss nach § 17 Abs. 3 StVG zu seinen Gunsten nicht in Betracht.

Anzuwenden ist dann § 17 Abs. 2 StVG. Danach hat auch der Kläger grundsätzlich für die von ihm erlittenen Schäden eine Schadensquote zu tragen. Für die Höhe dieser Beteiligung kommt es darauf an, in welchem Umfang die wechselseitigen Betriebsgefahren und sonstigen Umstände zu dem konkret entstandenen Schaden beigetragen haben. Abzuwägen sind die Betriebsgefahren der Fahrzeuge des K und des B (§ 17 Abs. 2 StVG), aber auch sonstige Verschuldensumstände, die zum Unfall beigetragen haben (§ 9 StVG mit § 254). Dabei ist erheblich, dass B mit seinem Fahrzeug sowie einem Vorfahrtsverstoß (§ 9 Abs. 3 S. 1 StVO) zu dem Unfall beigetragen hat. Dieser Sorgfaltsverstoß erhöht das Gewicht seines allein durch die Betriebsgefahr schon gesetzten Unfallbeitrags. Aufseiten des K ist zunächst die Betriebsgefahr des Motorrades in den Ausgleich mit einzubeziehen. Sodann stellt sich die Frage, ob auch ein Fahrfehler hinzugekommen ist. Hier liegt jedenfalls ein Geschwindigkeitsverstoß, also ein Verstoß gegen § 3 Abs. 3 Nr. 2c StVO vor (§ 9 StVG mit § 254). Dieser würde die Betriebsgefahr des Motorrades grundsätzlich erhöhen. Anders ist es aber, wenn der Verstoß für die Kollision nicht ursächlich war, weil K den Zusammenstoß auch bei vorschriftsmäßiger Geschwindigkeit nicht hätte vermeiden können. Dabei bleibt es, wenn der Geschwindigkeitsverstoß keine weiteren Risiken gesetzt hat, etwa dadurch, dass durch die erhöhte Geschwindigkeit der Schaden höher ausgefallen ist oder die Geschwindigkeitserhöhung mit einem weiteren Risikoumstand zusammentrifft, etwa eine unfallträchtige Stelle wie eine gefährliche Linkskurve passiert wird. In einem solchen Fall ist auch ein Geschwindigkeitsverstoß zu berücksichtigen, weil die Vorschriften über die Geschwindigkeitsbegrenzung gerade dazu geschaffen wurden, das Risiko bei Abbiegevorgängen zu mindern. Im Rahmen des § 17 Abs. 2 StVG ist ein solcher Unfallbeitrag zu gewichten. Daher ist es vertretbar, dem K eine verbleibende Haftungsquote von einem Drittel zuzuweisen. Danach kann K von B zwei Drittel seines Schadens ersetzt verlangen. ◀

Wird neben der Haftung aus § 7 StVG noch ein Anspruch aus § 18 StVG geprüft, so findet die Ausgleichspflicht nach § 17 StVG über § 18 Abs. 3 StVG auch hier Anwendung.

41 BGHZ 20, 259 = NJW 1956, 1067 (Konstellation wie in Fall 55).

Beachtlich ist der **Einwand des rechtmäßigen Alternativverhaltens.** Er kann auch die Haftung für Betriebsgefahren ausschließen. Danach darf derjenige, der sich im Straßenverkehr regelgerecht verhält, darauf vertrauen, dass auch die übrigen Verkehrsteilnehmer sich so verhalten (sog. **verkehrsrechtlicher Vertrauensgrundsatz**). Das gilt so lange, wie keine deutlichen Anzeichen für ein ordnungswidriges Verhalten des anderen erkennbar werden oder die Örtlichkeit zu besonderer Vorsorge Anlass gibt.[42] Gegenüber schwächeren Verkehrsteilnehmern, wie Kindern und älteren Menschen, gilt der Vertrauensgrundsatz nicht.[43] Mit deren Fehlern und Unzulänglichkeiten bei der Bewegung im Straßenverkehr muss auch rechnen, wer sich selbst regelkonform verhält. Der vorliegende Fall zeigt, dass, wer sich selbst regelwidrig verhält, nicht darauf vertrauen kann, dass die durch Sachverständige festgestellte fehlende Kausalität seines Verhaltens für den Unfall auch beim Ausgleich im Rahmen des § 17 StVG berücksichtigt wird.[44] Mildere Haftungsmaßstäbe nach §§ 708, 1359, 1664 BGB finden im Straßenverkehr keine Anwendung (vgl. oben § 3 Rn. 91), denn das Verhalten im Straßenverkehr ist objektiv gefährlich und zu schützen sind daher stets auch die Gesellschafter einer BGB-Gesellschaft oder die eigenen Familienmitglieder. 13

WIEDERHOLUNGS- UND VERTIEFUNGSFRAGEN

- An welche Normen müssen Sie denken, wenn eine Schädigung im Zusammenhang mit Kfz eintritt? Welche Unterschiede haben Sie für die einzelnen Vorschriften zu beachten?
- Wer ist Halter eines Fahrzeugs? Wann erfolgt eine Schädigung „bei Betrieb" eines Kfz? Endet dieser Betrieb mit dem Abstellen des Fahrzeugs?
- Wann liegt ein Fall höherer Gewalt i.S.d. § 7 Abs. 2 StVG vor? Wie unterscheidet sich dieser Fall vom „unabwendbaren Ereignis" des § 17 Abs. 3 StVG und des StVG a.F.?
- Was ist bei der Beteiligung von Kindern an Verkehrsunfällen zu beachten? Wie wirkt es sich aus, wenn diese sich unvorhersehbar verhalten? Was besagt und welche Bedeutung hat in dem vorgenannten Zusammenhang der sog. verkehrsrechtliche Vertrauensgrundsatz?
- (V) Haftet der Kfz-Halter für Unfallschäden gegenüber Minderjährigen stets und ohne Ausnahme (hierzu LG Bielefeld NJW 2004, 2245)?

III. Produkthaftung und Produzentenhaftung

1. Überblick

Das Inverkehrbringen fehlerhafter neuer Produkte ist außerhalb der vertraglichen Haftung durch zwei konzeptionell unterschiedliche Haftungstatbestände erfasst.[45] Die sog. **Produzentenhaftung** ist eine Weiterentwicklung und Verschärfung der Verkehrssicherungspflichtenhaftung aus § 823 Abs. 1 durch die Gerichte, sie ist noch Verschuldens-, nicht Gefährdungshaftung. Mit ihr konkurriert die auf eine EU-Richtlinie zurückgehende **Produkthaftung**, die weitgehend Elemente der Gefährdungshaftung aufgenom- 14

42 BGH NJW 2003, 1929, 1930.
43 KG VRS 70, 463, 464 (81-jährige Fußgängerin); BayObLG NJW 1982, 346 (starke Einschränkung gegenüber neunjährigem Kind).
44 BGH NJW 2003, 2085.
45 Instruktiv *Lange*, JURA 2018, 643 (zur Produzentenhaftung nach § 823 Abs. 1) und *Lange*, JURA 2018, 761 (zur Produkthaftung nach dem ProdHaftG).

men hat und ihre Anspruchsgrundlage in § 1 Abs. 1 des sog. Produkthaftungsgesetzes (ProdHaftG) findet.[46]

Die fehlerhafte Beschaffenheit eines vom Hersteller über einen Händler in den Verkehr gebrachten Produktes wirkt sich typischerweise bei dem das Produkt nutzenden Käufer aus. Dieser erwirbt selten beim Hersteller direkt, sondern zumeist bei einem Händler. Zwischen Hersteller und Geschädigtem bestehen meist keine vertraglichen Beziehungen. Der Händler seinerseits haftet vertraglich in der Regel nur auf das Äquivalenzinteresse, d.h. für die Gebrauchs- und Funktionstauglichkeit der Sache, nicht aber auf das Integritätsinteresse, d.h. für Schäden an den sonstigen Gütern des Käufers, da er keine Pflicht hat, jedes Produkt auf Mängel zu überprüfen. Diesbezüglich bleiben für den Käufer im deutschen Recht nur deliktische Ansprüche gegen den Hersteller (zu anderen Lösungen oben § 1 Rn. 9).

System: Zu **§ 823 Abs. 1** haben die Gerichte ein System der **Produzentenhaftung** entwickelt, das auf die Verletzung von Verhaltenspflichten, nämlich Verkehrssicherungspflichten, gestützt wird, welche den Hersteller von neuen Waren gegenüber deren Nutzer trifft. Von **Produkthaftung** spricht man im Hinblick auf die Vorschriften des ProdHaftG vom 15.12.1989. Hiernach haftet nicht nur der Hersteller, sondern auch der Importeur oder derjenige, der seine Marke oder Firmenbezeichnung auf einem Produkt anbringt (Quasi-Hersteller, § 4 ProdHaftG). Ansprüche nach dem Produkthaftungsgesetz sollten vorrangig gegenüber solchen aus § 823 Abs. 1 geprüft werden. Der Rückgriff auf Ansprüche nach § 823 Abs. 1 ist durch § 15 Abs. 2 ProdHaftG aber ausdrücklich zugelassen.

Vergleich Produkt-/Produzentenhaftung: Bei der Prüfung eines Anspruchs aus § 823 Abs. 1 ist die verletzte Verkehrspflicht im Rahmen der **Verletzungshandlung** genau zu charakterisieren, während nach § 1 ProdHaftG gewissermaßen schon für die „Betriebsgefahr" eines Produkts gehaftet wird. Dort muss nämlich nur dargelegt werden, dass „durch den Fehler eines Produkts" jemand verletzt oder eine Sache beschädigt wurde. Verletzungshandlung ist also im Ergebnis bereits das Inverkehrbringen eines fehlerhaften Produkts. Darin allein liegt aber noch keine deliktische Verletzungshandlung i.S.d. § 823 Abs. 1, denn das Inverkehrbringen ist nur unerlaubte Handlung, wenn zusätzlich eine Verkehrssicherungspflicht verletzt wurde. Überdies erfordert § 1 ProdHaftG grundsätzlich keine Verschuldensprüfung. Lediglich § 1 Abs. 2 Nr. 5 ProdHaftG schließt die Haftung für Fehler aus, die nach dem Stand von Wissenschaft und Technik zum Zeitpunkt des Inverkehrbringens noch nicht erkannt werden konnten. Mit dieser versteckten Formulierung erhebt das ProdHaftG einen Verschuldensvorwurf nur bei Entwicklungsrisiken. Dabei wird das Verschulden des Herstellers für solche Risiken vermutet, dem Hersteller wird aber die Möglichkeit eröffnet, diese Vermutung zu widerlegen.

Das ProdHaftG weist weitere Besonderheiten gegenüber der deliktsrechtlichen Haftung nach § 823 auf: Bei **Sachschäden** hat der Geschädigte eine Selbstbeteiligung in Höhe von 500 Euro zu übernehmen (§ 11 ProdHaftG), ein Sachschaden an gewerblichen Gütern wird nicht ersetzt (§ 1 Abs. 1 S. 2 ProdHaftG), im Übrigen wird nur derjenige Schaden ersetzt, der an anderen als dem gelieferten Produkt entstanden ist (§ 1 Abs. 1 S. 2 ProdHaftG). Daher ist nur das Integritätsinteresse geschützt, nicht dagegen

46 Zum Verhältnis beider Regelungskomplexe zueinander *Honsell*, JuS 1995, 211; zu jüngeren Entwicklungen *Molitoris/Klindt*, NJW 2014, 1567; *Schubert*, NJ 2015, 1.

der Vermögensverlust durch Kauf einer fehlerhaften Sache (Äquivalenzinteresse). Wird ein Gesamtprodukt geliefert, scheidet der Ersatz von Weiterfresserschäden daher aus. Bei **Personenschäden** ist die Haftung auf 85 Mio. Euro begrenzt (§ 10 Abs. 1 ProdHaftG). Die Besonderheiten des ProdHaftG gegenüber der Deliktshaftung nach § 823 Abs. 1 erklären sich daraus, dass dieses Gesetz auf die EU-Produkthaftungsrichtlinie 85/374/EWG von 1985 zurückgeht.

2. Produkthaftung nach dem ProdHaftG

Anspruchsgrundlage für Klagen nach dem ProdHaftG ist **§ 1 Abs. 1 S. 1 ProdHaftG.** 15
Dabei empfiehlt sich folgender **Aufbau:**

(1) Aktivlegitimation (Anspruchsteller)
- durch ein Produkt oder einen Produktgebrauch Geschädigter

(2) Passivlegitimation (Anspruchsgegner)
- Hersteller (§ 4 Abs. 1 S. 1 ProdHaftG),[47]
- Quasi-Hersteller (§ 4 Abs. 1 S. 2 ProdHaftG),[48]
- Importeur (§ 4 Abs. 2 ProdHaftG),
- hilfsweise Lieferant (§ 4 Abs. 3 ProdHaftG).

(3) Haftungstatbestand
(a) Produktfehler (§§ 2, 3 ProdHaftG);
(b) Verletzung eines der in § 1 Abs. 1 ProdHaftG genannten Rechtsgüter (Enumerationsprinzip);
(c) Kausalität zwischen Fehler und Verletzung (vgl. § 1 Abs. 4 ProdHaftG);
(d) Kein Haftungsausschluss nach § 1 Abs. 2 und § 1 Abs. 3 ProdHaftG.

(4) Rechtsfolge: Schadensersatz
(a) Ersatz des Sachschadens mit Ausnahme der gelieferten Sache, § 1 Abs. 1 S. 2 i.V.m. § 11 ProdHaftG;
(b) Ersatz des Personenschadens, §§ 10, 9 ProdHaftG;
(c) Ersatz des Erwerbsausfalls und Unterhaltsschadens, §§ 7, 8 ProdHaftG;
(d) „Schmerzensgeld“, § 8 S. 2 ProdHaftG.

3. Produzentenhaftung nach § 823 Abs. 1

Für die Produzentenhaftung nach § 823 Abs. 1 hat die Rechtsprechung besondere Darlegungs- und Beweisanforderungen formuliert.[49] Verletzerverhalten ist beim Inverkehrbringen neuer Güter die Verletzung von **Verkehrssicherungspflichten** zur Vermeidung einer Schädigung der Produktnutzer. Das **Verschulden des Schädigers bei der Missachtung solcher Pflichten wird vermutet.** Gelingt die Widerlegung dieser Vermutung nicht, so haftet der Hersteller im Ergebnis wie im System der Gefährdungshaftung.[50] 16

Für die Verschuldensvermutung und die besonderen Beweisanforderungen steht der sog. **Hühnerpest-Fall.**[51] In dieser Entscheidung hat der BGH die **Abweichung von der** 17

47 Bsp.: OLG Hamm NJOZ 2017, 799 (Landwirt, der Heu zu Silage verarbeitet).
48 Bsp.: BGH NJW 2005, 2695 – Grillanzünder.
49 Zusammenfassend BGHZ 104, 323, 332.
50 Vgl. *Katzenmeier*, JuS 2003, 943, 944 m.w.N.
51 BGHZ 51, 91 = NJW 1969, 269.

Grundregelung der Verschuldenshaftung in § 823 Abs. 1 wie folgt formuliert: „Wird bei vertragsgemäßer Verwendung eines Industrieerzeugnisses eine Person oder eine Sache dadurch geschädigt, dass das Produkt fehlerhaft hergestellt worden ist, so muss der Hersteller beweisen, dass ihn hinsichtlich des Fehlers kein Verschulden trifft." Erbringt der Hersteller diesen Beweis nicht, so haftet er nach Deliktsrecht. Dahinter steht die Überlegung, dass der Hersteller „näher daran" ist, den zum Schaden führenden Sachverhalt aufzuklären, denn er ist es, der die Produktionsabläufe überblickt und organisiert.[52]

18 Im Zusammenhang mit der Ausformulierung von **Verkehrssicherungspflichten** hat die Rspr. im Laufe der letzten Jahrzehnte typische Verletzungshandlungen **durch die Beschreibung von Fehlerkategorien** gebildet. Die Bildung solcher Fehlerkategorien ist erforderlich, weil allein das Inverkehrbringen eines fehlerhaften Produktes, anders als nach § 1 Abs. 1 S. 1 ProdHaftG, noch keine Verletzungshandlung darstellt. § 823 Abs. 1 stellt ein Unterlassen nur dann einem Handeln gleich, wenn eine Pflicht zum Handeln, d.h. zur Produktsicherung, bestand. Die Handlungspflicht muss daher näher charakterisiert werden. **Fünf Fehlerkategorien** beschreiben und begründen die den Hersteller treffenden Verkehrspflichten (vgl. nachfolgend Rn. 19 ff.).

19 Der **Anspruchsaufbau** bei § 823 Abs. 1 im Falle einer Produzentenhaftung ergibt sich wie folgt:

(1) Anspruchsteller: Geschädigter

(2) Anspruchsgegner: Hersteller[53]

(3) Rechtsgutsverletzung

(4) Verletzungshandlung
= Inverkehrbringen eines fehlerhaften Produkts, welches kausal für die Rechtsgutsverletzung ist (haftungsbegründende Kausalität), wenn eine der folgenden – aus dem Organisationsbereich des Produzenten stammende – Verkehrspflichtverletzung damit einhergeht:

(a) Konstruktionsfehler: Verletzerverhalten ist die fehlerhafte Konzeption und Planung eines Produkts;[54]

(b) Fabrikationsfehler: unzureichende Organisation und Kontrolle bei der Herstellung des Produkts;[55]

(c) Instruktionsfehler (Anleitungsfehler): unterlassener Warnhinweis in der Gebrauchsanleitung oder auf dem Produkt selbst;[56]

(d) Produktbeobachtungsfehler: unterlassene Warnung nach dem Bekanntwerden von Fehlern oder Risiken;[57]

---

52 BGH VersR 1971, 80.

53 Daneben haften seit BGH NJW 1975, 1827 auch leitende Angestellte.

54 BGHZ 67, 359, 362 (Schwimmerschalter-Fall); OLG Hamm NJW-RR 2011, 893 (Verpackung einer Grillpaste in einer mit einem Konstruktionsfehler behafteten Flasche).

55 BGHZ 104, 323, 330 (Mineralwasserflaschen-Fall = Übungsfall, vgl. unten Rn. 20).

56 BGHZ 80, 186, 197 (Apfelschorf-Fall; Wirkungslosigkeit eines Schädlingsbekämpfungsmittels); vgl. auch OLG Köln NJW 2005, 3292 „Lakritze" (kein Warnhinweis für die möglicherweise schädlichen Folgen eines übermäßigen Lakritzgenusses); LG Bielefeld NJW 2000, 2514, 2515 (keine Pflicht der Hersteller von Zigaretten, auf die möglichen Gesundheitsschäden des Rauchens hinzuweisen); vgl. auch OLG Saarbrücken NJW 2014, 1600; OLG Nürnberg NJW-RR 2014, 1304 (Pflicht, bei Mountainbikes auf die mangelnde Eignung des Gerätes für „Stoppies, Wheelies, Slides, Treppenfahrten" hinzuweisen); zu den Maßstäben instruktiv OLG Düsseldorf BeckRS 2016, 118013 (sowohl für § 823, als auch ProdHaftG).

57 BGHZ 80, 199, 202 (Hersteller); BGHZ 99, 167, 172 (Importeur).

(e) Entwicklungsfehler: Nichtbeachtung der technisch möglichen und bekannten Vorkehrungen gegen Entwicklungsfehler.[58]

(5) Rechtswidrigkeit

- Ausgangspunkt: Indizfunktion = Verletzung der Verkehrssicherungspflicht durch einen der unter (4) genannten Fehler[59]

(6) Verschulden

- Grundsatz: Beweislast beim Anspruchsteller.
- Ausnahme: Wurde ein fehlerhaftes Produkt in den Verkehr gebracht und dadurch eine Person oder Sache geschädigt, so muss der Anspruchsgegner (Hersteller) sein fehlendes Verschulden gemäß folgenden Modifikationen bei den einzelnen Fehlerkategorien beweisen:
  (a) Konstruktionsfehler: Volle Verschuldensvermutung;[60]
  (b) Fabrikationsfehler: Keine Verschuldensvermutung für unvermeidbare Ausreißer;[61]
  (c) Instruktionsfehler: Verschuldensvermutung nur, wenn Anlass zur Warnung bestand; Maßstab ist die vernünftige Verbrauchererwartung hinsichtlich der Produktanwendung und der Folgen dieser Anwendung;[62]
  (d) Produktbeobachtungsfehler: Verschuldensvermutung, wenn keine Vorkehrungen zum Rückruf oder zur Fehlerbehebung getroffen wurden;[63]
  (e) Entwicklungsfehler: Keine Verschuldensvermutung bei unvorhersehbaren Fehlern oder unvermeidbaren Nebenfolgen des Produkts.[64]

(7) Schaden aufgrund des fehlerhaften Produkts (haftungsausfüllende Kausalität, Beweislast beim Geschädigten)

(8) Rechtsfolge

- Grundsatz: §§ 249 ff;
- Ausnahme: Produktschaden selbst, der ggf. nach §§ 437, 434 zu ersetzen ist;
- Unterausnahme: sog. Weiterfresserschäden, die nicht „stoffgleich" mit dem Minderwert der gekauften Sache sind (§ 3 Rn. 30)[65];
- Sonderfall: Wirkungslosigkeit des Produkts, als Schaden anerkannt seit BGHZ 80, 186 (Apfelschorf-Fall).

4. Übungsfall

▶ **Fall 56** (BGHZ 129, 353; ferner NJW 2007, 762): B vertreibt kohlensäurehaltiges Mineralwasser, das er in Mehrwegglasflaschen abfüllt und dann an Händler ausliefert. K hat einen 20

58 Vgl. BGHZ 51, 91, 105.
59 Die dogmatische Begründung für die Indizfunktion bei Unterlassungen ist streitig. Vertretbar ist es, die Verkehrspflichtverletzung im Rahmen der Rechtswidrigkeit zu erörtern und insoweit die Rechtswidrigkeit positiv zu begründen.
60 BGH VersR 1971, 80 (sog. „Mercedes-Fall").
61 BGHZ 80, 186, 197.
62 Dazu BGHZ 116, 60 – Kindertee I und BGH NJW 1994, 932 – Kindertee II (Karies infolge Dauernuckelns an Babyflaschen, sog. Baby-Bottle-Syndrom); LG Essen NJW 2005, 2713, 2714 (keine Haftung für Diabetes-Schäden, die durch übermäßigen Cola-Genuss ausgelöst werden, weil dem Verbraucher die Gefahren übermäßigen Zuckerkonsums bekannt sind).
63 Vgl. BGHZ 80, 186, 197.
64 BGHZ 51, 91, 105.
65 Ersatzfähig seit BGHZ 67, 359 – Schwimmerschalter; *Foerste*, JZ 1999, 1046.

Kasten mit diesen Flaschen gekauft. Nachdem K zwei Flaschen aus ihrem Keller geholt hat, stellt sie die Flaschen kurz im Hausflur ab, um die Kellertür zu schließen. Als sie die Flaschen wieder anheben will, explodiert eine der Flaschen. Durch herumfliegende Glassplitter wird ein Auge der K schwer verletzt. K verlangt Schadensersatz.

Für den **Anspruch aus § 1 Abs. 1 S. 1 ProdHaftG** ist K als durch das Produkt Geschädigte klageberechtigt, der Anspruch richtet sich jedenfalls gegen den Abfüller (§ 4 Abs. 1 S. 1 ProdHaftG).[66] Für den **haftungsbegründenden Tatbestand** ist zu ermitteln, ob ein **Produktfehler** vorliegt. Die Mineralwasserflasche ist als bewegliche Sache Produkt i.S.d. § 2 ProdHaftG. Fehlerhaft ist sie, wenn sie nicht die Sicherheit bietet, die – unter Berücksichtigung des Gebrauchs, mit dem billigerweise zu rechnen ist –[67] vom Käufer berechtigterweise erwartet werden kann (§ 3 Abs. 1 b) ProdHaftG). Damit sind zwar Schäden ausgenommen, die aufgrund unsachgemäßen und vom Hersteller nicht vorauszusehenden Gebrauchs mit der Sache entstehen,[68] das vorübergehende Abstellen einer Mineralwasserflasche ist dagegen typischer Produktgebrauch und darf nach den berechtigten Erwartungen des Konsumenten nicht zu Schäden führen. Ein Produktfehler liegt damit vor.

Durch den Fehler wurde K **in persönlichen Rechtsgütern**, nicht lediglich in ihrem Äquivalenzinteresse hinsichtlich des erworbenen Produkts, **geschädigt** (§ 1 Abs. 1 S. 1 ProdHaftG).

Fraglich ist, ob der Produktfehler in einem ursächlichen Zusammenhang zu den schadensverursachenden Ereignissen steht. Dies muss grundsätzlich der Geschädigte beweisen. Im Originalfall befand ein Sachverständiger, dass die explodierte Mineralwasserflasche eine Ausmuschelung oder einen feinen Haarriss an der Glasoberfläche aufwies, was die Ursache für das Zerbersten war. Damit war der Beweis für die Kausalität zwischen Produktfehler (Oberflächenbeschädigung) und Schädigung, nämlich Explosion und daraus resultierende Verletzung der K, erbracht.

Fraglich ist, ob ein **Haftungsausschluss** nach § 1 Abs. 2 oder § 1 Abs. 3 ProdHaftG greift. Die dort genannten Umstände muss der Hersteller beweisen (§ 1 Abs. 4 S. 2 ProdHaftG). § 1 Abs. 3 ProdHaftG kommt nicht in Betracht, weil der Fehler nicht darin lag, dass mehrere Produkte zusammengefügt werden mussten. Für den Ausschluss des § 1 Abs. 2 ProdHaftG muss der Hersteller nachweisen, dass das Produkt den Betrieb fehlerlos verlassen hat (§ 1 Abs. 2 Nr. 2 ProdHaftG) oder der Fehler nach dem Stand von Wissenschaft und Technik nicht vermieden werden konnte (§ 1 Abs. 2 Nr. 5 ProdHaftG, sog. Entwicklungsfehler). Ein Entwicklungsfehler liegt schon deswegen nicht vor, weil es technisch nicht ausgeschlossen ist, Flaschen ohne jegliche Oberflächenverletzung herzustellen. Der Beweis dafür, dass das Produkt den Betrieb des Herstellers fehlerlos verlassen hat, könnte der Hersteller dadurch erbringen, dass er Dokumentationen über sämtliche Flaschen, die seinen Betrieb verlassen, führt und er anhand dieser Dokumentationen nachweisen könnte, dass auch diese Flasche fehlerlos seinen Risikobereich verlassen hat. Dieser Nachweis ist im Originalfall nicht gelungen. Die übrigen in § 1 Abs. 2 ProdHaftG genannten Haftungsausschlussgründe kommen ersichtlich nicht in Betracht. Ein Haftungsausschluss scheidet mithin aus.

---

66 Der Händler haftet nur, wenn er Einfluss auf die Produktqualität hat, nicht, wenn eine Mineralwasserflasche im Sommer explodiert, weil der Händler sie nicht im Kühlregal aufbewahrt hat, BGH NJW 2007, 762 m. Bspr. *Rothe*, NJW 2007, 740.

67 Zur Frage, ob ein Fehler auch vorliegt, wenn zwar die Serie, nicht aber ein konkretes Stück fehlerhaft ist BGH EuZW 2013, 840 und (bestätigend) EuGH NJW 2015, 1163.

68 Nur mit einem solchen, nicht aber mit jedem Gebrauch muss der Hersteller rechnen, BGH NJW 2013, 1302.

Rechtsfolge ist, dass der Hersteller Ersatz des entstandenen Personenschadens nach §§ 10, 9 ProdHaftG schuldet, bei der Schwersteinbuße durch eine Augenverletzung auch eine Rente, sofern eine fortdauernde Beeinträchtigung durch Verlust der Sehkraft eines Auges verbleibt. Schließlich hat er nach § 8 S. 2 ProdHaftG Schmerzensgeld zu zahlen.

Fraglich ist, ob ein **Anspruch auf Schadensersatz** auch **nach § 823 Abs. 1** besteht. Eine **Rechtsgutsverletzung** i.S.d. Vorschrift ist durch die Körper- und Gesundheitsverletzung eingetreten. Fraglich ist, ob die Rechtsgutsbeeinträchtigung adäquat kausale Folge einer Verletzungshandlung des in Anspruch genommenen Herstellers war. Vorliegend hat der Hersteller ein Produkt in den Verkehr gebracht. Dies ist gesetzlich nicht verboten, also auch kein Delikt. Gehaftet werden kann daher allenfalls für ein Unterlassen durch Verletzung einer **Verkehrspflicht**. Vorliegend litt das Produkt an einem sog. Fabrikationsfehler, weil die Flasche einen Oberflächendefekt aufwies. Grundsätzlich hat der Geschädigte einen Kontrollfehler bei der Auslieferung darzulegen und zu beweisen. Das ist allerdings erschwert, solange der Hersteller nicht wenigstens Kontrollbefunde sicherstellt, aufgrund derer der Geschädigte mögliche Sorgfaltsverstöße selbst ermitteln kann. Im Originalfall fehlten Befunde über eine solche Kontrolle. Daher bleibt es dabei, dass der Hersteller „näher daran" ist, die Fehlervermeidung darzulegen und zu beweisen. Gelingt dieser Beweis nicht, so wird der Verstoß gegen die Verkehrssicherungspflicht zugunsten des Geschädigten vermutet.[69] 21

Die Rechtswidrigkeit ist angesichts des eingetretenen Personenschadens und der festgestellten Verkehrspflichtverletzung indiziert. Hinsichtlich des **Verschuldens** gilt seit der Hühnerpest-Entscheidung,[70] dass der Hersteller bei Inverkehrbringen eines fehlerhaften Produktes den Beweis dafür zu erbringen hat, dass ihn an dem Fehler kein Verschulden trifft. Allerdings ist anerkannt, dass den Hersteller kein Kontrollverschulden trifft, wenn es sich bei dem Stück, das seinen Betrieb fehlerhaft verlassen hat, um einen sog. unvermeidbaren **„Ausreißer"** handelt, für dessen fehlerhafte Kontrolle auch bei äußerster Sorgfalt nicht gehaftet werden muss.[71] Ob es sich um einen solchen Ausreißer handelte, war nach dem Sachverhalt nicht aufklärbar. Der BGH hat hier dem Opfer nochmals geholfen und argumentiert, dass auch für einen solchen Fall die Beweislast beim Hersteller liegt, wenn dieser – wie hier – eine Befundsicherungspflicht verletzt hat.[72] Danach wird auch das Verschulden des Herstellers zugunsten des Geschädigten vermutet.

Rechtsfolge ist, dass der Hersteller den entstandenen Schaden zu ersetzen hat. Für die Behandlungskosten ergibt sich dies aus § 249 Abs. 2, eine etwaige Geldrente wird nach § 843 geschuldet. Auch ein Schmerzensgeld ist bei Körperverletzungen nach § 253 Abs. 2 dem Grunde nach zu zahlen. ◀

Die Lösung zeigt bei Verletzungshandlung und Verschulden erhebliche Abweichungen von den allgemeinen Grundsätzen, um zu einem über das ProdHaftG zügiger erreichbaren Ergebnis zu kommen. Das ProdHaftG begründet – außer für Entwicklungsrisiken – eine verschuldensunabhängige Gefährdungshaftung. Daher trägt der Geschädigte nur noch für den Ursachenzusammenhang die Beweislast. Bei der Produzentenhaftung nach § 823 Abs. 1 nähert man sich einer Gefährdungshaftung durch Beweislastverlagerungen zulasten des Herstellers an. Die Grundsätze über die Produzentenhaf- 22

69 BGH NJW 1988, 2611, 2613.
70 BGHZ 51, 91.
71 Zur sog. Ausreißerhaftung vgl. BGHZ 51, 91, 105 f.
72 BGHZ 129, 353, 361.

tung gelten auch für Kleinbetriebe, etwa Restaurants im Falle von verunreinigten Speisen.[73]

Wiederholungs- und Vertiefungsfragen

- Welche Gemeinsamkeiten und Unterschiede bestehen zwischen den Tatbeständen der Gefährdungshaftung und denen der Produkt-/Produzentenhaftung?
- Welchen rechtlichen Hintergrund hat es, wenn ein Automobilhersteller Fahrzeugkäufer auffordert, mit ihren Fahrzeugen eine Vertragswerkstatt aufzusuchen?
- (V) Haften Zigarettenhersteller nach deutschem Recht für die Gefahren des aktiven oder passiven Zigarettenkonsums? Wie wäre ein solcher Anspruch zu prüfen? (LG Bielefeld NJW 2000, 2514; LG Arnsberg NJW 2004, 232; *Adams/Bornhäuser/Pötschke-Langer/Grunewald,* Die Haftung der Zigarettenhersteller für durch Rauchen verursachte Gesundheitsschäden, NJW 2004, 3657–3662; *Heinemann/Schürholz,* Rauchen gefährdet ihre Gesundheit!, Jura 2002, 693–700)
- Haftet der Hersteller, wenn der Käufer durch den Biss auf eine Erdnuss seine Prothese zerstört (hierzu OLG Köln NJW 2006, 2272), der Stromhersteller für Geräte, die durch Überspannungen im Stromnetz beschädigt werden (BGH NJW 2014, 2106)?

73 BGHZ 116, 104, 109.

§ 7 Haftung mehrerer Deliktstäter

I. Überblick

Das Gesetz behandelt drei Konstellationen, in denen mehrere Deliktstäter an einer Schädigung beteiligt sind, die (1) Nebentäterschaft, die (2) gemeinschaftliche Begehung (Mittäterschaft und Teilnahme, § 830 Abs. 1 S. 1 und Abs. 2) sowie die (3) Alternativtäterschaft (§ 830 Abs. 1 S. 2). Alle drei Konstellationen können dazu führen, dass mehrere Täter als Gesamtschuldner nach §§ 840, 421, 426 in einen Haftungsverbund gegenüber dem Opfer eingefasst werden. 1

(1) Wirken mehrere Personen unabhängig und nebeneinander an einer deliktischen Schädigung mit („**Nebentäter**"), so haftet jeder Täter dem Geschädigten in voller Höhe, wenn er den Schaden durch seinen Beitrag verursacht hat. Sie sind nach § 840 Abs. 1 Gesamtschuldner.[1] Keiner der Nebentäter kann gegenüber dem Geschädigten einwenden, dass ein anderer Täter ein höheres Verschulden oder einen höheren Tatanteil an dem Geschehen hat. § 840 ist keine Anspruchsgrundlage, sondern setzt voraus, dass ein Anspruch aus §§ 823 ff. besteht. § 840 Abs. 1 verfolgt den Zweck, im Außenverhältnis den Geschädigten zu begünstigen, indem gegen jeden deliktischen Täter in voller Höhe eine Schadensersatzklage geführt werden kann. Für das Innenverhältnis gelten die §§ 421, 426 ff., wonach im Zweifel mehrere Gesamtschuldner zu gleichen Anteilen haften. Hiervon machen § 840 Abs. 2 und Abs. 3 Ausnahmen, wonach im Innenverhältnis eine Alleinhaftung desjenigen Täters vorgesehen ist, der nach der Wertung des Gesetzes am ehesten den Schaden tragen soll (oben § 4 Rn. 15, 22, 27).

(2) Für Täter, die nicht nebeneinander, sondern abgestimmt miteinander zum Nachteil des Opfers wirken, enthält das BGB in **§ 830** eine für den Geschädigten günstige **eigene Anspruchsgrundlage.** Sie lässt in bestimmten Fällen jeden von mehreren Beteiligten haften, und zwar ohne dass festgestellt werden muss, in welchem Maße jeder von ihnen den Schaden verursacht hat, da das jeweilige Verhalten wechselseitig zugerechnet wird.[2] Darunter fallen **Mittäterschaft, Anstiftung und Beihilfe**, also das bewusste und gewollte gemeinschaftliche Handeln mehrerer (§ 830 Abs. 1 S. 1, Abs. 2). Im Ergebnis haftet jeder der Beteiligten gegenüber dem Opfer, auch wenn feststeht, dass die Verletzung nur von einem der Täter konkret begangen wurde. Wer den Schläger anstiftet oder anfeuert (psychische Beihilfe), der haftet auch für die Folgen des Schlages. Für den Schläger würde man § 823 Abs. 1 prüfen, der Gehilfe haftet für den Schlag nach § 830 Abs. 1 S. 1 mit Abs. 2. Gegenüber dem Opfer haften beide, § 840 Abs. 1. Der Verletzte kann also auch den bloßen Gehilfen in voller Höhe und alleine in Anspruch nehmen. 2

(3) Unter § 830 Abs. 1 S. 2 fällt die **Alternativtäterschaft.** § 830 Abs. 1 S. 2 schafft hierfür eine **eigene Anspruchsgrundlage.** Der hier geregelte Fall ist komplizierter, weil er keine gemeinschaftliche Tatausführung, sondern lediglich den Nachweis voraussetzt, dass zwei Handlungen begangen wurden, die beide alternativ oder kumulativ den konkreten Schaden kumulativ verursacht haben könnten, ohne dass bewiesen ist, dass einer der Beiträge den Teil- oder Gesamtschaden tatsächlich alleine verursacht hat. Ist unklar, wer von den mehreren möglichen Verursachern den konkreten Schaden tatsächlich verursacht hat (Urheberzweifel) oder ist unklar, welchen Tatanteil jeder von

1 Hierzu BGH NJW 2011, 292.
2 Zusammenfassend *Benicke*, Jura 1996, 127; *Becker/Weidt*, JuS 2016, 481.

den Tätern hat (Anteilszweifel), so haften im Außenverhältnis nach § 830 Abs. 1 S. 2 alle Alternativtäter gegenüber dem Opfer gleichermaßen. In Abgrenzung zu § 830 Abs. 1 S. 1 und Abs. 2 bedarf es dabei insbesondere nicht des Nachweises einer Täter- oder Teilnehmersituation. In Abgrenzung zur reinen Nebentäterschaft bedarf es nicht des Nachweises, dass jeder der Beiträge für sich und allein die konkrete Verletzung verursacht hat. Es genügt, dass jeder der Beiträge geeignet war, die konkrete Verletzung zu verursachen (näher Rn. 9 ff.). Auch dann haften die Alternativtäter gegenüber dem Opfer als Gesamtschuldner (§ 840 Abs. 1), d.h. zunächst, dass das Opfer jeden von ihnen in voller Höhe nach § 830 Abs. 1 S. 2 in Anspruch nehmen kann.

II. Einzelne Konstellationen der Haftung mehrerer

1. Ausgangspunkt und Grundsätze des § 830

3 Kann der Geschädigte den Tatbeitrag jedes einzelnen Täters nach Gewicht und konkreter Auswirkung auf den eingetretenen Schaden darlegen und beweisen, so kann er jeden (Neben-)Täter nach §§ 823 ff. für den von diesem verursachten Schadensbeitrag in Anspruch nehmen. Die Nebentäter sind Gesamtschuldner (§ 840). So haften ein Tierhalter und ein Autofahrer nebeneinander, wenn ein Kind aus Furcht vor einem sich losreißenden Hund auf die Straße läuft und dort von einem zu schnell fahrenden Auto erfasst wird.[3] Hier sind Tierhalter und Autofahrer Gesamtschuldner, denn beide Verursachungsbeiträge waren adäquat kausal für die Personenschäden des Kindes ursächlich. Im Innenverhältnis gilt § 17 Abs. 4 StVG. Gelingt dieser Beweis gegenüber einem der Täter nicht, kommt auch eine Gesamtschuld nicht zustande.

4 ▶ **Fall 57** (nach BGH NJW 1988, 1719): Der zwölfjährige B und der elfjährige A spielen gerne im Heuschober des Bauern K. Eines Tages beschließen sie, Kerzen mitzunehmen, weil es dort so düster ist. B zündet eine Kerze an und befestigt sie mit Wachs auf einem Holzbrett. Als er die Katze des Bauern sieht, ist seine Aufmerksamkeit so sehr gefangen, dass er A nicht mehr beachtet. A zündet einige Strohhalme an der Kerze an und findet wachsendes Vergnügen an dieser Tätigkeit. Als er ein ganzes Bündel von Halmen an der Kerze entzündet, lösen sich einige Halme und entzünden einen Strohballen. Die übrigen Ballen fangen sehr schnell Feuer. Die gesamte Scheune brennt ab. Der Bauer K verlangt den Schaden von B ersetzt, weil er weiß, dass A und seine Eltern kaum in der Lage sind, den Schaden zu begleichen.

Anspruchsgrundlage gegen beide ist zunächst § 823 Abs. 1. Unterstellt man, dass A deliktsfähig war (§ 828 Abs. 3), so würde er nach § 823 Abs. 1 haften. Bei B ist es schwieriger. Zwar mag auch für ihn § 828 Abs. 3 gelten, doch fehlt es bei ihm an einer Verletzungshandlung, die adäquat kausal zu dem Brand geführt hat. Das bloße Anzünden der Kerze jedenfalls war noch keine ausreichende Ursache, wenn feststeht, dass das Feuer erst durch die Strohhalme, die A angezündet hat, ausgelöst wurde. Eine Haftung des B kommt daher nur nach § 830 Abs. 1, Abs. 2 in Betracht. Ein Fall der Mittäterschaft oder Anstiftung liegt allerdings nicht vor, weil der Plan der beiden Jungen nicht darauf gerichtet war, die Scheune anzuzünden. Auch eine Beihilfe liegt noch nicht allein darin, dass B den A ermutigt hat, Kerzen mit in die Scheune zu nehmen und dort als Beleuchtung zu verwenden, denn damit wollte B keinen Scheunenbrand verursachen oder unterstützen.[4] In Betracht kommt allenfalls noch

3 Vgl. OLG Düsseldorf NJW-RR 1995, 281, 282.

4 BGHZ 89, 383, 386; 137, 89, 103; OLG Karlsruhe NJW-RR 2013, 1180: Eine psychische Beihilfe setzt voraus, dass der Gehilfe bei seinem Tatbeitrag die Vorstellung gehabt hat, die konkrete Haupttat zu unterstützen und zu fördern. Das bloße „Zugegensein" genügt nicht.

§ 830 Abs. 1 S. 2, der allerdings voraussetzt, dass nicht geklärt werden kann, wer mit welchem Anteil die konkrete Verletzungshandlung herbeigeführt hat. Hier ist allerdings klar, dass nur A die Verletzungshandlung begangen hat. Daher liegt auch kein Fall der Alternativtäterschaft vor. Nur A haftet für die Schädigung. ◀

2. Gemeinschaftliche Tatbegehung (Mittäter und Gehilfen; § 830 Abs. 1 S. 1, Abs. 2)

§ 830 Abs. 1 S. 1 und Abs. 2 erspart dem Geschädigten in den Fällen der Mittäterschaft und Teilnahme den Nachweis, dass das Verhalten jedes der in Anspruch Genommenen den konkreten Verletzungserfolg verursacht hat. Der besondere **Verschuldensvorwurf**, den man gemeinschaftlich handelnden Tätern macht, ist, dass sie durch das bewusste Zusammenwirken die Gefahr für das Rechtsgut erhöht und die Risiken höherer Schäden gesetzt haben. **§ 830 Abs. 1 S. 1** hat daher die **Funktion**, dem Geschädigten den **Nachweis der haftungsbegründenden Kausalität** zu **erleichtern, wenn Zweifel daran bestehen, welcher Mittäter oder Teilnehmer den Schaden verursacht hat.** Dann wird ein Anspruch aus § 823 Abs. 1 in der Regel an diesen Beweisproblemen scheitern. Daher stellt § 830 Abs. 1 S. 1 bzw. Abs. 2 hier eine eigene Anspruchsgrundlage bereit, die wie folgt aufgebaut ist: 5

(1) Gemeinschaftliche Beteiligung mehrerer an einer unerlaubten Handlung im Sinne der §§ 823 ff., deren Tatbestand hier inzident zu prüfen ist;

(2) Kausalität der gemeinschaftlichen Beiträge insgesamt für die konkrete Rechtsgutsbeeinträchtigung;

(3) Subjektiv zumindest bedingter Vorsatz jedes der Beteiligten hinsichtlich der Haupttat und hinsichtlich des eigenen Beitrages (unten Rn. 6);

(4) Haftungsausfüllende Kausalität zwischen Rechtsgutsbeeinträchtigung, Verletzungsbeitrag und konkret eingetretenem Schaden;

(5) Rechtsfolge: Möglichkeit, von jedem der Beteiligten vollen Ersatz zu verlangen (§ 840).

Die **Frage, welcher Einzelbeitrag mit welcher Intensität tatsächlich die Rechtsgutsbeeinträchtigung und den eingetretenen Schaden beeinflusst hat, wird auf das Innenverhältnis der Deliktstäter verlagert.** Gerade in Fällen, in denen einzelne Täter nicht mehr greifbar oder deren Tatbeiträge nicht mehr trennbar sind, bedeutet dies eine erhebliche Erleichterung für den Geschädigten, kann er doch sämtliche Deliktstäter, derer er habhaft werden kann, in Anspruch nehmen und die Beweisprobleme auf das Innenverhältnis dieser Täter verlagern.

EINZELHEITEN: § 830 Abs. 1 S. 1 erfordert **objektiv** das gemeinschaftliche Zusammenwirken. Die **subjektive Tatseite** ist nicht näher erläutert. Die Rechtsprechung knüpft diesbezüglich an die strafrechtlichen Kategorien von Täterschaft und Teilnahme an und verlangt, dass der Einzelne im Hinblick auf die Haupttat und seinen eigenen Teilnehmerbeitrag mit zumindest bedingtem Vorsatz gehandelt hat.[5] Daraus folgt, dass der in Bezug auf die Haupttat nur fahrlässig Handelnde nicht nach § 830 Abs. 1 S. 1 in Anspruch genommen werden kann (vgl. FALL 57). Für die Zurechnung seines Tatbeitrags gelten die allgemeinen Regeln, d.h. ihm muss nachgewiesen werden, dass er adäquat und kausal den Verletzungserfolg und die konkrete Schadenshöhe verursacht hat (vgl. aber § 830 Abs. 1 S. 2, unten Rn. 10). Anders als im Strafrecht wird bei § 830 6

5 BGHZ 89, 383, 389.

nicht nach dem **Gewicht des Tatbeitrags** differenziert. § 830 Abs. 1 S. 1 betrifft zwar den Fall der Mittäterschaft, also eine Konstellation, die nach strafrechtlichen Grundsätzen Tatherrschaft voraussetzt, sei es auch eine arbeitsteilige Tatherrschaft.[6] § 830 Abs. 2 ordnet aber an, dass Anstifter und Gehilfen den Mittätern gleichstehen. Insofern gilt der **Begriff des Einheitstäters**. Täter nach § 830 Abs. 1 S. 1, Abs. 2 ist jeder, der einen Ursachenbeitrag liefert, sofern dieser Beitrag auf einem gemeinsamen Tatplan beruht oder der Teilnehmer auch vorsätzlich bezüglich der Haupttat gehandelt hat.[7] Das Gewicht des Tatbeitrags spielt nur eine Rolle für den Innenregress der Deliktstäter (§§ 840, 426 Abs. 1).

7 § 830 Abs. 1 S. 1 setzt voraus, dass eine „unerlaubte Handlung" begangen wurde. Darunter fallen **alle Handlungen im Sinne der §§ 823 ff.**, also auch Handlungen, bei denen das Verschulden des Täters nur vermutet wird (z. B. § 831). Wertungsmäßig sind auch Tatbestände der Gefährdungshaftung unerlaubte Handlungen, doch wird bei bloßer Mitverursachung durch Tatbestände der Gefährdungshaftung in der Regel das subjektive Moment fehlen, aufgrund dessen man von einer gemeinschaftlichen Tatbegehung ausgehen kann. „Gemeinschaftlich" setzt insoweit nach strafrechtlicher wie zivilrechtlicher Dogmatik voraus, dass die wechselseitigen Tatbeiträge sich über das Vorsatzerfordernis miteinander verknüpfen lassen.[8] Beißen etwa mehrere Hunde einen Jogger, so haften die Hundehalter als sog. Luxustierhalter zwar jeweils nach der Gefährdungshaftungsnorm des § 833 S. 1 (oben § 4 Rn. 23). Von einem gemeinschaftlichen Zusammenwirken kann man jedoch nur ausgehen, wenn beide verabredet haben, ihre Hunde auf den Jogger zu hetzen. Dann wäre allerdings bereits eine Verschuldenshaftung aus § 823 Abs. 1 zu erörtern, weil nicht die typische Tiergefahr zur Schädigung geführt hat, sondern die Beherrschung eines Tieres durch einen Menschen (vgl. oben § 4 Rn. 25).[9] Nicht ausgeschlossen ist die analoge Anwendung des § 830 auf Tatbestände der vertraglichen Schadensersatzhaftung aus §§ 241 Abs. 2, 280 Abs. 1.[10]

8 Die Anwendung des § 830 Abs. 1 S. 1 mit Abs. 2 zeigt

▶ **Fall 58** (BGHZ 89, 383):[11] An der Baustelle eines Kernkraftwerks fand eine Großdemonstration statt, zu der zahlreiche Bürgerinitiativen und politische Gruppen aufgerufen hatten. An der Demonstration beteiligten sich deutlich mehr als zehntausend Menschen. Auf dem Marsch zum Baugelände kam es zu gewaltsamen Auseinandersetzungen zwischen Polizeikräften und Demonstranten. Auf beiden Seiten gab es Verletzte. 18 Teilnehmer der Demonstration wurden verhaftet, das Land verlangt von ihnen Schadensersatz für Sach- und Personenschäden, die den Polizisten entstanden sind (z.T. aus übergegangenem Recht). ◀

Sofern es gelingt, bezüglich jedes einzelnen der 18 Demonstranten Verletzungshandlung und konkreten Verursachungsbeitrag für die eingetretenen Sach- und Personenschäden zu identifizieren, kommt eine gesonderte Haftung jeden Täters aus § 823 Abs. 1 in Betracht. Insoweit bedürfte es des § 830 nicht. Typischerweise wird allerdings jeder einzelne Beteiligte behaupten, ein konkreter Schaden sei nicht durch ihn,

6 Schönke/Schröder/*Heine*, StGB, Vor §§ 25 ff. Rn. 80.
7 *Benicke*, Jura 1996, 127, 129.
8 BGH NJW 2016, 1589 Tz. 26 (zur Tierhalterhaftung); *Adam*, VersR 1995, 1291; *Eberl-Borges*, AcP 196 (1996), 491, 499 f.; *Köndgen*, NJW 1970, 2281.
9 Anders wohl AG Hannover NJW-RR 1986, 704.
10 BGH NJW 2001, 2538, 2539; *Becker/Weidt*, JuS 2016, 481, 482 m.w.N.
11 BGH NJW 1984, 1226 mit Bespr. *Kornblum*, JuS 1986, 600; ähnlicher Fall LG Aachen NJW-RR 2007, 89 (Aufruf zu einem Boykott durch eine Umweltorganisation mit daraus folgenden Sach- und Betriebsschäden, für die im Ergebnis die Täter, aber auch die Umweltorganisation als Anstifterin haften mussten).

sondern durch einen anderen der Verhafteten verursacht worden. Sofern es keine konkreten Zeugen oder Filmaufnahmen gibt, würde der Einwand die Haftung jedes Beteiligten unaufklärbar machen und zum Prozessverlust führen. In diesem Zusammenhang hilft § 830 dem Geschädigten.

▶ In Betracht kommt ein **Anspruch aus § 830 Abs. 1 S. 1 gegen jeden Beteiligten**. Voraussetzung dafür ist eine gemeinschaftlich begangene unerlaubte Handlung. Der konkrete Tatbeitrag muss nicht ermittelt werden, weil Mittäter auch Anstifter und Gehilfen sind (§ 830 Abs. 2). Die Frage, ob jemand als Mittäter oder Gehilfe an einer unerlaubten Handlung beteiligt war, richtet sich nach strafrechtlichen Grundsätzen. „Danach verlangt die Teilnahme neben der Kenntnis der Tatumstände wenigstens in groben Zügen den jeweiligen Willen der einzelnen Beteiligten, die Tat gemeinschaftlich mit anderen (als Mittäter) auszuführen oder sie (als Gehilfe)[12] als fremde Tat zu fördern, objektiv darüber hinaus eine Beteiligung an der Ausführung der Tat, die in irgendeiner Form deren Begehung fördert und für diese relevant ist."[13] Im vorliegenden Fall wurde die Verabredung, das Kernkraftwerksgelände zu besetzen, gemeinschaftlich getroffen. Doch ist darüber hinaus auch ein gemeinsamer Tatentschluss im Hinblick auf die Möglichkeit gemeinsam verübter Körperverletzungen erforderlich. Um von einer gemeinschaftlichen Tatbegehung zu sprechen, ist zumindest bedingter Vorsatz nötig. Bei sog. **Massendelikten** genügt hierzu, dass die gewollte Übereinstimmung zwischen den Mittätern irgendwie hergestellt wird.[14] Dazu genügen eine vorherige Verabredung, im Übrigen aber auch Zurufe, kurze verbale oder durch Zeichen gegebene Abstimmungen, nicht aber schon das passive Verbleiben in der Gruppe.[15] Sofern – wie hier – nicht nachgewiesen ist, dass sich die Teilnehmer der Gruppe durch Anfeuerung oder „ostentatives Zugesellen zu einer Gruppe, aus der heraus Gewalt geübt wird",[16] organisiert haben, fehlt es an einer gemeinschaftlichen Begehung. Daher müsste aus § 823 Abs. 1 gegen jeden Einzeltäter als Nebentäter vorgegangen werden. ◀

Manche Rechtsgutsbeeinträchtigungen werden ihrem Umfang oder Ausmaß nach als Exzess einzelner Aktionsteilnehmer zu klassifizieren sein. Hier hilft auch § 830 Abs. 1 S. 1 nicht, solange die Demonstranten solche Exzesse während der Aktion nicht zumindest für möglich gehalten und billigend in ihren Tatentschluss aufgenommen haben (vgl. auch Rn. 15).[17]

3. Anteils- und Ursachenzweifel bei gefährlichem Tun mehrerer (§ 830 Abs. 1 S. 2)

§ 830 Abs. 1 S. 2 betrifft den von S. 1 gänzlich verschiedenen Fall einer **alternativen oder kumulativen Schadensverursachung durch mehrere Täter**. Die Vorschrift ist ihrem Wortlaut nach nicht ganz eindeutig. Da das gewollte Zusammenwirken bereits zu einer Haftung nach § 830 Abs. 1 S. 1 i.V.m. Abs. 2 führt, kann es keine Anspruchsvoraussetzung für Abs. 1 S. 2 sein. Erfasst ist hier vielmehr die zufällig gemeinsame (nicht: gemeinschaftliche) Verursachung. Dabei muss der konkrete Schaden durch die Handlung eines von mehreren Beteiligten verursacht worden sein („wer von mehreren Beteiligten den Schaden durch seine Handlung verursacht hat"), ohne dass bewiesen ist, wer und zu welchem Anteil diesen Schaden verursacht hat. Es genügt dann der 9

12 BGHZ 63, 124, 126.
13 BGHZ 89, 383, 389.
14 BGHZ 89, 383, 392.
15 Vgl. dazu BGHZ 63, 124 – Hausbesetzerfall.
16 BGHZ 89, 383, 392.
17 Insoweit BGHZ 59, 30, 42; BGHZ 63, 124, 128; vgl. auch BGH BeckRS 2013, 06766 (Strafrecht).

Nachweis, dass eine konkrete Rechtsgutsverletzung von jedem Täter verursacht worden sein könnte (sog. **Ursachenzweifel**), auch wenn sich nicht mehr feststellen lässt, wer konkret ursächlich geworden ist.[18] So liegt es, wenn kurz hintereinander zwei Autos mit hoher Geschwindigkeit über einen am Boden liegenden Passanten fahren und diesen töten. Steht fest, dass jeder Ursachenbeitrag alternativ geeignet wäre, den Tod herbeizuführen, so haften beide Täter im Außenverhältnis, im Innenverhältnis mögen sie sich den Schaden nach §§ 840, 421 S. 1, 426 Abs. 1 S. 1 teilen. § 830 Abs. 1 S. 2 ist nicht auf die Verschuldenshaftung beschränkt, er gilt auch für die Gefährdungshaftung.[19]

10 Zudem kann der Geschädigte jeden Schädiger in voller Höhe in Anspruch nehmen, wenn sich nicht mehr aufklären lässt, welchen genauen Anteil welcher Schädiger an der konkreten Einbuße (Armverletzung, Kopfverletzung, Sachschaden) hat (sog. **Anteilszweifel**), solange nur feststeht, dass beide Ursachenbeiträge jedenfalls für sich oder kumulativ zu dem Gesamtschaden geführt haben können, mag auch nicht geklärt werden können, welches konkrete Gewicht jeder Einzelbeitrag für die konkrete Verletzungsfolge hatte. Danach hilft § 830 Abs. 1 S. 2 über Zweifel hinsichtlich der haftungsbegründenden (Ursachenzweifel) oder haftungsausfüllenden (Anteilszweifel) Kausalität hinweg. Alle anderen Voraussetzungen (unerlaubte Handlung, Rechtswidrigkeit, Verschulden, Schaden) müssen gegenüber jedem Beteiligten nachgewiesen werden. Daher muss klar sein, dass der **Schaden in seiner konkreten Ausformung mit Sicherheit durch mindestens einen der Beteiligten verursacht** worden ist **und durch jeden Beteiligten hätte verursacht werden können.** Kommt eine dritte Ursache in Betracht (z.B. Natureinwirkungen), so findet § 830 Abs. 1 S. 2 keine Anwendung.[20] Für § 830 Abs. 1 S. 2 bietet sich daher folgendes Prüfungsschema an:

(1) Selbstständige unerlaubte Handlung i.S.d. §§ 823 ff. durch jeden Beteiligten (vollständiger Tatbestand, mit Ausnahme der Zurechnung konkreter Schäden oder konkreter Verursachungsanteile);

(2) Prüfung, ob Rechtsgutsbeeinträchtigung und Schaden mit Sicherheit durch mindestens einen der Beteiligten verursacht worden sind oder durch beide kumulativ hätten verursacht werden können;

(3) Prüfung, ob Rechtsgutsbeeinträchtigung und Schaden auch durch jede unerlaubte Handlung für sich allein hätte verursacht werden können;

(4) Fehlender Nachweis der Kausalität der einzelnen Tatbeiträge (a) hinsichtlich des Anteils an der konkreten Einbuße (Anteilszweifel, Fall 59) oder (b) der Verursachung des Schadens an sich (Ursachenzweifel, Fall 60)

(5) Rechtsfolge: Zurechnung von Rechtsgutsbeeinträchtigung und Schaden zu allen Alternativtätern mit der Folge, dass sie gesamtschuldnerisch haften.

11 ▶ **Fall 59** (nach OLG Karlsruhe NJW 1971, 1944): A, B und C befahren auf der Autobahn bei dichtem Verkehr die Überholspur. B hält zu A einen zu geringen Sicherheitsabstand. Auch C fährt zu dicht hinter B. Als A wegen einer Verkehrsverdichtung abbremsen muss, fährt B bei ihm auf, C fährt auf B auf. Die drei Fahrzeuge prallen gegen die Leitplanke. A erleidet ein Schleudertrauma, ferner schwere Schäden an Heck und Seitenteilen seines Fahrzeugs. Der Gutachter kann nicht mehr aufklären, welche der Schäden bereits durch den ersten und

18 BGHZ 25, 271.
19 BGH NJW 2018, 3439.
20 Staudinger/*Eberl-Borges*, § 830 Rn. 85.

welche erst durch den zweiten Aufprall verursacht wurden. Da sich herausstellt, dass B's Fahrzeug nicht versichert war und B auch im Übrigen mittellos ist, nimmt A den C in Anspruch.

Als Anspruchsgrundlage kommt nur § 830 Abs. 1 S. 2 in Betracht. Ein Anspruch aus § 823 Abs. 1 oder §§ 7 Abs. 1, 18 StVG würde daran scheitern, dass A nicht darlegen und beweisen kann, dass erst oder nur der Aufprall durch C die konkreten Schäden verursacht hat (**Anteilszweifel**). Für § 830 Abs. 1 S. 1, Abs. 2 ist kein Raum, weil B und C nicht aufgrund eines gemeinsamen Tatvorsatzes gehandelt haben. § 830 Abs. 1 S. 2 ermöglicht allerdings ein Vorgehen gegen C, weil in diesem Fall zwar nicht geklärt ist, dass und zu welchem Anteil der Unfall durch C verursacht wurde, wohl aber die kumulative Verursachung der Gesamtfolgen. Den Anteilszweifel hierüber muss A nicht tragen. Daher kann er auch in voller Höhe den C in Anspruch nehmen. C seinerseits wird die Last tragen müssen, Regress bei dem mittellosen B zu nehmen (§§ 840 Abs. 1, 426 Abs. 1). Das ist gerechter, als diese Last dem A aufzubürden. ◀

Fälle der alternativen oder kumulativen Verursachung spielen bei **Massendelikten** wie Verkehrsunfällen eine große Rolle.[21] Hier kommt es vielfach zu Einbußen, welche zwar keinen Zweifel daran lassen, dass ein Schädiger in irgendeiner Weise ursächlich geworden ist, gleichwohl aber den Einwand erlauben, dass der konkrete Tatbeitrag (haftungsbegründende Kausalität) oder das konkret verursachte Schadensausmaß (haftungsausfüllende Kausalität) auch durch einen anderen der Massentäter erbracht sein könnte. Eine solche Konstellation findet sich auch in

▶ **Fall 60** (BGHZ 55, 86): B verursachte mit ihrem Wagen schuldhaft einen Unfall, in dessen Folge die bei ihr im Fahrzeug sitzende S verletzt wurde. S wurde von einem Krankenwagen abgeholt. Dieser Krankenwagen stieß 15 Minuten nach dem ersten Unfall mit dem entgegenkommenden Lkw des K zusammen, der über die Fahrbahnmitte geraten war. Bei diesem Unfall wurde S erneut verletzt. Es ist nicht aufzuklären, welche Verletzung sie beim ersten und welche sie beim zweiten Unfall erlitten hat. S verlangt von B Schadensersatz.

Wird der Anspruch wegen des Fahrfehlers auf **§ 823 Abs. 1,** §§ 7, 18 StVG gestützt, so könnte B einwenden, sie sei keinesfalls für den vollständigen Schaden ersatzpflichtig, denn dieser sei zumindest teilweise auch durch das Verhalten des K verursacht worden (**Ursachenzweifel**). Ist dieser Einwand nicht zu widerlegen, so bleibt der Geschädigte mit einer wesentlichen Tatbestandsvoraussetzung beweisfällig, die Ersatzklage müsste insgesamt abgewiesen werden. Der **Anspruch aus § 830 Abs. 1 S. 1**, der die Nachweisschwierigkeiten beheben würde, kommt nicht in Betracht, weil B und K nicht subjektiv gemeinschaftlich gehandelt haben.

Es bleibt auch hier ein **Anspruch aus § 830 Abs. 1 S. 2**. Dieser verlangt kein gemeinschaftliches Zusammenwirken, führt aber in der Rechtsfolge gleichfalls zur umfassenden Verantwortlichkeit jedes mitursächlich gewordenen Schädigers im Außenverhältnis. ◀

Gerade weil § 830 Abs. 1 S. 2 nicht von der bewusst gemeinschaftlichen Beteiligung ausgeht, ist die **Abgrenzung zur fahrlässigen Nebentäterschaft**, die nicht unter § 830 Abs. 1 S. 2 fällt, wichtig (vgl. Fall 57). Der BGH hat die Funktion des § 830 Abs. 1 S. 2 wie folgt formuliert: „Die Norm ermöglicht es dem Geschädigten, die Beweisschwierigkeiten hinsichtlich des Ursachenzusammenhangs zwischen einem Schaden und den unerlaubten (d.h. rechtswidrigen) und, soweit das Gesetz dies für eine Haf-

21 *J. Braun*, NJW 1998, 2318, 2320.

tung voraussetzt, schuldhaften Handlungen mehrerer Täter zu überwinden, die entstehen, wenn nicht zu ermitteln ist, wer von ihnen der Urheber des Schadens war, oder wenn zwar feststeht, dass jeder von ihnen an der Verursachung des Schadens beteiligt ist, aber nicht zu ermitteln ist, welcher Anteil des Schadens auf sie entfällt."[22]

▶ In **Fall 60** konnte sowohl der Verkehrsverstoß durch B als auch der Zusammenstoß mit dem Lkw ursächlich für die Körperverletzung der S gewesen sein. Bei jedem Beteiligten liegt mithin ein mögliches anspruchsbegründendes Verhalten vor. Der Nachweis, welche konkrete Körperverletzung Folge der einen oder der anderen Verletzungshandlung war, muss daher von S nicht mehr erbracht werden. ◀

12 Auch bei § 830 Abs. 1 S. 2 kann sich der Beteiligte durch den Vortrag entlasten, dass sein Verhalten den Schaden bei alternativer oder kumulativer Kausalität nicht oder zu einem bestimmten Teil nicht verursacht hat.[23] Entscheidend ist daher die Auslegung des Merkmals „Beteiligung".[24] Hier herrscht Unklarheit. Anhaltspunkt für Prüfungsfälle ist zunächst ein vom BGH geforderter sachlich, zeitlich und räumlich zusammenhängender Vorgang.[25] Er alleine genügt aber nicht. Die Literatur stellt mit dem BGH zusätzlich auf den Nachweis ab, dass jedes einzelne Verhalten geeignet war, den Schaden, dessen Ersatz begehrt wird, zu verursachen.[26] Danach ist die Schadensneigung jedes Verhaltens zentral. Alternativer Schuldner ist also jeder, dessen Handeln zu dem konkret eingetretenen Erfolg (ggf. auch kumulativ mit dem Handeln des oder der weiteren Handelnden) führen konnte.[27] Auch im Rahmen der Gefährdungshaftung hat der BGH auf die Eignung zur Erfolgsverursachung abgestellt. Der Beteiligte muss eine konkrete Gefährdung für das verletzte Rechtsgut geschaffen haben, die geeignet war, die eingetretene Verletzung herbeizuführen.[28] Das zeigt der nachfolgende Fall.

▶ **Fall 61** (nach BGH NJW 2018, 3439): Mehrere Pferde stehen zusammen auf einer Weide. Als die Pferde am Abend von Pfleger P in den Stall geholt werden, stellt er fest, dass die Stute des E am Bein verletzt war. E nimmt an, dass seine Stute von einem anderen Pferd getreten wurde. Er fordert von F, deren Pferd ebenfalls auf der Weide stand, Schadensersatz aus § 830 Abs. 1 S. 2.

Der BGH hat den Anspruch gegen F verneint,[29] weil nicht festgestellt werden konnte, dass das Pferd der F die Stute getreten hat oder dass es in anderer Weise für Unruhe auf der Weide gesorgt hat, in deren Folge es zu dem Tritt eines anderen Pferdes gekommen ist. § 830 Abs. 1 S. 2 soll „nur Kausalitätszweifel, nicht aber auch Zweifel darüber überbrück[en], ob einem auf Schadensersatz in Anspruch Genommenen überhaupt eine rechtswidrige Handlung zur Last fällt, ob (auch) er also unerlaubt und mit Verletzungseignung in die Schutzsphäre des Betroffenen eingegriffen hat". Die Beteiligteneigenschaft nach § 830 Abs. 1 S. 2 setzt daher für eine Tierhalterhaftung voraus, „dass sich in dem Verhalten aller als Schadensverursacher infrage kommenden Tiere eine spezifische Tiergefahr gezeigt hat und dass

22 BGHZ 55, 86, 88.
23 BGH MDR 1999, 805.
24 Dazu *Eichelberger*, AcP 2019, 330.
25 Erstmals BGHZ 25, 271, 274; etwas gelockert in BGHZ 33, 286, 292 für den zeitlichen und BGHZ 55, 95 für den örtlichen Zusammenhang.
26 *Larenz/Canaris*, Schuldrecht II/2, § 82 II 2 c; ebenso BGH NJW 1989, 2943, 2944 m. Anm. *Wertenbruch*.
27 Vgl. *Deubner*, Anm., NJW 1961, 1013; *Jauernig/Teichmann*, § 830 Rn. 10.
28 BGH NJW 2018, 3439 Tz. 13.
29 BGH NJW 2018, 3439; ebenso OLG Düsseldorf BeckRS 2017, 124397; anders noch in einem ähnlich gelagerten Fall OLG München NJW-RR 2012, 1233.

diese spezifische Tiergefahr im Hinblick auf den eingetretenen Schaden kausalitätsgeeignet war." ◀

„**Beteiligung**" i.S.d. § 830 Abs. 1 S. 2 setzt also Folgendes voraus: (1) Zunächst muss feststehen, dass beide Betroffene eine unerlaubte Handlung begangen haben. (2) Zweitens muss feststehen, dass die eine oder andere Handlung oder beide Handlungen kumulativ den Schaden tatsächlich verursacht hat. (3) Drittens muss für jede der Handlungen feststehen, dass sie den Schaden hätte mitverursachen können. (4) Schließlich darf der wirkliche Urheber der schadensstiftenden Handlung nicht feststehen.[30] Die Vorschrift hebt damit nicht die Grundsätze der Kausalität auf. Sie entscheidet nur dort zugunsten des Geschädigten, wo der Einwand offensteht, dass eine Handlung nicht kausal gewesen ist. Diesen Einwand muss der Schädiger widerlegen. 13

Methodischer Hinweis: § 830 Abs. 1 S. 2 ist Anspruchsgrundlage. Im Fallgutachten sollte zunächst § 830 Abs. 1 S. 1 ggf. i.V.m. Abs. 2 geprüft werden, denn § 830 Abs. 1 S. 2 hat der erstgenannten Vorschrift gegenüber die engeren Voraussetzungen. Denkbar ist auch, zunächst die §§ 823 ff. BGB bezüglich jedes Beteiligten zu prüfen. Die Prüfung dieser Normen ist abzubrechen, wenn im Sachverhalt klargestellt wird, dass Kausalitätszweifel darüber bestehen, ob und inwieweit jeder der Mitwirkenden den konkreten Schaden selbst verursacht hat. Im Anschluss daran kann § 830 geprüft werden.

Bei Massenunfällen im Straßenverkehr führt § 830 Abs. 1 S. 2 oft dazu, dass mehrere Verursacher gleichermaßen gegenüber den Geschädigten haften. Im Innenverhältnis gelten §§ 840 Abs. 1, 421 S. 1, 426 Abs. 1 S. 1, d.h. die Beteiligung erfolgt nach Köpfen. Ein genauerer Regress wird oft unterbleiben, denn auch den Beteiligten auf der Schädigerseite ist der Beweis der genauen Verursachung ja unmöglich. Versicherungsgesellschaften werden daher Massenunfälle aus Haftungspools regulieren, in den jeder beteiligte Versicherer seine „Kopfquote" leistet. 14

Wiederholungs- und Vertiefungsfragen

- Spielt im Zivilrecht die Abgrenzung von Täterschaft und Teilnahme die gleiche Rolle wie im Strafrecht?
- Was sind Ursachen-, was Anteilszweifel?
- (V) Haften mehrere Grundstücksnachbarn nach § 830 Abs. 1 S. 2 für Beeinträchtigungen, die durch ihre Grundstücke ausgelöst werden (hierzu BGH NJW 1987, 2810)?

III. Gesamtschuldnerische Haftung (§ 840)

Steht die Verursachung des jeweiligen Schadens durch mehrere nach §§ 823 ff. oder nach §§ 7, 18 StVG fest (Nebentäterschaft) oder wird sie infolge der Anwendung des § 830 angenommen (Mittäterschaft, Anstiftung, Beihilfe, Alternativtäterschaft), so haften alle Schädiger dem **Geschädigten im Außenverhältnis** als Gesamtschuldner (§ 840 Abs. 1). Der Geschädigte kann nach den §§ 421 bis 425 jeden einzelnen von ihnen in Höhe der Gesamtsumme in Anspruch nehmen. 15

Die mittäterschaftliche Zurechnung der Tatbeiträge und die daraus folgende Gesamtschuldnerschaft ist auf den Umfang des gemeinsamen Vorsatzes zu begrenzen (Fall 57).

30 BGHZ 55, 86, 92 f.

Die Folgen eines Mittäterexzesses führen mit Blick auf den durch den Exzess verursachten Schaden nicht zur gesamtschuldnerischen Haftung.[31]

16 Im **Innenverhältnis** können die Gesamtschuldner untereinander Regress nehmen. Im Zweifel erfolgt dies zu gleichen Anteilen (§ 426 Abs. 1 S. 1). Hierzu finden sich Ausnahmen in §§ 840 Abs. 2 und Abs. 3 (oben § 4 Rn. 15). Haften ein Unternehmer nach § 831 und sein Verrichtungsgehilfe nach § 823 Abs. 1 nebeneinander, so darf der Geschädigte zwar jeden in voller Höhe in Anspruch nehmen (§§ 840 Abs. 1, 421 S. 1), im Innenverhältnis haftet nach dem BGB jedoch nur der Arbeitnehmer. Diese Regel ist im Arbeitsrecht durchbrochen, weil dort der Arbeitnehmer gegen seinen Arbeitgeber einen Anspruch auf Freistellung haben kann (vgl. oben § 3 Rn. 91; § 4 Rn. 15). Ein Aufsichtspflichtiger ist neben einem unmittelbar für seine Handlungen Verantwortlichen nur subsidiär haftbar (§ 840 Abs. 2), es sei denn, der unmittelbar Verantwortliche haftet alleine aufgrund des § 829 (§ 4 Rn. 19, 22). Subsidiär ist auch die Haftung der in den §§ 833 bis 838 Herangezogenen, sofern noch ein Dritter für die Schädigung verantwortlich ist, ebenso ist es für die Haftung des Beamten aus § 839 (§ 841). Weitere Sonderregeln zur Verteilung der Haftung im Innenverhältnis formulieren § 5 ProdHaftG und § 17 StVG (§ 6 Rn. 12), aber auch § 254.

17 Zu Problemen kann die Anwendung des § 840 führen, wenn **Haftungsbeschränkungen** bestehen. Sind mehrere Deliktstäter für einen Schaden verantwortlich, hat der Geschädigte aber mit einem dieser Schädiger einen Haftungsverzicht vereinbart oder liegen gesetzliche Vorschriften vor, aufgrund derer der betreffende Schädiger nur teilweise oder nur für bestimmte Verschuldensformen haftet, so stellt sich das **Problem des gestörten Gesamtschuldnerausgleichs.**[32] Diskutiert werden drei Lösungsmöglichkeiten: (1) Man lässt den Regress trotz der Haftungsbeschränkung zu (**Lösung zulasten des privilegierten Schädigers**). (2) Man lässt die Haftungsbeschränkung auch im Innenverhältnis durchschlagen mit der Folge, dass der Geschädigte vollen Ausgleich erhält, der nicht privilegierte Schädiger aber keinen Regress nehmen kann (**Lösung zulasten des nicht privilegierten Schädigers**). (3) Eine dritte Möglichkeit besteht darin, den Ersatzanspruch des Geschädigten gegen den nicht privilegierten Schädiger bereits um den Anteil des privilegierten Schädigers zu kürzen; dann haftet dieser nur für seinen eigenen Verschuldensanteil (**Lösung zulasten des Geschädigten unter Aushebelung der Grundsätze der Gesamtschuld**).

▶ **Beispiel:** Kfz-Fahrer A nimmt seinen Arbeitskollegen B in seinem Fahrzeug mit, wobei die beiden vereinbaren, dass dies eine reine Gefälligkeit ist, ohne dass A gegenüber B haften soll. Infolge eines Fahrfehlers von A kommt es zu einem Unfall mit D, infolgedessen B verletzt wird.

Ohne die Vereinbarung haftet A dem B nach §§ 7 Abs. 1, 18 Abs. 1 StVG und § 823 Abs. 1. Der Unfallgegner D würde dem B nach §§ 7 Abs. 1 StVG haften, selbst wenn ihn an dem Unfall kein Verschulden traf, der Unfall aber für ihn kein unabwendbares Ereignis war (§§ 17 Abs. 3, 18 Abs. 1 S. 2 StVG), denn er müsste jedenfalls für die Betriebsgefahr seines Fahrzeugs einstehen. Die beiden Schädiger A und D bilden dann gegenüber B nach § 840 Abs. 1 eine Gesamtschuldnergemeinschaft. Das bedeutet, dass der Geschädigte B jeden von ihnen in voller Höhe in Anspruch nehmen kann (§ 421 S. 1). Nimmt B nun den Drittschädiger D in Anspruch, so erspart er damit grundsätzlich seinem Arbeitskollegen A nicht den Regress,

31 BGH NStZ-RR 2018, 121.
32 Vgl. hierzu *Mollenhauer*, NJ 2011, 1.

denn im Innenverhältnis kann der Dritte Zahlung eines Anteils verlangen, der dem Verursachungsbeitrag des A entspricht (§§ 840 Abs. 1, 426 Abs. 1 S. 1). Unterstellt man, dass A bei einem Gesamtschaden von 10.000 Euro einen Anteil von 70% schuldet, könnte A den D in Höhe von 7.000 Euro auf Regress in Anspruch nehmen. Die Frage ist, ob sich der Haftungsausschluss zwischen A und B hierauf auswirkt.

Hat A mit B einen **Haftungsausschluss vereinbart**, so führte dieser dazu, dass der Anspruch des B gegen A zwar entstanden ist, doch aufgrund des Haftungsverzichts nicht durchgesetzt werden kann, weil ihm die **Einrede der Haftungsvereinbarung** entgegensteht. B kann daher hinsichtlich des Schadens von 10.000 Euro nur den Dritten D in Anspruch nehmen. Ein solcher Haftungsverzicht betrifft aber nur das Innenverhältnis zwischen A und B, hindert also den Regress nicht, weil D durch eine Abrede, an der er nicht beteiligt ist, nicht belastet werden kann (inter-partes-Wirkung). Es könnte somit bei einer Lösung zulasten des privilegierten Schädigers A bleiben, der im Erstprozess zwar den Haftungsverzicht einwenden könnte, im Zweitprozess aber für seinen Anteil (7.000 Euro) dem D Ersatz leisten müsste.

Allerdings wird der Ausgleich beschleunigt, wenn der von B in Anspruch genommene D schon im Erstprozess einwenden kann, dass er lediglich den Anteil zahlen muss, den er auch im Innenverhältnis schuldet. Dann wird der Ersatzanspruch des B gegenüber D bereits um den Anteil des A gekürzt, B kann von D also nur 30 %, also 3.000 Euro, verlangen. Die Lösung zulasten des Geschädigten ist vertretbar, weil dieser bei einer Schädigung allein durch A auch keinen Ersatz erhalten hätte. ◀

Anders ist es, **wenn** eine **gesetzliche Vorschrift anordnet, dass ein Schädiger gegenüber dem Geschädigten nicht oder nicht voll haftet**. Hierzu kann es kommen, wenn im Verhältnis zum Geschädigten ein besonderer Verschuldensmaßstab gilt, wie ihn etwa §§ 708, 1359, 1664 vorsehen. Insbesondere das in §§ 1359, 1664 geregelte Familienprivileg möchte verhindern, dass versicherte Familienangehörige im Ergebnis doch dadurch belastet werden, dass der einstandspflichtige Schuldner sich einen Teil des Geldes über den Innenregress zurückholt. Daher findet ein Gesamtschuldnerausgleich in solchen Fällen im Ergebnis nicht statt, der im Außenverhältnis Haftende bleibt im Ergebnis auf der Zahlung sitzen. 18

In **BGHZ 103, 346** wurde ein Kind auf einem Spielplatz infolge eines Verkehrssicherungsverstoßes der unterhaltungspflichtigen Stadt schwer geschädigt. Eine Haftung der Stadt dafür ergab sich aus § 823 Abs. 1 (Unterlassen gehöriger Ausstattung des Spielplatzes). Gleichzeitig gab es ein Aufsichtspflichtverschulden des das Kind beaufsichtigenden Vaters, sodass das Kind insoweit auch einen Anspruch aus § 823 Abs. 1 wegen Verletzung der elterlichen Sorgepflicht gegen den Vater gehabt hätte. Dieser Anspruch wiederum war im Innenverhältnis dadurch an schärfere Voraussetzungen geknüpft, weil Eltern gegenüber ihren Kindern nach § 1664 nur für eigenübliche Sorgfalt haften. Der Haftungsmaßstab ist also nicht objektiviert, sondern ein nachlässiger Vater muss von seinem Kind so akzeptiert werden, wie er ist. Letztlich bedeutet dies, dass nur für grobe Fahrlässigkeit gehaftet wird (§ 277 Abs. 1). An ihr fehlte es. Gegenüber seinem Kind hätte der Vater im Außenverhältnis also nicht gehaftet.

Die entscheidende Frage ist, ob ein solcher gesetzlich erleichterter Haftungsmaßstab im Außenverhältnis (Schädiger – Geschädigter, also Vater – Kind) auch auf das Regressverhältnis (nicht privilegierter – privilegierter Schädiger, also Stadt – Vater) durchschlägt. Ist dieser Haftungsmaßstab methodisch einem Haftungsverzicht gleichzusetzen, so greift die Lösung zulasten des Geschädigten, die ersatzpflichtige Stadt hätte den

Anspruch des Kindes um den Verursachungsbeitrag des Vaters kürzen können. Der BGH hat aber argumentiert, der Umstand, dass ein erleichterter Verschuldensmaßstab bestehe, führe dazu, dass ein Anspruch gegen den Vater **überhaupt nicht erst entstehe (der herabgesetzte Verschuldensmaßstab im Unterschied zum obigen Beispiel also keine Einrede darstellt)**. Ist dies der Fall, so liegt auch keine Gesamtschuld vor, weil es an mehreren Deliktstätern fehlt (§ 840 Abs. 1). Die Entscheidung ist kritisiert worden, weil sie letztlich dazu führt, dass Dritte zugunsten des Familienfriedens verschärft haften.[33] Sie ist aber systemkonform. Denn in der Tat führt § 1664 dazu, dass im Außenverhältnis der Deliktstatbestand nicht erfüllt wird, während die vertragliche Vereinbarung eines Haftungsverzichts lediglich die Durchsetzung des im Außenverhältnis entstandenen Anspruchs hindert. Das Gleiche gilt häufig, wenn Versicherungen für einen Schaden einzustehen haben.

19 **Gesetzliche Haftungsfreistellungen** finden sich im **System der gesetzlichen Unfallversicherung**, etwa bei Arbeitnehmerschäden im Betrieb.[34] Zweck des Schadensausgleichssystems ist es, einen schnellen Ausgleich über Versicherungsschutz zu schaffen und kostenaufwendige Prozesse zu verhindern (Haftungsersetzung durch Versicherungsschutz). Dahinter steht auch der Gedanke, dass Klagen gegen den Arbeitgeber den Betriebsfrieden empfindlich stören würden, weil sie emotional das persönliche Verhältnis zwischen Arbeitnehmer und Arbeitgeber belasten können. Daher wird ein Betriebsunfall von der jeweiligen gesetzlichen Unfallversicherung getragen, ohne dass ein Anspruch gegen den Unternehmer entsteht. Der Unternehmer ist daneben nur ersatzpflichtig, wenn er den Versicherungsfall vorsätzlich herbeigeführt hat (vgl. § 104 Abs. 1 SGB VII[35]; §§ 105 f. SGB VII[36]).[37] Weitere Freistellungen dieser Art finden sich in § 46 Abs. 1, 2 Beamtenversorgungsgesetz.[38] Die gesetzliche Freistellung kommt auch einem Schädiger zugute, der neben der Unfallversicherung haftet. Denn die Rechtsprechung nimmt, wie bei vertraglichen Haftungsfreistellungen, eine Kürzung des Anspruchs gegen den Drittschädiger um den Anteil vor, der im Innenverhältnis den Unternehmer treffen würde und ihn nur deswegen nicht trifft, weil der Sozialversicherungsträger ihn übernimmt und der Unternehmer freigestellt wird.[39]

20 Die Funktionsweise von gesetzlichen Haftungsfreistellungen zeigt

▶ **Fall 62** (OLG Hamm NJW-RR 1998, 1181): Bei einer Familiengrillparty zündet der Vater V den Grill mit Brennspiritus an. Das daneben stehende Kind K des Nachbarn N wird durch die plötzlich hoch züngelnde Flamme verletzt. Der Nachbar N stand bei alledem daneben, sah auch, dass sein Kind sich direkt neben dem Grill befand, unternahm allerdings nichts. Der Krankenversicherer von K, der für die Behandlungskosten aufkommen musste, verlangt von V Schadensersatz. V meint, dass N einen Teil des Schadens tragen müsse und er daher allenfalls den Rest gegenüber K schulde.

Dass hier eine deliktische **Einstandspflicht des V gegenüber K aus § 823 Abs. 1** bestand, steht außer Zweifel. **Leistet die gesetzliche Krankenversicherung** wegen eines solchen Ereignisses Schadensersatz, so geht der Anspruch gegen den Schädiger auf sie über (§ 116

33 Vgl. *Muscheler*, JR 1994, 441.
34 Bsp.: BGH NJW 2015, 940 m. Anm. *Kampen*; BGH VersR 2017, 1014 Tz. 18 ff.; OLG Nürnberg r + s 2014, 580.
35 Siehe z.B. OLG Brandenburg r+s 2017, 555.
36 Dazu z.B. OLG Dresden r+s 2018, 106; OLG Hamm NJW 2018, 167.
37 Die Vorschriften sind im Schönfelder abgedruckt in der Fußn. zu § 618 Abs. 3.
38 Hierzu BGHZ 94, 173, 175.
39 BGH NJW 1981, 760 (zur Vorgängervorschrift §§ 636 RVO); NJW 2015, 940.

Abs. 1 SGB X). In Betracht zu ziehen ist allerdings, dass auch der Vater (N) sich seiner Tochter gegenüber schadensersatzpflichtig gemacht hat, weil er seiner gesetzlichen Sorgepflicht nach §§ 1626 Abs. 1, 1631 Abs. 1 nicht nachgekommen ist und insofern auch ein **Anspruch der K gegen N aus § 823 Abs. 1** besteht. Im Originalfall wurde der Sorgfaltsverstoß des N als grob fahrlässig angesehen, sodass die Haftungsprivilegierung des § 1664 für N nicht greift (vgl. § 277). Im Ergebnis waren V und N damit Gesamtschuldner nach § 840 Abs. 1. Allerdings schließt § 116 Abs. 6 SGB X den Übergang des Anspruchs der K auf die Krankenversicherung insoweit aus, als es sich um Ansprüche der K gegen ihren Vater N handelt. Dadurch soll, wie im betrieblichen Verhältnis auch, verhindert werden, dass die Versicherung gegen den Vater N vorgeht und insoweit Streitigkeiten innerhalb der Familien geführt werden müssten.[40] Diese Besonderheit muss allerdings den Zweittäter V nichts angehen. Daher kann die klagende Versicherung V nur den Anteil ersetzt verlangen, den V unter Berücksichtigung des Anteils von N schuldet. Ihr Ersatzanspruch gegen V ist also um den Verursachungsanteil von N zu kürzen. Die Abwicklung geht also letztlich zu Lasten der Versicherung, die zwar voll einstandspflichtig ist, aber nur einen Teil des Schadens von dem Haupttäter ersetzt verlangen kann.

Konstruktiv kann man diese Frage im Gutachten dort prüfen, wo man das Mitverschulden des N (denn dessen Anspruch wird von der Versicherung geltend gemacht) diskutieren würde. Auf den Klageanspruch wird nach § 254 die Haftungsfreistellung oder der gesetzliche Haftungsausschluss berücksichtigt (oben § 7 Rn. 17). ◄

Wiederholungs- und Vertiefungsfragen

> Wie lautet die Grundregel beim Innenregress mehrerer Schuldner?
> Welche Abweichungen bestehen dazu?
> Welche zivilrechtlichen Normen betreffen das Außen-, welche das Innenverhältnis bei der Schädigung durch mehrere?
> Welche Lösungen werden für die gestörte Gesamtschuld diskutiert?

40 Siehe BGHZ 216, 149 Tz. 14 eingängig erläutert bei *Armbrüster*, NJW 2018, 1218. Der Geschädigte kann allerdings auf den Schutz verzichten und bei ihm verbleibende Schäden dennoch gegen den Angehörigen oder dessen Versicherer geltend machen (Tz. 16).

C. Bereicherungsrecht

§ 8 Aufgaben, Grundsätze und Rechtsfolgen des Bereicherungsrechts

I. Aufgabe: Ausgleich ungerechtfertigter Vermögensverschiebungen

1 Das Bereicherungsrecht ist im BGB systematisch vor dem Deliktsrecht angesiedelt, doch gilt es in vielerlei Beziehung als Auffangmaterie.[1] Im Fallgutachten werden bereicherungsrechtliche Ansprüche am Ende der Fallprüfung erörtert. Sie kommen häufig in Betracht, wenn weder vertragliche noch quasivertragliche, dingliche oder deliktische Ansprüche bestehen. Das weist auf eine **Korrekturfunktion** hin.[2] Hauptzweck des Bereicherungsrechts ist es in der Tat, ungerechtfertigte, d.h. **von den Parteien** einer Verbindlichkeit **nicht allseitig gewollte oder aus rechtlichen Gründen unerwünschte Vermögensverschiebungen rückgängig** zu **machen.** Es muss aber verhindert werden, dass jede auch nur entfernt „auf Kosten" eines anderen erfolgte Vermögensmehrung abgeschöpft wird. Sonst nämlich könnte auch der Gewinn, den A beim Kauf eines günstigen Aktienpaketes von B erzielt, später von B herausverlangt werden, wenn die Aktien unmittelbar nach der Transaktion infolge einer überraschenden Gewinnmeldung im Wert stark ansteigen. Der Zentralbegriff des Bereicherungsrechts ist daher der Begriff der Rechtsgrundlosigkeit. Die Bereicherungsklage ist nicht bereits gegeben, weil eine Bereicherung eingetreten ist. Hinzukommen muss, dass es beim Bereicherten an einer besonderen Begründung für den Erwerb fehlt.[3] Erst der rechtsgrundlose Erwerb begründet zugunsten desjenigen, dem der Vermögensvorteil gebührt, einen schuldrechtlichen Herausgabeanspruch. Der Ausgleich ungerechtfertigter Vermögensverschiebungen erfolgt durch Ansprüche auf Rückführung der Güter zum Vermögen desjenigen, dem diese Güter nach dem ursprünglichen Willen der Parteien oder nach der Rechtsordnung gebühren (sollen).

2 Als schwierig gilt das Bereicherungsrecht insbesondere, weil ihm die soeben vorbeschriebene **Billigkeitsfunktion** zukommt.[4] Sie kann zu ergebnisorientierten Lösungen verführen. Wenn eine Vermögensmehrung beim Bereicherungsschuldner rechtlich unerwünscht ist, wird häufig ein konstruktiver Weg gesucht, um diesen Wert dem Bereicherungsgläubiger zukommen zu lassen. Das Resultat steht dann oft fest, bevor ein sich in das Anspruchssystem einfügender Weg gefunden wird, um die erwünschte Rechtsfolge herbeizuführen. Das Ergebnis muss aber dogmatisch systemgerecht oder sauber begründet werden. Gelegentlich nimmt das Zivilrechtssystem selbst formale Zuordnungen vor, deren materielle Korrektur über das Bereicherungsrecht im System bereits angedacht ist.[5] Beispiele für solche formal richtigen, aber materiell unrichtigen Zuordnungen sind die folgenden:

1 Vgl. *Zweigert/Kötz*, Rechtsvergleichung, § 3 I, S. 539: „Lebenssachverhalte [...], denen im Grunde nur ein Negativum gemeinsam ist: nämlich, dass sie sich weder aus Vertrag noch aus Delikt herleiten lassen." Einen Überblick über Inhalt und Umfang des Bereicherungsanspruchs geben *Lorenz*, JuS 2018, 937 und *Musielak*, JA 2017, 1.

2 Zu den Grundprinzipien des Bereicherungsrechts *Thöne*, JuS 2019, 193.

3 *Enneccerus/Lehmann*, Recht der Schuldverhältnisse, 15. Bearb. 1958, § 220 I, S. 871.

4 BGHZ 36, 232, 235.

5 Vgl. *Enneccerus/Lehmann*, Recht der Schuldverhältnisse, 15. Bearb. 1958, § 220 I, S. 871.

- Das Trennungs- und **Abstraktionsprinzip**, wonach schuldrechtliche Verpflichtung und dingliche Verfügung unabhängig voneinander sind, führt dazu, dass eine Verfügung wirksam sein kann, selbst wenn es an einer wirksamen Verpflichtung (causa) hierfür fehlte. Die Verfügung ist also (abstrakt) gültig, kann aber bei Fehlen der Causa über das Bereicherungsrecht rückabgewickelt werden. Der rechtsgrundlos verfügte Gegenstand ist kondizierbar. Hierin liegt der in § 812 Abs. 1 S. 1, 1. Alt. geregelte Normalfall, der dem Gesetzgeber bei Schaffung der Norm vor Augen stand. Auch dahinter steht eine Billigkeitsüberlegung: Warum soll derjenige, der einen Gegenstand auf formalem Wege wirksam erworben hat, diesen Gegenstand behalten dürfen, wenn es keine wirksame Verpflichtung zur Weggabe und zum Erwerb des Gegenstandes gab?
- Eine Ausnahme von der Regel, dass Nichtberechtigte nicht wirksam verfügen können, folgt z.B. aus §§ 932 ff. Die **Gutglaubensvorschriften** des Sachenrechts bewirken, dass ein aufgrund wirksamen Grundgeschäfts verfügter Gegenstand rechtmäßig in das Vermögen des Empfängers übergeht. Mithin muss auch die dadurch bewirkte Bereicherung Bestand haben, mit anderen Worten, sie muss kondiktionsfest sein, sonst würde die Möglichkeit des gutgläubigen Erwerbs über das Bereicherungsrecht wieder ausgehebelt (Unterausnahmen aber: §§ 822, 816 Abs. 2). Der wirksame Erwerb entspricht der Billigkeit, nicht allerdings die Schonung desjenigen, der unberechtigt verfügt hat. Dieser muss die zunächst wirksam erworbene Gegenleistung (z.B. Zahlung des Kaufpreises) nach § 816 Abs. 1 wieder an den durch den gutgläubigen Erwerb Benachteiligten, den wahren Rechtsinhaber, herausgeben. Die Gutglaubensvorschriften sollen nur den Verkehr mit Gegenständen erleichtern, nicht aber unberechtigte Verfügungen belohnen. Geschont wird der Verfügungsempfänger, abgeschöpft wird bei dem rechtswidrig Verfügenden. Das entspricht auch dem Gerechtigkeitsgefühl.
- Die **Verbindung**, **Vermischung** und **Verarbeitung** von Sachen führt zu einer neuen rechtlichen Zuordnung (§§ 946 bis 950), doch muss der Wert der verlorenen Sache als Bereicherung herausgegeben werden (§ 951 Abs. 1 S. 1). Die Sache, die man verarbeitet hat, darf man behalten, den Wert des Wareneinsatzes muss man jedoch ebenso bezahlen, als hätte man diese Stoffe zuvor erworben (dazu § 10 Fall 82).
- Zahlreiche **Vorschriften des BGB verweisen auf die §§ 812 ff. als Ausgleichsmechanismus.** So ist beim Rücktrittsrecht eine nach Rückabwicklung der Leistung noch verbleibende „Bereicherung auszugleichen“ (§ 346 Abs. 3 S. 2). Ein verschenkter Gegenstand, der vom Beschenkten nicht gewollt ist, kann nach Bereicherungsrecht wieder herausverlangt werden (§ 516 Abs. 2 S. 3). Weitere Verweisungen finden sich in §§ 682, 684 S. 1, 687 Abs. 2 S. 2, 852 S. 1 und im Eigentümer-Besitzer-Verhältnis (§§ 988, 993 Abs. 1), das allerdings grundsätzlich als Sonderregelung dem Bereicherungsrecht (und Deliktsrecht) vorgeht. Für solche Verweise ist jeweils zu überlegen, ob es sich um eine Rechtsgrund- oder Rechtsfolgenverweisung auf die bereicherungsrechtlichen Vorschriften handelt, was einen unterschiedlichen Prüfungsumfang in der Falllösung zur Folge haben kann (vgl. zu § 951 Abs. 1 S. 1 § 10 Rn. 8, zur GoA § 10 Rn. 26, § 13 Rn. 16).

Das Bereicherungsrecht soll abschöpfen, nicht bestrafen. Abgeschöpft wird nur, was unrechtmäßig erlangt und behalten wurde, auf das sonstige Vermögen des Bereicherten wird nicht zugegriffen (Schädigungsverbot). **Anknüpfungspunkt** der Kondiktion ist **nicht die Widerrechtlichkeit einer Schadenshandlung, sondern die Rechtsgrundlosig-** 3

keit des Empfangs. Abgeschöpft wird nur diejenige Vermögensmehrung, die beim Bereicherungsschuldner tatsächlich (noch) vorhanden ist (§ 818 Abs. 3). Daher kann ein Bereicherungsanspruch sogar völlig ins Leere gehen, wenn beim Bereicherten keine Vermögensmehrung mehr vorhanden, also **Entreicherung** eingetreten ist (vgl. unten Rn. 15 f.). Anders als bei der schadensrechtlichen Verpflichtung zur Totalreparation (§ 3 Rn. 96) erfolgt im Bereicherungsrecht kein Zugriff auf das Restvermögen des Bereicherten. Im Deliktsrecht erfolgt der **Ausgleich einer Vermögensminderung beim Geschädigten** auch durch Eingriff in das Vermögen des Schädigers. Das Bereicherungsrecht hingegen bewirkt dagegen nur die **Abschöpfung einer Vermögensmehrung beim Schädiger.** „Der Bereicherungsanspruch soll nicht eine Vermögensminderung im Vermögen des Benachteiligten, sondern einen grundlosen Vermögenszuwachs im Vermögen des Bereicherten ausgleichen."[6]

4 Die **Position des Entreicherten** ist wichtig für die Bestimmung des Anspruchstellers (Aktivlegitimation), denn nur er ist Gläubiger des Anspruchs. Keinesfalls kann sich jedermann, der eine Vermögensverschiebung als unfair empfindet, dazu aufschwingen, rechtsgrundlose Vermögensmehrungen herauszuverlangen. Für alle Bereicherungsansprüche gilt:

- **Anspruchsgegner** (Passivlegitimierter) ist der Bereicherte, d.h. derjenige, zu dessen Gunsten eine Vermögensmehrung stattgefunden hat.
- **Anspruchsteller** (Aktivlegitimierter) ist der Entreicherte, d.h. derjenige, dem nach dem wirklichen Parteiwillen oder den Wertungen der Rechtsordnung der Gegenstand der Bereicherung gebührt.
- **Anspruchsziel**, d.h. Inhalt des Bereicherungsanspruchs, ist die gegenständliche oder wertgleiche Herausgabe des Bereicherungsgegenstandes, also des bereicherungsrechtlichen „Etwas" (dazu Rn. 10).

▶ **Begriffe:** Den schuldrechtlichen Herausgabeanspruch bezeichnet man als **Kondiktion**, was man sehr grob übersetzen kann mit „Rückgabeanspruch". Abzugrenzen ist die Kondiktion von der sachenrechtlichen **Vindikation**, die einen Herausgabeanspruch in Bezug auf einen konkreten Gegenstand verschafft, an dem bereits ein dingliches Recht besteht. Dagegen besteht an dem bereicherungsrechtlichen „Etwas" noch nicht (oder nicht mehr) eine dingliche Position des Bereicherungsgläubigers. Der Begriff der Kondiktion geht zurück auf das lateinische Verb „condicere" = Nachricht geben. Das Verb bezeichnet den Vorgang, der im römischen Recht erforderlich war, um den Beklagten zu einem bestimmten gerichtlichen Verfahren zu laden, innerhalb dessen über den Rückforderungsanspruch des Klägers entschieden wurde.[7] ◀

II. Die zwei Kondiktionsgrundtypen

1. Leistungs- und Nichtleistungskondiktion

5 Seinem Wortlaut nach enthält § 812 Abs. 1 S. 1 **zwei Typen von Kondiktionen,** nämlich diejenige, die eine rechtsgrundlose Leistung, und diejenige, die einen rechtsgrundlosen Erwerb „in sonstiger Weise" rückabwickeln soll. Die heute h.M. entnimmt dem § 812 Abs. 1 S. 1 keinen einheitlichen, sondern zwei verschiedene Rückgabeansprüche,

6 BGHZ 20, 345, 355.
7 *Zimmermann*, Law of Obligations, S. 835.

welche unterschiedlichen Zwecken dienen (**Trennungslehre**).[8] Dagegen ging man früher von einem einheitlichen Bereicherungstatbestand aus (sog. Einheitstheorie),[9] der Konstellationen zusammenfasste, die einem behaupteten einheitlichen Prinzip der Rechtmäßigkeit des Habendürfens widersprachen. Ob dieses einheitliche Prinzip nicht doch der Trennungslehre vorzuziehen ist, ist neuerdings wieder stärker umstritten.[10] Diese komplizierte Frage wird hier nicht vertieft. Aus didaktischen Gründen wird der h.M. gefolgt. Sie ist leichter zugänglich, weil sie auf einige klare und leicht zu merkende Begründungspfeiler gestützt werden kann. Danach hat der in § 812 Abs. 1 S. 1 geregelte Tatbestand **zwei maßgebliche, in ihrem Wesen verschiedene Ausprägungen:**

Die sog. **Leistungskondiktion** (§ 812 Abs. 1 S. 1, 1. Alt.) soll eine den Zwecken der Parteivereinbarung zuwiderlaufende Vermögensverschiebung korrigieren. Hierin steckt ein Billigkeitselement: Wer einen Gegenstand aufgrund eines (Kauf-)Vertrages erwirbt, soll den Gegenstand nach lauterem Verständnis der Beteiligten nicht behalten dürfen, wenn sich hernach die Unwirksamkeit des Vertrages herausstellt, etwa weil einer der Beteiligten geschäftsunfähig war, der Vertrag erfolgreich angefochten wurde oder eine das Geschäft begleitende Bedingung nicht eingetreten ist. Auch die Gegenleistung darf in einem solchen Fall nicht behalten werden. Funktional geht es dabei um eine echte Rückabwicklung, die auch im Vertragsrecht vorgesehen ist, dort aber ein vertragliches oder gesetzliches Rücktrittsrecht voraussetzt. Das Bereicherungsrecht übernimmt daher Aufgaben, welche auch das **Vertragsrecht** bewältigen könnte. Eine Rechtsordnung, welche ein gesetzliches Rücktrittsrecht auch von einem fehlgeschlagenen „Vertrag" vorsähe, könnte sich die gesonderte Kodifikation einer Leistungskondiktion sparen. Die Rückabwicklung würde dann über Regeln erfolgen, die den §§ 346 ff. entsprächen. 6

▶ **Fall 63** zeigt dies:[11] A kauft und erwirbt von B eine Sache. Danach ficht B den Kaufvertrag an und verlangt Rückgabe der Sache.

Durch die erfolgreiche Anfechtung verliert der Kaufvertrag rückwirkend seine Wirksamkeit. Die in Erfüllung des vermeintlich wirksamen Kaufvertrages vollzogene Übereignung der Sache (§ 929 S. 1) erfolgte damit (rechts)grundlos, gleichwohl wurde der „Käufer" als Folge des Abstraktionsprinzips Eigentümer. Die Rückgabe der Sache dient also der Rückabwicklung eines infolge Anfechtung letztlich gescheiterten Vertrages. ◀

Soweit die Leistungskondiktion der Rückgewähr von Leistungen, die aufgrund schuldrechtlich **fehlerhafter oder nichtiger Verträge** ausgetauscht wurden, dient, ist sie funktional eine **Annexmaterie zum Vertragsrecht.** Funktional zum Vertragsrecht gehört auch das **Recht der Quasi-Verträge.** Das erklärt die zahlreichen Verweisungen der GoA-Regelungen in das Bereicherungsrecht (vgl. §§ 682, 684 S. 1, 687 Abs. 2 S. 2).

Nach der h.M. verfolgt die Kondiktion wegen Bereicherung in sonstiger Weise (sog. **Nichtleistungskondiktion,** § 812 Abs. 1 S. 1, 2. Alt.) ein gänzlich anderes Ziel.[12] Als 7

8 Grundlegend *von Caemmerer,* FS Rabel, Band I, 1954, S. 333, 340, 352; *Wilburg,* Die Lehre von der ungerechtfertigten Bereicherung, 1934.

9 So noch *Enneccerus/Lehmann,* Recht der Schuldverhältnisse, 15. Bearb. 1958, § 220 II, S. 872; a.A. bereits *Leonhard,* Besonderes Schuldrecht des BGB, 1931, S. 453 f.

10 Grundsätzliche Annäherung an die Einheitslehre wieder bei *Jan Wilhelm,* JuS 1973, 1; *Kellmann,* Grundsätze der Gewinnhaftung, 1969, S. 97 f.; vgl. auch *Larenz/Canaris,* Schuldrecht II/2, § 6 I 2; IV; für teilweise überflüssig hält die Leistungskondiktion *F. Peters,* JR 2014, 319.

11 Weitere aktuelle Beispiele BGHZ 178, 16 Tz. 34 = JuS 2009, 178 (Rückabwicklung von Mietverträgen); BGH NJW 2010, 2873 (Rückabwicklung des Erwerbs einer Eigentumswohnung).

12 Dazu lesen: *Wesel,* Bereicherungsrecht, NJW 1994, 2594–2595.

Ausdruck der Auffangfunktion des Bereicherungsrechts vereinigt sie Konstellationen, bei denen ein angefallener Vermögensvorteil aufgrund wertender Betrachtung nicht demjenigen belassen werden soll, der ihn innehat. Inhaltlich wird damit die Abgrenzung zur Leistungskondiktion einfach. Während „Leistung" die zweck- und zielgerichtete Mehrung fremden Vermögens darstellt (näher § 9 Rn. 4 ff.), fallen unter die Nichtleistungskondiktion alle übrigen Vorfälle, Handlungen und Ereignisse, die zu einer rechtlich missbilligten Vermögensmehrung führen, so etwa der Erwerb durch Eingriff in eine fremde Verfügungsbefugnis (§ 816, Diebstahl, Weiden von Tieren auf fremder Wiese), durch Realakt (z.B. Anstreichen einer fremden Wohnung), die Zahlung fremder Schulden oder der Erwerb durch Zufall (Naturvorgang).

▶ **Fall 64:** A eignet sich ein von B geliehenes Fahrrad an und übereignet es an den gutgläubigen C gegen Zahlung von 200 Euro. B verlangt von A Herausgabe des Geldes.

Dieser Anspruch kann ohne Weiteres auf § 816 Abs. 1 gestützt werden, der spezielle Ausprägung der sog. Nichtleistungskondiktion ist. ◀

Funktion der Nichtleistungskondiktion ist es, unerwünschte Vermögensmehrungen zugunsten desjenigen abzuschöpfen, dem ein Vermögensgut nach den Regeln der Rechtsordnung gebührt. Hier zeigt sich eine ähnliche **Ausgleichsfunktion**, wie sie dem Deliktsrecht zukommt, allerdings ohne dass – wie im Deliktsrecht – ein persönliches Unwerturteil (Verschuldensvorwurf) erhoben wird.

Folgt man der h.M. darin, dass **§ 812 Abs. 1 S. 1** zwei Kondiktionstypen enthält, so kommt auch den **sonstigen Voraussetzungen** dieser Norm („auf Kosten" und „ohne rechtlichen Grund") eine unterschiedliche Bedeutung für die Leistungs- und die Nichtleistungskondiktion zu.

Das **Merkmal „auf Kosten"** hat bei der **Leistungskondiktion** keine Bedeutung, da hier die Parteien des Bereicherungsverhältnisses bereits durch die Leistungsbeziehung bestimmt werden: Gläubiger ist, wer rechtsgrundlos geleistet hat, Schuldner ist derjenige, an den geleistet wurde.[13] Bei der **Nichtleistungskondiktion** wird dagegen erst durch das Kriterium „auf Kosten" der Gläubiger der Kondiktion bestimmt, denn einen Rückgabeanspruch kann nur derjenige erheben, auf dessen Kosten eine Bereicherung erfolgte, weil ihm nach der Rechtsordnung der Gegenstand oder sein Wert gebührt. Teilweise wird und wurde hierzu das Kriterium der „Unmittelbarkeit" herangezogen.[14] Danach ist Gläubiger eines Bereicherungsanspruchs derjenige, von dem der bereicherte Schuldner etwas unmittelbar erlangt hat. Das hat Bedeutung in Drei-Personen-Verhältnissen (unten § 11 Rn. 1).

Das Merkmal **„ohne Rechtsgrund"** bezieht sich bei der **Leistungskondiktion** auf die (vermeintliche) schuldrechtliche Verpflichtungsbeziehung (z.B. Vertrag/Gesetz). Bei der **Nichtleistungskondiktion** ist eine Vermögensverschiebung „ohne Rechtsgrund" erfolgt, wenn sie Ergebnis eines rechtwidrigen Eingriffs in den Zuweisungsgehalt einer Befugnis darstellt, welche die Rechtsordnung einem anderen (dem, auf dessen Kosten eine Vermögensverlagerung stattgefunden hat) zuweist. So darf grundsätzlich nur der Eigentümer über eine Sache verfügen. Wer sich diese Befugnis (als Dieb) anmaßt, hat

13 *von Caemmerer,* FS Rabel I, S. 333, 351; *ders.,* JZ 1962, 385 f.

14 Vgl. auch BGHZ 94, 160, 165 = NJW 1985, 1952, wonach das Merkmal der Unmittelbarkeit der Vermögensverschiebung die Funktion habe, „die Parteien der Nichtleistungskondiktion festzulegen und die Herausgabeverpflichtung auf den durch den Eingriff unmittelbar Begünstigten zu beschränken".

die hierdurch erzielte Bereicherung (den Kaufpreis) an denjenigen herauszugeben, dem die Rechtsordnung die Verfügungsbefugnis zugeteilt hat, also dem wahren Eigentümer.

2. Prinzip vom Vorrang der Leistungsbeziehungen

Wenn Leistungs- und Nichtleistungskondiktion zwei verschiedene Konstellationen betreffen, so kann eine Bereicherung nur entweder durch Leistung oder auf andere Weise erfolgen. Geschieht sie durch Leistung, so erfolgt der Ausgleich unter den Parteien des Leistungsverhältnisses. Daraus entnimmt man, dass die Nichtleistungskondiktion überhaupt nur eröffnet ist, sofern das bereicherungsrechtliche „Etwas", die Vermögensmehrung, nicht durch Leistung, auch nicht durch die eines Dritten, erfolgt ist.[15] Das führt zur **Subsidiarität der Nichtleistungskondiktion**: Geleistetes kann mit ihr nicht herausverlangt werden. Für Zweipersonenverhältnisse ergibt sich dies bereits aus der von der h.M. angenommenen Alternativität von Leistung oder Eingriff. Problematisch ist dies jedoch, wenn ein Dritter im Zuwendungsverhältnis beteiligt ist (vgl. ausführlich § 11). Auch hier gilt jedoch grundsätzlich der **Vorrang der Leistungsbeziehungen**[16]: es soll zunächst nach Maßgabe der zugrunde liegenden Abreden zwischen den Parteien des Leistungsverhältnisses rückabgewickelt werden. Die Parteien haben sich gewollt auf den Leistungsaustausch mit der jeweils anderen Partei eingelassen, sollen also auch nur deren Ausfallrisiko (Insolvenz oder Entreicherung) tragen müssen. Jeder Partei eines Leistungsverhältnisses sollen die damit begründeten Einwendungen gegen die andere Partei erhalten bleiben; jede Partei muss vor Einwendungen Dritter, die nicht an diesem Verhältnis beteiligt sind, geschützt werden. Der Durchgriff über die relativen Beziehungen hinweg (sog. Direktkondiktion) muss die Ausnahme bleiben, weil er diese Abreden beiseiteschiebt.[17] 8

III. Inhalt des Ausgleichsanspruchs: Herausgabe des Erlangten

1. Bereicherungsgegenstand („etwas erlangt")

Als Rechtsfolge der Leistungs- wie der Nichtleistungskondiktion ist das erlangte „Etwas" herauszugeben. Zum Tatbestand gehört daher, dass „etwas erlangt" wurde. Fehlt es hieran, so geht der auf Abschöpfung gerichtete Anspruch ins Leere (oben Rn. 3). „Etwas erlangt" wurde, wenn eine Mehrung des Vermögens aufseiten des Bereicherungsschuldners erfolgte. Das betrifft bereits den Tatbestand der Kondiktion. Zur Rechtsfolge (§§ 812, 818) gehört dagegen, ob das erlangte „Etwas" noch gegenständlich oder wertmäßig im Vermögen des Empfängers vorhanden ist oder zwischenzeitlich Entreicherung eingetreten ist (§ 818 Abs. 3). 9

DEFINITION UND BEISPIELE: Bereicherung, und damit **„etwas"** i.S.d. § 812 Abs. 1 S. 1, ist **jeder Vermögensvorteil** im weitesten Sinne, d.h. jede Besserstellung der Vermögenssituation des Empfängers. Diese kann eingetreten sein durch 10

- den Erhalt von **Rechten** (z.B. Eigentum[18], Besitzrecht, Grundpfandrecht, Forderung gegen eine Bank durch Kontogutschrift, Anspruch auf Versicherungsschutz bzw. Auszahlung einer Versicherungssumme);

15 BGHZ 40, 272, 278 m.w.N.
16 Ausführlich hierzu *Medicus/Petersen*, Bürgerliches Recht, Rn. 727 ff.
17 Krit. zu diesen Grundsätzen *Larenz/Canaris*, Schuldrecht II/2, § 67 IV 3.
18 Siehe zum bereicherungsrechtlichen Ausgleich nach gesetzlichem Eigentumserwerb systematisch *Buchwitz*, JuS 2016, 1067.

- **vorteilhafte Rechtsstellungen**, z.B. den tatsächlichen Besitz an einer Sache, auch wenn kein obligatorisches Besitzrecht besteht, den Erhalt einer formellen, wenngleich materiell unrichtigen Grundbuchposition (vgl. § 892), der Eintrag in einem (wenngleich fehlerhaften) Erbschein (vgl. § 2365), die bereits erklärte Auflassung, auch ohne dass schon ein Eintragungsantrag vorliegt (§ 19 GBO); das Recht auf Registrierung einer Domain bei einer Registrierungsstelle[19];
- **Befreiung von Verbindlichkeiten**, z.B. bei negativem Schuldanerkenntnis, Forderungserlass (§ 397) oder irrtümlicher, aber den Schuldner befreiender Zahlung einer fremden Schuld (vgl. § 267);
- **Nutzungsvorteile durch** die Möglichkeit zum **Ge- oder Verbrauch** von Gegenständen oder zur Inanspruchnahme von Dienstleistungen. Der auszugleichende Vorteil besteht dabei nicht in der **Ersparnis von Aufwendungen**, die dem Begünstigten entstanden wären, um sich die Gebrauchsvorteile oder die Sache selbst zu beschaffen,[20] sondern schon in dem **erfolgten Gebrauch oder Verbrauch selbst**.[21] Da die Herausgabe dieses Vorteils wegen der Beschaffenheit des Erlangten nicht möglich ist, muss gemäß § 818 Abs. 2 dessen objektiver Wert in Höhe der üblichen Vergütung für den Vorteil erstattet werden. Die Frage, welche Vergütung zu zahlen ist, betrifft nicht den Tatbestand, sondern die Rechtsfolge des Bereicherungsanspruchs.

2. Die Rechtsfolge von Bereicherungsansprüchen

a) Grundsatz: Herausgabe des Erlangten (§ 812 Abs. 1 S. 1) sowie der Nutzungen und Surrogate (§ 818 Abs. 1)

11 Rechtsfolge eines bereicherungsrechtlichen Anspruchs gleich welcher Art ist, dass das **Erlangte gegenständlich**, d.h. so wie im Vermögen des Bereicherungsschuldners vorhanden, **herauszugeben** ist. Dies ist der Grundsatz und gesetzlicher Normalfall des § 812 Abs. 1 S. 1. Wer rechtsgrundlos Eigentum erlangt hat, muss es zurückübertragen; rechtsgrundlos erlangter unmittelbarer Besitz an einer Sache muss durch Wiedereinräumung der unmittelbaren Zugriffsmöglichkeit herausgegeben werden. Wer eine Verbindlichkeit ohne Rechtsgrund erworben hat, dem kann der Schuldner die Erfüllung verweigern, wenn die Einrede der ungerechtfertigten Bereicherung nach § 821 erhoben wird.

Gegenständlich herausgegeben werden kann nur, was noch in natura vorhanden ist. Wurden Dienste oder Gebrauchsvorteile gewahrt, die „gegenständlich" niemals ins Vermögen des Bereicherten gelangt sind (vorige Rn.), wurde nicht die Ersparnis von Aufwendungen „als Gegenstand erlangt",[22] sondern nur der Wert dieser Leistungen, der nicht nach § 812 Abs. 1 S. 1 herausgabefähig ist, sondern gem. § 818 Abs. 2 vergütet werden muss (unten Rn. 14 und vorige Rn.).[23]

12 Wurde ein Gegenstand erlangt, so besteht nicht nur die Möglichkeit, diesen selbst zu nutzen, sondern auch ihn zu **vermieten, zu verpachten oder zu lizenzieren**. Wird hier-

19 BGH NJW 2012, 2034 („gewinn.de") m. Anm. *Hager*, JA 2012, 548.

20 BGHZ 14, 7, 9 (Verbrauch fremden Benzins für das eigene Fahrzeug); 55, 128, 131 (Inanspruchnahme einer Flugreise als Dienstleistung); anders für die Nutzung gewerblicher Schutzrechte BGHZ 82, 299, 307; vgl. auch RGZ 97, 310, 312; BGHZ 20, 270, 275.

21 *von Caemmerer*, FS Rabel I, S. 333, 368; *Larenz/Canaris*, Schuldrecht II/2, § 70 I 2; vgl. auch *Mestmäcker*, JZ 1958, 521; *Kleinheyer*, JZ 1961, 473, 474; *Gursky*, JR 1972, 279 m.w.N.

22 RGZ 97, 310; BGHZ 14, 7, 9; 20, 270, 275; 55, 128, 131.

23 *Larenz/Canaris*, Schuldrecht II/2, § 70 I 2.

von Gebrauch gemacht, so sind nach **§ 818 Abs. 1** die vom Empfänger tatsächlich gezogenen Nutzungen des erlangten Gegenstandes herauszugeben.[24] Sie gehören zum „erlangten Etwas". § 818 Abs. 1 verlängert daher den § 812 Abs. 1 S. 1. **Nutzungen** einer Sache oder eines Rechts sind ihre unmittelbaren wie mittelbaren, d.h. auf einem Rechtsverhältnis beruhenden Früchte (§ 99 Abs. 2, z.B. geerntete Äpfel vom Baum auf gepachteter Wiese oder Zinsen von angelegtem Geld) und Gebrauchsvorteile (§ 100, z.B. Nutzungsmöglichkeit eines Pachtgrundstücks). Herauszugeben sind aber nur tatsächlich erhaltene Miet-, Pacht- oder Lizenzzahlungen, nicht dagegen bloß fiktiv mögliche Nutzungen, solange ihr Wert nicht in das Vermögen des Bereicherten geflossen ist.[25] Dies kann anders sein, wenn der Empfänger der Bereicherung bösgläubig war, denn dann haftet er nach § 818 Abs. 4 schärfer (§ 8 Rn. 23). Er muss etwa eine Geldsumme, die er rechtsgrundlos erhalten hat, verzinsen, selbst wenn er den Betrag nicht verzinslich angelegt hat (§§ 818 Abs. 4, 291, 288 BGB).

Der Anspruch nach § 818 Abs. 1 erstreckt sich auf dasjenige, was „der Empfänger aufgrund eines erlangten Rechts oder als Ersatz für die Zerstörung, Beschädigung oder Entziehung des erlangten Gegenstandes erwirbt", z.B. eine Versicherungssumme. Solche **Surrogate für das Erhaltene** sind mit dem erhaltenen Gegenstand nicht identisch, aber funktionsgleich. **Aufgrund eines erlangten Rechts** ist **erworben**, was dieses Recht unmittelbar erwirtschaftet. Bei einer (rechtsgrundlos abgetretenen) Forderung ist dies der Leistungsgegenstand (z.B. Zahlung bei einer Kaufpreisforderung), bei einem Pfandrecht der durch Pfandverwertung erzielte Erlös, bei einem ungerechtfertigt erlangten Gewinnlos der darauf entfallende Gewinn,[26] bei einem rechtsgrundlos übergebenen Betrieb die Unternehmensgewinne während der Besitzzeit.[27] Nicht unmittelbar durch den Gegenstand erlangt ist jedoch, was durch weitere Rechtsgeschäfte mit Mitteln der Bereicherung erworben wird, so wenn mit einer ungerechtfertigt erhaltenen Geldsumme ein Auto oder ein Lotterielos mit späterem Gewinn gekauft oder mit dem Pfandlerlös eine Reise gebucht wird.[28] **Ersatz für Zerstörung, Beschädigung oder Entziehung** des erlangten Gegenstandes erhält man insbesondere durch Versicherungs- und Schadensersatzleistungen Dritter für die Beschädigung eines rechtsgrundlos erhaltenen Gegenstandes. Auch dazu aber gehört nicht der rechtsgeschäftliche Erlös eines Gegenstandes, also das, was durch Verkauf des herauszugebenden Gegenstandes als Gegenwert im Vermögen landet („lucrum ex negotiatione"). Die rechtsgeschäftliche Verfügung über den Gegenstand führt nach § 818 Abs. 2 dazu, dass der Gegenstand nicht mehr körperlich, sondern nur noch seinem Wert nach herauszugeben ist. Daraus und aus der nur bei § 816 Abs. 1 anders formulierten Rechtsfolgenanordnung folgt, dass der rechtsgeschäftlich erzielte Gewinn kein Surrogat ist, ja nicht einmal im Rahmen des § 818 Abs. 2 herausgegeben werden muss.[29] Dies entspricht auch dem Billigkeitsgebot, denn ein etwaiger Verkaufsgewinn entspringt dem Verhandlungsgeschick des Verkäufers, der ihn deswegen grundsätzlich auch behalten darf. 13

24 BGHZ 35, 356, 360; Nutzungen aus DSL-Anschluss behandelt BGHZ 196, 285 = NJW 2013, 2021 m. Anm. *St. Lorenz*, LMK 2013, 345110 und *Juretzek*, MMR 2013, 398; überblicksartig *Fervers/Gsell*, NJW 2013, 3607.

25 Vgl. BGH MDR 2014, 217 (beim rechtsgrundlos erlangten Besitz sind nur tatsächlich gezogene Nutzungen als Vorteil zu berücksichtigen).

26 *Palandt/Sprau*, § 818 Rn. 15.

27 BGHZ 168, 220 Tz. 46 = NJW 2006, 2847 (Rückgabe einer Steuerberatungspraxis).

28 BGHZ 75, 203, 206.

29 *Esser/Weyers*, Schuldrecht II, § 105 I 1 b; vgl. aber bei Bösgläubigkeit BGHZ 75, 203, 204; 83, 293, 300 (zu § 285).

b) Wertersatz (§ 818 Abs. 2)

14 Wertersatz ist zu leisten, wenn die **Herausgabe „wegen der Beschaffenheit des Erlangten nicht möglich** ist“. Das ist der Fall, wenn die erhaltene Sache vom Bereicherungsempfänger selbst genutzt wurde, also bei ihm Gebrauchsvorteile, Dienstleistungen oder die Befreiung von einer Schuld angefallen sind (oben Rn. 11). Wertersatz ist überdies zu leisten, **wenn der Empfänger aus einem anderen Grunde zur Herausgabe außerstande ist**, z.B. weil die Sache ihm abhandengekommen ist, zerstört oder von ihm verbraucht oder weggegeben wurde. Insbesondere im zuletzt genannten Fall hat der Schuldner die Sache selbst oder eine gleichwertige Sache auch nicht (wieder) zu beschaffen.[30] Zu erstatten ist nach h.M. in beiden Fällen der sog. gemeine Wert, d.h. der **Verkehrs- oder Marktwert** des Bereicherungsgegenstandes.[31] Dieser Wert braucht sich nicht mit der effektiven Bereicherung des Schuldners zu decken, sondern kann höher oder niedriger sein. Entscheidend für die Wertberechnung ist nach h.M. der Zeitpunkt der Entstehung des Kondiktionsanspruchs. Daraus folgt, dass spätere Wertsteigerungen des Gegenstandes nicht erfasst werden.[32]

c) Begrenzung auf die vorhandene Bereicherung (§ 818 Abs. 3)

15 § 818 Abs. 3 folgt dem Grundsatz des Bereicherungsrechts, wonach nur die **infolge der Bereicherung im Vermögen des Bereicherungsschuldners entstandene Mehrung** abzuschöpfen ist. Der Griff in die eigene Tasche des Bereicherten, also der Zugriff auf dessen Restvermögen, läuft dem zuwider (**Schädigungsverbot**).[33] Er ist nur ausnahmsweise gestattet, wenn der Empfänger einer Bereicherung weiß, dass er das Empfangene rechtsgrundlos erhält oder er mit der Rückgabe rechnen muss (§§ 818 Abs. 4 bis 820). Der Bereicherungsschuldner soll nach Herausgabe des Erlangten oder Leistung von Wertersatz nicht schlechter stehen, als er ohne den ungerechtfertigten Erwerb stünde.[34] Daraus folgt, dass der Bereicherungsanspruch ausgeschlossen oder zu kürzen ist, wenn und soweit **Entreicherung** eingetreten ist. Das ist der Fall, wenn weder der Gegenstand selbst noch etwaig gezogene Nutzungen oder erhaltene Surrogate wertmäßig im Vermögen des Empfängers verblieben sind. Entscheidend ist eine **wirtschaftliche Betrachtungsweise.** Der Grund für den Wegfall der Bereicherung im Vermögen des Bereicherungsschuldners ist unbeachtlich.[35]

Zur Entreicherung führt die unentgeltliche Weggabe oder die Zerstörung des erhaltenen Gegenstandes ebenso wie der Verlust des Gegenstandes durch Diebstahl, sofern der Dieb nicht mehr greifbar ist. Herausgegeben werden kann hier nur ein Anspruch gegen Unbekannt. Dagegen führt der Verkauf zu einem wirtschaftlichen Äquivalent im Vermögen des Empfängers, ebenso der Tausch der Sache gegen eine andere, mag diese auch weniger wert sein. Ferner führt die Verwendung einer erhaltenen Geldsumme für eigene Lebenshaltungskosten zu einem wirtschaftlichen Äquivalent, ist also nicht ent-

30 BGH NJW 1991, 917, 918 (keine Pflicht zum Rückerwerb eines eingetauschten Grundstücks).

31 BGHZ 99, 244, 248 (unrechtmäßiger Gebrauch der Marke „Chanel No. 5“); 132, 198, 207 (Stromleitungen); OLG Braunschweig NJW-RR 2016, 1493 Tz. 54 (übliche Vergütung, hilfsweise nach der angemessenen, ersparten Vergütung).

32 RGZ 389, 391; 119, 332, 336; a.A.: *Koppensteiner*, NJW 1971, 588, 591 (Entstehung des Wertersatzanspruchs). Wurde der Verzicht auf ein Wohnrecht erlangt, so ist die damit einhergehende Grundstückswertsteigerung herauszugeben, BGH NJW 2018, 3775 Tz. 13.

33 Vgl. BGH NJW 2017, 2997 Tz. 32.

34 BGHZ 1, 75, 81; überblicksartig *Röthel*, Jura 2015, 922, 923.

35 KG NJW-RR 2018, 890 Tz. 56.

reichernd, wenn dadurch eigene Mittel unangetastet bleiben können, also Aufwendungen erspart werden. Wird das Erlangte zur Erfüllung eigener Verbindlichkeiten verwendet, so kann sich der Empfänger auf Entreicherung nur berufen, wenn er darlegt und beweist, dass er die aufgrund der Zuwendung freigewordenen eigenen Mittel anderweitig in einer Weise verwendet hat, wie er es sonst – ohne die Zuwendung – nicht getan hätte.[36] Wenn Dienstleistungen in Anspruch genommen werden (z.B. Bahnfahrt), können diese gegenständlich nicht herausgegeben werden, doch führt ihre Entgegennahme zu einer Mehrung des Vermögens durch Ausgabenersparnis. Ein Äquivalent für das erhaltene „Etwas“ fehlt, wenn der Bereicherungsgegenstand verschwenderisch eingesetzt wird, also Luxuszwecke verfolgt werden. Wer sich etwas gönnt, was er sich ohne den (ungerechtfertigten) Vermögenszuwachs nicht geleistet hätte (z.B. eine teure Urlaubsreise) oder z.B. eine rechtsgrundlos erhaltene Geldsumme im Kasino verspielt („Wie gewonnen, so zerronnen“), der kann sich auf Entreicherung berufen. Wer eine Dienstleistung in Anspruch nimmt, die er sich nicht hätte leisten können (blinder Passagier in einem Flugzeug), ist wie im Falle von Luxusaufwendungen entreichert.

Entreichernd sind überdies **Minderungen im sonstigen Vermögen, die in unmittelbarem Zusammenhang mit der Bereicherung stehen.** Hierzu gehören die mit dem Erwerb einer Sache unmittelbar verbundenen Aufwendungen, also Kosten und Spesen, vom Schuldner bestrittene Frachtkosten, Zölle und Steuern, nicht aber der Kaufpreis für die Sache.[37] Hat der Bereicherte an den Bereicherungsgläubiger gezahlt, so wird er diesen Kaufpreis nach § 812 Abs. 1 S. 1, 1. Alt. zurückfordern können. Hat er an einen Dritten gezahlt, so muss er sich das Geld von diesem zurückholen. Das ist einleuchtend, denn bei unwirksamem Erwerb von einem Dritten kann der Eigentümer immer Herausgabe nach § 985 verlangen. Dagegen kann nur ein Recht zum Besitz eingewandt werden (§ 986), nicht aber, dass für den (unwirksamen) Erwerb Geld an einen Dritten gezahlt wurde. 16

Für Prüfungsfälle typisch ist, dass ein Bereicherungsschuldner **Aufwendungen auf die Sache** macht oder der Bereicherungsgegenstand **Schäden in seinem sonstigen Vermögen** anrichtet. Aufwendungen sind erstattungsfähig, für mittelbare Schäden ist dies umstritten. 17

▶ **Fall 65:** Züchter K veräußert eine Stute für 5.000 Euro an den Rennstallbesitzer B. Nach einiger Zeit stellt sich die Nichtigkeit (nur) des Kaufvertrags heraus. K verlangt Rückgabe der Stute. B wendet ein, er habe zunächst für 400 Euro die Stute (erfolglos) decken lassen, ferner habe er 300 Euro für die Behandlung einer Viruserkrankung aufgewendet. Diese Viruserkrankung habe im Übrigen zur Infektion eines weiteren Pferdes im Stall des B (Behandlungskosten: 1.000 Euro) geführt.

Der **Anspruch auf Rückgabe der Stute** ergibt sich aus **§ 812 Abs. 1 S. 1, 1. Alt.** B hat durch Leistung des K Eigentum an der Stute erlangt, einen Rechtsgrund hierfür gab es wegen der Nichtigkeit des Kaufvertrages nicht. Daher ist die Stute nach § 812 Abs. 1 herauszugeben. Doch fragt sich, ob B seinerseits unter Hinweis auf § 818 Abs. 3 die Herausgabe davon abhängig machen kann, dass ihm seine Kosten und der von ihm gezahlte Kaufpreis Zug um

36 BGH MDR 2017, 363 (dort auch zum Umfang der Darlegungs- und Beweislast).

37 BGHZ 47, 128, 130 = NJW 1967, 1021 (für die Nichtleistungskondiktion); bei der Leistungskondiktion differenziert BGHZ 109, 139, 145 = NJW 1990, 314 allerdings. Hier sei entscheidend, wem das Risiko zukomme, die an einen Dritten geleistete Zahlung zurückholen zu müssen. Die Differenzierung spielt in Dreipersonenverhältnissen eine Rolle (dazu unten § 11).

Zug gegen Rückgabe erstattet werden.[38] Diese Einrede ist erforderlich, weil B die von ihm aufgewendeten Kosten nicht von der Bereicherungsschuld „abziehen" kann, denn der von ihm herauszugebende Gegenstand (das Pferd) ist nun einmal unteilbar. Also kann B seine Entreicherung im Wege der Zug-um-Zug-Verpflichtung „abziehen" (oder selbstständig geltend machen). Ansatzpunkt hierfür ist, dass der Stand des Vermögens von B durch den Bereicherungsgegenstand vermindert wurde, sofern die von B aufgewendeten Kosten im unmittelbaren Zusammenhang mit der erhaltenen Bereicherung standen. ◀

Im Zusammenhang mit einer eingetretenen Bereicherung stehen nach der **Rechtsprechung** alle **Aufwendungen**, die **äquivalent und adäquat kausal** mit dem Bereicherungsvorgang selbst verknüpft sind.[39] Dazu gehören Aufwendungen, die zwangsläufig durch den Bereicherungsvorgang ausgelöst wurden (conditio sine qua non), ferner Aufwendungen, deren Anfall bei Vornahme der die Bereicherung auslösenden Handlung nicht ganz unwahrscheinlich war.

▶ Ursächlich und voraussehbar waren in **Fall 65** die Kosten für die Deckung als Verwendungen, die den Wert der Stute erhöhen sollten, dem Gegenstand also zugutegekommen sind. Adäquat kausal, weil noch vorhersehbar gewesen, sind überdies ärztliche Behandlungskosten für das übergebene Pferd. Aber auch die Infektion anderer Tiere war nicht ganz unwahrscheinlich. ◀

In der **Rechtsliteratur** kritisiert man zum Teil diese Kausalitätsbetrachtung und verweist darauf, dass die den Schuldner privilegierende Entreicherung nach § 818 Abs. 3 maßgeblich durch den **Gesichtspunkt des Vertrauensschutzes** gerechtfertigt wird.[40] Der Schuldner ist im Hinblick auf Verwendungen, die er auf die Sache macht, danach nur schutzwürdig, wenn und weil er auf die Endgültigkeit des konkreten Erwerbsgeschäfts vertraut. Das ist evident, wenn der Schuldner Erwerbskosten hatte, wie Zölle oder Frachtgebühren, aber auch bei Kosten, welche auf den erworbenen Gegenstand selbst aufgewendet wurden, also Verwendungen zur Erhaltung oder Verbesserung der Sache, mithin Arztkosten und Kosten der Deckung für ein rechtsgrundlos erhaltenes Pferd. Ob diese Kosten notwendig, nur nützlich oder gar vergeblich aufgewendet wurden, spielt dabei keine Rolle.[41] Dagegen sind Arztkosten für die Behandlung der von dem gekauften Tier angesteckten Pferde Zufallsschäden, die nicht daraus resultieren, dass der Bereicherungsschuldner Vertrauen in die Wirksamkeit des Rechtsgeschäfts investiert hat. Daher sind solche Schäden nicht nach § 818 Abs. 3 abzugsfähig.

▶ Demnach kann B das Pferd so lange zurückbehalten, bis ihm die Verwendungen in Höhe von 400 Euro sowie die Behandlungskosten in Höhe von 300 Euro für das rechtsgrundlos erhaltene Pferd selbst erstattet wurden. Die 1.000 Euro für die Begleichung von Zufallsschäden kann B dagegen nach § 818 Abs. 3 nicht abziehen. ◀

Für die Leistungskondiktion hat die in der Literatur vertretene Ansicht den Vorzug, dass sie stärker an vertragliche Erwartungen anknüpft als die Rspr. Auch bei gescheiterten Verträgen haben die Parteien nämlich wechselseitig Erwartungen an die Erfül-

38 BGH NJW 1980, 1789, 1790.

39 Vgl. RGZ 170, 65, 67; BGHZ 1, 75, 81; 14, 7, 9; BGHZ 140, 275 = NJW 1999, 1626, 1629 (Umbau eines geschenkten Hauses als abzugsfähige Verwendungen, wenn die Schenkung widerrufen wird); ebenso *Emmerich*, Schuldrecht BT, § 19 Rn. 17 (rechtsgrundlos geleisteter Hund zerbeißt einen Teppich).

40 *Larenz/Canaris*, Schuldrecht II/2, § 73 I 1 b; ebenso MüKoBGB/*Schwab*, § 818 Rn. 179; umfassend zum Problem *Flume*, Gedächtnisschrift Knobbe-Keuk, 1997, S. 111.

41 Vgl. *Larenz/Canaris*, Schuldrecht II/2, § 72 I 2 d, für den entscheidend der Gesichtspunkt der frustrierten, d.h. im Falle der Rückgabepflicht vergeblich werdenden Aufwendungen ist.

lung eines Leistungsversprechens geknüpft. Im Bereich der Nichtleistungskondiktion ist die Entscheidung nicht so einfach. Sofern das Bereicherungsrecht Funktionen des Ausgleichs von rechtswidrigen Eingriffen übernimmt, ist der Gedanke geschützter Erwartungen weniger überzeugend als die Adäquanzbetrachtung, welche die Rspr. vornimmt.[42]

3. Die Rückabwicklung im gegenseitigen Vertrag

Aufgrund eines gegenseitigen Vertrages leisten beide Parteien etwas, der Käufer den Kaufpreis und der Verkäufer die Sache. Stellt sich der Vertrag als unwirksam heraus, so können beide Leistungen rückabgewickelt werden. Dies geschieht im einfachsten Fall dadurch, dass jede Partei ihre eigene Leistung nach § 812 Abs. 1 S. 1, 1. Alt. kondiziert. Probleme stellen sich, wenn die Leistung des einen Teils noch vorhanden, die Gegenleistung oder ihr Wert aber bei ihrem Empfänger ohne dessen Verschulden untergegangen oder vermindert ist. 18

▶ **Fall 66:** K hat von V ein Auto gekauft, den Kaufpreis gezahlt und den Wagen erhalten. Später stellt sich heraus, dass der Vertrag wegen Dissenses nichtig ist. Wer schuldet was? ◀

▶ **Abwandlung:** Das Auto ist ohne Verschulden des K gestohlen worden. V hat den Kaufpreis noch in seinem Vermögen. Muss er ihn vollständig zurückzahlen? ◀

Sind beide Kondiktionen unabhängig voneinander, so darf jede Partei kondizieren, was sie geleistet hat. Das hielt für sachgerecht die **Zweikondiktionentheorie.**[43] Für diese Lehre spielt eine Rolle, dass der Vertrag niemals wirksam wurde, bei der Rückabwicklung also zwei selbstständige jeweils gegenstandsbezogene Ansprüche einander gegenüberstehen. Verknüpft werden die Ansprüche durch §§ 273, 387: Zwei auf Geldzahlung gerichtete Ansprüche können gegeneinander aufgerechnet werden (§ 387), bei ungleichartigen Leistungsgegenständen (wie in Fall 66) kann die eigene Rückleistungsverpflichtung so lange zurückbehalten werden, bis die Gegenseite Leistung Zug um Zug anbietet (§ 273 Abs. 1). Wenn bei einer Partei Entreicherung nach § 818 Abs. 3 eingetreten ist, läuft die diesbezügliche Kondiktion allerdings leer und es kommt gar nicht zur Zurückbehaltungsmöglichkeit. Wer die erhaltene Leistung noch hat, muss allein leisten. Der andere wird frei.

▶ In der Abwandlung zu Fall 66 ist die Rückleistung durch K nicht mehr möglich, insoweit ist Entreicherung nach § 818 Abs. 3 eingetreten. Daher muss V nach der Zweikondiktionenlösung das Geld zurückzahlen, ohne das Auto zurückzuerhalten. ◀

Wer noch leisten kann, ist dadurch gegenüber dem Entreicherten benachteiligt. Das hat man als unbillig angesehen, denn ursprünglich wollten doch beide Parteien nur um der Gegenleistung willen leisten. Wäre der Vertrag wirksam geworden, so wären die „Hinleistungen" nach §§ 320 ff. synallagmatisch miteinander verknüpft gewesen, d.h. niemand hätte leisten müssen, wenn die Gegenleistung nicht Zug um Zug ebenfalls geleistet wird. Daher schlägt man vor, nun auch die „Rückleistungen" miteinander zu verknüpfen (sog. faktisches Synallagma), indem man eine Saldierung beider Leistungen vornimmt. Zu dieser Lösung kommt die **Saldotheorie.**[44] Sie besagt, dass bei durch den 19

42 Vgl. die Differenzierung nach Leistungs- und Nichtleistungskondiktion bei *Reuter/Martinek*, Ungerechtfertigte Bereicherung, S. 592 f., 624 ff.

43 Vgl. dazu BGHZ 53, 144, 145. Die Lehre wird heute nicht mehr vertreten.

44 RGZ 54, 137, 141; BGHZ 53, 144, 145; 146, 298; in der Lit. *Wieling*, JuS 1973, 397; *Honsell*, NJW 1973, 350; krit.: *Larenz/Canaris*, Schuldrecht II/2, § 73 III 1 a.

Austauschzweck verbundenen gegenseitigen Leistungen „per Saldo" nur bereichert ist, wer wertmäßig mehr erhalten würde als er imstande ist zurückzugeben. Daher werden die beiden Kondiktionen nicht unabhängig betrachtet, sondern ihr Wert wird einander gegenübergestellt und ausgeglichen wird eine noch vorhandene Wertdifferenz. **Wenn eine der Parteien entreichert ist** und daher nach § 818 Abs. 3 nichts mehr schuldet, kann sie nach der Saldotheorie ihren eigenen Kondiktionsanspruch nicht unabhängig und in voller Höhe, sondern nur noch in Höhe des überschießenden Wertsaldos im Vermögen des Schuldners geltend machen. Das Risiko des Untergangs der Leistung verbleibt daher nicht beim Erbringer dieser Leistung, sondern es wird jedenfalls teilweise zurückverlagert auf denjenigen, in dessen Herrschaftsbereich die Entreicherung eingetreten ist.

▶ In der **Abwandlung zu Fall 66** kann V von K nicht mehr Rückgabe verlangen, wenn das Auto bei K ohne dessen Verschulden (§§ 818 Abs. 3, Abs. 4, 819) abhandengekommen ist. Seine Kondiktion läuft nach beiden Ansätzen leer. Anders ist es für K. Er könnte nach der Zweikondiktionenlösung Rückzahlung des vollen Kaufpreises verlangen. Die Saldotheorie korrigiert das und gibt K eine Kondiktion aus §§ 812 Abs. 1 S. 1, 1. Alt., 818 Abs. 3, die auf einen etwaig überschießenden Wert seines Kaufpreisanspruchs gerichtet ist. War das Auto 5.000 Euro wert und hat K 5.000 Euro gezahlt, gibt es keinen Überschuss. K erhält nichts. War das Auto 4.500 Euro wert und hat K 5.000 Euro gezahlt, ergibt sich zu seinen Gunsten ein Saldo von 500,- Euro, den er kondizieren kann. War das Auto mehr als 5.000 Euro wert, gibt es wiederum keinen Saldo zu seinen Gunsten, also auch keine Kondiktion. ◀

Anders ist es, wenn die Geldforderung, also die teilbare Leistung (= Geldsumme), im Vermögen des Verkäufers weggefallen ist und dieser nun Rückgabe der unteilbaren Leistung (= Auto) verlangt. Eine noch vorhandene (**unvertretbare oder unteilbare**) **Leistung** muss nämlich auch nach der Saldotheorie nur zurückgewährt werden, wenn Zug um Zug ihr gesamter Wert erstattet wird. Das ist einleuchtend, denn auch wenn das Auto mehr wert war als der dafür gezahlte Kaufpreis, so kann das Auto naturgemäß nicht teilweise, also auch nicht in Höhe des wertüberschießenden Saldos, zurückgewährt werden.

▶ Ist in **Fall 66** das Auto noch vorhanden, hat aber V keinen Gegenwert mehr in seinem Vermögen, weil er die Kaufsumme nicht in sein Geschäft investiert (dann: Bereicherung durch Ersparnis anderweitiger Aufwendungen), sondern verspielt hat, so kann zwar K von V wegen § 818 Abs. 3 nichts mehr verlangen. Verlangt jedoch V das Auto heraus, so braucht K dieses nur herauszugeben, wenn V ihm den Kaufpreis zurückzahlt. ◀

20 Anders als die Zweikondiktionenlösung führt die **Saldotheorie** also dazu, dass der Entreicherte in den meisten Fällen nur noch einen durch Saldierung entstehenden Mehrwert seiner eigenen Leistung, nicht aber deren vollen Wert kondizieren kann. Insoweit wird aus Billigkeitsgründen der Anwendungsbereich von § 818 Abs. 3 reduziert.[45] Das wird **damit gerechtfertigt, dass** es sich um **Leistungen** handelt, die, ungeachtet des unwirksamen Kausalgeschäfts, nach dem Willen der Parteien **um der jeweiligen Gegenleistung willen ausgetauscht wurden.** Dieser Umstand soll daher auch noch beachtet werden, wenn das schuldrechtliche Austauschgeschäft nichtig ist: Die Parteien, die es für gültig hielten, haben nun einmal ihre Leistungen nach ihrem eigenen Verständnis

45 Vgl. BGHZ 146, 298, 308; näher *Grigoleit/Auer*, Schuldrecht III, Rn. 146; Beispielsfälle bei *Röthel*, Jura 2015, 1287, 1290.

gegeneinander ausgetauscht. Man spricht von einem **faktischen Synallagma.**[46] Der eigentliche Grund für die Korrektur liegt aber darin, dass es als gerecht empfunden wird, die bei wirksamem Vertrag geltende **Gefahr- und Risikoverteilung** auch auf den unwirksamen Leistungstausch anzuwenden. Wer eine Sache veräußert, verlagert nämlich die Gefahr des Untergangs des Gegenstandes mit Übergabe auf den Käufer (§ 446 Abs. 1). Geht die Sache nun beim Käufer unter, so hätte der Käufer beim unwirksamen Kaufvertrag allenfalls noch eine Zuvielzahlung zurückerhalten, sofern die Sache weniger Wert hatte als der gezahlte Kaufpreis. So soll es auch beim unwirksamen Kaufvertrag nach bereicherungsrechtlichem Verständnis sein: Der Käufer erhält allenfalls noch eine Zuvielzahlung zurück, solange die Sache weniger Wert hatte als der gezahlte Kaufpreis. Der Verkäufer verliert aber letztlich die Sache und deren tatsächlichen Wert. So wäre es auch bei einem wirksamen Kaufvertrag gewesen. Auch dann hätte der Käufer bei einer minderwertigen, aber mittlerweile untergegangenen Sache nämlich nicht zurücktreten, sondern allenfalls mindern können (§§ 437 Nr. 2, 441 Abs. 4 S. 1) und dabei einen Teil des Kaufpreises zurückerhalten. **Hauptanliegen** der Saldotheorie ist es, durch das faktische Synallagma diese Lösung auch beim unwirksamen Vertrag zu erreichen. Hierdurch soll dem Gebot der Billigkeit Genüge getan werden.

Ob die Gleichsetzung von faktischem und vertraglichem Synallagma aber tatsächlich die gerechte Lösung erzeugt, ist umstritten.[47] Problematisch sind insbesondere Fälle, in denen bei einem beabsichtigten, aber fehlgeschlagenen zweiseitigen Vertrag die eine Partei vorgeleistet hat.[48] Hier nämlich gibt es auch bei der Hinleistung kein Synallagma, denn die vorleistende Partei hat im Rahmen ihrer Leistung auf die sofortige Erbringung der Gegenleistung (§ 320 BGB) gerade keinen Wert gelegt. Dieses Risiko behält sie, wenn der Vertrag nichtig ist. Die Saldotheorie schützt den vorleistenden Verkäufer dann nicht dagegen, dass die Leistung beim Käufer untergeht und er nichts zurückverlangen kann. Die Saldotheorie ist nämlich nur eine **Einwendung** und begründet nicht selbst einen Anspruch.[49]

Aus dem Verständnis der Saldotheorie ergeben sich auch die **Grenzen ihrer Anwendbarkeit.** Ihre Anwendung hat zu unterbleiben, die beiderseitigen Leistungen sind also getrennt voneinander i.S.d. Zweikondiktionentheorie zu betrachten, wenn dies einer vorrangigen Wertung des Gesetzes entspricht. Dazu gehört der **Schutz Geschäftsunfähiger und beschränkt Geschäftsfähiger.** Diese Personengruppe soll keinesfalls der Vertragshaftung ausgesetzt werden, auch nicht durch die Annahme eines faktischen Synallagmas bei der Rückabwicklung.[50] 21

▶ **FALL 67:** Der minderjährige K hat ohne Zustimmung seiner Eltern ein Fahrrad von V gekauft, das bei einem Verkehrsunfall zerstört wird.

Mangels Zustimmung der gesetzlichen Vertreter ist ein wirksamer Kaufvertrag nie zustande gekommen. Wurde K von V das Fahrrad übergeben, so stellt sich das oben diskutierte Rückabwicklungsproblem jedenfalls, wenn V das Fahrrad nach § 812 Abs. 1 S. 1, 1. Alt. zurückfordert. Ist das Fahrrad dem K abhandengekommen, so versagt auch der Bereicherungs-

46 BGHZ 53, 144, 147; 57, 137, 150; 78, 216, 223; *Medicus/Petersen*, Bürgerliches Recht, Rn. 224.

47 Vgl. zur Kritik *Flume*, JZ 2002, 321, 324; *Larenz/Canaris*, Schuldrecht II/2, § 73 III 1 d m.w.N.; *Medicus/Petersen*, Bürgerliches Recht, Rn. 226–230.

48 Hierzu *Medicus/Petersen*, Bürgerliches Recht, Rn. 226.

49 Zudem wird mit der Vorleistungspflicht nur das Insolvenzrisiko des Vertragspartners, nicht aber das des zufälligen Untergangs übernommen, vgl. MüKoBGB/*Schwab*, § 818 Rn. 257.

50 BGHZ 126, 105.

anspruch nach § 818 Abs. 3. Würde man die Kondiktionen in ein Synallagma stellen, so könnte K nur einen zu seinen Gunsten bestehenden Saldo, niemals aber den vollen Kaufpreis zurückverlangen. Damit würde der Minderjährige entgegen den Absichten der §§ 105 ff. benachteiligt. Dieses Ergebnis vermeidet man, wenn man die Zweikondiktionentheorie anwendet. Danach ist der Anspruch gegen den Minderjährigen ausgeschlossen (§ 818 Abs. 3), doch kann dieser seinerseits die Kaufpreiskondiktion in voller Höhe geltend machen. ◀

22 Eine weitere – ihrerseits wiederum umstrittene – Ausnahme von der Saldotheorie macht die h.M. in **Fällen der arglistigen Täuschung oder bei Gesetzesverstößen.** So soll der Getäuschte (nicht der Täuschende) seinen Rückforderungsanspruch nach Anfechtung in voller Höhe auch geltend machen können, wenn er seinerseits den erhaltenen Gegenstand nicht mehr zurückgewähren kann.[51] Im Falle der arglistigen Täuschung lässt sich dies auch damit rechtfertigen, dass der Untergang der Kaufsache beim Käufer auf einem Umstand beruhen kann, der dem Verkäufer zuzurechnen ist (nämlich der vom Verkäufer begangenen Täuschung). Das ist insbesondere der Fall, wenn ein verkauftes Auto durch einen Unfall zerstört wurde, dessen Ursache ein schon bei der Übergabe vorhandener, aber arglistig verschwiegener oder auch vom Verkäufer infolge Garantieübernahme oder kraft Gewährleistungsrechts zu verantwortender Fehler war.[52] Die Saldotheorie ist daher nicht anzuwenden, K kann den vollen Kaufpreis von V zurückfordern. Zu beachten ist, dass der arglistig Täuschende, der den Mangel des Geschäfts kennt, sich nicht auf einen Wegfall der Bereicherung berufen kann. Dies ergibt sich aus § 819 Abs. 1 i.V.m. §§ 142 Abs. 2 und 818 Abs. 4, 292, 989, 990, die im Folgenden zu erörtern sind.

4. Verschärfte Haftung (§§ 818 Abs. 4 bis 820)

23 Das wichtige **Privileg der Bereicherungshaftung** ist **in** § **818 Abs.** 3 formuliert. Danach ist ein Zugriff auf das von der Bereicherung unabhängige Restvermögen des Bereicherungsschuldners zu vermeiden. Der Bereicherungsanspruch soll nur abschöpfen, nicht aber schädigen. Anders ist es nur, wenn der Bereicherungsschuldner weiß, dass er einen Gegenstand rechtgrundlos erhalten und herauszugeben hat, diesen Gegenstand aber ungeachtet dessen weggibt, beschädigt oder aus einem sonstigen Grunde seine Herausgabe unmöglich macht. Nur wer gutgläubig der Ansicht ist und sein darf, einen Gegenstand rechtmäßig zu besitzen, soll von § 818 Abs. 3 profitieren. Wer bösgläubig ist, **haftet verschärft**, was insbesondere zur Folge hat, dass er sich auf den Entreicherungseinwand nicht berufen kann.[53]

„**Bösgläubig**" ist, wer auf Herausgabe verklagt wurde und die Klageschrift bereits erhalten hat (**Rechtshängigkeit**, §§ 261, 253, 269 Abs. 3 ZPO). Das folgt aus § **818 Abs. 4** und erklärt sich daraus, dass der auf Herausgabe Verklagte damit rechnen muss, vor Gericht zu unterliegen. Also darf er mit dem Gegenstand nicht mehr so umgehen, wie er dies kann, solange seine Stellung unangefochten ist. Wie im Eigentümer-

51 BGHZ 53, 144, 147; 57, 137, 150 ff.; 173, 16 Tz.48; dazu *U. Huber*, JuS 1972, 439; *Flessner*, NJW 1972, 1777. Weitere Fälle BGHZ 146, 298 (Rückabwicklung eines wucherischen Geschäfts) und BGH NJW 2005, 884, 887 (Einschränkung der Saldotheorie bei Insolvenz, wenn diese Theorie dazu führen würde, dass ein nur mit einer Quote zu befriedigender Insolvenzgläubiger sonst volle Befriedigung erhielte).

52 Vgl. hierzu BGHZ 78, 216 m. Anm. *Berg*, NJW 1981, 2337.

53 Umfangreich zur verschärften Haftung des Bereicherungsschuldners *Röthel*, JURA 2016, 260; grundlegend auch *Prütting*, AcP 2019, 459; zu den Rechtsfolgen der verschärften Haftung vertiefend *Kohler*, JuS 2018, 1033; *Kohler*, JZ 2018, 591.

Besitzer-Verhältnis auch (§§ 987, 989), ist dem Fall der Rechtshängigkeit einer Klage der Fall gleichgestellt, dass der Bereicherte Kenntnis vom Mangel des Rechtsgrundes hat (**§ 819 Abs. 1,** vgl. § 990). Kenntnis in diesem Sinne ist **positive Kenntnis**, nicht bloßes (sei es auch grob fahrlässiges) Kennenmüssen.[54] Dies bedeutet wiederum nicht, dass vom Schuldner eine juristisch saubere Subsumtion der Eigentums- und/oder Besitzlage verlangt wird. Es genügt, wenn der Schuldner diejenigen Umstände positiv kennt, die nach juristischer Wertung dazu führen, dass er den Gegenstand gegenüber dem Kondiktionsgläubiger nicht behalten darf. Der Schuldner selbst muss diese Umstände laienhaft werten.[55] Die positive Kenntnis durch Stellvertreter muss sich der Schuldner (jedenfalls bei der Leistungskondiktion) nach § 166 Abs. 1 BGB zurechnen lassen.[56]

Ein klassisches (Klausur-)Problem in diesem Zusammenhang ist, ob es bei minderjährigen Bereicherungsschuldnern auf ihre eigene oder auf die Kenntnis ihres gesetzlichen Vertreters, also i.d.R. ihrer Eltern, ankommt. Ein Teil der Literatur stellt grundsätzlich auf die Kenntnis der Eltern ab, um den Minderjährigenschutz aus §§ 104 ff. nicht zu umgehen.[57] Andere stellen unter Rückgriff auf §§ 827 bis 829 darauf ab, ob der Minderjährige selbst die zur Kenntnis der Verantwortung erforderliche Einsichtsfähigkeit hatte.[58] Richtigerweise ist nach Art der Kondiktion zu differenzieren. Bei Leistungskondiktionen, die zur Rückabwicklung von Verträgen dienen, kommt es wie im Vertragsrecht auch auf die Kenntnis des gesetzlichen Vertreters an. Bei Kondiktionen, die einen Eingriff rückgängig machen sollen, also einen Tatbestand ähnlich einer unerlaubten Handlung betreffen, sind dagegen §§ 827 bis 829 entsprechend anzuwenden, so dass Kenntnis vorliegt in Fällen, in denen der Minderjährige die Einsichtsfähigkeit zur laienhaften Wertung seines Verhaltens hatte.[59] Der BGH hat im noch zu behandelnden Flugreisefall (vgl. § 9 Rn. 3) diese Frage nicht abschließend geklärt. Er hat jedoch, obwohl eine Leistungskondiktion einschlägig war, darauf abgestellt, dass der Minderjährige sich die Flugleistung durch eine unerlaubte Handlung verschafft hat, und daraufhin § 828 herangezogen.[60]

Worauf genau sich die Kenntnis beziehen muss, hängt von der jeweiligen Kondiktion ab. Im Grundfall der **Leistungskondiktion** geht es um die Kenntnis von der Unwirksamkeit (oder Anfechtbarkeit) der Verpflichtung. Im Falle der Kondiktion nach **§ 817 S. 1** muss der Schuldner nach laienhafter Anschauung diejenigen Tatsachen kennen und nach ihrem Unwertgehalt einordnen konnen, die zur Sittenwidrigkeit des Nehmerverhaltens führen (§ 819 Abs. 1 S. 1). Im Falle der **Kondiktion wegen Zweckverfehlung** (§ 812 Abs. 1 S. 2, 2. Alt.) muss der Empfänger gewusst haben, dass nach dem Inhalt des Rechtsgeschäfts der beabsichtigte Zweck ungewiss war (§ 820 Abs. 1). Bei der **Kondiktion wegen Wegfall des rechtlichen Grundes** (§ 812 Abs. 1 S. 2, 1. Alt.) geht es um die Kenntnis von der Möglichkeit eines späteren Wegfalls des Rechtsgrundes. Bei 24

54 Hierzu *Schreiber*, JuS 1978, 230; *Röthel*, Jura 2016, 260, 261.
55 BGH NJW 1987, 185, 187; *Loewenheim*, JuS 1987, 541, 543.
56 BGH NJW 2014, 1294 (Verwalter einer Wohnungseigentümergemeinschaft).
57 Bamberger/Roth/*Wendehorst*, § 819 Rn. 8; Staudinger/*Lorenz*, § 819 Rn. 9 f.; *Larenz/Canaris*, Schuldrecht BT II/2, § 73 II 2 a, S. 312; *Batsch*, NJW 1972, 609, 611.
58 *Flume*, BGB AT Bd 2, § 13, 7b, e, cc.
59 *Larenz*, Schuldrecht II/1, § 64 II; im Ergebnis auch BGHZ 55, 128, 136 für den Fall, dass die Zuführung einer Leistung gleichzeitig den Tatbestand eines Delikts erfüllt („blinder Passagier" im Flugreisefall).
60 BGHZ 55, 128; Palandt/*Sprau*, § 819 Rn. 4 f.

einem anfechtbaren Rechtsgeschäft ist der Anfechtungsgegner bösgläubig, wenn er den Grund für die Anfechtung kannte (§ 142 Abs. 2; vgl. dazu FALL 116, § 14 Rn. 4).[61]

25 §§ 818 Abs. 4, 819, 820 bewirken zunächst, dass das Privileg des § 818 Abs. 3 nicht mehr anwendbar ist.[62] Der Schuldner darf sich nicht mehr auf die Entreicherung berufen. Überdies **haftet der Schuldner** verschärft, oder wie es das Gesetz ausdrückt **„nach den allgemeinen Vorschriften“**. Diese allgemeinen Vorschriften sind insbesondere die Normen des allgemeinen Schuldrechts mit ihren Verweisungen. So haftet auf Schadensersatz (einschließlich entgangenen Gewinn[63]), wer auf Herausgabe verklagt oder bösgläubig ist nach § 292 Abs. 1 i.V.m. § 989, wenn er die herauszugebende Sache nur noch verschlechtert oder gar nicht mehr herausgeben kann. Nach §§ 292 Abs. 1, 990 Abs. 2, 287 S. 2 besteht diese Haftung sogar, wenn der Bereicherungsgegenstand zufällig, also ohne ein Verschulden des Bereicherungsschuldners untergeht. Nach §§ 292 Abs. 2, 987 Abs. 1 und Abs. 2 sind tatsächlich gezogene (§ 987 Abs. 1) oder mögliche, aber entgegen den Regeln ordnungsgemäßer Wirtschaft nicht gezogene Nutzungen (§ 987 Abs. 2) herauszugeben. Verwendungen auf die Sache können nur noch ersetzt verlangt werden, wenn sie notwendig waren (§§ 292 Abs. 2, 994 Abs. 2, 995 f.). Richtete sich der Bereicherungsanspruch auf die Zahlung einer Geldsumme, so ist diese gem. §§ 291, 288 Abs. 1 zu verzinsen.

WIEDERHOLUNGS- UND VERTIEFUNGSFRAGEN

> Worin besteht der Hauptzweck des Bereicherungsrechts?

> Wie lassen sich Bereicherungs- und Deliktsrecht voneinander trennen?

> Erläutern Sie die Begriffe „Einheitstheorie“ und „Trennungslehre“ und deren Bedeutung für die Dogmatik des § 812 Abs. 1. Welche Bedeutung haben die Begriffe für die einzelnen Tatbestandsmerkmale dieser Norm?

> In welchen Fällen ist § 818 Abs. 1, in welchen § 818 Abs. 2 anzuwenden? Worin besteht das erlangte „Etwas“, wenn man Dienste entgegennimmt (vgl. dazu auch folgendes Kapitel)?

> (V) A verkauft an B eine Büroeinrichtung der Marke „Profi“. Mit dem Lieferanten D vereinbart A, die Einrichtung erst auf besondere Aufforderung des A zu liefern, da er (A) die vereinbarte Vorauszahlung von B abwarten wolle. Aufgrund eines Organisationsfehlers liefert D an B, ohne die Aufforderung des A abzuwarten. Liegt eine Leistung des A vor? (hierzu *St. Lorenz*, Bereicherungsrechtliche Drittbeziehungen, JuS 2003, 839–845)

> Unter welchen Umständen ist der Gewinn aus einem vom Bereicherungsschuldner geschlossenen Rechtsgeschäft herauszugeben?

> A kauft eine Antiquität bei B zu einem Preis von 500 Euro. Später ficht B den Kaufvertrag an und verlangt die Sache zurück. Noch bevor es dazu kommt, wird die Antiquität bei A zerstört. Mittlerweile hatte sie einen Wert von 800 Euro. Was muss A herausgeben?

> Wodurch unterscheidet sich die Saldotheorie von der Zweikondiktionentheorie? Wann wird die erstgenannte, wann die zweitgenannte Theorie angewendet?

---

61 Ebenso bei Anfechtbarkeit einer gläubigerbenachteiligenden Handlung in der Insolvenz nach §§ 133 Abs. 1, 143 Insolvenzordnung: BGHZ 193, 129 Tz. 30; BGH DStR 2016, 84 Tz. 27.

62 Umfangreich zur verschärften Haftung des Bereicherungsschuldners *Röthel*, JURA 2016, 260; grundlegend auch *Prütting*, AcP 2019, 459; zu den Rechtsfolgen der verschärften Haftung vertiefend *Kohler*, JuS 2018, 1033.

63 BGH NJW 2014, 2790, 2793.

> Wann darf sich der Bereicherungsschuldner auf eine Entreicherung berufen und wann hilft ihm eine solche Einrede nicht?
> (V) Kann die Patientin, die sich einer Schönheitsoperation unterzogen hat, Rückzahlung des Honorars verlangen, wenn sie entgegen der Zusage des Chefarztes nicht von diesem, sondern von einem Assistenzarzt behandelt wurde und daraufhin den Behandlungsvertrag wegen arglistiger Täuschung anficht? (dazu OLG Koblenz NJW 2008, 1679)
> (V) Kann ein Mieter, der aufgrund einer unwirksamen Endrenovierungsklausel die angemietete Wohnung vor seinem Auszug gleichwohl mit eigener Arbeitsleistung renoviert hat, Wertersatz vom Vermieter nach § 818 Abs. 2 verlangen? (hierzu BGHZ 181, 188 = NJW 2009, 2590 mit Besprechung *St. Lorenz*, Geschäftsführung ohne Auftrag und Bereicherungsausgleich bei Vornahme nicht geschuldeter Schönheitsreparaturen, NJW 2009, 2576–2577).

§ 9 Die Leistungskondiktionen

I. Überblick und Prüfungsschema

1 TYPEN: Kernvoraussetzung der Leistungskondiktion ist das Fehlen eines rechtlichen Grundes („causa") für die Vermögensmehrung beim Bereicherten. Man kann danach fünf Typen der Leistungskondiktion unterscheiden, die zum Teil in § 812, zum Teil in ergänzenden Regelungen normiert sind:

(1) Fehlen eines rechtlichen Grundes von Anfang an, sog. condictio **indebiti**, § 812 Abs. 1 S. 1, 1. Alt. = irrtümliche Leistung auf eine Nichtschuld = Grundfall der Leistungskondiktion. Sie ist ausgeschlossen, wenn der Leistende positiv gewusst hat, dass es keinen Rechtsgrund für seine Leistung gibt (§ 814).

(2) Wegfall des rechtlichen Grundes, condictio **ob causam finitam** (ob causam datorum), § 812 Abs. 1 S. 2, 1. Alt. = Leistung auf einen (später) „beendeten" = weggefallenen Rechtsgrund.

(3) Nichterreichen eines beabsichtigten Zwecks (Zweckverfehlung) = condictio **causa data causa non secuta**, § 812 Abs. 1 S. 2, 2. Alt. = Leistung mit dem erkennbaren Willen, einen bestimmten zusätzlichen Erfolg (neben dem der Erfüllung einer Schuld) eintreten zu lassen (auch: condictio ob rem). Die Kondiktion ist ausgeschlossen, wenn die Zweckerreichung von Anfang an unmöglich war und der Leistende das wusste oder wenn derjenige, der den Erfolg setzt, seinen Eintritt vereitelt (§ 815).

(4) Leistung zur Verfolgung eines sitten- oder gesetzwidrigen Zwecks = condictio **ob turpem vel iniustam causam**, § 817 S. 1, bzw. wegen unsittlichen oder rechtswidrigen Empfangs. § 817 S. 2 führt zum Ausschluss der Leistungskondiktion, wenn der Leistende oder beide Parteien des Leistungsverhältnisses mit der Leistung sitten- oder gesetzwidrige Zwecke verfolgen.

(5) Leistung auf eine einredebehaftete Forderung (§ 813) = Ergänzung des § 812 Abs. 1 S. 1, 1. Alt. in Fällen, in denen auf eine Forderung geleistet wurde, obgleich aufgrund einer dauernden Einrede (ausgenommen: Verjährung) nicht hätte geleistet werden müssen.

2 PRÜFUNGSSCHEMA: Die Leistungskondiktion hat **drei Grundvoraussetzungen**, die – für den Grundfall der **condictio indebiti** – wie folgt lauten:

(1) **Etwas erlangt** (vgl. § 8 Rn. 9 f.):

- z.B. Eigentum, Besitz, Forderung, Befreiung von einer Verbindlichkeit, abstraktes Schuldversprechen oder ein Schuldanerkenntnis nach §§ 780, 781 (§ 812 Abs. 2).

(2) **Durch Leistung des Anspruchstellers:**

- Leistung i.S.d. Bereicherungsrechts ist jede bewusste und zweckgerichtete Vermehrung fremden Vermögens (h.M.).[1] Die „Leistung" bezeichnet nach h.M. gleichzeitig den Bereicherungsgläubiger als Leistenden und den Bereicherungsschuldner als Leistungsempfänger. Das Merkmal „auf Kosten" spielt daher nur bei der Nichtleistungskondiktion eine Rolle (oben § 8 Rn. 7, § 10 Rn. 6).

1 BGHZ 40, 272, 277.

(3) **Ohne Rechtsgrund:**
- Der Rechtsgrund fehlt, wenn der mit der Leistung verfolgte Zweck – z.B. bei § 812 Abs. 1 S. 1, 1. Alt. die Erfüllung einer Verbindlichkeit – nicht erreicht wurde. Dies ist der Fall, wenn keine Verbindlichkeit bestand (z.B. weil der Vertrag nicht zustande gekommen ist) oder aber die Erfüllungswirkung nicht eingetreten ist (z.B. weil an einen Minderjährigen geleistet worden ist). Weiß der Leistende positiv, dass eine Verpflichtung nicht bestand, so kann er die Leistung gem. § 814 nicht zurückfordern (unten Rn. 8). Ausnahmen hiervon regelt § 817 (unten Rn. 16).

(4) **Rechtsfolge:**
- Herausgabe des Erlangten. Herauszugeben ist primär der erlangte Gegenstand (§§ 812 Abs. 1, 818 Abs. 1), hilfsweise dasjenige, was an seine Stelle getreten ist (§§ 818 ff., oben § 8 Rn. 9).

II. Grundfall

Mit zahlreichen Problemen der Leistungskondiktion befasst sich der schon zum „Klassiker" unter den BGH-Entscheidungen gewordene sog. „Flugreise-Fall". 3

▶ **Fall 68** (BGHZ 55, 128):[2] B fliegt kurz vor seinem 18. Geburtstag mit einer Linienmaschine von München nach Hamburg. Dort gelingt es ihm, mit den Transitpassagieren das Flugzeug wieder zu besteigen und ohne entsprechenden Flugschein an dem Weiterflug nach New York teilzunehmen. In New York wird ihm die Einreise in die USA verweigert, weil er kein Visum hat. Kann die Fluggesellschaft die Kosten für den Hinflug von B ersetzt verlangen (zum Rückflug unten Rn. 7 und § 12 Rn. 1)?

Für einen **vertraglichen Anspruch aus § 631 Abs. 1** fehlt es an einer rechtsgeschäftlich wirksamen Willenserklärung des B (§§ 106, 107, 108). In Betracht kommt aber eine **Leistungskondiktion nach § 812 Abs. 1 S. 1, 1. Alt.** Das setzt voraus, dass B **„etwas erlangt"** hat (vgl. oben § 8 Rn. 9, 10). Nach der Rspr. hat B nur etwas erlangt, wenn er eigene Aufwendungen erspart hat, was hier möglicherweise nicht der Fall ist, weil B sich solche „Luxusaufwendungen" niemals hätte leisten können. Entsprechend § 818 Abs. 3 kommt es aber dann darauf an, ob B sich auf diesen Gesichtspunkt berufen kann.[3] Nach h.L. hat B objektiv eine tatsächliche Leistung, nämlich den Flug nach New York als geldwerte Dienstleistung, erlangt.[4] Die Frage nach dem subjektiven Wert der verbrauchten Luxusleistung stellt sich erst auf der Rechtsfolgenseite, d.h. unter direkter Anwendung des § 818 Abs. 3. Sachlich besteht kein Unterschied zu dem Ansatz der Rspr. Folgt man aus methodisch-didaktischen Gründen dem Ansatz der h.L.[5], so wäre als Nächstes zu prüfen, ob die **Dienstleistung von F an B geleistet** wurde (zum Leistungsbegriff unten Rn. 4).

F hat den Minderjährigen B – auch aus dessen Sicht als Empfänger – als Fluggast transportiert, weil sie (irrtümlich) der Ansicht war, dem B gegenüber eine vertragliche Beförderungspflicht übernommen zu haben. Daher liegt eine Leistung zum Zwecke der Erfüllung einer

2 BGHZ 55, 128 = NJW 1971, 609 m. Anm. *Teichmann*, JuS 1972, 247 und ausführlicher Lösung bei *Beuthien/Weber*, Schuldrecht II, 2. Aufl., 1987, Fall 4; vgl. auch *Wieling/Finkenauer*, Fälle zum Besonderen Schuldrecht, 7. Aufl., 2012, Fall 13 (Die unberechtigte Zugfahrt).
3 Vgl. BGHZ 55, 128, 130.
4 Vgl. insoweit *von Caemmerer*, FS Rabel I, S. 333, 368.
5 Über die Eingriffskondiktion vorgehen will Staudinger/*St. Lorenz*, § 812 Rn. 3; die Nichtleistungskondiktion halten für einschlägig, wenn sich der Minderjährige an der Crew vorbei in das Flugzeug einschleicht: *Larenz/Canaris*, Schuldrecht II/2, § 67 IV 2.

(vermeintlichen) schuldrechtlichen Verpflichtung vor. Die Bereicherung ist **ohne Rechtsgrund** erfolgt, da es an einem wirksamen Vertrag fehlte, also keine Verbindlichkeit bestand. Gläubiger der Kondiktion ist, wer rechtsgrundlos geleistet hat, also die Fluggesellschaft. Tatbestandlich liegt eine unrechtmäßige Bereicherung daher vor.

Rechtsfolge ist, dass der **Bereicherungsgegenstand als solcher herauszugeben** ist. Bei Dienstleistungen ist dies unmöglich, sodass gemäß § 818 Abs. 2, 1. Fall nur ein Anspruch auf objektiven Wertersatz in Betracht kommt. Doch könnte B einwenden, dass **Entreicherung** eingetreten ist, weil der Gegenstand verbraucht und auch sein Wert nicht mehr in seinem Vermögen vorhanden ist (§ 818 Abs. 3). Das trifft zu für Luxusausgaben, also Ausgaben für außergewöhnliche Dinge, die sich der Schuldner allein wegen der Bereicherung, nicht aber aus eigenen Mitteln hätte leisten können (§ 8 Rn. 15). Auf Entreicherung kann sich B jedoch auch dann nicht berufen, wenn er nach **§ 819 Abs. 1** verschärft haftet. Das setzt voraus, dass er positiv wusste, dass die Leistung ohne Rechtsgrund erfolgt bzw. der Eingriff nicht erlaubt war. Bei Minderjährigen ist streitig, auf wessen Kenntnis es ankommt (§ 8 Rn. 23). In Fällen der Leistungskondiktion geht es um den Schutz vor aufgedrängten Verträgen, folglich muss es hier auf die Kenntnis des gesetzlichen Vertreters ankommen. Der BGH hat gleichwohl eine entsprechende Anwendung der §§ 827 f. befürwortet, weil sich der Minderjährige den Bereicherungsgegenstand durch eine vorsätzliche unerlaubte Handlung verschafft hat und deshalb vom Schutz der §§ 104 ff. im Deliktsrecht ohnehin nicht profitiert hätte. Das wäre konsequent, wenn der Minderjährige sich die Bereicherung durch Eingriff verschafft hätte, dann nämlich ginge es um einen deliktsähnlichen Tatbestand, sodass §§ 827, 828 entsprechend anzuwenden wären.[6] Da ein kurz vor der Volljährigkeit Stehender bereits die Einsichtsfähigkeit hat, das Unrechtmäßige des Einschleichens in ein Flugzeug ohne Flugschein einzusehen, wäre die Haftung insoweit angemessen. Vorliegend spricht allerdings der Schutz des Minderjährigen im Vertragsrecht dafür, die Besonderheiten der Leistungskondiktion auch auf der Rechtsfolgenseite zu berücksichtigen. Da die Eltern keine Kenntnis i.S.v. § 819 Abs. 1 hatten, fehlt es insgesamt an einer Bösgläubigkeit. Auf die Entreicherung (§ 818 Abs. 3) kann sich der Minderjährige nur nach der Lösung des BGH nicht berufen. Er hätte danach den objektiven Wert der Flugreise zu erstatten. Vorzugswürdig ist die Lösung, die den Minderjährigen auch auf der Rechtsfolgenseite schützt, also die Kenntnis der gesetzlichen Vertreter verlangt. ◀

Die Lösung des BGH verwendet bei der Rechtsfolge Elemente der Nichtleistungskondiktion, die dort bei der richtigerweise gewählten Leistungskondiktion nicht hingehören. Die Leistungskondiktion ist aber schon deswegen die richtige Anspruchskategorie, weil ein von der Fluggesellschaft beabsichtigter Vertragsschluss gescheitert, gleichwohl der Fluggast ohne Flugschein in den Genuss einer Dienstleistung gelangt ist. Es geht damit funktional um das Recht der gescheiterten Verträge (oben § 8 Rn. 6). Daher kann auch bei der Rechtsfolge nicht auf §§ 827 f. abgestellt werden. Das Ergebnis, dass ein Minderjähriger, der letztlich keinen Schaden angerichtet hat (der Sitz wäre frei geblieben, die Bordverpflegung kann man vernachlässigen), auch nichts zu zahlen hat, ist konsequent.

Die Voraussetzungen der Leistungskondiktion sollen im Folgenden ausführlich und jeweils unter Rückgriff auf den Grundfall erörtert werden.

---

6 *Larenz*, Schuldrecht II/1, § 64 II.

III. Die Voraussetzungen der Leistungskondiktion

1. Der Begriff der Leistung

„Leistung“ wird definiert als „bewusste und zweckgerichtete Vermehrung fremden Vermögens“.[7] Der Leistungsbegriff enthält danach zwei Elemente: Zum einen muss die **Zuwendung** eines Vermögensvorteils an einen anderen erfolgen, zum anderen diese erkennbar auf ein Schuldverhältnis bezogen sein (**Zweck**).[8] **Zuwendung** ist jede dem Leistendem bewusste und von ihm gewollte Vermögensverfügung. Sie muss auf einer zurechenbaren und freiwilligen menschlichen Handlung beruhen. Daran fehlt es noch nicht, wenn die Motivation für die Leistung durch Irrtum oder Täuschung beeinflusst wird. Keine Leistung liegt aber vor, wenn sich der Empfänger den Gegenstand selbst verschafft hat, z.B. durch Wegnahme oder Unterschlagung. Der Leistungszweck wird zwar vom Leistenden gesetzt, er muss aber auch vom Empfänger als solcher erkannt und zugeordnet werden. Damit hat die Leistung ein willensabhängiges und ein vertrauensabhängiges Element. Einerseits kann nur der Zuwendende über seine Zuwendung bestimmen, insb. darüber, wer die Zahlung erlangen soll.[9] Andererseits kann bei dem Leistungsempfänger Vertrauen im Hinblick auf das Behaltendürfen der Leistung entstehen. Das Verhältnis beider Funktionen zueinander bereitet Probleme, wenn an dem Leistungsverhältnis mehrere Personen beteiligt sind (Dreiecks- oder Mehrpersonenverhältnisse, unten § 11 Rn. 2).[10] Bei diesen Verhältnissen wird darüber gestritten, ob der Leistungsbegriff der h.M. wirklich geeignet ist, bereicherungsrechtliche Probleme befriedigend zu lösen.[11] Jedenfalls außerhalb von Mehrpersonenverhältnissen führt der Leistungsbegriff überwiegend zu gut begründbaren Ergebnissen. 4

2. Der Leistungszweck

Leistungszweck bei § 812 Abs. 1 S. 1, 1. Alt. ist meist die Tilgung einer als wirksam angesehenen Schuld (**datio solvendi causa** = Leistung, um eine Schuld zu tilgen) oder die bewusste Schenkung (**datio donandi causa** = Leistung, um eine Schenkung vorzunehmen, § 518 Abs. 2). Der Leistungszweck ist daher auf eine zugrunde liegende (schuldrechtliche) Beziehung bezogen. Der mit der Leistung verfolgte Zweck wird vom Leistenden gesetzt. Die Zweckbestimmung ist nach h.M. **wie eine einseitige, empfangsbedürftige Willenserklärung zu behandeln,**[12] daher ggf. anfechtbar.[13] Bedeutung hat die Einordnung für die Frage, ob auch Minderjährige Leistungszwecke setzen können. Die h.M. muss dies ebenso verneinen, wie sie die Möglichkeit einer Erfüllung i.S.v. § 362 durch Minderjährige verneint.[14] Ob der Leistungszweck von Anfang an fehlte (so beim nichtigen Vertrag oder beim nicht vorhandenen Vertrag, gelegentlich als Leistung „sine causa“ bezeichnet) oder später mit Wirkung ex tunc wegfällt (§ 142 Abs. 1), ist gleich- 5

---

7 BGHZ 40, 272, 277 (Einbau von Baumaterial in fremdes Grundstück) m. Anm. *Baur/Wolf*, JuS 1966, 393, 395; in BGHZ 58, 184, 188 als „nunmehr gefestigte Rechtsprechung“ bezeichnet; in jüngerer Zeit *Stolte*, JZ 1990, 220; *Kamionka*, JuS 1992, 845 und 929; zusammenfassend *Schnauder*, JuS 1994, 537.

8 *Larenz*, Schuldrecht II/1, § 68 I a, S. 524.

9 BGHZ 40, 272, 277 m. Anm. *Baur/Wolf*, JuS 1966, 393, 395; a.A.: RGZ 60, 24: Sicht des Leistenden maßgeblich; *Flume*, Anm. JZ 1962, 281; *Berg*, Anm. NJW 1962, 101; MüKoBGB/*Schwab*, § 812 Rn. 92.

10 Vgl. *Medicus/Petersen*, Bürgerliches Recht, Rn. 687, 688; *Schnauder*, NJW 1999, 2841.

11 Zur Kritik *Canaris*, FS Larenz, 1973, S. 799.

12 BGHZ 111, 383, 386; *Erman/Buck-Heeb*, § 812 Rn. 13 m.w.N.; a.A. HK-BGB/*Schulze*, § 812 Rn. 5; allgemein zur Behandlung rechtsgeschäftsähnlicher Handlungen als Willenserklärung BGHZ 47, 352, 357.

13 BGHZ 106, 163, 166 (Verwendungszweck einer Banküberweisung).

14 Zum Problem der Erfüllung durch Minderjährige *Wacke*, JuS 1978, 80.

gültig. An wen und auf welche Schuld geleistet wurde, bestimmt sich in Zweifelsfällen nach der objektivierten Sicht des Leistungsempfängers.[15] Danach liegt eine Leistung vor, wenn eine vernünftige Person in der Lage des Empfängers die bei ihr eingegangene Zahlung eines Dritten nach Treu und Glauben mit Rücksicht auf die Verkehrssitte als Leistung ihres Schuldners ansehen musste und durfte.[16] Im Übrigen ist es Aufgabe des Leistenden, durch klare Angaben auf Überweisungsträgern, Schecks oder in Begleitbriefen deutlich zu machen, wer Leistungsempfänger ist und warum geleistet wird (vgl. auch § 366).

3. Die einzelnen Leistungskondiktionen

6 Das Merkmal „**ohne Rechtsgrund**" ist erfüllt, wenn ein bewusst gesetzter Leistungszweck verfehlt wurde. Ob und inwiefern das der Fall ist, beurteilt sich nach dem jeweiligen Kondiktionstyp.

a) Irrtümliche Zahlung auf eine Nichtschuld oder bei dauerhafter Einrede (Condictio indebiti, § 812 Abs. 1 S. 1, 1. Alt., § 813 Abs. 1)

7 Prüfungsschema:

(1) **Etwas** erlangt;

(2) **durch Leistung** des Anspruchsstellers;

(3) **ohne Rechtsgrund (Leistungszweck „Erfüllung einer Verbindlichkeit" verfehlt)**;

(4) Rechtsfolge: Herausgabe des Erlangten oder Wertersatz.

Voraussetzung für die „Kondiktion des Nichtgeschuldeten" ist, dass der **Leistungserfolg auf die Erfüllung einer nicht bestehenden Schuld gerichtet** war („solvendi causa"). Der Leistungszweck wird verfehlt bzw. der Leistung fehlt der Rechtsgrund, wenn entweder keine Schuld bestand (wenn z.B. der Vertrag nicht zustande kam) oder die erbrachte Leistung nicht zur Erfüllung geführt hat (z.B. weil an einen Minderjährigen ohne Einverständnis seiner Eltern geleistet wurde). Eine Leistungshandlung erfolgt mit Rechtsgrund, wenn der Leistende zu ihr aufgrund der Vorschriften der Geschäftsführung ohne Auftrag (GoA, §§ 677 ff.) berechtigt war. Daher scheidet im Grundfall eine Leistungskondiktion für den Rückflug aus, sofern die Fluggesellschaft berechtigt war, den minderjährigen blinden Passagier wieder dem Erziehungsberechtigten zurückzubringen. Der Anspruch auf Ersatz der Aufwendungen für den Rückflug bemisst sich dann nach dem Recht der GoA (unten § 12 Rn. 1). Auch Anfechtungssachverhalte sind nach h.M. wegen der ex tunc Wirkung der Anfechtung über § 812 Abs. 1 S. 1, Alt. 1 rückabzuwickeln.

§ 813 Abs. 1 S. 1 als eigene Anspruchsgrundlage erweitert dies auf Sachverhalte, in denen zwar eine Verbindlichkeit besteht, ihr aber eine **dauerhafte Einrede** entgegensteht, sodass nicht hätte geleistet werden müssen. Erfolgt dennoch die Leistung, so wird deren Zweck letztlich verfehlt. Daher gibt § 813 Abs. 1 S. 1 in einigen Fällen auch hier und über die Fälle des § 812 Abs. 1 S. 1, 1. Alt. hinaus einen eigenen Rückzahlungsanspruch.

---

15 BGH NJW 1974, 1132 = JZ 1975, 27, 28.

16 So BGH NJW 2005, 60 f. (Öffentlicher Bediensteter veranlasst eine Zahlung der Bundeswehrkasse an eine Frau, die dem Bediensteten „sexuelle Dienste" geleistet hat: keine Leistung, weil F nicht annehmen durfte, dass die Bundeswehrkasse bei ihr Schulden hatte); vgl. auch BGH NJW 2018, 1079 Tz. 17.

▶ **Fall 69:** E wird Erbe des A. Er weiß nicht, dass der Nachlass dürftig ist und zahlt einem Gläubiger G des Nachlasses eine Geldsumme aus seinem Vermögen.

Hier erfolgt die Zahlung nicht ohne Rechtsgrund, denn die Forderung des G besteht. Doch könnte der Erbe dem Gläubiger in einer solchen Konstellation die Einrede der Dürftigkeit des Nachlasses nach § 1990 Abs. 1 S. 1 entgegenhalten. Unterlässt er dies, so zahlt E, obwohl er im wirtschaftlichen Sinne nichts geschuldet hätte. Daher kann E die Summe nach § 812 Abs. 1 S. 1, 1. Alt. i.V.m. § 813 Abs. 1 zurückfordern, es sei denn, dass er die Einrede kannte und gleichwohl geleistet hat (§ 814). ◀

Weitere dauernde Einreden i.S.d. § 813 Abs. 1 stellen die §§ 821, 853 sowie zahlreiche weitere Vorschriften des Erbrechts dar (§§ 1973, 1975, 1990, 2083, 2345). § 813 soll auch anwendbar sein, wenn ein Verbraucher auf ein Darlehen im sog. verbundenen Vertrag leistet (§ 358 Abs. 3), sodann vom Kaufvertrag zurücktritt (§§ 357, 358 Abs. 4), gleichwohl aber auf das Darlehen noch Raten zahlt. Diese Raten soll er nach § 813 von dem Darlehensgeber zurückverlangen können.[17] Auch ein Bürge, der die Bürgschaftsforderung beglichen hat, obwohl ihm wegen Unwirksamkeit der Sicherungsabrede nach § 768 Abs. 1 S. 1 die dauerhafte Einrede des Hauptschuldners zustand, kann das Geleistete nach § 813 Abs. 1 S. 1 zurückverlangen.[18]

Keine dauernden Einreden sind die Zurückbehaltungsrechte nach §§ 273, 320, denn diese berechtigen ja nur einstweilen zum Einbehalt der Leistung.[19] Eine Sonderregel gilt bei verjährten Forderungen. An sich würde auch die Einrede der Verjährung (§ 214 Abs. 1) dem Schuldner dauerhaft das Recht geben, die Leistung zu verweigern. Doch stellen §§ 214 Abs. 2 mit § 813 Abs. 1 S. 2 klar, dass, wer auf eine verjährte Schuld zahlt, die Leistung nicht zurückfordern kann, selbst wenn er die Verjährung nicht kannte.

Die Leistungskondiktion ist ausgeschlossen, wenn trotz **Kenntnis der Nichtschuld** 8
(**§ 814**) geleistet wurde. Der Leistungsempfänger erhält für diesen Fall eine Einwendung gegenüber der Inanspruchnahme. Regelmäßig wird sich der Leistende im Falle des § 812 Abs. 1 S. 1, 1. Alt. nur in einem Irrtum über das Bestehen seiner Schuld befunden haben; dann ist seine Zahlung letztlich doch zweckwidrig und kann zurückverlangt werden. Weiß der Schuldner aber positiv, dass die Schuld nicht besteht und leistet er dennoch, dann verweigert ihm das Gesetz die Durchsetzung seiner Rückforderung (**§ 814, 1. Alt.**). Der Schuldner verhält sich nämlich widersprüchlich (und damit treuwidrig), wenn er bewusst leistet, wo er nicht schuldet und hernach die Leistung zurückfordert. Wer bewusst auf eine nicht bestehende Schuld leistet, muss unter dem Vorbehalt der Rückforderung leisten, sonst scheitert seine Rückforderung an § 814.[20] Erforderlich ist allerdings positive Kenntnis vom Nichtbestehen der Schuld, nicht genügend ist die Kenntnis der Umstände, die zur Annahme des Nichtbestehens führen (so aber bei § 817 S. 1; anders jedoch bei §§ 817 S. 2[21] und 819, siehe oben § 8

17 OLG Naumburg NJW 2013, 3455.
18 BGH NJW 2018, 458 m. Anm. *Rohe*.
19 OLG Zweibrücken NJW 2009, 2221, 2222 (keine Rückforderung nach § 813, wenn die Käufer eines Grundstücks den Kaufpreis geleistet haben, obgleich der Vertrag ihnen ein Zurückbehaltungsrecht wegen eines vom Verkäufer zu beseitigenden Mangels gegeben hätte, nur Anspruch aus §§ 437 Nr. 2, 434 Abs. 1, 441 Abs. 1, Abs. 4).
20 BGHZ 83, 278, 282.
21 BGH NJW 2019, 1147 Rn. 28 (Vorsatz oder leichtfertiges Verschließen gegenüber einem gesetzlichen Verbot); vgl. auch OLG Frankfurt WRP 2018, 601 Tz. 42.

Rn. 23).[22] Bei Anfechtung ist § 142 Abs. 2 zu beachten, hier genügt die Kenntnis der Anfechtbarkeit, um die Rückforderung auszuschließen (§ 142 Abs. 2). Von § 814 werden Ausnahmen gemacht, wenn es um sitten- oder gesetzeswidrige Leistungen geht (unten § 9 Rn. 18). Auf die Nichtleistungskondiktion ist § 814 nicht anwendbar.[23]

▶ **Fall 70:** V verkauft dem K ein Grundstück, ohne dass die Form des § 311b Abs. 1 S. 1 gewahrt wird. Gleichwohl zahlt K in Kenntnis der Rechtslage den vereinbarten Kaufpreis an V, da sich beide darüber einig sind, den „Formmangel zu ignorieren" und auch V sich bereit erklärt, seinerseits zu leisten. Später verkauft und übereignet V das Grundstück jedoch abredewidrig an X.[24]

Hier versagt § 814 1. Alt. dem K die Leistungskondiktion und verweist ihn im Ergebnis auf vertragliche Schadensersatzansprüche. Das ist bei positiver Kenntnis von einer Nichtschuld nicht unbillig, wer auf eine solche Schuld leistet, tut dies auf eigenes (bewusstes) Risiko. ◀

Die Beweggründe, aus denen jemand erklärtermaßen zwecks Erfüllung einer Verpflichtung leistet, obwohl er weiß, dass sie nicht besteht, können vielfältiger Art sein. Möglicherweise will er dem Empfänger etwas schenken, ihn aber, um seine Befindlichkeit zu schonen, in dem Glauben lassen, es handele sich um die Erfüllung einer Pflicht. Oder er will die Mühe und den Ärger des Bestreitens und eines Prozesses vermeiden: Jemand zahlt etwa einen kleinen Betrag zum zweiten Mal, obwohl er genau weiß, dass er ihn schon einmal gezahlt hat, um sich nicht mit dem Gläubiger herumzustreiten, weil ihm die Sache den Streit nicht wert ist. In Fall 70 dürfte das Motiv, Notarkosten und Grunderwerbssteuern zu sparen, die entscheidende Rolle spielen.

Nicht anwendbar ist § 814, wenn das Rechtsgeschäft, aufgrund dessen geleistet wurde, tatsächlich bestand, aber hätte angefochten werden können.[25]

9 Nicht zurückgefordert werden kann die **Zahlung aufgrund einer sittlichen Pflicht** oder aufgrund von Anstandsregeln (**§ 814, 2. Alt.**). Der „Rechtsgrund" einer solchen Zahlung fehlt zwar, doch wird, entsprechend der Regelung bei Erfüllung einer Spiel- und Wettschuld (vgl. § 762 Abs. 1 S. 2), der Leistende als weniger schutzwürdig als der Empfänger angesehen.

▶ **Fall 71:** F erwartet ein Kind von M. Eine Heirat kommt für M nicht in Betracht. Dennoch zahlt er nicht nur Unterhalt für das Kind, sondern wendet F auch monatlich 500 Euro gesondert zu, weil er glaubt, es bestehe eine Unterhaltspflicht. Als M die Jurastudentin J kennenlernt, klärt sie ihn über die wahre Rechtslage auf und lacht ihn aus. Wütend weigert sich M gegenüber F, weiterhin zu zahlen und verlangt überdies Rückzahlung der in der Vergangenheit gezahlten Beträge.

Ein Ausschluss des Rückforderungsanspruchs nach § 814, 1. Alt. würde voraussetzen, dass M wusste, dass keine Unterhaltspflicht besteht. Nach § 814, 2. Alt. ist der Anspruch aber bereits ausgeschlossen, wenn der Leistende nur irrtümlich eine Zahlungspflicht annahm. Auch

22 BGH NJW-RR 2018, 1483 Tz. 17: „Der Leistende muss also aus diesen Tatsachen nach der maßgeblichen Parallelwertung der Laiensphäre auch eine im Ergebnis zutreffende rechtliche Schlussfolgerung gezogen haben". Die Beweislast für das Vorliegen der Voraussetzungen von § 814 trägt der Leistungsempfänger, BGH, ebenda Tz. 9.

23 BGH NJW 2018, 1079 Tz. 40.

24 Fall nach *Reeb*, Grundprobleme des Bereicherungsrechts, S. 17, 61.

25 BGH NJW 2008, 1878 (Verkauf eines erkrankten Pferdes mit der ausdrücklichen vertraglichen Vereinbarung, dass das Tier das „Gnadenbrot" beim Käufer erhalten solle. Der Käufer verkauft das Pferd allerdings später für 3.900 Euro als Reitsportpferd. Als der Zweitkäufer dies erfährt, ficht er an.).

bei einer Zahlung aufgrund von sittlichen oder Anstandspflichten ist der Zahlende weniger schutzwürdig. ◀

b) Fortfall des Rechtsgrundes (Condictio ob causam finitam, § 812 Abs. 1 S. 2, 1. Alt.)

Prüfungsschema: 10

(1) **Etwas** erlangt;

(2) **durch Leistung** des Anspruchsstellers;

(3) **späterer Wegfall des Rechtsgrundes;**

(4) Rechtsfolge: Herausgabe des Erlangten oder Wertersatz.

Die sog. **Kondiktion wegen späteren Wegfalls des Rechtsgrundes** besteht, wenn für eine Leistung ein Rechtsgrund zunächst vorhanden, später aber weggefallen („finita") ist: Da im Augenblick der Leistung die Forderung bestand, war die Leistung nicht rechtsgrundlos. Erst nachträglich ist ein Umstand eingetreten, der die Verbindlichkeit beseitigt hat. So liegt es, wenn die schuldrechtliche Verpflichtung unter eine auflösende Bedingung gestellt wurde (§ 158 Abs. 2)[26] oder ein Diebstahlsversicherer zunächst leistet, später der Gegenstand jedoch von der Polizei aufgefunden und an den Eigentümer unversehrt zurückgegeben wird, sodass die Einstandspflicht entfällt.[27] Nicht hierunter fällt nach h.M. die Zahlung auf ein Rechtsgeschäft, das später angefochten wird. Hier gilt vielmehr die condictio indebiti,[28] denn § 142 Abs. 1 sorgt dafür, dass die Verbindlichkeit durch Anfechtung rückwirkend entfällt, also von Anfang an (ex tunc) kein Rechtsgrund bestand. Dagegen argumentierte man früher nachvollziehbar, dass zunächst auf einen bestehenden Rechtsgrund geleistet wurde, der lediglich aufgrund einer gesetzlichen Fiktion ex tunc entfällt.[29]

Beim Wegfall der Geschäftsgrundlage ist heute die Spezialregelung in § 313 Abs. 3 zu beachten. Sie sorgt dafür, dass beim Wegfall der Geschäftsgrundlage der Rechtsgrund nicht entfällt, sondern lediglich ein Rückgewährschuldverhältnis an die Stelle der Erfüllungspflichten tritt. Daher ist das Bereicherungsrecht auf diese Konstellation nicht (mehr) anwendbar. Ebenso soll es sein, wenn ein Werkunternehmer einem Kunden einen Vorschuss für eine Mängelbeseitigung zahlt (§ 637 Abs. 3) und später Rückzahlung der nicht verbrauchten Gelder verlangt. Dieser Rückzahlungsanspruch soll ein „aus Treu und Glauben entwickelter Anspruch aus dem Vertragsverhältnis" und kein Bereicherungsanspruch sein.[30]

Der Ausschlussgrund des § 814 greift in den Fällen der condictio ob causam finitam nicht, da zum Zeitpunkt der Zahlung die Verbindlichkeit ja tatsächlich bestand.

26 Bsp.: OLG Köln NJW-RR 1999, 1733. Allerdings kann die Auslegung des Vertrages ergeben, dass eine Rückgewährpflicht nach §§ 346 ff. vertraglich vereinbart wurde, *Medicus/Lorenz*, SchuldR II, § 62 Rn. 6.

27 HK-BGB/*Schulze*, § 812 Rn. 10.

28 *Larenz/Canaris*, Schuldrecht II/2, § 68 I 1.

29 RGRK/*Heimann-Trosien*, § 812 Rn. 82.

30 BGH NJW 2010, 1192 Tz. 13.

c) Nichteintritt eines mit der Leistung bezweckten Erfolgs (Condictio ob rem datorum, § 812 Abs. 1 S. 2, 2. Alt. = causa data causa non secuta)

11 Prüfungsschema:

(1) **Etwas** erlangt;

(2) **durch Leistung** des Anspruchstellers;

(3) **Nichteintritt des mit einer Leistung bezweckten Erfolges.**

Über die Zweckbestimmung muss nach dem Willen der Parteien eine tatsächliche Einigung bestehen, die aber nicht den Charakter einer vertraglichen Bindung haben darf, weil sonst die condictio indebiti griffe.[31] Abzugrenzen hiervon sind unmittelbare vertragliche Leistungspflichten, die Vereinbarung einer Bedingung oder der Wegfall der Geschäftsgrundlage.

(4) Rechtsfolge: Herausgabe des Erlangten oder Wertersatz.

Die sog. **Kondiktion wegen Nichteintritts des bezweckten Erfolges** oder **Zweckverfehlungskondiktion** hat zur Grundlage, dass es möglich ist, mit der Leistung einen besonderen Zweck (außerhalb der Erfüllung einer Schuld) zu verfolgen. Die Kondiktion besteht, wenn feststeht, dass dieser zusätzliche Zweck nicht erreicht wird oder nicht eintritt. Die Leistung dient mithin nicht (nur) der Erfüllung der Verpflichtung, sondern zusätzlich (umstr., wie hier die h.M.)[32] einem anderen, bei der Leistung vereinbarten Zweck, der mit der Vertragspflicht keine Berührungspunkte haben muss, sondern externes Motiv des Leistenden sein kann.

(1) Ein solcher Fall liegt vor, wenn auf ein **noch nicht bestehendes Schuldverhältnis** geleistet wird in der Erwartung, dass es zu einem solchen Schuldverhältnis noch kommt.

Beispiele: Jemand leistet bereits vor Abschluss eines Kaufvertrages eine „Anzahlung" im Hinblick darauf, dass der Kaufvertrag zustande kommt. Der Mietinteressent einer Wohnung drückt der noch zweifelnden Vermieterin einen Scheck über den Kautionsbetrag in die Hand, um sie zum Abschluss des Mietvertrages zu bewegen. Ein berechtigter Besitzer führt in der Erwartung, das Grundstück demnächst zu Eigentum zu erlangen, Bauarbeiten auf einem Grundstück durch, wird aber später entgegen seiner Erwartung nicht Eigentümer.[33] Ein Ingenieur prüft die Belastbarkeit einer Brücke in der Annahme, dass ein vertraglicher Formmangel durch die Leistung geheilt werde und er seine Vergütung erhalten werde.[34]

In solchen Fällen besteht noch keine Verbindlichkeit, die hätte erfüllt werden können. Doch leuchtet nicht nur unter Billigkeitsgesichtspunkten ein, dass der Leistende die Vorleistung zurückverlangen können muss, sofern es nicht zum Vertragsschluss kommt; denn der Zweck der Zahlung ist dann nicht erreicht worden (vgl. § 812 Abs. 1 S. 2, 2. Alt.). Anders lösen sich Fälle, in denen jemand „unter Vorbehalt (der Rückforderung)" leistet. Dann besteht entsprechend § 820 Abs. 1 S. 2 ein Rückforderungsanspruch, auch wenn der Zahlende möglicherweise gewusst hat, dass die Schuld nicht bestand (entgegen § 814, 1. Fall). So mag es liegen, wenn der Zahlende unter Zeitnot oder dem Druck eines Gläubigers zahlt.

---

31 BGH NJW 1992, 2690.

32 *Palandt/Sprau*, § 812 Rn. 30 f.; a.A.: *Larenz/Canaris*, Schuldrecht II/2, § 68 I 3 d.

33 BGH NJW 2013, 3364.

34 OLG Braunschweig NJW-RR 2016, 1493 Tz. 50.

(2) Gelegentlich knüpfen die Parteien an ihre Vertragsleistungen bestimmte **Erwartungen.** Dann stellt sich die Frage, ob die Leistung zurückgefordert werden kann, wenn sich die Erwartung nicht erfüllt. Eine Rolle spielt dies, wenn der Leistende ein bestimmtes Verhalten anreizen möchte, auf das er vertraglich keinen Anspruch hat, das häufig auch überhaupt nicht wirksam zu einer Vertragspflicht erhoben werden kann. In solchen Fällen besteht die Möglichkeit, die Leistung offen an einen bestimmten Zweck zu knüpfen, sodass auch dem Empfänger klar ist, dass die Leistung ohne dessen Erfüllung nicht behalten werden darf (Leistungspflicht, Bedingung). Doch müssen solche Leistungszwecke einvernehmlich sein. **Dreierlei** ist daher **erforderlich**, um die condictio ob rem zu begründen: Erstens muss **mit der Leistung ein bestimmter Zweck verfolgt** werden, zweitens muss zwischen den Parteien (zumindest schlüssig)[35] Einigkeit über diesen Leistungszweck bestehen und drittens muss der **Zweck endgültig ausbleiben.** Wichtig ist die Zweck-„Vereinbarung". Sie muss keinen rechtsgeschäftlichen Charakter, aber einen tatsächlichen Bindungswillen zur Grundlage haben. Bleibt die Vereinbarung nur (stiller einseitiger) Beweggrund der Leistung, fehlt es daran. 12

▶ **Fall 72:** Onkel D schenkt dem Freund F seiner Nichte N einen hohen Geldbetrag, damit „die beiden zusammenbleiben". F nimmt das Geld mit einem zustimmenden Nicken entgegen, teilt der N aber wenige Monate später mit, dass er sie nicht heiraten werde.[36]

Eine Rückforderung der Summe im Wege eines Schadensersatzanspruches wegen Pflichtverletzung (**§ 280 Abs. 1**) kommt nicht in Betracht, da F keine (wirksame) Verpflichtung eingegangen ist. Der Zweck der Zahlung ist dennoch nicht erreicht worden, sodass es unbillig wäre, dem F die Summe zu belassen. Die Hingabe des Geldes erfolgte nämlich, damit ein Verhalten von F angereizt wird. Dieser Zweck kann bereits als (schlüssig) vereinbart gelten, „wenn der Empfänger die Erwartung des Leistenden kennt und durch die Annahme zu verstehen gibt, dass er die Zweckbestimmung billigt".[37] Da der Zweck endgültig verfehlt wurde, kann Onkel O die Rückforderung des Geldes verlangen. ◀

Die bisherigen Fälle umfassten Konstellationen, in denen es um Zwecke ging, die nicht Inhalt einer vertraglichen Leistungspflicht waren, im Fall 72 auch nicht Inhalt einer solchen Pflicht sein konnten. Man kann sich nicht wirksam dazu verpflichten, mit einem anderen Menschen „künftig zusammenzubleiben". Nicht einmal die Eheschließung begründet eine solche Rechtspflicht (vgl. § 1565 Abs. 1 S. 1). Problematisch sind **Fälle, in denen mit einer vertraglichen Verpflichtung selbst ergänzende, aber nicht vertraglich vereinbarte Zwecke verbunden werden.** 13

▶ **Fall 73:** Grundstückseigentümer G veräußert sein Grundstück an das Land X, weil dieses dort eine Autobahn bauen will. Kann, nachdem es zur Autobahnerrichtung aus anderen Gründen nicht kommt, die Rückübereignung verlangt werden?[38] ◀

Die **Rechtsprechung** hat diese **Frage bejaht,** indem sie über die Leistung des Landes an den Eigentümer hinausgehende Zwecke als Zweckvereinbarung anerkannte.[39] Entscheidend für eine solche **Zweckvereinbarung** ist, dass der zusätzliche Leistungszweck vom Leistenden gesetzt und vom Leistungsempfänger akzeptiert wird. Dazu genügt,

35 BGHZ 44, 321, 323.
36 Vgl. zu einer solchen Konstellation OLG Köln NJW-RR 1994, 1026 (Brautgeldzahlung nach einem Roma-Brauch).
37 BGHZ 44, 321 (Leitsatz).
38 Vgl. auch BGH NJW 2013, 2025; NJW 2013, 3364.
39 RGZ 66, 132, 138 – Festungsbaufall; BGH NJW 1973, 612, 613; einschränkend aber BGH NJW-RR 1991, 1269; NJW 1992, 269; NJW 1992, 427, 428.

dass der Empfänger die Motive des Gebers erkennt und daraufhin die Leistung entgegennimmt.[40] Bleibt die Zwecksetzung einseitig, so muss der Leistende sich durch eine auflösende Bedingung absichern (§ 158 Abs. 2). Sofern die Bedingung eintritt, wäre die Leistung über die condictio ob causam finitam rückforderbar (§ 812 Abs. 1 S. 2, 1. Alt.).

In der **Literatur** wird von vornherein auf die Möglichkeit verwiesen, den **Vertrag mit einer auflösenden Bedingung, z.B.** des Autobahnbaus, zu versehen oder ein Rücktrittsrecht vorzusehen.[41] Wenn dies nicht geschieht, etwa weil eine solche Vereinbarung nicht durchsetzbar war, so könne der Leistende nicht verlangen, so gestellt zu werden, als wäre die Bedingung aufgenommen oder das Rücktrittsrecht vereinbart worden. Wieder andere behandeln die Frage als **Fall des Wegfalls der Geschäftsgrundlage.**[42] Danach muss eine Anpassung des Vertrages an die neuen Verhältnisse erfolgen, wenn eine Erwartung nicht erfüllt wird. Sofern eine Anpassung nicht möglich ist, besteht ein Rücktritts-, d.h. eigentlich ein Lösungsrecht aus § 313. Die condictio ob rem erfasse dagegen nur Fälle, in denen überhaupt nicht auf eine Verbindlichkeit geleistet wurde, sondern ausschließlich ein anderer – also leistungs- und verpflichtungsfremder – Zweck verfolgt wurde.[43]

Diese Ansichten begrenzen den Anwendungsbereich der condictio ob rem. Das kann unbillig sein, wenn die Parteien weniger kundig in dem Gebrauch rechtlicher Instrumente sind. Richtig ist allerdings, dass in Fallprüfungen stets vor Annahme einer Zweckabrede erörtert werden sollte, ob im Hinblick auf die getroffenen Vereinbarungen die Annahme einer Bedingung oder ein Rücktrittsrecht in Betracht kommen. Jedenfalls wenn das Ereignis zum Gegenstand einer Bedingung erhoben werden kann (also nicht in Fall 72), würde dies § 812 Abs. 1 S. 2, 2. Alt. entlasten.

14 **Ausgeschlossen ist die Kondiktion**, wenn der Erfolgseintritt von Anfang an unmöglich war und der Leistende dies wusste. Dann hat er den Fehlschlag offensichtlich in Kauf genommen. Ferner ist die Kondiktion ausgeschlossen, wenn der Leistende den Eintritt des Erfolges wider Treu und Glauben verhindert hat (**§ 815**, vgl. § 162). Das zeigt

▶ **Fall 74** (vgl. hierzu BGHZ 45, 258): A hat ihrem Verlobten V einen Miteigentumsanteil an einem Grundstück geschenkt. Später geraten sie immer häufiger in Streit. Um ihn loszuwerden, beleidigt und demütigt A den V mehrfach schwerstens. Er verlässt sie daraufhin. Kann sie Rückübertragung des Miteigentumsanteils verlangen?

Bei der Verlobung handelt es sich nach § 1297 um kein durchsetzbares Versprechen, sondern eine Naturalobligation. Geschenke, die im Hinblick auf das spätere Zusammenleben gemacht werden, erfolgen häufig zu dem weiteren Zweck, das Zusammenleben zu fördern. Verlässt V die A grundlos, so besteht daher an sich ein Rückforderungsanspruch aus §§ 1301, 812 Abs. 1 S. 2, 2. Alt. Der Anspruch ist aber ausgeschlossen, wenn der Zweck, wie hier, ohne Veranlassung des Leistungsempfängers vereitelt wird. Die Rückforderung des Miteigentumsanteils ist dann nach § 815, 2. Alt. ausgeschlossen. Das gilt auch in Fällen, in denen das Bereicherungsrecht über § 1301 anwendbar wird.[44] ◀

---

40 BGHZ 115, 261, 263.

41 *Söllner*, AcP 163 (1964), 20, 44; *Medicus/Lorenz*, SchuldR II, § 62 Rn. 6.

42 MüKoBGB/*Schwab*, § 812 Rn. 453; so auch BGH, Urt. v. 18.6.2019 – X ZR 107/16 (Eltern schenken dem Partner ihrer Tochter 100.000,- Euro für einen Hausbau, nach zwei Jahren trennt sich das Paar. Der BGH geht von einem Wegfall der Geschäftsgrundlage aus.).

43 So *Larenz/Canaris*, Schuldrecht II/2, § 68 I 3 d.

44 BGHZ 45, 258, 263.

VERTIEFUNGSHINWEIS: Sonderregeln gelten in Fällen, in denen es um den Ausgleich von im Rahmen einer **Lebenspartnerschaft mit Gütertrennung** oder einer **Ehe mit Gütertrennung** erfolgten Leistungen geht. Hier erfolgt der Austausch von materiellen Leistungen meist ohne jede Leistungszweckvereinbarung, aber doch in der wechselseitigen Erwartung, dass die Partnerschaft halten werde. Man „investiert" eben in die gemeinsame Zukunft. 15

▶ **FALL 75** (BGHZ 65, 320 = JZ 1968, 381 m. Anm. *Lorenz*): M und F sind Eheleute. Beide bauen auf einem der F gehörenden Grundstück ein Haus als eheliche Wohnung. Nach Scheidung der Ehe verlangt M die dazu seinerseits beigesteuerten Mittel heraus. ◀

Im **gesetzlichen Güterstand** soll das **Instrument des Zugewinnausgleichs** (§§ 1371 ff. bzw. § 6 Abs. 1 S. 1 LPartG) zu einem gerechten Ausgleich von infolge Schenkung eintretenden Vermögensverschiebungen führen, denn Schenkungen vermindern das Endvermögen des Schenkers (§ 1375 Abs. 1) und mehren dasjenige des Beschenkten. Das führt über § 1378 Abs. 1 dazu, dass der Zugewinnausgleich zulasten des Beschenkten erhöht wird.[45] Die bisherige Rspr. ging im Übrigen (z.B. bei vereinbarter Gütertrennung) für Zuwendungen von einem **familienbezogenen Geschäft eigener Art** aus[46] und löste den Fall über den Wegfall der Geschäftsgrundlage (§ 313). Geschäftsgrundlage für die Zuwendung soll der Fortbestand der Partnerschaft sein. Ein Ausgleich nach dem Fortfall der Beziehung soll jedenfalls erfolgen, sofern ein Partner dauerhaft bereichert ist.[47] Auch ohne gesonderte Vereinbarung wird so ein Ausgleich in Fällen ermöglicht, in denen ein Gegenstand von erheblicher wirtschaftlicher Bedeutung verschafft wurde.[48] Der BGH verzichtet dabei sogar auf den Nachweis einer stillschweigenden Einigung der Beteiligten. Er geht nachvollziehbar davon aus, dass auch in einer Ehe Gegenstände von erheblichem Wert nicht ohne die Erwartung der Rückzahlung nach Eheende eingebracht werden. Ausgleichspflichtig sind auch die Leistungen, die Schwiegereltern zugunsten der Eheleute erbringen, wenn der Vermögensgegenstand nach Trennung des Paares dem Schwiegerkind verbleibt.[49]

Bei **nicht eingetragenen Lebensgemeinschaften** gibt es keinen gesetzlichen Ausgleich des während der Partnerschaft gemeinsam erworbenen Zugewinns. Hier könnte man wohl argumentieren, dass ein zusätzlich zur Leistung jedenfalls schlüssig und einverständlich vereinbarter Zweck, die dauerhafte Nutzung der Wohnung als Familienwohnstätte, weggefallen ist.[50] Das eröffnet die Kondiktion wegen Zweckfortfalls nach § 812 Abs. 1 S. 2, 2. Alt. Doch hatte der BGH sich lange auf den Standpunkt gestellt, dass Ansprüche wegen Zweckfortfalls bei einer nichtehelichen Lebensgemeinschaft nicht in Betracht kämen, sofern die Parteien keine besonderen und ausdrücklichen Vereinbarungen geschlossen haben.[51] Diesen Standpunkt hat das Gericht mittlerweile aufgegeben und klargestellt, dass jedenfalls „bei Leistungen, die über das hinausgehen, was das tägliche Zusammenleben erst ermöglicht", ein Ausgleich nach den Vorausset-

45 BGHZ 65, 320, 322; 115, 132; dazu *Tiedtke*, JZ 1992, 334.
46 BGHZ 84, 361, 364.
47 BGHZ 84, 361, 368; 127, 48, 56.
48 BGH NJW 1992, 906, 907.
49 BGHZ 184, 190 Tz. 47 m. Anm. *Benedikt Schmitz*; NJW 2010, 998 Tz. 33; BGH NJW 2010, 2884 m. Bsp. *W. Schulz*, FPR 2012, 79; anders noch BGHZ 129, 259, 264; zu Schenkungen innerhalb der Familie *E. Koch*, NZFam 2014, 311 und unter Ehegatten *Rauscher*, NZFam 2014, 298.
50 So im Grundsatz BGHZ 65, 320, 322.
51 BGH NJW-RR 1996, 1473, 1474; BGH NJW 1997, 3371.

zungen des § 812 Abs. 1 S. 2, 2. Alt. möglich ist.[52] Danach ist zwar nicht ausgleichspflichtig, wer für den Partner die Miete, die Strom- oder Einkaufsrechnung bezahlt, wohl aber, wer Gelder für die Sanierung des im Eigentum des anderen stehenden Einfamilienhauses beisteuert oder an der Sanierung durch eigenen Arbeitseinsatz mitwirkt.

Riskant ist es noch, wenn in einer Beziehung Leistungen erbracht werden, die nicht dem Partner, sondern dessen Eltern oder Verwandten zugutekommen. So hat ein Partner, der das Haus der Eltern seiner Freundin mitumbaut, damit man dort gemeinsam wohnen kann, nach Ende der Beziehung keinen Ausgleichsanspruch, soweit der Zweck des unentgeltlichen Wohnens verwirklicht wurde und für die Tochter, die nach der Trennung wohnen bleibt, noch erreichbar ist.[53]

d) Rechts- oder sittenwidriger Zweck (§ 817)

16 Prüfungsaufbau des § 817 S. 1 (Überblick):

(1) **Etwas** erlangt (beim Nehmer zur endgültigen Verfügung);

(2) durch **Leistung** des Anspruchstellers (Gebers);

(3) aufgrund **Gesetzes- oder Sittenverstoßes** des Nehmers/Empfängers;
- beachte: Die Anspruchsgrundlage kann neben § 812 Abs. 1 S. 1, 1. Alt. oder § 812 Abs. 1 S. 2, 2. Alt. anwendbar sein.

(4) Kein Ausschluss der Leistungskondiktion gem. § 817 S. 2
- Verstoß des Leistenden (Geberverstoß) bei gleichzeitigem Nehmerverstoß;
- Verstoß allein des Leistenden (Geberverstoß);
- Ausnahme: Sitten- oder gesetzwidrige Leistung bestand im Eingehen einer Verbindlichkeit (§ 817 S. 2, 2. Hs.).

(5) Rechtsfolge: Herausgabe des konkret erlangten Leistungsgegenstandes (z.B. die Nutzung einer Darlehensvaluta) oder Wertersatz.

§ 817 erfasst zwei **Konstellationen** gesetzes- oder sittenwidriger Leistungen. **§ 817 S. 1** betrifft den Fall, dass der Empfänger einer Leistung durch deren Annahme gegen Gesetze oder die guten Sitten verstößt (sog. „Nehmerverstoß") und gewährt hierfür eine **Anspruchsgrundlage** des Gebers. **§ 817 S. 2** ist **als Einwendung ausgestaltet** und betrifft den Fall, dass „auch" dem Leistenden („Geber") ein solcher Verstoß zur Last fällt. In diesem Fall ist die Rückforderung des Gebers ausgeschlossen, es sei denn, die Leistung bestand im Eingehen einer Verbindlichkeit (dann gilt § 821, solange noch nicht erfüllt wurde). § 817 begrenzt den Rechtsschutz zulasten derjenigen Partei einer Leistungsbeziehung, die gesetzes- oder sittenwidrig handelt.

aa) Der Anwendungsbereich des § 817 S. 1

17 ▶ **Fall 76 – Nehmerverstoss:** A stiehlt seiner Bekannten B eine Geldbörse. Nach zwei Tagen, innerhalb derer er beobachtet, wie B immer nervöser wegen des Verlustes wird, bringt er ihr die Geldbörse zurück und behauptet, er habe diese im Stadtpark gefunden. Die hocherfreute B gibt A einen 50-Euro-Schein als Finderlohn.

52 BGHZ 177, 293 Tz. 33 f. mit Besprechung durch *von Proff*, NJW 2008, 3266; ebenso BGH NJW 2011, 2880 Tz. 31; zusammenfassend *J. Enke*, JuS 2011, 686.

53 BGH NJW 2015, 1523 Tz. 39 m. Anm. *von Proff*, NJW 2015, 1482.

Der Vorgang betrifft eine abstrakt wirksame Übereignung von Geldscheinen. Doch liegt dem kein Verpflichtungsgeschäft (anders, wenn B einen Finderlohn ausgelobt hätte, § 657), sondern allenfalls eine sittlich neutrale Schenkungsvereinbarung zugrunde. Die Übereignung erfolgte insoweit mit Rechtsgrund und kann daher nicht durch die Leistungskondiktion nach § 812 Abs. 1 S. 1, 1. Alt. rückabgewickelt werden. Auch der Zweck der Leistung, die Rückgabe der Geldbörse, wurde erreicht, sodass § 812 Abs. 1 S. 2, 2. Fall nicht zum Zuge kommt. Doch war die „Finderlohnsituation" von A lediglich provoziert. Unter diesen Umständen war die Annahme der Geldscheine jedenfalls sittenwidrig, wenn nicht strafbar (§ 263 StGB). Daher ist A als Empfänger dieser Leistung zur Rückgabe gem. § 817 S. 1 verpflichtet. Natürlich besteht auch kein Anspruch auf Finderlohn nach § 971. ◀

Wäre bereits das Grundgeschäft ein sitten- oder gesetzwidriger Vertrag (§§ 134, 138), so folgte hieraus die Rechtsgrundlosigkeit der daraufhin erfolgten Verfügung. § 817 S. 1 betrifft hingegen den **Fall des reinen Nehmerverstoßes**. Anders als bei den übrigen Leistungskondiktionen bleibt dabei der eigentliche Zweck der Leistung außer Acht, nur die Art und Weise der Annahme der Leistung ist maßgeblich. Der Begriff der Sitten- oder Gesetzeswidrigkeit entspricht allerdings den §§ 138, 134, lediglich wird nicht das Geschäft als Ganzes, sondern nur die Annahme der Leistung missbilligt.

Beispiel eines Nehmerverstoßes ist die Vorteilsannahme durch einen Amtsträger nach § 331 StGB. Nach h.M. muss der Nehmer der Leistung die Sittenwidrigkeit bzw. die Gesetzeswidrigkeit der Handlung kennen[54] und auch geschäftsfähig sein.[55] Problematisch an dieser Auffassung ist allerdings, dass damit derjenige, der sich über seine Handlungen aus Bequemlichkeit oder Gewissenlosigkeit keinerlei Gedanken macht, belohnt wird. Daher hält die Gegenauffassung mit Recht einen objektiven Norm- oder Sittenverstoß für genügend.[56]

Ist das Grundgeschäft nichtig und weiß der Leistende dies, so würde die Leistungskondiktion an **§ 814, 1. Alt.** scheitern (oben Rn. 8 und Fall 70). § 817 S. 1 durchbricht allerdings diese Regel, wenn ein Nehmerverstoß zugrunde liegt, und eröffnet eine weitere Leistungskondiktion. Anders als bei § 814 reicht bei § 817 S. 1 die Kenntnis der Umstände aus, die zur Rechtswidrigkeit des Geschäfts führen. 18

▶ **Fall 77 – Kenntnis des fehlenden Rechtsgrundes:** Der auf Verbraucherrecht spezialisierte Anwalt A steckt infolge einer allgemeinen Konjunkturkrise in Geldschwierigkeiten. Der Kleinkriminelle K gibt ihm in dieser Situation ein Darlehen zu völlig überhöhten Zinsen. Kann A nach Rückzahlung des Darlehens die Erstattung der Zinsen nach § 817 S. 1 verlangen?

Da der Darlehensvertrag nach § 138 Abs. 1 nichtig ist[57] und das Gewährenlassen von Zinsen (als Verfügung!) nach § 138 Abs. 2 hiervon erfasst wird, leistet A zwar zu Erfüllungszwecken, allerdings rechtsgrundlos. Als Rechtsanwalt wird A die Nichtigkeit des Vertrages auch kennen, sodass die condictio indebiti (§ 812 Abs. 1 S. 1, 1. Alt.) nach § 814, 1. Alt. ausgeschlossen wäre. Beruft er sich jedoch auf § 817 S. 1, so hätte er einen Rückforderungsanspruch, wenn es genügt, dass aufseiten des Darlehensgebers ein Verstoß (sog. Geberverstoß) vorliegt (dazu Rn. 21). ◀

54 BGH NJW 1980, 452.
55 Dafür RGZ 105, 270, 272; 151, 70, 73 (obiter); *Jauernig/Stadler*, § 817 Rn. 6.
56 *Esser/Weyers*, Schuldrecht BT, § 49 III.
57 Ein auffälliges Missverhältnis zwischen Leistung und Gegenleistung kommt bei einem gegenüber dem Marktzins verdoppelten effektiven Zins in Betracht, vgl. BGHZ 104, 102, 105.

bb) Der Ausschluss nach § 817 S. 2

19 § 817 S. 2 normiert eine **Rückausnahme zu § 817 S. 1.** Das Gesetz missbilligt in § 817 S. 1 den Nehmerverstoß und eröffnet deswegen die Leistungskondiktion selbst dort, wo sie – etwa wegen § 814 – nicht bestünde. Daher ist es nur konsequent, die Leistungskondiktion wieder zu versagen, wenn dem Nehmerverstoß ein Geberverstoß gegenübersteht, der Leistende also seinerseits durch die Leistung gegen ein gesetzliches Verbot oder gegen die guten Sitten verstößt.[58] Voraussetzung ist allerdings, dass der Leistende insofern vorsätzlich handelt oder zumindest, dass „er sich der Einsicht in das Verbotswidrige seines Handelns leichtfertig verschlossen hat".[59]

▶ **Fall 78 – Geber- und Nehmerverstoss** (BGHZ 198, 13; 201, 1): Hausbesitzer K möchte das Dachgeschoss seines Hauses renovieren. Der Bauunternehmer B macht ihm ein Angebot, das K als zu teuer empfindet. B meint daraufhin, wenn K keine Rechnung benötige, könne er das auch günstiger anbieten. K versteht den Hinweis und schlägt ein. K macht eine Anzahlung, B beginnt mit dem Bau. Als sich einige Mängel während der Bauphase zeigen, verlangt K seine Anzahlung zurück. ◀

Verträge über „Schwarzarbeit" zeichnen sich dadurch aus, dass Unternehmer und Besteller einstimmig vereinbaren, „ohne Rechnung" zu arbeiten. In der Konsequenz bedeutet das, dass der Besteller keine Mehrwertsteuer zahlt, der Unternehmer keine Steuern abführt. Dass ein solches Angebot günstiger ist, liegt auf der Hand. Verträge mit einem solchen Inhalt verstoßen allerdings gegen das sog. Schwarzarbeitsbekämpfungsgesetz[60] und damit gegen ein Verbotsgesetz nach § 134, wenn der Unternehmer vorsätzlich handelt und der Besteller den Verstoß kennt und zum eigenen Vorteil ausnutzt.[61] Der BGH hat klargestellt, dass solche Verträge nicht durchsetzbar sind, geleistete Zahlungen nach § 817 S. 2 nicht zurückgefordert werden können.[62] Auch der Unternehmer kann erbrachte Leistungen nicht vergütet verlangen. Im Ergebnis bleiben beide Parteien ohne Rechtsschutz.

20 Der **Grundgedanke (Ratio)**, welcher auch § 817 S. 2 zugrunde liegt, ist, dass wer gegen die Rechtsordnung handelt, durch diese auch keinen Schutz erfahren soll. Wer zum Gericht kommt, muss mit sauberen Händen kommen.[63] Das führt allerdings dazu, dass die Partei, welche die Leistung erhalten hat, im Ergebnis begünstigt wird, sie darf die Leistung nämlich behalten. Mag sie sogar einen höheren Anteil an dem Sitten- oder Gesetzesverstoß haben: Der Geber bleibt benachteiligt. Das Gesetz nimmt dieses Ergebnis scheinbar hin und geht davon aus, dass bei einem beiderseitigen Sittenverstoß die Position desjenigen stärker ist, der die Bereicherung in Händen hält. Manche Gerichte möchten aber in solchen Fällen § 819 Abs. 2 als Ausnahme zu § 817 S. 2 anwenden, sodass im Ergebnis die Leistungskondiktion nach § 817 S. 1 doch gewährt wird.[64]

58 So wenn in Deutschland zur Eheanbahnung ein „Brautgeld" gezahlt wird, OLG Hamm NJW-RR 2011, 1197.

59 BGH NJW 2019, 1147; OLG Frankfurt a.M. WRP 2018, 601 Tz. 42.

60 Vgl. die Definition von Schwarzarbeit in § 1 Abs. 2 Gesetz zur Bekämpfung der Schwarzarbeit und illegalen Beschäftigung vom 23.7.2004, BGBl. I 1842; vgl. zu den weiteren Ansprüchen *St. Lorenz*, NJW 2013, 3132.

61 BGHZ 198, 141 Tz. 13.

62 BGHZ 201, 1 Tz. 29 m. Anm. *Stamm*, NJW 2014, 2145; *Jerger*, NZBau 2014, 415; kritisch *Sievert*, JURA - Juristische Ausbildung 2016, 66; BGH NJW 2015, 2406. Das gilt auch dann, wenn ein zunächst gesetzeskonform abgeschlossener Vertrag nachträglich so abgeändert wird, dass er gegen die Bestimmungen des SchwarzArbG verstößt, BGH NJW 2017, 1808 m. Anm. *Stamm*.

63 So auch der Grundgedanke des angloamerikanischen Billigkeitsrechts, vgl. Black's Law Dictionary, Stichwort: „clean hands"; für das deutsche Recht zweifelnd *Larenz/Canaris*, Schuldrecht II/2, § 68 III 3 a; von einem Strafcharakter des § 817 S. 2 spricht BGHZ 39, 87, 91; 63, 365, 369.

64 So OLG München NJW 2000, 2592, 2595.

In der Literatur wird überdies darauf hingewiesen, dass die Anwendung des § 817 S. 2 bei beiderseitigen Verstößen gar dazu führt, dass der rechts- oder sittenwidrige Zustand perpetuiert wird (der Empfänger behält das Geld, das Geschäft wird faktisch abgesegnet).[65] Rechtfertigen kann man die gesetzliche Regelung gleichwohl, weil Gerichte sich nicht die Hände schmutzig machen sollen, indem sie dabei helfen, eine anrüchige Zahlung rückabzuwickeln.

Auch der BGH hält sich jedoch nicht immer an diese Regel. Die letzte Hoffnung ist § 817 S. 1, wenn es um die Rückzahlung von Einzahlungen in sog. **„Schenkkreisen“** geht. Das zeigt

▶ **FALL 79:** K verlangt die Rückerstattung von 1.250 Euro, die er in einem sogenannten „Schenkkreis“ an B gezahlt hat. Der „Schenkkreis“ war nach Art einer Pyramide organisiert. Die an der Spitze stehenden Mitglieder des „Empfängerkreises“ erhielten von nachgeordneten „Geberkreisen“ Geldbeträge. Darauf schieden die „Beschenkten“ aus dem „Spiel“ aus; an ihre Stelle traten die Mitglieder der nächsten Ebene, die nunmehr die Empfängerposition einnahmen. Sie mussten Teilnehmer für neu zu bildende „Geberkreise“ finden, die bereit waren, den festgelegten Betrag an die in den „Empfängerkreis“ aufgerückten Personen zu zahlen. Die Anwerbung war Sache der auf der untersten Reihe verbliebenen „Mitspieler“. In Kenntnis des vorbeschriebenen Systems trat K in einen „Geberkreis“ ein und zahlte an die B, die mit anderen den „Empfängerkreis“ besetzt hatte, um im Spiel zu bleiben und selbst später „Beschenkter“ zu werden.

Solche Verträge verstoßen gegen § 138 BGB, weil sie darauf angelegt sind, die zuletzt teilnehmenden Mitspieler zu schädigen. Das System funktioniert wie beim Kettenbrief. Je mehr Mitglieder beitreten, desto mehr Einzahlungen kommen den früher Beitretenden zugute. Der Haken des Systems ist offensichtlich: Die letzten Mitglieder „beißen die Hunde“. Sie haben nur eingezahlt, erhalten aber keine Zahlung mehr. Daher hat K einen Anspruch aus § 817 S. 1. Der BGH hat keinen Geberverstoß darin gesehen, dass K wusste, wie das System funktioniert. Wer sich an einem solchen Kreis beteiligt, erhält daher seine Zahlungen zurück.[66] ◀

Problematisch ist der genaue **Anwendungsbereich des § 817 S. 2.** Nach dem Wortlaut der Vorschrift scheint die Leistungskondiktion nur ausgeschlossen zu sein, wenn bei beiden Parteien ein Verstoß vorliegt. Unklar ist, was gilt, wenn nur der Geber sittenwidrig handelt, wie etwa in FALL 77 der Darlehensgeber, der ein Darlehen zu wucherischen Konditionen vergibt. Man ist sich heute darüber einig, dass der Zweck der Vorschrift es erfordert, auch den **alleinigen Geberverstoß** (wie FALL 77) unter § 817 S. 2 fallen zu lassen.[67] Wer ohne Bewusstsein von Gesetz- oder Sittenwidrigkeit eine Leistung erhält, soll sie behalten dürfen. Sonst würde die seltsame Situation eintreten, dass der Nehmer, der sich selbst sitten- oder gesetzeswidrig verhält, die Leistung wegen § 817 S. 2 behalten dürfte, weil ihm „auch“ ein Verstoß zur Last fällt, während sich der gesetzestreue Nehmer nicht auf § 817 S. 2 berufen könnte. 21

Im Übrigen wird auch für den Geberverstoß vorausgesetzt, dass der Leistende bewusst gegen das Gesetz oder die guten Sitten verstoßen hat, leichtfertiges Handeln soll dem

65 *Larenz/Canaris*, Schuldrecht II/2, § 68 III 3 f.

66 BGH NJW 2006, 45 mit Besprechung *Mirko Möller*, NJW 2006, 268; BGH NJW 2008, 1942; a.A. AG Siegburg NJW-RR 2007, 1431. Zum Problemkreis ferner *Armgardt*, NJW 2006, 2070.

67 Vgl. nur BGHZ 50, 91, 92.

gleichstehen.[68] Besteht die Leistung nur darin, dass der Leistende eine Verbindlichkeit gegenüber dem Nehmer eingeht (z.B. Schuldschein, Scheckhingabe), so ist die Rückforderung des Geleisteten (also der **Eingehung der Verbindlichkeit**) nicht ausgeschlossen (§ 817 S. 2: „es sei denn"). Wäre es anders, so könnte das verbots- oder sittenwidrige Geschäft gerichtlich durchgesetzt werden, indem die Verbindlichkeit eingeklagt wird. Dem steht allerdings aufseiten desjenigen, der die Verbindlichkeit einging, die Möglichkeit entgegen, die Herausgabe des erlangten „Etwas", also im Ergebnis die Befreiung von der Verbindlichkeit, mithilfe der Leistungskondiktion zu verlangen. Zudem kann die Einrede des § 821 erhoben werden.[69] Wenn gleichwohl gezahlt wird, bleibt es dabei: Das Gezahlte kann nicht zurückgefordert werden (§ 817 S. 2 a.E.).

22 § 817 ist auf sämtliche Leistungskondiktionen anwendbar. Umstritten ist hingegen, ob § 817 S. 2 auch auf **andere als bereicherungsrechtliche Ansprüche** (Kondiktionen) anwendbar ist, also auch die Rückforderung einer Leistung aufgrund von §§ 985, 823 oder §§ 677, 683 ausschließen kann. Hierfür spielt eine Rolle, dass das Erfüllungsgeschäft regelmäßig von der Nichtigkeit des Kausalgeschäfts unberührt bleibt. Nach §§ 134, 138 allerdings wird bei einem sitten- oder gesetzwidrigen Kaufvertrag nicht nur der Schuldvertrag, sondern auch die Übereignung der Sache nichtig (Doppelmangel) sein. Daher könnte der Geber die Sache vom Nehmer auch nach § 985 herausverlangen, obwohl ihm ein Bereicherungsanspruch nach § 817 S. 2 nicht zusteht. Die Rechtsprechung hält dies zum Teil für möglich mit der Begründung, die Ausnahmevorschrift des § 817 S. 2 dürfe aufgrund ihres Strafcharakters nicht auf andere Anspruchskonstellationen ausgedehnt werden.[70] Dagegen betont die Literatur, dass die Ratio der Vorschrift nicht Bestrafung, sondern Rechtsschutzverweigerung im Hinblick auf sitten- oder gesetzeswidrige Geschäfte sei.[71] Das Problem verdeutlicht der folgende, vom Reichsgericht entschiedene

▶ **Fall 80 – Ausschluss sonstiger Ansprüche** (RGZ 145, 153): Ein Mann hat seiner Ehefrau F ein Grundstück übereignet, um sie zur Erhebung der Scheidungsklage zu veranlassen. Im Scheidungsprozess bringt der Mann falsche scheidungsrelevante Tatsachen vor, denen die Frau wegen der Übertragung des Grundstücks wie vereinbart nicht widerspricht. Die Ehe wird daraufhin geschieden. Nach der Scheidung verlangt M die Rückübereignung des Grundstücks, da die Annahme des Grundstücks sittenwidrig gewesen wäre. Tatsächlich war nach damaliger Anschauung die Entgegennahme von „Geschenken" gegen die Erteilung einer Zustimmung zur Ehescheidung sittenwidrig.

Waren Verpflichtungs- und Verfügungsgeschäft nichtig, so war auch die Eintragung der F im Grundbuch fehlerhaft. Daher stand M ein Anspruch aus § 894 auf Berichtigung zu (dem entspricht für bewegliche Sachen der Herausgabeanspruch des § 985 zur Berichtigung des falschen Rechtsscheins des § 1006). Geht man davon aus, dass § 817 S. 2 nicht auf solche Vindikationsansprüche anwendbar ist, so bleibt es bei dieser Rechtslage. Die Literatur hält es allerdings für widersprüchlich, den Leistenden dann, wenn sein Sittenverstoß so schwer ist, dass er sogar das dingliche Geschäft nichtig macht, besserzustellen als er stünde, wenn das dingliche Geschäft nicht unwirksam wäre (dann hätte er nämlich keine Ansprüche nach § 985 bzw. § 894) und befürwortet daher in solch schweren Fällen die Anwendung des § 817

68 BGH NJW 1993, 2108, 2109; BGH NJW 2019, 1147 Rn. 28.
69 HK-BGB/*Schulze*, § 817 Rn. 9.
70 BGH NJW 1951, 643; ferner BGHZ 39, 87, 91 (für GoA-Ansprüche), BGHZ 63, 365, 369 (für Ansprüche aus §§ 987 ff.), BGH NJW 1992, 310, 311 (für § 826).
71 Vgl. *Medicus/Petersen*, Bürgerliches Recht, Rn. 697.

S. 2 auch auf Vindikationsansprüche.[72] Das ist interessengerecht, wenn man das Ziel des § 817 S. 2 darin sieht, von jedem Kläger „clean hands" zu fordern, also auch, wenn er nicht (nur) mit einem bereicherungsrechtlichem Klagegrund vor Gericht erscheint. Daher kann M im Ergebnis die Rückübereignung des Grundstücks nicht verlangen. ◀

Auch vertragliche Ansprüche können von § 817 S. 2 betroffen sein, wie ein jüngerer Fall zeigt: Hier hatte der Kläger von der Beklagten ein Radarwarngerät erworben. Mit der Behauptung, das Gerät funktioniere nicht ordnungsgemäß, wollte er vom Kaufvertrag zurücktreten. Der BGH entschied jedoch, dass der Vertrag sittenwidrig und daher nichtig sei, weil solche Geräte in Deutschland nicht betrieben werden dürfen (§ 23 Abs. 1b StVO). Aus diesem Grund sei auch die Kondiktion aus § 812 Abs. 1 S. 1, 1. Alt. wegen § 817 S. 2 ausgeschlossen,[73] denn einem Rechtsgeschäft, das den Interessen der Gemeinschaft an der Einhaltung der zur Sicherheit der Verkehrsteilnehmer angeordneten Geschwindigkeitsbeschränkungen zuwiderlaufe, sei die rechtliche Anerkennung zu versagen. In einer gleichgerichteten Entscheidung hat der BGH allerdings überraschenderweise § 817 S. 2 mit keinem Wort erwähnt.[74]

cc) Die Reichweite des Kondiktionsausschlusses

Insbesondere in Wucherfällen[75] stellt sich die Frage, wie weit der Ausschluss des Rückgabeanspruches reicht: Darf etwa bei einem wucherischen Darlehen die Valuta behalten werden? Darf das Darlehen völlig zinsfrei genutzt werden? 23

▶ **Fall 81:** A gibt dem S ein Darlehen zu wucherischen Konditionen mit der Absprache, dass das Kapital nach 3 Jahren zurückzuzahlen sei. Später ergibt sich für A die Möglichkeit, das Geld sogar noch besser anzulegen. Kann er unter Hinweis auf die Nichtigkeit des Darlehensvertrages vor Fälligkeit Rückzahlung des Kapitals verlangen, um diese Chance wahrzunehmen?

Ein **Anspruch auf Rückzahlung aus § 488 Abs. 1 S. 2** setzt voraus, dass das Darlehen zur Rückzahlung fällig ist. Daran fehlt es im Hinblick auf die feste Laufzeitvereinbarung. Doch lässt sich einwenden, dass bereits der Darlehensvertrag nichtig ist, weil die Voraussetzungen des Wuchers erfüllt sind (§ 138 Abs. 2). Die Hingabe des Darlehens erfolgte nämlich im Hinblick auf eine vertragliche Verpflichtung, die jedoch durch den Verstoß gegen das Wucherverbot wegfiel. Dann hätte A einen Anspruch auf Rückzahlung aus **§ 812 Abs. 1 S. 1, 1. Alt.** Doch könnte die Leistungskondiktion **durch die Einwendung des § 817 S. 2 ausgeschlossen** sein. Ein Verstoß des Gebers gegen § 138 Abs. 2 liegt vor. Dem Bewucherten fällt zwar kein Verstoß zur Last, doch ist § 817 S. 2 **auch auf den einseitigen Geberverstoß anzuwenden** (oben Rn. 21).[76] Damit ist die Kondiktion des A nach § 817 S. 2 ausgeschlossen. A kann folglich die Leistung nicht zurückverlangen.

Damit stellt sich aber die **Frage, ob lediglich die vorzeitige Rückzahlung des Kapitals oder aber die Rückzahlung insgesamt ausgeschlossen ist.** Diese Frage wird durch eine Entscheidung des Großen Senats für Zivilsachen des Reichsgerichts beantwortet.[77] Danach sperrt § 817 S. 2 nur die Rückforderung der hingegebenen „Leistung". Beabsichtigte „**Leistung**" bei

72 *Esser/Weyers*, Schuldrecht BT, § 49 IV 2; *Koppensteiner/Kramer*, Ungerechtfertigte Bereicherung, § 7 IV 2b; *Larenz/Canaris*, Schuldrecht II/2, § 69 III e (mit Hinweis auf sonst eintretende Wertungswidersprüche).
73 BGH NJW 2005, 1490, 1491.
74 BGH NJW 2010, 610 m. Anm. *Mirko Möller*.
75 Vgl. etwa BGH NJW 1962, 1148.
76 RGZ 151, 70, 73.
77 RGZ 161, 52.

der – sei es auch unwirksamen – Darlehenshingabe ist aber nicht die endgültige, sondern **nur die zeitweilige Nutzungsüberlassung** des Kapitals. Könnte der Wucherer das Kapital überhaupt nicht mehr zurückfordern, so würde der Darlehensempfänger über die ihm zugedachte Kapitalnutzung hinaus „einen weiteren, in nichts begründeten Vermögensvorteil erlangen".[78] Das widerspricht dem bereicherungsrechtlichen Schädigungsverbot und übersteigt die Abschöpfungsfunktion (vgl. oben § 8 Rn. 3). Daher muss A dem Darlehensnehmer zwar das Kapital vereinbarungsgemäß weiter überlassen, doch kann er nach regulärem Ablauf der ursprünglich beabsichtigten Darlehenslaufzeit Rückzahlung verlangen, ohne dass dieser Anspruch durch § 817 S. 2 gesperrt wird (§ 812 Abs. 1 S. 1, 1. Alt.). Diese Lösung setzt sich zwar partiell darüber hinweg, dass eine wirksame Vereinbarung nicht besteht, doch erfordert es der Schutzzweck des § 817 S. 2 nicht, an die Stelle der zeitlich begrenzten Leistungsabrede eine endgültige Überlassung von Vermögenswerten zu setzen. Dies erreicht man, indem man eine Kündigung nach dem ursprünglich geplanten Vertragsmodell auch bei Scheitern dieses Vertrages zulässt.

Fraglich bleibt, **ob der Darlehensempfänger das Kapital zinslos nutzen darf**. Dafür spricht, dass der Darlehensvertrag insgesamt gegen § 138 Abs. 2 verstieß, also auch die Vereinbarung einer Gegenleistung von dem Sittenwidrigkeitsurteil erfasst wird, denn als Gegenleistung für die Nutzungsüberlassung sollten die Wucherzinsen gezahlt werden. Allerdings würde diese Lösung dazu führen, dass wegen des Ausschlusses der Kondiktion durch § 817 S. 2 der Bewucherte einen auf seiner Seite nicht gerechtfertigten Vermögensvorteil behielte, weil er das Darlehen (die Kapitalnutzung) völlig entgeltfrei nutzen darf.[79] Zur Korrektur wird daher vorgeschlagen, dem Wucherer wenigstens den objektiven Wert für die vom Darlehensnehmer aus dem Gebrauch der Sache gezogenen Nutzungen nach § 818 Abs. 2 zu vergüten. Das würde allerdings die wucherische Leistung nach § 817 S. 2 doch wieder vergüten und der Norm den von der Rspr. diskutierten Sanktionscharakter nehmen. Wie der oben zitierten Äußerung des RG zu entnehmen ist, soll allerdings auch der Bewucherte nicht übermäßig bevorteilt werden, indem er die Leistung des Wucherers unentgeltlich erhält.[80] Daher sollte vermittelnd nach §§ 812 Abs. 1 S. 1, 1. Alt., 819 Abs. 1, 818 Abs. 4, 291, 246 wenigstens der gesetzliche Zinssatz entrichtet werden müssen.[81] Diese Rechtsfolge sieht für formmangelhafte Verbraucherdarlehensverträge auch § 494 Abs. 2 S. 2 vor.[82] Für die Lösung spricht, dass das Bereicherungsrecht zwar Billigkeit herstellen, nicht aber bestrafen soll, denn eine Straffunktion ist dem Zivilrecht grundsätzlich fremd und Aufgabe des Strafrechts. In Zeiten, in denen der gesetzliche Zinssatz über dem allgemeinen Zinssatz liegt, bietet sich an, nur den Basiszinssatz zu gewähren (§ 247 S. 1), um zu verhindern, dass der Wucherer einen Zins erhält, der sogar noch über Marktniveau liegt.

Im Ergebnis kann A Rückzahlung des Darlehens erst nach Fälligkeit, ferner gem. §§ 812 Abs. 1 S. 1, 1. Alt., 819 Abs. 1, 818 Abs. 4, 291, 246 (247) den gesetzlichen (ggf. den Basis-)Zins für die Laufzeit des Darlehens verlangen. ◀

78 RGZ 161, 52, 53.

79 Das hält für richtig: RGZ 161, 52, 57 f.; zust. auch BGH NJW 1962, 1148; *Larenz/Canaris*, Schuldrecht II/2, § 68 III 3 c.

80 *Medicus/Petersen*, Bürgerliches Recht, Rn. 700.

81 A.A. BGH NJW 1989, 3217: erst ab Fälligkeit des Darlehensrückzahlungsanspruchs.

82 Für eine Verzinsungspflicht *Medicus*, Gedächtnisschrift Dietz, 1973, S. 61, 74; *Koziol*, AcP 188 (1988), 183, 217.

Ähnliche Probleme stellen sich bei Fällen von Schwarzarbeit ([illegible] wucherischen Mietverhältnissen. Auch ist im Ergebnis unbestritten, dass der Ausschluss der Leistungskondiktion nach § 817 S. 2 nicht dazu führt, dass der Herausgabeanspruch nach § 985 überhaupt nicht mehr geltend gemacht werden kann. Hier lässt der BGH auch einen Anspruch aus §§ 818 Abs. 4, 985, 987, 989 auf die ortsübliche Vergleichsmiete zu, allerdings methodisch fragwürdig deswegen, weil nach der Rspr. § 817 S. 2 nur Bereicherungsansprüche, nicht aber Vindikations- und dingliche Nebenansprüche sperrt (oben Rn. 22).[84] Immerhin stimmt hier das Ergebnis.

In einer neueren Entscheidung hat der BGH klargestellt, dass die Nichtigkeit eines ganzen Vertrages nicht zwangsläufig bewirkt, dass damit auch alle Teile des Vertrages mit Blick auf die Anwendung von § 817 S. 2 gleich zu beurteilen sind.[85] So soll bei einem wegen unzulässiger Rückdatierung zum Zwecke der Steuerersparnis gem. § 134, § 139 BGB unwirksamen Vertrag § 817 S. 2 BGB der Rückforderung einer erbrachten Leistung nur insoweit entgegenstehen, „wie diese Leistung dem Vertragspartner gerade als Gegenleistung für die steuerverkürzende Abrede zufließen sollte."[86] Der BGH rechtfertigt dieses Ergebnis im Unterschied zu den Schwarzarbeiterfällen (oben Rn. 19) damit, dass das Schwarzarbeitsbekämpfungsgesetz nicht nur die fiskalischen Zwecke (Bekämpfung von Steuerhinterziehung) bekämpfen will, sondern zugleich die mit Schwarzarbeit einhergehende Wettbewerbsverzerrung, sodass auch die Ausführung von Verträgen über Schwarzarbeit missbilligt wird.[87] Deshalb soll zwar in den Schwarzarbeiterfällen eine Rückforderung nach § 817 S. 2 insgesamt ausgeschlossen sein, nicht aber auch zwingend die Rückforderung der gesamten Leistung bei anderen nichtigen Verträgen.

Wiederholungs- und Vertiefungsfragen

> Was versteht man unter einer „Leistung" im bereicherungsrechtlichen Sinne? Wie grenzt sie sich von sonstigen bereicherungsrechtlich relevanten Vorgängen ab? In welchem Verhältnis steht sie zu diesen Vorgängen?

> A zahlt an B eine Geldsumme. Nach welchen Kriterien bestimmt sich, ob es sich um eine Leistung oder einen sonstigen Bereicherungsvorgang handelt?

> Wie unterscheidet sich der Zweck einer Leistung im Sinne von § 812 Abs. 1 S. 2, 2. Alt. vom Zweck einer Leistung im Sinne des § 812 Abs. 1 S. 1, 1. Alt.?

> Kann der Darlehensgeber eines wucherischen Darlehens die Rückzahlung des Darlehens verlangen? Kann er Zinsen verlangen?

> (V) Kann das Land N, das dem Unternehmer U eine Subvention gezahlt hat, Rückzahlung der Summe nach Bereicherungsrecht verlangen, wenn U die durch die Subvention seitens des Landes erhofften Arbeitsplätze nicht schafft? (vgl. *Ossenbühl,* Der öffentlich-rechtliche Erstattungsanspruch, NVwZ 1991, 513–522)

> (V) Wer trägt die Beweislast bei Bezahlung einer überhöhten Stromrechnung? (hierzu BGHZ 154, 5 = NJW 2003, 1449; vgl. ferner BGH NJW 2003, 1039)

83 Dazu BGHZ 111, 308 = NJW 1990, 2542 (Wertersatzanspruch des Schwarzarbeiters nach §§ 812, 818 Abs. 2; Anwendung des § 817 S. 2 könne durch § 242 gesperrt sein).
84 BGHZ 63, 365, 368.
85 BGH MDR 2017, 140 Tz. 44.
86 BGH MDR 2017, 140.
87 BGH MDR 2017, 140 Tz. 47; siehe auch BGH NJW 2017, 1808 Tz. 21.

Unter welchen Umständen kann ein Arbeitgeber die Erstattung von gezahlten Ausbildungskosten von dem Auszubildenden zurückverlangen? (vgl. BGH NJW 2004, 512).

§ 10 Die Nichtleistungskondiktionen

I. Überblick und Prüfungsschemata

1. Eingriff oder Verfügung, Zufall, Verwendung, Rückgriff

Nach § 812 Abs. 1 S. 1 kann eine Bereicherung auch „in sonstiger Weise“, nämlich nicht durch Leistung angefallen sein. Daher spricht man auch von der Nichtleistungskondiktion. Für sie ergibt sich folgendes **Prüfungsschema:** 1

a) § 812 Abs. 1 S. 1, 2. Alt. – Nichtleistungskondiktion

(1) **Etwas erlangt**

(2) **in sonstiger Weise**
= nicht durch Leistung (Vorrang der Leistungsbeziehungen), also sind noch folgende Fälle erfasst:
- Bereicherung durch Eingriff (**Eingriffskondiktion**): Eingriffe sind der Ge- und Verbrauch von Gegenständen zum eigenen Nutzen; ferner die Nutzung fremden geistigen Eigentums (Urheber-, Patent-, Gebrauchsmuster-, Marken- und Designrecht) ohne Lizenz. Eingriff ist schließlich die Verbindung, Vermischung und Verarbeitung fremder Sachen (§§ 946–950)[1]. Eingriffe durch Verfügung sind spezialgesetzlich in § 816 Abs. 1 erfasst.[2]
- Bereicherung durch **Zufall**, z.B. durch Naturvorgänge (starker Regen schwemmt den wertvollen Mutterboden eines Hanggrundstücks auf das darunter liegende Grundstück).
- Bereicherung durch nicht geschuldete und nicht abgestimmte Verwendungen auf einen Gegenstand (sog. **Verwendungskondiktion**); Achtung: §§ 677, 994 ff. oder ein bestehendes Schuldverhältnis können die Verwendungskondiktion verdrängen oder ausschließen.
- Bereicherung durch nicht geschuldete und nicht abgestimmte **Zahlungen im Fremdinteresse** (sog. **Rückgriffskondiktion**); auch hier ist ein Vorrang der §§ 677 ff. und zahlreicher Regressregelungen sowie vorrangiger Vertragsregelungen möglich.

(3) **„Auf Kosten“ des Bereicherungsgläubigers**
- erfolgt die Bereicherung nach h.M., wenn der Vorteil von der Rechtsordnung dem Bereicherungsgläubiger zugewiesen war (**Lehre vom Zuweisungsgehalt,** unten Rn. 4), so z.B. beim Eingriff in absolute dingliche Rechte und in Immaterialgüterrechte (Urheber-, Patent-, Gebrauchsmuster-, Marken-, Designrecht). Das Gesetz weist regelmäßig allein dem Rechtsinhaber die Befugnis zu, über einen Gegenstand zu verfügen oder diesen zu nutzen. Das gilt auch, wenn eine Gemeinschaft einen Gegenstand verwaltet („Creative Commons“, z.B. „Wikipedia“).

(4) **Ohne Rechtsgrund**
- erfolgt der Eingriff in den Zuweisungsgehalt einer fremden Rechtsposition, wenn weder das Gesetz ihn erlaubt noch der Berechtigte in die Handlung ein-

---

1 Siehe zum bereicherungsrechtlichen Ausgleich nach gesetzlichem Eigentumserwerb systematisch *Buchwitz*, JuS 2016, 1067.
2 Einen Überblick dazu gibt *Lorenz*, JuS 2018, 654.

willigt. Bei gesetzlichen Erwerbstatbeständen ist durch Auslegung zu ermitteln, ob der Erwerbstatbestand auch einen Rechtsgrund zum Behaltendürfen vermittelt, vgl. §§ 951 Abs. 1 S. 1, 977, 932 Abs. 1, 937.

(5) **Rechtsfolge:** Herausgabe des Erlangten oder Herausgabe des Wertes (z. B. § 951 Abs. 1 S. 1 oder § 818 Abs. 2).

2 Einen **typischen Fall des Eingriffs in fremde Rechte** stellt die **rechtsgeschäftliche Verfügung über einen Gegenstand** (Sache oder Forderung) dar, etwa die Veräußerung oder Belastung einer fremden Sache. Gutglaubensvorschriften führen oft dazu, dass der Erwerbsvorgang dinglich wirksam ist, sodass der ursprünglich Berechtigte die Position verliert (§ 8 Rn. 2). Zum Ausgleich gibt ihm das Recht einen Anspruch auf das rechtsgeschäftlich Erlangte gegen denjenigen, der unrechtmäßig verfügt hat. Diesen **Spezialfall einer Eingriffskondiktion** regelt **§ 816 Abs. 1.**[3]

§ 816 erfasst **zwei weitere Fälle des „Eingriffserwerbs"**, nämlich den unentgeltlichen Erwerb und die unberechtigte Entgegennahme einer Zahlung. Die Verfügung durch einen Nichtberechtigten führt zwar dinglich zu einem wirksamen Erwerb, doch muss das Erworbene nach § 816 Abs. 1 S. 2 schuldrechtlich wieder rückübereignet werden, sofern der **Erwerb unentgeltlich** erfolgt ist. Der Schuldner einer Forderung kann sich durch Leistung an den Gläubiger befreien. Auch die **Leistung an einen falschen Gläubiger** kann dies bewirken, wenn der Schuldner nicht wusste, dass die Forderung zwischenzeitlich abgetreten wurde (§ 407 Abs. 1). Dann hat nicht ein Nichtberechtigter verfügt, denn die Entgegennahme einer Zahlung ist keine Verfügung. Gleichwohl wurde an einen Nichtberechtigten geleistet. Funktional ähnelt dies den in § 816 Abs. 1 geregelten Konstellationen. Daher sieht § 816 Abs. 2 vor, dass der Nichtberechtigte das Erlangte an den wirklichen Gläubiger herausgeben muss.

Die drei Konstellationen des § 816 stellen eine Besonderheit gegenüber dem generellen Vorrang der Rückabwicklung im Leistungsverhältnis dar. Obwohl durch Leistung Erlangtes grundsätzlich nicht im Wege der Nichtleistungskondiktion herauszugeben sein soll (vgl. § 8 Rn. 8), muss derjenige, der unentgeltlich etwas vom Nichtberechtigten durch dessen Leistung erlangt hat, dies an den Berechtigten herausgeben (§ 816 Abs. 1 S. 2). Diese Verpflichtung trifft auch denjenigen, der von einem Dritten eine Leistung angenommen hat, obwohl er dazu nicht berechtigt war (§ 816 Abs. 2). Auch im Fall des § 816 Abs. 1 S. 1 wird die Rückabwicklung außerhalb der Leistungsbeziehung vorgenommen. Der Verfügende muss den durch die Verfügung erlangten Vorteil, der vom Verfügungsempfänger geleistet wurde, wieder herausgeben. Insofern durchbrechen alle drei in § 816 geregelten Konstellationen das Prinzip vom Vorrang der Leistungsbeziehungen. Sie sind deshalb auch vorrangig vor der allgemeinen Nichtleistungskondiktion zu prüfen. Für die in § 816 geregelten Konstellationen ergeben sich folgende **Prüfungsschemata:**

b) § 816 Abs. 1 S. 1 – Eingriffskondiktion gegenüber dem unberechtigt Verfügenden

(1) **Verfügung**

(2) **durch** einen **Nichtberechtigten,**

(3) die **dem Berechtigten gegenüber wirksam** ist.

3 Dazu *Chelidonis*, JURA 2019, 448.

Verfügungen von Nichtberechtigten können wirksam sein gem. §§ 932 Abs. 1, 937 oder durch Genehmigung (§§ 184, 185 BGB) wirksam werden (unten § 10 Rn. 13).

(4) **Rechtsfolge:**
Herausgabe des Erlangten von demjenigen, der durch die Verfügung unmittelbar einen rechtlichen Vorteil erlangt. Herauszugeben ist die durch das Verpflichtungsgeschäft erlangte Gegenleistung, und zwar auch wenn diese höher ist, als es der Wert der Sache war (siehe Wortlaut des § 816 Abs. 1, str.).

c) § 816 Abs. 1 S. 2 – Eingriffskondiktion gegenüber dem Begünstigten einer unentgeltlichen Verfügung

(1) **Verfügung**

(2) **durch** einen **Nichtberechtigten,**

(3) die **dem Berechtigten gegenüber wirksam** ist;

(4) **Unentgeltlichkeit** der Verfügung.

(5) **Rechtsfolge:**
Herausgabe des durch die Verfügung Erlangten: Der Anspruch richtet sich nur gegen denjenigen, der unmittelbar den Bereicherungsgegenstand erlangt. Übereignet er den Gegenstand weiter, verlängert sich die Kondiktion über § 822 und richtet sich gegen jeden, der den Gegenstand ebenfalls unentgeltlich erlangt hat (unten § 10 Rn. 16).

d) § 816 Abs. 2 – Eingriffskondiktion gegenüber dem Empfänger einer Leistung

(1) **Leistung**

(2) **an** einen **Nichtberechtigten,**

(3) die **dem Berechtigten gegenüber wirksam** ist.
- z.B. Forderungstilgung gem. §§ 407–409, 793, 808, 851, 2367. Streitig ist, ob bei § 816 Abs. 2 auch eine nachträgliche Genehmigung gem. § 362 Abs. 2, 185 Abs. 2 möglich ist. Die h.M. nimmt dies zu Recht an (vgl. unten Rn. 13).[4]

(4) **Rechtsfolge:** Pflicht des Nichtberechtigten zur Herausgabe der Leistung.

2. Fehlen eines rechtlichen Grundes

Eine Vermögensmehrung darf der Empfänger grundsätzlich behalten, wenn es hier einen rechtlichen Grund gab, sonst muss er sie herausgeben. Rechtsgrund bei der Leistungskondiktion ist typischerweise ein schuldrechtlicher Anspruch auf die Vermögensmehrung. 3

Bei der Nichtleistungskondiktion fehlt der Rechtsgrund, wenn die Güterverschiebung vom Recht missbilligt wird. Das ist der Fall, wenn die eingetretene Vermögenslage im Widerspruch zum rechtlich definierten **Zuweisungsgehalt eines Rechts** steht, der Vorteil also dem Empfänger im Verhältnis zu demjenigen, auf dessen Kosten er erlangt wurde, rechtlich nicht gebührt. Die Rechtsordnung wird oft eine Anordnung darüber

4 BGHZ 85, 267, 272 f.; 106, 381, 390; NJW 2007, 989, 991; *Bamberger/Roth/Wendehorst*, BGB, § 816 Rn. 30; *Larenz/Canaris*, Schuldrecht BT II/2 § 69 II 3d, S. 186.

treffen, wem der Vermögensvorteil gebührt. Fehlt es daran, so verbleibt der Vorteil bei demjenigen, der ihn hat.

4 Die „**Lehre vom Zuweisungsgehalt**" ist die Formel, welche die h.M. benutzt, um für die Nichtleistungskondiktion zu entscheiden, wem eine Vermögensmehrung gebührt (vgl. nachfolgende Rn.). Einen Zuweisungsgehalt haben absolute Rechte mit vermögensrechtlichem Inhalt. Sie weisen ihrem Inhaber in der Regel den Substanz- und Nutzungs- oder Gebrauchswert gegenüber jedermann zu. Nur der Rechtsinhaber darf sich durch wirtschaftliche Verwertungshandlungen den vermögenswerten Zuweisungsgehalt dieses Rechts zuführen. Ein Dritter darf dies erst, wenn dies der Rechtsinhaber gestattet hat (z.B. nach § 185).[5]

Beispiele: Modellfall für eine rechtliche Regelung über den Zuweisungsgehalt ist § 903 für das **Eigentum** an körperlichen Sachen: Nicht nur der Substanzwert, sondern auch die Gebrauchsvorteile und die sonstigen Nutzungen einer Sache gebühren danach dem Eigentümer. Einen Zuweisungsgehalt haben auch die **auf einem Schuldverhältnis beruhenden Rechte zum Besitz und** (alleinigen) **Gebrauch** einer Sache, wie das Nutzungsrecht des Mieters und des Pächters.[6] Zu den absoluten Rechten mit Zuweisungsgehalt gehören ferner Patent-, Gebrauchsmuster-, Design-, Markenrecht[7] sowie das Urheberrecht und die ihm verwandten Schutzrechte.[8] Manche Rechte verleihen zwar eine Ausschließungsposition (Abwehrrecht), sind dem Rechtsinhaber aber nicht primär aus Gründen des Güter- oder Vermögensschutzes zugewiesen. Hierzu gehören das Recht am eingerichteten und ausgeübten Gewerbebetrieb[9] und die im UWG geschützten Interessen,[10] ferner das allgemeine Persönlichkeitsrecht. Bei Letzterem hat die Rechtsprechung einen vermögensrechtlichen Zuweisungsgehalt jedenfalls bei der kommerziellen Verwertung des Rechts am eigenen Bild und sonstiger Persönlichkeitssplitter von Prominenten anerkannt.[11] Wer ohne Einwilligung des Berechtigten dessen Foto zu Werbezwecken nutzt, muss dafür eine fiktive Lizenzgebühr zahlen, die angefallen wäre, wenn der Berechtigte um Erlaubnis gefragt worden wäre. Noch nicht vollständig klar ist, ob dies auch bei der Nutzung von Fotos Dritter durch Private in sozialen Netzwerken („Facebook"-Fälle) gilt.

5 **Fehlt es an einer gesetzlichen Zuweisungsregelung**, so kommt eine Abschöpfung der angefallenen Vermögensmehrung nicht in Betracht. So ist dem Eigentümer zwar die Nutzung seiner Sache umfassend zugewiesen, dazu gehört jedoch nicht auch das Recht, die eigene Sache als Einziger fotografieren zu dürfen. Wer mithin ein reizvolles Haus fotografiert, welches vom öffentlichen Grund aus einsehbar ist, ist weder einem Unterlassungsanspruch noch einem Bereicherungsanspruch ausgesetzt, selbst wenn er

5 BGHZ 107, 117, 120; *Wilburg*, Die Lehre von der ungerechtfertigten Bereicherung, S. 28 ff., 34; *von Caemmerer*, FS E. Rabel, 1954, S. 333, 353; *Medicus/Petersen*, Bürgerliches Recht, Rn. 708.

6 *Medicus/Petersen*, Bürgerliches Recht, Rn. 707. Zur unberechtigten Gebrauchsüberlassung einer Sache an Dritte *Koch/Wallimann*, JZ 2019, 342.

7 Vgl. beispielhaft BGHZ 82, 299, 306 (Gebrauchsmuster); BGHZ 185, 341 = GRUR 2010, 817 (patentfähige Erfindung).

8 Vgl. zur Ausführung von Architektenplänen ohne Vertragsgrundlage BGH NJW 2013, 781 m. Bspr. *M. Schwab*, NJW 2013, 1135.

9 Ablehnend diesbezüglich *Jauernig/Stadler*, § 812 Rn. 56.

10 Differenzierend hierzu *Köhler*, FS W. Lorenz, 2001, S. 167; *Loewenheim*, WRP 1997, 913.

11 In Ansätzen BGHZ 20, 345, 355 (Recht am eigenen Bild; ungenehmigte Werbung mit dem Bildnis des Schauspielers Paul Dahlke); eindeutiger BGHZ 143, 214 (Marlene Dietrich).

von dem angefertigten Foto Postkarten drucken lässt und diese gewerblich verwertet.[12] Überraschenderweise sieht der BGH das anders, wenn das Foto nach Betreten des privaten Grundstücks angefertigt wurde (§ 3 Rn. 27)[13] oder wenn Museen den Zutritt zu Kunstwerken nur unter der Voraussetzung zulassen, dass nicht fotografiert wird.[14] Das ist eine Ausweitung des Zuweisungsgehalts, die weder nachvollziehbar ist, noch mit dem System der §§ 903 ff. in Einklang steht, denn das Betreten des Grundstücks kann zwar untersagt werden, es gehört aber nicht zum Inhalt des Eigentums, dass auch die Früchte, die aus einem rechtswidrigen Betreten gezogen wurden, gewissermaßen zugunsten des Eigentümers „verfallen".

Wenn ein Geschäftsmann seinen Absatz und damit seinen Verdienst im Wege erlaubten Wettbewerbs zum Nachteil seiner Mitbewerber vergrößert, ist er den Konkurrenten nicht ausgleichspflichtig, denn die Chance auf Umsatz- und Kundenzuwachs ist den Mitbewerbern vom Recht nicht zugewiesen, die Konkurrenz um diese Kundschaft ist frei. Wird ein an einer Bahnlinie gelegenes Grundstück in seinem Wert als Geschäftsgrundstück dadurch „beeinträchtigt", dass die Bahnlinie stillgelegt wird, so stellt dies keinen von der Rechtsordnung missbilligten Eingriff in die Rechtsstellung des Eigentümers dar, denn diesem ist nur sein Grundstück und der Zugang hierzu, nicht aber auch die Infrastruktur der Umgebung zugewiesen. Diese Grundsätze spielten bereits im Deliktsrecht eine Rolle (vgl. den „Fleet-Fall", oben § 3 Rn. 26).[15]

3. Das Merkmal „auf Kosten" bei § 812 Abs. 1 S. 1, 2. Alt.

Wird eine fremde Sache veräußert, so wird in eine Befugnis des Eigentümers, also auf dessen Kosten, eingegriffen. Wird über die Nutzungsbefugnis an der Sache verfügt (z.B. doppelte Vermietung einer Wohnung), so ist die dem Mieter oder Pächter zugewiesene Position beeinträchtigt. Die Worte „auf dessen Kosten" **bedeuten nicht, dass aufseiten des Kondiktionsgläubigers eine effektive Vermögensminderung eingetreten sein muss.** Es genügt, dass der vom Bereicherten gezogene Vorteil nach der Güterzuordnung demjenigen gebührte, der ihn nun herausverlangt. Ob dieser den Vorteil selbst wahrgenommen hätte, ist unerheblich.[16] Wer eine fremde Sache unbefugt nutzt und dadurch Aufwendungen erspart, hat den Gebrauchswert zu ersetzen, auch wenn der Eigentümer in der fraglichen Zeit keinen Gebrauch von der Sache gemacht hätte und ihr Wert durch den Gebrauch nicht oder nur unwesentlich vermindert wurde. Voraussetzung ist allerdings stets, dass das jeweils verletzte Recht seinem Zuweisungsgehalt nach dem Berechtigten gerade die wirtschaftliche Verwertung zuweist. Das ist bei Sachen- und Immaterialgüterrechten stets, bei Persönlichkeitsrechten (Recht auf Privatsphäre, Freiheit, Arbeitskraft) dagegen nur ausnahmsweise der Fall (oben Rn. 4).[17] 6

Der **Widerspruch zur rechtlichen Güterzuordnung** ist entscheidend für die Frage nach der Rechtsgrundlosigkeit einer Vermögensverschiebung und **dient zugleich der Ausfüllung des Tatbestandsmerkmals „auf dessen Kosten"**. Die hier dargestellte Sichtweise 7

12 BGH NJW 1989, 2251, 2253 (Fotografie eines reetgedeckten Fachwerkhauses); anders noch BGH GRUR 1975, 500 (Schloss Tegel).

13 BGH NJW 2011, 749 und 753 sowie ZUM 2011, 333; dazu *Flöter/Königs*, ZUM 2012, 383; *Schack*, JZ 2011, 375; *Stieper*, ZUM 2011, 331.

14 BGH NJW 2019, 757 Rn. 63 = ZUM 2019, 335 m. Anm. *Lauber-Rönsberg*.

15 Vgl. BGH NJW 2015, 1174.

16 BGHZ 20, 345, 355; hierzu *Kleinheyer*, JZ 1961, 473.

17 Zu den Ausnahmen beim Recht am eigenen Bild BGHZ 20, 345, 355 (Paul Dahlke); 26, 349, 352 (Herrenreiter); *Mestmäcker*, JZ 1958, 521; *Kleinheyer*, JZ 1961, 473.

entspricht wiederum der herrschenden **Zuweisungstheorie** zur Bestimmung von Eingriffsobjekt und Eingriff bei der Kondiktion „in sonstiger Weise".[18] Abweichend davon sieht die sog. **Rechtswidrigkeitstheorie** es als maßgeblich an, ob die zur Bereicherung führende Handlung widerrechtlich war. Dann nämlich stelle sie einen Eingriff in ein Rechtsgut dar und sei „auf Kosten" des Gläubigers des Bereicherungsanspruches geschehen.[19] Diese Ansicht hat sich nicht durchsetzen können.

II. Die Eingriffskondiktionen

1. Die allgemeine Eingriffskondiktion nach § 812 Abs. 1 S. 1, 2. Alt. – Eingriff durch Verbindung, Vermischung, Verarbeitung

8 ▶ **Fall 82** (BGHZ 55, 176 – Jungbullenfall):[20] Ein Dieb (D) stiehlt dem klagenden Landwirt (L) zwei Jungbullen und verkauft sie für 872 Euro an den gutgläubigen Beklagten (B). Dieser verwertet die Tiere in seiner Fleischwarenfabrik. Der Kläger L verlangt vom Beklagten Wertersatz in Höhe von 872 Euro. Mit Recht? ◀

„Eingriff" bezeichnet das Verhalten desjenigen, der sich selbst durch Zugriff auf einen fremden Vermögensgegenstand eine Vermögensmehrung zuführt. Der Eingriff wird durch zwei Anspruchsgrundlagen erfasst. Ist der „Eingriff" Verfügung über ein fremdes Recht, also ein rechtsgeschäftliches Verhalten, so ist die **Spezialnorm des § 816 Abs. 1** anzuwenden (nachfolgend 2.). In den Fällen des Ge- oder Verbrauchs, der Verbindung, Vermischung oder Verarbeitung ist dagegen die **allgemeine Eingriffskondiktion des § 812 Abs. 1 S. 1, 2. Alt.** heranzuziehen. Beim Ge- oder Verbrauch ist die Norm unmittelbar anzuwenden, in den Fällen der Verarbeitung, Verbindung oder Vermischung über die Verweisung in § 951. Verarbeitung, Vermischung und Verbindung führen als tatsächliche Handlungen zu einer Änderung der dinglichen Zuordnung des Gegenstandes. Das Bereicherungsrecht übernimmt dann die Aufgabe, den durch die dingliche Änderung auf der Vermögensseite eingetretenen Wertverlust zu kompensieren, also ein der Billigkeit entsprechendes Ergebnis herzustellen. Der Bereicherte darf die Sache behalten, muss aber den Wert der eingesetzten Stoffe erstatten, wie wenn er sie sich für die Verarbeitung gekauft hätte. Diesen schuldrechtlichen Vermögensausgleich ermöglicht **§ 951 Abs. 1**, der als Folge der dinglichen Änderung eine Verpflichtung zum Wertausgleich anordnet.

▶ In Fall **82** könnte L gegen B einen Anspruch auf Zahlung von Wertersatz in Höhe von 872 Euro aus **§§ 951 Abs. 1 S. 1, 950, 812 Abs. 1 S. 1, 2. Alt., 818 Abs. 2** haben. Dann müsste ein **Rechtsverlust** des L **infolge der §§ 946–950** eingetreten sein. Konkret kommt ein Verlust des Eigentums an den entwendeten Jungbullen durch Verarbeitung im Fleischbetrieb des B nach § 950 Abs. 1 S. 1 in Betracht, denn die Wurstwaren als neue bewegliche Sachen haben einen durch Arbeitsleistung des B geschaffenen deutlichen Mehrwert gegenüber den Ausgangstieren. Nach § 951 Abs. 1 S. 1 kann der durch die dingliche Änderung Begünstigte B von dem hierdurch Belasteten L auf Wertausgleich nach Bereicherungsrecht in Anspruch genommen werden. Problematisch ist, ob § 951 Abs. 1 auf den Grundtatbestand des § 812 Abs. 1 (Rechtsgrundverweisung) oder nur auf dessen Rechtsfolgen, also die §§ 818 ff., ver-

18 Zusammenfassend hierzu *Hüffer*, JuS 1981, 263 f.

19 *F. Schulz*, AcP 105 (1909), 1, 478; *Jakobs*, Eingriffserwerb und Vermögensverschiebung in der Lehre von der ungerechtfertigten Bereicherung, 1964.

20 Ausführliche Lösung bei *Beuthien/Weber*, Schuldrecht II, Fall 5; *Dörner*, Schuldrecht 2, Fall 7; *Hombrecher*, Jura 2003, 333.

weist. Da sich die §§ 946 ff. nur mit der dinglichen Zuordnung, nicht aber dem Wertausgleich selbst befassen, ist § 951 Abs. 1 S. 1 **Tatbestands- oder Rechtsgrundverweisung auf das Bereicherungsrecht**, nicht nur Rechtsfolgenverweisung.[21] Der Bereicherungstatbestand ist also insgesamt zu prüfen, nicht nur die Rechtsfolge (Herausgabe) anzuwenden. Daher ist zunächst festzustellen, dass B als Bereicherungsschuldner „etwas", nämlich Besitz an den Jungbullen, erlangt hat. Fraglich ist, ob er dieses „Etwas" durch Leistung oder „in sonstiger Weise" erlangt hat. ◀

Die h.M. geht von einer Tatbestandsverweisung aus, weil § 951 Abs. 1 S. 1 nur eine dingliche Zuordnung in Bezug auf den neuen Gegenstand (Wurstwaren), nicht aber auch einen Behaltensgrund für den Wert des dabei miterworbenen fremden Rechts (Rind) schafft.[22] Dies muss im Rahmen des Tatbestands von § 812 Abs. 1 S. 1, 2. Alt. noch geprüft werden. Der **originäre Rechtserwerb nach §§ 946–950 ist** daher, anders als der derivative gutgläubige Erwerb nach § 932, **nicht kondiktionsfest.**

Fraglich bleibt, ob das Prinzip vom Vorrang der Leistungsbeziehungen einer Eingriffs- 9
kondiktion entgegensteht.

▶ Im Fall **82** ist zu berücksichtigen, dass der originäre Rechtserwerb regelmäßig durch die sog. **Eingriffskondiktion** auszugleichen ist, denn die Verarbeitung, durch die der Rechtserwerb eintritt, ist Realakt, kann also nicht Leistung (= bewusste und zweckgerichtete Mehrung fremden Vermögens) sein. Doch könnte die **Eingriffskondiktion subsidiär** sein, wenn die Jungbullen dem B vom Dieb D in Erfüllung eines Kaufvertrages geleistet wurden. Dagegen spricht jedoch, dass der Dieb wegen § 935 Eigentum an den Tieren nicht verschaffen, sondern lediglich den Besitz leisten konnte und geleistet hat. Das Eigentum an den Tieren hat L durch Verarbeitung und nicht durch Leistung erlangt. Die Nichtleistungskondiktion darf mithin geprüft werden.

Zu prüfen bleibt, ob der **Erwerb des Eigentums ohne rechtlichen Grund** erfolgte. Das ist der Fall, wenn der Bereicherte etwas erlangt hat, was ihm nach dem rechtlichen Zuweisungsgehalt des Rechtsgutes nicht gebührte. Die Verarbeitung der Substanz einer Sache steht grundsätzlich dem Eigentümer zu. Daran ändert auch § 950 Abs. 1 S. 1 nichts. Diese Norm rechtfertigt nicht den Eingriff, sondern betrifft nur die dingliche Zuordnung des neuen Gegenstandes. Das Merkmal „auf Kosten" bestimmt den Gläubiger der Eingriffskondiktion. Das ist derjenige, dem die Rechtsordnung die Verarbeitungsbefugnis zuweist, also der tatsächliche frühere Eigentümer, mithin L. Daher liegen die Voraussetzungen der allgemeinen Eingriffskondiktion vor. ◀

2. Die Eingriffskondiktionen nach § 816

a) § 816 Abs. 1 S. 1: Entgeltliche Verfügung durch einen Nichtberechtigten

§ 816 ist ein gesetzlich geregelter Sonderfall der Eingriffskondiktion. Er erfasst Sach- 10
verhalte, bei denen sich jemand den Wert der Sache durch unberechtigte Verfügung einverleibt. § 932 erleichtert solche Verfügungen und ordnet sogar einen kondiktionsfesten Eigentumserwerb an, denn – anders als in § 951 Abs. 1 S. 1 – finden sich in den §§ 932 ff. keine Regeln, wonach derjenige, der das Eigentum rechtsgeschäftlich erworben hat, dem früheren Eigentümer dessen Wertverlust erstatten muss. Das bedeutet aber nicht, dass auch derjenige geschützt wird, der unrechtmäßig über die Sache ver-

21 BGHZ 17, 236, 238; 40, 272, 276 und die vorliegende Entscheidung BGHZ 55, 176, 177.
22 *Ehmann*, NJW 1971, 612, 613.

fügt hat. Er hat daher das von ihm aus der Verfügung Erlangte, in der Regel eine Geldsumme, nach § 816 Abs. 1 S. 1 herauszugeben.

11 § 816 Abs. 1 S. 1 steht als Anspruchsgrundlage häufig in Konkurrenz zu zahlreichen vertraglichen, quasivertraglichen oder deliktischen Ansprüchen. Dies zeigt

▶ **Fall 83:** E verleiht sein Fahrrad an L (§§ 598, 604), der es zu einem über dem aktuellen Wert liegenden Preis an den gutgläubigen D verkauft und es diesem übergibt.

Eine Reihe von **Schadensersatzansprüchen** zielt im Ergebnis auf Vermögensausgleich ab. So besteht zunächst ein vertraglicher Schadensersatzanspruch nach **§§ 598, 280 Abs. 1, Abs. 3, 283 S. 1, 249 Abs. 1, 251 Abs. 1,** weil L sich die Rückgabe schuldhaft unmöglich gemacht hat. Schadensersatz kann zudem auf Basis der **§§ 687 Abs. 2 S. 1, 678** und aus **§ 823 Abs. 1** wegen unrechtmäßiger Verfügung über das Eigentum des E begehrt werden. Da die Handlung eine Unterschlagung darstellt, besteht außerdem ein Schadensersatzanspruch aus **§§ 823 Abs. 2 i.V.m. § 246 StGB**. Wegen des vorsätzlich schädigenden Handelns kommt schließlich **§ 826** in Betracht. Allerdings führen diese Ansprüche nicht zur Erlösherausgabe, sondern nur zum Ersatz des objektiven Wertes der Sache.

Zudem kann E eine ganze Reihe von **Herausgabeansprüchen in Bezug auf den Erlös** geltend machen. Zunächst stellt die unberechtigte Weitergabe des Gegenstandes einen **Pflichtverstoß nach §§ 598, 280 Abs. 1** dar, der über § 285 zum Anspruch auf Herausgabe des von L erlangten Kaufpreises („Ersatz", sog. stellvertretendes commodum) verpflichtet. Da der unrechtmäßige Verkauf eine vorsätzlich angemaßte Eigengeschäftsführung darstellt, kann der Anspruch zusätzlich auf **§§ 687 Abs. 2 S. 1, 681 S. 2, 667 2. Alt.** gestützt werden. Das Ergebnis kann aber auch über **§ 816 Abs. 1 S. 1** erzielt werden. ◀

In der Konkurrenz all dieser Ansprüche fällt auf, dass lediglich der Anspruch aus § 816 Abs. 1 S. 1 ohne jegliches Verschuldens- oder Kenntniserfordernis auskommt. Das zeigt die **Güterschutz- und Rechtsverfolgungsfunktion des § 816 Abs. 1 S. 1**. Sie ist wichtig, weil der Dritte nach § 932 wirksam erwerben konnte, der Eigentumsherausgabeanspruch nach § 985 daher ins Leere geht. Nur bei unentgeltlicher Verfügung kann auch Herausgabe vom Erwerber verlangt werden (§ 816 Abs. 1 S. 2). § 816 Abs. 1 S. 1 verlängert die dingliche Herausgabeklage in den übrigen Fällen und macht sie zu einem auf die Herausgabe des „commodum" gerichteten Rechtsfortwirkungsanspruch (Rn. 16 Fall 84).[23]

12 Voraussetzungen: Erste Voraussetzung des § 816 Abs. 1 S. 1 ist, dass der in Anspruch Genommene als Nichtberechtigter verfügt hat. **Verfügung** ist jedes Rechtsgeschäft, durch welches die dinglichen Verhältnisse eines Gegenstandes unmittelbar verändert werden. Die Änderung kann in einer Übertragung, Belastung, Aufhebung oder Inhaltsänderung bestehen.[24] Jeweils muss auf den Bestand des Gegenstandes oder Rechtes selbst eingewirkt werden; die Einwirkung muss „dinglichen" und „rechtsgeschäftlichen" Charakter haben. Am dinglichen Charakter fehlt es beim Abschluss von Schuldverträgen über einen Gegenstand, z.B. bei der Untervermietung einer Wohnung.[25] Am rechtsgeschäftlichen Charakter fehlt es beim bloßen Ge- oder Verbrauch einer Sache, ferner bei der Verarbeitung, Verbindung und Vermischung. In solchen Fällen ist die allgemeine Eingriffskondiktion nach § 812 Abs. 1 S. 1, 2. Alt. einschlägig. **Nichtberechtigter** ist, wer weder Inhaber des Rechts ist, noch nach § 185 Abs. 1 Verfügungsmacht

23 Vgl. BGHZ 56, 131, 134.
24 RGZ 106, 109, 112; BGHZ 1, 294, 304; 101, 24, 26; HK-BGB/*Dörner*, Vor §§ 104–185 Rn. 4.
25 BGHZ 131, 297, 305.

über den Gegenstand erlangt hat. Nichtberechtigter ist auch, wer über einen Gegenstand verfügt hat, aber erst im Nachhinein hierfür die Genehmigung seitens des Eigentümers erhält (§ 185 Abs. 2 S. 1, 1. Alt.). Doch wirkt eine Genehmigung nach § 184 Abs. 1 auf den Zeitpunkt der Geschäftsvornahme zurück.[26] Ihr kommt gestaltende Wirkung zu. Erteilung oder Verweigerung sind unwiderruflich,[27] damit Rechtssicherheit darüber besteht, ob über einen Gegenstand wirksam verfügt wurde.

▶ Im Fall **83** war der Verkauf der Sache durch L noch keine Verfügung, wohl aber die in Erfüllung des Kaufvertrages erfolgte Eigentumsübertragung nach § 929 S. 1. Als Entleiher der Sache war L zu dieser Verfügung nicht berechtigt. Eine Genehmigung des Eigentümers fehlte. Damit liegt die Verfügung eines Nichtberechtigten vor. ◀

Weitere Voraussetzung des § 816 Abs. 1 S. 1 ist, dass die Verfügung **dem Berechtigten gegenüber wirksam** ist. Das ist der Fall, wenn die Verfügung erfolgreich war, der ursprünglich Berechtigte die dingliche Änderung daher gegen sich gelten lassen muss. Hierzu gehören die **Fälle des Rechtsscheinerwerbs**. Musterfall ist der gutgläubige Erwerb eines körperlichen Gegenstandes nach §§ 932 ff. BGB bzw. § 366 HGB. Ferner gehört hierzu die Übertragung oder Belastung unbeweglicher Sachen nach §§ 892, 893, 1138, 1155, 1192, 1200 sowie die Verfügung über Nachlassgegenstände unter Ausnutzung der Gutglaubenswirkung eines Erbscheins (§§ 2366 f.). 13

▶ Im Fall **83** war die Verfügung nach §§ 929 S. 1, 932 Abs. 1 erfolgreich. § 935 findet keine Anwendung, weil die dem Entleiher bewusst ausgehändigte Sache nicht abhandengekommen ist. ◀

§ 816 Abs. 1 S. 1 ist nicht anwendbar, wenn es zum Rechtsscheinerwerb nicht kommt, z.B. weil beim Erwerb körperlicher Sachen der Erwerber nicht gutgläubig war. Dann bedarf es der Rechtsverfolgungs- und Güterschutzfunktion des § 816 Abs. 1 nicht mehr, denn die Sache selbst kann nunmehr nach § 985 vom Erwerber herausverlangt werden. Der Umstand, dass wirksame Verfügungen eines Nichtberechtigten unter § 816 Abs. 1 S. 1 fallen, lässt dem Eigentümer die Möglichkeit, selbst zu entscheiden, ob er die Sache zurückhaben oder einen vielleicht attraktiven Kaufpreis, der für die Sache gezahlt wurde, von dem Verfügenden herausverlangen möchte (nach h.M. möglich, s. unten Rn. 14). Da nämlich auch die (nachträglich erteilte) Genehmigung die Wirksamkeit der Verfügung herstellt, bleibt dem Eigentümer die Wahl.

Das wirft die Frage auf, ob eine Genehmigung der Verfügung schon vorliegt, wenn der Rechtsinhaber den Verfügenden auf Herausgabe des Erlangten nach § 816 Abs. 1 S. 1 in Anspruch nimmt. Unbestritten kann eine Genehmigung auch konkludent erteilt werden. Die h.M. sieht eine solche **konkludente Genehmigung der Verfügung** jedenfalls in der **Erhebung der Klage gegen den Nichtberechtigten auf Herausgabe des Erlangten.**[28] Sie bringt hinreichend deutlich zum Ausdruck, dass der Rechtsinhaber an dem „stellvertretenden commodum" stärker interessiert ist als an der Rückerlangung des Gegenstandes. Mit Klageerhebung würde somit auch eine bis dahin noch nicht wirksame Verfügung wirksam werden. Wichtig ist dies, wenn der vormalige Rechtsinhaber den Erwerber der Sache nicht kennt oder nicht ermitteln kann. Hier mag er sich mit dem Anspruch gegen den Verfügenden zufriedengeben. Problematisch wäre es,

26 BGHZ 56, 131, 134.
27 Für die Erteilung BGHZ 40, 156, 164; für die Verweigerung BGHZ 13, 179, 187; anders aber, wenn zunächst Schadensersatz nach §§ 989, 990 verlangt wird: BGH NJW 1968, 1325, 1327.
28 RGZ 106, 44, 45; BGHZ 56, 131, 133.

wenn der Eigentümer den Anspruch gegen den Dritten bereits verlöre, bevor er den Anspruch gegen den Verfügenden in Urteilsform verbrieft erhält. Um dies zu vermeiden, wird angenommen, dass die Klageerhebung die Verfügung nur auflösend bedingt genehmigt. Wird die Klage abgewiesen, so tritt die Bedingung ein.[29] Andere argumentieren, dass der Berechtigte die Genehmigung aufschiebend bedingt oder Zug um Zug gegen Herausgabe des Erlöses erteile.[30] Das erschwert allerdings die Klage, denn auf eine künftige Leistung kann nicht ohne Weiteres geklagt werden (vgl. § 257 ZPO), daher ist die Annahme einer auflösenden Bedingung sachgerechter.

14 Rechtsfolge des § 816 Abs. 1 S. 1 ist, dass der Verfügende **das durch die Verfügung Erlangte herauszugeben** hat. Das ist häufig eine Kaufpreisforderung oder, nach deren Erfüllung, ein Geldwert. In Fällen, in denen der Geldwert dem objektiven Wert der Sache entspricht, ergeben sich keine weiteren Probleme.

Anders ist es, wenn die Geschäftstüchtigkeit des Verfügenden dazu geführt hat, dass der Kaufpreis wesentlich höher ist als der Sachwert. Muss hier nur der objektive Wert („commodum ex re") oder auch der durch Veräußerung erlöste Wert („commodum ex negotiatione cum re") herausgegeben werden? Hierzu werden **zwei Auffassungen** vertreten. Die h.M. bezieht sich auf den Wortlaut des § 816 Abs. 1 S. 1 und argumentiert, herauszugeben sei der gesamte erlöste Vorteil einschließlich eines etwaig erzielten Gewinns.[31] Daher kann man von der „**Vorteilsherausgabetheorie**" sprechen. Demgegenüber argumentiert die sog. **Sachwerttheorie,**[32] der Anspruch sei begrenzt durch den objektiven Wert der Sache, denn im Grunde veredele der Verfügende die Sache durch Rechtsgeschäft. Wenn der Verfügende den Gegenstand in Natur umarbeiten würde, verlöre der ursprüngliche Eigentümer auch sein Eigentum, der Verfügende wäre aber dann nach § 951 Abs. 1 nur verpflichtet, den objektiven Wertausgleich für das untergegangene bzw. verarbeitete Eigentum herauszugeben. Eine Schlechterstellung sei im Übrigen nur bei Bösgläubigkeit des Verfügenden (z.B. §§ 687 Abs. 2, 681 S. 2, 667) angebracht. Diese werde aber bei § 816 Abs. 1 S. 1 nicht vorausgesetzt. Für die Vorteilsherausgabetheorie spricht allerdings neben dem Wortlaut der Norm („die gleiche Verpflichtung") auch der Billigkeitscharakter des Bereicherungsrechts: Das Recht sollte zur unrechtmäßigen Verfügung über fremde Gegenstände nicht anreizen.[33]

▶ Im **Fall 83** hätte damit L unter Zugrundelegung der wegen des Wortlauts überzeugenderen Vorteilsherausgabetheorie den gesamten vom Dritten erlösten Kaufpreis an den Eigentümer der Sache herauszugeben. ◀

Daraus ergibt sich die Frage, was herauszugeben ist, **wenn der erzielte Kaufpreis niedriger als der objektive Wert der Sache ist.** Die Sachwerttheorie hätte keine Schwierigkeiten, hier den objektiven Wert gleichwohl als Basis für den Anspruch anzusetzen. Die Vorteilsherausgabetheorie muss allerdings den Anspruch auf den niedrigeren Kaufpreis begrenzen.[34] Dies kollidiert mit der Billigkeitsfunktion des Bereicherungsrechts. Daher ist der objektive Wert der Sache als fiktiver Mindesterlös herauszugeben.[35]

29 Vgl. *Wilckens*, AcP 157 (1957), 399.
30 *Bauernfeind*, NJW 1961, 109, 110; *Larenz/Canaris*, Schuldrecht II/2, § 69 II 1 c.
31 BGHZ 29, 157, 159; *Palandt/Sprau*, § 816 Rn. 10; *Larenz/Canaris*, Schuldrecht II/2, § 72 I 2 a.
32 Vgl. *Medicus/Lorenz*, Schuldrecht II, § 64 Rn. 11.
33 So auch die Motive zum BGB, Bd. III, S. 224; vertiefend zur Problematik *Jülch*, JA 2011, 407.
34 Vgl. OLG Hamm NJW-RR 1995, 1010, 1012, wonach § 818 Abs. 2 nicht anwendbar sei.
35 Vgl. aber *Medicus/Petersen*, Bürgerliches Recht, Rn. 720, 722.

Das zweite Problem, welches sich in § 816 Abs. 1 S. 1 regelmäßig auf der Rechtsfolgenseite stellt, betrifft die **Frage, ob derjenige, der unrechtmäßig verfügt hat, eigene Erwerbskosten von dem Wert der Sache abziehen kann.** 15

► Im FALL **83** würde sich diese Frage stellen, wenn L an einen bösgläubigen Dritten verfügt hat, welcher wiederum an einen gutgläubigen Vierten weiter verfügt hat. Würde der Eigentümer nun den Dritten in Anspruch nehmen, so könnte dieser eine Art „wirtschaftliche Entreicherung" durch Kaufpreiszahlung an L einwenden. ◄

Man ist sich in Rspr. und Lit. darin einig, dass die Erwerbskosten des unrechtmäßig Verfügenden schon deshalb nicht abgezogen werden dürfen, weil § 816 Abs. 1 S. 1 eine Güterschutz- und Rechtsverfolgungsfunktion in Fällen übernimmt, in denen dingliche Herausgabeansprüche versagen. Würde der Eigentümer den Dritten zu einem Zeitpunkt auf Herausgabe verklagt haben, zu dem dieser Dritte die Sache selbst noch hat, so könnte auch der Herausgabeklage aus § 985 nicht entgegengehalten werden, man habe für den unwirksamen Erwerb eigene Mittel aufwenden müssen.[36] Die im Ergebnis nutzlosen Anschaffungskosten muss sich der Erwerber von demjenigen zurückholen, der ihm gegenüber eine mit fremdem Eigentum belastete Sache veräußert hat (§§ 437 Nr. 3, 433 Abs. 1, 435, 280 Abs. 1, Abs. 3, 283 S. 1, 249 Abs. 1). Bei § 816 Abs. 1 können daher die Erwerbskosten nicht abgezogen werden.[37]

b) §§ 816 Abs. 1 S. 2, 822: Unentgeltliche Verfügung durch einen Nichtberechtigten

§ 816 Abs. 1 S. 1 erfasst die entgeltliche Verfügung über einen Gegenstand durch einen Nichtberechtigten, S. 2 bezieht unentgeltliche Verfügungen ein.[38] Wer als Nichtberechtigter unentgeltlich verfügt, kann später über § 816 Abs. 1 S. 1 nichts mehr herausgeben, denn er hat nichts erlangt, weder einen Erlös noch die Befreiung von einer Schuld. Der unentgeltlich Erwerbende seinerseits hat nichts geopfert. Daher ist es gerecht, wenn dieser das unentgeltlich Erlangte wieder an denjenigen herausgeben muss, auf dessen Kosten der Gegenstand verschafft wurde. § 822 „verlängert" den Anspruch gar auf weitere Empfänger, die den Gegenstand unentgeltlich erlangen.[39] Hier zeigt sich erneut der billigkeitsrechtliche Ansatz des Bereicherungsrechts: **Wer unentgeltlich erwirbt, ist weniger schützenswert.** In einem solchen Fall gewährt das Gesetz sogar eine Direktkondiktion gegen jeden Erwerber. 16

► **FALL 84** (wie **FALL 83**, aber): L veräußert die von E erhaltene Sache nicht an D, sondern schenkt sie D.

Hier geht der Anspruch aus § 816 Abs. 1 S. 1 ins Leere, da L im Gegenzug zu seinem Geschenk nichts erhalten hat. Daher stellt sich die Frage, ob E von D Herausgabe verlangen kann. Ein Anspruch aus § 985 wird daran scheitern, dass D aufgrund wirksamer Übereignung nach §§ 929 S. 1, 932 Eigentum erworben hat. Da der Gegenstand dem E nicht abhandengekommen war, scheitert der gutgläubige Erwerb nicht an § 935. Als Anspruchsgrundlage kommt § 816 Abs. 1 S. 2 in Betracht. ◄

Die Voraussetzungen des **§ 816 Abs. 1 S. 2** entsprechen denen des § 816 Abs. 1 S. 1. Auch hier muss mithin eine Verfügung durch einen Nichtberechtigten vorliegen, die dem Berechtigten gegenüber wirksam ist. Abweichend richtet sich der Anspruch aber

36 BGHZ 14, 7, 9.
37 BGH NJW 1970, 2059.
38 Vgl. vertiefend *Jülch*, JA 2012, 326.
39 Dazu *Röthel*, JURA 2016, 613; *Tonikidis*, NJW 2019, 118; *Linardator*, JuS 2017, 817; *Lorenz*, JuS 2019, 6.

gegen den Erwerbenden. Damit eine solche **Direktkondiktion** möglich wird, muss der Erwerb unentgeltlich, also ohne Gegenleistung seitens des Erwerbenden, erfolgt sein.

Wird der Gegenstand von dem Ersterwerber an einen weiteren Erwerber weitergereicht und erfolgt auch dieser Vorgang ohne Gegenleistung, so gewährt **§ 822** eine weitere Direktkondiktion gegen den unentgeltlichen (Dritt-)Erwerber, wie wenn dieser „die Zuwendung von dem Gläubiger ohne rechtlichen Grund erhalten hätte". Gläubiger in diesem Sinne ist derjenige, auf dessen Kosten die Vermögensverlagerung erfolgte, also typischerweise der Rechtsinhaber. Die Kondiktion gem. § 816 Abs. 1 S. 1 geht auch hier ins Leere. Ebenso wenig kann der unentgeltliche Ersterwerber nach § 816 Abs. 1 S. 2 erfolgreich in Anspruch genommen werden, denn auch er ist nach unentgeltlicher Weggabe des Gegenstandes entreichert. Die „Verpflichtung des (ersten) Empfängers zur Herausgabe der Bereicherung" ist also „ausgeschlossen" (§ 822).

17 §§ 816 Abs. 1 S. 2, 822 betreffen Sonderfälle, weil sie ausnahmsweise eine **Direktkondiktion** über die unmittelbare Austauschbeziehung hinweg eröffnen. § 816 Abs. 1 S. 2 gewährt eine **„Direktkondiktion" gegen einen Bereicherten unter Durchbrechung der an sich vorrangigen** (oben § 8 Rn. 8) **Leistungsverhältnisse.** Sofern der Empfänger einen Gegenstand unentgeltlich, z.B. schenkungshalber erhält, liegt nämlich für das Zugewendete ein Rechtsgrund vor, aufgrund dessen das Vermögen des Empfängers ziel- und zweckgerichtet gemehrt, also geleistet wurde. Bei § 822 erfolgt die Bereicherung nicht mehr unmittelbar auf Kosten des früheren Rechtsinhabers, da der Bereicherungsgegenstand vom ursprünglichen Rechtsinhaber bereits auf eine andere Person, den unentgeltlich Verfügenden, übergegangen war. In beiden Fällen wird der unentgeltliche Erwerb für weniger schutzwürdig gehalten als die Position des ursprünglichen Rechtsinhabers.[40] Der unentgeltliche Erwerb ist mithin nicht kondiktionsfest und erlaubt einen direkten Zugriff über die Leistungsverhältnisse hinweg.

18 Nicht ausdrücklich im Gesetz geregelt ist der Fall, dass ein Nichtberechtigter sachenrechtlich wirksam, aber aufgrund eines unwirksamen (nichtigen oder angefochtenen) entgeltlichen Vertrages, somit im Ergebnis zwar **nicht unentgeltlich, aber ohne Rechtsgrund**, über eine fremde Sache verfügt. Stünde ein solcher rechtsgrundloser Erwerb dem unentgeltlichen Erwerb gleich, so wäre eine Direktkondiktion gegen den Erwerber möglich.

▶ **Fall 85 – Rechtsgrundloser Erwerb** (BGHZ 37, 363 und BGHZ 47, 393): Kassierer B hat aus der Kasse seines Arbeitgebers A 20.000 Euro unterschlagen und im Spielkasino D glücklos verspielt. A nimmt D auf Rückzahlung des verspielten Geldes in Anspruch und weist u.a. (zutreffend) darauf hin, dass B als Ortsansässiger nach der örtlichen SpielbankVO vom Spiel ausgeschlossen war.

Da **zwischen A und D** keinerlei vertragliche, quasivertragliche oder deliktische Beziehungen bestehen, kommen nur Bereicherungsansprüche in Betracht. Für einen Anspruch aus **§ 816 Abs. 1 S. 2** müsste eine dem Berechtigten (A) gegenüber wirksame Verfügung über einen Gegenstand vorliegen (§ 816 Abs. 1 S. 1). Verfügt wurde hier über den Kasseninhalt des A. B war weder zur Entnahme noch zur Verfügung berechtigt. Zwar war das Geld dem A abhandengekommen, doch steht dies nach § 935 Abs. 2 einem gutgläubigen Erwerb nicht entgegen. Problematisch ist einzig, ob der Erwerb durch D unentgeltlich erfolgte. Hier wurde im Gegenzug zur Gewährung einer Spielleistung, also an sich aufgrund eines Spielvertrages gezahlt. Ein solcher Vertrag begründet indes keine wirksame Verbindlichkeit (§ 762 Abs. 1

40 *Larenz/Canaris*, Schuldrecht II/2, § 69 II 2 a und § 69 IV 1 a.

S. 1).[41] Doch kann das zur Teilnahme am Spiel Geleistete nicht unter Hinweis hierauf zurückverlangt werden (§ 762 Abs. 1 S. 2). Damit stellt der Spielvertrag einen Behaltensgrund i.S.d. Bereicherungsrechts dar.

Zu berücksichtigen ist aber, dass der Spielvertrag mit D gegen die SpielbankVO, und damit gegen eine Rechtsnorm i.S.v. § 134 (mit Art. 2 EGBGB) verstieß. Daher entfällt der Rechtsgrund nach § 762 Abs. 1 S. 2 für das in Erfüllung des vermeintlich bestehenden Spielvertrages Geleistete, sodass D ohne Rechtsgrund Eigentum an den Geldscheinen auf Kosten des früheren Eigentümers A erworben hat. Doch erfasst § 816 Abs. 1 S. 2 nur die unentgeltliche, nicht die rechtsgrundlose Verfügung. Eine **Direktkondiktion** des A gegen D **setzt** daher **voraus, dass** die **Rechtsgrundlosigkeit der Unentgeltlichkeit des Erwerbs gleichgestellt werden kann**. Zum Teil wird eine solche Gleichsetzung befürwortet und korrespondierend ein Anspruch aus § 816 Abs. 1 S. 2 gewährt.[42] Die Gegenansicht möchte daran festhalten, dass zwischen B und D vorrangige Leistungsbeziehungen bestanden, sodass nur B von D Rückgewähr des aufgrund eines unwirksamen Vertrags Geleisteten nach § 812 Abs. 1 S. 1, 1. Alt. verlangen kann.[43] Allenfalls die Abtretung dieser Kondiktion (§ 398) könne A daher von B nach § 816 Abs. 1 S. 1 verlangen, denn sie wurde aus der unrechtmäßigen Verfügung erlangt. Tritt B diese Kondiktion nach § 398 an A ab, so kann A anschließend auf dieser Basis gegen D vorgehen.

Das bedeutet eine **doppelte Kondiktion (A kondiziert die Kondiktion des B = Kondiktion der Kondiktion)** anstelle der Direktkondiktion. Die Anhänger der Direktkondiktion haben im vorliegenden Fall darauf abgestellt, dass man aus einem Spielvertrag nicht mehr erhalte als das Spielvergnügen und die Chance zu gewinnen, letztlich also keine werthaltige Gegenleistung.[44] Die Gegner dieser Auffassung betonen, dass auch eine solche Chance rechtlich Gegenleistung sei.[45] Entscheidend für die doppelte Kondiktion spricht, dass vorrangige, wenn auch gescheiterte Vertragsbeziehungen (also Leistungsverhältnisse) bestehen. Will man demjenigen, an den rechtsgrundlos, aber nicht unentgeltlich geleistet wird, seine Einreden gegenüber seinem „Vertrags"-Partner erhalten, so darf man diese Möglichkeit über eine Direktkondiktion nicht aushebeln (dazu noch § 11 Rn. 1). Kann A hingegen nur aufgrund der abgetretenen (Leistungs-)Kondiktion des B gegen D vorgehen, so bleiben D die Einreden aus dem Verhältnis mit B über § 404 erhalten. Daher ist der rechtsgrundlose Erwerb dem unentgeltlichen nicht gleichzustellen, die Doppelkondiktion der Direktkondiktion vorzuziehen. Danach hat A gegen D im vorliegenden Fall auch einen Anspruch auf Rückzahlung, allerdings nicht aus § 816 Abs. 1 S. 2, sondern nur aus § 812 Abs. 1 S. 1, 1. Alt., wenn ihm diese Kondiktion durch B abgetreten wurde. ◀

c) § 816 Abs. 2: Leistung an einen Nichtberechtigten

Der unberechtigten *Verfügung durch* einen Nichtberechtigten verwandt ist die *Leistung an* einen Nichtberechtigten. Hauptfall ist die Zahlung an den falschen Gläubiger, die zu einem Erlöschen der zugrunde liegenden Schuld führt, weil das Gesetz die Zahlung als befreiende Leistung anerkennt. 19

41 A.A. OLG Hamm NJW-RR 2003, 971, 973 für staatlich konzessionierte Spielbanken mit der (im Hinblick auf § 762 Abs. 1 S. 2 nicht ganz stichhaltigen) Begründung, der Spielbankbetrieb lasse sich sonst nicht durchführen. Jedenfalls wenn eine Sperre des Spielers vereinbart ist, soll im Übrigen gleichwohl der Rechtsgrund entfallen, a.a.O., S. 974.

42 BGHZ 37, 364, 369; vgl. *Boehmer*, Grundlagen der Bürgerlichen Rechtsordnung II 2, 1951, S. 6 ff. m.w.N.

43 *Larenz/Canaris*, Schuldrecht II/2, § 70 II 2 a.

44 So BGHZ 37, 364, 369.

45 *Wiethölter*, JZ 1963, 285, 288; *P. Schlosser*, JuS 1963, 141, 143; jetzt auch BGHZ 47, 393, 396.

▶ **Fall 86:** A gibt B ein Darlehen und lässt sich hierfür als Sicherheit die Forderung abtreten, welche B gegenüber C hat. C wird hierüber nicht informiert (stille Zession, vgl. § 409 Abs. 1). Bei Fälligkeit der Forderung zahlt C an B. A verlangt von B „Herausgabe" dieser Zahlung, weil ihm die Forderung zugestanden habe.

Der Fall zeigt deutliche Parallelen zu § 816 Abs. 1: Die Zahlung erfolgt an B als Nichtberechtigten, da B infolge Forderungsabtretung nicht mehr Gläubiger war. Die Zahlung ist dem wahren Berechtigten A gegenüber wirksam, wenn der Forderungsübergang nicht offengelegt war (§ 407 Abs. 1). Allerdings ist die Entgegennahme einer Zahlung keine Verfügung i.S.v. §§ 185, 816 Abs. 1,[46] daher scheitert § 816 Abs. 1. Der Fall der unberechtigten Forderungseinziehung musste selbstständig in § 816 Abs. 2 geregelt werden.[47] ◀

20 § 816 Abs. 2 stellt einen Fall der **Eingriffskondiktion** dar. Die unberechtigte Entgegennahme einer Zahlung wird vom Gesetz als Eingriff angesehen. Im Rahmen des § 823 Abs. 1 spricht man von einem **Eingriff in die Forderungszuständigkeit** (oben § 3 Rn. 40). § 816 Abs. 2 erfordert eine Leistung an einen Nichtberechtigten, die dem Berechtigten gegenüber wirksam ist.

Nichtberechtigter ist, wer weder Gläubiger der Forderung ist, noch zu ihrer Einziehung vom wahren Gläubiger ermächtigt wurde (vgl. § 185 Abs. 1 analog, § 362 Abs. 2; sog. Einziehungsermächtigung), auch nicht nachträglich (§§ 185 Abs. 2, 184 Abs. 1 analog).[48]

Dem Berechtigten gegenüber wirksam ist die Zahlung, wenn das Gesetz die **schuldbefreiende Wirkung** einer solchen Zahlung anordnet. Das geschieht in §§ 370, 793, 808, 851, 893, 1155, 2367, 2368 Abs. 2. Der wichtigste Fall betrifft die Leistung an einen früheren Gläubiger nach und in Unkenntnis der Forderungsabtretung gem. §§ 407, 408. Bei Sicherungsabtretungen an Banken tritt diese Konstellation häufig auf, denn Gläubiger legen selten offen, dass ihre Forderungen als Kreditsicherheit abgetreten wurden. Auch Banken als Sicherungsnehmer haben daran oft kein Interesse, sonst müssten sie nämlich das Forderungsmanagement ihrer Kreditkunden übernehmen.

Die **Rechtsfolge** (Herausgabe) berücksichtigt, dass der Empfänger der Leistung etwas erlangt hat, worauf er im Verhältnis zum Leistenden keinen Anspruch hatte und was ihm im Hinblick auf die Zuständigkeit der Forderung nicht gebührte. Die Leistung gebührte vielmehr dem wahren Gläubiger. Ihm hat der nicht empfangsberechtigte Empfänger daher das Erlangte herauszugeben. Eine vorrangige Leistungskondiktion des Schuldners gegenüber dem unberechtigt Einziehenden ist nicht mehr beachtlich, denn C hat ja durch die Einziehung der Forderung gerade Befreiung von der Verbindlichkeit erlangt (§ 407 Abs. 1). Wie bei § 816 Abs. 1 S. 1 geht es um den Ausgleich für einen vom Gesetz zum Schutz des guten Glaubens zugelassenen Rechtsverlust.[49]

3. Die Aufwendungskondiktionen (§ 812 Abs. 1 S. 1, 2. Alt.)

a) Überblick

21 Aufwendungskondiktionen gibt es in **zwei Fällen**, nämlich bei der **Verwendungs- und** der **Rückgriffskondiktion**. Die Verwendungskondiktion betrifft Aufwendungen auf

46 *Larenz*, Schuldrecht II/1, § 69 IV d.
47 *Vertiefend Jülch*, JA 2013, 324.
48 BGH LM Nr. 6 zu § 816.
49 *Larenz*, Schuldrecht II/1, § 69 IV d.

eine fremde Sache zum Nutzen des tatsächlichen Eigentümers außerhalb einer vertraglichen Verpflichtung und ohne sonstige gesetzliche Gestattung. Es geht mithin um einen Fall der Bereicherung durch eigene Handlungen des späteren Bereicherungsgläubigers. Die Rückgriffskondiktion betrifft die Zahlung fremder Schulden mit entlastender Wirkung für den tatsächlichen Schuldner, wiederum ohne dass es eine vertragliche Verpflichtung oder Ermächtigung hierzu gibt. In beiden Fällen ist Anspruchsgrund § 812 Abs. 1 S. 1, 2. Alt. Aufwendungskondiktionen sind **Nichtleistungskondiktionen.** Die Vermögensverschiebung erfolgt durch Handlungen, die sich nicht als Leistung darstellen, denn weder die Zahlung fremder Schulden noch die auftragslose Aufwendung ist bewusste und auf einen Zweck des Leistenden bezogene Mehrung des Empfängervermögens. Der Rechtsverlust tritt im Vermögen desjenigen ein, der die Aufwendung vornimmt. Aufwendungskondiktionen haben wegen dieses scheinbar altruistischen Momentes (Aufwendung ohne Verpflichtung) enge Berührungspunkte zum Recht der GoA. Weil gelegentlich doch eine vertragliche Vereinbarung Grundlage einer Aufwendung zugunsten Dritter ist, ist die Abgrenzung zum Vertragsrecht wichtig.

b) Verwendungskondiktion

22 Die Verwendungskondiktion betrifft Vermögensverschiebungen durch nicht geschuldete Aufwendungen auf einen fremden Gegenstand. **Hauptproblem** ist die **Konkurrenz zu anderen Ausgleichsmechanismen.** Die auf Billigkeit gerichtete Zielsetzung des Bereicherungsrechts soll nur dort einen rechtlich erwünschten Ausgleich schaffen, wo Verträge oder quasivertragliche Mechanismen diesen nicht bereitstellen. Erfolgen Aufwendungen auf fremde Sachen im Glauben daran, dass eine vertragliche Verpflichtung besteht, ist der **Vorrang des (gescheiterten) Vertragsverhältnisses** zu beachten. Erfolgen die Aufwendungen im Interesse des Rechtsinhabers, so kann auch ein Ausgleich über das Institut der GoA möglich sein (§§ 683 S. 1, 670). Die dort genannten Voraussetzungen (Interesse- und Willensgemäßheit, §§ 677, 683) sind enger gefasst als die der Verwendungskondiktion, daher muss letztere gegenüber der GoA subsidiär sein. Schließlich könnten die Verwendungen durch einen Besitzer erfolgen, der dem Eigentümer herausgabepflichtig ist. Dann gelten vorrangig die **Vorschriften über das Eigentümer-Besitzer-Verhältnis** (§§ 987 ff.), die in §§ 994, 996 eine Sonderregelung für den Ersatz notwendiger und nützlicher Verwendungen vorsehen. Macht ein unberechtigter Besitzer Verwendungen auf fremde Sachen, so kann er im Falle des § 994 nur notwendige Verwendungen ersetzt verlangen; für nützliche Verwendungen erhält nach § 996 nur Ersatz, wer Verwendungen vor Kenntniserlangung vom fehlenden Besitzrecht vornimmt.[50] Diese sorgfältig ausbalancierten Ergebnisse dürfen durch das Bereicherungsrecht nicht durchkreuzt werden. Das erklärt § 993 Abs. 1, letzter Halbs., der das Bereicherungsrecht überwiegend für unanwendbar erklärt.

23 Der **Anwendungsbereich der Verwendungskondiktion** ist danach **eng** und erfasst nur Verwendungen auf eine nicht im Besitz des Verwenders (sonst Vorrang des EBV) stehende Sache, von welcher der Verwender irrig annimmt, dass sie ihm gehöre oder dass er sie erwerben werde (sonst i.d.R. GoA). Das war Grundlage von

▶ **Fall 87** (OLG Koblenz NJW 1990, 126): Sohn S ärgert sich über das zunehmend unansehnlich werdende Haus seiner Mutter M. Seine Frau fordert ihn auf, jetzt schon etwas zu

50 *Staudinger/Gursky*, Vor §§ 994 ff. Rn. 43; a.A. *Medicus/Petersen*, Bürgerliches Recht, Rn. 896 f. für Verwendungen, die zu einem nach § 951 auszugleichenden Rechtsverlust führen.

tun, schließlich werde er „doch ohnehin alles einmal erben". Daraufhin lässt S, während seine Mutter auf einer Seniorenreise weilt, das Dach des Objektes sanieren. Hierfür wendet er 40.000 Euro auf. Kurze Zeit später stellt sich heraus, dass M das Hausgrundstück an ihre Enkelin E gegen vertragliche Zusage von Altenpflegeleistungen übertragen hat. S verlangt nun die 40.000 Euro von E ersetzt.

Vertragliche Ansprüche scheiden ersichtlich aus. Ein Anspruch aus §§ 683 S. 1, 670 scheitert daran, dass S die Leistungen nicht im Fremdinteresse, sondern zu seinem eigenen (künftigen) Nutzen erbracht hat, es fehlte mithin der Fremdgeschäftsführungswille (§ 687 Abs. 1). Ansprüche aus §§ 994 ff. scheitern, weil S niemals Besitzer des Objekts war, also kein EBV vorliegt.

Es bleiben daher nur Bereicherungsansprüche im Wege der **Verwendungskondiktion**. Die Enkelin E hat „etwas erlangt", nämlich die Werterhöhung des Hauses durch die Dachsanierung. Die Werterhöhung erfolgte nicht in Erfüllung einer Verpflichtung gegenüber E oder M, also nicht durch Leistung, sondern in sonstiger Weise, namentlich durch eigene Vermögensaufwendungen, d.h. freiwillige Vermögensopfer des Bereicherungsgläubigers. Ein Rechtsgrund für die Aufwendungen fehlt. Sie erfolgten auf Kosten des S, der sie vorgenommen und insoweit einen freiwilligen Vermögensverlust erlitten hat. Die Werterhöhung verbleibt dauerhaft im Vermögen der E. Daher kann S grundsätzlich Wertersatz gem. §§ 812 Abs. 1 S. 1, 2. Alt., 818 Abs. 2 verlangen. Das Ergebnis scheint für E hart, weil sie möglicherweise nicht in der Lage ist, den Wertersatz abzulösen. Daher wird in der Literatur zum Teil vorgeschlagen, diese aus Sicht von E unerwünschte Bereicherung durch die analoge Anwendung von § 814 zu verhindern.[51] Allerdings sollte man mit einem Griff auf solche Lösungen vorsichtig umgehen. Es bleibt dabei, dass der Wert der Verwendung in ihrem Vermögen vorhanden ist. Dafür sollte auch ein Ausgleich gegenüber S erfolgen. ◀

24 Neben dem Konkurrenzproblem stellt sich häufig das Problem, ob eine im (vermeintlichen) Fremdinteresse gemachte **Verwendung** auf einen Gegenstand für den Rechtsinhaber eine **aufgedrängte Bereicherung** darstellt.[52] Von einer aufgedrängten Bereicherung spricht man, wenn dem Bereicherten ein Gegenstand ohne eigene Mitwirkung zukommt und dieser Gegenstand für die persönlichen Planungen ohne oder nur von geringem Wert ist.

▶ **Fall 88** (wie Fall 87, aber): S hat nicht das Dach des Hauses von E saniert, sondern dem Haus einen „wunderschönen" lila Anstrich verpasst. E ist entsetzt und weigert sich, die Forderung des S auf Ersatz des Wertes dieser Leistung zu erfüllen.

In Fällen, in denen die Bereicherung durch körperliche Wegnahme des Bereicherungsgegenstandes abgeschöpft werden kann, kann der Gegenstand selbst wieder herausgegeben werden. Erfordert dies einen Aufwand seitens des Gläubigers, so lässt sich § 1001 S. 2 analog anwenden.[53] Schwieriger wird es, wenn der Gegenstand nicht mehr körperlich herausgegeben werden kann, wie etwa im Falle von Arbeitsleistungen und verwendeter Anstrichfarbe. Hier müsste an sich Wertersatz geleistet werden (§ 818 Abs. 2). Doch ist man sich darüber einig, dass aufgedrängte Bereicherungen nicht zu Verwendungsersatzansprüchen führen sollen. Dafür werden zwei Lösungswege genannt: Zunächst kann man den Umfang der Bereicherung ausnahmsweise nicht objektiv, sondern nach dem subjektiven Nutzen bestim-

51 MüKo BGB/*Schwab* § 818 Rn. 224.
52 Hierzu monografisch *Wernecke*, Abwehr und Ausgleich „aufgedrängter Bereicherungen" im Bürgerlichen Recht, 2004.
53 BGHZ 23, 61 („Wegnahme" eines Bauwerks durch Abbruch bei § 951).

men, welchen der Bereicherte für seine Vermögensplanung aus dem Gegenstand ziehen kann. Dann wäre Entreicherung eingetreten (§ 818 Abs. 3 analog).[54] Zum anderen kann man bereits bei der Frage, ob der Eigentümer überhaupt etwas erlangt hat, den Wert subjektiv bestimmen (§ 818 Abs. 2). Auch dann ist nur der Wert zu ersetzen, den die Verwendung für den Bereicherten hat.[55] In beiden Fällen hätte E nichts zu zahlen. ◀

c) Rückgriffskondiktion

Der **Anwendungsbereich** der Rückgriffskondiktion ist **noch enger** als derjenige der Aufwendungskondiktion. Die Rückgriffskondiktion hat Bedeutung bei der **Bezahlung fremder Schulden.** Eine Befugnis, fremde Forderungen zu tilgen, verschafft § 267. Hierdurch erlangt der Dritte „etwas“, nämlich die Befreiung von der Verbindlichkeit. Es liegt nahe, dass der Zahlende sich dann an den Bereicherten, also den ursprünglichen Schuldner wendet, um Rückzahlung des Gezahlten zu verlangen. Vielfach existieren aber vorrangige **Abwicklungsregelungen.** So kann der Zahlungspflicht eine vertragliche Verpflichtung gegenüber dem Begünstigten zugrunde liegen (**Vorrang des Vertragsrechts,** z.B. eine Schuldübernahme). Auch mag das Gesetz selbst einen Übergang der getilgten Forderung auf denjenigen anordnen, der gezahlt hat. So geht die Hauptforderung nach § 774 Abs. 1 auf den Bürgen über, wenn dieser auf die Schuld des vorrangig Verpflichteten zahlt. Der Regress über das Bereicherungsrecht wird unnötig. Ähnliche **Regressregeln** enthalten §§ 268 Abs. 3, 426 Abs. 2 und 1225. Auch kann der Zahlende mit dem Gläubiger vereinbaren, dass die Forderung an den Zahlenden abgetreten wird, so etwa beim Forderungskauf (§§ 433, 453, 398). Liegt die Zahlung im Interesse des Schuldners und ist sie von diesem gewollt, so kann der Zahlende Aufwendungsersatz nach §§ 670, 677, 683 S. 1 verlangen. 25

In den verbleibenden Fällen stellt die Rückgriffskondiktion einen **Anwendungsfall der Nichtleistungskondiktion** dar. Wegen des Vorrangs der Leistungskondiktion (oben § 8 Rn. 8) kommt sie daher nicht in Betracht, wenn jemand objektiv auf eine fremde Schuld zahlt, aber irrtümlich glaubt, hierzu gegenüber dem Begünstigten selbst verpflichtet zu sein (unten § 11 Rn. 17). Dann nämlich liegt eine zweckgerichtete Vermögensmehrung gegenüber dem Begünstigten durch Leistung nahe.

Hauptanwendungsfall der Rückgriffskondiktion ist die **Zahlung einer fremden Schuld, ohne** dass dies mit **Willen des Schuldners** geschieht oder in dessen Interesse liegt (vgl. § 13 Rn. 2 ff.). Dann liegt regelmäßig ein **Fall der unberechtigten GoA** vor. Hier findet das Bereicherungsrecht über §§ 684 S. 1, 687 Abs. 2 S. 2 Anwendung. Argumentiert man, dass § 684 S. 1 nicht nur auf die Rechtsfolge, sondern auch auf den Tatbestand des Bereicherungsrechts verweist, so muss man die Nichtleistungskondiktion in Form der Rückgriffskondiktion nach § 812 Abs. 1 S. 1, 2. Alt. prüfen. Wer der Auffassung ist, dass § 684 S. 1 eine Rechtsfolgenverweisung ist, benötigt die Rückgriffskondiktion auch in solchen Fällen nicht.[56] 26

▶ **Fall 89:** A bezahlt für B in dessen Abwesenheit eine Nachnahmepaketsendung, obwohl er weiß, dass B ein solches Vorgehen nicht wünscht.

---

54 *Medicus/Petersen*, Bürgerliches Recht, Rn. 899.

55 *Esser/Weyers*, Schuldrecht II/2, § 51 I 4 e; *Larenz*, Schuldrecht II/1, § 70 II; weitere Lösungen bei *Larenz/Canaris*, Schuldrecht II/2, § 72 IV; MüKoBGB/*Lieb*, 4. Aufl., 2004, § 812 Rn. 307, 311 ff.; a.A. MüKoBGB/*Schwab*, 6. Aufl., 2013, § 818 Rn. 202.

56 So *Jauernig/Mansel*, § 684 Rn. 1; *Koppensteiner/Kramer*, Bereicherungsrecht, S. 102 ff.; *Reeb*, Grundprobleme des Bereicherungsrechts, S. 83 ff.

Liegen die Voraussetzungen des § 683 nicht vor, so begrenzt das Recht der GoA die Ansprüche des Geschäftsführers durch Verweisung auf das Bereicherungsrecht (§ 684 S. 1). Sieht man in dieser Verweisung eine Rechtsgrundverweisung,[57] so wäre diese Handlung keine Leistung und daher nur über § 812 Abs. 1 S. 1, 2. Alt. in Form der Rückgriffskondiktion kondizierbar. ◀

Ähnlich zu behandeln ist die Zahlung fremder Unterhaltsschulden,[58] die Erfüllung fremder Gewährleistungspflichten[59] oder die Bezahlung einer fremden Reparaturrechnung.[60]

27 Ein weiterer Anwendungsfall ergibt sich, wenn man es zulässt, dass die **Tilgungsbestimmung im Zusammenhang mit der Leistung auf eine Forderung nachträglich geändert** wird.[61] Dies bedeutet, dass der Zahlende, der irrtümlich annahm, er tilge eine eigene Schuld, nachträglich geltend macht, er wolle die Zahlung als Tilgung der tatsächlich bestehenden fremden Schuld verstanden wissen.

▶ **FALL 90** (BGH NJW 1986, 2700): K ist Unfallversicherer und zahlt die Heilbehandlung für das Kind des A, weil K annahm, dass diese Kosten infolge eines Freizeitunfalls des Kindes entstanden seien. Tatsächlich handelte es sich um einen Schulunfall, sodass der gesetzliche Unfallversicherungsträger B einstandspflichtig war. Kann K im Nachhinein die Tilgungsbestimmung ändern, um einen Rückgriffsanspruch gegen B zu erhalten?

Vertragliche Ansprüche scheiden aus, eine gesetzliche Rückgriffsregelung ist nicht ersichtlich. In Betracht kommt ein Anspruch aus **§§ 683 S. 1, 670**, der aber daran scheitert, dass K ohne Fremdgeschäftsführungswillen handelte (§ 687 Abs. 1). Ein Fall der bewussten Anmaßung fremder Geschäfte, der zu §§ 687 Abs. 2 S. 2, 684 S. 1 führen würde, liegt daher ebenfalls nicht vor.

In Betracht kommt nur ein Bereicherungsanspruch in Form der sog. **Rückgriffskondiktion** (§ 812 Abs. 1 S. 1, 2. Alt.). Erlangt hat der in Anspruch genommene Schuldner B nur etwas, wenn die Zahlung schuldbefreiende Wirkung hatte. Das setzt voraus, dass eine Schuld bestand, ferner, dass die nachträgliche Änderung der Tilgungsbestimmung durch K dazu führte, dass nun ein Fall der berechtigten Zahlung im Drittinteresse vorliegt. § 267 Abs. 1 S. 1 lässt solche Zahlungen im Drittinteresse zu, sodass B nach § 362 Abs. 1 von seiner Schuld gegenüber A befreit wäre. Hiergegen könnte aber sprechen, dass K zunächst nur irrtümlich auf eine eigene bestehende Schuld geleistet hat. Das würde zwar K eine Leistungskondiktion gegen A (bzw. dessen Kind) eröffnen, die aber wegen des Subsidiaritätsgrundsatzes die Nichtleistungskondiktion gegenüber B sperrt. Doch ändert sich dies, wenn die nachträgliche Änderung der Tilgungsbestimmung dazu führt, dass nunmehr eine Vermögensaufwendung von K zugunsten des B an A vorliegt und keine Leistung von K an A. Dann liegen die Voraussetzungen des §§ 362 Abs. 1, 267 Abs. 1 vor, sodass die schuldbefreiende Wirkung eintritt. Das eröffnet die Nichtleistungskondiktion. ◀

Bedenken weckt das Ergebnis, weil sich B hier einer aufgedrängten Zahlung gegenübersieht. Ob die Einstandspflicht der B tatsächlich bestand, ist alles andere als klar. Jedenfalls mischt sich K in das Leistungsverhältnis zwischen B und A in einer Weise ein, welche B die Geltendmachung von Einreden, aber auch einen möglichen Rückgriff

57 So *Gursky*, AcP 185 (1985), 13, 40; anders aber die h.M., vgl. *Jauernig/Mansel*, § 684 Rn. 1.
58 BGHZ 78, 201, 205 = NJW 1981, 48; BGHZ 137, 89, 94 = NJW 1998, 378 (Schadensersatzverpflichtung).
59 BGHZ 97, 231, 234 = NJW 1986, 2640 (Beseitigung von Bauwerksmängeln).
60 BGH NJW 1983, 812.
61 So *von Caemmerer*, JZ 1962, 385, 386.

gegenüber A erschwert. A mag zwischenzeitlich insolvent sein, sodass B eine Überzahlung nicht erstattet erhält. Dies alles spricht dafür, die Rückgriffskondiktion in solchen Fällen nicht zuzulassen.[62] Das geschieht dadurch, dass man den Zahlenden an seiner ursprünglichen Tilgungsbestimmung festhält, d.h. ihm nicht gestattet, durch nachträgliche Änderung der Tilgungsbestimmung eine fremde Forderung zum Erlöschen zu bringen (§§ 267 Abs. 1, 362 Abs. 1) und sich hierdurch über die Nichtleistungskondiktion einen neuen Schuldner zu verschaffen. Wer die Nichtleistungskondiktion dennoch zulässt, kann den Fall noch über das Instrument der aufgedrängten Bereicherung, also im Wege des § 818 Abs. 3 lösen (oben Rn. 24) oder § 404 analog anwenden, sodass die dem Schuldner zustehenden Einreden nunmehr auch gegenüber demjenigen Anwendung finden, der sich in dieses Schuldverhältnis hineingedrängt hat.[63]

Wiederholungs- und Vertiefungsfragen

> Wie fügt sich § 816 Abs. 1 in die Konzeption der Nichtleistungskondiktion ein?

> Was besagt die Lehre vom Zuweisungsgehalt und bei welchen Tatbestandselementen der Nichtleistungskondiktion ist diese Lehre von Bedeutung?

> Gibt es Rechte, die keinen Zuweisungsgehalt haben? Wie lässt sich die Antwort begründen?

> Welche vertraglichen, quasivertraglichen, deliktischen und bereicherungsrechtlichen Ansprüche auf Erlösherausgabe gibt es?

> Ist § 816 Abs. 1 S. 1 anwendbar, wenn der Erwerber bei einem Rechtsscheinerwerbstatbestand nicht gutgläubig war?

> Wodurch unterscheiden sich § 816 Abs. 1 S. 2 und § 822 voneinander?

> In welchen Fällen benötigt man die Verwendungs-, in welchen die Rückgriffskondiktion?

62 *Medicus/Petersen*, Bürgerliches Recht, Rn. 951; anders BGH NJW 1986, 2700.

63 *Wernecke*, Abwehr und Ausgleich „aufgedrängter Bereicherungen" im Bürgerlichen Recht, 2004, S. 587 m.w.N.

§ 11 Die Bereicherung im Mehrpersonenverhältnis

I. Der Leistungsbegriff und seine Bedeutung

1 Die h.M. geht davon aus, dass eine **Vermögensmehrung bereicherungsrechtlich entweder durch Leistung oder in sonstiger Weise** erfolgen kann (§ 10 Rn. 1). So ist auch § 812 Abs. 1 S. 1 formuliert. Wenn die Bereicherung des Empfängers auf der Leistung eines anderen beruht, kommt daher nur die Leistungskondiktion, nicht auch eine Kondiktion wegen Erwerbs in sonstiger Weise in Betracht. Die Leistungskondiktion ist vorrangig, die **Nichtleistungskondiktion subsidiär** (oben § 8 Rn. 8). Die Rückabwicklung muss primär unter den am Leistungsverhältnis beteiligten Personen erfolgen. Das gilt auch, wenn der Leistende auf Kosten eines Dritten geleistet hat. Das Merkmal „auf Kosten" gilt nämlich bei der Leistungskondiktion nicht (h.M. vgl. § 8 Rn. 7). Eine Direktkondiktion ist grundsätzlich nicht möglich, es sei denn sie wird gesetzlich zugelassen (wie etwa in §§ 816, 822). Die Bedeutung dieser Regel verdeutlicht

▶ **Fall 91:** A hat den B dazu beauftragt, im eigenen Namen (d.h. dem des B) über eine Sache des A zu verfügen. B verkauft demgemäß die Sache an C und übereignet sie ihm. Der Kaufvertrag zwischen B und C erweist sich als nichtig. Kann A die Sache direkt von C herausverlangen?

Da zwischen A und C keinerlei vertragliche Beziehungen bestehen, kommt insoweit nur ein Bereicherungsanspruch in Betracht. **Erlangt** hat C infolge der Ermächtigung des B Eigentum vom Berechtigten. Zwar hat C die Sache durch eine **Leistung des B**, doch ohne Rechtsgrund erhalten. Da die Leistung des B für C nicht erkennbar eine solche des A war, kann eine Direktkondiktion zwischen A und C nur möglich sein, wenn C das Eigentum **„in sonstiger Weise" auf Kosten des A** erlangt hat. Das Merkmal „auf Kosten" ist hier erfüllt, denn A war noch Eigentümer der Sache. Lässt man allerdings eine Nichtleistungskondiktion zu, so schneidet man dem C diejenigen Einwendungen ab, die ihm aus dem Kaufvertrag mit B zustehen, insbesondere den Einwand, nur Zug um Zug gegen Rückzahlung des Kaufpreises leisten zu müssen. Hält man dagegen die Nichtleistungskondiktion für subsidiär, so bleibt es dabei, dass nur im Leistungsverhältnis zwischen B und C rückabgewickelt wird. Will A die Sache zurückhaben, so muss er sich an B halten, mit dem ja gleichermaßen ein Leistungsverhältnis besteht. ◀

Der **Vorrang der Leistungsbeziehungen** sorgt also dafür, dass auch im Falle einer Rückabwicklung der Vertrag Vorrang vor den gesetzlichen Beziehungen behält. Die dahinter stehenden **Wertungen** hat *Canaris* wie folgt zusammengefasst:[1]

- Jede Vertragspartei soll die ihr gegenüber dem Vertragspartner aufgrund des Vertrages zustehenden Einreden behalten.
- Jede Partei soll davor geschützt werden, mit Einwendungen aus dem Rechtsverhältnis zu einem Dritten belastet zu werden.
- Jede Partei soll nur das Risiko der Zahlungsunfähigkeit in Bezug auf diejenige Person tragen, die sie sich selbst als Vertragspartner ausgesucht hat.

▶ In **Fall 91** schneidet eine Direktkondiktion zwischen A und C letzterem die Möglichkeit ab, Einwendungen aus seinem Leistungsverhältnis gegenüber B geltend zu machen, insbesondere Rückgabe der Sache nur gegen Rückzahlung des Kaufpreises zu gewähren. Anderer-

1 *Canaris*, FS Larenz, 1973, S. 799.

seits soll C sich nicht mit Einwendungen auseinandersetzen müssen, welche aus dem Verhältnis des A zu B resultieren, denn auf diese Vertragsbeziehung hatte er keinen Einfluss. Bleibt es beim Vorrang der Leistungsbeziehungen, so muss C schlimmstenfalls die Insolvenz des B für den Fall fürchten, dass C Rückzahlung des Kaufpreises von B verlangt. Ihm dieses Risiko zu überantworten, ist aber angemessen, denn C hat sich den B als Vertragspartner ausgesucht. Im Übrigen kann er in diesem Fall immer noch die Kaufsache zurückbehalten (oben § 8 Rn. 18). ◀

Sind an einem Bereicherungsvorgang nur **zwei Personen beteiligt**, so kommt man mit dem Leistungsbegriff zu plausiblen und vertretbaren Ergebnissen. Wer etwas zuwendet, erfüllt damit in der Regel einen auf ein Schuldverhältnis bezogenen Zweck. Damit verbindet sich ein begründetes Vertrauen darauf, seine Leistung von dem Empfänger zurückzuerhalten, wenn der Leistungszweck fehlgeschlagen ist. Für den Empfänger ist es ebenso. Wer etwas zugewendet erhält, verbindet damit die Vorstellung, dass die Zuwendung einem Zweck dienen soll. 2

Sind **mehrere Personen beteiligt**, etwa in der Weise, dass eine Person geleistet hat, eine andere aber hierdurch einen Vermögensverlust erleidet, werden die Dinge komplizierter. Betont man auch hier den Vorrang der Leistungsbeziehung, so verhindert man eine Direktkondiktion zwischen Personen, die an dem Leistungsaustausch nicht beteiligt sind. Auch in Mehrpersonenverhältnissen kann man aber vielfach zu vertretbaren Ergebnissen gelangen, wenn man Rückabwicklungen innerhalb der Leistungsbeziehung vornimmt. Essentiell für die Rückabwicklung in solchen Verhältnissen ist die Verortung der Leistungsbeziehung. Dabei ist nicht jeweils derjenige, der die Zuwendung letztlich vornimmt, auch zwangsläufig der Leistende. Bei der Verortung der Leistung kommt es auf den objektiven Empfängerhorizont an (h.M. vgl. § 9 Rn. 5).

II. Rückabwicklung bei der Einschaltung von Hilfspersonen (inkl. Leistungsketten)

Wenn an einem Erwerbsvorgang mehr als zwei Personen beteiligt sind, etwa beim Hintereinanderschalten mehrerer Personen in die Abwicklung eines Lieferverhältnisses, hilft es, diese Leistungszwecke zu identifizieren, um herauszufinden, wie rückabzuwickeln ist. 3

▶ **Fall 92:** A wendet eine Sache dem B zu, der sie an C weitergibt. Unter welchen Umständen kann A die Sache unmittelbar von C herausverlangen?

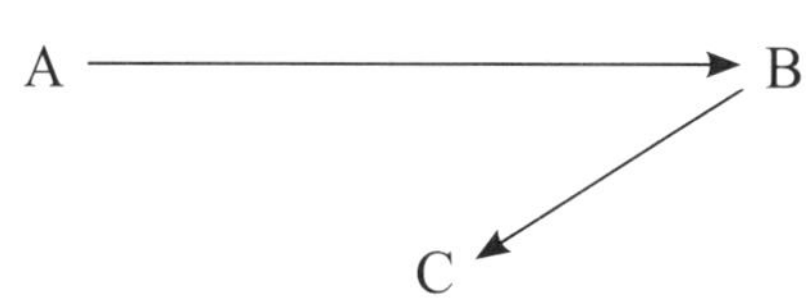

Nach dem Grundsatz vom Vorrang der Leistungsbeziehung hat A eine Leistungskondiktion gegenüber C nur, wenn A durch die Zuwendung an B das Vermögen des C ziel- und zweckgerichtet hätte vermehren wollen und C als Empfänger der Zuwendung diesen Leistungszweck auch richtig erkannt hätte (Empfängerhorizont, oben § 9 Rn. 4).

Eine eigene Leistung liegt vor, wenn A selbst oder durch einen Angestellten oder Boten liefert (**eigene Leistung oder Leistung durch unselbstständige Gehilfen**). Dann wird C die Leistung dem A zurechnen. Der Gehilfe setzt keine eigenen Leistungszwecke.[2] A kann daher mit der Leistungskondiktion gegen C vorgehen.

Anders ist es, wenn die **Leistung durch selbstständige Dritte**, z.B. einen Großhändler B geliefert wird, an den A verkauft hatte. Dann bestehen selbstständige Leistungsverhältnisse (sog. Leistungskette), die Rückabwicklung erfolgt zwischen C und B sowie von dort aus zwischen B und A. Eine Direktkondiktion zwischen A und C scheidet aus.

Dazwischen steht der Fall **selbstständiger Leistungsmittler** (vgl. bereits **Fall 91**). Der Dritte (B) kann Zwischenhändler sein, der auf Geheiß des eigentlich Leistenden direkt ausliefert (Fälle der mittelbaren Stellvertretung bei Kommission, Treuhänderschaft oder Strohmanngeschäft). Dann leistet der Dritte aus seinem eigenen Vermögen, wenn er den Gegenstand zuvor aufgrund einer Kausalbeziehung erworben hat. Er tritt dem Empfänger gegenüber selbst als Leistender auf. Eine Direktkondiktion zwischen A und C scheidet aus. ◀

4 Daraus folgt der **Grundsatz**, den die h.M. heute anwendet. Die **Rückabwicklung** fehlgeschlagener Leistungen findet **nur im jeweiligen Leistungsverhältnis**, also zwischen den Parteien des fehlerhaften Kausalverhältnisses statt.[3] Entscheidend ist, dass bestimmt wird, wer an wen geleistet hat (Bewusstheit/Zweckgerichtetheit!). Das ist in Zweifelsfällen nach dem objektivierten Horizont des Empfängers zu bestimmen (§ 9 Rn. 4).[4]

5 **Gesetzliche Ausnahmen** vom Grundsatz enthalten die **§§ 816 Abs. 1 S. 2, 822**. Hat B die von A aufgrund unwirksamer Kausalbeziehung erhaltene Sache unentgeltlich an C weitergegeben, so ist B im Verhältnis zu A entreichert (§ 818 Abs. 3). Indem §§ 816 Abs. 1 S. 2, 822 die Direktkondiktion (oder besser: den Durchgriff) des A gegen jeden unentgeltlichen Erwerber zulässt, wird dieser Situation Rechnung getragen. Diesen Erwerbern wird kein Unrecht widerfahren, denn der unentgeltliche Erwerb ist nach der gesetzgeberischen Wertentscheidung, welche §§ 816 Abs. 1 S. 2, 822 zugrunde liegt, weniger schutzwürdig als die Position des A (oben § 10 Rn. 16).

Keine Ausnahme von dem Grundsatz der vorrangigen Rückabwicklung innerhalb der Leistungsbeziehungen ist der **Fall des Doppelmangels**. Es kann vorkommen, dass sowohl die Leistungsbeziehung zwischen A und B als auch die zwischen B und C unwirksam ist. Wurde in beiden Verhältnissen ohne wirksamen Rechtsgrund geleistet, so sollte nach früherer Auffassung ausnahmsweise A die Sache direkt von C zurückfordern können.[5] Die heute h.M. will allerdings richtigerweise auch hier die Rückabwicklung innerhalb der gescheiterten Leistungsbeziehungen vornehmen. Denn A kann sich die Kondiktion von B an C, gerichtet auf Rückgabe der Sache aus § 812 Abs. 1 S. 1, 1. Alt, abtreten lassen. Diese Kondiktion ist das, was sich noch im Vermögen des B als Surrogat für den weggefallenen Bereicherungsgegenstand befindet (§ 818 Abs. 1). In Betracht kommt also die **„Kondiktion der Kondiktion"** (Doppelkondiktion), die C alle aus dem Verhältnis zu B begründeten Einreden (§ 404) erhält, ihn aber keinen neuen Einreden aus dem Verhältnis A zu B aussetzt, denn A macht gegenüber C ja den Kondiktionsanspruch B gegen C, nicht aber die Kondiktion A gegen B geltend (vgl. hierzu

2 BGH NJW 1961, 1461.
3 BGHZ 61, 291; 87, 395.
4 BGHZ 40, 272, 278.
5 *Enneccerus/Lehmann*, Schuldrecht, S. 881 Fußn. 12; vgl. auch die bei *W. Lorenz*, JZ 1968, 51, 54 diskutierte unveröffentlichte BGH-Entscheidung v. 25.3.1954 – IV ZR 202/53.

bereits § 10 Rn. 18 Fall 85).[6] Die Lösung folgt dem Grundsatz, dass die Rückabwicklung im jeweils fehlgeschlagenen Leistungsverhältnis zu erfolgen hat.

6 Methodischer und vertiefender Hinweis: Die Lösung über den Leistungsbegriff ist eingängig und damit ein gutes Faustprinzip für Klausur- und Übungszwecke. Eckpunkte sind die Definition der Leistung und die Formel vom Empfängerhorizont. Ob der Leistungsbegriff tatsächlich so gut geeignet ist, trennscharf die Leistungs- von den sonstigen Beziehungen abzugrenzen, wird bezweifelt.[7] So ist für *Flume* in den Mehrpersonenverhältnissen nicht entscheidend, ob eine Person einer anderen etwas geleistet hat, sondern ob eine Vermögenszuwendung Folge einer wirksamen Weisung war.[8] Das spielt in der Tat bei den Anweisungsfällen eine Rolle (dazu unten Rn. 9). Dort soll sich daher jede schematische Lösung verbieten, wie der BGH in ständiger Rechtsprechung betont.[9] Auch dort sind die oben diskutierten Wertungen, die den Vorrang der Vertragsbeziehungen aus Vertrauensschutzgründen sicherstellen wollen, erheblich.

III. Dreieckskonstellationen

1. Gemeinsamkeiten

7 Dreieckskonstellationen zeichnen sich dadurch aus, dass der Zweck der Leistung nicht das Verhältnis der Parteien betrifft, unter denen die Zuwendung unmittelbar erfolgt. Anders als bei der Leistungskette erfüllt die Leistung von B an C z.B. Zwecke aus einem Verhältnis zwischen B und A oder zwischen A und C. Typische Fälle dieser Art sind a) die **Durchlieferung** zur Abkürzung der Leistungskette (unten Rn. 8) und b) die reine **Anweisung** (unten Rn. 9). Bei der Durchlieferung wird auf Geheiß eines Beteiligten an einen Dritten geliefert, ein Fall der reinen Anweisung ist die Zahlung durch Banken im Überweisungsverkehr. Grundsatz in allen Konstellationen bleibt, dass die Rückabwicklung zur Verfolgung der obigen Wertungen im jeweiligen Leistungs- oder Weisungsverhältnis erfolgt. Die Ausnahme, d.h. die Direktkondiktion über die durch die Leistungsbeziehung gesetzten Grenzen hinaus, muss besonders begründet werden. Für die h.M. ist auch in Dreiecksfällen der Leistungsbegriff entscheidend.[10]

2. Durchlieferungen

8 Eine Durchlieferung liegt vor, wenn ein Schuldner den geschuldeten Gegenstand nicht über eine Leistungskette an seinen eigenen Gläubiger liefert, sondern wenn die Lieferung auf Geheiß dieses Gläubigers direkt an einen Dritten erfolgt. Die Durchlieferung kürzt den Liefervorgang ab.

▶ **Fall 93:** Hersteller A verkauft einen Lkw an Großhändler B. Dieser veräußert sofort weiter an den Lkw-Händler C und weist A an, den zur Auslieferung vorbereiteten Lkw gleich an C zu liefern. Kann A den Lkw von C herausverlangen?

---

6 Vgl. OLG Karlsruhe BeckRS 2015, 07249; *Medicus/Petersen*, Bürgerliches Recht, Rn. 670.
7 Vgl. insbesondere *Canaris*, FS Larenz, 1973, S. 799, 857; zusammenfassend *Schall*, Leistungskondiktion und „Sonstige Kondiktion" auf der Grundlage eines einheitlichen Kondiktionsprinzips, 2002.
8 *Flume*, AcP 199 (1999), 1, 3; ähnliche Zweifel an der Tauglichkeit des Leistungsbegriffs zur Lösung der Mehrpersonenfälle *Staudinger/S. Lorenz*, § 812 Rn. 4.
9 Ebenso *von Caemmerer*, JZ 1962, 385 und z.B. BGHZ 66, 362, 364; 67, 75, 77; 89, 376, 378; 105, 365, 369; 111, 382, 385.
10 Vgl. BGH NJW 2015, 229 Tz. 22: „Zuordnung nach wertenden Kriterien".

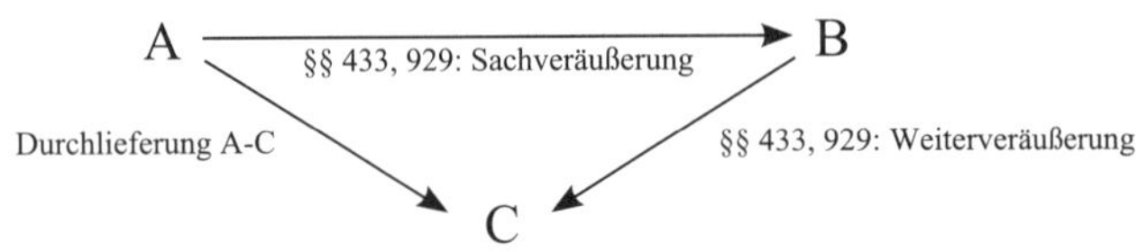

Sachenrechtlich ermöglicht die Durchlieferung die unmittelbare Besitzverschaffung zwischen A und C nach § 929 S. 1. Die **Eigentumsübertragung** erfolgt **durch** einen **doppelten Geheißerwerb**. A übereignet an B, mit dem er sich nach § 929 S. 1 geeinigt hat. Die Übergabe erfolgt auf Geheiß des B aber sogleich von A an C, wobei sich B und C über den Eigentumsübergang untereinander einigen (der auf Geheiß des B den Lkw annimmt). Die Übergabe in diesem Verhältnis erfolgt auf dem Wege unmittelbarer Aushändigung der Sache durch die Geheißperson A des B. Sowohl A als auch C sind somit bei den sie nicht betreffenden Austauschverhältnissen Geheißpersonen des B.[11] Waren die Leistungsverhältnisse unwirksam, ist für die Rückabwicklung Folgendes zu beachten:

Bei der **Frage, ob und wem gegenüber eine Leistung vorliegt**, ist zu beachten, dass A durch die Zuwendung an C eine eigene Leistung gegenüber B erbringt, indem er seine aus dem vermeintlich bestehenden Vertragsverhältnis entspringenden Pflichten durch Direktlieferung erfüllt. Aus Sicht des C stellt sich die Lieferung allerdings als zweckgerichtete Vermögensmehrung durch B ihm (C) gegenüber dar. Die Übergabe durch A an C stellt daher in zweifacher Hinsicht eine Leistung dar. Derselbe tatsächliche Vorgang ist auf zwei Leistungsverhältnisse bezogen, nämlich einmal auf das Verhältnis zwischen A und B und zum anderen auf das zwischen B und C. Für das Leistungsverhältnis ist nicht entscheidend, zwischen welchen Personen sich eine dingliche Vermögensverschiebung ereignet hat. Daraus folgert die h.M., dass auch bei Durchlieferungen im jeweiligen (fehlerhaften) Leistungsverhältnis rückabzuwickeln ist. Selbst wenn beide Grundverhältnisse nichtig sind (**Doppelmangel**[12]), kann A nicht direkt bei C kondizieren, sondern lediglich von B Abtretung von dessen Kondiktionsanspruch gegenüber C verlangen (**Kondiktion der Kondiktion**, oben § 10 Rn. 18).[13] Diese Kondiktion ist zwar nicht das durch Leistung Erlangte, wohl aber dasjenige, was anstelle des Leistungsgegenstandes in das Vermögen des Bereicherten gelangt ist, also ein Surrogat i.S.v. § 818 Abs. 1. Allerdings treffen in einem solchen Fall bei A sämtliche Risiken zusammen, denn A muss erst gegenüber B seinen Anspruch durchsetzen, um dessen Kondiktion gegen C zu erlangen. Gelingt dies, so muss A auch die Einreden, die C gegenüber B hatte, erdulden. Daher wird zum Teil vorgeschlagen, zur Vermeidung solcher Unbilligkeit A ausnahmsweise zu gestatten, von B den Sachwert der Leistung (§ 818 Abs. 2) und nicht nur das Surrogat zu kondizieren.[14] Die h.M. bleibt aber beim Prinzip der Doppelkondiktion. Eine Direktkondiktion zwischen A und C scheidet also aus. ◀

3. Anweisungsfälle

a) Überblick

9 Die sog. „**Anweisung**“ **im engeren Sinne** ist in § 783 definiert. Man versteht darunter eine schriftliche Leistungsermächtigung, die demjenigen ausgehändigt wird, der einen

11 BGH NJW 1986, 1166 f.; *Hager*, ZIP 1993, 1446.
12 Dazu OLG Naumburg NJOZ 2013, 597.
13 BGH ZIP 1990, 915, 918; OLG Karlsruhe BeckRS 2015, 07249; *Medicus*, NJW 1974, 538; *Koppensteiner/Kramer*, Ungerechtfertigte Bereicherung, Rn. 28 f.
14 *Larenz/Canaris*, Schuldrecht II/2, § 70 II 2 b m.w.N.

Leistungsgegenstand erhalten soll, die dieser wiederum einem Dritten (dem Angewiesenen) vorlegen kann, um von diesem den Leistungsgegenstand zu erhalten. Das liegt vor bei der Scheckzahlung. Mit dem Scheck weist ein Aussteller (Kontoinhaber) einen Angewiesenen (Bank als Bezogene) an, eine Geldsumme an einen Empfänger (Schecknehmer) zu zahlen. **Im Bereicherungsrecht** bezeichnet man als „Anweisung“ die Situation, bei der ein Schuldner (Anweisender) einem Auftragnehmer (Angewiesener, meist eine Bank) die **Weisung** erteilt, dem Gläubiger des Anweisenden (Anweisungsempfänger) einen Gegenstand (meist eine Geldzahlung) zuzuwenden. Der bereicherungsrechtliche Anweisungsbegriff geht also über den des § 783 hinaus. Anweisungen betreffen z.B. Überweisungen,[15] Zahlungen per Scheck, Lastschriftermächtigungen,[16] P(oint)O(f)S(ale)-Zahlungen, Abhebungen vom Geldautomaten per PIN und Zahlungen per e-cash im Internet.[17] Die Erweiterung zur „Anweisung“ i.S.d. § 783 liegt darin, dass der Begünstigte (Anweisungsempfänger) bei modernen Zahlungsformen kein körperliches Papier mehr in die Hand bekommt, mittels dessen er selbst die Geldzahlung beim Angewiesenen (Bezogenen) abholen muss, sondern möglicherweise nur Bitcoins oder elektronische Erklärungen.

b) Grundfall und Fehlerkonstellationen

10 ▶ **Fall 94:** B weist die A-Bank an, an C eine Geldsumme zu überweisen. Welche Leistungsverhältnisse bestehen dabei? ◀

Im Regelfall wird der Zahlungsanweisung eine Forderung zugrunde liegen, die C gegenüber B hat (z.B. Kaufvertrag). Gleichzeitig wird auch die A dem B gegenüber eine Verpflichtung haben (z.B. Bankvertrag), aus einem von B unterhaltenen Guthaben Geldbeträge weisungsgemäß weiterzuleiten. Im Ergebnis liegen drei Beziehungen vor, deren Abwicklung Komplikationen erzeugen kann. Um die Auswirkungen solcher Komplikationen zu untersuchen und voneinander unterscheiden zu können, differenziert man die Beziehungen durch folgende Begriffe:[18]

- Im Verhältnis A-B liegt ein Anweisungsverhältnis vor, das als **Deckungsverhältnis** bezeichnet wird (Parallele: „Kontodeckung“). Dieses Deckungsverhältnis verpflichtet die Bank, eigene Vermögensgegenstände aufzuwenden, um sie dem Begünstigen zuzuweisen. In der Regel liegt dem ein Zahlungsdienstevertrag zugrunde, der seit 2009 zum Teil in §§ 675c, 676f näher ausgestaltet ist und allgemein eine Form der Geschäftsbesorgung darstellt. Die „Hinterlegung“ von Geld auf einem Girokonto ist unregelmäßige Verwahrung (§§ 700, 488).
- Aus dem Verhältnis B-C entspringt der eigentliche wirtschaftliche Wert („Valuta“) der Zahlungstransaktion (z.B. Zahlung einer Rechnung für Warenlieferung, § 433 Abs. 2). Man spricht daher vom **Valutaverhältnis.**
- Im Verhältnis A-C erfolgt die Zuwendung oder der Vollzug der Anweisung durch Geldfluss, wobei A in der Regel aus eigenem Vermögen zuwendet, um ihre vertraglichen Verpflichtungen gegenüber B zu erfüllen, daher spricht man vom **Zuwendungs- oder Vollzugsverhältnis.**

---

15 Hierzu *Rademacher*, NJW 2011, 2169.

16 Hierzu *Würdinger*, JuS 2007, 418; *Schnauder*, WM 2011, 1685.

17 Vgl. im Einzelnen BGH NJW 2002, 2234 (zum Vertragsverhältnis zwischen Kreditkartenunternehmen und Vertragsunternehmen); *Bülow*, WM 2000, 58; *Meder*, NJW 1994, 2597; *Schnauder*, NJW 2003, 849.

18 *Medicus/Petersen*, Bürgerliches Recht, Rn. 674. Fallbeispiel mit Lösung bei *Hack/Thümmel*, JuS 2009, 46; jüngere Literatur *Fornasier*, AcP 212 (2012), 410; *A. Schall*, JZ 2013, 753.

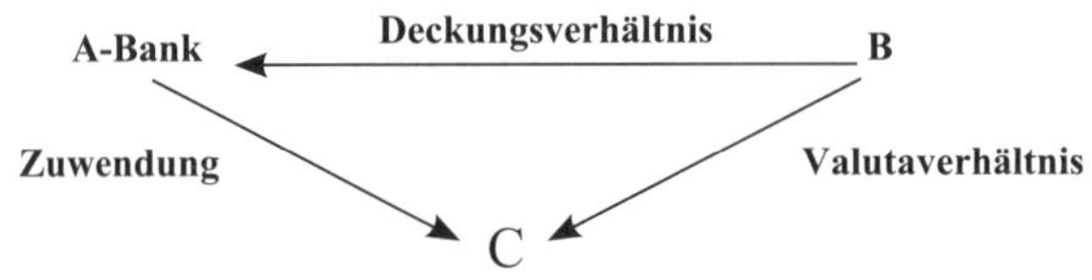

Die Frage nach dem Bedürfnis einer Direktkondiktion im Zuwendungs- oder Vollzugsverhältnis ergibt sich, wenn im Deckungs- oder im Valutaverhältnis oder in beiden Verhältnissen Mängel bestehen. Angenommen, B füllt die Überweisung falsch aus oder A überweist einen fehlerhaften Betrag, so betrifft der Mangel das Deckungsverhältnis. Bestand zwischen B und C kein wirksamer Vertrag, so betrifft der Mangel das Valutaverhältnis. Jeweils stellt sich die Frage, ob die Zuwendung so wie sie geflossen ist, auch wieder zurückgefordert werden kann (Direktkondiktion).

aa) 1. Fall: Mängel im Deckungsverhältnis

11 ▶ **Fall 95** (aufbauend auf Fall 94): Nachdem A an C ausgezahlt hat, stellt sich heraus, dass das Vertragsverhältnis zwischen A und B unwirksam war (weil B bei A gar kein Konto unterhielt, diese aber gleichwohl eine von B ausgefüllte Überweisung auf einem ihrer Formulare entgegengenommen und ausgeführt hat).[19] Kann A den Geldbetrag von C kondizieren?

Grundsätzlich gilt auch in Anweisungsfällen, dass **im jeweiligen Leistungsverhältnis zu kondizieren** ist, also im Deckungs- oder im Valutaverhältnis, nicht aber im Zuwendungsverhältnis (Direktkondiktion).[20] Eine Kondiktion zwischen A und C setzt voraus, dass A an C geleistet hat. Eine Leistung ist gekennzeichnet durch eine Zuwendung und einen Zweck. Eine Zuwendung liegt gegenüber C vor. Der Zweck, den A mit seiner Zuwendung an C verfolgte, resultierte allerdings nicht aus einem Kausalverhältnis zwischen A und C, sondern aus dem Verhältnis zwischen A und B. In diesem Verhältnis bestand der Zweck der Zuwendung darin, eine gegenüber B bestehende Pflicht aus dem zugrunde liegenden Geschäftsbesorgungsvertrag (§§ 675c, 675f, 662) zu erfüllen (causa solvendi). B seinerseits verfolgte mit der Anweisung den Zweck, eine ihm gegenüber C obliegende Verpflichtung zu erfüllen. Da Leistungen aus Sicht des Empfängers zu beurteilen sind, kommt es darauf an, welchem Zweck die Zuwendung aus Sicht des C diente. Bei bestehendem Valutaverhältnis erfolgte die Auszahlung der A aus Sicht des C, um eine Verbindlichkeit des B ihm (C) gegenüber zu tilgen. Damit liegt keine Leistung der A, sondern eine solche des B vor. Mängel aus dem Deckungsverhältnis zwischen A und B spielen mithin für das Valutaverhältnis keine Rolle. Eine Direktkondiktion A gegen C scheidet aus.

Da eine Leistung der A gegenüber B vorlag, muss auch in diesem Verhältnis kondiziert werden. Erlangt hat B die Befreiung von der Verbindlichkeit gegenüber C bzw. den Wert dieser Befreiung,[21] oder auch den Wert dessen, was A dem C zugewendet hat.[22] Dieser Gegenstand kann zwar nicht in natura, wohl aber seinem Wert nach (§ 818 Abs. 2) herausgegeben werden. Daher schuldet B im Ergebnis gegenüber A Rückzahlung des überwiesenen Geldwertes. ◀

19 Vgl. hierzu etwa den Fall RGZ 60, 24 (Postbeamter B füllt eine Postanweisung eigenmächtig aus, aufgrund derer ein von B geschuldeter Betrag durch seinen Arbeitgeber A an den Gläubiger C gezahlt wird. A verlangt den Betrag von C zurück.).

20 BGHZ 61, 289, 291.

21 So *W. Lorenz*, JZ 1968, 51, 53.

22 So MüKoBGB/*Lieb*, 4. Aufl., 2004, § 812 Rn. 43; ähnlich MüKoBGB/*Schwab*, § 812 Rn. 76 ff.

bb) 2. Fall: Mängel im Valutaverhältnis

▶ **Fall 96:** B weist seine Bank A an, dem C einen Geldbetrag zu überweisen. Tatsächlich war der zugrunde liegende Vertrag zwischen B und C wegen eines Formmangels unwirksam. Kann B die A bitten, den Betrag bei C, der ebenfalls bei A ein Konto unterhält, „rückzubelasten"? 12

Eine Leistungskondiktion gem. § 812 Abs. 1 S. 1, 1. Alt. setzt voraus, dass A das Vermögen des C ziel- und zweckgerichtet gemehrt hat. Ob eine Zuwendung erfolgte und welchem Zweck sie diente, bestimmt sich wiederum nach dem Empfängerhorizont, hier also aus der Sicht des C. Gab es zwischen C und B ein (wenn auch nichtiges) Schuldverhältnis, so stellte sich die Zahlung als Leistung des B auf dieses Kausalverhältnis, mithin als Leistung des B dar. Daher scheidet eine Leistungskondiktion der A gegenüber C aus. In Betracht kommt eine Direktkondiktion als Nichtleistungskondiktion. Doch setzt sie voraus, dass die Zahlung dem C von niemandem geleistet wurde. Dieses ist aber nicht der Fall. Überdies lag der Zahlung durch A ein wirksames Deckungsverhältnis (Bankvertrag) zugrunde. Indem A an C zahlte, wollte sie ihre Verpflichtung gegenüber B erfüllen, also an diesen durch Zahlung seiner (B's) vermeintlichen Schuld etwas leisten. Daher muss es bei der Rückabwicklung innerhalb der Leistungsverhältnisse bleiben. B muss den Wert des Geleisteten bei C kondizieren. Aus dessen Sicht stellte sich die Zahlung als Leistung des B, nicht aber als Leistung der nur vermittelnden Bank A dar. ◀

Diese Grundsätze werden auch nicht durchbrochen, **wenn sowohl Deckungs- als auch Valutaverhältnis mangelhaft sind,** also ein Doppelmangel vorliegt. Auch dann wird in den jeweiligen gescheiterten Kausalverhältnissen rückabgewickelt. Als Vereinfachung kommt die **Kondiktion der Kondiktion** in Betracht (oben § 10 Rn. 18; § 11 Rn. 8).

c) Fehlende oder fehlerhafte Anweisung

Die vorliegend geschilderten Konstellationen gingen jeweils davon aus, dass eine als rechtsgeschäftliche Erklärung wirksame Weisung oder Anweisung vorlag, auch wenn die zugrunde liegenden Verpflichtungsgeschäfte (Valuta- und/oder Deckungsverhältnis) mangelhaft waren. Davon zu unterscheiden sind **Fälle, in denen wirksame oder fehlerfreie Anweisungserklärungen nicht vorliegen.** Das betrifft z.B. versehentliche Doppelüberweisungen, Überweisungen an einen falschen Empfänger, aber auch die Zuwendung durch einen nicht Geschäftsfähigen. Hier wird es schwierig, mit dem Vorrang der Leistungskondiktion zu argumentieren. 13

aa) Fehlerhafte Anweisung

▶ **Fall 97:** B übergibt dem C zur Bezahlung einer Rechnung einen Scheck, der auf die A-Bank gezogen ist. B sperrt kurze Zeit darauf den Scheck durch Erklärung gegenüber A, weil es Schwierigkeiten bei der Vertragsabwicklung mit C gibt. A bestätigt die Sperre. B verlangt von C Rückgabe des Schecks. C, der von der Sperre nichts weiß, legt den Scheck allerdings der A vor, die ihn infolge eines Versehens einlöst. A verlangt Rückzahlung des Scheckbetrags von C.[23] 14

---

23 BGHZ 61, 289 mit Bespr. *Wilhelm*, AcP 175 (1975), 304; ebenso BGHZ 87, 393 (gleiche Fallkonstellation: Einlösung eines gesperrten Schecks in Kenntnis der Sperre); OLG Hamburg NJW 1983, 1499 (irrtümliche Doppelausführung eines Überweisungsauftrages).

Nach dem **Grundsatz des Vorrangs der Leistungskondiktion** ist zunächst § 812 Abs. 1 S. 1, 1. Alt. zu prüfen. Die Leistungskondiktion scheitert im Verhältnis A-C daran, dass eine Leistungsbeziehung im Zuwendungsverhältnis fehlt. In Betracht kommt eine Bereicherung in sonstiger Weise, § 812 Abs. 1 S. 1, 2. Alt., also eine **Direktkondiktion A-C**, wenn sie möglich ist. Das setzt voraus, dass dem C das Gezahlte nicht durch eine Leistung des B zugewendet wurde. Doch stellt sich aus Sicht des C die Scheckeinlösung als Zahlung des B an C auf das zwischen diesen beiden vorliegende Kausalverhältnis dar. Bedenklich ist dieses Ergebnis, weil der Zahlung eine zwar ursprünglich bestehende, dann aber zurückgezogene Anweisung des B zugrunde lag, nachdem B den Scheck hat sperren lassen. Daher fehlt die entscheidende Grundlage für die Leistungskondiktion, nämlich eine auf den Willen des Leistenden zurückgehende Zuwendung mit Zwecksetzung. Wer überhaupt nicht anweist, kann auch keine Zwecksetzung vornehmen. Es fehlt mithin auch eine auf den Willen des B zurückzuführende Leistung. Das gilt auch, wenn man auf den Horizont des Empfängers C abstellt, sofern diesem mitgeteilt wurde, dass B wegen Unstimmigkeiten in der Vertragsabwicklung nicht zahlen würde. Dann kann im Verhältnis A-C eine Kondiktion nicht mehr am Vorrang der Leistungskondiktion scheitern, eine Direktkondiktion (Nichtleistungskondiktion) ist möglich.[24] ◀

Die **Frage, ob das Vertrauen des Empfängers auch noch schützenswert ist, wenn eine auf den Willen des scheinbar Leistenden zurückzuführende Anweisung,** und damit eine Leistung, **fehlt,** hat Parallelen zum Allgemeinen Teil des BGB. Dort diskutiert man, ob auch der Anschein einer Willenserklärung, der fahrlässig gesetzt wurde, schon eine wirksame rechtsgeschäftliche Erklärung ist, wenn der Empfänger sie so versteht.[25] Will man den Anweisenden vor nicht mehr willentlich verantworteten Erklärungen schützen, so muss man auch die Lehre vom Empfängerhorizont bei der Leistung einschränken. Auf den Empfängerhorizont kann man nur abstellen, solange es für den Empfänger keine ernstlichen Zweifel an einer Leistung durch B gibt.

▶ Anhaltspunkte für Zweifel bestünden, wenn dem C mitgeteilt wurde, dass der Scheck gesperrt sei.[26] Fehlt es an einer solchen Mitteilung und hält man die dem C bekannten Schwierigkeiten in der Vertragsabwicklung noch nicht für genügend, um an dem Vorhandensein einer wirksamen Anweisung Zweifel zu wecken, so muss man die zunächst wirksame Scheckausstellung und die darauf erfolgte Ausführung dieser Weisung durch A als hinreichende Grundlage für eine bewusste und zweckgerichtete Vermögensmehrung im Verhältnis B-C ansehen.[27] Dann ist auch keine Direktkondiktion zwischen A und C möglich. Auch dieser Fall wäre somit keine Ausnahme vom Grundsatz der vorrangigen Leistungskondiktion. ◀

bb) Fehlende Anweisung

15 ▶ **Fall 98:** C, der Putzmann von B, findet auf dem Schreibtisch des B ein ausgefülltes, aber nicht unterschriebenes Scheckformular der A-Bank. Er legt den Scheck der A vor. Diese be-

24 Vgl. *Medicus/Petersen,* Bürgerliches Recht, Rn. 676; ebenso bei irrtümlicher Zuvielüberweisung durch den Schuldner, BGH NJW 2008, 2331 (wirksame Anweisung; der Mangel liegt im Valutaverhältnis); oder bei Überweisung der Miete durch ein Jobcenter nachdem der Mietvertrag bereits gekündigt war BGH NJW 2018, 1079.

25 Vgl. den bekannten Fall BGHZ 91, 324 = NJW 1984, 2279 m. Anm. *Canaris.*

26 So im Falle BGHZ 87, 393, 398; ebenso bei BGH NJW 2006, 1965 (Widerspruch gegen Lastschriftabbuchung); BGH NJW 2018, 1079 Tz. 29 ff., 37.

27 So BGHZ 61, 289, 293; 89, 376, 378.

merkt die fehlende Unterschrift nicht und löst den Scheck ein. Kann die A-Bank nach Aufklärung Rückzahlung der Summe von C verlangen?[28]

Der Fall ähnelt dem in Rn. 14 diskutierten Sachverhalt. Ersichtlich fehlt eine Leistung des B an C; im Deckungsverhältnis fehlt eine Anweisung, sodass keines der Kausalverhältnisse eine Möglichkeit bietet, die Abwicklung innerhalb der Leistungsbeziehungen vorzunehmen. Bei fehlender Anweisung ist im Ergebnis unstreitig, dass eine **Direktkondiktion** (Bereicherung in sonstiger Weise in Form der Nichtleistungskondiktion)[29] im Zuwendungsverhältnis **möglich** ist.[30] Dabei bleibt es nach der Rechtsprechung insbesondere, wenn der Empfänger wusste oder hätte wissen müssen, dass es keine Anweisung gab,[31] denn dann fehlt auf seiner Seite ein schutzwürdiges Vertrauen und es gibt keine Möglichkeit, die Zahlung als bewusste zweckgerichtete Vermögensmehrung zu betrachten. ◀

Die zugrunde liegenden **Wertungen** treten hier offen zutage. Hat der Zahlende die Anweisung nicht veranlasst, so kann man sie ihm auch nicht zurechnen. Durfte der Empfänger nicht auf den Anschein der Anweisung vertrauen, so gibt es keinen Grund, dieses Ergebnis zu korrigieren; die Direktkondiktion ist möglich, denn dem C wurde – auch nach seinem Empfängerhorizont – von niemandem etwas geleistet. Problematisch wird es, wenn sich die Zahlung trotz fehlender Anweisung für C als Leistung darstellen konnte, z.B. wenn – für Fall 98 allerdings schwer annehmbar – der C tatsächlich eine Forderung in Höhe des Überweisungsbetrages gegen B hatte. Die Formel vom Empfängerhorizont verliert ihre Anwendungsgrundlage, wenn es eine Leistungszweckbestimmung des scheinbar Leistenden (B) überhaupt nicht gibt. Dann wird die Nichtleistungskondiktion durch den Angewiesenen eröffnet.[32] So liegt es, wenn ein Überweisungsauftrag verfälscht wird und die Bank daraufhin einen höheren Betrag überweist.[33]

Eine **fehlende Anweisung** hat der BGH jedenfalls in einem Fall angenommen, in dem ein Geschäftsunfähiger eine Anweisung erteilt hat.[34] Wegen des vorrangigen Schutzes der Geschäftsunfähigen passt dies in die bisherige Argumentation. Wer eine Anweisung nicht veranlasst oder wem eine Anweisung wegen fehlender Geschäftsfähigkeit nicht zurechenbar ist, der kann nicht leisten. Daran ändert sich nichts, wenn der Empfänger gutgläubig eine Leistung annimmt. Auch die Fälle der gefälschten Überweisung fallen hierunter.[35]

d) Vertrag zugunsten Dritter

Beim Vertrag zugunsten Dritter ist wie in den Anweisungsfällen typisch, dass es ein Dreiecksverhältnis zwischen dem Versprechenden (Angewiesener), dem Versprechensempfänger (Anweisender) und dem Begünstigen (Zuwendungsempfänger) gibt. Auch 16

28 So im Fall BGHZ 66, 362 (Einlösung eines vom Aussteller nicht unterschriebenen Schecks). Weitere Fälle fehlender Anweisungen: BGHZ 66, 372 (Überweisung an den falschen Empfänger), BGHZ 67, 75 (Wechseleinlösung nach Konkurseröffnung über das Vermögen des zahlungspflichtigen Kunden); vgl. zu diesen Fällen *K. Schmidt*, JuS 1976, 748; ferner BGH NJW 1987, 185 (irrtümliche Überweisung des zehnfachen Betrages); BGH NJW 2011, 2715 (fehlende Genehmigung eines Lastschrifteinzuges).

29 *Medicus/Petersen*, Bürgerliches Recht, Rn. 677.

30 *Larenz/Canaris*, Schuldrecht II/2, § 70 IV 2d; *Medicus/Petersen*, Bürgerliches Recht, Rn. 677.

31 BGH NJW 1987, 185; *Flume*, NJW 1987, 635.

32 MüKoBGB/*Schwab*, § 812 Rn. 98; *Larenz/Canaris*, Schuldrecht II/2, § 70 IV 2d; *Esser/Weyers*, Schuldrecht, § 48 III 3b.

33 BGH NJW 2005, 3213.

34 BGHZ 111, 382, 386.

35 BGH WM 1990, 1280, 1281.

hier kann man von einem Deckungsverhältnis und einem Valutaverhältnis sprechen. Eine einfache Konstellation zeigt

▶ **Fall 99:** Großmutter B schließt mit der A-Bank einen Sparvertrag zugunsten ihres Enkels C ab. C soll zu seinem 18. Geburtstag die Sparleistung samt Prämie erhalten. Welche Leistungsbeziehungen bestehen hier? ◀

Das **Valutaverhältnis** zwischen der Großmutter B und dem Enkel C ist eine Schenkung. **Deckungsverhältnis** ist der Sparvertrag zwischen B und A. Ähnlich wäre es beim Abschluss von drittbegünstigenden Versicherungsverträgen, z.B. wenn eine Unternehmerin zur Absicherung ihres, die Kinder erziehenden Ehemanns für diesen eine Lebensversicherung bedient. Dem Vollzugs- oder **Zuwendungsverhältnis** entspricht die Beziehung zwischen A und C, die, wenn alles glatt läuft, dazu führt, dass im Zahlungsfall der Betrag unmittelbar an C ausgezahlt wird. Für die Frage, welche Leistungsbeziehungen zwischen den Beteiligten bestehen, kommt es noch darauf an, ob ein echter oder ein unechter Vertrag zugunsten Dritter vorliegt.

Handelt es sich um einen **unechten Vertrag zugunsten Dritter**, so steht C kein eigener Anspruch gegen A zu; damit liegen kausale Verhältnisse nur im Valuta- und im Deckungsverhältnis vor; eventuelle Rückabwicklungen beschränken sich auf diese Leistungsbeziehungen. Leistet A durch Auszahlung des Betrages, so leistet sie an B. Aus Sicht des C liegt eine Leistung durch B vor. Ein Durchgriff nach § 822 ist aber möglich, da das Valutaverhältnis regelmäßig eine Schenkung darstellt, der Gegenstand also unentgeltlich zugewendet wird.[36]

Beim **echten Vertrag zugunsten Dritter** hat C dagegen einen eigenen Anspruch gegen die A (§ 328 Abs. 1); dennoch sind Leistungen zunächst solche an B, denn der zusätzliche Anspruch, der C zusteht, soll nur den originären Anspruch der B verstärken (§ 335). Letztlich dient die Zahlung an C auch hier nur der Verkürzung der „Lieferbeziehung", denn eigentlich leistet nicht A, sondern die B an ihren Enkel. Daher gelten die Grundsätze der Durchlieferungs- und Anweisungsfälle auch in Fällen mangelhafter Kausalverhältnisse. Die Rückabwicklung erfolgt also jeweils im Valuta- und im Deckungsverhältnis, eine Direktkondiktion kommt – außer in Fällen des Durchgriffs (§ 822) – nicht in Betracht.[37]

e) Leistung auf fremde Schuld

17 Bei Leistungen auf eine fremde Schuld kann es zu Dreieckskonstellationen kommen, wenn nicht der eigentlich Verpflichtete, sondern ein Dritter die Schuld begleicht. Sofern die Zahlung ihren Zweck verfehlt, möchte der Zahlende unmittelbar beim Zahlungsempfänger kondizieren können.[38] Doch werden regelmäßig vorrangige Regressregeln, etwa im Rahmen einer GoA oder gesetzlicher Zessionssysteme, greifen (oben § 10 Rn. 25). Daher ist eigentlich nur der Fall problematisch, dass ein Dritter eine Schuld ohne jeglichen Auftrag oder sonstige Berechtigung zahlt und die Zahlung durch den Dritten nicht dem Willen des primär Schuldenden entspricht.

36 *Medicus/Petersen*, Bürgerliches Recht, Rn. 682.

37 BGHZ 5, 281 f., 284; 58, 187, 188 f.; *Medicus/Petersen*, Bürgerliches Recht, Rn. 683; vgl. auch *Lorenz*, JuS 1968, 441, 444.

38 Vgl. aber auch BGH NJW 2006, 1731 (Schuldner einer tatsächlich bestehenden Forderung irrt sich erst über die Person des Gläubigers und zahlt noch unter diesem Irrtum an einen Dritten, von dem er glaubt, der (unrichtige) Gläubiger habe die Forderung an diesen abgetreten).

▶ **Fall 100:** A zahlt an den Gläubiger C seines guten Freundes B heimlich und gegen dessen Willen 1.000 Euro, weil A dem B die Peinlichkeit ersparen will, dem stadtbekannt unsympathischen C noch etwas schulden zu müssen. Damit tilgt A die Schuld des B (§§ 267, 362). Später erfährt A, dass die Schuld wegen einer Aufrechnungslage durch B beglichen werden könnte. Kann A Rückzahlung von C verlangen? ◀

Bei bewusster oder irrtümlicher Zahlung fremder Schulden ergibt sich die bekannte Dreieckskonstellation daraus, dass zwischen dem Zahlenden (A) und dem Empfänger (C) keine Leistungsbeziehungen bestehen. Die Direktkondiktion in solchen Fällen setzt voraus, dass es keine vorrangigen Leistungsbeziehungen gibt. Zwei Fälle sind zu unterscheiden:

Bestand die Schuld noch, so stellte sich die Zahlung des A aus Sicht des C als Leistung des Freundes dar, die den B auch nach § 267 befreit. Ein Rückgriff seitens A kommt allenfalls in Form der Nichtleistungskondiktion nach § 812 Abs. 1 S. 1, 2. Alt. gegenüber B in Betracht (Rückgriffskondiktion oben § 10 Rn. 25).

Bestand die Schuld infolge bereits erklärter Aufrechnung nicht mehr, so fehlt eine Leistung zwischen C und B. Für C konnte sich die Leistung nämlich nicht mehr als eine solche des B darstellen, denn die Schuld war ja bereits getilgt. Eine Leistungsbeziehung zwischen A und C bestand ohnehin nicht. Dann kommt hier auch eine **Direktkondiktion A-C** als Nichtleistungskondiktion in Betracht.[39]

f) Zessionsfälle

Häufig wird behauptet, die Zession einer Forderung und die darauf erfolgende Zahlung an den Zessionar begründe eine Dreieckskonstellation. In der Tat entsteht durch die Auswechslung des Forderungsinhabers eine Dreiecksbeziehung. Doch rückt in solchen Fällen nur der neue Gläubiger an die Stelle des alten. Die typischen Wertungen, die dem Grundsatz vom Vorrang der Rückabwicklung in den Leistungsbeziehungen unterliegen, werden damit im Regelfall nicht durchkreuzt. Beispielhaft dafür angeführt wird 18

▶ **Fall 101** (nach BGHZ 105, 365):[40] B hat seinen Bauernhof bei A feuerversichert. Von C hat er ein hohes Darlehen empfangen. Als es B wirtschaftlich immer schlechter geht, brennt er seinen Hof nieder. Die Versicherungsforderung tritt er an C ab, der sofort Zahlung von A verlangt und tatsächlich auch vorbehaltlos erhält. Die Feuerversicherungsgesellschaft A ermittelt allerdings auf einen Wink aus der Nachbarschaft wegen der dubiosen Umstände und deckt die Brandstiftung auf. Von C fordert sie Rückzahlung der Versicherungssumme. ◀

Wendet man die Dreiecksschablone der Anweisungsfälle auf diesen Fall an, so müsste man wie folgt gruppieren: Der Versicherungsnehmer und Zedent (B) entspricht hier dem Anweisenden, der Zessionar (Empfänger C) dem Begünstigten und der Versicherungsgeber A dem Angewiesenen. Demgemäß besteht das Valutaverhältnis hier zwischen Versicherungsnehmer B und Zessionar C, das Deckungsverhältnis zwischen Versicherungsnehmer und Versicherung. Fehlerhaft ist hier das Deckungsverhältnis, denn

---

39 So h.M. *Medicus/Petersen*, Bürgerliches Recht, Rn. 685; *Larenz/Canaris*, Schuldrecht II/2, § 70 V 3 b; vergleichbar BGHZ 113, 62, 70 (Scheinzession einer Scheinforderung); *Martinek*, JZ 1991, 395; anders *Eike Schmidt*, JZ 1971, 601, 606; *Wieling*, JuS 1978, 801, 803: Leistungskondiktion A gegen B mit dem Ziel der Kondiktion der Kondiktion B gegen C.

40 Dazu *E. Koch*, VersR 1989, 891; *Kohler*, WM 1989, 1629; *Lieb*, Jura 1990, 359; *Dörner*, NJW 1990, 473; *W. Lorenz*, AcP 191 (1991), 279; *Mankowski*, ZIP 1993, 1214; *Larenz/Canaris*, Schuldrecht II/2, § 70 V 1 m.w.N.; *Medicus/Petersen*, Bürgerliches Recht, Rn. 685a.

eine Versicherungsforderung bestand wegen der vorsätzlich herbeigeführten Brandursache tatsächlich nicht. Das würde eigentlich zur Folge haben, dass nach den obigen Grundsätzen im Deckungsverhältnis rückabzuwickeln ist. Im Fall hat A allerdings Rückzahlung von C verlangt, denn nur dieser war noch solvent. An sich wäre eine Direktkondiktion ausgeschlossen. In der Tat hat der BGH innerhalb der Leistungsbeziehungen rückabwickeln wollen. Die Zahlung durch die Versicherung sei Leistung an den Versicherungsnehmer. Da in diesem Verhältnis eine „Anweisung" vorliege, müsse sich A an den Versicherungsnehmer, also B halten.[41] Zutreffend weist allerdings *Medicus* darauf hin, dass mit wirksamer Zession der Zessionar an die Stelle des Zedenten tritt (§ 398 S. 2), damit aber liegt kein Dreiecks-, sondern nur noch ein Zweipersonenverhältnis vor. Die Anweisung zur Zahlung erfolgt in der Tat durch den Zessionar, sodass nur dieser Kondiktionsschuldner ist, wenn die Forderung in Wirklichkeit nicht bestand.[42]

g) Abschließende Bemerkung

19 Der Grundsatz vom Vorrang der Leistungskondiktion und von der grundsätzlichen Rückabwicklung innerhalb der fehlgeschlagenen Leistungsbeziehungen führt – wie die obigen Beispiele zeigen – in den meisten Fällen zu angemessenen Ergebnissen. Die h.M. mag etwas schematisch erscheinen, für die Fallbearbeitung hat sie den Vorzug, dass sie mit wenigen Grundsätzen arbeitet, die man sich zudem gut merken kann.

Wiederholungs- und Vertiefungsfragen

> Welche Bedeutung hat der bereicherungsrechtliche Leistungsbegriff in Zwei- und in Mehrpersonenverhältnissen?

> (W/V) Baustoffhändler H liefert an den Bauunternehmer B Baumaterial unter Eigentumsvorbehalt. B baut dieses Material in das von E beauftragte Einfamilienhaus ein, kurz danach bricht das Unternehmen des B zusammen. Kann H nun Zahlung von E verlangen? (hierzu BGHZ 40, 272) Wie wäre es, wenn die Baumaterialien dem H durch B gestohlen wurden? (hierzu *Medicus,* Gesetzliche Schuldverhältnisse, Fall 157)

> Was ist eine „Anweisung" im bürgerlich-rechtlichen und was ist sie im bereicherungsrechtlichen Sinne?

> Wodurch unterscheiden sich die sog. „Anweisungsfälle" von den Durchlieferungsfällen?

> Erläutern Sie die Begriffe „Deckungsverhältnis", „Valutaverhältnis" und „Zuwendungsverhältnis". Wie wirken sich Mängel in den einzelnen Verhältnissen auf die bereicherungsrechtliche Rückabwicklung aus?

> Stellen Direktkondiktionen in Fällen der fehlerhaften oder fehlenden Anweisung wirklich Ausnahmen vom Grundsatz des Vorrangs der Leistungskondiktion dar?

---

41 BGHZ 105, 365; ebenso im Fall BGHZ 122, 46.

42 Ähnlich auch der BGH in NJW 1989, 161 (Kondiktion gegen den Zessionar möglich, wenn dieser die Auszahlung besonders intensiv verlangt habe und damit der Anweisende sei).

D. Geschäftsführung ohne Auftrag

§ 12 Ziele und Grundsätze

I. Anreiz zur Fremdnützigkeit versus Aufdrängungsschutz

1 Im sog. Flugreise-FALL 68 (oben § 9 Rn. 3) musste darüber entschieden werden, ob ein Minderjähriger, der als blinder Passagier ein Flugzeug nach New York besteigt, den Wert der dadurch erschlichenen Beförderungsleistung erstatten muss. Da mit Minderjährigen keine wirksamen Verträge geschlossen werden können, erfolgt die Rückabwicklung über das Bereicherungsrecht. Der Fall wirft aber noch eine weitere Frage auf. Ein Minderjähriger, der ohne Einwilligung seiner Erziehungsberechtigten in New York „strandet", muss umgehend zurückbefördert werden. Das tat die befördernde Fluggesellschaft nicht, ohne sich zuvor eine Bescheinigung unterschreiben zu lassen, die besagte, dass der „blinde Passagier" sich verpflichte, die Kosten für seinen Rückflug zu übernehmen. Doch wurde auch diese Verpflichtung nicht wirksam, denn die Erziehungsberechtigten verweigerten die Genehmigung des Geschäfts. Damit stellt sich die Frage, ob der Fluggesellschaft Aufwendungen zu erstatten sind, weil sie den Minderjährigen wieder nach Hause gebracht hat. Es ging dabei nicht nur, aber auch um einen **Akt der freiwillig-uneigennützigen Tätigkeit im Fremdinteresse**, nämlich im Interesse des gestrandeten „blinden Passagiers" und seiner Erziehungsberechtigten. Solche Uneigennützigkeit fördert man, indem man dem Hilfeleistenden (Geschäftsführer) gestattet, Ersatz der Aufwendungen zu verlangen, die bei der Hilfeleistung entstanden sind, ferner, indem man den Hilfeleistenden von Schadensersatzrisiken freihält, die während der Hilfeleistung in seinem Vermögen auftreten. Damit sind wesentliche Funktionen des Rechts der berechtigten Geschäftsführung ohne Auftrag (GoA) angesprochen (§§ 670, 677, 683 S. 1).[1] Es kombiniert einen gesetzlichen Tatbestand (§ 677) mit vertragsrechtlichen Folgen (§§ 662 ff.). Daher spricht man von vertragsähnlichen Ansprüchen, die im Fallgutachten vor den deliktischen und Bereicherungsansprüchen geprüft werden.

2 Eine Führung fremder Geschäfte kann aber auch **in unerwünschter Weise aufgedrängt** werden. Würde man stets Aufwendungsersatz und Schadloshaltung aufseiten des Geschäftsführers ermöglichen, so erleichterte man die Einmischung in fremde Angelegenheiten. Daher begrenzt § 684 S. 1 den Aufwendungsersatzanspruch in Fällen aufgedrängter Hilfe auf dasjenige, was dem Geschäftsherrn als ungerechtfertigte Bereicherung zuwächst und in seinem Vermögen verbleibt. Da die Erziehungsberechtigten im Flugreisefall die Genehmigung zu der Kostenerklärung des Minderjährigen verweigert haben, wäre ein vollständiger Kostenersatz jedenfalls unbillig, wenn die Fluggesellschaft den Minderjährigen in der ersten Klasse befördert hat und nun die erhöhten Aufwendungen ersetzt verlangt. Bei unerwünschter Intervention hat der Geschäftsführer zudem Schäden des Geschäftsherrn, die anlässlich einer interessenwidrigen Einmischung verursacht werden, zu ersetzen (§ 678, unberechtigte GoA).

Damit ist der **Grundkonflikt** des in §§ 677 bis 687 geregelten Rechts der GoA beschrieben: Es geht um die **Abgrenzung der erwünschten freiwilligen Hilfeleistung für**

1 Hierzu und zum Folgenden *Wittmann*, Begriff und Funktionen der Geschäftsführung ohne Auftrag, 1981, S. 1.

andere von der unerwünschten Einmischung in fremde Angelegenheiten. Das Recht der berechtigten GoA gibt Anreize für Fremdnützigkeit, wenn es dem Geschäftsführer Ansprüche gegen den Geschäftsherrn verschafft (**Anreizfunktion**). Es begrenzt diese Anreize jedoch, indem es den Geschäftsführer bei unberechtigten Einmischungen gegenüber dem Geschäftsherrn haften lässt und Aufwendungsersatzansprüche ausschließt (**Abwehrfunktion**).

II. Systematik des Rechts der auftraglosen Geschäftsführung

1. Überblick

3 Die Systematik der §§ 677 ff. zeigt, dass es ein abgestuftes Ausgleichssystem zwischen voller Privilegierung erwünschter Hilfeleistung und Sanktion unerwünschter Einmischung gibt. Die Parteien des Austauschverhältnisses werden als Geschäftsherr und Geschäftsführer bezeichnet. **Geschäftsherr** ist derjenige, in dessen Rechtskreis unmittelbar gehandelt wird. **Geschäftsführer** („Gestor“) ist, wer selbst oder durch von ihm beauftragte Dritte als Verantwortlicher im fremden Rechtskreis mit Fremdgeschäftsführungswillen tätig wird. Damit stehen Gläubiger und Schuldner fest. Man unterscheidet vier Konstellationen, zunächst die **echte und die unechte GoA**: Echte GoA liegt vor, wenn subjektiv mit dem Willen, ein fremdes Geschäft zu führen, gehandelt wird. Wer im Eigeninteresse handelt, wird wie ein Geschäftsführer behandelt, wenn er vorsätzlich in den fremden Rechtskreis eingreift (§ 687 Abs. 2, angemaßte Eigengeschäftsführung). Wer unbewusst in einen fremden Rechtskreis eingreift und glaubt, für sich selbst tätig zu werden, der ist kein Geschäftsführer im Sinne der §§ 677 ff. (§ 687 Abs. 1). Man spricht dann von einer unechten GoA. Im Rahmen der echten GoA unterscheidet man zwei weitere Konstellationen: die **berechtigte und die unberechtigte GoA**. Berechtigt ist die GoA, wenn sie willens- und interessengemäß für den Geschäftsherrn ist. Fehlt es daran, spricht man von unberechtigter GoA.

Damit ein Sachverhalt dem Recht der GoA zugeordnet werden kann, müssen zunächst zwei Voraussetzungen gegeben sein, nämlich, dass (1) ein **objektiv fremdes Geschäft** geführt wird (dazu Rn. 7 ff.), (2) **ohne** dass hierzu ein **Auftrag** des Geschäftsherrn oder eine sonstige Berechtigung (z.B. durch gesetzliche Ermächtigung) vorliegt (dazu Rn. 10). Diese beiden Voraussetzungen folgen aus § 677. Anhand drei weiterer Voraussetzungen lassen sich die verschiedenen Konstellationen der GoA voneinander abgrenzen.[2] § 687 Abs. 1 fordert mittelbar, (3) dass der Geschäftsführer mit **Fremdgeschäftsführungswillen** tätig wird. Wenn der Handelnde das objektiv fremde Geschäft in der Meinung besorgt, seine eigene Angelegenheit zu führen, so finden die §§ 677 bis 686 nach § 687 Abs. 1 nämlich keine Anwendung. § 683 S. 1 zeigt, dass die volle Gleichstellung mit dem Auftragsrecht, und damit die volle Privilegierung, nur erreicht wird, wenn das Geschäft (4) **im** (objektiven) **Interesse des Geschäftsherrn** und (5) **mit dessen** wirklichen oder mutmaßlichen **Willen** geführt wird.

2. Berechtigte und unberechtigte Geschäftsführung ohne Auftrag (echte GoA)

4 Den stärksten Schutz erhält der Geschäftsführer, wenn **alle fünf Voraussetzungen** (Rn. 3) vorliegen. Dann spricht man von **berechtigter GoA**. In dieser Konstellation ist die Hilfe rechtlich erwünscht, auch wenn sie nicht beauftragt oder gesetzlich erlaubt

2 Eine Fallsystematik findet sich z.B. bei *Martinek/Theobald*, JuS 1997, 612, 805, 992 und JuS 1998, 27; Nachweise auf weitere Falldarstellungen bei *Medicus/Petersen*, Bürgerliches Recht, Rn. 410 ff.

wurde. Von einer erwünschten Einmischung kann man auch noch sprechen, wenn das Geschäft zwar nicht dem Willen des Geschäftsherrn entspricht, dessen entgegenstehender Wille aber ausnahmsweise unbeachtlich ist, weil die Intervention im öffentlichen Interesse liegt (§ 679).

Fehlen die beiden letzten Voraussetzungen (Interessen- und Willensgemäßheit), so ist die **Geschäftsführung unberechtigt**, die Einmischung unerwünscht. Der Geschäftsführer erhält daher seine Aufwendungen nicht ohne Weiteres ersetzt, sondern nur bei nachträglicher Genehmigung durch den Geschäftsherrn (§ 684 S. 2). Ohne eine solche Genehmigung erhält der Geschäftsführer dagegen das, worum der Geschäftsherr durch die Intervention bereichert wurde (§ 684 S. 1). Bei interessen- oder willenswidriger Einmischung riskiert der Geschäftsführer eine Schadensersatzhaftung selbst für zufällige Schäden (§ 678).

3. Echte und unechte Geschäftsführung ohne Auftrag

Fehlt der Fremdgeschäftsführungswille, so liegt eine **unechte GoA** vor. Es gibt keinen Grund, den Geschäftsführer für eine nicht vorhandene Uneigennützigkeit zu belohnen. War dem Geschäftsführer nicht klar, dass er sich in einem fremden Rechtskreis bewegt, so liegt eine **irrtümliche Eigengeschäftsführung** vor. **§ 687 Abs. 1** ordnet an, dass die §§ 677 bis 686 in diesem Fall gar nicht gelten. Weiß der Geschäftsführer jedoch, dass er sich im fremden Rechtskreis bewegt, also objektiv fremde Geschäfte ohne Auftrag führt und dass er diese als eigene „an sich reißt", so spricht man von **angemaßter Eigengeschäftsführung**. Das ist die Grundsituation des **§ 687 Abs. 2**. Eine vorsätzliche Einmischung in fremde Angelegenheiten überschreitet die Schwelle zum Deliktsrecht und zur Bereicherungshaftung, wie §§ 823 Abs. 1, 816 Abs. 1 zeigen. Der Schutz vor Aufdrängung und damit die Abwehrfunktion treten in den Vordergrund. § 687 Abs. 2 sieht harte Rechtsfolgen vor, nämlich die Herausgabe des durch die Geschäftsführung Erlangten, auch eines etwaigen Gewinns. Dies entspricht § 816 Abs. 1, gilt aber bei der GoA unbestrittenermaßen (siehe oben § 10 Rn. 14) auch, wenn der Gewinn allein auf persönlicher Tüchtigkeit des Geschäftsführers beruht, also dem Geschäftsherrn letztlich nichts nimmt, was dieser selbst erzielt hätte. Der Geschäftsherr darf die gesamten Vorteile des Geschäfts an sich ziehen. Diese Rechtsfolge geht über das Deliktsrecht hinaus, weil ein Schaden (Gewinnentgang) beim „Geschädigten" nicht vorausgesetzt wird. 5

Der **Anwendungsbereich der unechten GoA** wird dadurch erweitert, dass manche Normen des BGB die auftragslose Geschäftsführung als Abwicklungsmodell berufen, so etwa § 539 Abs. 1 im Mietrecht, § 601 Abs. 2 S. 1 bei der Leihe. Im Sachenrecht ordnet § 994 Abs. 2 an, dass ein verklagter oder bösgläubiger Fremdbesitzer, der notwendige Aufwendungen auf die fremde Sache macht, Ersatz hierfür „nach den Vorschriften über die Geschäftsführung ohne Auftrag" verlangen kann (vgl. für den Nießbrauchsberechtigten § 1049 Abs. 1 und für den Pfandgläubiger § 1216 S. 1). Obgleich solche Verwendungen zumeist ohne Fremdgeschäftsführungswillen vorgenommen werden, wird ein Aufwendungsersatzanspruch dennoch gewährt, wenn die Aufwendungen interessen- und willensgemäß waren (§ 683 S. 1) oder der Eigentümer bereichert bleibt (§ 684 S. 1). Auch im Erbrecht finden sich solche Verweisungen, und zwar in §§ 1959

Abs. 1, 1978 Abs. 1 S. 2, Abs. 3, 2125 Abs. 1.[3] Das Recht der GoA wird damit zu einem Lastenausgleichssystem für Konflikte, die in anderen Rechtsgebieten entstehen.[4]

4. Das Recht der GoA zwischen Vertrag, Bereicherung und Delikt

6 Die vorstehende Systematisierung zeigt, dass das Recht der GoA eine **Stellung zwischen Vertrags-, Bereicherungs- und Deliktsrecht** einnimmt. Vom **Vertragsrecht** unterscheidet es sich in den Voraussetzungen, weil bei der GoA gerade **keine rechtsgeschäftliche Einigung** zwischen Geschäftsherr und Geschäftsführer vorliegt.[5] Das Schuldverhältnis entsteht als gesetzliches Schuldverhältnis dadurch, dass der Geschäftsführer tatsächlich im Rechtskreis des Geschäftsherrn tätig wird. Indem das Recht der GoA zum Teil auf die Folgen des Auftragsrechts verweist (§§ 681 S. 2, 683 S. 1), wird eine quasivertragliche (vertragsähnliche) Situation durch gesetzliche Anordnung erzeugt.

Vom **Bereicherungsrecht** unterscheidet sich das Recht der GoA, weil die berechtigte GoA einen **Rechtsgrund** für all das verschafft, was der Geschäftsführer erlangt.[6] Zwar ist dieses Erlangte an den Geschäftsherrn herauszugeben, aber eben nicht im Wege der Eingriffskondiktion, sondern aufgrund der §§ 681 S. 2, 667, also auf vertragsähnlicher Basis.[7] Allerdings verweist das Recht der GoA auf das Bereicherungsrecht dort, wo die Privilegierung des Geschäftsführers endet oder fehlt (§§ 684 S. 1, 687 Abs. 2 S. 2).

In Abgrenzung zum **Deliktsrecht** ist eine in berechtigter GoA erfolgte Einmischung nicht rechtswidrig. Die **berechtigte GoA** ist auch **Rechtfertigungsgrund** im delikts- und strafrechtlichen Sinne.[8] Wer die Voraussetzungen seiner Berechtigung richtig einschätzt und zur Gefahrenabwehr tätig wird, haftet nach erleichterten Maßstäben, nämlich nur für vorsätzliche und grob fahrlässige Schädigungen (§ 680). Wer die Voraussetzungen fahrlässig falsch einschätzt, haftet dagegen sogar für zufällige Schäden, die er im Vermögen des Geschäftsherrn verursacht (§ 678). In beiden Fällen liegt auch eine Pflichtverletzung im Rahmen eines gesetzlichen Schuldverhältnisses vor. § 678 normiert keine deliktische Haftung i.S. einer Sanktion rechtswidrigen Verhaltens, sondern soll die Folgen einer unerwünschten Einmischung beseitigen.

Die **berechtigte GoA verschafft** dem Geschäftsführer ein **Recht zum Besitz** an einer Sache, die er im Rahmen der Geschäftsführung erlangt oder in Nutzung genommen hat. Daher besteht bei berechtigter GoA kein Herausgabeanspruch des Geschäftsherrn aus § 985, mithin auch **kein Eigentümer-Besitzer-Verhältnis** (allg.M.).[9] Anders ist es wieder bei der unberechtigten GoA (unten § 13 Rn. 19). Problematisch ist die Anwendung der GoA, wenn auch andere Abwicklungsinstitute anwendbar sein könnten. Diese Probleme zeigen sich insbesondere beim „auch fremden Geschäft“ (dazu unten Rn. 9).

---

3 Dazu *Olzen,* Jura 2001, 366.

4 Zur Kritik an dieser Funktion vgl. die Nachweise bei *Thole,* NJW 2010, 1243, 1244.

5 Keine Aufwendungsersatzansprüche entstehen bei Gefälligkeiten BGH NJW 2015, 2880 Tz. 9; a.A. OLG Celle ZStV 2015, 12, 14.

6 Vertiefend *Melullis,* Das Verhältnis von Geschäftsführung ohne Auftrag und ungerechtfertigter Bereicherung, Diss. Hamburg 1972.

7 Vgl. *Wilburg,* Die Lehre von der ungerechtfertigten Bereicherung, 1934, S. 24 f.

8 Siehe z.B. *Hotz* JuS 2019, 8; A.A. diesbezüglich nur *Wollschläger,* Die Geschäftsführung ohne Auftrag, 1976, S. 274.

9 Hk-BGB/*Schulze,* Vor §§ 677–687 Rn. 13.

III. Das objektiv fremde Geschäft

7 Alle Konstellationen der GoA setzen voraus, dass der Geschäftsführer ein objektiv in den Geschäftskreis des Geschäftsherrn fallendes, also für den Geschäftsführer fremdes Geschäft, führt.

DEFINITIONEN: **Geschäft** i.S.d. § 677 ist jedes rechtsgeschäftliche oder tatsächliche Handeln mit wirtschaftlichen Folgen. Kein Geschäft führt, wer etwas unterlässt oder bloß duldet.[10] Kein Geschäft soll auch eine bloße Gefälligkeit darstellen.[11] **Objektiv fremd**, also „Geschäft für einen anderen" (§ 677), ist, was nach seinem äußeren Erscheinungsbild nicht zum Rechts- und Interessenkreis des Geschäftsführers gehört. Die Zuordnung der Geschäftssphären erfolgt in der Regel durch gesetzliche Vorschriften, welche den Inhalt von Eigentum, Forderungsrecht, Sorgerecht, Handlungs- oder Verkehrssicherungspflichten bestimmen. In der Falllösung sind sie deutlich herauszuarbeiten und zu benennen. Die Verfügung über eine Sache, ihre Benutzung und ihr Gebrauch gehören zum Rechtskreis des Eigentümers (§ 903), die Bezahlung von Schulden zu dem des Schuldners (§ 241) und die Bestattung eines Angehörigen zum Rechtskreis des Erben (§ 1968).[12] Wer eine unerlaubte Handlung begeht, hat die daraus resultierenden Folgen selbst zu beseitigen (§§ 823, 249 Abs. 1); die Erfüllung von Schadensersatzpflichten gehört also zum Rechtskreis des Deliktschuldners.[13] Wer gefährliche Güter transportiert, hat die Pflicht zu deren Sicherung und bei fehlgeschlagener Sicherung die Pflicht zur Beseitigung der daraus resultierenden Beeinträchtigungen. Ein Deliktstäter ist damit immer zugleich auch Geschäftsherr, wenn ein Dritter die Beseitigung der Verletzungsfolgen besorgt, z.B. die freiwillige Feuerwehr den infolge Verkehrssicherungspflichtverletzung entstandenen Brand auf einem Grundstück löscht.[14] Problematisch sind **objektiv neutrale Geschäfte**. Wer eine Sache reparieren lässt, die er gefunden hat, mag damit ein Geschäft des Verlierers, aber auch ein eigenes Geschäft führen, wenn der Finder hofft, die Sache behalten zu dürfen. Für die Einordnung als Fremd- oder Eigengeschäft kommt es daher in einem solchen Fall auf die Willensrichtung des Geschäftsführers an. Werden Aufwendungen gemacht, weil man davon ausgeht, dass man die Sache behalten darf, so liegt keine GoA vor. Verlangt der Eigentümer die Sache heraus, so kann Verwendungsersatz nach den §§ 994, 996 gefordert werden.

8 Als Geschäftsherr in Betracht kommt nur, in wessen eigenen Rechtskreis die Geschäftsführung unmittelbar fällt. Der Geschäftsführer kann daher nicht von jedem, dem das Geschäft einen irgendwie gearteten Vorteil erbracht hat, Aufwendungsersatz verlangen. Die Vorschriften der GoA sind also noch nicht anwendbar, wenn nur ein mittelbares Interesse an der Vornahme der Handlung besteht. Das Recht der GoA könnte sonst zu einem allgemeinen Instrument des Lastenausgleichs werden, obgleich der Gesetzgeber des BGB einen solchen Ausgleich auf bestimmte Situationen beschränken wollte (vgl. oben § 12 Rn. 5). Diese Problematik verdeutlicht

10 Hk-BGB/*Schulze*, § 677 Rn. 2.

11 BGH NJW 2015, 2880 Rn. 9 m. (zu Recht) krit. Anm. *Singbartl/Zintl* S. 2882 (Großmutter fährt Enkelin zu einem Auswärtsspiel eines Sportvereins und erleidet dabei einen Unfall); ebenfalls kritisch *Staake* JURA 2016, 651.

12 BGH VersR 2016, 209.

13 Wendet der Geschädigte Mittel zur Beseitigung einer Rechtsgutsverletzung auf, so handelt er allerdings nicht mit dem Willen, dem Schädiger einen Gefallen zu tun, sondern eigennützig, also liegt insoweit kein Fall der GoA vor (§ 687 Abs. 1).

14 Vgl. BGHZ 40, 28.

▶ **Fall 102 (BGHZ 54, 157; BGH NJW-RR 2012, 707)**: Ein mit Heizöl beladener Lastzug der B verunglückt im Gebiet der Gemeinde L. Dabei läuft Heizöl aus und versickert im Erdreich. L erlässt gegenüber B eine Ordnungsverfügung und gibt ihr auf, das ausgelaufene Öl zu beseitigen. Als B dem nicht nachkommt, führt L die Maßnahmen selbst durch und verlangt später von der Kfz-Haftpflichtversicherung V der B Ersatz der entstandenen Aufwendungen.

Da zwischen L und V keine vertraglichen Beziehungen bestehen, kommt ein **Anspruch aus §§ 670, 677, 683 S. 1** in Betracht. Das setzt voraus, dass L objektiv ein Geschäft geführt hat, das in den Rechtskreis der V fällt. In welchen Geschäftskreis eine Maßnahme fällt, bestimmt die Rechtsordnung durch Zuweisung von Verfügungs- und Handlungsrechten. Vorliegend sind solche Handlungspflichten konkretisiert worden durch die den öffentlich-rechtlichen Regelungen unterliegende Ordnungsverfügung der L. Danach wurde die Beseitigung der Ölverschmutzung ein Geschäft, dessen Führung B oblag. Soweit L die Aufgabe der Gefahrenabwehr aus dem Polizei- und Ordnungsrecht obliegt, mag zusätzlich ein Geschäft der L vorgelegen haben. Dagegen fällt die Pflicht noch nicht deswegen in den Rechtskreis der Versicherungsgesellschaft, weil diese sekundär die Haftung für die dem Versicherungsnehmer entstandenen Aufwendungen übernehmen muss.[15] Ein Anspruch gegen V aus GoA besteht nicht. ◀

Auch wenn eine Versicherung ihrem Versicherungsnehmer zum Ersatz von Schäden aus einem versicherten Risiko verpflichtet ist (§§ 62, 63 VVG), so begründet dies lediglich eine mittelbare Beziehung zu dem Geschäftskreis des Versicherungsnehmers. Würden solche mittelbaren Beziehungen schon genügen, um einen Anspruch auf Aufwendungsersatz zu begründen, so würde das Institut der zwischen Fremdnützigkeit und Aufdrängung stehenden GoA „unangemessen ausgeweitet".[16] Danach ist zunächst festzuhalten, dass **Geschäftsherr** nur ist, wessen Rechtskreis **unmittelbar betroffen** ist; das bloß mittelbare Interesse an der Handlung oder ein bloß mittelbarer Zusammenhang zwischen zwei Rechtskreisen genügt nicht.

▶ Der Umstand, dass die Maßnahme durch **öffentlich-rechtliche Vorschriften** der Gefahrenabwehr **konkretisiert** ist, führt überdies dazu, dass die Vorschriften über die GoA durch öffentlich-rechtliche Sonderregeln verdrängt werden, die einerseits der Behörde eine „sonstige Berechtigung" im Sinne des § 677 vermitteln, andererseits oft auch eine Regelung für die Erstattung der dabei angefallenen Kosten bereitstellen.[17] Auch dies führt dazu, dass die GoA-Vorschriften nicht anwendbar sind.[18] ◀

Beispiele: Wer eine vermietete Sache nach Zahlungsunfähigkeit des Mieters umbaut, um die Sache weitervermieten zu können, führt nicht ein Geschäft desjenigen, der für den zahlungsunfähigen Ursprungsmieter gebürgt hat.[19] Wer einer Gemeinde gegenüber die Pflicht übernimmt, ein Baugelände zu erschließen, übernimmt kein Geschäft für alle Eigentümer, die von dieser Erschließung profitieren, kann also insbesondere seinen Erschließungsaufwand nicht im Wege der GoA von den Eigentümern ersetzt verlangen.[20]

15 BGHZ 54, 157, 160; vgl. auch den ähnlichen Fall BGHZ 72, 151, 153.
16 BGHZ 54, 157, 161.
17 So BSG NVwZ 2014, 351.
18 Grundlegend BGHZ 156, 394, 398 = NJW 2004, 513; *Schenke*, FS Bartlsperger, 2006, S. 529, 531; vgl. auch BVerfG NJW 2011, 3217 Tz. 11.
19 BGHZ 82, 323, 330.
20 BGHZ 61, 359, 363.

Hauptproblem bei der Abgrenzung der Geschäftskreise ist die Frage, ob ein objektiv fremdes Geschäft nur vorliegt, wenn der Geschäftsführer *ausschließlich* im Rechtskreis eines anderen tätig wird, oder ob ein fremdes Geschäft auch vorliegt, wenn das Geschäft teilweise in den eigenen und teilweise in den fremden Rechtskreis fällt. Das betrifft die **Problematik des „auch fremden" Geschäfts.** 9

Soweit die Beziehung zum fremden Rechtskreis unmittelbar ist, ist die Rechtsprechung großzügig und behandelt das sog. „auch fremde Geschäft" als objektiv fremd im Sinne des § 677. Das eröffnet die Anwendung der GoA-Ausgleichsnormen, selbst wenn der Geschäftsführer auch im eigenen Rechtskreis, also im **Doppelinteresse** tätig wird.[21] Das **Problem des „auch fremden Geschäfts"** verdeutlicht der Fall der sog. „Selbstaufopferung im Straßenverkehr":

▶ **Fall 103 (BGHZ 38, 270):**[22] K befährt mit seinem Pkw unter Einhaltung der vorschriftsmäßigen Geschwindigkeit eine Landstraße. Auf einem geraden und übersichtlichen Straßenabschnitt kommen ihm auf Fahrrädern drei etwa 10-jährige Schüler entgegen, die hintereinander auf der für sie rechten Fahrbahnseite fahren. Als sich K's Wagen dem am Ende der Kolonne fahrenden B bis auf etwa sechs Meter genähert hat, biegt B plötzlich nach links in die Fahrbahn des Wagens ein. K reißt den Wagen vor B nach rechts und gerät mit seinem Fahrzeug auf einen Acker. Als er dort einen Baum umfährt, schlägt der Wagen auf die rechte Seite. K bricht sich einen Unterarm und erleidet Platzwunden am Kopf. Er ist längere Zeit arbeitsunfähig und verlangt später Ersatz für die erlittenen Schäden von dem durch die Aktion geretteten und unverletzten B.

Ansprüche aus § 823 Abs. 1 sind wegen der eingeschränkten Verschuldensfähigkeit eines 10-Jährigen (§ 828 Abs. 2) problematisch. Ohnehin vorrangig sind allerdings **vertragsähnliche Ansprüche aus §§ 670, 677, 683 S. 1**. Dazu müsste K in einem fremden Rechtskreis, nämlich dem des B, tätig geworden sein. Hier ist zu berücksichtigen, dass den Halter eines Pkw im Straßenverkehr eine Haftung aus § 7 Abs. 1 StVG trifft, wenn er beim Betrieb seines Pkw einen Unfall verursacht (oben § 6 Rn. 6). Die Betriebsgefahr seines Fahrzeugs muss K insbesondere gegenüber schwächeren Verkehrsteilnehmern tragen, sofern es zu einem Unfall kommt.[23] Daraus kann sich auch die Rechtspflicht ergeben, Schädigungen anderer Verkehrsteilnehmer zu vermeiden, sofern dies durch ein Ausweichmanöver möglich ist. Das Rettungsmanöver diente – unabhängig davon, welche subjektiven Absichten K verfolgte – objektiv auch dazu, eine zur Haftung verpflichtende Schädigung zu vermeiden. Somit wurde K **zumindest auch im eigenen Rechtskreis tätig**. Daraus ergibt sich die Frage, ob es für den Aufwendungsersatzanspruch aus §§ 670, 677, 683 S. 1 genügt, dass nur ein „auch fremdes" Geschäft geführt wird. Dafür spricht, dass ein vollständig altruistisches Handeln nur selten anzutreffen ist.[24] Würde man es verlangen, so würde der Anwendungsbereich der GoA übermäßig verengt und der Anreiz zu fremdnützigem Handeln in unerwünschter Weise verkürzt. Danach liegt ein objektiv fremdes Geschäft auch beim Handeln im Doppelinteresse vor. ◀

Ein „auch fremdes" Geschäft oder ein **Handeln im Doppelinteresse** liegt vor, wenn eine Geschäftsführung zwei Geschäftskreise betrifft und sowohl im Interesse des Ge-

21 BGHZ 16, 12, 13; 114, 248, 249.
22 Ähnlicher Fall OLG Oldenburg VersR 1972, 1178; überblicksartig *Rebler*, MDR 2013, 254.
23 Vgl. die Lösung eines ähnlichen Falles bei *Olzen/Maties*, Zivilrechtliche Klausurenlehre, Fall 16, insb. Rn. 857.
24 Zu Altruismus und Egoismus im Recht der GoA *Greiner*, AcP 2019, 211.

schäftsführers als auch im Interesse des Geschäftsherrn liegt.[25] Unmittelbar interessiert an einer solchen Handlung ist objektiv, wer für die Handlung zuständig ist, nicht dagegen, wer durch sie nur begünstigt wird (oben Rn. 8). Ein Aufwendungsersatzanspruch kommt daher in Betracht, wenn ein Abschleppunternehmer einen verkehrswidrig und andere Verkehrsteilnehmer behindernd geparkten Pkw abschleppt, denn der verkehrswidrig Parkende kann entweder aufgrund straßenverkehrsrechtlicher (§ 12 StVO) oder aufgrund zivilrechtlicher Vorschriften (§§ 823 Abs. 1, 1004) zur Beseitigung der Behinderung verpflichtet sein (unten Fall 106).[26] Der statt des Verpflichteten Handelnde führt auch das Geschäft des Pkw-Halters, der das Fahrzeug selbst entfernen müsste. Er übernimmt sogar ein Geschäft für denjenigen, der zu Zwecken der Gefahrenabwehr tätig wird, so etwa im Falle von Verkehrsbehinderungen die Straßenverkehrsbehörde (§ 44 StVO). Bei Mehrfachbetroffenheit wird der Handelnde daher in mehreren Rechtskreisen tätig. Wer als Abschleppunternehmer einen Abschleppauftrag ausführt, erfüllt schließlich eine eigene Vertragspflicht, wenn er vom Grundstückseigentümer, dessen Zufahrt das verkehrswidrig abgestellte Fahrzeug blockierte, beauftragt wurde. Nach der Rspr. wird auch bei Mehrfachbetroffenheit objektiv ein fremdes Geschäft im Sinne des § 677 geführt.[27]

Im Einzelfall ist der Spagat zwischen der dadurch erzeugten Ausdehnung der GoA und dem Interesse an einer Begrenzung des Instituts bei bloß mittelbarer Betroffenheit (oben Fall 102) schwierig. Zum Teil versucht man daher, den Anwendungsbereich der GoA dadurch zu begrenzen, dass man – wie beim objektiv neutralen Geschäft – besonders sorgfältig prüft, ob der Handelnde tatsächlich einen **Fremdgeschäftsführungswillen** hatte (unten § 13 Rn. 2 ff.).[28] Daran soll es nach der mittlerweile wohl überwiegenden Auffassung in der Literatur fehlen, wenn hoheitlich aufgrund öffentlich-rechtlicher Pflichten gehandelt wird, um Gefahren zu beseitigen (z.B. Polizei- und Feuerwehreinsatz).[29] Ist der Geschäftsführer gesetzlich zum Handeln verpflichtet (sog. pflichtgebundener Geschäftsführer)[30], wird ungeachtet der Mehrfachbetroffenheit objektiv auch ein fremdes Geschäft geführt. Das ist problematisch vor dem Hintergrund, dass in solchen Fällen andere Abwicklungsinstrumente zur Verfügung stehen, die durch das System der GoA unterlaufen werden können.

Eine weitere Kollision mit einem speziellen Abwicklungsinstrument besteht, wenn der Geschäftsführer durch die Geschäftsführung auch eine eigene Vertragspflicht gegenüber einem Dritten erfüllt (Abschleppunternehmer, der von Drittem beauftragt wird).[31]

---

25 BGHZ 16, 12, 16; 63, 167, 169; 65, 354, 357; 114, 248, 249, 250; JZ 2000, 521, 522 m. Anm. *G. Schulze* (Erbensucherfall).

26 LG München NJW 1978, 48, 49.

27 Vgl. nur BGHZ 16, 12, 16; 38, 270, 275; 110, 313, 314.

28 *Staudinger/Bergmann*, BGB, Vorb. §§ 677–687 Rn. 31; *Medicus/Petersen*, Bürgerliches Recht, Rn. 412.

29 So *Larenz*, Schuldrecht II, § 57 I a, insbesondere in der Auseinandersetzung mit folgenden von der Rspr. anders entschiedenen Fällen: BGHZ 40, 28, 30 (Löschung des infolge Funkenfluges verursachten Brandes eines Privatwaldes); 65, 354, 357 (Beseitigung einer Straßenverschmutzung infolge Abschwemmens von Grundstücksteilen); 65, 384 (Beseitigung verlorener Schiffsteile in einer Wasserstraße); 67, 368; zu solchen Fällen *Franßen/Blatt*, NJW 2012, 1031.

30 Zur Terminologie BGH NJW-RR 2004, 81, 82; *Wilke*, JA 2013, 547; klassisches Beispiel BGHZ 40, 28 – Funkenflugfall.

31 *Esser/Weyers*, Schuldrecht II Teilband 2, § 46 II 2 d [2]; *Schubert*, AcP 178 (1978), 425, 435. Das OLG Düsseldorf hat die Inanspruchnahme eines Geschäftsherrn nach GoA in einem Fall abgelehnt, indem die Vergütungsmodalitäten durch den Vertrag mit dem Dritten vollständig geregelt waren, OLG Düsseldorf MDR 2017, 732; ähnlich das OLG Köln im Falle eines Arbeitsunfalls mit einem Patienten, da die Betroffene ihre arbeitsvertraglichen Pflichten erfüllte und die Folgen des Unfalls abschließend (nach § 104 Abs. 1 SGB VII) ausgeglichen wurden, OLG Köln Urt. v. 4.9.2017 – 5 U 40/17.

In sonstigen Fällen allerdings sollte allein die Überschneidung der Interessensphären noch nicht dazu führen, dass eine Fremdgeschäftsführung objektiv ausscheidet, denn dann würde nur noch die rein altruistische Menschenhilfe in den Anwendungsbereich der GoA fallen. Das ist ersichtlich nicht genügend, um Fremdnützigkeit zu fördern.[32] Die Übernahme eines objektiv fremden Geschäfts ist daher in Fällen, in denen es keine öffentlich-rechtlichen oder vertraglichen Ansprüche gibt, auch ein Handeln im Doppelinteresse und führt zur Anwendung der §§ 677 ff.

IV. Ohne Auftrag oder sonstige Berechtigung

„**Ohne Auftrag**" heißt zunächst „ohne vertragliche Berechtigung zum Tätigwerden" 10
gegenüber dem Auftraggeber. Das Recht der GoA ist also subsidiär zum Vertragsrecht, insbesondere zum Recht der unentgeltlichen oder entgeltlichen Beauftragung (§§ 662, 675). „**Ohne sonstige Berechtigung**" erfolgt das Tätigwerden, wenn auch keine gesetzliche Berechtigung eine Handlungsbefugnis vermittelt. Eine sonstige Berechtigung kann folgen aus der Bestellung als gesetzlicher Vertreter eines Minderjährigen (§§ 1626, 1629), als Vormund (§§ 1793, 1795 f.), Betreuer (§§ 1901, 1902), Pfleger (§§ 1909 ff., 1915), Nachlassverwalter (§ 1985), Testamentsvollstrecker (§ 2205) oder Insolvenzverwalter (§§ 22, 80 InsO).

Problematisch ist, ob eine Geschäftsführung ohne Auftrag auch vorliegt, wenn aufgrund eines **unwirksamen Vertrags**, also aufgrund eines vermeintlichen Auftrags, gehandelt wird.

▶ **Fall 104 (BGHZ 37, 258)**: B beauftragt einen nicht zugelassenen Rechtsanwalt K mit der Wahrnehmung seiner rechtlichen Interessen zum Zwecke der Schuldensanierung. K erledigt den Auftrag und verlangt sein Honorar. B wendet ein, der Vertrag habe gegen das Rechtsberatungsgesetz verstoßen und sei daher nichtig.

Bevor man hier **Bereicherungsansprüche** aus § 812 Abs. 1 S. 1, 1. Alt. prüft, weil K rechtsgrundlos an B Beratungsdienste geleistet hat, ist zunächst ein vertragsähnlicher Anspruch aus §§ 670, 683 S. 1, 677 zu prüfen. K ist für B in dessen Rechtsangelegenheiten tätig geworden, hat mithin ein **objektiv fremdes Geschäft** geführt. Zweifelhaft könnte dies im Hinblick darauf sein, dass K bei wirksamem Vertrag eine eigene Pflicht gegenüber B erfüllt hätte (**Handeln im Doppelinteresse**, oben Rn. 9, § 13 Rn. 4). Doch könnte es an einem Auftrag fehlen, weil der Vertrag mit K nach § 134 nichtig war und eine sonstige Berechtigung nicht ersichtlich ist. Das setzt voraus, dass § 677 auch Anwendung findet, wenn ein Auftrag zwar von den Parteien beabsichtigt, aber unwirksam war. ◀

Der Fall berührt das **Konkurrenzverhältnis zwischen den GoA-Vorschriften und dem Bereicherungsrecht, aber auch das Vertragsrecht.** Grundsätzlich ist es die Aufgabe des Bereicherungsrechts, unwirksame Verträge rückabzuwickeln. Weist man diese Aufgabe auch dem GoA-Recht zu, so entzieht man den in §§ 812 ff. getroffenen Wertungen ihre Grundlage. Sofern eine berechtigte GoA vorliegt, ist das im Rahmen der Geschäftsführung Erlangte nicht ohne, sondern mit Rechtsgrund, nämlich aufgrund einer berechtigten Fremdgeschäftsführung erlangt. Eine Rückabwicklung nach §§ 812 ff. wird damit unmöglich. Dies hat schwerwiegende Konsequenzen auf der Rechtsfolgenseite. Sofern der Auftrag unwirksam war, erhält K einen Anspruch auf Ersatz der Aufwendungen, die er „für erforderlich halten durfte" (§ 670). Im Bereicherungsrecht wäre dagegen al-

32 *Beuthien/Weber*, Schuldrecht II, S. 148.

lenfalls der objektive Wert der Dienstleistung zu vergüten (§ 818 Abs. 2, oben § 8 Rn. 14). Bei Ausgaben, die K zwar für erforderlich halten durfte, die B aber letztlich nicht zugutekommen, wäre gar an eine aufgedrängte Bereicherung und daher eine Einrede aus § 818 Abs. 3 zu denken (oben § 10 Rn. 24). Sofern K wusste, dass er gegen das Rechtsberatungsgesetz verstößt, scheiterte die Leistungskondiktion an § 814. Wäre der Vertrag wirksam gewesen, so hätte K nur nach Maßgabe der anwaltlichen Gebührenordnung (heute: Rechtsanwaltsvergütungsgesetz, Schönfelder Nr. 117) abrechnen können. Auch danach wäre nicht unbedingt all das abrechnungsfähig, was K zur Ausführung des fremden Geschäfts für erforderlich halten durfte. Indem man unwirksame Verträge nach dem Recht der GoA abwickelt, umgeht man also sowohl vertragsrechtliche als auch bereicherungsrechtliche Besonderheiten. Die Rechtsprechung hat gleichwohl bisher überwiegend an diesem Weg festgehalten,[33] allerdings erstmals im „Erbenermittler-Fall" eine Tendenz durchblicken lassen, die Wertungen des Vertragsrechts für vorrangig zu halten, wenn der Geschäftsführer bewusst versucht, dem Geschäftsherrn einen Vertrag aufzunötigen (vgl. unten § 13 Rn. 3 f.).[34] Dort wo ein Vertrag aufgrund des Verstoßes gegen gesetzliche, dem besonderen Schutz einer Partei dienenden Formvorschriften nichtig war, hat der BGH Ansprüche des anderen aus GoA jedoch nunmehr abgelehnt.[35]

Ansprüche aus Geschäftsführung ohne Auftrag kommen auch in Betracht, wenn das Geschäft aufgrund eines sich später als nichtig erweisenden Auftrages geführt worden ist.[36] In der Literatur gibt es hiergegen unter Hinweis auf die obigen Erwägungen erhebliche und berechtigte Widerstände.[37] Wer die GoA für ausgeschlossen hält, muss den Vertrag über §§ 812 ff. rückabwickeln (Leistungskondiktion).

V. Zusammenfassung

11 Zum Abschluss sollen hier überblicksweise die Abgrenzung der einzelnen Formen der GoA sowie die Anspruchssystematik schematisch erläutert werden.

- **Echte GoA**, §§ 677–686

  = Besorgung eines fremden Geschäfts **mit** Fremdgeschäftsführungswillen

  (1) **berechtigt:** §§ 683 S. 1, 679, 684 S. 2

  = Übernahme im tatsächlichen Willen / Interesse oder mit Genehmigung des Geschäftsherrn oder Unbeachtlichkeit des entgegenstehenden Willens gem. § 679

  (2) **unberechtigt:** §§ 684 S. 1, 678

  = Übernahme entgegen dem Willen / Interesse

---

33 BGHZ 101, 393, 399; 111, 308, 311; JZ 2000, 521, 522 (obiter); anders aber BGH NJW 1995, 727 (bereicherungsrechtliche Rückabwicklung eines wegen fehlender Börsengeschäftsfähigkeit des Anlegers unwirksamen Auftrags zum Abschluss von Devisentermingeschäften ohne Erwähnung der GoA); dazu *St. Lorenz*, NJW 1996, 883; ferner LG Karlsruhe NJW 2006, 1983 (Aufwendungen für Schönheitsreparaturen durch einen Mieter, der sich irrtümlich für verpflichtet hielt, diese Aufwendungen zu erbringen, sind ersatzfähig nach §§ 677, 683 S. 1, 670); OLG Rostock NJOZ 2018, 1972 Tz. 77 ff.

34 BGH NJW 2000, 72, 73; NJW-RR 2006, 656; ZEV 2015, 231; zu dieser Gegentendenz *Falk*, JuS 2003, 833, 837; eine Tendenzwende sieht in diesem Fall auch *Thole*, NJW 2010, 1243, 1245.

35 BGH MDR 2017, 18 Tz. 21.

36 BGHZ 37, 258, 263; 101, 393, 399; BGH NJW 1997, 47, 48 (sittenwidriger Adoptionsvertrag zum Erwerb eines Adelstitels).

37 *Schwark*, JuS 1984, 321, 326; *Schubert*, AcP 178 (1978), 425, 436; zusammenfassend *Martinek/Theobald*, JuS 1998, 27.

- **Unechte GoA**, § 687
  = Besorgung eines fremden Geschäfts **ohne** Fremdgeschäftsführungswillen
  (1) **irrtümliche** Eigengeschäftsführung, § 687 Abs. 1
  = GoA nicht anwendbar, dann aber EBV, Bereicherungsrecht, Deliktsrecht
  (2) **angemaßte** Eigengeschäftsführung, § 687 Abs. 2

Bezüglich der gegenseitigen Ansprüche lässt sich Folgendes festhalten:

- **Echte berechtigte GoA**
  - **Ansprüche Geschäftsführer gegen Geschäftsherrn**
    - Aufwendungsersatz (§§ 683 S. 1, 670)
  - **Ansprüche Geschäftsherr gegen Geschäftsführer**
    - Herausgabe des aus der GoA Erlangten (§§ 681 S. 2, 667)
    - Auskunftsanspruch (§§ 681 S. 1, 666, 259)
    - Schadensersatz bei Ausführungsverschulden (§§ 280 Abs. 1, 241 Abs. 2 i.V.m 677)
- **Echte unberechtigte GoA**
  - **Ansprüche Geschäftsführer gegen Geschäftsherrn**
    - h.M.: Herausgabe des aus der GoA Erlangten bzw. Aufwendungsersatz (§§ 684 S. 1, 818 ff.)
  - **Ansprüche Geschäftsherr gegen Geschäftsführer**
    - Schadensersatz wegen Übernahmeverschulden (§ 678)
    - Schadensersatz wegen Ausführungsverschulden (§§ 280 Abs. 1, 241 Abs. 2, 677), jedoch überflüssig bei Vorliegen von Übernahmeverschulden
    - str., ob Herausgabe des Erlangten gem. § 681 S. 2, 667 (h.M.: nein)
- **Unechte GoA: angemaßte Eigengeschäftsführung**
  - **Ansprüche Geschäftsführer gegen Geschäftsherrn**
    - Aufwendungsersatz (§§ 687 Abs. 2 S. 2, 684 S. 1, 818 ff.)
  - **Ansprüche Geschäftsherr gegen Geschäftsführer**
    - Herausgabe des aus der GoA Erlangten (§§ 687 Abs. 2 S. 1, 681 S. 2, 667)
    - Schadensersatz wegen Übernahmeverschuldens (§ 678)
    - Schadensersatz wegen Ausführungsverschuldens (§§ 280 Abs. 1, 241 Abs. 2 i.V.m. 677)
- **Unechte GoA: irrtümliche Eigengeschäftsführung**
  - Keine Anwendung von GoA-Recht (§ 687 Abs. 1).

Wiederholungs- und Vertiefungsfragen

> Welcher ist der Grundkonflikt, den die Vorschriften über die GoA lösen wollen?

> Wodurch unterscheidet sich das Recht der GoA von den vertraglichen und den sonstigen gesetzlichen Schuldverhältnissen?

> Welche Bedeutung hat die Unterscheidung zwischen objektiv fremden, objektiv neutralen und objektiv auch fremden Geschäften?

> (V) Besteht ein Aufwendungsersatzanspruch, wenn ein „Promotionsbetreuer" gegen Zahlung von 50.000 Euro eine Promotionsgelegenheit zu vermitteln verspricht, es her-

nach aber nicht zum erfolgreichen Titelerwerb kommt? (hierzu *Hospach,* Rückabwicklung gescheiterter Titelkäufe, NJW 1996, 643–645; *Weiler*, Gekaufte Doktortitel – Rückabwicklung nach Geschäftsführung ohne Auftrag oder Bereicherungsrecht?, NJW 1997, 1053–1054).

§ 13 Die echte Geschäftsführung ohne Auftrag (§§ 677 bis 686)

I. Der Fremdgeschäftsführungswille

1. Geschäftsführungsbewusstsein und Geschäftsführungswille

Dass die GoA die Führung eines fremden Geschäfts voraussetzt (oben § 12 Rn. 7), geht aus § 677 hervor. Nicht ganz klar ist nach dem Wortlaut dieser Norm, ob das Geschäft nur objektiv oder auch subjektiv, d.h. aus Sicht des Geschäftsführers, fremd sein muss. Eine Antwort auf die Frage gibt erst § 687 Abs. 1. Daraus nämlich folgt, dass Anwendungsvoraussetzung für die GoA „die Meinung" des Geschäftsführers ist, dass das Geschäft nicht sein eigenes sei. Daraus kann man schließen, dass zur echten GoA das **Bewusstsein und** der **Wille des Geschäftsführers** gehören, **die Angelegenheiten eines anderen zu besorgen** oder – im Falle des „auch fremden" Geschäfts – jedenfalls mit zu besorgen.[1] Die in § 687 Abs. 1 erwähnte „Meinung" setzt voraus, dass der Geschäftsführer zum einen Kenntnis davon hat, dass das Geschäft einem anderen Rechtskreis angehört (kognitives Element), zum anderen, dass er es als zumindest auch fremdes Geschäft führen will (voluntatives Element).[2] 1

Fehlt es an der Kenntnis, dass eine Angelegenheit vorliegt, die in Wahrheit die eines anderen ist, so liegt keine Geschäftsführung „für einen Anderen" vor (§ 687 Abs. 1). Die §§ 677 ff. sind nicht anwendbar (sog. **irrtümliche Eigengeschäftsführung, Unterfall der unechten GoA**). Die Ansprüche des „Geschäftsherrn" bestimmen sich dann nur nach §§ 812, 823. Man spricht von einer vermeintlichen Geschäftsführung ohne Auftrag oder der irrigen Eigengeschäftsführung.[3] Unbeachtlich ist dagegen ein Irrtum über die Person des Geschäftsherrn. Wie **§ 686** zeigt, wird in diesem Fall der wirkliche Geschäftsherr aus dem Geschäft berechtigt und verpflichtet. **Fehlt es an dem Willenselement**, d.h. weiß der Geschäftsführer, dass es sich um eine fremde Angelegenheit handelt, führt er sie aber dennoch als seine eigene, so liegt eine **Geschäftsanmaßung** (**Unterfall der unechten GoA**) vor. Auch hier sind die §§ 677 ff. an sich nicht anwendbar, doch kann der Geschäftsherr sich die Vorteile des Geschäfts dadurch sichern, dass er nach § 687 Abs. 2 die Ansprüche aus §§ 677, 678, 681, 682 geltend macht. Darin liegt eine Verstärkung der Abwehrfunktion durch Abschöpfung aller Vorteile, die der Geschäftsführer sich (rechtswidrig) zugeführt hat.

2. Die Feststellung des Fremdgeschäftsführungswillens

Die Feststellung subjektiver Elemente ist oft schwierig.[4] Daher helfen Vermutungen. Sofern das Geschäft objektiv erkennbar in den Rechtskreis eines anderen fällt (**objektiv fremdes Geschäft**), wird nach allgemeiner Meinung **vermutet**, dass der Geschäftsführer das Bewusstsein und den Willen hat, ein fremdes Geschäft zu führen.[5] Ist das Geschäft objektiv nicht zuordenbar (**objektiv neutrale Geschäfte**, oben § 12 Rn. 7), so entscheidet die **subjektive Willensrichtung des Geschäftsführers**, ob ein (auch) fremdes oder ein 2

1 Am deutlichsten BGHZ 65, 354, 357 (Beseitigung von Straßenverschmutzungen durch die Straßenbaubehörde); ebenso BGHZ 38, 270, 276; 40, 28, 30; 63, 167, 170; *Jauernig/Mansel*, § 677 Rn. 4.

2 *Wollschläger*, Die Geschäftsführung ohne Auftrag, 1976, S. 73.

3 BGHZ 40, 28, 31; Beispiele bei *Martinek/Theobald*, JuS 1997, 805.

4 Vgl. *Wilke*, JURA 2013, 547.

5 BGHZ 33, 251, 254 (Hilfe für Verletzten); 43, 188, 191 (Warnung eines Verkehrsteilnehmers); 47, 370, 371 (Tilgung fremder Schulden); Hk-BGB/*Schulze*, § 677 Rn. 4.

eigenes Geschäft vorliegt.[6] Die Feststellung von Fremdheit des Geschäfts und Fremdgeschäftsführungswillen hängt also eng miteinander zusammen (vgl. dazu beim auch fremden Geschäft bereits § 12 Rn. 9). Einzelheiten sind umstritten. Verdeutlicht wird dies durch

▶ **Fall 105:**[7] Dem F wird eine Eintrittskarte zum DFB-Pokalendspiel angeboten. Er erinnert sich daran, dass er noch am Vorabend mit H darüber gesprochen hat, wie schwierig es ist, für dieses Spiel noch Karten zu erhalten. H hatte F aber davon vorgeschwärmt, wie gerne er (H) eine Karte hätte. F erwirbt daher die Eintrittskarte von D. Später ist er nicht mehr sicher, ob er die Karte wirklich an H geben oder selbst behalten soll. Auch H, der von dem Erwerb erfährt, hält die Karte nun doch für reichlich teuer. Muss F sie gleichwohl herausgeben, wenn H dies verlangt? Kann F auch Aufwendungsersatz verlangen, wenn H die Karte zu teuer ist?

Wenn die **Voraussetzungen einer berechtigten GoA** vorlägen, insbesondere also auch ein subjektiv und objektiv fremdes Geschäft durch F geführt würde, so hätte F Anspruch auf Aufwendungsersatz nach **§§ 670, 677, 683 S. 1** in Höhe der Kosten, die er (F) für erforderlich halten durfte. Der Einwand, die Karte sei recht teuer, wäre im Ergebnis nicht erfolgreich. Andererseits könnte aber – im Falle einer GoA – auch der H Herausgabe des durch die Geschäftsführung Erlangten verlangen (§§ 667, 681 S. 2). Der Einwand des F, er wolle die Karte doch lieber selbst behalten, bliebe dann erfolglos. ◀

Sofern die Parteien nicht eindeutig zu erkennen geben, in wessen Interesse sie tätig werden, lässt sich kaum zuverlässig feststellen, ob der subjektive Tatbestand einer GoA (Fremdgeschäftsführungswille) erfüllt ist oder nicht. Es werden **drei Ansätze** vertreten, **um den Fremdgeschäftsführungswillen zu bestimmen.** Die sog. **objektive Theorie**[8] möchte allein auf die materielle Zuständigkeit für das Geschäft abstellen. Entscheidend sei, wer nach den Gefahrtragungs- und Lastenregelungen des Rechts „näher dran ist", die Aufwendungen, die für die Tätigkeit entstanden sind, zu tragen.[9] Allein dadurch, dass jemand ein fremdes Geschäft führen *wolle*, könne die GoA dagegen nicht eröffnet werden. Wer mithin für einen anderen eine Eintrittskarte oder eine wertvolle Briefmarke erwirbt, ohne von ihm beauftragt zu sein, führt objektiv sein eigenes Geschäft. Ein Ausgleich nach GoA-Vorschriften komme in einem solchen Fall nach der objektiven Theorie nicht in Betracht.

Dagegen argumentiert die **subjektive Theorie,**[10] dass eine Fremdgeschäftsführung vorliegt, wenn anhand der Umstände des Falles festgestellt ist, dass der Geschäftsführer ein fremdnütziges Handeln beabsichtigte. Das wiederum beurteilt sich nach dem sozialen Sinn der Tätigkeit.[11] Soll der Vorteil dem Geschäftsherrn zukommen, so liegt Fremdgeschäftsführungswille vor. Allerdings muss der Wille, im fremden Namen zu handeln, erkennbar sein. Wer für einen anderen einen Gegenstand erwirbt, muss dies erklären („Ich kaufe eine Karte für ..."), sonst handelt er für sich selbst.

6 BGHZ 40, 28, 31.
7 Vgl. etwa *Medicus,* Gesetzliche Schuldverhältnisse, Fall 193; *Martinek/Theobald,* JuS 1997, 805, 806 (Fall 6); *Wollschläger,* Die Geschäftsführung ohne Auftrag, 1976, S. 72.
8 Vertreten von *Wollschläger,* Die Geschäftsführung ohne Auftrag, 1976, S. 72 f., 320.
9 *Wollschläger,* S. 59 in der Deutung durch *Wittmann,* Begriff und Funktionen der Geschäftsführung ohne Auftrag, 1981, S. 22, von dem die hier verwendete Formulierung stammt.
10 Insbesondere *Wittmann,* aaO., S. 21 a.E.; vgl. auch *Gursky,* AcP 185 (1985), 13, 16 f.; i.Erg. auch *Thole,* NJW 2010, 1243, 1247.
11 *Wittmann,* aaO., S. 26.

Die **h.M.** kombiniert beide Ansätze zu einer **objektiv-subjektiven Theorie.** Danach ist zunächst zu prüfen, in welchen Geschäftskreis eine Handlung fällt. Fällt das Geschäft nicht in den eigenen Geschäftskreis, so wird vermutet, dass der Geschäftsführer sich des Umstands, ein fremdes Geschäfts zu führen, bewusst ist. Das genügt, um ferner zu vermuten, dass der Geschäftsführer auch den Willen hat, das Geschäft als fremdes zu führen.[12] Der Fremdgeschäftsführungswille muss daher nicht mehr positiv festgestellt werden. Dies ist nur erforderlich, wenn nach dem äußeren Anschein nicht klar ist, in welchen Rechtskreis ein Geschäft fällt. Erst (und nur) dann, ist, wie nach der subjektiven Theorie, der Fremdgeschäftsführungswille positiv festzustellen.

▶ Für Fall **105** führen alle drei Ansichten dazu, dass ein Fremdgeschäftsführungswille positiv festgestellt werden müsste. Denn allein objektiv lässt sich das Geschäft nicht zuordnen. Da F nicht klargestellt hat, für wen er tätig wird, bleibt es dabei, dass er ein eigenes Geschäft geführt hat. Somit kann kein Fremdgeschäftsführungswille festgestellt werden. Daher kann er keinen Aufwendungsersatz verlangen, muss die Karte aber auch nicht an H herausgeben. ◀

Methodischer Hinweis: Stets sollte man zunächst eine mögliche objektive Zuordnung prüfen, sodann nach Anhaltspunkten für einen manifestierten Fremdgeschäftsführungswillen suchen und ggf. zum Schluss mit der Vermutung der h.M. arbeiten. Das objektiv fremde Geschäft wird schon seinem Inhalt nach für einen anderen geführt. Das **objektiv neutrale Geschäft** (z.B. der Kauf eines Gegenstands) wird allein durch die Willensrichtung des Geschäftsführers zum Geschäft eines anderen. Das sieht nur die sog. objektive Theorie anders. Ein Korrektiv existiert noch mit § 683, wonach ein Anspruch auf Aufwendungsersatz nur besteht, wenn der Geschäftsführer im Interesse und nach dem wirklichen oder mutmaßlichen Willen des Geschäftsherrn gehandelt hat. Will der Geschäftsherr die für ihn erworbene Sache nicht abnehmen, so hat er damit seinen entgegenstehenden Willen erklärt, die Verpflichtung zum Aufwendungsersatz besteht dann nicht (unten § 13 Rn. 7). 3

Anschaulich und zusammenfassend geprüft hat der BGH die hier einschlägigen Kategorien im sog. „**Erbenermittler-Fall**". Hier ging es um die Frage, ob ein Unternehmer, der ein Geschäft damit betreibt, für scheinbar herrenlose Nachlässe einen gesetzlichen Erben zu suchen, von einem daraufhin tatsächlich ermittelten Erben ein Honorar (zumeist einen Prozentsatz der Erbschaft) verlangen kann. Der BGH hat nicht nur vertragliche Ansprüche, sondern auch quasivertragliche Ansprüche aus §§ 670, 677, 683 S. 1 verneint, weil „eigene Aufwendungen im Vorfeld eines Vertragsschlusses [...], sofern es nicht zu einem Abschluss kommt, nach den Regeln des Privatrechts unvergütet [bleiben]; jede Seite trägt das Risiko eines Scheiterns der Vertragsverhandlungen selbst. Diese im Gefüge der Vertragsrechtsordnung angelegte und letztlich auf die Privatautonomie zurückzuführende Risikoverteilung würde durch Zulassung von Aufwendungsersatzansprüchen aus Geschäftsführung ohne Auftrag unterlaufen."[13]

12 BGHZ 40, 28, 31; 143, 9, 14; BGH NJW 2000, 72.

13 BGH NJW 2000, 72, 73 – Erbenermittler; bestätigt in BGH NJW-RR 2006, 656; BGH ZEV 2015, 231; zusammenfassend hierzu *Falk*, JuS 2003, 833. Ebenso für das Verhältnis zwischen vertraglicher und außervertraglicher Abwicklung BGH MDR 2012, 1149 Tz. 16; NVwZ-RR 2011, 925 Tz. 9; NJW-RR 2004, 81, 83. Dagegen hielt es der BGH in BGH NJW 2016, 2407 Tz. 18 jedoch grundsätzlich für denkbar, dass dem Halter eines falsch abgestellten PKW die Kosten für seine Ermittlung auferlegt werden können, z.B. wenn dem Halter der Standort seines Fahrzeugs nicht bekannt ist.

4 Problematisch bleiben danach die objektiv und subjektiv teils eigenen und teils fremden Geschäfte, also das **Handeln im Doppelinteresse** („auch fremde" Geschäfte – Fremdgeschäft im Eigeninteresse). Hierzu gehören die Fälle der Selbstaufopferung (oben § 12 Rn. 9), ferner Fälle, in denen jemand aufgrund öffentlich-rechtlicher oder vertraglicher Pflichten tätig wird, dabei aber auch einem Dritten nützt, schließlich Fälle, in denen der Geschäftsführer die eigentlich einem Dritten obliegenden Pflichten erfüllt und dadurch selbst einen Vorteil erlangt.[14]

Beispiele: Im Doppelinteresse handelt der Wohnungsbesitzer, der in der über ihm liegenden Wohnung einen Wasserrohrbruch bemerkt, deshalb dort einbricht und den Schaden eigenmächtig behebt,[15] ferner, wer den Brand auf einem privaten Grundstück löscht, um zu verhindern, dass die Brandgefahr auf weitere Grundstücke überschlägt.[16]

Bei der Selbstaufopferung sollte es genügen, dass die Rettung dem Geretteten objektiv nützt, um sie als Fremdgeschäft zu behandeln. Bei vorrangigen vertraglichen oder öffentlich-rechtlichen Pflichten sollte man die GoA-Regeln dagegen nicht anwenden. Besonders häufig tritt die Konstellation auf, wenn **Hoheitsträger** auf öffentlich-rechtlicher Grundlage tätig werden. Hierzu gibt es zahlreiche Fälle in der höchstrichterlichen Rechtsprechung: Der öffentlichen Feuerwehr obliegt etwa die Beseitigung von Brand- oder Kontaminationsgefahren, ein Tätigwerden nützt aber auch demjenigen, der diese Gefahren gesetzt hat.[17] Zu den öffentlich-rechtlichen Aufgaben des Schutzes von Wasserstraßen gehört die Beseitigung von Gegenständen, welche ein Privatschiff im Wasser verloren oder abgeladen hat, diese Handlung erfolgt naturgemäß aber auch im Interesse des eigentlich beseitigungspflichtigen Schiffseigentümers.[18] Wer schließlich mit seinem Fahrzeug ein fremdes Fahrzeug zuparkt, ist selbst zur Beseitigung der Eigentumsstörung verpflichtet. Lässt der Zugeparkte nun durch die Polizei abschleppen, so stellt sich zum einen die Frage, ob der Eigentümer einen Anspruch auf Aufwendungsersatz gegen den Abgeschleppten hat, wenn er den Abschleppunternehmer selbst bezahlt, zum anderen aber auch, ob der Abschleppunternehmer selbst vom Abgeschleppten Kostenersatz verlangen kann (unten Fall 106).

Für die Anwendung der Vorschriften über die GoA genügt es in allen genannten Fällen noch nicht, dass der Geschäftsherr das Bewusstsein hat, dass es sich um eine fremde Angelegenheit handelt. Er muss auch den Willen haben, diese Angelegenheit wie eine fremde zu behandeln, d.h. sie wenigstens auch im Interesse des Anderen zu führen. Ein mitwirkendes, vielleicht sogar im Vordergrund stehendes Eigeninteresse an der Erledigung der fraglichen Angelegenheit schließt diesen Willen nach der h.M. nicht notwendig aus. Man kann auch den Willen haben, zwei Herren zu dienen. Der **Fremdgeschäftsführungswille** wird nach h.M. **beim objektiv „auch fremden" Geschäft** ebenfalls **vermutet.**[19] Die in der Literatur vertretene subjektive Theorie verlangt dagegen in diesen Fällen greifbare Anhaltspunkte, aufgrund derer zu erkennen ist, dass der Geschäftsführer den Willen hat, (auch) fremde Interessen zu wahren. Sonst würde die

14 Bsp.: BGH NJW 2007, 63 (Verkäufer eines Unternehmens sichert den Käufer dadurch ab, dass er für dessen Kaufpreis eine Grundschuld an seinem eigenen Geschäft bestellt, damit das Geschäft gelingen kann. Später verlangt er (erfolgreich) Zahlung der an die Bank zur Ablösung der Sicherheit gezahlten Geldsumme.).

15 Vgl. *Martinek/Theobald*, JuS 1997, 805, 807 (Fall 7).

16 BGHZ 40, 28.

17 BGHZ 63, 167.

18 BGHZ 65, 384.

19 BGHZ 40, 28, 31; 65, 354, 357; 82, 323, 330; 98, 235, 240; 140, 102, 109.

GoA in unerwünschter Weise zu einem allgemeinen Regressinstitut. Den Konflikt verdeutlicht

▶ **Fall 106** (LG München NJW 1978, 48): F parkt seinen Pkw in einer Abschleppzone. Der Polizist P beauftragt den Unternehmer U, das Fahrzeug abzuschleppen. U verlangt von F Erstattung der Abschleppkosten und lässt sich hierzu sämtliche Ansprüche der Körperschaft, für die P tätig geworden ist, abtreten. Kann U Zahlung von F verlangen?

Ein Anspruch auf Aufwendungsersatz des U gegen F aus eigenem Recht (nicht aus abgetretenen Ansprüchen der Anstellungskörperschaft des P gegen den F) könnte sich aus **§§ 670, 677, 683 S. 1** ergeben. Das setzt voraus, dass U ein **objektiv fremdes Geschäft** mit Fremdgeschäftsführungswillen vorgenommen hat. Zu wessen Rechtskreis ein Geschäft gehört, bestimmt die Rechtsordnung. Vorliegend besteht zum einen die straßenverkehrsrechtliche Pflicht des F, das Park- oder Haltemanöver zu unterlassen (§§ 12, 49 Nr. 12 StVO). Wird jedoch ein Unternehmer von der Polizei beauftragt, ein den Verkehr behinderndes Fahrzeug abzuschleppen (mögliche Eingriffsgrundlage für die Polizei z.B. § 44 Abs. 2 StVO), so übernimmt der Unternehmer eine eigene vertragliche Pflicht aus § 631 Abs. 1 gegenüber seinem Auftraggeber, der Anstellungskörperschaft des P. Damit ist das Geschäft von der Rechtsordnung auch ihm als eigenes zugewiesen. Objektiv handelt U aber im **Doppelinteresse**. Das allein schließt die Anwendbarkeit des § 677 nach der Rspr. nicht aus (oben § 12 Rn. 9). Daher müsste U zudem **Fremdgeschäftsführungsbewusstsein und Fremdgeschäftsführungswillen** haben (vgl. § 687 Abs. 1). Die Rspr. vermutet dies selbst in Fällen auch fremder Geschäftsführung. ◀

In solchen Fällen zeigt sich ein Dilemma, welches die BGH-Rspr. zum vermuteten Fremdgeschäftsführungswillen erklärlicher macht. Wer im Doppelinteresse handelt, erfüllt naheliegenderweise zunächst seine eigene Vertragspflicht. Bestimmt man die Geschäftskreise allein objektiv, so können die GoA-Regeln keine Anwendung finden. Verlangt man einen erkennbaren Fremdgeschäftsführungswillen, so ist der Regress ebenfalls gehindert. Es bleibt nun einmal dabei, dass ein vertraglich zur Handlung Verpflichteter durch die Erklärung, er wolle auch einem Dritten dienen, aus der eigenen vertraglichen Bindung nicht herauswächst. Hier liegt der eigentliche Grund dafür, warum die Rspr. auch beim Handeln im objektiven Doppelinteresse den Fremdgeschäftsführungswillen vermutet, sofern der Geschäftsführer jedenfalls das Bewusstsein hat, auch im Geschäftskreis eines Dritten tätig zu werden.[20] Dieser Weg ist allerdings ergebnisorientiert, denn auf diese Weise verschafft man demjenigen, der selbst tätig wird, einen direkten Anspruch gegen den eigentlichen Verursacher der Geschäftsführung. Man vermeidet damit die Abwicklung in den jeweiligen Pflichtbeziehungen. Man fühlt sich unwillkürlich an die Rückabwicklung „übers Dreieck" im Bereicherungsrecht erinnert (oben § 11 Rn. 4). Daher ist die Gegenansicht an dieser Stelle zu Recht der Meinung, die Anwendbarkeit der GoA berücksichtige nicht den Vorrang der vertraglichen Verpflichtung und etwaiger öffentlich-rechtlicher Regeln zur Erstattung solcher Selbstvornahmekosten (vgl. z.B. § 52 Abs. 1 S. 1, 2 PolG NW; §§ 77 VwVG NW, 7a KostO NW, in Bayern vgl. zudem Art. 9 BayPAG).[21] Der Unternehmer muss sich also an sei-

20 BGHZ 40, 28; 63, 167, 169 (Feuerwehreinsätze); BGHZ 156, 394, 397, 398 (Polizeieinsatz gegenüber entlaufenem Rind); AG Frankfurt/M. NJW 1990, 917 (Abschleppfall).

21 BGH NZV 2012, 535; LG München NJW 1978, 48, 49; *Ehlers/Pünder (Hrsg.)*, Allgemeines Verwaltungsrecht, 15. Aufl., 2016, § 35 III 2 Rn. 13 ff.; *Wolff/Bachof/Stober/Kluth*, Verwaltungsrecht, 12. Aufl., 2007, Bd. 1, § 55 Rn. 14 ff.; *Scherer*, NJW 1989, 2724, 2728 f. Vgl. auch BGHZ 156, 394, 398 und BVerfG NJW 2011, 3217, 3218.

nen Auftraggeber halten: Dieser kann sich wiederum die Kosten vom eigentlichen Verursacher erstatten lassen.

▶ Es bleibt somit die Frage, ob eine GoA zwischen der Anstellungskörperschaft des P und dem Abgeschleppten vorliegt, da P durch das Beauftragen des U die Pflicht des F zur Beseitigung des Verkehrshindernisses erfüllt haben könnte. Diese Ansprüche könnte sich U gegebenenfalls abtreten lassen, allerdings ist eine solche Abtretung nichtig, wenn hierdurch „die öffentlich-rechtliche Verfahrens- und Zuständigkeitsordnung umgangen und sowohl öffentliche als auch schützenswerte private Interessen in nicht hinnehmbarer Weise beeinträchtigt würden"[22]. Das ist insbesondere der Fall, wenn vor der Festsetzung einer Erstattungsforderung eine behördliche Ermessensprüfung durchzuführen ist. Durch die Abtretung an einen Privaten darf dieser Weg nicht eingespart werden. Ist eine öffentlich-rechtliche Körperschaft Geschäftsführer, so werden zudem deren Befugnisse im Rahmen der Ersatzvornahme durch die Polizeirechte der Länder geregelt (§ 44 Abs. 2 StVO mit den jeweiligen Polizeigesetzen, z.B. § 1 Abs. 1 PolG NW). Wer dieses System unterläuft, kürzt die Abwicklung zugunsten desjenigen ab, der die Kosten verursacht hat.[23] Das geht zulasten des eigentlich Verantwortlichen. Eine alternative Lösung des Falles ist zwar möglich, setzt aber voraus, dass die Aufwendungen im Interesse und mit Willen des Geschäftsherrn eingesetzt wurden. Das zeigt ◀

▶ **Fall 107** (Abwandlung zu Fall 106): F hat das Fahrzeug in der Grundstücksauffahrt des E geparkt. E lässt das Fahrzeug durch den Unternehmer U abschleppen, weil er seine hochschwangere Frau ins Krankenhaus bringen muss. U verlangt von F Ersatz der Kosten.

Auch hier kommt der **Aufwendungsersatz aus §§ 670, 677, 683 S. 1** in Betracht. Voraussetzung ist, dass U ein **fremdes Geschäft** geführt hat. Grundsätzlich ist derjenige, der eine Grundstückseinfahrt blockiert, dem Grundstückseigentümer gegenüber zur Unterlassung der Eigentumsbeeinträchtigung verpflichtet (§§ 823 Abs. 1, 1004 analog, oben § 3 Rn. 25 f.), also fällt die Beseitigung des Fahrzeugs objektiv in F's Geschäftskreis. Dass der Unternehmer U auch im eigenen Interesse handelt, schadet nach der Konstruktion des „auch fremden Geschäfts" nicht. Am **Fremdgeschäftsführungswillen** des U fehlt es aber, wenn man hierfür einen konkreten Nachweis verlangt und nicht die Vermutung genügen lässt, die sich aus dem hier zweifelsohne vorhandenen Bewusstsein ergibt, (auch) in dem Geschäftskreis eines Dritten (des Abgeschleppten) tätig zu werden.[24] Wer dagegen nach dem „sozialen Sinn" der Tätigkeit fragt (subjektive Theorie),[25] der müsste zu dem Ergebnis kommen, dass U letztlich nur handelt, um seine Vertragspflicht gegenüber E zu erfüllen. Das hindert nach der subjektiven Theorie aber seinen Fremdgeschäftsführungswillen. Eine echte GoA läge daher nicht vor (§ 687 Abs. 1).

U könnte überdies gegen F einen **Anspruch aus § 812 Abs. 1 S. 1, 1. Alt.** (Leistungskondiktion) haben; doch müsste U dann an den Abgeschleppten geleistet haben. Dagegen spricht ganz offensichtlich, dass U im Verhältnis zu E eine Vertragspflicht zu erfüllen hatte, also an diesen geleistet hat. Eine **Nichtleistungskondiktion** (etwa im Wege der Aufwendungskondiktion) scheitert daran, dass ein vorrangiges Leistungsverhältnis zwischen U und E besteht

22 BGH NVwZ-RR 2011, 925 Tz. 16 m.w.N.; vgl. auch VG Gießen BeckRS 2016, 43367 (Aufwendungen zur Fütterung und Hege von herrenlosen Katzen könnten nicht nach §§ 677, 670 vom Tierheim der Stadt ersetzt verlangt werden).

23 Ablehnend auch *Bamberger*, JuS 1998, 706, 709.

24 Vgl. AG Frankfurt/M. NJW 1990, 917.

25 *Wittmann*, Geschäftsführung ohne Auftrag, 1981, S. 26.

und die Nichtleistungskondiktion daher subsidiär bleibt (§ 8 Rn. 8; § 11 Rn. 1). Eigene Ansprüche des U gegenüber G kommen also nicht in Betracht.

Ein **Anspruch** könnte sich aber **aus fremdem Recht** ergeben, wenn E Ansprüche hatte, die er an U abtreten konnte (§ 398). Hier käme ein Anspruch des E gegen F gem. §§ 670, 677, 683 S. 1, 257 in Betracht. **Für E** war die Fortbewegung des sein Grundstück blockierenden Gegenstands objektiv ein **fremdes Geschäft**,[26] denn es war hier die Pflicht des F, Beschränkungen fremder Rechte zu unterlassen und die Folgen solcher Beschränkungen zu beseitigen (§§ 823 Abs. 1, 1004 analog). Da allein ein Geschäft des F besorgt wurde, kann der **Fremdgeschäftsführungswille** vermutet werden. Der Abschleppvorgang lag objektiv **im Interesse des Verletzers**, wenn ohne diese Selbstvornahme weitere von F zu ersetzende Schäden hätten anfallen können, z.B. weil eine ärztliche Behandlung nicht rechtzeitig ermöglicht wird und daher zusätzliche Behandlungskosten entstehen.[27] Ein **entgegenstehender Wille** des F ist unbeachtlich, denn F war nicht nur selbst zur Beseitigung des Fahrzeugs dem E gegenüber verpflichtet, sondern die Durchsetzung dieser Pflicht lag auch im öffentlichen Interesse (§ 679). Das wird noch nicht allein daraus gefolgert werden dürfen, dass § 12 Abs. 3 Nr. 3 StVO anordnet, dass Grundstückszufahrten nicht zugeparkt werden dürfen. In Fällen, in denen zusätzlich zu dem überwiegend privaten Interesse an der Durchsetzung eines solchen Verbots noch öffentliche Interessen hinzutreten, wie hier das Interesse daran, eine für Mutter und Kind sichere Geburt zu ermöglichen, ist § 679 dagegen anwendbar.[28]

E müsste nach §§ 670, 677, 683 S. 1 Aufwendungen gemacht haben, die er für erforderlich halten durfte. Solche Aufwendungen liegen darin, dass E mit U gem. §§ 631, 632 eine vertragliche Verpflichtung eingegangen ist. Als Aufwendungsersatzanspruch kommt der Anspruch auf Befreiung von dieser Verpflichtung in Betracht (§ 257).[29] ◀

Hält man die Argumentation über § 679 für nicht möglich, etwa in Fällen, in denen keine Personenschäden, sondern allenfalls wirtschaftliche Einbußen durch die Blockade der Grundstücksausfahrt entstehen, so bleibt ein **Anspruch aus § 823 Abs. 1**, denn die Einschränkung der Nutzungsmöglichkeit des Eigentums durch „Zuparken" ist eine unerlaubte Handlung (oben § 3 Rn. 25). In Fällen, in denen der Verletzte selbst beseitigen und hierdurch einen höheren Schaden des Verletzers verhindern kann, kann die Pflicht zur Selbstbeseitigung sogar aus § 254 Abs. 2 S. 1 folgen, wenn dies die günstigste Form der Problemlösung ist, etwa weil Krankentransporte kostenträchtiger wären und ein Taxi nicht verfügbar ist.[30] Wird ein fremder Parkplatz belegt (FALL 13 oben § 3 Rn. 25), so liegt zudem eine Besitzstörung vor, derer sich der Gestörte durch Selbsthilfe erwehren kann (§§ 823 Abs. 2, 858; 859).[31]

ZUSAMMENFASSUNG: Für den Fremdgeschäftsführungswillen sind folgende Regeln nach der h.M. maßgeblich: Bei objektiv fremden Geschäften wird der Fremdgeschäftsführungswille vermutet; ebenso ist es grundsätzlich beim Handeln im Doppelinteresse. Bei

26 Das E auch im eigenen Interesse tätig wurde, hindert zumindest die Annahme eines auch fremden Geschäfts nicht, vgl. BGH NJW 2016, 2407 Tz. 6.
27 In einer neueren Entscheidung hielt der BGH das Abschleppen unabhängig von solchen Überlegungen für im Interesse des Fahrzeughalters, weil nur so der geschuldete Beseitigungsanspruch zeitnah erfüllt werden könne, BGH NJW 2016, 2407 Tz. 9.
28 Vgl. AG Schöneberg NJW 1984, 2954 (keine Abschleppberechtigung außer in Fällen der Not).
29 Vgl. zur Umwandlung eines Befreiungs- in einen Zahlungsanspruch BGHZ 12, 136.
30 *Martinek/Theobald*, JuS 1997, 805, 809.
31 BGH NJW 2009, 2530.

objektiv neutralen Geschäften muss der Fremdgeschäftsführungswille erkennbar sein, sonst fehlt es an einer Fremdgeschäftsführung.[32]

II. Die berechtigte Geschäftsführung ohne Auftrag (§§ 677, 683)

1. Überblick

5 Von berechtigter GoA spricht man, wenn die Einmischung in den fremden Rechtskreis aus Sicht des eigentlich Betroffenen erwünscht ist, weil eine **aus Sicht der Rechtsordnung willkommene fremdnützige Tätigkeit** betrieben wird.[33] Ob dies der Fall ist, bestimmt sich nach dem objektiven Interesse und dem subjektiven Willen des Geschäftsherrn **im Zeitpunkt der Übernahme des Geschäfts.** Weil sie Unterfall der echten GoA ist, muss bei der berechtigten GoA der Geschäftsführer mit Fremdgeschäftsführungswillen handeln. Die berechtigte GoA hat daher zur **Voraussetzung**, dass der Geschäftsführer

(1) **objektiv** ein (zumindest **auch**) **fremdes Geschäft** (§ 677: „Geschäft für einen anderen")

(2) **mit Fremdgeschäftsführungswillen** (arg. § 687 Abs. 1)

(3) **ohne Auftrag** oder sonstige Berechtigung (§ 677)

(4) **im Interesse des Geschäftsherrn** (§ 683 S. 1)

(5) **mit** (mutmaßlichem oder tatsächlichem) **Willen des Geschäftsherrn** (§§ 678, 679, 683) führt.

(6) **Fehlen** die **Voraussetzungen** (4) und (5), so kann eine berechtigte GoA dadurch herbeigeführt werden, dass der Geschäftsherr die Tätigkeit ausdrücklich oder konkludent genehmigt (§ 684 S. 2). Die Genehmigung wirkt auf den Zeitpunkt der Übernahme zurück (§ 184 Abs. 1).

Liegen die genannten Voraussetzungen im Zeitpunkt der Übernahme des Geschäfts vor, so entsteht zwischen den Beteiligten ein vertragsähnliches gesetzliches Schuldverhältnis, das im Wesentlichen den Regeln des Auftragsrechts folgt. Im römischen Recht sprach man hier von einem „Quasikontrakt".[34] Die berechtigte GoA begründet im bereicherungsrechtlichen Sinne einen Rechtsgrund und im Deliktsrecht eine Rechtfertigungsgrundlage für den Eingriff in eine fremde Interessensphäre. Aufgrund dieses Schuldverhältnisses haben beide Beteiligte Ansprüche gegeneinander (unten Rn. 11–14).

2. Interessen- und Willensgemäßheit

a) Verhältnis von Wille und Interesse

6 Voraussetzung der berechtigten oder rechtmäßigen GoA ist nach § 683 S. 1, dass das Tätigwerden im Interesse des Geschäftsherrn erfolgt und dessen wirklichem oder mutmaßlichem Willen entspricht. Zum Schutz vor aufgedrängter Einmischung ist der Wille des Geschäftsherrn – außer im Falle des § 679 – stets vorrangig, auch wenn das Tätigwerden objektiv dem Geschäftsführer nicht nützt. Dass der Geschäftsführer glaubt, besser zu wissen, was für den Geschäftsherrn gut ist, macht ihn noch nicht zum be-

32 Zusammenfassend BGH NJW 2000, 72 = JZ 2000, 521 (Erbenermittler-Fall) m. Anm. *G. Schulze*.

33 Zusammenfassend hierzu *Benjamin Schmidt*, JuS 2004, 862.

34 *Zimmermann*, Law of Obligations, S. 875.

rechtigten Geschäftsführer. Nur wenn Anhaltspunkte für eine tatsächliche oder mutmaßliche Willensrichtung des Geschäftsherrn fehlen, kommt es auf das objektive Interesse des Geschäftsherrn an. Im Interesse des Geschäftsherrn liegt es dann, wenn dieser aus der Übernahme der Geschäftsführung objektiven Nutzen zieht, sei es auch, dass lediglich ideelle Interessen gewahrt werden. Nach ständiger BGH-Rechtsprechung ist die Tilgung einer einredefreien Schuld des Geschäftsherrn interessengerecht; darunter fällt auch die Beseitigung einer durch den Geschäftsherrn verursachten Störung.[35]

Methodischer Hinweis: Als feste Prüfungsfolge hat es sich eingebürgert, als Erstes zu prüfen, welchen wirklichen Willen der Geschäftsherr hatte. Billigt er das Geschäft, so ist die GoA ohne Weiteres berechtigt. Ist ein tatsächlicher Wille nicht geäußert oder zu ermitteln, so kommt es auf den mutmaßlichen Willen an. Dieser hängt von der objektiven Nützlichkeit der Geschäftsführung ab. Nützt die Tätigkeit dem Geschäftsherrn, so wird vermutet, dass der Geschäftsherr sie gewollt hätte.[36] Fehlen also andere Anhaltspunkte „ist als mutmaßlicher Wille der Wille anzusehen, der dem Interesse des Geschäftsherrn entspricht".[37] Aus dem objektiven Interesse des Geschäftsherrn an der Geschäftsführung wird dann auf seinen dem entsprechenden mutmaßlichen Willen geschlossen.

▶ **Fall 108** (ähnlich Fall 105): F kauft für den begeisterten Fußballfan G eine Eintrittskarte zu einem stark überhöhten Schwarzmarktpreis, weil G ihm am Vorabend noch gesagt hat, er würde für den Zutritt zu diesem Spiel „jeden Preis zahlen".

Als **Anspruchsgrundlage** für den Ersatz der von F getätigten Aufwendungen (Kaufpreis) kommen **§§ 670, 683 S. 1, 677** in Betracht. Wie zu Fall **105** ausgeführt, handelt es sich um ein objektiv neutrales Geschäft, das nach h.M. zu einem objektiv fremden Geschäft wird, wenn F es mit Fremdgeschäftsführungswillen führt. Zweifelhaft ist, ob eine im Preis stark überhöhte Eintrittskarte noch objektiv nützlich für den Geschäftsherrn ist. Da die Geschäftsführung jedoch dem tatsächlich geäußerten Willen des G entsprach, sind die §§ 677, 683, 670 anwendbar, auch wenn die Geschäftsführung dem G nachteilig war. ◀

Der Fall zeigt, dass selbst bei großzügiger Annahme eines Fremdgeschäftsführungswillens noch ein **Korrektiv gegen unerwünscht aufgedrängte Geschäfte** besteht. Objektiv nutzlose oder nachteilige Geschäfte dürfen nur geführt werden, wenn dies dem **Willen des Geschäftsherrn** entspricht. Der Geschäftsherr hat es nach dem Zweck der GoA-Vorschriften in der Hand, über den Einbruch in seine Geschäftssphäre zu entscheiden. Das entspricht der Interessenlage bei der GoA. Einerseits ist es sinnvoll, fremde Hilfeleistung zu fördern, andererseits drängt sich der Geschäftsführer nicht ungebeten in den Rechtskreis eines anderen, wenn der andere die Handlung wünscht. Das Merkmal der objektiven Interessegemäßheit ist daher nur zu prüfen, wenn der wirkliche Wille nicht ermittelt werden kann.[38] In der Praxis kann und muss sich der Geschäftsführer dadurch absichern, dass er dem Geschäftsherrn die Geschäftsübernahme anzeigt und dessen Entscheidung abwartet, soweit das tunlich ist (§ 681 S. 1).

Problematischer ist der Fall, dass eine **Handlung objektiv nützlich** ist, **gleichwohl nicht dem Willen des Geschäftsherrn entspricht**. Auch hier geht der tatsächliche oder mut- 7

35 BGH NJW 2016, 2407 Tz. 8 f. (Umsetzen eines unberechtigt parkenden Fahrzeugs durch einen Grundstückseigentümer).
36 Vgl. BGHZ 47, 370; NJW-RR 1989, 970; NJW 2015, 1020 (spätabendliche Öffnung der Wohnungstür eines unter Betreuung stehenden Menschen durch Schlüsselnotdienst).
37 BGH NJW 2016, 2407 Tz. 12.
38 *Beuthien/Weber*, Schuldrecht II, S. 149: teleologische Reduktion.

maßliche Wille regelmäßig vor. Doch ist er ausnahmsweise unbeachtlich, wenn die Voraussetzungen des § 679 vorliegen. Das verdeutlicht

▶ **Fall 109:** F bringt das Kind des G nach einem Verkehrsunfall im Ausland zu einem Notarzt, wo dem Kind eine Bluttransfusion verabreicht wird. G und seine Familie gehören einer religiösen Gruppe an, die Bluttransfusionen strikt verbietet. Kann F gleichwohl Ersatz der von ihm vorgeschossenen Behandlungskosten verlangen?

Anspruchsgrundlage ist wiederum §§ 670, 677, 683 S. 1. Voraussetzung für einen Aufwendungsersatzanspruch ist, dass ein **objektiv fremdes Geschäft** geführt wurde. Darunter fallen rechtsgeschäftliche und tatsächliche Handlungen, also sowohl das Eingehen von vertraglichen Verpflichtungen als auch tatsächliche Rettungshandlungen, die einen fremden Interessenkreis berühren. Die Rettung fremder Lebensgüter fällt in den Geschäftskreis desjenigen, der gerettet wird. Der **Fremdgeschäftsführungswille** darf danach grundsätzlich vermutet werden, ist aber im Übrigen auch nicht zweifelhaft. Ein Auftrag oder eine sonstige Berechtigung zur Eingehung von Kostenpflichten oder Zahlung solcher Kosten aus Behandlungsverträgen bestand nicht. Entscheidend für den Anspruch auf Ersatz der erforderlichen Rettungsaufwendungen ist, dass die Maßnahme dem **Interesse und** dem **Willen des Geretteten** entsprach. Die konkrete Durchführung einer ärztlich für erforderlich gehaltenen Bluttransfusion diente objektiv dem Zweck, Gesundheit und Leben des Kindes zu erhalten, sie war mithin objektiv nützlich für den Geschäftsherrn. Doch ist fraglich, ob diese Handlungen dem Willen des Geretteten entsprachen. Da die Willensrichtung darüber entscheidet, ob Aufwendungen zu ersetzen sind, kommt es bei beschränkt Geschäftsfähigen auf den Willen der gesetzlichen Vertreter an.[39] Eine tatsächliche Willensäußerung ist in der konkreten Rettungssituation aber nicht erfolgt. Abzustellen ist dann nach § 683 S. 1 auf den mutmaßlichen Willen. Dabei ist die Zugehörigkeit zu einer Religionsgruppe, die solche Rettungsmaßnahmen ablehnt, von Bedeutung. Hieraus muss geschlossen werden, dass die gesetzlichen Vertreter die konkrete Behandlungsmaßnahme abgelehnt hätten. Damit wird die Hilfeleistung aufgedrängt, **nach § 683 S. 1** ist die Geschäftsführung folglich **unrechtmäßig**. Sie könnte nur nach **§ 683 S. 2** rechtmäßig sein, wenn ein Fall des § 679 vorläge.

Unbeachtlich ist die tatsächliche oder mutmaßliche Willensrichtung nach § 679, wenn es darum geht, eine **Pflicht, die im öffentlichen Interesse steht**, oder eine gesetzliche Unterhaltspflicht des Geschäftsherrn zu erfüllen und wenn diese Pflicht ohne die Geschäftsführung nicht rechtzeitig erfüllt würde. § 679 ist erfüllt, wenn erkennbar ist, dass das Kind so schwer verletzt ist, dass es nur durch den konkreten ärztlichen Eingriff zu retten ist. Dann erfüllt der Geschäftsführer eine dem gesetzlichen Vertreter obliegende Unterhaltspflicht (§§ 1626 Abs. 1, 1627). Auch ist die Befugnis, über das Leben ihres Kindes zu entscheiden, den Eltern nicht schrankenlos zugewiesen (vgl. auch § 225 StGB).[40] Nicht unberücksichtigt bleiben darf, dass das Recht der GoA fremdnütziges Handeln begünstigt und daher nicht denjenigen benachteiligen sollte, der einer zumindest sittlichen Pflicht (vgl. auch § 323c StGB)[41] zur Menschenhilfe spontan nachkommt und das hierzu Erforderliche tut.[42] Vor diesem Hintergrund ist der entgegenstehende Wille des Geretteten bzw. seiner gesetzlichen

39 *Erman/T.W. Dornis*, BGB, § 683 Rn. 9 unter Hinweis auf den Flugreisefall BGHZ 55, 128.

40 *Schönke/Schröder/Sternberg-Lieben*, StGB, Vor § 32, Rn. 41 ff.; im Zivilrecht BGHZ 67, 48, 50.

41 Das strafrechtliche Verbot unterlassener Hilfeleistung ist keine „sonstige Berechtigung" i.S.v. § 677, sondern lediglich eine dem Einzelnen gegenüber der Allgemeinheit obliegende Pflicht; über die Berechtigung zur Hilfeleistung i.S.d. GoA sagt das strafrechtliche Gebot dagegen nichts, *Beuthien/Weber*, Schuldrecht II, S. 143; vgl. aber *Schubert*, AcP 178 (1978), 425, 436.

42 So zu den Selbstmordfällen *Larenz*, Schuldrecht II/1, § 57 I a; *Beuthien/Weber*, Schuldrecht II, S. 140 (Fall 10).

Vertreter nach § 679 unbeachtlich. Daher liegt eine berechtigte GoA vor (§ 683 S. 2) und der Geschäftsführer kann Ersatz seiner Aufwendungen verlangen. ◀

b) Unbeachtlichkeit des entgegenstehenden Willens (§ 679)

Das **Ergebnis** (FALL 109, Rn. 7) dürfte **nicht unbestritten** sein, wenn es um die zwangsweise Behandlung Erwachsener geht. Bereits früher, aber noch stärker in jüngster Zeit wird argumentiert, dass es keine im öffentlichen Interesse liegende Pflicht des Einzelnen gibt, am Leben zu bleiben oder seine Lebensgüter in jeder Situation zu schützen und zu retten.[43] Ein „Recht auf Freitod" wird vor allem in Fällen unausweichlich zum Tod führender Krankheiten, bei erforderlicher Intensivapparatemedizin, aber auch in seelischen Konfliktsituationen diskutiert. Stimmt man dem zu, so hätte der Staat sowohl in Fällen der Ablehnung ärztlicher Behandlung als auch bei frei gefassten Selbstmordentschlüssen kein Recht, sich in die Sphäre des Einzelnen einzumischen, sondern müsste dessen Entscheidung respektieren.[44] 8

In voller Härte tritt ein solcher Konflikt allerdings nur auf, wenn derjenige, dessen Geschäfte geführt werden, klar und erkennbar die Hilfeleistung ablehnt. In Fällen, in denen der Geschäftsführer die Entscheidung über eine Einmischung ex ante aufgrund der äußeren Umstände treffen muss, hilft die Rspr. wiederum mit der bereits bekannten Vermutung: Entspricht die Geschäftsführung dem objektiven Interesse des Geschäftsherrn, ist sie ihm also aus objektiver Sicht nützlich, so besteht ein Indiz dafür, dass sie auch seinem (mutmaßlichen) Willen entspricht.[45] Die **Willensgemäßheit** ist **indiziert bei objektiv nützlichen Handlungen**. Dies gilt allerdings nur, sofern keine eindeutigen Anhaltspunkte für Gegenteiliges oder sofern kein tatsächlich geäußerter Wille des Geschäftsherrn vorliegen. Damit verbindet sich ein Schutz für den Geschäftsführer. Den Geschäftsherrn schützt die Pflicht des Geschäftsführers, die Übernahme des Geschäfts – sofern möglich und opportun – nach § 681 S. 1 anzuzeigen und ggf. auf eine Entschließung des Geschäftsherrn zu warten.

Besondere Probleme wirft – auch im Hinblick auf die Anzeigepflicht des § 681 S. 1 – 9
nur **§ 679** auf. Je weiter man dessen Anwendungsbereich zieht, desto stärker setzt man sich über die Autonomie des Einzelnen hinweg. Nach seinem Wortlaut ist ein dem Geschäftsführerhandeln entgegenstehender Wille nur unbeachtlich, wenn ohne die Geschäftsführung eine im öffentlichen Interesse liegende Pflicht des Geschäftsherrn oder eine gesetzliche Unterhaltspflicht des Geschäftsherrn nicht rechtzeitig erfüllt würde. Ein **öffentliches Interesse an der Führung des Geschäfts** besteht, wenn ohne das Eingreifen des Geschäftsführers konkrete Belange der Allgemeinheit (z.B. Leben, Gesundheit, Eigentum Einzelner oder vieler) gefährdet oder beeinträchtigt würden. Gleichgültig ist, ob das öffentliche Interesse die Erfüllung privatrechtlicher oder öffentlich-rechtlicher Pflichten betrifft (z.B. Erfüllung der Streupflicht bei Eisglätte, Bestattung einer Person durch einen Unternehmer, obgleich hierfür nach landesgesetzlichen Vorschriften die Angehörigen verpflichtet sind[46]). Fälle der **gesetzlichen Unterhaltspflicht** regeln insbesondere §§ 1360, 1570, 1601 ff. Wer als nicht in gerader Linie Verwandter den Un-

---

43 So für die Selbstmordfälle im Recht der GoA: *Wollschläger*, Die Geschäftsführung ohne Auftrag, 1976, S. 311: „Der Selbstmord ist eine Situation extremer menschlicher Not, die frei von rechtlichen Sanktionen jeder Art bleiben muss."

44 Vgl. *Hillgruber*, Der Schutz des Menschen vor sich selbst, 1992, S. 79, 82, 109; *Gutmann*, NJW 1999, 3387.

45 BGH NJW 2015, 1020 Tz. 8; Hk-BGB/*Schulze*, § 683 Rn. 6: Indizfunktion.

46 BGHZ 191, 325 = NJW 2012, 1648 (zu §§ 2 Nr. 12, 13 Abs. 2 S. 1 SchlHBestattG) m. Anm. *Gutzeit*, NJW 2012, 1630 und Anm. *Fehrenbacher*, LMK 2012, 328636; ebenso BGH VersR 2016, 209.

terhalt für ein Kind leistet, weil der tatsächliche Vater sich aus dem Staub gemacht hat, muss sich im Falle des Regresses gegen diesen nicht vorhalten lassen, dass der Vater mit der Zahlung nicht einverstanden war. Nach h.M. soll der Wille analog § 679 auch unbeachtlich sein, wenn der Geschäftsherr durch sein Untätigbleiben gegen ein gesetzliches Verbot oder die guten Sitten (§§ 134, 138) verstößt[47] (hierunter fällt die in Fall 109 diskutierte aufgedrängte ärztliche Behandlung oder die Lebensrettung eines Suizidanten).[48] In Fällen des § 679 darf die **Pflicht zur Anzeige der Geschäftsführung nach § 681 S. 1** keine große Rolle spielen. Wer den Willen des Geschäftsherrn ohnehin ausnahmsweise übergehen darf, der wird auch nicht pflichtwidrig handeln, wenn er die Handlung nicht anzeigt.[49]

c) Irrtümer des Geschäftsführers über Willen oder Interesse des Geschäftsherrn

10 Das Risiko, das Interesse oder den mutmaßlichen Willen des Geschäftsherrn bei der Übernahme des Geschäfts falsch einzuschätzen, trägt der Geschäftsführer. Da es jedoch auf das nach gewöhnlichen Umständen des Falles für jedermann erkennbare Interesse ankommt und eine danach nützliche Handlung die Willensgemäßheit indiziert, ist dafür gesorgt, dass der Anreiz zu fremdnützigem Handeln nicht übermäßig gehemmt wird. Überdies ist zu beachten, dass der Wille zur Übernahme einer Fremdgeschäftsführung nicht jede Durchführungshandlung erlaubt, insbesondere ein unüberlegt forsches Eingreifen in die Rechtsgüter des Geschäftsherrn nicht angereizt werden soll. Die Übernahme verpflichtet nicht nur zur Anzeige der Tätigkeit (§ 681 S. 1), sondern auch zur sorgfältigen Durchführung. Wer ein fremdes Geschäft berechtigterweise übernimmt, es aber nachlässig durchführt, haftet dem Geschäftsherrn für das Durchführungsverschulden nach §§ 677, 280 Abs. 1, 241 Abs. 2.

Um eine Konstellation, in der der wirkliche oder mutmaßliche Wille nicht gesehen bzw. falsch eingeschätzt wird, geht es in

▶ **Fall 110** (OLG Karlsruhe VersR 1977, 936): Der Kunde K spielt während eines Banküberfalls den Helden und will den Bankräuber R überwältigen. Dabei kommt K selbst zu Schaden. Diesen Schaden verlangt er nun vom Bankhaus B ersetzt. B verweigert die Zahlung, weil K sich unnötig selbst gefährdet und B ihre eigenen Angestellten in Fällen, in denen ein bloßer Geldverlust durch Überfall droht, zur Passivität angehalten habe.

Anspruchsgrundlage ist wiederum §§ 670, 677, 683 S. 1. Der Schutz des eigenen Geld- und Sachvermögens obliegt demjenigen, dessen Vermögen bedroht wird.[50] Also liegt ein **objektiv fremdes Geschäft** vor. K handelte auch mit **Fremdgeschäftsführungswillen**. Der Aufwendungsersatzanspruch, der auch den Ersatz von Schäden für den Verlust eigener Rechtsgüter umfasst (vgl. unten Rn. 12),[51] erfordert, dass die **Rettungshandlung im Interesse der B** war. Vorrangig ist jedoch ein entgegenstehender Wille der Geschäftsherrin. Diesen hatte die B

---

47 Staudinger/*Bergmann*, § 679 Rn. 32; *Martinek/Theobald*, JuS 1998, 27, 31.

48 *Berg*, JuS 1975, 681, 686; vgl. auch LG München I NJW-RR 2014, 1285 (Ärztliche Behandlung eines unrechtmäßig unter Betreuung gestellten Menschen gegen dessen Willen).

49 Vgl. dazu BGHZ 65, 354, 356 f.

50 Im Originalfall klagte nicht der Betroffene, sondern der Sozialversicherungsträger, der die Behandlungskosten zu tragen hatte. Der Aufwendungsersatzanspruch nach §§ 670, 683 geht in solchen Fällen nach § 116 SGB X (früher § 1542 RVO) auf den Versicherer über. Alternativ kann man einen Deliktsanspruch des Opfers gegen den Täter diskutieren, der wegen der gesetzlichen Versicherung aus § 2 Abs. 1 Nr. 13a und c SGB VII gem. § 116 SGB X auf den Versicherungsträger übergeht, *Medicus/Petersen*, Bürgerliches Recht, Rn. 424; BGHZ 38, 270.

51 BGHZ 33, 251, 257.

auch geäußert, wenn auch nur gegenüber ihren Angestellten. Ist der Wille des Geschäftsherrn jedoch eindeutig geäußert worden, spielt es keine Rolle, ob der Geschäftsführer von dieser Äußerung wusste: er trägt das Risiko der Fehleinschätzung.[52] Ein Aufwendungsersatzanspruch besteht somit nicht.

Nicht anders läge der Fall, wenn B auch ihren Angestellten gegenüber nichts geäußert hätte, obwohl bankintern die einhellige Meinung besteht, dass die Beschäftigten sich nicht in Gefahr bringen sollen. In Fällen, in denen der wirkliche Wille nicht bekannt ist, kommt es auf den mutmaßlichen Willen aus der Perspektive des objektiven Beobachters an. Ein Indiz für die Willensgemäßheit der Handlung ist, dass diese für den Geschäftsherrn objektiv nützlich war. Dies würde es erfordern, dass die Preisgabe eigener Lebensgüter zur Rettung von Sachwerten dem Interesse der B entspricht. Angesichts der Güterordnung, welche Leben und Gesundheit den Sachwerten überordnet, ist dies zu verneinen. Die Tat lag also nicht im objektiven Interesse der B, daher hätte B ausdrücklich äußern müssen, dass sie auch solche Rettungstaten honoriert. Daran aber fehlt es. Aus diesem Grunde kommt ein Anspruch auf Aufwendungsersatz auch in dieser Konstellation nicht in Betracht. ◀

In Fällen, in denen eine **Gefahr nur vermeintlich** besteht, der Geschäftsführer aber gleichwohl tätig wird, ist die Übernahme der Geschäftsführung nicht objektiv interessen-, und damit auch nicht willensgemäß, es sei denn, die Voraussetzungen des § 679 liegen vor (Rettung eines Ertrinkenden, der sich später als Suizidant herausstellt). Daher besteht bei nur vermeintlicher Gefahr kein Aufwendungsersatzanspruch, und zwar selbst wenn der Geschäftsführer die tatsächliche Lage schuldlos falsch eingeschätzt hat. Allerdings schuldet der Geschäftsführer in einem solchen Fall auch keinen Ersatz für beim Geschäftsherrn angerichtete Schäden (§§ 678, 680).

▶ **Fall 111:** F hört aus der Wohnung seines Nachbarn G laute Hilfeschreie und verletzt sich beim Versuch, die Tür einzuschlagen, den Arm. Erst jetzt sieht er, dass sein Nachbar einen Fernsehkrimi anschaut.

Hier dienten die Aufwendungen, die F aus der Selbstschädigung entstehen, nicht dem objektiven Interesse des G. Daher kommt ein Aufwendungsersatzanspruch nicht in Betracht, wenn sich der Geschäftsführer über die Interessenlage geirrt hat. Eine andere Frage ist, ob F dem G Schadensersatz für die möglicherweise beschädigte Tür schuldet. Dafür spricht an sich § 678. Doch haftet F nur, wenn er „erkennen musste", dass die Handlung nicht dem wirklichen oder mutmaßlichen Willen des G entsprach (sog. **Übernahmeverschulden**). Hier kommt es also darauf an, ob F nach den für ihn erkennbaren Umständen darauf schließen durfte, dass der Geschäftsherr die Rettungshandlung gewünscht hätte. Das erfordert es zu prüfen, ob sich F entschuldbar darüber geirrt hat, dass tatsächlich ein Notfall vorlag. Man kann das annehmen, wenn man davon ausgeht, dass echte Hilfeschreie anders klingen als solche, die aus dem Lautsprecher eines Fernsehers herausschallen. Je besser die Tontechnik im Wohnzimmer wird, desto eher wird man jedoch darüber nachdenken müssen, den F für entschuldigt zu halten. Für einen etwaigen Anspruch aus §§ 677, 280 Abs. 1 oder § 823 Abs. 1 (Sachbeschädigung) gilt ebenfalls ein erleichterter Verschuldensmaßstab, wenn die Geschäftsführung der Abwendung einer „dem Geschäftsherrn drohenden dringenden Gefahr" galt (§ 680). Dann haftet F nur, wenn er zumindest grob fahrlässig handelte, also gleichfalls, wenn er „erkennen musste", dass eine Gefahr gar nicht bestand (vgl. auch unten **Fall 115**). ◀

52 MüKoBGB/*Schäfer*, § 683 Rn. 5; *Staudinger/Bergmann*, § 683 Rn. 25.

3. Die Ansprüche der Beteiligten bei berechtigter Geschäftsführung ohne Auftrag

a) Anspruch des Geschäftsführers

11 **Hauptanspruch des Geschäftsführers** bei der berechtigten GoA ist der Aufwendungsersatzanspruch aus §§ 683, 670. Daneben profitiert der Geschäftsführer davon, dass er bei Notgeschäftsführungshandlungen nur für vorsätzliche und grob fahrlässige Schadensverursachung haftet (§ **680**, gilt auch für die unberechtigte GoA, dazu noch unten Rn. 18). Im Rahmen der §§ 683, 677 kommt wortlautgemäß nur der Ersatz von Aufwendungen des Geschäftsführers in Betracht. Liegen alle Voraussetzungen der berechtigten GoA vor (vgl. oben Rn. 5), so kann der Geschäftsführer vom Geschäftsherrn den Ersatz der Aufwendungen verlangen, die er für die Geschäftsführung gemacht hat und für erforderlich halten durfte (§ 670). Anspruchsgrundlage sind die §§ 677, 670, 683 S. 1. Neben dem Vorliegen einer berechtigten GoA ist für diesen Anspruch nur erforderlich, dass der Geschäftsführer Aufwendungen gemacht hat, die er für erforderlich halten durfte. **Aufwendungen** sind nach allgemeiner Meinung **freiwillige Vermögensopfer.**[53] Darunter fallen Zahlungen, die der Geschäftsführer bewusst und gewollt erbringt, so etwa die Anschaffungskosten für eine fremde Sache, anfallende Steuern oder Abgaben. Eine Aufwendung ist nicht mehr erforderlich, wenn der Geschäftsführer eine überteuerte Gegenleistung erbringt, es sei denn, der Geschäftsherr hat eine bestimmte Höhe festgesetzt. Nicht für erforderlich halten darf der Geschäftsführer aber jedenfalls solche Aufwendungen, die er bei einem Geschäft tätigt, das gegen ein gesetzliches Verbot verstößt.[54]

Problematisch ist, ob der Geschäftsführer eine Vergütung dafür verlangen kann, dass er seine **Arbeitskraft** im Interesse des Geschäftsherrn einsetzt.[55] Die h.M. verneint das im Grundsatz zu Recht,[56] denn die GoA folgt grundsätzlich den Regeln über die unentgeltliche Auftragserledigung (§§ 662 ff.). Anders soll es aber sein, wenn der Geschäftsführer im Interesse des Geschäftsherrn eine Dienstleistung erbringt, welche er gewöhnlich gegen Entgelt anbietet. Dann soll ein Anspruch auf Zahlung der üblichen Vergütung bestehen.[57] Dieser Anspruch wird gelegentlich auf eine Analogie zu § 1835 Abs. 3 gestützt.[58] Dort geht es um Aufwendungen, die ein Vormund im Interesse eines Mündels macht. Abs. 3 stellt dabei klar, dass ein Vormund, der Tätigkeiten erbringt, die er sonst beruflich oder gewerblich anbietet, sich diese Tätigkeiten nach den auch beruflich verlangten Sätzen vergüten lassen darf.

12 Problematischer ist der **Ersatz von Schäden**, die der Geschäftsführer anlässlich der Geschäftsführung erleidet. Schäden sind unfreiwillige Vermögensopfer, so etwa die Kosten infolge Beschädigung des eigenen Kfz nach einem Ausweichmanöver, das zur Rettung eines auf die Fahrbahn stürzenden Kindes erforderlich wurde (Fall 103).[59] Solche Schäden sind bei Übernahme des Geschäfts erkennbar und mit einer gewissen Wahrscheinlichkeit auch mit der Rettung verknüpft, also risikotypisch. **Risikotypische Be-**

53 Hk-BGB/*Schulze*, § 670 Rn. 3; *Larenz*, Schuldrecht II/1, § 56 III.

54 OLG Schleswig MDR 2013, 1399 (Erbringung von Handwerkerleistungen in Schwarzarbeit); MüKoBGB/*Schäfer*, § 670 Rn. 27.

55 Ausführlich zu dieser Frage *Loyal, Die „entgeltliche" Geschäftsführung ohne Auftrag*, 2011.

56 *Larenz*, Schuldrecht II/1, § 57 I b, S. 355; a.A.: *Dorn*, JZ 1964, 93.

57 RGZ 149, 121, 124; BGH NJW 1971, 609, 612; BGHZ 65, 384, 390; 143, 9, 16; 191, 325 Tz. 25; BGH NJW 2015, 1020 Tz. 9; im Ergebnis auch *Larenz*, Schuldrecht II/1, § 57 I b; abweichend in der Begründung *Otto*, JuS 1984, 684, 685; *Wollschläger*, JA 1979, 126, 131 (§§ 612, 632 analog).

58 *Beuthien/Weber*, Schuldrecht II, S. 142.

59 BGHZ 38, 270.

gleitschäden sind wie freiwillige Aufwendungen i.S.d. § 670 ersatzfähig.[60] **§ 670 wird** diesbezüglich jedoch nicht direkt, sondern **analog** angewendet.[61] Die Analogie wird damit begründet, dass ausdrücklich nur in § 110 Abs. 1 HGB eine Regelung enthalten ist, welche die hier angesprochene Interessenlage betrifft, diese im Wortlaut aber – anders als § 670 BGB – deutlich zwischen Schäden und Aufwendungen unterscheidet.[62] Bei analoger Anwendung des § 670 auf risikotypische Begleitschäden lässt sich wiederum **§ 254 analog** heranziehen. Hat sich der Geschäftsführer besonders ungeschickt bei der Rettung angestellt, hat er sich unnötig in Gefahr begeben und ist dadurch der an seinen Rechtsgütern eingetretene Schaden provoziert oder vertieft worden, so kommt eine Minderung des Aufwendungsersatzanspruchs in Betracht.[63]

▶ **Fall 112** (BGHZ 43, 188): F hält des Nachts einen Traktor auf einer Landstraße an, um dem Fahrer mitzuteilen, dass die Rückleuchte des Traktors nicht funktioniert. Kurz danach rast ein nachfolgender Pkw in das Hindernis und verletzt auch den F. Zwar kann F nach §§ 670, 677, 683 S. 1 (analog) Ersatz dieser risikotypischen Begleitschäden verlangen, muss sich dabei aber wegen seiner eigenen Unvorsichtigkeit analog § 254 eine Eigenbeteiligung anrechnen lassen. ◀

Der Aufwendungsersatzanspruch ist ausgeschlossen, wenn der Geschäftsführer etwa in Schenkungsabsicht oder aus Gefälligkeit handelte.[64] Dann entfällt nach § 685 der Aufwendungsersatzanspruch. Sofern Eltern oder Großeltern bzw. Urgroßeltern Geschäfte ihrer Abkömmlinge mit Fremdgeschäftsführungswillen übernehmen, wird die Schenkungsabsicht vermutet (vgl. § 685 Abs. 2).[65] Allerdings hat im Prozess der Geschäftsherr den Schenkungswillen zu beweisen. Das folgt aus dem Wortlaut des § 685.

Entsprach die Übernahme der Geschäftsführung dem tatsächlichen Willen oder war sie objektiv interessengemäß und damit auch vom mutmaßlichen Willen des Geschäftsherrn gedeckt, so trägt der Geschäftsherr das **Risiko des Erfolgs der Aufwendungen**. Misslingt eine berechtigte Geschäftsführungshandlung, so muss der Geschäftsherr dennoch die Aufwendungen tragen, so etwa, wenn die Feuerwehr ein in Brand geratenes Grundstück zu löschen versucht, das darauf stehende Haus aber gleichwohl abbrennt. Das folgt daraus, dass § 670 sämtliche Aufwendungen für ersatzfähig erklärt, die der Geschäftsführer „für erforderlich halten darf". § 683 S. 1 gewährt diesen Anspruch bereits, wenn „die Übernahme der Geschäftsführung" berechtigt war. Stellt sich der Geschäftsführer allerdings bei der Rettungsaktion ungeschickt an, so, wenn die Feuerwehr den Löschvorgang „verbummelt", hat der Geschäftsherr einen Schadensersatzanspruch wegen Pflichtverletzung aus §§ 280 Abs. 1, 241 Abs. 2 (unten Rn. 13). Mit diesem kann er aufrechnen, wenn der Geschäftsführer Aufwendungsersatz verlangt.

60 BGHZ 33, 251, 257; 38, 270, 277; NJW 1993, 2234, 2235.

61 BGHZ 38, 270, 277.

62 Krit., aber im Ergebnis ebenso für einen Ersatz solcher Kosten *Larenz*, Schuldrecht II/1, § 56 III (Grundsätze der Risikozurechnung).

63 OLG Düsseldorf MDR 2015, 508 (Anspruchsteller hat versucht, an einer vereisten Steigung ein stehengebliebenes Kfz anzuschieben und ist dabei gestürzt); *Beuthien/Weber*, Schuldrecht II, S. 144.

64 BGHZ 197, 110 = NJW 2013, 2025 Tz. 8; OLG Düsseldorf BeckRS 2013, 13233.

65 Ebenso wenn ein Lebenspartner Aufwendungen auf eine Immobilie tätigt, die im Eigentum der Eltern seiner Partnerin steht und die gemeinsam bewohnt wird, BGH NJW 2015, 1523 Tz. 19.

b) Ansprüche des Geschäftsherrn

13 Der Geschäftsherr hat Anspruch auf **Herausgabe** des durch die Geschäftsführung Erlangten nach §§ 681 S. 2, 667.[66] Ferner kann er **Auskunft** und Rechenschaft über die Geschäftsführung nach §§ 681 S. 1, 666, 259 verlangen. Zudem hat der Geschäftsherr auch bei berechtigterweise übernommener Geschäftsführung einen Anspruch darauf, dass der Geschäftsführer das Geschäft im Einklang mit dem Willen und Interesse des Geschäftsherrn führt. Da es sich bei der GoA um ein Schuldverhältnis handelt, kommt im Falle der Schlechterfüllung ein Schadensersatzanspruch wegen Pflichtverletzung aus § 280 Abs. 1, 241 Abs. 2, 677 in Betracht, sofern der Geschäftsherr diese Schäden verschuldet hat (**Ausführungsverschulden**). Dagegen setzt der Schadensersatzanspruch aus § 678 eine unberechtigte GoA voraus, erfordert also, dass der Geschäftsführer erkennbar gegen den Willen und das Interesse des Geschäftsherrn das Geschäft übernimmt (Übernahmeverschulden).

▶ **Fall 113:** G verreist nach Weihnachten in die Skiferien und gibt dem Nachbarn F den Schlüssel zu seinem Haus, damit F „nach dem Rechten sehen kann". F beschließt nach einem Kontrollgang durch das Erdgeschoss des Anwesens, den noch im Wohnzimmer stehenden Weihnachtsbaum zu entfernen. Während er den Baum abschmückt, raucht er eine Zigarette. Infolge Unachtsamkeit entzündet sich hieran einer der Äste. Bevor F den Vorfall bemerkt, hat der strohtrockene Baum schon Feuer gefangen. Der Weihnachtsschmuck schmilzt infolge der Aktion.

Hier hat G gegen F einen Anspruch auf Ersatz des entstandenen Schadens aus §§ 280, 241 Abs. 2, nicht dagegen aus § 678, denn die Übernahme des Geschäfts war noch objektiv nützlich und daher vom mutmaßlichen Willen des G gedeckt, sodass eine berechtigte GoA vorliegt. ◀

14 Die Ansprüche des Geschäftsherrn aus §§ 677, 280 Abs. 1, 241 Abs. 2 und § 681 S. 2 bestehen nicht, wenn der **Geschäftsführer beschränkt geschäftsfähig oder geschäftsunfähig** war (§ 682). Das lässt sich damit erklären, dass es um eine quasivertragliche Haftung geht, die mit dem Schutz der in ihrer Geschäftsfähigkeit beschränkten Personen kollidieren kann. Vollständig überzeugt die Gleichstellung nicht, denn der Geschäftsherr hat bei der GoA keine Möglichkeit, sich den Geschäftsführer auszusuchen. Einen ungeschickten Elfjährigen würde man vermutlich nicht als Helfer auswählen, wenn es um die Übernahme einer wichtigen Angelegenheit geht. Gleichwohl haften Minderjährige nur eingeschränkt, nämlich lediglich nach deliktischen oder bereicherungsrechtlichen Grundsätzen auf Herausgabe des Erlangten (§ 812, nicht § 681 S. 2) und auf Schadensersatz (§ 823, nicht §§ 677, 280 Abs. 1, 241 Abs. 2). Dagegen bleiben die Ansprüche gegen den Geschäftsherrn aus §§ 683, 684 von der einschränkenden Regelung in § 682 unberührt, denn sie sind für den Minderjährigen vorteilhaft. Auch muss der **Geschäftsherr** selbst nicht geschäftsfähig sein. Hierin ist kein Verstoß gegen den vom Gesetz gewollten Minderjährigenschutz zu sehen, denn der Anspruch auf Aufwendungsersatz des Geschäftsführers wird ja nur begründet, wenn die GoA willensgemäß ist. Maßgeblich ist dabei nicht der Wille des Minderjährigen, sondern der des gesetzlichen Vertreters.[67] Der Ausschlussgrund des § 682 gilt auch für die unberechtigte GoA, insbesondere den Schadensersatzanspruch wegen Übernahmeverschuldens.

---

66 Bsp. aus dem Bereich des Vermieterpfandrechts: BGH NJW 2014, 3570.

67 *Erman/T.W. Dornis*, § 683 Rn. 9 unter Hinweis auf den Flugreisefall BGHZ 55, 128.

III. Die unberechtigte Geschäftsführung ohne Auftrag

1. Grundsätze und Ansprüche der Beteiligten

Das **Merkmal der Interessen- und Willensgemäßheit in § 683 S. 1 grenzt die berechtigte von der unberechtigten GoA ab.** Auch die unberechtigte GoA setzt voraus, dass ein objektiv fremdes Geschäft mit Fremdgeschäftsführungswillen geführt wird. Der **Aufbau der unberechtigten GoA** entspricht im Wesentlichen dem der berechtigten GoA, mit Ausnahme der genannten beiden Tatbestandselemente (oben § 13 Rn. 5). Die **§§ 677 und 681 S. 2 sowie 683** über die Pflichten des Geschäftsführers finden auf die unberechtigte GoA keine Anwendung, denn die Einwirkung auf den Rechtskreis des Geschäftsherrn ist objektiv rechtswidrig. Der Geschäftsführer ist daher nicht verpflichtet, die Geschäftsführung anzuzeigen und interessengemäß zu führen, sondern muss die Tätigkeit unterlassen.[68] Dementsprechend hat er, wenn er trotzdem handelt, auch keinen Anspruch auf Aufwendungsersatz. Doch haftet er gleichwohl auf Schadensersatz aus §§ 280 Abs. 1, 241 Abs. 2 i.V.m. § 677, weil auch die unberechtigte GoA ein Schuldverhältnis i.S.d. § 677 begründet. Die **Durchführung der Tätigkeit ist rechtswidrige Einwirkung** auf die Rechtsgüter des Geschäftsherrn und kann unerlaubte Handlung nach §§ 823 ff. sein. Erlangt der Geschäftsführer aus der Geschäftsführung etwas, so erlangt er es **ohne Rechtsgrund**. Es ist daher nach §§ 812 ff. herauszugeben. 15

Fraglich ist allerdings, wie es sich mit dem **Herausgabeanspruch des Geschäftsherrn nach §§ 681 S. 2, 667** verhält. Dieser soll nach h.M. nur bestehen, wenn der Geschäftsherr genehmigt (§ 684 S. 2).[69] Die Gegenauffassung will den unberechtigten Geschäftsführer nicht besserstellen als den berechtigten und daher auch hier §§ 681 S. 2, 667 anwenden.[70] Dann stellt sich allerdings die Frage, wie sich dieser Anspruch zu dem **Herausgabeanspruch des Geschäftsführers nach §§ 684 S. 1, 812 ff.** verhalten soll. Dieser wäre nach der Gegenauffassung auf Aufwendungsersatz nach bereicherungsrechtlichen Grundsätzen beschränkt. Es bestünde zudem auch kein Grund für den Geschäftsherrn, die Geschäftsführung zu genehmigen: Er könnte, ohne Aufwendungsersatz leisten zu müssen, das aus der Geschäftsführung Erlangte herausverlangen. Die h.M. ist daher vorzugswürdig. Der Geschäftsführer selbst kann keinen Aufwendungsersatz verlangen, sondern nur die ungerechtfertigte Bereicherung des Geschäftsherrn beanspruchen (§ 684 S. 1). Dagegen muss ein Geschäftsherr, der die Vorteile des Geschäfts für sich in Anspruch nehmen will, die Geschäftsfuhrung genehmigen und dadurch nachträglich zu einer berechtigten machen. Tut er dies, so wird er seinerseits zum Aufwendungsersatz verpflichtet (§§ 684 S. 2, 683, 670), kann aber auch nach §§ 681 S. 2, 667 die Herausgabe des aus der Geschäftsbesorgung Erlangten verlangen.[71] Die Problematik verdeutlicht

▶ **Fall 114:** S hat das Auto seiner Freundin G bei einer Spritztour beschädigt. S lässt den Wagen beim Unternehmer F reparieren, der ihm mitteilt, er wisse noch nicht, wie er die Reparatur vornehmen und was es kosten werde. F weiß, dass das Auto der G gehört. Er repariert den Wagen, verwendet aber für das bereits betagte Fahrzeug durchgängig hochwertige Neuersatzteile, obwohl er auch gebrauchte Teile im Vorrat hat. Die Rechnung fällt dementsprechend hoch aus. Von den 5.000 Euro Reparaturkosten will G nur 2.000 Euro beglei- 16

68 *Larenz*, Schuldrecht II/1, § 57 II a.
69 Vgl. *Larenz*, Schuldrecht II/1, § 57 II a.
70 *Palandt/Sprau*, Vor § 677 Rn. 5; MüKoBGB/*Schäfer*, § 681 Rn. 3.
71 Ausführlich insbesondere zu §§ 681 S. 2, 667 *Loyal*, *AcP* 212 (2012), 364.

chen. Dieser Betrag entspricht dem Wert der Reparatur, wenn Gebrauchtteile verwendet worden wären.[72]

Ein **Anspruch des F gegen S** wird jedenfalls in Betracht kommen, wenn S den Reparaturvertrag im eigenen Namen geschlossen hat. Dann schuldet er die übliche Vergütung (**§§ 631 Abs. 1, 632 Abs. 1**), zu der in einer gewöhnlichen Kfz-Werkstatt auch die Reparatur mit Neuteilen gehört, wenn der Kunde nicht klarmacht, dass er (qualitativ typischerweise schlechtere und daher nicht fachgerechte) Gebrauchtteile wünscht.

Ein **Anspruch des F gegen G** könnte sich auf **§§ 670, 677, 683 S. 1** stützen. F hat objektiv ein Geschäft der Fahrzeugeigentümerin geführt. Daran ändert sich noch nichts, wenn man berücksichtigt, dass S möglicherweise der G gegenüber zur Wiederherstellung nach §§ 823 Abs. 1, 249 Abs. 1 verpflichtet war. Anders ist es dagegen, wenn man einbezieht, dass F vertraglich gegenüber S zur Reparatur verpflichtet war. Hier stellt sich die Frage, ob ein **Handeln im Doppelinteresse** möglich ist, wenn der Geschäftsherr einem Dritten (S) gegenüber vertraglich verpflichtet war. Folgt man der Rspr., die auch in solchen Fällen ein objektiv fremdes Geschäft annimmt (jedenfalls wenn wie hier keine eindeutige Entgeltabrede im Vertrag getroffen wurde), so müsste F mit **Fremdgeschäftsführungswillen** gehandelt haben. Das wird nach h.M. bei einem Handeln im Doppelinteresse vermutet. Da F wusste, dass das Fahrzeug der G gehörte, ist die Vermutung nicht alleine dadurch widerlegt, dass das Fahrzeug von S gefahren wurde. Allerdings fehlt es vorliegend an einer **berechtigten Geschäftsführung**, da G die Reparatur mit den Neuersatzteilen nicht wünschte, also diese nicht ihrem geäußerten Willen entsprach. Ein Anspruch auf Vergütung aus §§ 670, 677, 683 S. 1 scheidet damit aus.

In Betracht kommt ein **Anspruch auf die geforderte Vergütung** aus **§§ 684 S. 2, 670, 677, 683 S. 1**. Dann müsste G die Tätigkeit genehmigt haben. Hätte sie dies getan, so würde die Geschäftsführung rückwirkend (§ 184 Abs. 1) zu einer berechtigten GoA. Doch fehlt es an der Genehmigung.

Übrig bleibt ein **Anspruch aus §§ 684 S. 1, 812 ff.** Er setzt voraus, dass ein objektiv fremdes Geschäft ohne Auftrag mit Fremdgeschäftsführungswillen geführt wurde, das nicht dem tatsächlichen Willen des Geschäftsherrn entsprach. **Rechtsfolge des § 684 S. 1** ist dann, dass der Geschäftsführer eine beim Geschäftsherrn vorhandene Bereicherung herausverlangen kann. Streitig ist, ob die **Verweisung auf das Bereicherungsrecht** in § 684 S. 1 eine Tatbestandsverweisung auf die §§ 812 ff.[73] oder eine Rechtsfolgenverweisung auf § 818 darstellt. Die überwiegende Auffassung nimmt an, dass die Vorschrift nur den Umfang des Anspruches regelt, also **Rechtsfolgenverweisung** ist.[74] Dann stellt sich nur noch die Frage, ob G durch die „Luxusreparatur" bereichert ist. Objektiv wäre Wertersatz zu leisten, da die Bereicherung nicht mehr gegenständlich herausgegeben werden kann, was bei einer auch aus Arbeitsleistungen bestehenden Werkunternehmerleistung typisch ist (§ 818 Abs. 2, oben § 8 Rn. 14). Subjektiv hat G jedoch keine Aufwendungen erspart, die sie selbst gemacht hätte, denn sie hätte nur eine Reparatur mit gebrauchten Ersatzteilen vornehmen lassen. Wenn die Luxusreparatur darüber hinausgeht, liegt eine **aufgedrängte Bereicherung** vor, die zur Einwendung nach § 818 Abs. 3 berechtigt (oben § 10 Rn. 24). ◀

---

72 Vgl. den ähnlichen Fall OLG Hamm NJW 1974, 951, 952; und *Beuthien/Weber*, Schuldrecht II, Fall 12 S. 164.
73 Dafür *Medicus/Petersen*, Bürgerliches Recht, Rn. 434, 947; *Gursky*, AcP 185 (1985), 13, 40.
74 BGH WM 1976, 1056, 1060; OLG Hamm NJW 1974, 951; NJW-RR 1991, 1303, 1304; *Jauernig/Mansel*, § 684 Rn. 1.

Der Fall zeigt, dass eine unberechtigte GoA das **Erfolgsrisiko der Tätigkeit beim Geschäftsführer** belässt. Macht der Geschäftsführer Aufwendungen, die misslingen oder jedenfalls nicht zu einer auch subjektiven Bereicherung beim Geschäftsherrn führen, so erhält er keinen Ersatz hierfür, weil nach bereicherungsrechtlichen Grundsätzen eben keine Bereicherung auf Seiten des Geschäftsherrn vorliegt. Die Einmischung in fremde Angelegenheiten wird zum privaten Verlustgeschäft. Das nimmt allzu übermütigem Einschreiten den Anreiz. Wer sichergehen will, dass sein Einsatz belohnt wird, muss die Übernahme des Geschäfts anzeigen und auf eine Entscheidung des Geschäftsherrn warten (§ 681 S. 1).

Der Fall wirft aber auch die Problematik auf, wie Leistungen oder **Aufwendungen innerhalb einer Dreieckskonstellation** abzuwickeln sind (§ 11 Rn. 1). Hierbei geht es letztlich um die **Konkurrenz** zwischen mehreren Rechtsinstituten (Vertrags-, Bereicherungs- und Geschäftsführungsrecht). Betrachtet man § 684 S. 1 nicht als Rechtsfolgen-, sondern als Rechtsgrundverweisung,[75] so wäre nicht nur § 818, sondern zunächst der **Bereicherungstatbestand** des § 812 selbst zu prüfen. Dem Geschäftsherrn stünden so alle Einwendungen aus dem Bereicherungsrecht zu, also §§ 814, 815, 817 S. 2, aber insbesondere gilt das Prinzip vom Vorrang der Leistungsbeziehung. Wer Aufwendungen auf eine fremde Sache in Ausführung eines wirksamen Vertrages macht, leistet zunächst gegenüber seinem Vertragspartner. Im Verhältnis zu dem tatsächlich begünstigten Eigentümer der Sache erbringt er eine Verwendung, die im Wege der Nichtleistungskondiktion (§ 812 Abs. 1 S. 1, 2. Alt.) abzuwickeln wäre. Doch ist die Nichtleistungskondiktion subsidiär, wenn der Gegenstand der Kondiktion dem Bereicherten auch durch Leistung zugewendet wurde. Damit würde letztlich auch beim Handeln im Doppelinteresse der Vorrang des Vertragsrechts sichergestellt.[76] Der Leistende (in Fall 114 der F) muss sich sein Geld bei seinem Auftraggeber (in Fall 114 der S) holen. Dies entspricht im Ergebnis der Ansicht, die bei vorrangigen Vertragsbeziehungen ein Handeln im Doppelinteresse, ein „auch fremdes" Geschäft, nicht annimmt, sodass eine GoA schon gar nicht in Betracht kommen soll (vgl. oben Rn. 4). Der Auftraggeber selbst handelt zwar objektiv im Interesse des Eigentümers, dessen Sache er reparieren lässt, hat jedoch die beabsichtigte Reparatur nach § 681 S. 1 anzuzeigen und den Entschluss des Geschäftsherrn abzuwarten, um später in den Genuss der §§ 670, 683 S. 1 zu gelangen. Wer gar eine Sache reparieren lässt, die er selbst beschädigt hat, der schuldet dem Eigentümer ohnehin Schadensersatz nach §§ 823 Abs. 1, 249 Abs. 1 und damit ein wiederhergestelltes Fahrzeug. Dann stellt sich die Frage des Aufwendungsersatzes schon deshalb nicht, weil der Eigentümer mit diesem Schadensersatzanspruch aufrechnen und damit den Ersatzanspruch zum Erlöschen bringen könnte (§§ 387, 389). Im Falle einer „Luxusreparatur" muss deren Wert nach §§ 684 S. 1, 818 Abs. 3 ebenfalls nur erstattet werden, wenn es sich dabei nicht um eine aufgedrängte Bereicherung handelt (so die in der Falllösung skizzierte h.M.). Der Anspruch des Geschäftsführers aus § 684 S. 1 ist allerdings, ebenso wie der Aufwendungsersatzanspruch im Rahmen der berechtigten GoA (§§ 670, 677, 683 S. 1) ausgeschlossen, wenn die Voraussetzungen des § 685 vorliegen.[77]

---

75 *Medicus/Petersen*, Bürgerliches Recht, Rn. 434, 947; vertiefend *Batsch*, AcP 171 (1971), 219, 227. Hierzu ausführlich *Loyal*, JZ 2012, 1102.

76 Ausführlich zu der Problematik *Beuthien/Weber*, Schuldrecht II, S. 168 f.

77 OLG Düsseldorf BeckRS 2013, 13233.

2. Weitere Rechtsfolgen: Verschärfte Haftung bei Übernahmeverschulden (§ 678), Haftungsmilderungen (§§ 680, 682)

17 Bei der unberechtigten GoA erfolgt die **Abwicklung nach Bereicherungsrecht.** §§ 677, 681, 683 finden keine Anwendung, solange nicht genehmigt wird (vgl. oben § 13 Rn. 15). Die unberechtigte GoA führt überdies nach **§ 678** zu einer verschärften Haftung des Geschäftsführers bei **Übernahmeverschulden** (vgl. als Beispiel FALL 111). Da nämlich die Geschäftsführung unerwünschte Einmischung darstellt, begibt sich der Geschäftsführer in eine Situation, die als Ganzes unerwünscht ist. Sofern er dies schuldhaft verkannt hat, haftet er für alle Schäden, die er in dieser Lage den Rechtsgütern des Geschäftsherrn zufügt, und zwar auch, wenn er die Schäden nicht schuldhaft verursacht hat (**Zufallshaftung**, dazu noch unten FALL 115).

18 Sowohl für die unberechtigte als auch die berechtigte GoA gilt die in §§ 680 und 682 angeordnete **Haftungsmilderung.** Gegen den nicht oder nur beschränkt geschäftsfähigen Geschäftsführer gibt es nur deliktische oder Bereicherungsansprüche. Der unberechtigte Geschäftsführer kann von einer Haftungserleichterung profitieren, wenn er zu Zwecken der **Notgeschäftsführung** handelt. Sie ist in § 680 als eine Situation definiert, in der der Geschäftsführer die Abwendung einer dem Geschäftsherrn drohenden dringenden Gefahr beabsichtigt. Dann haftet er nicht, wenn er fahrlässig verkennt, dass er unberechtigterweise fremde Geschäfte führt. Der Maßstab des § 680 schlägt sogar auf den deliktischen Haftungsmaßstab durch (oben § 1 Rn. 19).[78]

▶ **FALL 115** (nach BGH NJW 1972, 475): G feiert mit seinen Arbeitskollegen ein ausgelassenes Fest in einer Gaststätte und ist schließlich sturzbetrunken. Der gleichfalls betrunkene Kollege F nimmt dem sich energisch wehrenden, aber vollkommen fahruntauglichen G den Autoschlüssel weg und will G in der eiskalten Winternacht nach Hause fahren. Auf der Fahrt gerät das Fahrzeug, von F unverschuldet, ins Schleudern und wird stark beschädigt. G erleidet einen Rippenbruch. Er verlangt von F Schadensersatz.

Ein **Anspruch auf Schadensersatz aus §§ 280 Abs. 1, 241 Abs. 2 i.V.m. § 677** scheitert daran, dass F den Unfall nicht verschuldet hat (es fehlt am Ausführungsverschulden). F könnte dennoch haften, wenn er auch für Zufallsschäden verantwortlich wäre. Der **Anspruch auf Schadensersatz aus § 678** setzt voraus, dass F erkennen musste, dass schon die Übernahme des Geschäfts nicht dem Willen und Interesse des G entsprach, also eine unberechtigte GoA vorliegt (Übernahmeverschulden). Dafür spricht, dass G wohl nicht durch einen gleichfalls Betrunkenen nach Hause gefahren werden wollte. Liegt ein Übernahmeverschulden vor, so haftet der Geschäftsführer für alle aus der Geschäftsführung entstandenen Schäden auch dann, wenn er die Schäden selbst nicht verschuldet hat (Zufallshaftung). Doch könnte das (Übernahme-)**Verschulden ausgeschlossen** sein, **wenn F als Notgeschäftsführer nach § 680 tätig geworden** ist.[79] Dann müsste objektiv eine Gefahrenlage vorgelegen haben.[80] Wenn in der konkreten Situation, in der eine Entscheidung getroffen werden musste, keine andere Möglichkeit bestand, als den G von der Autofahrt im betrunkenen Zustand abzuhalten und

78 Für den professionellen Nothelfer ist die Anwendbarkeit von § 680 allerdings umstritten, siehe dazu BGH NJW 2018, 2723 Tz. 49 ff. Der BGH hat sich in diesem Fall zumindest dafür ausgesprochen, dass die Haftungserleichterung nicht für professionelle Nothelfer im Rahmen der Deliktshaftung nach § 839 durchschlagen soll. In BGH NJW 2019, 1809 Tz. 32 (Erste Hilfe durch Sportlehrer) hat der BGH dann klargestellt, dass eine analoge Anwendung von § 680 im Rahmen der Amtshaftung grundsätzlich nicht in Betracht kommt.

79 Diese Vorschrift gilt auch im Rahmen des § 678, vgl. *Gursky*, JuS 1972, 637, 639.

80 Nur der objektiv Gefährdete soll das Risiko einer weiteren Gefährdung durch den Geschäftsführer hinnehmen müssen, BGHZ 43, 188, 192.

ihn selbst nach Hause zu fahren, so lag eine Gefahrenlage vor. Als Folge haftet der Notgeschäftsführer nur für grobe Fahrlässigkeit und Vorsatz bei Übernahme der Geschäftsführung. Dann hätte G keinen Anspruch aus § 678, weil man F wohl keine grobe Fahrlässigkeit bei der Übernahme der Geschäftsführung nachweisen kann.

Selbst für den **Anspruch aus § 823 Abs. 1** bestimmt sich der **Verschuldensmaßstab** nach §§ 276, 680, sodass F nur für grobe Fahrlässigkeit haften würde, die hier aber nicht vorliegt. ◀

3. Konkurrenzen

Anders als die berechtigte bietet die unberechtigte GoA **keinen** bereicherungsrechtlichen **Rechtsgrund** für dasjenige, was aus der Geschäftsführung erlangt wird. Auch bildet sie **keinen Rechtfertigungsgrund** für deliktsrechtlich relevante Handlungen. Sie verschafft dem Geschäftsführer **kein Recht zum Besitz** an einer erlangten oder genutzten Sache, das gegenüber dem Herausgabeanspruch des Eigentümers eingewendet werden könnte (§§ 985, 986). Daher liegt oft ein Eigentümer-Besitzer-Verhältnis vor. Die **§§ 987 ff.** gehen als speziellere Abwicklungsregelung den Regeln über die unberechtigte GoA vor und verdrängen diese.[81] Wer als herausgabepflichtiger Besitzer Verwendungen auf eine herauszugebende Sache macht, erhält den Wert dieser Verwendungen – unabhängig von der Entscheidung des Eigentümers – ersetzt, wenn die Verwendungen zu einem Zeitpunkt gemacht wurden, zu dem er noch gutgläubig war (§§ 994 Abs. 1, 996). Der bösgläubige Besitzer erhält dagegen keinen Ersatz für nützliche Verwendungen (Lackierung eines Pkw), für notwendige Verwendungen (Reparatur des Motors eines Pkw) nur nach Maßgabe des Rechts der unberechtigten GoA (§§ 994 Abs. 2, 684 S. 1), also letztlich unter der Voraussetzung, dass diese Leistungen im Vermögen des Eigentümers tatsächlich noch vorhanden sind. 19

Wiederholungs- und Vertiefungsfragen

> Wie erklärt sich der Begriff „echte GoA"?

> Kann eine berechtigte GoA vorliegen, wenn die Übernahme weder dem mutmaßlichen noch dem wirklichen Willen des Geschäftsherrn entspricht?

> (W/V) Inwiefern spielt die Unterscheidung zwischen Übernahme und Durchführung der Geschäftsführung eine Rolle? (vgl. hierzu auch *Martinek/Theobald*, Grundfälle zum Recht der Geschäftsführung ohne Auftrag, JuS 1998, 27–33 – Fall 23)

> (V) G zündet eine Kirche an, die später von der Gemeinde F wieder aufgebaut wird. Kann F von G Ersatz der hierfür erforderlichen Aufwendungen verlangen? (hierzu RGZ 82, 206 – „Dombrandfall") Wie wäre es, wenn zwei Handwerker beim Wiederaufbau fehlerhaft arbeiten, Handwerker A allein die Fehlerhaftigkeit beseitigt und nun von Handwerker B hälftige Kostenbeteiligung als Aufwendungsersatz verlangt? (hierzu OLG Hamm NJW-RR 1991, 730; NJW-RR 1992, 849; zur Gesamtproblematik auch *Rüßmann*, Die Abgrenzung der Gesamtschuld von anderen Schuldnermehrheiten – BGHZ 59, 97, JuS 1974, 292–298)

> Was versteht man unter „Notgeschäftsführung"?

> Wer trägt das Risiko des Erfolgs einer Tätigkeit bei der berechtigten und wer bei der unberechtigten GoA? Woraus ergibt sich dies?

81 Hk-BGB/*Schulze*, Vor § 677 Rn. 13; MüKoBGB/*Schäfer*, § 677 Rn. 84.

> Inwieweit haftet ein minderjähriger Geschäftsführer aus GoA, inwieweit hat er Ansprüche gegen den Geschäftsherrn? Macht es einen Unterschied, wie alt genau der Minderjährige ist?

§ 14 Die unechte (uneigentliche) Geschäftsführung ohne Auftrag

I. Überblick

Von unechter GoA spricht man, wenn jemand ein fremdes Geschäft als sein eigenes führt, obwohl er weiß, dass er dazu nicht berechtigt ist (§ 687 Abs. 2), ferner, wenn er der Meinung ist, sein eigenes Geschäft zu führen. Im ersten Fall spricht man von **angemaßter Eigengeschäftsführung**. Die Einordnung unter die Vorschriften der GoA in diesem Fall mag deswegen angebracht sein, weil sowohl objektiv als auch wissentlich in einen fremden Geschäftskreis eingedrungen wird. Dagegen ist die **irrtümliche Führung eines nur objektiv fremden Geschäfts als eigenes** (§ 687 Abs. 1) zwar Fremdgeschäftsführung und es fehlt auch hier die fremdnützige Willensrichtung des Geschäftsführers. Doch wird nicht wissentlich in den fremden Geschäftskreis eingebrochen. Diese Geschäftsführung soll deshalb weder begünstigt noch besonders sanktioniert werden. 1

Angemaßte Eigengeschäftsführung (unechte GoA) liegt vor, wenn der Geschäftsführer ein 2

(1) objektiv (auch) fremdes Geschäft (§§ 677, 687)

(2) ohne Auftrag oder sonstige Berechtigung (§ 677)

(3) im positiven Bewusstsein der Fremdheit (§ 687 Abs. 2)

(4) mit Eigengeschäftsführungswillen (§ 687 Abs. 2) führt.

Darunter fällt die Nutzung oder Veräußerung fremder Sachen,[1] die auch § 816 Abs. 1 betrifft (oben § 10 Rn. 10), sowie die ungenehmigte Nutzung fremder Immaterialgüterrechte, z.B. der unerlaubte Upload von mitgeschnittenen Spielfilmen aus dem Fernsehen auf einer kommerziellen Videoplattform.[2] Als **Rechtsfolge** sieht § 687 Abs. 2 vor, dass der **Geschäftsherr** die Vorteile des Geschäfts an sich ziehen und Herausgabe des Erlangten beanspruchen kann (§§ 687 Abs. 2, 681 S. 2, 667). Er kann zudem Schadensersatz verlangen (§§ 687 Abs. 2, 678; §§ 687 Abs. 2, 677, 280 Abs. 1, 241 Abs. 2).[3] Wenn er diese Ansprüche geltend macht, ist er dem **Geschäftsführer** aber auch seinerseits aus §§ 687 Abs. 2, 684 S. 1, 812 ff. verpflichtet, wobei dieser Anspruch nicht auf vollständige Herausgabe des durch die Geschäftsführung Erlangten gerichtet ist (dies schuldet ja schon der Geschäftsführer), sondern nur auf Ersatz der vom Geschäftsherrn tatsächlich ersparten Aufwendungen (vgl. Rn. 1). Im Ergebnis zeigt sich, dass das Gesetz die vorsätzliche Geschäftsanmaßung durch Nachteilsandrohung besonders unattraktiv machen und damit verhindern möchte.

Irrtümliche Eigengeschäftsführung (unechte GoA) liegt vor, wenn der Geschäftsführer ein 3

(1) objektiv (auch) fremdes Geschäft (§§ 677, 687)

(2) ohne Auftrag oder sonstige Berechtigung (§ 677)

(3) ohne Bewusstsein der Fremdheit (§ 687 Abs. 1)

(4) mit Eigengeschäftsführungswillen (§ 687 Abs. 1) führt.

---

1 BGHZ 75, 203, 205.

2 Beachte hierzu aber die spezialgesetzlichen Regelungen in § 97 Abs. 2 UrhG und § 42 Abs. 2 S. 1 DesignG; in der Rechtsprechung zusätzlich RGZ 70, 249, 251 f.; 156, 321, 325; BGHZ 34, 320; 44, 372. Danach genügt bereits der schuldhafte (mindestens fahrlässige) Eingriff in fremde Ausschließlichkeitsrechte.

3 MüKoBGB/*Schäfer*, § 687 Rn. 29 mit dem zutreffenden Hinweis, dass der Anspruch wegen Übernahmeverschuldens vorteilhafter ist, weil hier auch zufällige Schäden erfasst werden.

Rechtsfolge ist, dass das Geschäft als eigenes Geschäft des Geschäftsführers behandelt wird. Inwieweit unberechtigt auf die Rechtsgüter des Geschäftsherrn eingewirkt wurde, beurteilt sich nach Deliktsrecht, ein etwaiger Regress erfolgt über das Bereicherungsrecht. Möglich bleibt die **Genehmigung einer unberechtigten Verfügung durch den Geschäftsherrn.** Doch meint dies nicht den in § 684 S. 2 geregelten Fall, wonach die Genehmigung bei unberechtigter GoA diese Handlung nachträglich zu einer berechtigten GoA machen kann. Das irrtümliche Eigengeschäft wird nämlich überhaupt nicht den Regeln der §§ 681 S. 2, 667 unterstellt. Die Wirkung der Genehmigung macht sich lediglich im Rahmen des § 816 Abs. 1 bemerkbar, mit der Folge, dass bei einer irrtümlichen Verfügung über eine fremde Sache im Eigeninteresse des Verfügenden die dem Geschäftsherrn gegenüber unberechtigte Verfügung durch Genehmigung zu einer wirksamen wird (vgl. oben § 10 Rn. 13). Das hat den Vorteil, dass der Geschäftsherr nunmehr nach § 816 Abs. 1 Herausgabe des Erlöses vom unechten Geschäftsführer verlangen kann.

II. Die Geschäftsanmaßung

4 Bei der **Geschäftsanmaßung** treffen mehrere Regelungskomplexe zusammen, sodass eine Schnittmenge aus delikts-, bereicherungs- und auftragsrechtlichen Vorschriften entsteht. Diese Schnittmenge begünstigt den Geschäftsherrn und belastet den Geschäftsführer. Der Geschäftsführer wird verpflichtet, erhält aber keine über die allgemeinen Vorschriften des Bereicherungsrechts hinausgehenden Ansprüche. Die Belastung des Geschäftsführers zeigt sich daran, dass neben § 687 Abs. 2 das Delikts- und Bereicherungsrecht ebenso anwendbar bleiben wie die §§ 987 ff. (EBV).[4] Letzteres ist zweifelhaft, entspricht aber der h.M.[5] Überzeugender erscheint es, die strengeren Regeln der angemaßten GoA als spezieller anzusehen,[6] denn § 687 Abs. 2 möchte auf den Geschäftsführer bewusst das härteste Regelungsinstrumentarium anwenden. Im Vergleich zu § 816 bedeutet dies, dass unstreitig nicht nur der objektive Wert des Erlangten, sondern auch ein etwaiger Gewinn herauszugeben ist (zu § 816 vgl. § 10 Rn. 14). In der Konstellation der Geschäftsanmaßung bestünde jedoch auch bei Anwendung des Bereicherungsrechts nicht die Möglichkeit für den Geschäftsführer, sich auf Entreicherung (§ 818 Abs. 3) zu berufen, da er aufgrund seiner Kenntnis der Fremdheit des Geschäfts regelmäßig auch bösgläubig i.S.d. § 819 Abs. 1 ist. Folgt man bzgl. des Umfangs des Herausgabeanspruchs des § 816 Abs. 1 S. 1 der h.M., so besteht in der Konstellation der Geschäftsanmaßung zwischen beiden Anspruchsgrundlagen kein Unterschied.

▶ **Fall 116** (nach RGZ 138, 45): Der Kunsthändler F kauft dem wenig sachverständigen Privatverkäufer G ein wertvolles Altarbild für eine – wie F erkennt – geringe Summe ab, indem F dem G vorspiegelt, es handele sich um eine mäßig gute Fälschung. G nimmt das Angebot daraufhin an. Als G durch eine Zeitungsmeldung erfährt, welchen Schatz er einmal in den Händen gehalten hat, ficht er das gesamte Veräußerungsgeschäft wegen arglistiger Täuschung an. Zwischenzeitlich hat F das Altarbild für einen hohen Betrag und einschließlich eines 20-prozentigen Gewinns über dem Marktwert an den Liebhaber D weiterveräußert. G möchte nun am liebsten diesen Betrag herausverlangen.

4 Zum Verhältnis der verschiedenen Anspruchsgrundlagen zueinander *Klocke*, JZ 2019, 661.
5 BGHZ 39, 186, 188; Hk-BGB/*Schulze*, Vor §§ 677–687 Rn. 13.
6 So MüKoBGB/*Schäfer*, § 677 Rn. 84.

Anspruchsgrundlage für ein solches Verlangen könnten **§§ 687 Abs. 2 S. 1, 681 S. 2, 667, 2. Alt.** sein. Dann müsste F ein **objektiv in den Geschäftskreis des G fallendes Geschäft** geführt haben. Grundsätzlich steht die Befugnis zur Veräußerung einer Sache deren Eigentümer zu. Ein objektiv fremdes Geschäft für G lag nur vor, wenn zum Zeitpunkt der Veräußerung nicht F, sondern G Eigentümer des Altarbildes war. Zwar wurde das Bild zunächst wirksam übereignet, doch führt die erfolgreiche **Anfechtung** nach §§ 123, 124, 143, 142 Abs. 1 dazu, dass die Veräußerung mit Wirkung ex tunc nichtig wurde. Damit war G im Zeitpunkt der Weiterveräußerung Eigentümer, F dagegen Nichtberechtigter. F hat insofern ein Geschäft des G, also ein für F objektiv fremdes Geschäft geführt. Die Geschäftsführung erfolgte ohne Auftrag oder sonstige Berechtigung, weil eine solche vorliegend nur von dem Eigentümer G abgeleitet werden könnte, der dem Vorgang allerdings widersprach. Fraglich ist, ob F das fremde Geschäft als eigenes führen wollte (**Eigengeschäftsführungswille**). Dazu hätte er wissen müssen, dass das Geschäft ein fremdes ist. Das anzunehmen macht Schwierigkeiten angesichts der zunächst wirksamen Übereignung. Doch folgt aus § 142 Abs. 2, dass die Kenntnis der Anfechtbarkeit des Geschäftes der Kenntnis der Nichtigkeit (§ 142 Abs. 1) gleichsteht. Wusste F um die Nichtigkeit, so wusste er auch, dass er jedenfalls vor Ablauf der Anfechtungsfrist noch in den Rechts- und Interessenkreis des G eingriff. Hier folgt aus dem zielgerichteten Vorgehen des F, dass er den G „über den Tisch ziehen wollte". Die weitere Veräußerung hat F insofern auch bewusst als eigenes Geschäft geführt. Daher liegt ein Fall der Geschäftsanmaßung vor. **Rechtsfolge** ist, dass der Geschäftsführer das tatsächlich Erlangte nach den Regeln des Auftragsrechts herauszugeben hat (§§ 687 Abs. 2, 681 S. 2, 667). Erlangt hat F die erhöhte Kaufpreissumme einschließlich eines eventuellen Veräußerungsgewinns. Diesen Erlös kann G insgesamt herausverlangen. Allerdings muss er im Falle, dass er diesen Anspruch geltend macht, seinerseits dem Geschäftsführer F dessen Aufwendungen nach § 684 S. 1 erstatten (Zug um Zug, § 273 Abs. 1).

Der Anspruch auf Aufwendungsersatz des Geschäftsführers richtet sich zunächst auf Ersatz derjenigen **Aufwendungen, die der Geschäftsherr selbst erspart hat**, z.B. Inseratskosten, Verpackungs- und Portokosten. Zusätzlich fallen hierunter Aufwendungen, welche der unberechtigt Verfügende vor Veräußerung auf die Sache gemacht hat, z.B. Kosten für die Restauration eines Altarbildes, sofern der erhöhte Erlös auf diesen **Verwendungen** beruht.[7] Aufwendungen, die erfolglos waren, brauchen dagegen nicht erstattet zu werden. ◀

Aus §§ 687 Abs. 2 S. 2, 684 S. 1 folgt zunächst nur, dass der Geschäftsherr Aufwendungsersatz nach Bereicherungsrecht zu leisten hat. Nimmt man die Verweisung des § 684 S. 1 wörtlich, so würde daraus auch folgen, dass der Geschäftsherr **das aus der Geschäftsführung Erlangte** herausgeben müsste, denn die angemaßte Fremdgeschäftsführung begründet für sich genommen keinen Behaltensgrund zugunsten des Geschäftsherrn. Das Ergebnis wäre jedoch widersinnig. Der Geschäftsherr dürfte nach §§ 687 Abs. 2 S. 1, 681 S. 2, 667, 2. Alt. Herausgabe des vom Geschäftsführer Erlangten fordern, müsste selbst aber nach §§ 687 Abs. 2 S. 2, 684 S. 1 dem Geschäftsführer das Erlangte wieder herausgeben. Daher betrifft § 687 Abs. 2 S. 2 nach allgemeiner Meinung nur den Aufwendungsersatz des Geschäftsführers. Für das aus der Geschäftsführung Erlangte bleibt es dagegen dabei, dass nur der Geschäftsherr dieses vom Geschäftsführer herausverlangen kann, und zwar nach §§ 687 Abs. 2 S. 1, 681 S. 2, 667, 2. Alt.[8]

---

7 *Wittmann*, Geschäftsführung ohne Auftrag, 1981, S. 156.
8 *Jacoby/von Hinden*, Studienkommentar BGB, § 687 Rn. 4.

▶ Ein **weiterer Anspruch auf Erlösherausgabe** könnte sich in Fall **116 aus § 816 Abs. 1 S. 1** ergeben. Nach erfolgreicher Anfechtung hat F (rückwirkend) als Nichtberechtigter über einen Gegenstand des G an D verfügt. Diese Verfügung war aber G gegenüber wirksam, sofern D – wie anzunehmen ist – gutgläubig war, §§ 929 S. 1, 932 Abs. 1. Als Rechtsfolge ist grundsätzlich das Erlangte herauszugeben. Hierbei streiten Sachwert- und Vorteilsherausgabetheorie darum, ob der Anspruch auf den objektiven Verkehrswert der Sache beschränkt ist oder ob auch der bei Veräußerung erzielte Gewinn herauszugeben ist (vgl. oben § 10 Rn. 14). Wenn man der sog. Vorteilsherausgabetheorie folgt, kommt man zum gleichen Ergebnis wie bei § 687 Abs. 2. Es ist also für den Geschäftsherrn von Vorteil, wenn er aus § 816 Abs. 1 S. 1 gegen den Geschäftsführer vorgeht; denn dann ist er nicht zum Aufwendungsersatz aus §§ 687 Abs. 2 S. 2, 684 S. 1 verpflichtet.[9]

Geht F gegen G aus §§ 989, 990 Abs. 1 oder **§ 823 Abs. 2 mit § 263 StGB** (oder § 826) vor (Anwendbarkeit des Deliktsrechts nicht durch § 993 Abs. I. a.E. ausgeschlossen, siehe § 992), so würde nach § 249 Abs. 1 nur der Zustand im Vermögen des G herzustellen sein, der vor der betrügerisch erschlichenen Vermögensverfügung bestand. Das führt lediglich zum Ersatz des objektiven Sachwertes. Der Gewinn verbleibt hier dem geschäftstüchtigen F. ◀

Wiederholungs- und Vertiefungsfragen

> Worin liegen die wesentlichen Unterschiede zwischen der angemaßten und der irrtümlichen Führung eines objektiv fremden Geschäfts?

> Inwiefern ist die Formulierung des § 687 Abs. 2 S. 2 verunglückt?

> Welche Vorteile bietet § 687 Abs. 2 als Anspruchsgrundlage gegenüber der delikts- und bereicherungsrechtlichen Klage? (dazu *Wenckstern*, Die Geschäftsanmaßung als Delikt, AcP 200 [2000], 240–270)

> (V) Sind die Verweisungen in § 687 Abs. 2 S. 1 auf die §§ 677, 682 sinnvoll? (dazu *Wittmann*, Geschäftsführung ohne Auftrag, 1981, S. 150–152)

> (V) Besteht ein Anspruch auf Gewinnherausgabe nach §§ 687 Abs. 2, 681 S. 2, 667, 2. Alt. auch in Fällen, in denen in das Recht am Gewerbebetrieb und das allgemeine Persönlichkeitsrecht eingegriffen wird? (zu Ersterem BGHZ 7, 208; zu Letzterem *Canaris*, Gewinnabschöpfung bei Verletzung des allgemeinen Persönlichkeitsrechts, FS Erwin Deutsch, Köln 1999, S. 85–109)

> (V) Erstellen Sie ein Schema zur Systematisierung der Vorschriften über die GoA. (dazu *Medicus/Petersen*, Bürgerliches Recht, Rn. 435)

> (V) Welche Ansprüche hat der Vermieter einer Wohnung, wenn sein Mieter diese Wohnung unberechtigt an einen Untermieter weitervermietet? Gehen Sie auf alle naheliegenden Anspruchsgrundlagen ein. (dazu BGHZ 131, 297; *Theuffel*, Herausgabe des Untermietzinses bei unberechtigter Untervermietung?, JuS 1997, 886–888).

9 MüKoBGB/*Seiler*, 6. Aufl. 2012, § 687 Rn. 16.

Definitionen

Begriff	Definition
Abstraktions- und Trennungsprinzip	Schuldrechtliche Verpflichtung und dingliche Verfügung sind auseinanderzuhalten. Eine Verfügung kann auch wirksam sein, wenn es an einer wirksamen Verpflichtung hierfür fehlt. *§ 8 Rn 2*
Adäquanztheorie (§ 823 Abs. 1)	Adäquat kausal ist nur, was nach dem regelmäßigen Verlauf der Dinge, also nach der gewöhnlichen Lebenserfahrung, geeignet ist, einen Erfolg der fraglichen Art herbeizuführen. *§ 3 Rn 65*
Alternativtäterschaft (§ 830 Abs. 1 S. 2)	Liegt vor, wenn zwei oder mehrere Handlungen begangen wurden, die alternativ den konkreten Schaden verursacht haben oder ihn kumulativ verursacht haben könnten. Im Außenverhältnis haften die Beteiligten als Gesamtschuldner (§ 840), ohne dass festgestellt werden muss, in welchem Maße jeder von ihnen den Schaden verursacht hat (Innenverhältnis: §§ 421, 426 ff.). Siehe auch → *Anteilszweifel. § 7 Rn 2*
Anteilszweifel (§ 830 Abs. 1 S. 2)	Es lässt sich nicht mehr aufklären, welchen genauen Anteil welcher Schädiger an der konkreten Einbuße hat. Solange feststeht, dass alle Ursachenbeiträge kumulativ zu dem Gesamtschaden geführt haben, kann der Geschädigte jeden der Schädiger in voller Höhe in Anspruch nehmen. Für jede der Handlungen muss feststehen, dass sie den Schaden hätte verursachen können. Der wirkliche Urheber der schadensstiftenden Handlung darf nicht feststehen. *§ 7 Rn 10*
„Anweisung" (i.e.S.) (§ 823 Abs. 1 S. 1, 1. Alt.)	Schriftliche Leistungsermächtigung, die demjenigen ausgehändigt wird, der einen Leistungsgegenstand erhalten soll (Legaldefinition in § 783). *§ 11 Rn 9*
„Anweisung" (im bereicherungsrechtlichen Sinne) (§ 812 Abs. 1 S. 1, 1. Alt.)	Erklärung, durch die ein Schuldner (Anweisender) einem Auftragnehmer (Angewiesener, meist eine Bank) die Weisung erteilt, dem Gläubiger des Anweisenden (Anweisungsempfänger) einen Gegenstand (meist eine Geldzahlung) zuzuwenden. *§ 11 Rn 9*
Äquivalenzinteresse (§§ 823 ff.)	Interesse des Gläubigers einer Sachschuld an der Mangelfreiheit einer vertraglich geschuldeten Leistung. Die Haftung im Rahmen der vertraglichen Gewährleistung ist auf dieses Interesse beschränkt. *§ 3 Rn 28 f., 33*
Äquivalenztheorie (§ 823 Abs. 1)	Äquivalent kausal ist jede Bedingung, die nicht hinweggedacht werden kann, ohne dass der Erfolg in Form der Rechtsgutsverletzung entfiele. („conditio-sine-qua-non-Formel") *§ 3 Rn 62*
„Auf Kosten"	
– (§ 812 Abs. 1 S. 1, 1. Alt.)	Bei der Leistungskondiktion hat das Merkmal nach h.M. (→ *Trennungslehre*) keine Bedeutung, da die Parteien des Bereicherungsverhältnisses bereits durch die Leistungsbeziehung bestimmt werden. *§ 8 Rn 7*

Begriff	Definition
– (§ 812 Abs. 1 S. 1, 2. Alt.)	Bei der Nichtleistungskondiktion bestimmt das Kriterium den Gläubiger der Kondiktion; eine Bereicherung erfolgt auf Kosten dessen, dem nach der Rechtsordnung der Gegenstand oder sein Wert gebührt → Lehre vom *Zuweisungsgehalt.* *§ 8 Rn 7, § 10 Rn 1, 6*
Aufwendungskondiktionen (§ 812 Abs. 1 S. 1, 2. Alt.)	Form der Nichtleistungskondiktion, bei der die Vermögensverschiebung durch eine Handlung des Entreicherten erfolgt, die sich nicht als Leistung darstellt. Man unterscheidet die Verwendungs- und die Rückgriffskondiktion. Die A. hat enge Berührungspunkte zum Recht der GoA. *§ 10 Rn 21*
Benutzer (eines Kfz) (§ 7 Abs. 3 StVG)	Derjenige, der sich das Kfz als Fortbewegungsmittel dienstbar macht und sich dadurch hierüber Verfügungsmacht verschafft. *§ 6 Rn 12*
Bereicherung, aufgedrängte (§ 812 Abs. 1 S. 1, 2. Alt.)	Dem Bereicherten kommt ein Gegenstand ohne eigene Mitwirkung zu, der für seine persönlichen Planungen ohne oder nur von geringem Wert ist (siehe auch *Verwendungskondiktion*). *§ 10 Rn 24*
Bereicherungsgegenstand („etwas erlangt“) (§ 812 Abs. 1 S. 1)	Auf Tatbestandsebene: Mehrung des Vermögens aufseiten des Bereicherungsschuldners. Darunter fällt jeder Vermögensvorteil im weitesten Sinne, d.h. jede Besserstellung der Vermögenssituation des Empfängers, auch in Form einer Dienstleistung (letzteres str.). *§ 8 Rn 9, 10*
(§§ 812 bzw. 818)	Bei der Rechtsfolge: Was ist noch herauszugeben? Ist das erlangte „Etwas“ noch gegenständlich oder wertmäßig im Vermögen des Empfängers vorhanden oder ist zwischenzeitlich Entreicherung eingetreten? *§ 8 Rn 9, 11, 14*
Bereicherungsverbot, schadensrechtliches (§§ 249 ff., §§ 823 ff.)	Geschädigter darf durch die Reparation nicht bessergestellt werden, als er ohne Schädigung stünde. *§ 3 Rn 96*
Betrieb eines Kfz (§ 7 Abs. 1 StVG)	Bewegung des Kfz im Straßenverkehr, das Be- und Entladen sowie das Parken auf einer Verkehrsstraße (der sog. „ruhende Verkehr“). Entscheidend ist, ob sich „eine von dem Kraftfahrzeug ausgehende Gefahr ausgewirkt hat und das Schadensgeschehen in dieser Weise durch das Kraftfahrzeug mitgeprägt worden ist“. (BGH NJW 2005, 2081) *§ 6 Rn 7*
Bösgläubigkeit (des Bereicherungsschuldners) (§ 818 Abs. 3, 4; § 819 Abs. 1)	Bereicherungsschuldner wurde auf Herausgabe verklagt und hat die Klageschrift bereits erhalten (Rechtshängigkeit, §§ 261, 253, 269 Abs. 3 ZPO), vgl. § 818 Abs. 4. Dem Fall der Rechtshängigkeit einer Klage ist der Fall gleichgestellt, dass der Bereicherte → *Kenntnis* vom Mangel des Rechtsgrundes hat. → *verschärfte Haftung § 8 Rn 23*
Dezentralisierter Entlastungsbeweis (§ 831 Abs. 1 S. 2)	Bei Großbetrieben reicht es für die Exkulpation aus, dass diejenigen Angestellten, denen der Inhaber die Personalauswahl und -überwachung übertragen hat (typischerweise die Personalleitung), sorgfältig ausgewählt, instruiert und überwacht wurden.

Begriff	Definition
	Dezentralisiert ist der Entlastungsbeweis, weil damit nunmehr die Zwischenperson die Auswahl, Kontrolle und Überwachung vornimmt. Die Verschuldensvermutung richtet sich somit faktisch gegen die nächst tiefere Entscheidungsebene. *§ 4 Rn 13*
Differenztheorie (§§ 249 ff., §§ 823 ff.)	Ermittlung des Schadens durch Gegenüberstellung von dem am Markt erzielbaren Vermögenswert der Rechtsgüter des Geschädigten ohne Verletzungshandlung (hypothetische Vermögenslage) und mit Verletzungshandlung (reale Vermögenslage). *§ 3 Rn 93*
Durchlieferung (§ 812 Abs. 1 S. 1, 1. Alt.)	Schuldner liefert den geschuldeten Gegenstand nicht über eine Leistungskette an seinen eigenen Gläubiger, sondern die Lieferung erfolgt auf Geheiß dieses Gläubigers direkt an einen Dritten. Folge ist, dass die Durchlieferung gegenüber mehreren Beteiligten Leistung im bereicherungsrechtlichen Sinne sein kann. *§ 11 Rn 8*
Eigengeschäftsführung	
– angemaßte (auch Geschäftsanmaßung) (§ 687 Abs. 2)	Der Geschäftsführer weiß, dass es sich bei dem von ihm ausgeführten Geschäft um eine fremde Angelegenheit handelt, führt sie aber dennoch als seine eigene aus. *§ 13 Rn 1; § 14 Rn 1*
– irrtümliche (§ 687 Abs. 1)	Irrtümliche Führung eines nur objektiv fremden Geschäfts in der Meinung, man führe sein eigenes Geschäft. *§ 14 Rn 1*
Eigentumsverletzung (§ 823 Abs. 1)	Jede Beeinträchtigung der gesetzlich umschriebenen Befugnisse des Eigentümers. Dazu gehören Entziehung, Substanzeingriff und Nutzungsbeeinträchtigung. *§ 3 Rn 22*
Eingriff (§ 812 Abs. 1 S. 1, 2. Alt.)	Ge- und Verbrauch von Gegenständen zum eigenen Nutzen, Verfügung über fremde Sachen, Nutzung fremden geistigen Eigentums (Urheber-, Patent-, Marken- und Musterrecht) ohne Lizenz sowie Verbindung, Vermischung und Verarbeitung fremder Sachen (§§ 946–950), Verfügung über ein fremdes Recht (§ 816 Abs. 1). Siehe auch → Lehre vom *Zuweisungsgehalt* *§ 10 Rn 1, 2, 8*
Eingriff, betriebsbezogener (in das Recht am eingerichteten und ausgeübten Gewerbebetrieb) (§ 823 Abs. 1)	Richtet sich unmittelbar und zielgerichtet gegen unternehmerische Einrichtungen oder Betätigungen eines individuellen Unternehmens als solches und nicht nur gegen vom Gewerbebetrieb ohne Weiteres ablösbare Rechte oder Rechtsgüter. *§ 3 Rn 45*
Eingriffskondiktion (§ 812 Abs. 1 S. 1, 2. Alt.)	Die Bereicherung des Bereicherungsschuldners erfolgt nicht durch Leistung, sondern („in sonstiger Weise") durch → *Eingriff.* *§ 10 Rn 1, 8*
(§ 816 Abs. 1)	Spezialfall der Eingriffskondiktion. *§ 10 Rn 2*
Einheitstäter (§ 830)	Deliktstäter nach § 830 Abs. 1 S. 1, Abs. 2 ist jeder, der vorsätzlich einen Ursachenbeitrag zur Haupttat leistet, sofern dieser Beitrag auf einem gemeinsamen Tatplan beruht. Eine Differenzierung nach dem Gewicht des Tatbeitrags erfolgt nicht. *§ 7 Rn 6*

Begriff	Definition
Einheitstheorie (§ 812 Abs. 1 S. 1)	§ 812 Abs. 1 S. 1 wird ein einheitlicher Bereicherungstatbestand entnommen, der Konstellationen zusammenfasst, die einem einheitlichen Prinzip der Rechtmäßigkeit des Habendürfens widersprechen. *§ 8 Rn 5* (Gegenansicht und h.M.: → *Trennungslehre*)
Entreicherung (§ 818 Abs. 3)	Beim Bereicherten ist keine Vermögensmehrung mehr vorhanden; weder der Gegenstand selbst noch etwaig gezogene Nutzungen oder erhaltene Surrogate sind wertmäßig im Vermögen des Empfängers verblieben. Entscheidend hierfür ist eine wirtschaftliche Betrachtungsweise. Entreichernd wirken auch Minderungen im sonstigen Vermögen, die in unmittelbarem Zusammenhang mit der Bereicherung stehen und im Vertrauen auf das Behaltendürfen des Gegenstandes gemacht wurden. *§ 8 Rn 3, 15, 16*
Erfolgsunrecht, Lehre vom (§ 823 Abs. 1)	Der Verletzungserfolg indiziert die Rechtswidrigkeit. *§ 3 Rn 74*
Erstattung (Reparation) (§§ 249 ff., §§ 823 ff.)	Herstellung eines wirtschaftlich gleichwertigen Zustandes in der Güter- und Vermögenslage des Geschädigten, der Geschädigte ist nicht tatsächlich, wohl aber wirtschaftlich so zu stellen, wie er ohne das Schadensereignis stünde. *§ 3 Rn 96*
Fahrlässigkeit	
– einfache (§§ 823 ff.)	Außerachtlassung der im Verkehr erforderlichen Sorgfalt (§ 276 Abs. 2). *§ 3 Rn 87*
– grobe (§§ 823 ff.)	Verletzung der im Verkehr erforderlichen Sorgfalt in einem besonders schweren Maße. Grob fahrlässig handelt, wer selbst einfachste Kontrollüberlegungen nicht anstellt. *§ 3 Rn 91*
Freiheit (i.S.d. § 823 Abs. 1)	Natürliches Gut, welches die Rechtsordnung als jedem Menschen zustehend anerkennt, nicht aber definiert. Darunter fällt nur die körperliche Fortbewegungsfreiheit, nicht die Entscheidungsfreiheit. *§ 3 Rn 21*
Fremdgeschäftsführungswille (§ 677; § 687 Abs. 1)	Bewusstsein (kognitives Element) und Wille (voluntatives Element) des Geschäftsführers, die Angelegenheiten eines anderen zu besorgen oder – im Falle des „auch fremden“ Geschäfts – jedenfalls mit zu besorgen. *§ 13 Rn 1*
Gefährdungshaftung (§ 833 S. 1; § 7 Abs. 1 StVG)	Haftung für Schäden, die daraus resultieren, dass eine gesetzlich nicht verbotene, aber risikobehaftete Tätigkeit oder Anlage betrieben wird. Die Haftung setzt kein Verschulden voraus, muss aber (spezial-)gesetzlich angeordnet sein. *§ 2 Rn 10; § 3 Rn 58; § 6 Rn 1*
Gesamtschuldnerausgleich, gestörter (§ 840 Abs. 1)	Mehrere Deliktstäter sind für einen Schaden verantwortlich, der Geschädigte hat aber mit einem dieser Schädiger einen Haftungsverzicht vereinbart oder es liegen gesetzliche Vorschriften vor, aufgrund derer der betreffende Schädiger nur teilweise oder nur für bestimmte Verschuldensformen haftet. *§ 7 Rn 17 ff.*

Begriff	Definition
Geschäft (im Sinne des Rechts der GoA) (§ 677)	Jedes rechtsgeschäftliche oder tatsächliche Handeln mit wirtschaftlichen Folgen. Kein Geschäft führt, wer etwas unterlässt oder bloß duldet. *§ 12 Rn 7*
– objektiv fremd (§ 677)	Ein Handeln, das schon nach seinem äußeren Erscheinungsbild nicht zum Rechts- und Interessenkreis des Geschäftsführers gehört. *§ 12 Rn 7*
– auch fremd (§ 677)	Die Geschäftsführung betrifft zwei Geschäftskreise und liegt sowohl im Interesse des Geschäftsführers als auch im Interesse des Geschäftsherrn. *§ 12 Rn 8, 9*
– objektiv neutral (§ 677)	Der Geschäftsführer könnte mit der Geschäftsführung sowohl ein eigenes, aber auch ein fremdes Geschäft führen. Entscheidend für die Einordnung als Fremd- oder Eigengeschäft ist dann die Willensrichtung des Geschäftsführers. *§ 12 Rn 7*
Geschäftsanmaßung	Siehe *Eigengeschäftsführung, angemaßte.*
Geschäftsführer (§ 677)	Wer selbst oder durch von ihm beauftragte Dritte als Verantwortlicher im fremden Rechtskreis und im objektiven Fremdinteresse tätig wird („Gestor“). *§ 12 Rn 3*
Geschäftsführung ohne Auftrag	
– berechtigte (§ 677)	Die Einmischung in den fremden Rechtskreis ist aus Sicht des eigentlich Betroffenen erwünscht, weil eine aus Sicht der Rechtsordnung willkommene fremdnützige Tätigkeit betrieben wird. *§ 13 Rn 5*
– echte (§ 677)	Führung eines Geschäfts mit Fremdgeschäftsführungswillen. *§ 13 Rn 1*
– unberechtigte (§ 677; § 683 S. 1)	Handeln mit Fremdgeschäftsführungswillen, allerdings entgegen dem (beachtlichen) Willen oder Interesse des Geschäftsführers; die Durchführung der Tätigkeit ist eine rechtswidrige Einwirkung auf die Rechtsgüter des Geschäftsherrn. *§ 13 Rn 15*
– unechte (§ 687 Abs. 1, Abs. 2)	Jemand führt ein fremdes Geschäft als sein eigenes, obwohl er weiß, dass er dazu nicht berechtigt ist (§ 687 Abs. 2 → *Eigengeschäftsführung, angemaßte*), oder, wenn er der Meinung ist, sein eigenes Geschäft zu führen (§ 687 Abs. 1 → *Eigengeschäftsführung, irrtümliche*). *§ 14 Rn 1*
Geschäftsherr (§ 677)	Derjenige, in dessen Rechtskreis unmittelbar gehandelt wird. *§ 12 Rn 3*
Gesundheitsverletzung (§ 823 Abs. 1)	Jedes Hervorrufen oder Steigern eines von den normalen körperlichen Funktionen nachteilig abweichenden Zustandes. *§ 3 Rn 9*

Begriff	Definition
Handlung (§ 823 Abs. 1)	Jede vom Willen gesteuerte Muskelkontraktion, mithin jedes wenigstens potenziell beherrschbare, d.h. der Bewusstseinskontrolle und Willenslenkung unterliegende menschliche Verhalten, das durch Verstandeskräfte steuerbar ist. Keine solchen Handlungen sind Reflexe oder Verhaltensweisen während des Schlafes oder der Bewusstlosigkeit. *§ 3 Rn 55*
Handlungsunrecht, Lehre vom (auch Verhaltensunrecht) (§ 823 Abs. 1)	Widerrechtlich ist nur, was auch objektiv pflichtwidrig (und nicht nur subjektiv vorwerfbar) ist. *§ 3 Rn 74*
Herausforderungsfälle (§ 823 Abs. 1)	Fälle, in denen der Verletzer eine erste Ursache für eine Schädigung setzt, die den später Geschädigten zu einem gefährlichen Verhalten herausfordert, das wiederum eine neue, letztlich zur Schädigung führende Kausalkette in Gang setzt. Die Verletzung wird dem Schädiger gleichwohl zugerechnet, wenn sich der Geschädigte zu dem Verhalten aufgrund einer vernünftigen Abwägung von Zweck und Risiko seines Verhaltens veranlasst („herausgefordert“) fühlen durfte. *§ 3 Rn 68*
Höhere Gewalt (§ 7 Abs. 2 StVG)	Ein „außergewöhnliches, betriebsfremdes, von außen durch elementare Naturkräfte oder durch Handlungen dritter Personen herbeigeführtes Ereignis, das nach menschlicher Einsicht und Erfahrung nicht vorhersehbar ist und mit wirtschaftlich erträglichen Mitteln auch durch die äußerste, vernünftigerweise zu erwartende Sorgfalt nicht verhütet oder unschädlich gemacht werden kann“. (BGHZ 7, 338) *§ 6 Rn 11*
Integritätsinteresse (§§ 823 ff.; § 1 Abs. 1 ProdHaftG)	Interesse daran, dass die sich im Eigentum oder Vermögen des Vertragspartners befindlichen Güter, die nicht Vertragsgegenstand sind, durch eine Vertragsleistung nicht verletzt werden. Die Haftung im Rahmen der vertraglichen Gewährleistung erstreckt sich i.d.R. nicht auf das Integritätsinteresse, sondern nur auf das → *Äquivalenzinteresse. § 3 Rn 29 f.; § 6 Rn 14*
„In sonstiger Weise“ (etwas erlangt) (§ 812 Abs. 1 S. 1, 2. Alt.)	Fälle, in denen ein Vermögensgegenstand nicht durch Leistung erlangt wurde. Dazu gehören – Bereicherung durch Eingriff (→ *Eingriffskondiktion*) – Bereicherung durch Zufall – Bereicherung durch nicht geschuldete und nicht abgestimmte Verwendungen auf einen Gegenstand (→ *Verwendungskondiktion*) – Bereicherung durch nicht geschuldete und nicht abgestimmte Zahlungen im Fremdinteresse (→ *Rückgriffskondiktion*). *§ 10 Rn 1*
Kausalität	
– haftungsbegründende (§ 823 Abs. 1)	Kausalität und Zurechnungszusammenhang zwischen Verletzungshandlung und Verletzungserfolg. *§ 3 Rn 1, 61*
– haftungsausfüllende (§ 823 Abs. 1)	Kausalität und Zurechnungszusammenhang zwischen Verletzungserfolg und eingetretenem Schaden. *§ 3 Rn 1, 95*

Begriff	Definition
– hypothetische (§ 823 Abs. 1)	Für den Schaden wäre hypothetisch auch eine andere Person oder ein anderer Umstand verantwortlich gewesen. *§ 3 Rn 71*
– Reserveursache (§ 823 Abs. 1)	Schaden wäre auch ohne das Verletzerverhalten eingetreten. Reserveursachen sind grundsätzlich unbeachtlich. Ausnahmen gelten in folgenden Fällen: → *Schadensanlage* → *Kausalität, hypothetische* → *rechtmäßiges Alternativverhalten.* *§ 3 Rn 69*
– Rechtmäßiges Alternativverhalten (§ 823 Abs. 1)	Einwand des Verletzers, er habe sich zwar pflichtwidrig verhalten, der entstandene Schaden wäre aber auch eingetreten, wenn er sich pflichtgemäß verhalten hätte. Nach h.M. ist ein solcher Einwand beachtlich. *§ 3 Rn 72*
– Schadensanlage (§ 823 Abs. 1)	Umstände, die bereits bei dem Eintritt des Schadens vorlagen und notwendig binnen Kurzem denselben Schaden verursacht hätten, sind bei der Schadensermittlung zu berücksichtigen, weil derartige Umstände den Wert der Sache bereits im Augenblick des Eingriffs gemindert haben. *§ 3 Rn 70*
– überholende (§ 823 Abs. 1)	Bereits wirkende Schadensursache wird durch die Verletzerhandlung überholt. Eine überholende Kausalität entlastet den Schädiger grundsätzlich nicht. *§ 3 Rn 70*
Kenntnis vom Mangel des Rechtsgrundes (§ 819 Abs. 1)	Positive Kenntnis, nicht bloßes Kennenmüssen; es genügt, wenn der Schuldner diejenigen Umstände positiv kennt, die nach juristischer Wertung dazu führen, dass er den Gegenstand gegenüber dem Kondiktionsgläubiger nicht behalten darf. Worauf genau sich die Kenntnis beziehen muss, hängt vom jeweiligen Kondiktionstyp (Leistung oder Nichtleistung) ab. → *verschärfte Haftung* *§ 8 Rn 23, 24*
Körperverletzung (§ 823 Abs. 1)	Verletzung der körperlichen Unversehrtheit durch Substanzeingriffe. *§ 3 Rn 9*
Kondiktion (§§ 812 ff.)	Schuldrechtlicher Herausgabeanspruch; an dem bereicherungsrechtlichen „Etwas", auf das sich die Kondiktion bezieht, besteht noch nicht (oder nicht mehr) eine dingliche Position des Bereicherungsgläubigers (im Gegensatz zur sachenrechtlichen Vindikation, die sich als Herausgabeanspruch konkret auf einen Gegenstand bezieht, an dem bereits ein dingliches Recht besteht). *§ 8 Rn 4*
Kraftfahrzeugführer (§ 18 StVG)	Lenken des Fahrzeugs und tatsächliche Gewalt über das Steuer. *§ 4 Rn 29*
Kraftfahrzeughalter (§ 7 Abs. 1 StVG)	Halter ist, wer die Verfügungsgewalt über das Fahrzeug hat. Dazu genügt nicht die rein tatsächliche Verfügungsgewalt, erforderlich ist zudem ein rechtliches Herrschaftsverhältnis, welches auch die Verfügungsmacht über die Substanz des Fahrzeugs einschließt. Diese Verfügungsmacht hat, wer die Kosten des Fahrzeugs bestreitet und den vollen Sachnutzen aus dem Kfz zieht. *§ 6 Rn 7*

Begriff	Definition
Kredit (§ 824 Abs. 1)	Angenommene Fähigkeit eines Unternehmens, erhaltene Darlehen zurückzuzahlen. Der Kredit kann beeinträchtigt werden durch jede nachteilige Beeinflussung des wirtschaftlichen Rufs, die die aktuelle oder die künftige Fähigkeit zur Kreditrückzahlung beeinträchtigen kann. Durch den Kredit als Rechtsgut werden die gegenwärtige Vermögenssituation (Erworbenes) und die künftige Vermögenslage (Fortkommen) geschützt. *§ 3 Rn 119 f.*
Lebensgüter (§ 823 Abs. 1)	Schutzgüter, über die jeder Mensch natürlicherweise verfügt, die von jedermann zu achten sind und von niemandem verletzt werden dürfen (Leben, Körper, Gesundheit, Freiheit). *§ 3 Rn 3*
Leistung (§§ 812, 813, 817)	Zweck- und zielgerichtete Mehrung fremden Vermögens; es muss zum einen eine → *Zuwendung* eines Vermögensvorteils an einen anderen erfolgen, zum anderen diese Zuwendung erkennbar auf irgendein Schuldverhältnis bezogen sein (→ *Leistungszweck*). Auslegung der Leistungshandlung in Zweifelsfällen nach objektivem Horizont des Empfängers einer Leistung (§§ 133, 157 analog, h.M.). *§ 8 Rn 7; § 9 Rn 2, 4*
Leistungskondiktion	Allgemein: siehe → *Trennungslehre*
– condictio indebiti (§ 812 Abs. 1 S. 1, 1. Alt.)	Fehlen eines rechtlichen Grundes von Anfang an; Leistungserfolg ist auf die Erfüllung einer nicht bestehenden Schuld gerichtet. Die Rückforderung ist ausgeschlossen bei Kenntnis des Leistenden vom fehlenden Rechtsgrund, vgl. § 814. *§ 9 Rn 7*
– condictio ob causam finitam (§ 812 Abs. 1 S. 2, 1. Alt.)	Kondiktion wegen späteren Wegfalls des rechtlichen Grundes; für eine Leistung war ein Rechtsgrund zunächst vorhanden, er ist später aber weggefallen. Der Rechtsgrund fehlte dagegen von Anfang an in Fällen, in denen ein Rechtsgeschäft angefochten wurde (condictio indebiti). *§ 9 Rn 10*
– condictio causa data causa non secuta (§ 812 Abs. 1 S. 2, 2. Alt.)	Nichterreichen eines mit der Leistung zusätzlich beabsichtigten Zwecks (Zweckverfehlung); Leistung mit dem erkennbaren Willen, einen bestimmten zusätzlichen, über die Vertragserfüllung hinausgehenden Erfolg eintreten zu lassen. Die Kondiktion ist ausgeschlossen, wenn der Erfolgseintritt von Anfang an unmöglich war und der Leistende dies wusste oder der Leistende seinen Eintritt vereitelt hat (§ 815). *§ 9 Rn 11 ff.*
– condictio ob turpem vel iniustam causam (§ 817)	Leistung zur Verfolgung eines sitten- oder gesetzeswidrigen Zwecks: § 817 S. 1: Nehmer einer Leistung verstößt durch die Annahme gegen Gesetz/gute Sitten. *§ 9 Rn 16* § 817 S. 2: auch dem Geber fällt ein solcher Verstoß zur Last. *§ 9 Rn 17* Die Rückforderung ist ausgeschlossen. *§ 9 Rn 19 ff.*

Begriff	Definition
– Leistung auf eine einredebehaftete Forderung (§ 813 Abs. 1)	Ergänzung des § 812 Abs. 1 S. 1, 1. Alt. in Fällen, in denen auf eine Forderung geleistet wurde, obgleich aufgrund einer dauernden Einrede (ausgenommen: Verjährung, vgl. § 813 Abs. 1 S. 2) nicht hätte geleistet werden müssen. Die Rückforderung ist ausgeschlossen bei Kenntnis des Leistenden von der Einrede, vgl. § 814. *§ 9 Rn 7*
Leistungszweck (§§ 812, 813, 817)	Muss über die eigentliche Vermögensmehrung hinausgehen und auf ein weiteres Ereignis bezogen sein. Welcher Zweck im Einzelnen verfolgt und ob dieser erreicht wurde, entscheidet darüber, ob mit oder → *ohne Rechtsgrund* geleistet wurde. Typischerweise liegt der Zweck einer Leistung darin, eine (schuldrechtliche) Verpflichtung zu erfüllen. Die Zweckbestimmung ist nach h.M. wie eine einseitige, empfangsbedürftige Willenserklärung zu behandeln. Minderjährige können daher ohne Mitwirkung ihrer Sorgeberechtigten keine eigenen Leistungszwecke setzen. Ob, an wen und auf welche Schuld geleistet wurde, bestimmt sich in Zweifelsfällen aus der objektivierten Sicht des Empfängers der Leistung (§§ 133, 157 analog, h.M.). *§ 9 Rn 4, 5*
Luxusaufwendung (§ 818 Abs. 3)	Aufwendungen, welche der Bereicherungsschuldner sich aus eigenen Mitteln niemals geleistet hätte. Der Bereicherungsgegenstand wird verschwenderisch eingesetzt, es bleibt kein Äquivalent für den Gegenstand im Vermögen. → *Entreicherung § 8 Rn 15*
Mittäterschaft (§ 830 Abs. 1 S. 1, Abs. 2)	Bewusstes und gewolltes gemeinschaftliches Handeln mehrerer (§ 830 Abs. 1 S. 1); Anstifter und Gehilfen stehen Mittätern gleich (§ 830 Abs. 2). Alle Beteiligten haften im Außenverhältnis als Gesamtschuldner (§ 840), ohne dass festgestellt werden muss, in welchem Maße jeder von ihnen den Schaden verursacht hat (Innenverhältnis: §§ 421, 426 ff.). *§ 7 Rn 2, 5*
Namensleugnung (§ 12)	Bestreitung des rechtmäßigen Namensgebrauchs. *§ 3 Rn 48*
Namensanmaßung (§ 12)	Verwechslungsgefahren erzeugender Namensgebrauch. *§ 3 Rn 48*
Nebentäter (§§ 823 ff.)	Setzen ohne gemeinsame Verabredung und Planung oder bewusst und gewollt zusammenwirkendes Handeln einen Beitrag für eine deliktische Schädigung. Haftung: jeder Nebentäter für sich, also nur sofern und soweit er einen nachweisbaren Ursachenbeitrag für die Verletzung gesetzt hat. Sonderfall: → *Alternativtäterschaft § 7 Rn 1*
Nichtberechtigter	
– i.S.d. § 816 Abs. 1	ist, wer weder Inhaber des Rechts ist, noch nach § 185 Abs. 1 Verfügungsmacht über den Gegenstand erlangt hat. Nichtberechtigter bleibt, wer über einen Gegenstand verfügt hat, aber erst im Nachhinein hierfür die Genehmigung seitens des Eigentümers erhält (§ 185 Abs. 2). *§ 10 Rn 12*

Begriff	Definition
– i.S.d. § 816 Abs. 2	ist, wer weder Gläubiger der Forderung ist, noch zu ihrer Einziehung vom wahren Gläubiger ermächtigt wurde (vgl. § 185 Abs. 1 analog, § 362 Abs. 2; sog. Einziehungsermächtigung), und zwar auch nicht nachträglich (§§ 185 Abs. 2, 184 Abs. 1 analog). *§ 10 Rn 20*
Nutzungen (§ 812 Abs. 1 S. 1; § 818 Abs. 1)	Unmittelbare und mittelbare, d.h. auf einem Rechtsverhältnis beruhende Früchte (§ 99) und Gebrauchsvorteile (§ 100), die eine Sache (oder ein Recht) gewährt oder die aus einer Sache oder einem Recht gezogen werden können. *§ 8 Rn 12*
Objektive Zurechnung	Siehe → *Herausforderungsfälle*
„Ohne Rechtsgrund" (§ 812 Abs. 1 S. 1, 1. Alt.)	Bei der Leistungskondiktion: Unwirksamkeit der (vermeintlichen) schuldrechtlichen Leistungsbeziehung (z.B. Vertrag/Gesetz), so dass der mit der Leistung verfolgte bewusst gesetzte Zweck nicht erreicht wurde. *§ 9 Rn 2, 5*
(§ 812 Abs. 1 S. 1, 2. Alt.)	Bei der Nichtleistungskondiktion: Vermögensverschiebung ist ohne Rechtsgrund, wenn sie das Ergebnis eines rechtswidrigen Eingriffs in den vermögensrechtlichen → Lehre vom *Zuweisungsgehalt* einer Befugnis darstellt, welche die Rechtsordnung einem anderen (dem Entreicherten) überantwortet hat, und dieser andere in die Handlung nicht einwilligt. *§ 10 Rn 1, 3*
„Ohne Auftrag" (§ 677)	Ohne vertragliche Berechtigung zum Tätigwerden. *§ 12 Rn 10*
„Ohne sonstige Berechtigung" (§ 677)	Ohne gesetzliche Berechtigung zum Tätigwerden. *§ 12 Rn 10*
Organisationsverschulden (§ 823 Abs. 1)	Fehlerhafte Organisation der betrieblichen Abläufe oder des Betriebes insgesamt durch den Betriebsinhaber. *§ 3 Rn 60*
Persönlichkeitsrecht	
– allgemeines (§ 823 Abs. 1)	Recht des Einzelnen auf Achtung und Entfaltung seiner Besonderheit als individuelle Persönlichkeit; Schutz der Selbstbestimmung des Einzelnen in Angelegenheiten, die seine persönliche Entfaltung wesentlich betreffen. *§ 3 Rn 47, 49*
– Recht auf Ehre (§ 823 Abs. 1)	Schutz sowohl des eigenen Ehrgefühls als auch der Wertschätzung durch andere (innere/äußere Ehre). Ehrschutz im weiteren Sinne ist auch der Schutz gegen entwürdigende Behandlungen, so etwa der Schutz gegen „Mobbing" oder sexuelle Belästigungen am Arbeitsplatz. *§ 3 Rn 49*
– Recht auf Identität (§ 823 Abs. 1)	Recht auf Kenntnis derjenigen Informationen, die erforderlich sind, um die eigene biologische Abstammung herleiten zu können, insbesondere Anspruch eines jeden Menschen darauf, seine biologischen Eltern zu kennen. *§ 3 Rn 49*

Begriff	Definition
– Recht auf Wahrung der Individualität (oder Besonderheit eines Menschen) (§ 823 Abs. 1)	Interesse verletzt, wenn über einen Menschen unwahre Tatsachen von einigem Gewicht berichtet werden, selbst wenn diese Tatsachen als solche nicht ehrenrührig sind. *§ 3 Rn 49*
– Recht auf Wahrung der Privatsphäre (§ 823 Abs. 1)	Interesse betroffen, wenn über eine Person ohne deren Zustimmung bisher nicht öffentliche Lebensdetails verbreitet werden. *§ 3 Rn 49*
– Schutz persönlicher Daten (§ 823 Abs. 1)	Jedermann darf grundsätzlich selbst darüber entscheiden, wann und welche seiner persönlichen Lebenssachverhalte offenbart werden. Der Schutz personenbezogener Daten gegen ungenehmigte Erhebung, Speicherung, Verarbeitung und Bevorratung wird vornehmlich gewahrt durch das Bundesdatenschutzgesetz als besondere Ausprägung des Schutzes des allgemeinen Persönlichkeitsrechts. *§ 3 Rn 49*
Produkthaftung (§§ 1 ff. ProdHaftG)	Haftung nicht nur des Herstellers, sondern auch des Importeurs oder desjenigen, der seine Marke oder Firmenbezeichnung auf einem Produkt anbringt, nach dem ProdHaftG; Gefährdungshaftung. Verletzungshandlung: Inverkehrbringen eines fehlerhaften Produkts. *§ 6 Rn 14*
Produzentenhaftung (§ 823 Abs. 1)	Haftung nach § 823 Abs. 1 gestützt auf die Verletzung einer → *Verkehrssicherungspflicht*, welche den Hersteller von potenziell gefährlichen Waren im Hinblick auf die Abwendung von Gefahren für den Nutzer solcher Waren trifft. *§ 6 Rn 14* Verletzungshandlung: Inverkehrbringen eines fehlerhaften Produkts, welches kausal für die Rechtsgutsverletzung ist, wenn die Verletzung einer aus dem Organisationsbereich des Produzenten stammenden Verkehrspflicht damit einhergeht. *§ 6 Rn 19*
a) Konstruktionsfehler	Fehlerhafte Konzeption und Planung eines Produkts.
b) Fabrikationsfehler	Unzureichende Organisation und Kontrolle bei der Herstellung des Produkts.
c) Instruktionsfehler (Anleitungsfehler)	Unterlassener Warnhinweis in der Gebrauchsanleitung oder auf dem Produkt selbst.
d) Produktbeobachtungsfehler	Unterlassene Warnung nach dem Bekanntwerden von Fehlern oder Risiken.
e) Entwicklungsfehler	Nichtbeachtung der technisch möglichen und erkennbaren Vorkehrungen gegen Entwicklungsfehler.
Recht am eingerichteten und ausgeübten Gewerbebetrieb (§ 823 Abs. 1)	Schützt den Bestand des Unternehmens, also die Summe seiner Einrichtungen sowie die gewerbliche Betätigung, d.h. den Ablauf der Produktion (Entfaltungsfreiheit im wirtschaftlichen Bereich). *§ 3 Rn 45*

Begriff	Definition
Recht	
– sonstiges (§ 823 Abs. 1)	Absolutes, gegen jedermann geschütztes Recht. *§ 3 Rn 1, 34 ff.*
– subjektives (§ 823 Abs. 1)	Recht, das einer Person von der Rechtsordnung zur ausschließlichen Nutzung und Beherrschung zugewiesen wird. *§ 3 Rn 3*
Rechtsfolgenverweisung	Eine Rechtsnorm verweist auf die Rechtsfolgen einer anderen Norm, nicht auf deren Tatbestandsvoraussetzungen. (Bsp. nach h.M.: § 684 S. 1 verweist nicht auf § 812 Abs. 1 S. 1, 2. Alt., sondern nur auf §§ 818 ff.) *§ 10 Rn 8*
Rechtsgrundverweisung (Tatbestandsverweisung)	Eine Rechtsnorm verweist auf den Grundtatbestand einer anderen Rechtsnorm, dessen vollständiger Tatbestand dann zu prüfen ist (Bsp. nach h.M.: § 951 Abs. 1 S. 1 verweist auf den Grundtatbestand des § 812 Abs. 1, nicht nur auf dessen Rechtsfolgen, also §§ 818 ff.). *§ 10 Rn 8*
Rechtswidrigkeitstheorie (§ 812 Abs. 1 S. 1, 2. Alt; § 816)	Bestimmung von Eingriffsobjekt und Eingriff bei der Kondiktion „in sonstiger Weise“: Maßgeblich ist, ob die zur Bereicherung führende Handlung widerrechtlich war. Dann stellt sie einen Eingriff in ein Rechtsgut dar und ist „auf Kosten“ des Gläubigers des Bereicherungsanspruches geschehen (andere Ansicht und h.M.: → Lehre vom *Zuweisungsgehalt*). *§ 10 Rn 7*
Reflexschaden (§ 823 Abs. 1)	Vermögensschaden, der als mittelbare Folge einer deliktischen Handlung im Vermögen Dritter entsteht und nur ersatzfähig ist, wenn auch ein deliktisch geschütztes Rechtsgut verletzt wurde. *§ 3 Rn 8*
Rückgriffskondiktion (§ 812 Abs. 1 S. 1, 2. Alt.)	Bereicherung des Bereicherungsschuldners erfolgt nicht durch Leistung, sondern („in sonstiger Weise“) durch nicht geschuldete und nicht abgestimmte Zahlungen im Fremdinteresse, aber mit entlastender Wirkung für den Schuldner. Vorrang der §§ 677 ff. und zahlreicher Regressregelungen sowie vorrangige Vertragsregelungen zu beachten; Vorrang der Leistungskondiktion besonders zu beachten. *§ 10 Rn 1, 25*
Sachwerttheorie (§ 816 Abs. 1 S. 1)	Der Anspruch aus § 816 Abs. 1 S. 1 ist begrenzt durch den objektiven Wert der Sache; der Verfügende muss deshalb einen etwaig erzielten Gewinn nicht herausgeben (andere Ansicht und h.M.: → *Vorteilsherausgabetheorie*). *§ 10 Rn 14*
Saldotheorie (§ 812 Abs. 1 S. 1, 1. Alt.)	Rückabwicklung (unwirksamer) gegenseitiger Verträge: Beide Kondiktionen bleiben synallagmatisch miteinander verknüpft durch Saldierung beider Leistungen, weil auch die „Hinleistungen“ nach §§ 320 ff. synallagmatisch miteinander verknüpft gewesen wären. Bei durch den Austauschzweck verbundenen gegenseitigen Leistungen ist „per Saldo“ nur bereichert, wer mehr empfangen als gegeben hat.

Begriff	Definition
	Bei gleichartigen Leistungen kann die jeweilige Kondiktion der anderen Seite von der eigenen Leistung von vornherein abgezogen werden, so dass nur eine Kondiktion übrig bleibt. Die Saldotheorie führt abkürzend dazu, dass ein automatischer Abzug ohne Aufrechnungserklärung erfolgt. Bei ungleichartigen Leistungen wäre keine Aufrechnung möglich. Die beiden Kondiktionen bleiben aber auch hier nach § 320 synallagmatisch miteinander verknüpft, daher findet eine gesetzliche Saldierung statt, die zur Rückgabe des erhaltenen Gegenstandes Zug um Zug gegen Rückzahlung des gezahlten Preises führt. (a.A.: → *Zweikondiktionentheorie*) *§ 8 Rn 18 ff.*
Schaden (allgemein) (§§ 249 ff.; §§ 823 ff.)	Jede nach einer Gesamtbetrachtung verbleibende, unfreiwillige Werteinbuße an den Vermögensgütern des Verletzten. *§ 3 Rn 1, 93*
Schädigungsverbot, bereicherungsrechtliches (§ 818 Abs. 3)	Abgeschöpft wird im Bereicherungsrecht nur, was unrechtmäßig erlangt und behalten wurde, auf das sonstige Vermögen des Bereicherten wird nicht zugegriffen. Nur diejenige Vermögensmehrung, die beim Bereicherungsschuldner tatsächlich (noch) vorhanden ist, wird abgeschöpft (§ 818 Abs. 3). Ausnahme: §§ 818 Abs. 4 bis 820 (→ *verschärfte Haftung*). *§ 8 Rn 3, 15, 23*
Schockschaden (§ 823 Abs. 1)	Psychisch vermittelte Störung innerer körperlicher und geistiger Vorgänge. *§ 3 Rn 10*
Schutzgesetz (§ 823 Abs. 2)	Jede Rechtsnorm, die nach Zweck und Inhalt zumindest auch dazu dienen soll, den Einzelnen gegen eine Verletzung seiner privaten Rechtsgüter oder Interessen zu schützen. *§ 3 Rn 107*
Schutzzweck der Norm (§ 823 Abs. 1)	Einschränkung der Haftung, wenn der geltend gemachte Schaden nicht mehr innerhalb des Schutzzwecks dieser Vorschrift liegt, wenn es sich also nicht mehr um Folgen handelt, die in den Bereich derjenigen Gefahren fallen, um derentwillen die Rechtsnorm erlassen worden ist. *§ 3 Rn 66*
Stoffgleichheit (§ 823 Abs. 1)	Liegt ein Schaden an der mangelhaften Sache selbst vor, ist dieser ersatzfähig, wenn er nicht stoffgleich mit dem Vertragsmangel selbst ist (→ *Weiterfresserschaden*). Stoffgleich mit dem Vertragsmangel sind Schäden, die durch den Wert der Sache oder deren Reparatur mit abgegolten sind, mithin das → *Äquivalenzinteresse* betreffen. Entspricht der Mangelunwert qualitativ und seinem Umfang nach nicht der hierdurch bewirkten Eigentumsschädigung, so betrifft er das → *Integritätsinteresse* und ist damit nicht stoffgleich. Kriterien hierfür sind das deutliche wertmäßige Auseinanderfallen zwischen anfänglichem Mangel und Eigentumsbeeinträchtigung, die leichte Auffindbarkeit und Behebbarkeit des anfänglichen Mangels und die Frage, ob der Mangel an einem funktional abgrenzbaren Einzelteil der Gesamtsache vorlag. *§ 3 Rn 30*

Begriff	Definition
Subsidiarität der Nichtleistungskondiktion (§§ 812 ff.)	Die Nichtleistungskondiktion ist nur eröffnet, sofern das bereicherungsrechtliche „Etwas“, die Vermögensmehrung, nicht durch Leistung, auch nicht durch die eines Dritten, erfolgt ist. Grund: Dem Leistenden sollen die aus einem zugrunde liegenden vertraglichen Schuldverhältnis resultierenden Einreden erhalten werden und keine Einreden aus einem von ihm nicht verantworteten Leistungsverhältnis aufgedrängt werden. Zudem soll jede Partei nur die mit dem selbst gewählten Leistungspartner verbundenen Insolvenzgefahren tragen: Vorrang der Leistungsbeziehungen. Ausnahme: §§ 816 Abs. 1 S. 2, 822, die eine Direktkondiktion über die unmittelbare Austauschbeziehung hinweg eröffnen. *§ 8 Rn 8*
Tierhalter (§ 833 S. 1)	ist, wer die Bestimmungsmacht über ein Tier hat, in der Regel ist dies der Eigentümer. *§ 4 Rn 24*
Totalreparation, Prinzip der (§§ 249 ff.)	Prinzipiell Erstattung aller Einbußen ohne Begrenzung auf die Leistungsfähigkeit des Schuldners. *§ 3 Rn 96*
Trennungslehre (§ 812 Abs. 1 S. 1)	Dem § 812 Abs. 1 S. 1 ist kein einheitlicher, sondern ihm sind zwei verschiedene Rückgabeansprüche zu entnehmen. Sie dienen unterschiedlichen Zwecken. (a.A.: → *Einheitstheorie*) *§ 8 Rn 5 ff.*
– Leistungskondiktion (§§ 812, 813, 817)	Soll eine den Zwecken der Parteivereinbarung zuwiderlaufende Vermögensverschiebung korrigieren; sie dient der Rückgewähr von → *Leistungen*, die aufgrund schuldrechtlich fehlerhafter oder nichtiger Verträge ausgetauscht wurden. *§ 8 Rn 6; § 9 Rn 1 ff.*
– Nichtleistungskondiktion (§ 812 Abs. 1 S. 1, 2. Alt.)	Hierunter fallen alle sonstigen Konstellationen, bei denen ein angefallener Vermögensvorteil aufgrund wertender Betrachtung nicht demjenigen gebührt, der ihn innehat; erfasst sind alle Vorfälle, Handlungen und Ereignisse, die nicht „Leistung“ sind und zu einer rechtlich missbilligten Vermögensmehrung führen. *§ 8 Rn 7; § 10 Rn 1 ff.*
Unterlassen (§ 823 Abs. 1)	Entspricht einer Verletzungshandlung, wenn eine Rechtspflicht zum Handeln bestand, z.B. Schutz- und Garantenpflichten aus Gesetz oder durch die Gerichte formulierte Verkehrspflichten bzw. Verkehrssicherungspflichten. *§ 3 Rn 56*
Ursachenzweifel (§ 830 Abs. 1 S. 2)	Es lässt sich nicht mehr feststellen, wer von mehreren Tätern konkret für eine Rechtsgutsverletzung ursächlich geworden ist. Wenn nachgewiesen werden kann, dass die Rechtsgutsverletzung von jedem der Täter alternativ verursacht worden sein könnte, kann der Geschädigte jeden der Schädiger in voller Höhe in Anspruch nehmen. *§ 7 Rn 9*

Begriff	Definition
Verfügung (§ 816 Abs. 1 S. 1)	Jedes Rechtsgeschäft, durch welches die dingliche Rechtslage eines Gegenstandes unmittelbar verändert wird. Die Änderung kann in einer Übertragung, Belastung, Aufhebung oder Inhaltsänderung bestehen, durch die auf den Bestand des Gegenstandes oder Rechts selbst eingewirkt wird; die Einwirkung muss „dinglichen" und „rechtsgeschäftlichen" Charakter haben. *§ 10 Rn 12*
– Wirksamkeit gegenüber Berechtigtem (i.S.d. § 816 Abs. 1 S. 1 und S. 2)	Eine Verfügung hat durch Mitwirkung des Berechtigten oder aufgrund gesetzlicher Vorschrift zu einer dinglichen Rechtsänderung geführt, die der ursprünglich Berechtigte gegen sich gelten lassen muss, z.B. in Fällen des Rechtsscheinerwerbs. *§ 10 Rn 13*
Verkehrspflichten (§ 823 Abs. 1)	Resultieren aus der Verantwortung für eine Gefahrenquelle. Verkehrspflicht ist die Pflicht, Dritte vor Schäden hieraus zu schützen. Fallgruppen: – Verkehrseröffnung – Beherrschung einer Gefahrenquelle – Übernahme einer Aufgabe im Rahmen einer besonderen beruflichen Stellung, Funktion oder Sachkunde. *§ 3 Rn 57*
Verkehrssicherungspflicht (§ 823 Abs. 1)	Pflicht desjenigen, der eine gefährliche Sache oder Einrichtung unterhält oder einen gefährlichen Verkehr eröffnet, dafür zu sorgen, dass hiervon keine Gefahren ausgehen. *§ 3 Rn 57*
Verrichtungsgehilfe (§ 831 Abs. 1)	Ist derjenige, dem eine Tätigkeit vom Geschäftsherrn übertragen wurde und der hinsichtlich der Ausführung dieser Tätigkeit von den Weisungen des Geschäftsherrn abhängig ist. *§ 4 Rn 6*
Verschärfte Haftung (§§ 818 Abs. 4, 819)	Der Bereicherungsschuldner haftet „nach den allgemeinen Vorschriften", d.h. insbesondere nach den Normen des allgemeinen Schuldrechts (bspw. § 292). Wichtigste Folge der verschärften Haftung ist, dass er sich nicht auf → *Entreicherung* berufen kann. Siehe auch → *Bösgläubigkeit* und → *Kenntnis*. *§ 8 Rn 23*
Verwendungskondiktion (§ 812 Abs. 1 S. 1, 2. Alt.)	Eine Bereicherung des Bereicherungsschuldners erfolgt nicht durch Leistung, sondern („in sonstiger Weise") durch nicht geschuldete und nicht abgestimmte Verwendungen auf einen Gegenstand zum Nutzen des tatsächlichen Eigentümers. §§ 677, 994 ff. oder ein bestehendes Schuldverhältnis können die Verwendungskondiktion verdrängen; Verdrängung auch, wenn aufgrund eines wirksamen Vertragsverhältnisses „geleistet" wurde; Vorrang des (gescheiterten) Vertragsverhältnisses (Leistungskondiktion) beachten! *§ 10 Rn 1, 22*
Vorsatz (§§ 823 ff.)	Wissen und Wollen der Tatbestandsverwirklichung. *§ 3 Rn 87*

Begriff	Definition
Vorsatztheorie (§§ 823 ff.)	Vorsatz liegt vor, wenn der Täter die Rechtsgutsbeeinträchtigung und die Verletzungshandlung kennt und beides will. Überdies muss ihm bewusst sein, dass sein Handeln rechtswidrig ist. *§ 3 Rn 89*
Vorteilsausgleichung (§§ 249 ff.; §§ 823 ff.)	Unbeschadet des Prinzips der Totalreparation darf der Geschädigte durch die Reparation nicht bessergestellt werden, als er vor dem Schadensereignis stand. Insbesondere darf er dem Schädiger nicht die Reparatur etwaiger Altschäden unterschieben, sondern muss sich Besserstellungen, die adäquat kausale Folge der Schädigung sind, anrechnen lassen. *§ 3 Rn 96*
Vorteilsherausgabetheorie (§ 816 Abs. 1 S. 1)	Gem. § 816 Abs. 1 S. 1 muss der Verfügende das durch die Verfügung Erlangte herausgeben. Hat der Verfügende einen höheren Kaufpreis erzielt als den eigentlichen Sachwert, so muss er nach h.M. den gesamten erlösten Vorteil einschließlich eines etwaig erzielten Gewinns herausgeben. (a.A.: → *Sachwerttheorie*) *§ 10 Rn 14*
Weiterfresserschaden (§ 823 Abs. 1)	Vertraglich geschuldete (fehlerhafte oder latent fehlerhafte) Gegenstände sorgen nach Lieferung dafür, dass das sonstige Eigentum des Belieferten geschädigt wird. Handelt es sich bei den eingetretenen Schäden um solche an dem gelieferten Gegenstand selbst, sind diese nur ersatzfähig, wenn sie nicht → *stoffgleich* mit der in Folge des Vertragsverstoßes mangelhaften Sache sind. *§ 3 Rn 28*
Wert, gemeiner (§ 818 Abs. 2)	Verkehrswert oder Marktwert des Bereicherungsgegenstandes, er kann höher oder niedriger als die effektive Bereicherung des Schuldners sein. Nach h.M. ist für die Berechnung der Zeitpunkt der Entstehung des Kondiktionsanspruchs entscheidend. *§ 8 Rn 14*
Zahlung (Wirksamkeit ggü. dem Berechtigten) (§ 816 Abs. 2)	Ist gegenüber dem Berechtigten wirksam i.S.d. § 816 Abs. 2, wenn das Gesetz die schuldbefreiende Wirkung der Zahlung anordnet (z.B. §§ 370, 793, 808, 851, 893, 1155, 2367, 2368 Abs. 2). *§ 10 Rn 20*
Zweikondiktionentheorie (§ 812 Abs. 1 S. 1, 1. Alt.)	Bei der Rückabwicklung der einander aufgrund eines (unwirksamen) gegenseitigen Vertrages gegenüberstehenden Leistungen darf jede Partei gesondert ihre Leistung nach § 812 Abs. 1 S. 1, 1. Alt. kondizieren. Beide Kondiktionen werden unabhängig voneinander behandelt, bei der Rückabwicklung des gegenseitigen Vertrages stehen zwei selbstständige Ansprüche einander gegenüber. Die Verknüpfung der Ansprüche erfolgt allenfalls durch Aufrechnung oder Zurückbehaltungsrechte. Probleme entstehen, wenn bei einer Partei Entreicherung nach § 818 Abs. 3 eingetreten ist (a.A. und h.M.: → *Saldotheorie*). Diese Probleme sind jedenfalls hinzunehmen, wenn an Minderjährige geleistet wurde oder der Gläubiger nicht schutzwürdig ist, insbesondere weil er arglistig gehandelt hat (so auch die → *Saldotheorie*). *§ 8 Rn 18, 19*

Begriff	Definition
Zuweisungsgehalt, Lehre vom (§ 812 Abs. 1 S. 1, 2. Alt.)	Formel, welche die h.M. benutzt, um für die Nichtleistungskondiktion zu entscheiden, ob man eine Vermögensmehrung behalten darf, aber auch, um den Inhaber der Kondiktion, also die Person, auf deren Kosten eine Bereicherung erfolgte, zu bestimmen. Eine Bereicherung erfolgt auf Kosten des Bereicherungsgläubigers, wenn der Vorteil von der Rechtsordnung dem Bereicherungsgläubiger zugewiesen war (z.B. beim Eingriff in absolute dingliche Rechte und in Immaterialgüterrechte). Das Gesetz weist allein dem Rechtsinhaber die Befugnis zu, über einen Gegenstand zu verfügen oder diesen zu nutzen. Einen Zuweisungsgehalt haben absolute Rechte mit vermögensrechtlichem Inhalt, sie weisen ihrem Inhaber den Substanz- und Nutzungs- oder Gebrauchswert gegenüber jedermann zu. *§ 10 Rn 1, 4, 7*
Zuwendung (§§ 812, 813, 817)	Eine für den Leistenden bewusste und von ihm gewollte Vermögensverfügung, sie muss daher auf einer zurechenbaren und freiwilligen menschlichen Handlung beruhen. *§ 9 Rn 4*

Stichwortverzeichnis

Die Angaben verweisen auf die Paragrafen des Buches (**fette Zahlen**) sowie die Randnummern innerhalb der einzelnen Paragrafen (magere Zahlen).
Beispiel: § 9 Rn. 10 = **9** 10